中国"双一流"大学与美国一流大学：
学术竞争力视角下的比较

名誉主编　吴　晨

主　　编　陈振英　田　稷

副主编　李　红

ZHEJIANG UNIVERSITY PRESS

浙江大学出版社

·杭州·

图书在版编目（CIP）数据

中国"双一流"大学与美国一流大学 ：学术竞争力视角下的比较 / 陈振英，田稷主编. — 杭州 ：浙江大学出版社，2021.9

ISBN 978-7-308-21686-9

Ⅰ. ①中… Ⅱ. ①陈… ②田… Ⅲ. ①高等学校—学术研究—竞争力—对比研究—中国、美国 Ⅳ. ①G649.2 ②G649.712

中国版本图书馆 CIP 数据核字(2021)第 169761 号

中国"双一流"大学与美国一流大学：学术竞争力视角下的比较

名誉主编　吴　晨

主　　编　陈振英　田　稷

副 主 编　李　红

责任编辑　张　鸽

文字编辑　蔡晓欢

责任校对　陈　宇

封面设计　续设计—黄晓意

出版发行　浙江大学出版社
　　　　　（杭州市天目山路 148 号　邮政编码 310007）
　　　　　（网址 :http://www.zjupress.com）

排　　版　杭州朝曦图文设计有限公司

印　　刷　浙江省邮电印刷股份有限公司

开　　本　710mm×1000mm　1/16

印　　张　35.25

字　　数　610 千

版 印 次　2021 年 9 月第 1 版　2021 年 9 月第 1 次印刷

书　　号　ISBN 978-7-308-21686-9

定　　价　168.00 元

前言

　　高水平大学是一个国家综合国力和科学文化水平的重要标志,是国家核心竞争力的有力支撑,在引领经济社会发展中发挥着巨大作用。当今世界正处于百年未有之大变局,这个大变局将世界变化与中国发展交织在一起,同时也将世界高等教育变化与中国高等教育发展融汇在一起,构成了中国高等学校"双一流"建设的新环境、新格局、新时代。目前,我国已经建成了世界上规模最大的高等教育体系,初步形成了中国特色高等教育发展道路,以中国研究型大学为主要代表的中国大学呈群体崛起之势,一批以"中国特色、世界一流"为核心的世界一流大学和世界一流学科(简称"双一流")正在逐步形成。党的十九届五中全会明确提出,要在"十四五"时期"建设高质量教育体系",做出高等教育进入普及化阶段的明确判断,要在新起点上建设高等教育强国,就要把握好高等教育进入普及化阶段的新特征、新要求,要提升关键领域自主创新能力,提升高等教育服务国家经济社会发展和重大战略的能力。在我国进入新发展阶段的背景下,我国高等教育的发展必须立足于中华民族伟大复兴战略全局和世界百年未有之大变局,心怀"国之大者",在大变局中开新局,实施创新驱动,加快科技自立自强。作为推进科技创新和建设科技强国的关键环节,"双一流"大学建设是我国教育界的共同夙愿,是党和国家的重大战略决策,更是时代赋予的历史使命。

　　2015年8月18日,中央全面深化改革领导小组第十五次会议审议通过《统筹推进世界一流大学和一流学科建设总体方案》,推动实现我国从高等教育大国到高等教育强国的历史性跨越。根据该方案,到2030年,我国将有更多的大学和学科进入世界一流行列,且若干所大学将进入世界一流大学前列,一批学科将进入世界一流学科前列;到21世纪中叶,一流大学和一流学科的数量和实力将进入世界前列,基本建成高等教育强国。2019年2月,国家出台《中国教育现代化2035》《加快推进教育现代化实施方案(2018—2022年)》,绘制了新时代加快推进教育现代化建设教育强国的宏伟蓝图,明确指出高等教育内涵发展是构建现代教育体系的重要着力点,高等教育竞争力明显提升是推进教育现代化的总体目标之一。2021年4月19日,习近平总书记在清华大学考察时强调,一个国家的高等教育体系需要一流大学群体的有力支撑,一流大学群体的水平和质量决定了高等教育体系的水平和质量[1]。随着2020年"双一流"首轮建设收官,我国一流大学和一流学科建设取得了一定的阶段性成果,但是也要清醒地认识到,我国高等教育整体实力和世界一流大学相比还有不小的差距。一流大学作为基础研究的主力军和重大科技突破的策源地,要不断完善以健康学术生态为基础、以有效学术治理为保障、以产生一流学术成果和培养一流人才为目标的大学创新体系,继续加大改革力度,推进我国高等教育整体实力和国际竞争力不断提升。

作为当前世界高等教育的中心,美国的世界一流大学在全球高等教育体系中具有举足轻重的地位,不仅数量众多,而且教学质量卓越,长期包揽主流世界大学排名中靠前的大部分席位。自20世纪以来,美国已形成了独具特色的一流大学建设模式,并广受各国大学的推崇与模仿。然而,当前中美关系面临诸多变化,在中美经贸摩擦背景下,中国的大学应在提升国家科技实力、维护国家经济安全等方面承担更重要的历史使命。中国大学如何借鉴美国大学的成功经验,实现高等教育的快速发展,也是一个急需解决的问题。

2020年10月,中共中央、国务院印发《深化新时代教育评价改革总体方案》,把制定"双一流"建设成效评价办法作为教育评价改革的重要任务。该方案指出,要制定"双一流"建设成效评价办法,突出培养一流人才、产出一流成果、主动服务国家需求,引导高校争创世界一流。2021年3月,教育部、财政部、国家发展改革委联合印发《"双一流"建设成效评价办法(试行)》,指出要实行日常动态监测与周期评价相结合,要实行定量评价与定性评议相结合,要以学科为基础,探索建设成效的国际比较。对一流大学和一流学科建设成效的评价与研究是一项世界难题,本书紧密围绕我国高等教育坚持中国特色与世界一流、聚焦内涵建设的导向,以学术竞争力分析为切入点,强调依托动态监测积累的数据开展定量与定性相结合的评价研究,科学合理确定相关领域的一流大学标杆,对中美一流大学相关可比学科和技术领域的学术竞争力进行了综合考察。本书希望通过对中国"双一流"大学与美国一流大学学术竞争力比较的研究与探索,为我国"双一流"大学建设在进

[1]出自《深入推进新一轮"双一流"建设(人民时评)》,人民网

一步彰显特色、提升质量和竞争力,以及在不同领域和方向如何建成一流等方面提供若干启示;与此同时,也为我国科学制定高等教育事业发展"十四五"规划、稳步实现高等教育中长期发展目标的相关路径提供参考。

本书紧扣中美一流大学学术竞争力分析与评估这一主题,从宏观、中观和微观3个视角深入探讨中美大学在一流联盟、顶尖大学、顶尖学科、重点领域四个层面的研究差距,以期从多个维度分析及总结中国"双一流"大学建设取得的成果和存在的不足,助力我国大学在"十四五"开局之际,用全球战略眼光找准"双一流"大学发展的自身定位,谋划好新一轮的顶层设计与战略布局。全书分为四个部分(共十一章),第一部分(第一和二章)从理论角度介绍了学术竞争力评估的研究与实践以及本书的方法体系,第二部分(第三和四章)对中美一流大学联盟和中美顶尖大学的学术竞争力进行了分析,第三部分(第五至第九章)以临床医学、材料科学、化学、环境科学、药学等学科为例开展学术竞争力分析,第四部分(第十和十一章)聚焦人工智能和量子信息两个技术领域开展竞争力分析。

本书由浙江大学图书馆田稷、陈振英、李红、赵惠芳、周云平、王凯飞、熊进苏、郭全珍、李懿、王欣、刘梦琪等多位长期从事学术竞争力分析的专业人员通力合作完成编写。其中,田稷、陈振英负责全书的策划、统筹、组织工作,陈振英、李红负责审稿和统稿工作。本书在编写过程中采用了大量数据,并对数据进行了处理,尽管反复校对,但仍可能存在疏漏和不妥之处;另外,由于水平有限,且编者较多,虽然力图保持风格一致,但仍可能有行文不当、前后文风不一致之处,敬请广大同行和读者批评指正。

特别感谢吴伟、刘梦琪老师在本书编写、统稿过程中给予的宝贵意见和无私帮助。

吴晨

2021年8月

目录

第三篇　学科分析

第四篇　技术领域分析

第一篇　基本理论

　　学术竞争力是衡量一所大学办学水平和发展趋势的重要指标。大学学术竞争力评估可以为大学竞争和发展提供定位信息和数据支持，通过将被评估大学与同类院校以及同地区院校进行对比，发现其自身存在的问题和不足，为大学提供"诊断"；同时，大学学术竞争力评估也可以为大学和行政管理部门制定下一步的政策措施提供决策依据，帮助大学发挥相对优势、找准同行之间的差距与不足、明确改进方向和制定相应对策，促进国家中长期的科技发展。本书第一章对大学学术竞争力进行定义，并对国内外学者在大学学术竞争力评估方面的研究现状、大学自主学术竞争力评估及第三方评估中的应用情况加以调研。

　　学术竞争力评估是一项复杂的系统工程，若要让这项工程做到科学、公正、客观、可行，则评估过程既要尊重学术研究的发展规律，也要选择科学的评估理论和方法。本书第二章介绍了全书在科学评估方面的理论依据和支撑方法。本书将标杆测定法(对比差距法)引入学术竞争力评估研究中,构建了硬评价指标体系和软评价方法,采用多种计量分析方法,对中美一流大学的现状、潜力、优势和不足进行了全面、系统的比较研究。

第一章　学术竞争力评估概述

第一节　学术竞争力评估及其价值

学术竞争力是大学在长期的教学、科研、社会服务活动中不断吸取、整合、优化、开发各种资源,逐步培育形成的以学术文化为内核、以优势学科为主干、以学术梯队为支撑、以学术成果与效益为标志的一种整体竞争优势与能力。它以学术生产力、影响力、创新力为表征,体现为大学学术人员创造出比同行水平更高的教学、科研成果,培养出高质量的创新人才,以及高效、高质量地为社会服务的能力。

本书所提到的人学学术竞争力,是指大学在国际或国内竞争中所表现出的力量。这种力量从相互比较的角度来看,是各学校之间、同一学科之间、同一领域之间在某些方面的比较优势或差距表现;从学校、学科和领域自身来看,是大学所形成的一种能力或素质的反映;从竞争结果来看,是学校在培养人才、科学研究和社会服务等方面的能力。

大学的学术竞争力往往表现出如下特征。

(1)学术竞争力是大学在不断适应外部环境的过程中,在人才培养、科学研究和社会服务等方面所反映出来的能力。

(2)学术竞争力是一种比较竞争力,是大学在与国际或国内竞争对手角逐的过程中表现出来的比对手更有优势的能力。

(3)学术竞争力是分层次的。同一学科可根据不同的学术水平和培养能力,分为研究生(博士/硕士)、本科(学士)和专科层次,高等学校的学科竞争往往是在同一层次之间开展的,在层次上差距明显的大学之间几乎构不成竞争关系。

(4)学术竞争力的基础是发展和创新,学术竞争力的内在表现是有良好的成长机制。

(5)学术竞争力取决于竞争主体的竞争实力、竞争潜力和竞争环境。

第二节　学术竞争力评估的学术研究现状

本节以中国知网、Web of Science数据库为数据来源,检索收集国内外开展学术竞争力评估的研究成果。为了更加全面地得到学术竞争力评估相关研究文献,将"学术竞争力评估"扩展为"学术竞争力""学术评估""科研竞争力""科研评估""学术评价""科研评价"等进行组配检索,对应英文检索词为"Academic Compet*""Academic Evaluat*""Research Compet*""Research Evaluat*"等。同时,利用滚雪球法、引证文献法等进一步补充相关研究文献。

在对相关主题进行检索后发现,学术竞争力评估与科研评估密切相关。科研评估是通过对科研活动及其产出和影响的价值进行判断,以衡量科技创新活动及其主体的水平和价值的活动。学术竞争力评估主要包含两个方面的内容:一方面是对学术层面的评估,如对科研成果的评估等;另一方面是对非学术层面的评估,如对社会影响的评估等。学术竞争力评估是科研评估中对学术层面评估的重要组成部分,学术竞争力的强弱直接影响科研评估的结果,而科研评估的结果可以促进学术竞争力的提升,因而通常将学术竞争力评估放在科研评估体系中进行研究与讨论。

科研评估具有很强的诊断、导向与激励功能,全面有效的科研评估既能激发科研机构的创新能力,又能为科研管理部门提供及时的科研发展信息。因此,科研评估工作已经引起了越来越多国家的关注。美国是最早开展科研评估工作的国家,日本、法国、瑞典等国家也在其后逐步开展科研评估工作。我国的科研评估起步于20世纪80年代。近年来,随着大科学时代的开启,快速扩大的数据规模和先进的技术手段促使科研评估指标愈加丰富,科研评估体系日趋完善,科研评估方法日益增多,我国对科研评估的投入也越来越大。从整个科研评估流程来看,科研评估指标与科研评估体系是科研评估中至关重要的两个环节,国内外学者针对这两个环节已积极开展了各项研究。

一、科研评估指标研究现状

科研评估指标是科研评估活动中的关键环节。通常来说,科研评估指标包括定量分析指标和定性分析指标两类,这两类指标经常被综合应用于评估实践中。定量分析指标在整个科研评估活动中具有不可或缺的客观价值。学者围绕文献数据对定量评价指标开展研究,包括传统文献计量指标、基于传统文献计量指标衍生的评估指标,以及伴随网络信息化所产生的诸多新兴指标,如网络计量学、替代计量学等。

(一)传统文献计量指标及衍生指标

基于文献的传统计量指标在科研评估中应用最为广泛,也为新指标的开发奠定了基础,如基于引文测度指标、期刊影响相关指标等。引文分析是文献计量学的核心方法之一,引文影响力在一定程度上揭示了学术影响力,因此,引文指标在科研评估研究中受到了广泛的关注。常见的引文指标可以分为三类:①适用于总体规模的定量分析指标,如总被引频次、高被引论文数、高被引论文占比等;②篇均类指标,如篇均被引、学科规范化的引文影响力(category normalized citation impact,CNCI)等;③特定指标,如 h 指数、g 指数、皇冠指数等。

h 指数是科研评估中最具影响力的指标之一,也是广受学术界关注的评估指标之一。2005 年,Hirsch J E(2005)综合考虑论文数量和论文被引次数,提出 h 指数(h-index)用于评估科学家个人的研究绩效,随后其他研究者相继提出了一系列基于 h 指数的衍生指标。Egghe L(2006)提出 g 指数,改进了 h 指数不能充分反映高被引论文的不足;Alonso S(2016)基于 h 指数和 g 指数提出了 Hg 指数;Prathap G(2010)则在研究中提出 p 指数,进一步提高了科研评估的客观性与准确性。我国也有不少研究者就 h 指数的局限性提出优化指数。许鑫、徐一方(2014)指出传统的 h 指数未考虑时间维度对学者进行的评价且无法有效区分拥有相同 h 指数的学者,并在研究中提出基于时间维度的 H_t 指数,用于评估学者学术水平和活跃程度;金碧辉(2007)等提出了拓展 h 指数功能的补充指标 R 指数和 AR 指数;宋歌(2016)认为科研成果创新力评估中的替代指标具有局限性,提出了科研成果创新力 S 指标及累加 S 指数的计算公式,进而通过实证分析,论证 S 指数可以作为评估科研成果创新力的一项有效指标等。除个人评估外,也有研究者将 h 指数应用于评估其他主体,如 InCites 数据库将 h 指数应用于机构评估,Braun T(2006)等人将 h 指数的应用扩展到期刊评估。

除上述指标外,还有一些非常重要的指标,如荷兰莱顿大学科学技术研究中心提出的皇冠指数,以及期刊影响因子(impact factor,IF)、期刊声望指数(SCImago journal ranking,SJR)、特征因子等期刊评估指标。

(二)面向网络环境的新兴指标

在网络信息数量爆炸式增长、信息技术快速发展的背景下,网络计量学和替代计量学应运而生。学者开始注重网络环境下文献资源的特殊性,并对传统评估指标进行修正,提出新的评估指标。相关研究主要包括以下两个方面。

1.基于网络计量学的新兴指标

网络计量学通过运用各种量化研究技术、工具和方法,对网络信息资源进行计量和研究。该学科自提出以来被广泛应用于与网络相关的各种领域的分析之中,为科研评估提供了有力的定量依据和决策支撑。1998年,Ingwersen P(1998)基于期刊影响因子提出了"网络影响因子"。2002年,Darmoni S J 等(2002)提出阅读因子,从图书馆用户视角对期刊进行评估。随后,越来越多的学者将网络影响因子应用于对大学、图书馆、企业等的信息资源评估中。邱均平是国内最早探索网络计量指标与传统引文指标关系的学者。自邱均平之后,对将网络计量指标用于学术评估可能性的研究逐渐增多,部分学者将引文分析法与网络链接技术相结合,提出了新的科研评估指标。如马凤(2014)提出基于 PageRank 算法的期刊影响力权值,并与期刊影响因子、期刊自引率、总被引频次等指标进行对比分析。又如周春雷(2018)认为学术关系网络蕴含的社会资本能够真实反映科研机构的学术声望及影响力,因而其研究从学术网络社会资本视角提出了测度科研机构学术影响力的学科评价指标——SCAN 指数,并且通过 ESI(essential science indicators)数据印证了 SCAN 指数的合理性和可靠性。此外,运用 ScholarRank 算法挖掘被引次数不多的高质量论文,通过 MPA 算法揭示文献链中居于重要衔接位置的文献等方面的研究也广受关注。

综合上述调研发现,当前对网络计量学的应用研究主要集中在理论、方法,以及共链分析、算法和评估指标上,但随着数据科学的快速发展和大数据、人工智能技术的渗透,网络计量学与网络挖掘、人工智能和数学等领域相结合成为新的发展趋势,将为科研评估中量化规律的发现和分析带来更大的便利。

2.基于替代计量学(altmetric)的新兴指标

替代计量学(altmetric)的概念最早是由美国北卡罗来纳大学博士生 Priem J 于 2010 年提出的。与传统的文献计量评价指标相比,替代计量学指标为科研评估提供了超越学科范畴的广阔视阈。替代计量学的测量对象丰富多样,能够展现即时更新的测量结果,弥补引文指标在应用中周期过长的缺陷,得到了学术界的广泛支持。Levitt J M 和 Thelwall M(2011)在替代计量学领域开展了一系列研究。2011 年,Thelwall M(2011)通过将"引文次数"与"影响因子"加权计算得到一个新指标,用来评价文章的影响力。2014 年,Mohammadi E 和 Thelwall M(2014)基于 Mendeley 学术社交平台探索不同领域 Mendeley 读者量与引用量的相关强度差异,研究发现社会科学领域 Mendeley 读者量与引用量的相关强度高于人文科学领域。2015 年,Thewall M 认为与被引次数相比,Mendeley 计算研究成果影响力会更具及时性,因此提出一种基于 Mendeley 国际影响力指标的计算方法,研究发现该方法能够一定程度上更早反映文献影响力变化的趋势。此外,还有学者研究发现,领域专家重点推荐的论文中往往替代计量学分值较高。刘春丽(2012)最早将替代计量学引入国内;邱均平等(2015)提出将若干限定学术数据作为数据源,替代计量学的若干指标(如社会影响力、评级等)能够一定程度反映学术影响力。杨柳(2015)以 plum analytics 为数据源,探讨替代计量学指标与传统科研机构影响力评估指标之间的相关性。郝若扬(2018)以 2014—2016 年替代计量学前 100 名论文为样本,发现替代计量学分数能够通过定量方式揭示学术论文的社会影响力。

将替代计量学应用于科研评估能够带来更高的评估效率,也能更加实时地揭示学术前沿。目前,英格兰高等教育基金委员会(Higher Education Funding Council for England,HEFCE)正在论证将替代计量学应用于科研评估的可行性,若证实替代计量学指标适用于科研评估,则未来可能将其纳入考核制度中。但也有研究表明,替代计量学指标与引文指标所反映的论文影响方向不同,两者可以相互补充,但是不能取代彼此。

网络计量学和替代计量学都是基于网络的科学计量学的衍生体,它们拓展了传统引文网络的研究范围,提出了覆盖面广、迅速、开放的科学影响力计量方法。在网络和信息技术快速发展的时代背景下,基于网络计量学和替代计量学的新兴指标可以弥补传统文献计量指标的不足,但若要将这些指标更加成熟和准确地应用于科研评估,仍需大量的实证研究加以证实,这也是未来值得深入研究的方向。

二、学术评估体系研究现状

科研评估体系构建是学术界的热点之一。构建评估指标体系一般包括指标选取和指标权重设置两部分，指标选取要结合评估对象的性质、特点，遵循指标选取原则；指标权重设置应关注目前的评估重点与目的，但指标权重设置并不是每一个评估体系必需的。笔者通过调研发现，国内外学者将德尔菲法、统计学、运筹学、组织行为学等多种学科方法引入到科研评估中，以构建更加完善、全面的评估体系，来提高评估结果的客观性和准确性。

(一)实践层面的科研评估体系研究

大学科研评估指对校内科研人员科技创新活动进行的评估与衡量。随着大学功能的不断拓展和科研工作的不断深入，大学科研评估拥有了更广泛的内涵和外延。国外大学科研评估最初采用的是同行评议，随后定量分析也开始被应用到大学评估中，逐步形成定性与定量相结合的评估体系。国外对科研评估体系的研究主要集中于由政府建立或引入第三方评估机构进行的大学科研评估。例如，英国的"科研卓越框架"(Research Excellence Framework，REF)开展了很多探索性的研究和实践，其最大的创新就是采用了同行评议与文献计量指标相结合的评估体系，在严格限制文献计量指标所占比重的同时弱化了同行评议对评估结果的影响。在英国的《英国社会科学研究绩效的国际基准对比和文献计量学监测》报告中，研究者选取10个学科进行文献计量学分析，根据不同学科的特点确定引文数据统计范围，对每个学科的国际影响力进行比较分析。美国国家科学研究委员会(United States National Research Council，NRC)每隔10年进行一次研究型博士项目的排名，涉及大学特征、博士项目特征、参与项目人员3个维度共48个变量指标。德国科学委员会开展部分科研机构评估工作，建立了较为完善的多层次科研评估体系，涵盖20多项指标。此外，澳大利亚、法国等国家也针对不同的评估目标，构建了各具特色的科研评估体系。本书将在第一章第三节"学术竞争力评估的实践应用现状"中，对国外科研评估体系进行详细介绍。

国内大学的科研评估起步较晚，但发展较快，经历了行政评估、同行评议、文献计量评价、科研计量4个阶段，出现了一批有影响力且应用性强的大学科研评估指标体系。

1.基于综合方法的评估体系研究

白璐(2019)综合运用SWOT分析法、问卷调查法、德尔菲法等来构建指标评估体系。该研究首先通过调研国内外现有指标体系,利用SWOT分析法分析所选中指标的优势、劣势和现实因素,构建大学科研评估指标体系的雏形,设计指标体系问卷,然后邀请图情、科研评价等领域的20位专家,采用德尔菲法,通过两轮问卷调查,结合专家意见对指标和分值比重进行慎重的调整,最终得出指标优化后的大学科研评估指标体系。该指标体系具有一定的开放性,包括核心指标和拓展指标两部分,核心指标旨在对所有大学基础科研实力进行评价,拓展指标旨在对高水平大学的科研实力进行评价,并以某医科大学为例,对构建的科研评估指标体系进行了实践验证。

2.基于层次分析法的评估体系研究

唐慧君(2006)运用层次分析法,考虑到自然科学与人文社会科学规律和特点不同,经过两轮专家意见咨询,分别构建了大学自然科学科研评价指标体系和大学人文社会科学科研评价指标体系两套科研评价体系,以保证评价体系的科学性与合理性,并选取湖南大学具有代表性的院系进行实证研究。此外,江艳(2007)也采用层次分析法构建评价体系,不同的是,该研究以科学构建为基础实施分类评价,依据理工文三类大学科,分别构建了湖南大学理科科研评价指标体系、工科科研评价指标体系和文科科研评价指标体系。

3.基于因子综合分析法的评估体系研究

因子综合分析法是利用因子综合得分评价模型进行分析的方法。因子综合得分评价模型是统计学中相对成熟的方法与模型,该模型能够从众多指标中提取少数综合性指标,集中反映所有指标的主要信息,避免了大量评价指标重复叠加使用。柳劲松和刘贵华(2014)将因子综合得分评价模型应用于区域大学科研质量综合评价研究中,构建了包括条件质量和成果质量2个维度、13个核心指标的评价体系,经过因子综合分析法旋转后,从原来13个核心指标中提取出3个公因子。舒予(2015)同样利用因子综合分析法,从指标相关性的角度对科研评价指标进行分类,从科研总量、科研质量和前沿研究3个角度构建了科研评价指标体系,提出一种基于方差最大化的权重计算方法,对我国"985"大学科研状况进行评估和分析。

4.基于数据包络分析法的评估体系研究

运筹学中的数据包络分析法(data envelopment analysis,DEA)也常常被应用于构建科研评估体系。例如,刘峰和于智恒(2019)运用数据包络分析法进行科研绩效测度,选取典型相关分析方法(canonical correlation analysis,CCA)模型对科研投入产出指标进行相关性验证,得到适用于我国大学的科研绩效评估指标体系;陈浩(2012)运用数据包络分析法中的应用视窗分析(window analysis,WA)模型,构建科研评价体系;姜彤彤(2011)综合运用数据网络分析法中的固定规模报酬数据网络分析法模型(CCR模型)和变动规模报酬数据包络分析法模型(BCC模型),构建了包括科研投入、科研产出2个维度共10个指标的评估体系。

除问卷调查法、德尔菲法、统计学方法以及运筹学方法外,平衡计分卡、健康指数模型等也被应用于构建科研评估指标体系。张龙等(2019)采用平衡计分卡构建了包含科研经费、科研成果、科研项目和科研交流与培养等指标的大学科研评估指标体系;周保环(2019)基于健康指数模型开展了大学学科评估与对策研究。

（二）理论层面的科研评估体系研究

大学科研评估体系对大学创新活动发展起着重要的引导作用,而定期开展的科研评估活动也是大学自我查验的良好机会。部分学者指出,现有的大学科研评估体系存在诸多问题,需要进一步完善,才能更加客观地呈现科研评估成效,有效提升我国大学的科研能力和创新能力。有研究者就"双一流"背景下科研评估体系发展问题进行了探讨,如宋荔钦和郝少盼(2020)探讨了"双一流"要求指导下的大学科研评价体系构建策略,指出评价标准量化、评价内容实物化、评价指标国际化是目前我国大学科研评价体系的重要特征,但同时我国大学科研评价体系也存在评价机构行政气息浓重、评价内容量化现象严重等问题,进而依据不同专业特色采用不同评价方法,提出大学科研评价体系构建策略。又如,郑承军和潘建军(2018)就"双一流"背景下大学科研评价的改革,指出长期以来加强绩效评价成为我国高等教育管理领域的现实,在该过程中,以量化考核为表征的绩效评价备受推崇,功利主义也在影响着学术评价,评价的工具主义不断影响着学术职业的本质属性。该研究提出,一方面要改变"唯期刊论"的学术评价体系,落实多元评价和同行评价的理念;另一方面要改变科研评价目的,扭转科研评价的功利性等。只有完成这两个方面的改变,才能构建适应"双一流"建设背景下的大学科研评价体系。

大学学科组织化指将大学基层组织制度从有利于知识传递向有利于知识创造转变。对处于既定发展阶段的大学学科组织化水平做出科学、准确的评估,具有重要的理论价值和现实意义,然而,目前这一目标尚未完全达成。贺天成(2017)通过整合大学学科组织理论,提出组织化视角下评估体系的构建原则,并综合问卷调查法、德尔菲法、调系数、变异系数、乘积法等多种研究方法,从理论上构建了"体用结合"的大学学科评价指标体系。该指标体系综合考量了大学学科组织功用水平和组织化水平,最大限度使大学学科水平评价更加合理、全面。刘磊(2018)则关注排行榜的学术评价体系,他以上海软科世界大学学术排行榜(Shanghai Ranking's Academic Ranking of World Universities,简称ARWU排行榜)、泰晤士高等教育世界大学排行榜(THE World University Rankings,简称THE排行榜)、QS世界大学排行榜(QS World University Rankings,简称QS排行榜)这3个排行榜的学术评价指标体系为研究对象进行相关性分析,结果发现不同排行榜的相关系数下效度较差,同一大学在不同评价体系中的学术等级相差较大,并且同时入围3个榜单的大学数量偏少,这主要是各排行榜计算方法和排名指标不同导致的排名差异。该研究进而从调整评价指标权重、被引问题等方面提出修正意见,重构学术评价指标体系。此外,也有国外学者就完善科研评价指标体系的问题进行了探讨。Bincent N(2013)以专业能力、研究活动、行为特性等为关键绩效指标设置大学绩效评价体系,指出教育机构在进行评估时,可以根据目的选择性地组合使用上述指标。Gunn A等(2017)则关注非学术影响对学术研究评价的作用,指出在评价设计中应当考虑评价对象、时间框架、非学术影响信息的提供者、争议的影响、科研资助等因素,将非学术影响选择性地应用到学术研究评价中。

科研评估体系的构建是科研评估工作的关键环节,所构建的科研评估体系是否全面、合理,不仅会影响科研管理的公正性和有效性,而且会影响大学管理部门的决策和大学发展方向,而如何在现有研究的基础上构建更加全面、合理的科研评估体系,仍是未来值得深入探讨的话题。

三、本节总结

科研评估对大学科研活动的管理和决策意义重大,它通过科学、有效的方法,对科研活动及其产出和影响进行价值判断,为下一步的科研决策提供支持,其在指导科研经费分配、科研人员晋升、科研管理等方面发挥着越来越重要的作用。

综合国内外的研究情况可知,国内外学者针对科研评估流程开展了一系列的研究工作,尤其在科研评估指标与科研评估体系构建方面。在科研评估指标方面,除传统文献计量指标及其衍生指标外,伴随着网络和信息化的发展,还出现了诸多基于网络计量学和替代计量学的新兴指标,这些新兴指标为科研评估带来了极大便利,但如何将其更加准确地应用于科研评估,仍需未来继续探讨。在科研评估体系构建方面,部分学者探索了如何将层次分析法、因子综合分析法、数据包络分析法等多种客观赋权方法应用于评估体系构建,但评价本身是多维度、多属性且主观的,因此"客观评价"概念本身并不完备。

此外,从科研评估主体来看,科研评估主要由国家或大学主导,在国外还有一些商业组织积极参与其中,为政府和公众了解各个院校和科研机构的科研实力、科研资源、科研效益等情况提供支持。科研评估对象涉及学者评价、期刊评价、学科评价、机构评价,以及国家或地区评价等多方面,本书主要针对机构评价开展调研工作。从科研评估方法来看,主要分为定性评估、定量评估和综合评估,3种评估方法各有所长,适用于不同的评估对象和目标。目前,很多国家和地区的科研评估以定性分析为主,以定量分析为辅,采用两者相结合的方式进行。本书以全面、客观揭示各所大学的实际竞争力为目标,不采用任何主观赋权方法进行人为干预,通过客观学术数据,展现各个大学间的学术竞争力原貌,为我国"双一流"大学建设提出可供参考的建议。

第三节　学术竞争力评估的实践应用现状

根据评估主体和评估目的的不同,可将学术竞争力评估的实践应用分为三大类:第一类是第三方机构或政府所主导的国家科研评估体系构建,如中国教育部学位中心一级学科评估、美国博士点评估、英国科研卓越框架、澳大利亚卓越科研评价体系(Excellence in Research for Australia, ERA)等;第二类是新闻媒体机构或民间高等教育评估组织所主导的大学排名评估,如 ARWU 排行榜、THE 排行榜、QS 排行榜、美国新闻与世界报道世界大学排行榜(U.S. News & World Report Best Global Universities Rankings, U.S. News)、"金平果"排行榜等;第三类是由大学自主发起的评估,如北京大学图书馆进行的北京大学科研竞争力评估等。下面主要介绍和讨论学术竞争力评估在这三大类中的应用。

一、在国家科研评估体系中的应用

国家科研评估是由政府或第三方机构主导,通过构建一个结构合理且符合国情的科研评估体系,对大学的科研能力进行的官方或半官方的科研评估。评估结果可以帮助大学了解自身的优势与不足,为大学的竞争和发展提供定位信息,从而对科研管理体制和方案优化提出有针对性的意见或建议。同时,也可为政府部门的科研管理和政策制定提供数据支持,特别是为政府科研拨款提供决策依据,使科研资金的利用效益最大化。

在国家科研评估体系中,有一定关注度和影响力的科研评估体系主要有:中国教育部学位中心一级学科评估、美国博士点评估、英国科研卓越框架,以及澳大利亚卓越科研评价体系。这4种科研评估体系具有不同的特点和应用目标,其评估方式和侧重点也各不相同。以下将会详细介绍这4种科研评估体系,以及学术竞争力评估在其中的应用现状。

(一)中国教育部学位中心一级学科评估

中国教育部学位与研究生教育发展中心组织(简称中国教育部学位中心)的一级学科评估,是按照国务院学位委员会和教育部颁布的《学位授予和人才培养学科目录》,对具有博士硕士学位授予权的一级学科进行的整体水平评估。它是采用"客观评价与主观评价"相结合,以第三方评估的方式开展非行政性、服务性评估的指标体系。中国教育部学位中心一级学科评估于2002年首次开展,至2017年已经完成四轮。

2020年11月,中国教育部学位中心印发《关于公布〈第五轮学科评估工作方案〉的通知》,决定启动第五轮学科评估工作。本轮学科评估指标体系包含人才培养质量、师资队伍与资源、科学研究(与艺术/设计实践)水平、社会服务与学科声誉4个一级指标,评估采取"公共数据获取与单位审核补充相结合"的信息采集模式,其数据主要来源于单位材料报送、公共数据采集、专家评价和问卷调查等。

这4个一级指标中,与学术竞争力评估相关的指标是科学研究(与艺术/设计实践)水平,其主要针对科研成果、科研项目与获奖等方面的情况进行评估,重点考察学术论文质量、学术著作质量、专利转化情况、科研项目情况、科研获奖情况等。第五轮学科评估指标体系框架如表1-1所示。

表1-1 中国教育部学位中心第五轮学科评估指标体系框架

一级指标	二级指标	三级指标
人才培养质量	思政教育	思想政治教育特色与成效
	培养过程	出版教材质量
		课程建设与教学质量
		科研育人成效
		学生国际交流情况
	在校生	在校生代表性成果
		学位论文质量
	毕业生	学生就业与职业发展质量
		用人单位评价(部分学科)
师资队伍与资源	师资队伍	师德师风建设成效
		师资队伍建设质量
	平台资源	支撑平台和重大仪器情况(部分学科)
科学研究(与艺术/设计实践)水平	科研成果(与转化)	学术论文质量
		学术著作质量(部分学科)
		专利转化情况(部分学科)
		新品种研发与转化情况(部分学科)
		新药研发情况(部分学科)
	科研项目与获奖	科研项目情况
		科研获奖情况
	艺术实践成果	艺术实践成果(部分学科)
	艺术/设计实践项目与获奖	艺术/设计实践项目(部分学科)
		艺术/设计实践获奖(部分学科)
社会服务与学科声誉	社会服务	社会服务贡献
	学科声誉	国内声誉调查情况
		国际声誉调查情况(部分学科)

　　教育部学位中心一级学科评估因其权威性和官方性,得到了社会的广泛认可,为政府管理部门与大学制定政策和措施提供了重要的参考依据。在政府管理层面,此评估结果有利于政府管理部门全面掌握大学的信息,为其对大学的管理和调控,特别是相关资助政策的制定和资金的投入决策提供了重要的数据支持。在大学层面,此评估结果有利于大学了解自身学科发展过程中的优势和不足,促进学科内涵建设,提高学科水平和人才培养质量。

　　(二)美国博士点评估

　　美国博士点评估是由美国国家研究委员会发起(National Research Council,NRC)的博士点评估。NRC 是由美国国家科学院(National Academy of Sciences,NAS)创建的民间非营利组织,主要承担评估研究型大学内部各学院办学质量和水平的工作,大约每隔10年进行一次美国研究型博士项目的排名。自1982年以来,美国已开展了3次全国博士点评估。

　　美国博士点评估指标体系包含3个一级指标:研究活动、学生资助与结果、多样性。其评估数据主要来源于以下3个方面:①问卷数据的收集,如院校调查、项目调查、教师调查、学生调查等;②参与排名的博士点所提交的材料;③通过数据库获得的文献计量指标等。值得一提的是,为克服同行评估的主观性和不确定性,美国博士点评估仅将专家意见用于赋予各项指标权重,最后的评估结果完全基于各博士点的客观指标数据。此外,美国博士点评估还重点关注学科的差异,其中人文学科的数据由各博士点上报,而理工科数据则来自美国科学信息研究所(Institute for Scientific Information)数据库。

　　在上述3个一级指标中,与学术竞争力评价相关的指标是研究活动,其主要考察教师的人均论文发表数量、论文篇均被引次数、核心教师和新任教师获得研究基金的比例等方面的表现。美国博士点具体评估指标及说明如表1-2所示。

　　美国博士点评估由第三方机构 NRC 组织,其评估结果未与政府拨款挂钩。然而,因其评估的专业性和方法的客观性,形成的评估结果全面、可靠,在美国学术界有很高的认可度,成为各所大学提高自身科研水平、制定发展方向的重要依据。大学以此评估结果为参考,加大对提升学校声誉的博士点的投入,并完善下一步的发展策略。

表1-2　2006—2010年NRC博士点评估指标体系

一级指标	二级指标
研究活动	2001—2006年教师的人均论文发表数量（理工科数据来自ISI数据库，人文学科的专著数据来自教师的个人简历），论文篇均被引次数（理工科数据来自ISI数据库），核心教师和新任教师获得研究基金的比例，教师人均所获荣誉或奖励的数量，跨学科活动（以合聘教师的比例来衡量）
学生资助与结果	2004—2006年美国研究生入学考试（graduate record examination，GRE）平均分，学生在第一学年获得全额资助的比例，学生在第一学年获得外部资助的比例；2002—2006年毕业生的年平均数，平均完成率（人文艺术学科以8年为年限，其他学科以6年为年限），所有学生（全日制和非全日制）的修业年限；2001—2005年博士毕业生获得固定学术岗位的比例［以美国博士学位调查（survey of earned doctorate）为准］，学生的工作空间、健康保险、活动等
多样性	核心教师与新任教师中少数族裔（亚裔除外）的比例，核心教师与新任教师中女性的比例，少数族裔（亚裔除外）学生的比例，女性学生的比例，留学生的比例等

（三）英国科研卓越框架（REF）

英国科研卓越框架是英国政府历经6次科研水平评估，不断改进后出台的英国大学科研评估制度，由英格兰高等教育资助委员会、苏格兰资助委员会（The Scottish Funding Council，SFC）、威尔士高等教育资助委员会（Higher Education Funding Council for Wales，HEFCW）和北爱尔兰就业和学习部（Department for Employment and Learning，DEL）联合组织进行，主要用于评估全国范围内大学的科研质量水平。REF的前身是科研水平评估（research assessment exercise，RAE），2014年REF制度取代了RAE制度，并改进了评价方法和评价指标，在全面评估不同学科科研质量的同时，也评估科研成果对国家、社会、经济和文化等领域的影响力。REF评估目的主要有：①为科研绩效拨款提供重要参考和证明；②为高等教育部门和公众提供卓越科研的标杆和信息；③引导科研经费的选择性分配。

REF采用"同行评议为主、文献计量为辅"的评估方式，从科研成果、科研影响力和科研环境3个方面对英国大学不同学科的科研质量及科研实力进行评价。需要注意的是，虽然REF中引入了文献计量学数据指标，但这些指标仅供同行专家评估时参考，暂未作为评估的主要依据，同行的定性评议仍是评估的首要因素。针对不同的学科，REF的评价体系略有差异，在科学、技术、工程、医药等自然科学相关学科数据的采集和处理方面，更多依据Web of Science数据库和Scopus数据库的引文分析;对艺术、社会科学、人文和统计学等学科,则采用同行评议为主的方法,辅之以Lattes数据库的引文统计分析。

在REF评估指标体系中,与学术竞争力评价相关的评估指标是科研成果,它以研究成果的原创性、重要性和严谨性为衡量标准,运用同行评议和文献计量指标综合评价的方法,评估科研产出是否达到国际研究质量标准。科研成果指标在整个评估体系中所占权重最高,达到65%。2014年版REF具体评估指标、评估标准、评估说明及权重如表1-3所示。

表1-3 REF评估指标体系(2014年版)

评估指标	评估标准	评估说明	权重
科研成果	以研究成果的原创性、重要性和严谨性为衡量标准	采用同行评议的方法进行评估,并以文献计量指标作为评估参考;所提交的代表性成果主要包括著作、论文、个人作品,以及设计、表演和展览等	65.00%
科研影响力	包括案例研究与影响力陈述评估两方面。其中,案例研究以科研影响力的广度和重要性为衡量指标;影响力陈述以实现影响的途径、战略和计划,与案例研究的关联程度为评价指标	不仅是学术影响力,而且包括对经济、社会、文化、公共政策与服务、健康、环境和生活质量等方面的有益影响	20.00%
科研环境	以活力和可持续性为衡量指标	包括为科研和学科发展提供支持的政策、资源和基础设施,如为研究人员和学生提供的支持、研究收入、研究设施和设备、研究生培养和科研活动策略等	15.00%

新一轮REF评估于2021年开始,此轮评估仍采用同行评议为主、文献计量为辅的评估形式,新增评估系统专家用户组和引用数据专家用户组,引用数据专家用户组需要在正式评估阶段向专家用户组提供科研成果引用数据等定量数据,作为同行评议的参考。

REF评估由政府引导,其评估结果作为政府对大学进行科研拨款的重要依据,有利于加强大学对科研活动的重视程度,增加科研产出数量,提升科研质量。此外,政府根据评估结果分配科研经费,提高了科研资金的使用效率,增强了针对性,促进了学科整体研究质量的提高。

(四)澳大利亚卓越科研评价体系

澳大利亚卓越科研评价体系是由澳大利亚研究委员会(Australian Research Council,ARC)管理的现行大学科研评价制度,主要用于对澳大利亚大学科研情况进行全面的评估,甄别出卓越的、有潜力的研究,为政府、工商业界和其他社会团体提供研究信息。自2007年ERA制度代替科研质量框架(Research Quality Framework,RQF)制度之后,迄今已经开展了4轮评估。

ERA通过对不同学科设置不同的指标、业内专家和同行互相协作、划分评价单元和学科群等多种评价方式,确定各个大学的科研优势,以及具有发展潜力的学科。在遵循数量标准、国际认可程度、与其他学科所用指标具有可比性、能够识别出优秀成果、有研究相关性、可重复并且可检验、时限性和对行为有影响这8项原则的基础上,ERA构建了具有自身特色的评估指标体系,主要涵盖引文分析、同行评议等多项考察内容。2018年ERA最新一轮评估的主要考察内容如表1-4所示。

表1-4　2018年ERA评估主要考察内容

指标类型	考察内容	具体说明
核心指标	引文分析	分析论文的相对引用影响力(relative citation impact,RCI);依照RCI标准分析受评学科论文的引用比例分布等
	同行评议	考虑参评单位所提交的所有科研成果,包括期刊、专著、专著章节及其他非传统的研究成果等
相关指标	数量及活跃度	包括科研产出、科研年度产出、全职科研工作者的学术水平等
	出版物情况	包括专著、专著章节、期刊论文、会议论文等
	科研收入	包括竞争性科研经费、工商业界赞助或者合作研究项目经费等收入情况
	应用措施	指科研成果投入实际应用的情况,包括专利、科研成果的商业性收入、培植植物新品种、注册商标等

基于上述考察内容,ERA评价指标体系将评估指标划分为三大类,分别是科研质量、科研活动和科研应用。其中,与学术竞争力评价相关的评估指标是科研质量,主要对研究成果的质量进行评估,包括科研成果的内容水平、引文分析(论文相对引用影响力)、同行评议等方面的表现。ERA评价指标体系具体指标及其说明如表1-5所示。

表1-5　2018年ERA评价指标体系

指标名称	指标说明
科研质量	包含引文分析、同行评审和其他支持科研质量的指标
科研活动	包含研究成果、研究收入和其他研究项目
科研应用	包含专利,科研成果的商业性收入,培植植物新品种,注册商标,澳大利亚国家健康与医学研究委员会(National Health and Medical Research Council,NHMRC)支持的应用、出版物以及其他种类的研究收入

ERA能够全面评估具有优势和发展潜力的科研领域,其评估结果可引导大学支持优秀科研计划,有利于提升大学整体科研质量,并为进一步调整研究战略提供数据支持,使政府资金在科研领域的投资效益最大化。同时,也能够向各界提供大学优势学科信息,促进各大学的优势学科为国家所开发利用。

(五)小结

将上述4个国家科研评估体系中与学术竞争力评估相关的指标进行整理(如表1-6所示),总体来看,各科研评估体系存在许多共同特征,但在评估方式和指标选择上又各具特色。

表1-6　国家科研评估体系中有关"学术竞争力评估"的主要指标

评估体系	主要指标
中国教育部学位中心一级学科评估	学术论文质量、学术著作质量(部分学科)、专利转化情况(部分学科)、新品种研发与转化情况(部分学科)、新药研发情况(部分学科)、科研项目情况、科研获奖情况等
美国博士点评估	教师的人均论文发表数量(理工科数据来自ISI数据库,人文学科的专著数据来自教师的个人简历),发表论文的篇均被引次数(理工科数据来自ISI数据库),核心教师和新任教师获得研究基金的比例,教师人均所获荣誉或奖励的数量
英国科研卓越框架	以研究成果的原创性、重要性和严谨性为衡量标准,采用同行评议的方法进行评估,并以文献计量指标作为评估参考,所提交的代表性成果主要包括著作、论文、个人作品,以及设计、表演和展览等
澳大利亚卓越科研评价体系	包含引文分析(论文相对引用影响力)、同行评议和其他支持科研质量的指标

从评估方式上看,各科研评估体系多采用量化评估与同行评估相结合

的方式,其中美国博士点评估偏重客观量化评估,而英国科研卓越框架在同行评估的基础上,加入了文献计量学数据指标作为参考。从数据来源上看,主要指标的数据大多来自第三方数据库,如 Web of Science、Scopus 等,其中人文学科的数据部分采用了同行评议和单位上报的方式采集。从主要指标上看,各科研评估体系都重点关注了科研成果质量、科研成果影响力及科研成果获奖荣誉等方面的表现,特别是对科研成果质量的要求日趋严格。

〉二、在大学排名评估中的应用

世界大学排行榜是一流大学竞争的一种表征,借助量化的指标对大学的综合实力进行评价,是比较高等教育绩效与生产力最直观、最简单的方式之一,也是目前学术竞争力评价应用中最为常见的形式之一。学术水平能够反映一所大学的办学特点和能力,高等教育评估机构历来认为科研绩效是评价世界一流大学最为可靠的标准。荷兰莱顿大学校长 Carel Stolker 曾指出,世界大学排行榜对大学在科学研究领域的表现最为关注,可见作为学术竞争力核心要素的科研绩效是世界一流大学的核心指标和标志。

国内外很多权威评估机构提出了具有广泛影响力的世界大学排名评价体系。如表 1-7 所示为北京大学 2011 年学科竞争力评估体系。王金龙、王叶静(2017)在研究中指出,全球范围内世界大学排行榜有近 20 个,国家大学排行榜有近 60 个。这些大学排名机构根据自身评价目的构建学术竞争力评估体系,收集国际高等教育机构的学术信息,突破大学评价的国内视野,最终实现国际上通行的一流大学评估。国际上通行的大学排名评价标准通常涵盖科研、教学和社会服务等方面的内容,从产出的角度展开测评,聚焦于学术论文的发表数量和引用情况,即选用了学术竞争力相关的评估指标。已有多位学者对世界大学排行榜进行了系统的研究分析,其中一部分学者侧重于大学排名方法的多维度分析,还有一部分学者对不同大学排行榜之间的相似性和相关性进行了横向的比较分析,研究中均分析了学术竞争力指标在世界大学排行榜中的应用情况。邱均平(2017)等比较了 ARWU、RCCSE、THE、QS、U.S. News5 种世界大学排行榜的指标体系和二级指标权重分配,对不同排行榜发布机构的价值取向和偏好进行了分析,指出输出型二级指标如出版物、学术会议和论文影响力等所占权重较大。张优良等探究了有代表性的世界大学排行榜的体系特征,指出世界大学排行榜普遍重点考察大学的科研成果,论文发表数量及引用率已经成为大学排名中衡量大学科研水平的最重要指标。周光礼等(2016)指出,产出指标在评估学术组织的绩效表现时更为直观,国际评估机构对SCI或SSCI收录的论文情有独钟,科研成果指标已成为学术组织绩效考核的国际通用指标。总体来看,世界大学排行榜对学术竞争力指标有着较明显的偏好。刘磊等(2017)在分析我国与国外一流大学的学术竞争力差距时,使用了ARWU提供的学术指标分和学术总分算法来计算我国大学的学术总分。由此可见,学术竞争力的评估指标和方法在世界大学排行榜中的应用也得到了学者的认可。

表1-7　北京大学2011年学科竞争力评估体系

评估层面	评估内容	一级指标	二级指标
学校整体科研实力	科研生产力情况	论文产出数量情况	WoS收录总数
			WoS收录逐年趋势
		论文产出质量情况	优秀期刊收录数量
			优秀期刊收录比例
			优秀期刊收录逐年趋势
	科研影响力情况	论文被引用情况	WoS被引总数
			WoS被引比例
			WoS被引逐年趋势
		论文篇均被引情况	WoS篇均被引数量
			WoS篇均被引逐年趋势
		顶级期刊论文发表情况	《自然》论文发表数量及趋势
			《科学》论文发表数量及趋势
	人文社科科研实力	中文论文产出情况	CSSCI收录总数
			CSSCI收录逐年趋势
		中文论文被引情况	CSSCI被引总数
			CSSCI被引逐年趋势
	科研合作情况	论文国际合作情况	国际合作总数
			国际合作逐年趋势
			重点合作国家与地区
			重点合作国家与地区变化趋势

续表

评估层面	评估内容	一级指标	二级指标
各学科科研实力	科研生产力情况	论文产出突出的院系	WoS收录数量
			WoS收录逐年趋势
	科研影响力情况	ESI中进入全球1%的学科情况	WoS收录数量及趋势
			WoS被引数量及趋势
	人文社科学科实力	中文论文产出情况	CSSCI收录数量
			CSSCI收录逐年趋势
		中文论文被引情况	CSSCI被引数量
			CSSCI被引逐年趋势
各院系科研实力	理工科院系科研实力	论文产出数量情况	WoS收录数量
		论文产出质量情况	优秀期刊收录数量
			优秀期刊收录比例
		论文影响力情况	WoS被引数量
			WoS篇均被引数量
			ESI高被引论文数量
	人文社科院系科研实力	论文产出数量情况	WoS收录数量
			CSSCI收录数量及趋势
		论文产出质量情况	优秀期刊收录数量
			优秀期刊收录比例
		论文影响力情况	WoS被引数量
			CSSCI被引数量及趋势
			WoS篇均被引数量
			CSSCI篇均被引数量
	交叉学科院系科研实力	论文产出数量情况	WoS收录数量
		论文产出质量情况	优秀期刊收录数量
			优秀期刊收录比例
		论文影响力情况	WoS被引数量
			WoS篇均被引数量
			ESI高被引论文数量

评估层面	评估内容	一级指标	二级指标
各院系科研实力	院系科研合作情况	各院系合作产出数量	WoS收录数量
			热点合作院系
		各院系合作产出质量	优秀期刊收录数量
			优秀期刊收录比例
人员科研实力	科研生产力情况	各学科论文产出突出的人员	WoS收录数量
			CSSCI收录数量
		各院系论文产出突出的人员	WoS收录数量
	科研影响力情况	各学科论文产出突出的人员	WoS被引数量
			WoS篇均被引数量
		各院系论文产出突出的人员	WoS被引数量
			WoS篇均被引数量
			ESI高被引论文数量

现阶段流传度最广、认可度最高的世界大学排行榜包含 Quacquarelli Symonds 世界大学排行榜(QS)、泰晤士高等教育世界大学排行榜(THE)、美国新闻与世界报道世界大学排行榜(U.S. News)、软科世界大学学术排行榜(ARWU)和"金平果"排行榜(RCCSE)。其中,ARWU 和 RCCSE 的发布机构为大学,THE 和 U.S. News 的发布机构为媒体,QS 世界大学排行榜的发布机构为公司。这5个排行榜各有特点和应用目标,方法体系也有所不同。

(一)QS世界大学排行榜

QS 世界大学排行榜是由英国国际教育市场咨询公司 Quacquarelli Symonds 所发布的年度世界大学排行榜,首次发布于 2004 年。2010 年,QS 世界大学排行榜得到了联合国教科文组织欧洲高等教育研究中心成立的"大学排名国际专家组"下属的"IREG—学术排名与卓越国际协会"承认,是目前参与机构最多、世界影响范围最广的排行榜之一。

QS2020 世界大学排行榜主要从研究质量、教学质量、毕业生质量及国际化程度 4 个维度(包括学术声誉、雇主声誉、教师的论文引用数、教师/学生比例、国际教师比例和国际学生比例 6 个指标,具体如表 1-8 所示)进行排名。大部分学者认为,学术竞争力相关指标是反映大学科研情况的最佳指标,并在排名时赋予其极高权重,而 QS 公司却只赋予论文与论文被引用情况 20%

的权重。因为QS公司认为现有文献计量法存在学科偏见,该方法对人文社科类院校和小规模行业型大学极不公平,该公司更注重对行业的主观评价,而非文献统计的客观评价。QS公司极为看重大学声誉,坚持赋予"声誉"最高权重,并将"声誉"分为"学术声誉"与"雇主声誉"两部分,不断改进声誉评估方法,这是QS世界大学排行榜区别于其他世界大学排行榜的重要特征。

表1-8 QS世界大学排行榜评价指标体系

一级指标	指标说明	权重
学术声誉	整理了超过10万名来自世界各地高等教育领域的专家对世界大学教学和研究质量的意见	40.00%
雇主声誉	基于QS雇主调查的近5万份回复,在调查中雇主们被要求选出他们认为培养出最优秀毕业生的大学	10.00%
教师的论文引用数	计算方法为用院校5年内产出的所有论文的总被引除以该院校的教员人数,该指标用于衡量机构的研究质量	20.00%
教师/学生比例	计算方法为将学生数量除以教师数量,该指标用于衡量院校的教学质量	20.00%
国际教师比例	衡量大学国际教师的比例	5.00%
国际学生比例	衡量大学国际学生的比例	5.00%

(二)泰晤士高等教育世界大学排行榜

泰晤士高等教育世界大学排行榜于1992年开始发布英国国内大学排名,2004年11月,其与英国QS公司联合,首次发布THE-QS世界大学排行榜。THE被认为是最具影响力的世界大学排行榜之一,颇受全球高教界关注。泰晤士高等教育全球2021年大学排行榜涵盖了93个国家和地区的1500多所大学,是迄今规模最大、种类最多的大学排行榜,深受全球学生、教师、政府和行业专家的信赖。THE世界大学排行榜是唯一拥有全面、独立审查能力的全球大学排行榜,所有数据由专业服务公司普华永道(Pricewaterhouse Coopers,PwC)独立审计。

THE世界大学排行榜使用了13个精心校准的绩效指标,这些指标衡量大学在教学环境、科研能力、科研质量、国际化程度和产业收入5个方面的表现,具体如表1-9所示。THE世界大学排行榜评价体系侧重于学术指数,其对世界大学综合竞争力的考量偏重教学和研究能力。

表1-9　THE世界大学排行榜评价指标体系

一级指标及权重		二级指标及权重	
教学环境	30.00%	教学声誉	15.00%
		师生比例	4.50%
		博士与学士学位授予比例	2.25%
		师均博士学位授予数	6.00%
		机构收入	2.25%
科研能力	30.00%	科研声誉	18.00%
		研究经费	6.00%
		师均学术论文量	6.00%
科研质量	30.00%	学科标准化论文影响力(field weighted citation impact,FWCI)	30.00%
国际化程度	7.50%	国际学生比例	2.50%
		国际教师比例	2.50%
		国际合作	2.50%
产业收入	2.50%	师均从企业获得研究收入	2.50%

（三）美国新闻与世界报道世界大学排行榜

《美国新闻与世界报道》(*U.S. News & World Report*,U.S. News)是美国一本新闻周刊,该杂志自1983年开始对美国大学及其院系进行排名,开创了全国大学排名的先例,具有较高的知名度。2009年,U.S. News开始与英国QS公司合作,并发布了全球前两百名大学排行榜。U.S. News综合大学排行榜是全美最具权威、影响力最大的排行榜,主要侧重于大学的学术研究和整体声誉。

2014年底,U.S. News首次推出世界大学排行榜,引发了全球媒体的关注。U.S. News世界大学排行榜排名方法与其美国最佳大学及最佳研究生院的排名方法有诸多不同,格外注重学校的学术水平和总体声誉度,并更侧重于包括出版物及文献的数量、引用数量和高引用论文这些文献计量指标在内的学术评价指标。U.S. News世界大学排行榜排名方法中的主要评估数据来源于科睿唯安的InCites研究平台,具体评价指标体系说明和权重如表1-10所示。

表1-10　U.S. News世界大学排行榜评价指标体系

一级指标	二级指标	指标说明	权重
信誉指标	全球学术声誉	该指标反映了全球声誉最好的研究大学最近5年的学术声誉调查结果的总和	12.50%
	区域学术声誉	该指标反映了该地区最佳研究大学最近5年的学术声誉调查结果	12.50%
文献计量指标	出版文献	计算大学所有机构发表在高质量、有影响力的期刊上的学术论文总数（包括评论、文章和注释）	10.00%
	出版书籍	为文章数据提供了有用的补充，并更好地代表了侧重于社会科学、艺术和人文科学的大学	2.50%
	会议	会议记录的正式出版可以代表某些领域的真正研究突破，而这些领域的突破可能没有以其他方式进行记录或发布	2.50%
	标准化引文影响	每篇论文的引文总数代表大学研究的整体影响，并且与大学的规模无关。将该值归一化以克服研究领域、论文的出版年份和出版物类型的差异	10.00%
	总被引次数	该指标用来评价一所大学在学术领域的影响力。它是由出版物排名因子乘以标准化引文影响因子来确定的。引文总量标准化克服了研究领域、论文出版年份和出版物类型的差异	7.50%
	被引次数前10%的论文数量	该指标反映在其各自领域中，被引用为世界范围内引用率最高的论文中排名前10%的论文数量。每篇论文都有一个百分位数得分，该分数表示该论文与同类论文（具有相同出版年、主题和文档类型的论文）相比，在被引用排名方面的下降	12.50%
	被引次数前10%的论文百分比	该指标是大学在全球被引用次数最高的论文中排名前10%的论文总数的百分比。它是衡量大学产生的优秀研究数量的方法，与大学的规模无关	10.00%

续表

一级指标	二级指标	指标说明	权重
文献计量指标	国际合作—相对于国家	该指标是大学包含国际合作作者的论文总数的比例除以该大学所在国家的国际合作论文的比例。将研究论文与该机构所在的国家进行比较	5.00%
	国际合作	该指标是机构包含国际合作作者的论文总数中的比例	5.00%
科学卓越指标	对应学科领域被引次数前1%的高被引论文数量	此高度引用的论文指标显示了科睿唯安的基本科学指标(essential science indicators,ESI)中被归类为高度引用的论文数量。在ESI中,高被引论文每年在Web of Science的22个广泛领域中均排名前1%	5.00%
	被引次数前1%的高被引论文百分比	高被引论文的百分比表示一所大学的高被引论文数除以其产生的论文总数,以百分比表示	5.00%

(四)软科世界大学学术排行榜

软科世界大学学术排行榜于2003年6月由中国上海交通大学教育研究生院(原高等教育研究所)世界一流大学中心(First International Conference on World-Class Universities,CWCU)首次发布,是世界范围内首个综合性的全球大学排行榜,每年发布世界排名前1000名的大学。ARWU的最初目的是在世界范围内对中国顶尖大学进行定位和分析,但自其发布以来,其评价体系的客观性和高透明度引领了国际大学排名的浪潮,确立了大学评价的中国话语体系,成为全球最具影响力和权威性的大学排行榜之一,在世界各地被广泛报道和大量引用,除帮助国家和大学确定自身优势和劣势外,还被用作促进其改革和制定新举措的重要参考。

软科世界大学学术排行榜以评价方法客观、透明和稳定著称,全部采用国际可比的客观指标和第三方数据。在进行排名时,每项指标得分最高的大学为100分,其他大学按其与最高值的比例得分。如果任何一个指标的数据分布表现出明显的异常,则采用常规统计方法对数据进行处理。软科世界大学学术排名评价指标体系具体如表1-11所示。

表1-11　软科世界大学学术排行榜评价指标体系

一级指标	二级指标	指标说明	权重
教育质量	校友获奖	获诺贝尔奖和菲尔兹奖的校友折合数	10.00%
教师质量	教师获奖	获诺贝尔奖和菲尔兹奖的教师折合数	20.00%
	高被引科学家	各学科领域被引用次数最高的学者数	20.00%
科研成果	N&S论文	在《自然》(*Nature*)和《科学》(*Science*)上发表论文的折合数,只统计研究论文	20.00%
	国际论文	被科学引文索引(science citation index, SCIE)和社会科学引文索引(social sciences citation index, SSCI)收录的论文数,只统计研究论文	20.00%
师均表现	师均表现	该指标是指一所大学的师均学术表现,由前5项指标得分之和除以全时教师数而得。	10.00%

(五)"金平果"排行榜

"金平果"排行榜又称中评榜、邱均平大学排行榜或评价网大学排行榜,是由中国科教评价网与中国科教评价研究院、武汉大学中国科学评价研究中心共同研发的科教排行榜,包括中国大学及学科专业排行榜、中国研究生教育及学科专业排行榜、世界一流大学及一流学科排行榜、中国学术期刊排行榜四大类。在以往评价中国大学的基础上,武汉大学中国科学评价研究中心于2006年开始评价世界大学的学术竞争力,囊括了世界大学科研竞争力排行榜、世界大学与科研机构(分22个学科)科研竞争力排行榜、世界大学科研竞争力(分7个基本指标)排行榜等,从不同角度反映了世界一流大学和一流学科的建设与发展状况。

"世界大学科研竞争力排行榜"以世界一流大学为对象,对美国基本科学指标数据库中收录两个学科及以上的大学进行了全面、系统、深入的评价与分析。评价指标打破以往只注重科研评价的惯例,转向对大学的综合评价,其一级评价指标由师资力量、教学水平、科研能力、声誉影响力4个部分构成。具体指标体系如表1-12所示。

表 1-12 "金平果"排行榜世界一流大学和一流学科评价指标体系

一级指标	二级指标	指标说明	权重
师资力量	专职教师数	专职从事教学工作的人数	12.00%
	高被引科学家数	各学科领域高被引研究者人数	8.00%
教学水平	杰出校友数	获得诺贝尔奖或菲尔兹奖校友数	9.00%
	进入 ESI 排行学科数	进入 ESI 前 1% 的学科数量	10.00%
科研能力	发表论文数	近 11 年被 SCI 和 SSCI 收录论文数	6.00%
	篇均被引次数	平均每篇论文的被引频次	12.00%
	国际合作论文数	含一位或多位国际合作作者的论文数	21.00%
	发明专利数	知识转化/发明专利数	6.00%
声誉影响力	网络影响力	各大学的学术知识与资料在网络上公开出版的程度	10.00%
	高被引论文数	高被引论文数（前 1%）	6.00%

（六）小结

世界大学排行榜对学术竞争力指标的重视有目共睹,但不同评价机构对指标的考察也各有侧重。对五大世界大学排行榜评价指标进行归纳,将其中与科研成果(包含论文、书籍、专利)相关的指标作为学术竞争力文献计量指标,统计其在排行榜中所占的比重,结果如表 1-13 所示。这些指标虽然名称不同、权重不同,评价的主体也不尽相同,但指标所评价的内容不外乎论文的发表量和引用量两个方面,U.S. News 世界大学排行榜和 RCCSE 世界大学排行榜还涵盖了专利和书籍的发表数量。U.S. News 世界大学排行榜和 RCCSE 世界大学排行榜对于科研产出的偏好最为明显,科研成果指标占比均超过了 50%,其中 U.S. News 世界大学排行榜科研指标成果占比更是达到了 75%;THE 世界大学排行榜和 ARWU 排行榜对科研能力的重视程度较为接近,科研成果指标占比分别为 38.5% 和 40%;QS 世界大学排行榜则侧重于选用主观指标,其指标体系中仅教师的论文引用数(20%)一项可作为科研成果指标,但是学术声誉(40%)指标也往往包括对科研论文成果的隐性考量。学术竞争力评价已成为世界一流大学综合竞争力评估中不可或缺的一部分,且在竞争力评估的多个维度中占有较重的"分量"。

表1-13　世界大学排行榜中学术竞争力计量指标比重

排名机构	科研成果指标	权重
QS世界大学排行榜	教师的论文引用数	20.00%
THE世界大学排行榜	被引论文数	38.50%
	论文引用	
	国际合作	
U.S. News世界大学排行榜	文献计量指标	75.00%
	科学卓越指标	
ARWU排行榜	N&S论文	40.00%
	国际论文	
RCCSE世界大学排行榜	科研能力	51.00%
	高被引论文数	

　　大学在不同世界大学排行榜列表中名次出现差异的情况屡见不鲜,其主要原因不外乎评价体系的侧重点和数据获取的方式不同。世界大学排行榜的评价组织在进行学术竞争力评估中存在着一些通病,如排名指标相对单一、数据统计处理缺乏必要的审查和监督等,不同的世界大学排行榜所服务的利益相关者不同也导致其权重的赋予存在主观性。此外,当前的世界大学排行榜偏好将欧美学术标准作为评价依据,非常重视顶尖科研成果,如在期刊《自然》(*Nature*)和《科学》(*Science*)的发文量,这种标准明显有利于以英语为母语的国家,这也是欧美大学在各大排行榜占据压倒性优势的主要原因,这对我国大学角逐世界顶尖大学排名是非常不利的。近年来,大学差异化发展的呼声不断高涨,但在进行大学学术竞争力评价时仍需要体现世界一流大学的国际共性特征,做到"一所真正一流的大学在各种指标体系中都是一流的"。对已有的世界大学排行榜评估方法和价值取向进行研究,一方面可以帮助大学更好地认识到世界大学排行榜提供的信息价值和意义,另一方面也可以取其精华,去其糟粕,通过排名准则的共通性,依据不同国家、不同类型大学的特征对大学学术竞争力进行多维度评价。本书参考当前世界大学排行榜学术竞争力评估指标体系及相关研究,旨在揭示中美顶尖大学学术竞争力差距,为中国大学制定未来发展战略提供启示与借鉴。

▷ 三、在大学自主评估中的应用

若把国家科研评估和大学排名归为外部评估者对大学科研能力的评价,俗称外评价,那么各大学所主导的自主评估就是内部评估者对大学科研能力的评价,俗称内评价。大学内部的自主评估是高等教育机构基于自发的精神,发挥自我反省和自我批判的能力,由高等教育机构本身或其指定团体所规划和执行的评价活动。在大学所主导的自主评估中,大学既是评估的主体,又是评估的对象,通过结合自身发展战略和整体规划,自主选择评估方法、评估指标、权重分配等,构建结构合理且适合大学自身的科研评价体系,从而更好地了解自身学科建设情况,根据评估结果客观反映出的科研现状与预设发展目标之间的差距,优化科研管理体制,调整发展战略,实现有限资源分配的合理化和利益的最大化。根据评估出发点的不同,大学所主导的自主评估主题和内容也各不相同,如:北京大学图书馆为摸清学校整体及各学科的科研实力,优化学科规划布局而进行的北京大学科研竞争力评估;清华大学、复旦大学和上海交通大学等为配合世界一流大学建设目标,帮助学校全面了解本校学科的发展状况和国际地位而自发开展的学科国际评估;美国加州大学伯克利分校为确保其学术领先地位和教育服务质量而对所有学术计划开展的周期性评估;美国俄亥俄州立大学为提升博士点质量而开展的博士点内部评估等。

在大学所主导的自主评估中,最为普遍的就是对本校科研竞争力的评估。以国内外相关科研机构为对照进行比较分析,可帮助大学摸清学科建设短板,理清发展头绪,优化学科整体布局,提高学术竞争力。以北京大学为例,北京大学图书馆于2011年针对学校亟待解决的学科规划布局问题,采用文献计量的方法对北京大学进行了科研竞争力评估,系统分析了学校整体及各学科的科研实力。其数据主要来源于 Web of Science 数据库中的SCI、SSCI、艺术与人文引文索引(Art & Humanities Citation Index,A & HCI)子库,ESI数据库,JCR期刊引证报告,以及《自然》《科学》的部分数据。同时,对于人文社科方面的学科,还以中国社会科学引文数据库(CSSCI)、中国知网(CNKI)中的数据作为补充,具体评估体系如表1-7所示。

在此基础上,北京大学图书馆又先后完成了2016版、2017版、2018版学科竞争力分析报告,对北京大学的43个博士点一级学科/30个双一流学科进行了学科竞争力分析与梳理。最新的2018版学科竞争力报告分别从科研成果表现、科研基础实力、创新能力、国际影响力、院系贡献度与重点院系竞争力6个角度分析和展示了相关学科的竞争力。其中,科研成果表现指标包括论文产出和影响力、年度发文趋势和引文影响力趋势等;科研基础实力指标包括科研项目、科研平台、专家团队、科研奖励、学科评估等;创新能力指标包括高影响力论文、高影响力期刊论文、基金资助论文等;国际影响力指标包括学科国际排名、国际合作情况等;院系贡献度则基于文献作者的地址,对高贡献院系的竞争力进行了对比分析。评估所用数据主要来自于Web of Science数据库、Scopus数据库、中国社会科学引文数据库、中国知网、InCites、中国国家社会科学基金、中国国家自然科学基金、中国教育部基金、中国国家自然科学奖、中国国家技术发明奖等科研基金及获奖情况,以及QS、Nature Index、ARWU、THE、U.S. News世界大学学术排行榜排名情况。

美国大学为了保障学科质量,提高学科发展水平,在管理过程中也会依据自身的战略规划开展自我评估。以加州大学伯克利分校为例,加州大学伯克利分校的学术计划评估距今已有近50年的历史,学校构建了分类指导和分层评估相结合的学术项目评估体系,主要分为学术与专业院系评估、研究生群组项目评估以及本科生与跨学科研究项目评估。各学术项目评估主要分为4个阶段:数据收集与分析、参评单位自评、外部评审委员会阅读材料并实地考察、参评单位与学术评议会对评估报告进行评议并发布评估结果。加州大学伯克利分校的学术项目评估体系通过自查与同行评议相结合,注重查找问题并比较分析,同时采用同行评议来保证评估的客观和高标准,并以评估结果为依据,对学科专业结构进行宏观调控,保障了学科的覆盖面和多样性。

近年美国俄亥俄州立大学也对学校博士点进行了内部评估,并被美国一些大学视为典范。俄亥俄州立大学的内部评估架构由研究生院、学术委员会及学院三方共同组成,其数据来源主要分为两类:一类是内部数据,主要来自各学院提交的学院博士点自我评估报告;另一类则来自NRC的美国博士点数据,包括研究活动数据、教师和学生多样性数据等。评估结果将学科点分成6个等级,分别是高质量的博士学科点、实力强的博士学科点、良好的博士学科点、新设及正在发展的博士学科点、需要重新评估或重构的博士学科点和不再投入或撤销的博士学科点。根据此评估结果,俄亥俄州立大学进行了资源配置和结构重组,增加了对有助于提升学校声誉的博士学科点的投入,撤销或减少了对提升学校声誉无益的博士学科点的投入,以达到提升博士学科点整体学术能力的目的。

通过上述调研发现,国内外大学纷纷开展了内部学术竞争力评估工作,学术竞争力评估也是大学自主评估的重要组成部分。与国家科研评估和大学排名评估相比,大学自主开展的学术竞争力评估不论在评估体系的设计上,还是指标的选择上都更加灵活。大学可以根据自身情况设计符合本学校实际情况和发展战略的学术竞争力评估指标体系,采用各种定量、定性和比较的方法,对大学的现状、潜力和优势进行全面、系统的分析。在评估视角的选择上,也可包含多个维度:从纵向角度与自身往年的学术竞争力比较,可了解既往政策是否取得成效;从横向角度与国内外大学比较,可明确自身在国内大学与国际大学中的定位,寻找与一流大学的学术竞争力差距。

总之,将学术竞争力评估应用于大学的自主评估,可以帮助大学进行自我诊断,发现自身在科研建设中存在的问题与不足,从而制定与之相应的改进措施,不断提高科研成果的质量与水平。同时,也可为大学的管理和决策提供依据,特别是为有关政策的制定和科研资源的合理配置提供数据支持。

第二章 方法体系

本章主要介绍本书所使用的标杆测定法(对比差距法)在学术竞争力评估中的测度方式以及该方法在学术竞争力的硬评价及软评价中的具体应用。

第一节 标杆测定法

本书对学术竞争力的评价采取标杆测定法。标杆测定法是一种评价绩效差异度的工具,主要用于测量自身与标杆对象之间各个绩效指标的差距,可以反映研究对象间的竞争力差距。该方法简单、实用,选择指标的灵活性强,不受指标类型和指标复杂度的限制,是实施标杆管理活动时普遍采用的方法之一。标杆测定法可以实现大学与大学的比较,即假定同类学科/领域中同等优秀的大学的一系列显性特征对学术竞争力具有明显的影响,因而可以通过比较一系列显性指标来评价大学之间在同类学科/领域学术竞争力上存在的差距。

标杆测定法的评价流程主要包括以下几个环节:①选取对标指标;②比较研究对象(群体或个体)在各指标上的差距;③进行综合汇总,评价研究对象之间的总体差距。此外,标杆对象的选择也是标杆测定法中的重要环节,一般需要遵循最优原则和相似性原则。本书不同章节对标所需的标杆学校选择方式有所不同,选择原则分述如下。

一、大学及大学联盟的标杆选定

本书第二篇"大学分析"涉及大学联盟及顶尖大学的标杆选择。在第三章"中美一流大学联盟的学术竞争力分析"中,选择了两国具有较强国家代表性且联盟规模和办学模式比较接近的两个主体,即中国的"双一流"大学联盟和美国一流大学联盟(Association of American Universities,AAUs)。这两个联盟分别代表中美两国高等教育体系中一流大学的集合,将它们作为大学联盟的分析对象能使中美一流大学的学术竞争力研究具有较强的说服力。在第四章"中美顶尖大学学术竞争力案例分析"中,选择了中美一流大学联盟中表现突出的3所学校,选择标准参照QS世界大学排名(2019)。

二、顶尖学科的标杆选定

在学科的学术竞争力评估部分,本书以教育部学科评估结果和美国QS学科排名为主要依据选取研究对象。有研究指出,入选一流学科的大学的选择依据以教育部学科评估结果为主,以QS学科排名和ESI学科排名为辅。因此,本书以教育部学科评估结果作为中国"双一流"大学研究对象的选择依据,入选标准为教育部公布的全国第四轮学科评估中对应学科等级为A(包括A+,A,A-)的前5名大学,若几所大学的学科评估结果同档,再参考国际QS学科排名(2019)和ESI学科排名(2019)确定最终研究对象;美国一流大学研究对象则选取美国QS学科排名(2019)排名前5名的大学。

三、技术领域的标杆选定

在技术领域的学术竞争力评估部分,本书综合考虑大学的研究论文规模、专利规模和学科排名情况,分别选择5所研究领域和组织规模相近的中美大学作为研究对象。书中两个技术领域的标杆选择原则稍有不同:从学科角度来看,人工智能属于计算机学科的一个分支,因此在人工智能领域标杆选择中,除了参考论文规模和专利规模外,还参考了大学的计算机学科排名;而在量子信息领域标杆选择中,仅参考了论文规模和专利规模,在论文和专利规模均处于国际领先的中美大学中,各选择5所作为代表性大学。

第二节　分析方法

在学术竞争力评估中,标杆测定法的实践应用价值在于通过对比找到差距。在实际分析中使用较多的标杆测定法主要有绝对差距分析法和比率分析法。绝对差距分析法通过将自身与标杆对象之间的实际绩效指标值做减法计算,得到各个指标真实的绩效差距,是从不同维度与标杆对象进行比较的一种有效方法;比率分析法通过将自身与标杆对象之间的实际绩效指标值做除法的百分比计算,得到各个指标的比率值。为比较中国"双一流"大学和美国一流大学的学术竞争力,本书综合运用两种方法进行差距的定量分析。如果将使用文献计量指标建立学术竞争力评估指标体系的方法定位为硬评价方法,那么对研究主题和研究领域的内容、学科布局、技术构成进行对比的方式则称为软评价方法,本书通过两者的有机结合,对大学的学术竞争力进行分析和评估。

◇ 一、硬评价部分

学术竞争力的硬评价指标指用来评价学术竞争力所采用的标准或尺度。从评价学的观点来看,指标是一种具体的、可测量的、行为化的评价准则,是根据可测或具体化要求而确定的评价内容,通常指某一参数或某些参数导出的值。然而,没有任何一个单一的文献计量学指标能够全面评价学术研究的绩效。在学术评价的过程中,往往需要选择一组恰当的评价指标,以更为全面地洞察数据背后的内涵。因此,在实际的评价活动中,建立学术竞争力评价指标体系需要以现有的各项统计制度和数据为基础,指标的选择也要有数据的支持。在兼顾完善性与可操作性的基础上,本书建立了硬评价部分的指标体系(如表2-1所示)。该量化评估指标体系由4个一级评价维度和13个文献计量学指标构成。主要的文献计量指标的基本定义如下。

论文数:指在统计期内发表的研究型论文的数量。该指标是表征科研机构论文成果产出能力的主要指标。本书统计的论文发表年段均为2015—2019年。

发文增长率:指某一年份发文数的增量与前一年发文数的比值,以百分数表示。如2016年发文增长率=(2016发文数–2015发文数)/2015发文数×

100%。5年平均增长率即5年发文增长率的平均值。

总被引次数:在统计期内发表的全部论文的被引用次数之和。该指标是测度科研机构论文总体影响力的重要指标之一。

$h5$指数:源自h指数,意义为5年期间发表的全部论文集合的h指数。h指数指科研群体或机构发表的n篇论文中,至少有h篇论文且每篇论文至少被引h次。该指标用于定量评价科研人员或科研机构的学术成果,它鼓励科研人员或科研机构大量发表有影响力的成果而非进行低影响力的工作。与篇均被引次数相比,h指数兼顾了科研产出规模(论文数)和科研影响力(被引次数),还能够规避一些极端现象,如避免单纯一篇高被引论文对一组论文评价的显著影响。

学科规范化的引文影响力(category normalized citation impact,CNCI):一种特殊的篇均被引次数,能够表征一组论文在学科层面上的相对影响力水平,即该组论文在每个学科发表论文中的实际被引次数与全球同学科同年同类型(article或review)论文的平均被引次数的比值之均值,常用以衡量科研质量。该指标一般以1.00为分界,大于1.00表示论文影响力高于全球平均水平,小于1.00则表示低于全球平均水平。CNCI排除了出版年、学科领域与文献类型的影响,可用于比较不同规模、不同学科混合的论文集的影响力。

影响因子期刊分区:本书中的期刊分区是指Journal Citation Reports分区(JCR分区)。JCR分区将期刊划分为176个Web of Science学科(WoS学科),每个学科的期刊按照当年的影响因子高低,根据期刊在所属学科中的排名(X)与该学科所有期刊数量(Y)的比值(Z)得出期刊的分区,$Z \leqslant 25\%$为Q1,$25\% < Z \leqslant 50\%$为Q2,$50\% < Z \leqslant 75\%$为Q3,$Z > 75\%$为Q4。JCR分区为四分位分区,每个分区的期刊数基本相等。JCR分区是一种规范化的影响因子划分方式。了解机构研究成果在各区期刊上的份额能从侧面评价机构成果的影响力。

Top期刊论文:在相应学科顶尖期刊上发表的论文数量,本书不同章节对顶尖期刊有不同的定义。对大学来说,顶尖期刊论文数被定义为在《自然》《科学》《细胞》及其子刊上的发文数量。对学科来说,根据期刊的5年影响因子、特征因子和当年发文量等指标综合专家评判结果,选出该学科的Top期刊,如临床医学Top期刊是指ESI临床医学5年影响因子排名前20且当年发文量≥100篇(文献类型为article和review)的期刊。其他学科和技术领域的 Top 期刊定义详见具体章节。

Top 期刊论文占比(proportion of publications of top,PPTop):发表在 Top 期刊上的文献数除以全部文献数的值,以百分数的形式展现。

Top 会议论文:人工智能领域采用了该指标,人工智能领域顶级学术会议选取标准主要参照全球顶级计算机科学机构排名(CS Rankings)的国际会议列表和中国计算机学会推荐的相关方向 A 类国际会议列表,并考虑了会议论文数据的可获取性和可对比性,最后共选定 13 种国际会议,并分析大学在这些会议上发表的论文。Top 会议论文来源于 Scopus 数据库。

被引次数排名前 1% 的论文占比(proportion of publications of top1%,PPTop1%):指在某一指定学科领域、某一年、某种文献类型中,被引频次排名前 1% 的文献数除以该组文献全部论文数的值,以百分数的形式展现。通常情况下,该指标数值越大,表明该组文献表现越好。如果某组论文的该指标值等于 1%,则该组论文中有 1% 的论文位于全球同类论文(同一学科、出版年和文献类型)被引次数排名的前 1%,说明这组论文的水平与全球平均水平相当。PPTop1% 通常被认为是反映高水平科研的指标,因为只有那些高被引论文才能进入相应的学科领域、出版年与文献类型排名的前 1%。

被引次数排名前 10% 的论文占比(proportion of publications of top 10%,PPTop10%):指在某一指定学科领域、某一年、某种文献类型中,总被引次数排名前 10% 的文献数除以该组文献全部论文数的值,以百分数的形式展现。通常,该指标数值越大,表明该组文献表现越好。PPTop10% 与 PPTop1% 相比,只是将被引次数排名的阈值从 1% 变为 10%。两个指标互相补充,可以提供更为宽泛的优秀科研(10%)与杰出科研(1%)的全景评价。

CNS 及其子刊论文:CNS 是指世界公认的《自然》《科学》《细胞》这三大最权威、最具影响力的学术期刊。这三大刊各自所属的出版集团还出版其他多种子刊。《细胞》是爱思唯尔出版公司旗下的细胞出版社(Cell Press)出版的关于生命科学领域的期刊,偏向基础研究,它刊登过许多重大的生命科学领域的研究进展。除《细胞》外,细胞出版社还出版 40 多种子刊。《自然》的出版机构为斯普林格自然出版集团(Springer Nature),该机构除出版《自然》这一主刊外,旗下还有 50 多种子刊。《科学》由美国科学促进会(American Association for the Advancement of Science,AAAS)出版,AAAS 旗下另有多种子刊。CNS 及其子刊论文即指发表在这 100 余种期刊上的论文。

国际合作率:国际合作论文是指由 2 个或者 2 个以上国家(地区)的作者

共同参与合作发表的论文。国际合作率即指国际合作论文数占全部论文数的百分比。国际合作率体现了学者或机构吸引国际合作的能力。一般来说,国际合作率越高,研究成果国际合作程度也越高。

校企(横向)合作率:指校企(横向)合作论文数占全部论文数的百分比。横向合作论文指那些包含了一位或多位组织机构类型标记为"企业"的作者的论文。

本书除采用表2-1中包含的主要指标表征学术竞争力外,还采用了一些用于表征机构学术竞争力的评价指标,这些指标的具体定义如下。

表2-1　学术竞争力评估指标体系

评价维度	科研活动表现	计量学指标
生产力	成果数量	论文数量
		论文增长率
影响力	成果质量	总被引次数
		$h5$ 指数
		学科规范化的引文增长率
		规范化影响因子表现(分区)
高水平产出	重要成果	Top 期刊论文
		被引次数排名前1%的论文占比
		被引次数排名前10%的论文占比
		CNS及其子刊论文
		Top 会议论文
合作竞争力	国际合作及校企合作	国际合作率
		校企(横向)合作率

篇均被引:一组文献的总被引频次除以该组文献总数。篇均被引展现了该组文献中每一篇文献获得的平均引用次数。

平均百分位:一篇论文的百分位是通过建立同出版年、同学科领域、同文献类型的所有出版物的被引次数分布(将论文按照被引用次数降序排列),并确定低于该论文被引次数的论文的百分比获得的。如果一篇论文的百分位值为1,则该学科领域同出版年、同文献类型中99%的论文的被引次数都低于该论文。对于一组论文来说,平均百分位可以通过计算该组论文中所有论文百分位的平均值获得。

论文被引百分比:是一组论文中至少被引用过一次的论文占总论文数的百分比。这个指标揭示了某科研领域其他科研工作者引用本机构科研成果的程度。

5年影响因子:计算方式为某期刊在前5年发表的论文在第6年的总被引次数除以该期刊在前5年发表的论文总数。5年影响因子将期刊的评价时间跨度从2年延长至5年,反映了期刊的长期被引情况和平均水准。

期刊特征因子(eigenfactor scores):以过去5年Web of Science收录期刊发表的论文在第6年被引次数为基础计算,同时考虑在期刊网络中引文较多的期刊的贡献。与期刊影响因子不同,期刊特征因子的基本假设是目标期刊如果高学术影响力的期刊引用次数越多,则该被引期刊的学术影响力越高。期刊特征因子不仅考察了引文的数量,而且考虑了施引期刊的学术影响力,更好地体现了顶级期刊的学术水平,同时在一定程度上减弱了期刊自引的影响。期刊特征因子将"引文质量"纳入测评范围,用以评价期刊的重要性。

Top高被引论文:学科归一化之后的高被引论文。本书分别按照被引次数排名的学科领域百分位数值来确定被引次数排名前1%的论文和被引次数排名前10%的论文,两者对应的相对计量指标分别为被引次数排名前1%的论文占比和被引次数排名前10%的论文占比。其中,学科领域百分位数指标是指该机构论文在全球该学科当年发表的论文中按被引频次排名的百分位数,是基于论文出版年、学科和出版类型三者同时进行被引次数归一化的一种指标。该指标的量纲为百分数,数值等于1表示该组论文在全球各学科领域中平均排名在全球前1%。

国际合作贡献:国际合作论文中以第一单位或通讯单位身份参与国际合作论文发表的情况。论文的第一单位一般是对该论文做出最大贡献的单位。通讯作者单位一般是在研究中起主导作用的学者单位。本书只考虑一般情况下的第一单位和通讯单位,不对多个作者等同贡献、作者排名不分先后等特殊情况进行区分。

归一化论文数:由于各研究对象的发文数差别较大,为了便于将发文数在不同量级的研究对象放在一起对比,本书中有些图采用了归一化论文数。归一化论文数的计算方法为:某校论文数/论文数最少的学校的论文数。

学科标准化论文影响力(field-weighted citation impact,FWCI):SciVal平台中的文献计量指标,与学科规范化的引文影响力类似,用来衡量文献是否达到全球同类文献平均水平。FWCI是考察机构、国家、学者等的论文影响力的指标,计算论文的被引用次数与相同学科、相同年份、相同类型论文平均被引次数的比值,排除了出版年、学科领域和文献类型的影响。FWCI＝1,说明论文质量等于全球平均水平;FWCI＞1,说明论文质量高于全球平均水平;FWCI＜1,则说明论文质量低于全球平均水平。

本书的技术领域学术竞争力分析部分还通过分析专利情况对标中美顶尖大学技术创新实力和潜力,相关专利指标的具体定义如下。

专利数:专利公开一般比专利申请滞后6～18个月,为使2019年专利数据具有参考性,本书统计的专利数是指在统计期内公开的专利文件的数量。该指标是表征科研机构专利成果产出能力的主要指标。

国际申请数:在统计期内公开的专利文件中通过世界知识产权组织登记的国际申请数(即PCT专利申请,可以在多个国家进行专利申请,标WO专利号)。国际申请数考察的是机构对国际市场的重视程度和机构专利在国际市场的竞争力。

高分专利数:在统计期内公开的专利文件中专利强度为6～10的专利文件数量。专利强度(patent strength)是Innography专利评价指标,其作用是帮助用户快速有效地寻找核心专利。专利强度参考了专利价值的十余个相关指标,包括专利权利要求数量(patent claim)、引用先前技术文献数量(prior art citations made)、专利被引用次数(citations received)、专利及专利申请案的家族(families of applications and patents)、专利申请时程(prosecution length)、专利年龄(patent age)、专利诉讼(patent litigation)、其他(others)。

授权专利数:在统计期内公开的专利文件中授权专利文件的数量。由于2015—2019年公开的专利文件,其申请年份并不对应2015—2019年,因此统计的授权专利数仅供数量上的对比参考,不适用于授权率的计算和比较。

＞二、软评价部分

学术竞争力的软评价包括对研究主题和研究领域的内容、学科布局、技术构成。学科布局分析是明确大学学科发展特征的重要分析维度,主要包括以数据库学科分类为基础的学科布局分析和以研究领域为基础的主题分析。在衡量大学的学术研究水平时,以研究领域为基础的主题分析方法被广泛采用，这是一种科学活动的中水平(meso-level)分析，非常适合捕捉科学活动中质的变化。映射研究领域(research area)是进行领域研究的首要工作，需要充分利用文献共引及由其延伸出来的词的共引、著者共引、期刊共引、主题共引等一系列共引关系。本部分涉及的相关方法说明如下。

研究主题(topics)：是基于SciVal平台1996年至今的科研数据，通过文献的引用关系，聚类分析得到的。全科学领域约有9.6万个研究主题。每个研究主题的命名形式都为"主题词、主题词、特征词"。此处的主题词是利用指纹技术(Elsevier Fingerprint Technology, EFT)确定的该领域的高频词，可以表现该主题的研究领域或者专业方向；特征词则是摘选自该主题的特殊短语，对该主题在研究问题层次上提供具体的描述。

主题集群(topic clusters)：将具有相似研究兴趣的主题聚合在一起，形成一个更广泛、更高层次的研究领域。这些主题集群可用于更广泛地了解一个国家、机构(或团体)或研究人员(或团体)正在进行的研究，然后深入研究更小范围的基础主题。主题集群是使用与创建研究主题相同的直接引用算法形成的。当研究主题之间的引用链接强度达到阈值时，即可形成主题集群。

优势研究主题(key topics)：如果在某研究主题上，某个机构的发文量达到了发文量排名第一机构的1/3，或者被引次数达到了被引次数排名第一机构的1/3，就被认为是某个研究主题的关键贡献者。作为关键贡献者参与的主题可被视为该机构的优势研究主题。

主题显著度(prominence percentile)：综合考虑了最近引用数量、最近浏览数量和期刊CiteScore 3个参数，对每个主题j在第n年的显著度为P_j，计算公式为$P_j = 0.495[C_j - \text{Mean}(C_j)]/\text{Stdev}(C_j) + 0.391[V_j - \text{Mean}(V_j)]/\text{Stdev}(V_j) + 0.1149[CS_j - \text{Mean}(CS_j)]/\text{Stdev}(CS_j)$。其中，$C_j$是主题$j$中的第$n$年和$n-1$年发表论文的引用量，$V_j$是主题$j$中的第$n$年和$n-1$年发表论文的Scopus浏览量，$CS_j$是主题$j$中的第$n$年和$n-1$年发表论文的平均CiteScore，其中原始数据经过了对数转换，即$C_j = \ln(C_j + 1)$，$V_j = \ln(V_j + 1)$，$CS_j = \ln(CS_j + 1)$。显著度计算是用标准化分数消除3个指标之间的量纲差异，再对每个主题近2年论文的引用数量、浏览数量、期刊评价指数与平均值的离散程度加权求和。因此，主题显著度越高，表示关注这个主题的研究者越多，也说明这个主题的增长势头越猛。实际使用中，SciVal根据主题显著度数值排序，计算每个主题的百分位数指标。

共引分析法：通过文献之间引用、共现分析，直观地揭示出文献计量单元之间的内在联系，展示研究对象的发展状态。

聚类分析：数据挖掘中非常重要的挖掘方法，常见的有划分法、密度算法、图论聚类法等。聚类是将物理或抽象对象进行分组，并将相似的对象聚为一类的过程，主要思想是在同一类中的对象相似性较大，不同类中的对象差异性较大。K均值聚类算法（K-means clustering algorithm，K-means 算法）是一种非常经典的基于划分的聚类算法，K-means 算法的公式如下：$V = \sum_{i=1}^{k} \sum_{x_j \in s_i} (x_j - u_i)^2$。$K$-means 算法的具体实现步骤为：第一步，在数据集中随机选取 k 个对象作为初始聚类中心；第二步，计算每个对象到初始聚类中心的距离，将每个对象分配给离它最近的聚类中心；第三步，根据第二步得到新的 k 类数据，计算新的聚类中心；第四步，重复第二步、第三步，直至标准测度函数开始收敛，即聚类中心不再变化为止。这种聚类方法操作简单、高效，并且能够使得类内尽可能紧凑，而类间尽可能分开。基于此，本书通过热力图对聚类分析的结果进行可视化展示，热力图以 WoS 学科为纵坐标，10所顶尖大学为横坐标，横纵坐标交叉的区域代表大学在该学科的发文量，聚类颜色越深，说明该校在该学科发文量越多。结合热力图中各大学与学科的聚类分布结果，可进一步挖掘出每种聚类中大学的学科结构特征。

波士顿矩阵（Boston consulting group matrix）：又称四象限分析法，是一种对事物属性进行组合细分的分析方法，由美国著名的管理学家、波士顿咨询公司创始人 Bruce Henderson 于 1970 年首创，最先用于公司层面战略规划，通过业务优化组合实现企业现金流量平衡。在选择某一具体发展领域的发展路径时，通常可以选择波士顿矩阵作为战略管理和决策的多维度分析工具。本书将波士顿矩阵延伸用于揭示大学学术竞争力，将市场增长率和市场份额两种业务指标替换为研究规模和研究影响力，用以衡量大学学术竞争力，并以这两个指标的平均值作为四个象限的分割线，将大学分为"优势"、"机遇"、"劣势"和"挑战"四类。如图 2-1 所示，每个象限中的大学具有不同的竞争优势与劣势，例如大学 A，处于第一象限，属于"优势"大学，在研究规模和研究影响力均表现优异。通过四象限图，可以直观地观察到各所大学所处的位置，实现对不同大学之间学术发展竞争力的比较。

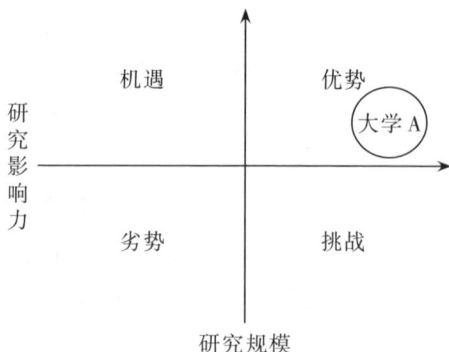

图2-1　学术竞争力波士顿矩阵分析示意

专利技术构成:具体指专利数排名靠前(如排名前20)的国际专利分类(international patent classification,IPC)。通过专利技术构成分析可以了解研究对象专利申请的密集点,找出核心技术分支;还可以评估技术研发集中度,判断分析对象的技术研发和专利布局侧重点。

第三节　数据源

一、大学分析部分

本书在大学分析部分采用硬评价与软评价相结合的方法。硬评价部分通过文献计量学指标评价学术研究的绩效,数据来源于 Web of Science 核心合集和 InCites 平台;软评价部分梳理了大学各自的学科布局及其差异,数据来源于 Scopus 数据库和 SciVal 平台,采用 ASJC(all science journals classification)学科分类。

二、学科分析部分

学科的学术竞争力主要表现为科学研究竞争力,而论文一直是公认的最为主要的科学研究成果,在反映学术竞争力方面具有独特的优势和较强的代表性。因此,本书学科分析部分的结果均基于论文的学术竞争力产生。论文的学术竞争力水平由硬评价的量化指标测度和软评价的非量化指标结果分析组成。其中,硬评价量化指标数据来源于 InCites 数据库,采用 ESI 学科分类体系;软评价非量化指标数据来源于 SciVal 数据库,采用 QS 学科分类体系。

三、技术领域分析部分

技术领域部分分别以论文和专利来反映研究对象的科学研究和技术创新两方面的竞争力。数据准备是分析的基础和重点,由于技术领域的论文数据集无法通过学科分类获取,因此采用主题检索的方式获得。关键词选择是否完备,检索式构建是否合理,对分析结果的准确性和可信度具有至关重要的影响。因此,本书针对不同领域的特点,使用了多种方式确定检索词,如阅读该领域综述类和关键文献;选择代表性机构发表的文献、该领域高品质期刊的文献、领域代表性人物的文献,进行关键词聚类,提取高频词;利用多个数据库的趋势分析功能,分析该领域的高频关键词。在此基础上采取专家咨询法,请各领域专家审阅选取的关键词和检索后的分析结果,并根据专家反馈意见及时进行调整,确保检索结果能更为准确地反映该领域的真实情况。技术领域的专利集合采用主题检索与专利分类号检索相结合的方式获取。论文数据来源于 Web of Science 核心合集和 Scopus 数据库,专利数据来源于 Innography 数据库和 IncoPat 平台。

第二篇　大学分析

　　教育和科研实力是衡量一个国家综合国力的重要指标,大学作为高等教育人才培养中心、科学研究中心和文化传播中心,在促进新兴产业发展、劳动力转化和提升综合国力等方面都具有重要作用。建设世界一流大学,实现中国高等教育的腾飞,带动国家科学研究和技术进步,是现今中国大学的重要职责和使命。放眼全球,现今美国的高等教育走在世界前列,不仅拥有世界上最多的一流大学,而且顶尖大学的学术竞争力在全球范围内都具有超前地位。美国一流大学的成功经验对中国"双一流"大学建设,以及提升中国高等教育的综合实力具有重要的借鉴意义。

　　世界一流大学具有一流的师资队伍、一流的科研成果、一流的学术环境、一流的学生、一流的校园文化等共性特征,在国际上拥有极高的学术声誉、雄厚的科研实力和靠前的世界排名。在全世界范围内评判一所大学是否具有竞争优势,关键要素之一就是"学术",学术竞争力已然成为当前衡量一所大学办学水平和发展状态的重要标志。大学进行学术活动的根本目的在于产出对社会有用的学术成果,并由此塑造自身影响力,在学术竞争中形成一种品牌效应。学术论文是一种具有创新性的科学研究成果记录,是学术产出的重要表现形式。本书运用文献计量学方法,通过考察学术论文相关指标来衡量大学学术竞争力。

本篇旨在通过硬评价及软评价指标,对中美两国一流大学群体之间、顶尖大学之间的学术竞争力进行定量比较,并对两者学科及研究领域的布局差异进行分析。其中,第三章侧重于群体对标,即中国"双一流"大学与美国AAU大学通过学术论文发表情况所反映出来的研究规模、研究影响力、高水平研究、合作、学科分布、研究学科与主题等多个方面的差异。第四章则侧重于对中美一流大学群体中表现突出的各前3所顶尖大学之间的学术竞争力差距和学科布局差异进行比较研究。

本篇研究发现:①"十三五"期间,中国"双一流"大学整体研究规模提升迅速,但研究影响力未能实现同步增长,尤其是在高水平产出和创新性研究方面,与美国AAU大学差距较为明显;中美两国一流大学群体的学科布局存在一定差异,中国"双一流"大学的优势学科多为理、工学科,研究重点主要集中在人工智能、新材料、新能源及电气、电子等领域;美国AAU大学的优势学科为生命科学、医学等,重点研究方向涉及多个基础科学领域。②"十三五"期间,中国代表性顶尖大学论文产出规模正逐渐追上并赶超美国同行,但短期内仍将较为明显地落后于美国代表性顶尖大学;在研究影响力和高水平产出方面,中国代表性顶尖大学与美国代表性顶尖大学之间都还有一定差距;从发展趋势来看,中国代表性顶尖大学的论文影响力增长速度快于美国代表性顶尖大学,且差距有逐渐缩小的趋势;在合作方面,无论是国际合作还是校企合作,中美代表性顶尖大学之间都存在较大差距;在学科布局方面,3所美国顶尖大学的学科布局各有特点和侧重,其共性是都有自己顶尖的学科或学科群,在基础科学领域均有雄厚的研究实力,在高产出的研究方向上有很强的竞争优势,相比之下,3所中国顶尖大学的学科发展虽也各有所长,具备各自的优势学科和学科群,但优势学科成果的全球影响力仍落后较多,尤其是在一些两国顶尖大学都参与的全球研究热点上,如主题TC.0(算法;计算机视觉;模型)、主题TC.22(石墨烯;碳纳米管;纳米管)、主题TC.30(第二代电池;蓄电池;锂合金)、主题TC.12(T淋巴细胞;肿瘤;免疫治疗)等,中国顶尖大学的影响力明显低于美国同行。

第三章　中美一流大学联盟的学术竞争力分析

第一节　概　　述

> 一、中国"双一流"大学概述

2015年11月,国务院公布了《统筹推进世界一流大学和一流学科建设总体方案》,该方案提出,要"加快建成一批世界一流大学和一流学科,提升我国高等教育综合实力和国际竞争力",以实现我国从高等教育大国到高等教育强国的历史性跨越。大学应结合自身实际,合理选择一流大学和一流学科建设路径。拥有多个国内领先、国际前沿高水平学科的大学,要在多领域建设一流学科,形成一批相互支撑、协同发展的一流学科,全面提升综合实力和国际竞争力,进入世界一流大学行列甚至前列。依照上述方案,2017年9月,教育部、财政部、国家发展和改革委员会印发《关于公布世界一流大学和一流学科建设大学及建设学科名单的通知》,公布了世界一流大学和一流学科(简称"双一流")建设大学及建设学科名单。

根据名单,入选一流大学建设的大学(以下简称"双一流"大学)共有42所,分为A类和B类。其中A类36所,B类6所,详细名单如表3-1所示。

表3-1 中国"双一流"建设大学名单

分类	学校名单	
	中文校名	英文校名
A类	北京大学	Peking University
	中国人民大学	Renmin University of China
	清华大学	Tsinghua University
	北京航空航天大学	Beihang University
	北京理工大学	Beijing Institute of Technology
	中国农业大学	China Agricultural University
	北京师范大学	Beijing Normal University
	中央民族大学	Minzu University of China
	南开大学	Nankai University
	天津大学	Tianjin University
	大连理工大学	Dalian University of Technology
	吉林大学	Jilin University
	哈尔滨工业大学	Harbin Institute of Technology
	复旦大学	Fudan University
	同济大学	Tongji University
	上海交通大学	Shanghai Jiao Tong University
	华东师范大学	East China Normal University
	南京大学	Nanjing University
	东南大学	Southeast University – China
	浙江大学	Zhejiang University
	中国科学技术大学	University of Science & Technology of China
	厦门大学	Xiamen University
	山东大学	Shandong University
	中国海洋大学	Ocean University of China
	武汉大学	Wuhan University
	华中科技大学	Huazhong University of Science & Technology
	中南大学	Central South University
	中山大学	Sun Yat Sen University
	华南理工大学	South China University of Technology
	四川大学	Sichuan University

分类	学校名单	
	中文校名	英文校名
A类	电子科技大学	University of Electronic Science & Technology of China
	重庆大学	Chongqing University
	西安交通大学	Xi'an Jiaotong University
	西北工业大学	Northwestern Polytechnical University
	兰州大学	Lanzhou University
	国防科技大学	National University of Defense Technology – China
B类	东北大学	Northeastern University – China
	郑州大学	Zhengzhou University
	湖南大学	Hunan University
	云南大学	Yunnan University
	西北农林科技大学	Northwest A&F University – China
	新疆大学	Xinjiang University

二、美国一流大学联盟AAU概述

美国大学协会(Association of American Universities, AAU)是由北美地区高水平研究型大学组成的一个专业协会,是公认的世界一流大学联盟。AAU的宗旨是提供一个永久性的论坛和2年一次的例会,影响国家和公共机构教育政策的制定和实施,以提升大学的学术研究水平和教育质量。AAU成立于1900年,原始成员大学只有14所,此后成员大学一直动态更新,不断有新成员加入,亦有成员退出,目前,协会成员大学已发展至65所,包括36所美国公立大学,27所美国私立大学,以及2所加拿大大学(如表3-2所示)。

AAU的入会遴选标准相当严苛,有一套科学、严谨的评估程序来确保被选择入会的成员大学的研究生教育和学术研究水平达到入会标准。AAU的专门委员会通过各种访问和考察,了解备选大学的内涵和特性,确定其发展目标和方向,最后经由全体成员讨论通过后,才正式向获选大学发出邀请。评估程序分为两个阶段:第一阶段为定量评估,共有两类指标,第一类指标是评估大学教学研究广度和质量的主要指标,包括竞争性的联邦研究支持经费、国家科学院院士成员数[美国国家科学院(National Academy of

Sciences,NAS),美国国家工程院(National Academy of Engineering,NAE),美国国家医学院(National Academy of Medicine,NAM)]、教师获奖情况和文章被引数。第二类指标则为大学的研究和教育项目提供其他重要校准,包括研究经费、博士生教育、博士后任职人数和本科教育等。第二阶段是定性评估,对大学的使命、特征和发展轨迹进行定性的判断。定量与定性相结合的评估方法,使得AAU在保持苛刻标准的同时兼顾了大学发展的个性特色,也通过优胜劣汰保证了协会内部的活力。

AAU作为世界一流大学联盟,在科研、教育、社会服务等成就上均有出众的表现。2017年,全美约50%的STEM①和社会科学的博士学位,约53%的艺术、人文及音乐学科博士学位,以及18%的STEM和社会科学的学士学位,14%的艺术、人文及音乐学科学士学位由AAU成员大学所授予。AAU大学拥有大量的名家大师,约38%的诺贝尔奖获得者毕业于AAU大学,有3836位美国国家科学总院院士(National Academy Members)任职于AAU大学,占全美所有院士人数的54%。AAU成员大学在创新、学术及解决方案方面也处于领先地位,获得了59%的联邦科研基金资助,其总研究经费占全美所有大学总和的55%。2018年,AAU成员大学共获得256亿美元的联邦政府科研基金,授权专利4826项,获得技术许可5134项,孵化初创公司663家,截至2018年总共成立的初创公司达4039家。

表3-2 AAU成员大学名单

国家	学校名单		加入联盟年份
	中文校名	英文校名	
美国（公立大学）	佐治亚理工学院	Georgia Institute of Technology	2010
	印第安纳大学伯明顿分校	Indiana University Bloomington	1909
	爱荷华州立大学	Iowa State University	1958
	密歇根州立大学	Michigan State University	1964
	俄亥俄州立大学	The Ohio State University	1916
	宾夕法尼亚州立大学	The Pennsylvania State University	1958
	普渡大学	Purdue University	1958
	罗格斯大学	Rutgers University New Brunswick	1989
	纽约州立大学石溪分校	Stony Brook University – The State University of New York	2001

①STEM是科学(science)、技术(technology)、工程(engineering)、数学(mathematics)四门学科英文首字母的缩写。

国家	学校名单		加入联盟年份
	中文校名	英文校名	
美国（公立大学）	德州农工大学	Texas A&M University	2001
	纽约州立大学布法罗分校	University at Buffalo – The State University of New York	1989
	亚利桑那大学	The University of Arizona	1985
	加州大学戴维斯分校	University of California Davis	1996
	加州大学伯克利分校	University of California, Berkeley	1900
	加州大学欧文分校	University of California, Irvine	1996
	加州大学洛杉矶分校	University of California, Los Angeles	1974
	加州大学圣地亚哥分校	University of California, San Diego	1982
	加州大学圣塔芭芭拉分校	University of California, Santa Barbara	1995
	加州大学圣克鲁斯分校	University of California, Santa Cruz	2019
	科罗拉多大学博尔德分校	University of Colorado, Boulder	1966
	佛罗里达大学	University of Florida	1985
	伊利诺伊大学香槟分校	University of Illinois at Urbana–Champaign	1908
	爱荷华大学	The University of Iowa	1909
	堪萨斯大学	The University of Kansas	1909
	马里兰大学帕克分校	University of Maryland at College Park	1969
	密歇根大学	University of Michigan	1900
	明尼苏达大学双城分校	University of Minnesota, Twin Cities	1908
	密苏里大学哥伦比亚分校	University of Missouri, Columbia	1908
	北卡罗来纳大学教堂山分校	University of North Carolina at Chapel Hill	1922
	俄勒冈大学	University of Oregon	1969
	匹兹堡大学	University of Pittsburgh	1974
	得克萨斯大学奥斯汀分校	The University of Texas at Austin	1929
	犹他大学	University of Utah	2019
	弗吉尼亚大学	University of Virginia	1904
	华盛顿大学（西雅图）	University of Washington	1950
	威斯康星大学麦迪逊分校	The University of Wisconsin–Madison	1900

续表

国家	学校名单		加入联盟年份
	中文校名	英文校名	
美国（私立大学）	波士顿大学	Boston University	2012
	布兰迪斯大学	Brandeis University	1985
	布朗大学	Brown University	1933
	加州理工学院	California Institute of Technology	1934
	卡内基梅隆大学	Carnegie Mellon University	1982
	凯斯西储大学	Case Western Reserve University	1969
	哥伦比亚大学	Columbia University	1900
	康奈尔大学	Cornell University	1900
	达特茅斯学院	Dartmouth College	2019
	杜克大学	Duke University	1938
	埃默里大学	Emory University	1995
	哈佛大学	Harvard University	1900
	约翰霍普金斯大学	The Johns Hopkins University	1900
	麻省理工学院	Massachusetts Institute of Technology（MIT）	1934
	纽约大学	New York University	1950
	西北大学	Northwestern University	1917
	普林斯顿大学	Princeton University	1900
	莱斯大学	Rice University	1985
	斯坦福大学	Stanford University	1900
	杜兰大学	Tulane University	1958
	芝加哥大学	The University of Chicago	1900
	宾夕法尼亚大学	University of Pennsylvania	1900
	罗切斯特大学	University of Rochester	1941
	南加州大学	University of Southern California	1969
	范德堡大学	Vanderbilt University	1950
	圣路易斯华盛顿大学	Washington University in St.Louis（WUSTL）	1923
	耶鲁大学	Yale University	1900
加拿大	麦吉尔大学	McGill University	1926
	多伦多大学	University of Toronto	1926

第二节　竞争实力及潜力分析

科研产出是世界一流大学核心竞争力的重要考量依据。本部分以学术论文这一重要的科研产出为分析对象,通过对 42 所中国"双一流"大学及 63 所美国 AAU 大学各项学术论文指标的量化分析,揭示两者在学术产出方面,尤其是发文总体规模、发文影响力、高影响力论文等方面的差距。本部分数据来源于 Web of Science(WoS)核心合集及 InCites 平台,选取 2015—2019 年发表的文献,文献类型限定为 article。

＞一、总体实力分析

本部分通过中国"双一流"大学和美国 AAU 大学各成员在研究规模、影响力及高水平产出等方面的定量指标,对两个群体各成员的综合竞争力进行对比分析。

论文的产出数量和质量直接反映了大学的科研实力,论文数量反映了大学的研究规模,论文被引次数则是测度大学论文影响力的重要指标之一。本书用一种特殊的篇均被引次数——学科规范化的引文影响力(CNCI)来分析各大学的论文影响力。该指标来源于 InCites 分析平台,它通过一篇论文的实际被引次数除以同文献类型、同出版年、同学科领域文献的期望被引次数获得,是一个无偏的影响力指标。一组文献的 CNCI 是该组中每篇文献 CNCI 的平均值,若该组 CNCI=1,表明该组论文的被引表现与全球平均水平相当,CNCI>1,表明该组论文的被引表现高于全球平均水平,CNCI<1,则表明该组论文的被引表现低于全球平均水平。$h5$ 指数是以 5 年为统计期限,统计大学(或者大学群体)在期间发表的全部论文的 h 指数,$h5$ 指数综合考量了规模和影响力。

此外,本书还通过被引次数前 1% 论文占比(PPTop1%)和 CNS 发文情况对各大学的高水平学术产出进行了分析。被引次数前 1%(Top1%)论文是指在某一指定学科领域、某一年、某种文献类型下,被引频次排名前 1% 的文献。PPTop1% 是指 Top1% 论文的占比。

CNS 是指《自然》《科学》及《细胞》这三大世界公认的最权威、最具影响力的学术期刊,这三大刊各自所属的出版集团还出版其他多种子刊。《自然》所属出版集团自然出版集团(Nature Publishing Group,NPG)除了出版《自然》这一主刊外,旗下还有50种子刊,《自然》的定位为综合性刊物,主要刊登包括生物、物理、化学等学科的重要发现;《自然》子刊的领域相对更窄,多专注于某一特定的研究领域,多数子刊影响因子相对较高。《科学》由美国科学促进会(American Association for the Advancement of Science,AAAS)出版,AAAS旗下另有5种《科学》子刊。《细胞》是爱思唯尔出版集团旗下的细胞出版社(Cell Press)出版的关于生命科学领域的期刊,偏向基础研究,刊登过许多生命科学领域的重大研究进展。除了《细胞》外,细胞出版社还出版40多种《细胞》的子刊,这些子刊也主要关注生命科学领域的各个主题,多为生命科学领域的重量级刊物,如1997年创刊的 *Molecular Cell*,主要涉及领域细胞生物学和分子生物学;2001年创刊的 *Developmental Cell*,主要关注发育生物学;2007年创刊的 *Cell Stem Cell*,主要关注干细胞领域和再生医学。被CNS三大刊及其子刊收录的论文可视为创新性强、高质量的研究成果。

(一)中国"双一流"大学各成员多指标分析

如表3-3所示为42所中国"双一流"大学在2015—2019年间论文规模、影响力、高水平产出等方面的表现。表格按各大学发表论文数量降序排列。

2015—2019年,42所中国"双一流"大学共发表WoS论文841143[①]篇,校均发文量20027篇[②],有21所学校的发文数量高于校均发文量。从发文规模看,各校间论文数差距较大,论文数排名前3位的分别是上海交通大学、浙江大学和清华大学,论文数最少的是中央民族大学(915篇),仅占论文数最高的上海交通大学的17%。

从发文影响力情况看,中国"双一流"大学的CNCI多数高于全球平均水平(全球平均水平为1),仅国防科技大学、云南大学和东北大学(中国)低于或等于1,其中国防科技大学学校性质较为特殊,仅以公开发表的文献无法反映该校真实的研究实力和竞争力,其他2所则是"双一流"B类大学。论文数高于校均发文量的21所学校中,CNCI最高的是清华大学,为1.59,其次是中国科学技术大学和华南理工大学。h5指数是同时考量规模及影响力的指标,多数"双一流"大学的h5指数与发文规模呈较强的正相关性。

与高水平产出相关的指标主要是被引次数前1%论文占比和CNS及其

①部分论文是多校合作论文,故42所"双一流"大学合计论文数少于各校论文数相加。
②校均发文量="双一流"大学总发文量/"双一流"大学数量。

子刊发文量。Top1%论文占比位居前三的分别为湖南大学、中国科学技术大学和清华大学,且除湖南大学的Top1%论文占比达到4.07%外,其他大学该项指标均低于3%。北京大学、清华大学和复旦大学在CNS及其子刊发文数和CNS及其子刊发文占比2项指标上处于领先地位,部分以工科见长的大学,如哈尔滨工业大学、大连理工大学、重庆大学等,CNS及其子刊发文占比较低,这可能与期刊收录的学科领域有关。

42所"双一流"大学中,清华大学是唯一一所7项指标均位于前三的大学。北京大学有4项指标位居前三,分别是总被引次数、h5指数、CNS及其子刊发文数和CNS及其子刊发文占比。上海交通大学、复旦大学、中国科学技术大学及湖南大学各有2项指标位居前三,其中上海交通大学论文数及总被引次数2项领先,反映了该校在竞争规模上颇具优势;复旦大学CNS及其子刊发文数和CNS及其子刊发文占比2项指标领先,这说明复旦大学在相关学科领域有较强的竞争优势;中国科学技术大学学校规模相对较小,故论文数和总被引次数这2项反映规模竞争力的指标仅在中上游位置,但其h5指数和PPTop1%位居前三,表明该校学术产出的影响力表现不俗,同时在高水平产出上也有较强的竞争优势。湖南大学作为一所"双一流"B类大学,虽然论文规模等指标在"双一流"大学中居中等偏后,但高被引论文数量不少,CNCI和PPTop1%2项指标在42所"双一流"大学中占据首位,5年产出Top1%论文550篇,占该校同期所有论文的4.07%,占比远高于其他"双一流"大学。

表3-3 中国"双一流"大学论文综合表现(2015—2019年)

排序	学校	论文数/篇	总被引频次	CNCI	h5指数	PPTop1%	CNS及其子刊发文数/篇	CNS及其子刊发文占比/%
1	上海交通大学	53487	543642	1.27	164	1.55%	685	1.28
2	浙江大学	49887	503396	1.28	154	1.71%	650	1.30
3	清华大学	47750	633670	1.59	192	2.76%	1085	2.27
4	北京大学	44085	531245	1.45	179	2.26%	1015	2.30
5	中山大学	36800	391086	1.40	149	1.91%	452	1.23
6	复旦大学	35196	394410	1.39	153	1.88%	713	2.03
7	华中科技大学	34906	377052	1.39	138	1.84%	352	1.01
8	西安交通大学	32035	303007	1.22	130	1.43%	174	0.54

续表

排序	学校	论文数/篇	总被引频次	CNCI	h5指数	PPTop1%	CNS及其子刊发文数/篇	CNS及其子刊发文占比/%
9	山东大学	31909	287083	1.13	119	1.21%	168	0.53
10	四川大学	31785	285684	1.14	121	1.41%	236	0.74
11	中南大学	30559	318005	1.47	119	2.20%	167	0.55
12	哈尔滨工业大学	29998	303790	1.29	133	1.92%	87	0.29
13	中国科学技术大学	29859	385110	1.56	164	2.73%	592	1.98
14	吉林大学	29820	264759	1.07	119	1.12%	181	0.61
15	南京大学	28790	367307	1.53	151	2.13%	459	1.59
16	武汉大学	27308	296935	1.41	137	1.96%	257	0.94
17	天津大学	24924	253076	1.27	126	1.67%	131	0.53
18	同济大学	24879	242202	1.26	115	1.64%	242	0.97
19	东南大学	23720	232169	1.33	120	1.98%	103	0.43
20	华南理工大学	21799	269826	1.56	130	2.37%	100	0.46
21	北京航空航天大学	20467	200508	1.26	119	1.92%	96	0.47
22	大连理工大学	19778	189831	1.23	104	1.54%	59	0.30
23	重庆大学	17233	169160	1.31	103	1.90%	52	0.30
24	郑州大学	17204	153527	1.35	100	2.09%	100	0.58
25	电子科技大学	17163	170111	1.50	111	2.95%	84	0.49
26	西北工业大学	16901	156245	1.28	106	2.09%	72	0.43
27	厦门大学	16893	183416	1.36	113	2.02%	286	1.69
28	北京理工大学	15797	155304	1.31	108	2.19%	77	0.49
29	北京师范大学	14748	138734	1.27	96	1.67%	145	0.98
30	南开大学	14297	189826	1.61	126	2.68%	222	1.55
31	湖南大学	13524	185193	1.87	119	4.07%	68	0.50
32	兰州大学	13208	131888	1.26	95	1.35%	76	0.58
33	东北大学	13162	97677	1.00	74	0.93%	8	0.06
34	中国农业大学	12581	112569	1.33	79	1.61%	137	1.09

续表

排序	学校	论文数/篇	总被引频次	CNCI	h5指数	PPTop1%	CNS及其子刊发文数/篇	CNS及其子刊发文占比/%
35	西北农林科技大学	11305	95984	1.30	67	1.36%	51	0.45
36	华东师范大学	10779	106994	1.32	92	1.83%	193	1.79
37	国防科技大学	9494	58010	0.83	63	0.75%	31	0.33
38	中国海洋大学	9361	73189	1.13	73	1.24%	62	0.66
39	中国人民大学	4311	36992	1.27	64	1.74%	49	1.14
40	云南大学	4075	27309	0.97	47	0.66%	36	0.88
41	新疆大学	2788	20539	1.04	45	0.50%	2	0.07
42	中央民族大学	915	7578	1.17	35	2.19%	2	0.22
合计		841143	8332523	1.27	353	1.66%	7300	0.87

（二）美国AAU大学各成员多指标分析

如表3-4所示为63所美国AAU大学在2015—2019年间论文规模、影响力、高水平产出等方面的表现。该表按各大学发表论文数量降序排列。

从发文规模看,2015—2019年,63所美国AAU大学共发表WoS论文1119611篇,校均发文17771篇。发文数量排名前三的分别是哈佛大学、密歇根大学和约翰霍普金斯大学。发文数量最少的是布兰迪斯大学,5年发文量仅2561篇。

从影响力方面的指标看,在40所发文数量高于校均发文数量的学校中,CNCI前三的学校分别是麻省理工学院、斯坦福大学及哈佛大学,这3所学校都是世界公认的顶尖名校。加州理工学院、布兰迪斯大学的论文数虽未达到AAU校均发文量,但CNCI表现相当不错。加州理工学院是精英学府的典范,一直秉承"小而精"的办学理念,仅有2100多名学生和270名教师,由于学校规模小,发文数量不占优势,但CNCI与哈佛大学不相上下,说明该校的研究影响力相当高。布兰迪斯大学也是一所规模较小的大学(2018年秋季在校本科及研究生共约5800人),该校自立校之始就关注本科教育,且学校未设置工科专业,这些因素可能造成该校的发文数量低于其他学校,但布兰迪斯大学的CNCI是AAU大学中最高的。

在Top1%论文占比这一反映高影响力产出的指标上,麻省理工学院、斯坦福大学均高于5%,AAU大学中有超过20%的学校该指标高于4%,仅3所学校低于2%,这表明AAU大学中多数大学的高影响力研究成果占比较高。此外,AAU所有大学的CNS及其子刊发文数都过百,反映了AAU大学的基础性研究多、创新性研究能力强。

在63所美国AAU大学中,哈佛大学和斯坦福大学两校各有6项指标位居前三。哈佛大学除CNCI位列第4位外,其他几项指标均遥遥领先于其他AAU大学,尤其是论文数和CNS及其子刊发文数2项指标,约2倍于排名第2位的学校,5年论文数达到10万以上,显示出哈佛大学在研究规模、影响力及高水平产出等各个方面较其他的AAU大学具有更强的竞争优势。斯坦福大学唯一未进入前三的指标是论文数,其他指标均表现出色。麻省理工学院5年论文数仅为哈佛大学的31.6%,但该校CNCI、PPTop1%和CNS及其子刊发文占比等5项指标的表现十分优异,居于前三,表明该校在研究影响力、高水平论文产出上有很强的竞争力,同时创新性研究水平也领跑其他大学。约翰霍普金斯大学位居前三的2项指标分别是论文数和总被引次数,该校是全美第一所真正意义上的研究型大学,其医学院与哈佛大学医学院齐名,是美国最为优秀的医学院之一,医学、生物科学是该校的强势学科,医学及生命科学相关领域是该校发文贡献最大的学科。

表3-4　美国AAU大学成员论文综合表现(2015—2019年)

排序	学校	论文数	总被引次数	CNCI	h5指数	PPTop1%	CNS及其子刊发文数	CNS及其子刊发文占比
1	哈佛大学	108529	2034252	2.26	367	4.78%	6844	6.31%
2	密歇根大学	48723	718042	1.83	216	3.10%	1414	2.90%
3	约翰霍普金斯大学	48709	799649	2.00	252	3.48%	1650	3.39%
4	斯坦福大学	47286	953570	2.39	279	5.20%	3306	6.99%
5	华盛顿大学(西雅图)	42911	741947	2.12	249	4.25%	1698	3.96%
6	宾夕法尼亚大学	40290	653360	2.02	223	3.92%	1793	4.45%

排序	学校	论文数	总被引次数	CNCI	h5指数	PPTop1%	CNS及其子刊发文数	CNS及其子刊发文占比
7	加州大学洛杉矶分校	40166	630911	1.92	221	3.55%	1649	4.11%
8	哥伦比亚大学	37987	646563	2.08	226	4.04%	1994	5.25%
9	麻省理工学院	34299	777226	2.45	262	5.81%	3855	11.24%
10	加州大学圣地亚哥分校	34000	563963	1.97	215	3.92%	2006	5.90%
11	加州大学伯克利分校	33706	627875	2.05	223	4.23%	1888	5.60%
12	俄亥俄州立大学	33622	452572	1.70	184	2.82%	594	1.77%
13	明尼苏达大学双城分校	33513	437483	1.66	184	2.63%	792	2.36%
14	康奈尔大学	33046	520650	1.96	208	3.88%	1778	5.38%
15	耶鲁大学	32195	553118	2.09	212	4.06%	1659	5.15%
16	杜克大学	31901	507470	2.01	202	4.00%	1183	3.71%
17	威斯康星大学麦迪逊分校	31502	426222	1.63	169	2.54%	770	2.44%
18	佛罗里达大学	31114	335545	1.43	155	2.08%	466	1.50%
19	匹兹堡大学	30739	472611	1.91	187	3.23%	775	2.52%
20	芝加哥大学	29892	541631	2.11	219	3.91%	1500	5.02%
21	宾夕法尼亚州立大学	29749	359934	1.49	154	2.05%	690	2.32%
22	北卡罗来纳大学教堂山分校	28828	428544	1.88	187	3.34%	990	3.43%
23	西北大学	28621	497166	2.15	210	4.03%	975	3.41%
24	加州大学戴维斯分校	28402	356869	1.58	152	2.45%	683	2.40%

续表

排序	学校	论文数	总被引次数	CNCI	h5指数	PPTop1%	CNS及其子刊发文数	CNS及其子刊发文占比
25	德州农工大学	25551	269198	1.33	136	1.73%	353	1.38%
26	纽约大学	25096	369472	1.91	179	3.49%	1114	4.44%
27	得克萨斯大学奥斯汀分校	24854	332386	1.61	158	2.79%	668	2.69%
28	伊利诺伊大学香槟分校	24728	323565	1.55	151	2.22%	638	2.58%
29	圣路易斯华盛顿大学	22582	398167	2.14	207	4.40%	1194	5.29%
30	埃默里大学	22264	359940	2.06	186	3.53%	631	2.83%
31	普渡大学	22215	240442	1.37	127	1.93%	418	1.88%
32	马里兰大学帕克分校	22112	329527	1.82	175	3.35%	608	2.75%
33	南加州大学	21971	321641	1.78	175	3.06%	677	3.08%
34	范德堡大学	21714	347972	1.98	168	3.41%	750	3.45%
35	罗格斯大学	21660	260118	1.50	142	2.31%	559	2.58%
36	密歇根州立大学	21300	241329	1.53	130	2.11%	299	1.40%
37	犹他大学	20123	268285	1.64	149	2.79%	518	2.57%
38	波士顿大学	19938	300190	1.89	161	3.39%	642	3.22%
39	亚利桑那大学	19906	272199	1.66	149	2.65%	449	2.26%
40	科罗拉多大学博尔德分校	17875	273183	1.83	151	3.50%	684	3.83%
41	佐治亚理工学院	17660	269620	1.72	150	2.71%	444	2.51%
42	加州大学欧文分校	17468	261040	1.85	155	3.38%	566	3.24%
43	印第安纳大学伯明顿分校	17408	211935	1.62	132	2.61%	362	2.08%
44	加州理工学院	17007	356721	2.23	179	4.55%	1047	6.16%

排序	学校	论文数	总被引次数	CNCI	h5指数	PPTop1%	CNS及其子刊发文数	CNS及其子刊发文占比
45	普林斯顿大学	16541	296825	2.13	174	4.53%	904	5.47%
46	爱荷华大学	16333	205721	1.59	130	2.46%	335	2.05%
47	弗吉尼亚大学	16099	233337	1.81	140	2.91%	448	2.78%
48	布朗大学	15161	222119	1.87	143	2.75%	310	2.04%
49	凯斯西储大学	14869	235385	1.92	155	3.28%	416	2.80%
50	爱荷华州立大学	13323	141033	1.37	108	2.05%	176	1.32%
51	罗切斯特大学	12439	180708	1.80	134	3.03%	347	2.79%
52	堪萨斯大学	12265	139626	1.52	113	2.35%	227	1.85%
53	加州大学圣塔芭芭拉分校	11926	195547	1.93	136	3.50%	446	3.74%
54	纽约州立大学布法罗分校	11494	135933	1.51	111	2.31%	161	1.40%
55	纽约州立大学石溪分校	11417	161728	1.64	125	2.70%	336	2.94%
56	密苏里大学哥伦比亚分校	11081	107145	1.28	87	1.47%	131	1.18%
57	卡内基梅隆大学	9539	141159	1.75	120	3.10%	223	2.34%
58	达特茅斯学院	8554	122869	1.82	111	2.95%	249	2.91%
59	莱斯大学	7776	121975	1.79	120	3.27%	318	4.09%
60	加州大学圣克鲁斯分校	7356	147850	2.11	132	4.04%	369	5.02%
61	杜兰大学	6262	81697	1.72	84	2.19%	117	1.87%
62	俄勒冈大学	5448	90604	2.09	103	3.23%	138	2.53%
63	布兰迪斯大学	2561	57239	2.59	88	4.49%	120	4.69%
合计		1119611	13562004	1.49	530	2.23%	34840	3.11%

（三）联盟成员主要学术竞争力指标分析

本部分选取了研究规模和研究影响力的两个代表性指标——学科规范化引文影响力（CNCI）和论文数，并对其进行标准化处理，以散点图形式，展示了中国"双一流"大学和美国AAU大学各成员的学术竞争力，如图3-1所示。

该图横轴为归一化论文数[①]，纵轴为CNCI，四个象限的分隔线分别为中美所有大学归一化论文数平均值和CNCI平均值。位于第Ⅰ象限的学校，其论文规模和影响力均具竞争优势；位于第Ⅱ象限的学校，其影响力相对较高，但论文规模不占优势；位于第Ⅳ象限的学校，其论文规模具有相对优势，影响力则相对较弱；位于第Ⅲ象限的学校，其论文规模及影响力均相对较弱。可以看出，位于第Ⅰ象限的均为美国AAU大学，代表哈佛大学的三角位于第Ⅰ象限的最右边，这表明哈佛大学的论文数远高于其他中美大学，是论文数排名第2位的上海交通大学的2倍多，其他大学则难望其项背；第Ⅱ象限也以美国AAU大学为主，其中仅有一个中国高校——湖南大学，湖南大学虽然论文规模并不出色，但胜在高被引论文数量，5年产出Top1%论文550篇，占该校全部论文的4.07%，故CNCI相对较高。分布在第Ⅲ、第Ⅳ象限的多为中国"双一流"大学，也有部分美国AAU大学。中国"双一流"大学中论文数前5位的大学均分布在第Ⅳ象限，分别为上海交通大学、浙江大学、清华大学、北京大学和中山大学。清华大学的论文规模与斯坦福大学、约翰霍普金斯大学等AAU中表现出色的大学不相上下，但在影响力方面与美国一流大学相比还有明显差距。上海交通大学、浙江大学和北京大学的论文规模已近乎追平部分美国一流大学，但CNCI明显在中美所有对标大学的平均值之下，说明论文影响力尚无法与AAU中的顶尖大学匹敌。第Ⅲ象限中靠左下角位置的全部为中国"双一流"大学，反映出中国各所"双一流"大学之间的发展也极不均衡，部分"双一流"大学的学术论文产出规模与影响力想要达到世界一流水平任重道远。

---

①归一化论文数：某校归一化论文数=某校论文数/中、美大学中论文数最少的一所大学论文数。

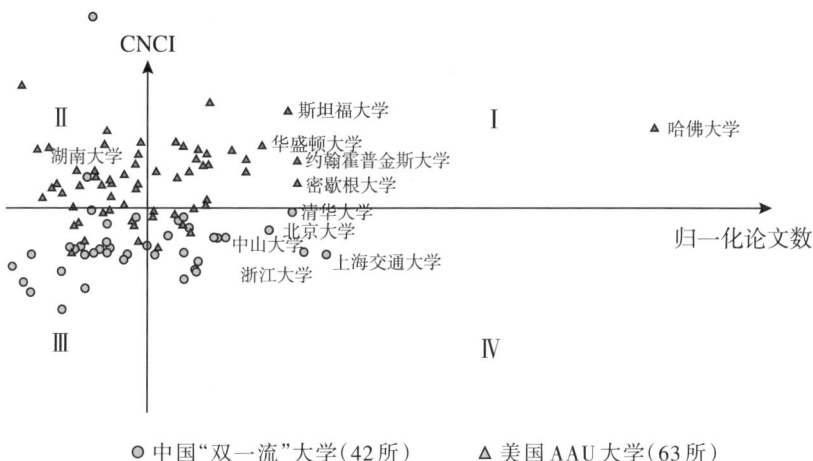

图 3-1　中国"双一流"大学与美国 AAU 大学的论文数和引文影响力四象限图

〉二、研究规模竞争力现状及发展态势

本节以中国"双一流"大学及美国 AAU 大学两个群体为观察对象,对比这两个群体在研究规模上的竞争力现状及其近 5 年的发展趋势。如表 3-5 所示,2015—2019 这 5 年间,中国"双一流"大学总论文数略低于美国 AAU 大学,但考虑到两个联盟所包含的学校数量不同,对比分析校均发文量更具有现实意义。中国"双一流"大学校均发文 20027 篇,高于美国 AAU 大学的校均发文量 17771 篇。

表 3-5　中国"双一流"大学与美国 AAU 大学发文规模对比

大学类别	论文数/篇	学校数量/所	校均发文量/篇
中国"双一流"大学	841143	42	20027
美国 AAU 大学	1119611	63	17771

从论文数变化趋势来看,2015—2019 年,中国"双一流"大学的年论文数大幅上升(图 3-2),增长速度明显快于美国 AAU 大学,2017—2019 这 3 年的年增长率一直保持两位数,2019 年论文增长率更是达到近 20%。反观美国 AAU 大学,前 4 年的年增长率均未超过 3%,仅 2019 年略高,为 6.84%(图 3-3)。2015 年,中国"双一流"大学的 WoS 论文数只有美国 AAU 大学 WoS 论文数的 63%,但两者差距逐年缩小,到 2019 年,中国"双一流"大学 WoS 论文数已接近美国 AAU 大学 WoS 论文数的 91%。

从研究竞争力规模及发展趋势看,自20世纪90年代"985"建设项目实施以来,我国有一大批重点建设大学在研究规模上取得了长足的发展。而作为中国大学中的佼佼者、国家科技研究的中坚力量,"双一流"大学在科研产出规模上已具备了与世界顶尖大学竞争的实力。这与近30年来我国综合国力显著增强,国际竞争力和影响力明显提升这一大背景密不可分。

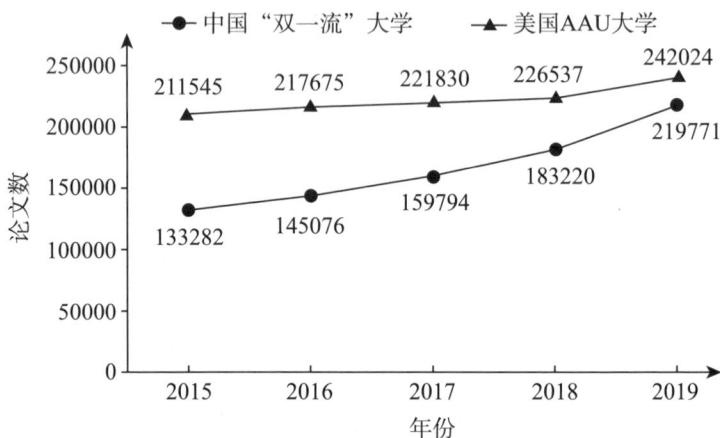

图3-2 中国"双一流"大学与美国AAU大学2015—2019年论文数年度趋势对比

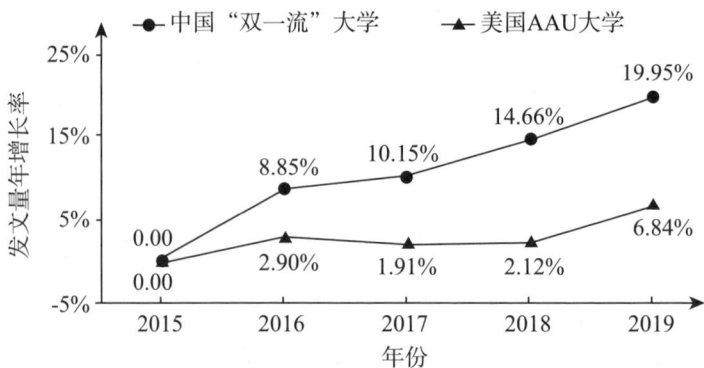

图3-3 中国"双一流"大学与美国AAU大学2015—2019年发文量年增长率对比

三、研究影响力竞争现状及发展态势

本节结合学科规范化的引文影响力(CNCI)、$h5$指数、被引次数及发文期刊的学科分区等指标来对比分析中国"双一流"大学和美国AAU大学在研究影响力上的差异。

如表3-6所示中国"双一流"大学及美国AAU大学发表论文的CNCI都高于全球平均水平(全球平均水平为1),表明两者科研产出的影响力在全球均处于相对优势地位,但中国"双一流"大学的CNCI仍与美国AAU大学有一定的差距。而从$h5$指数和校均被引次数的表现看,中国"双一流"大学明显低于美国AAU大学。

表3-6　中国"双一流"大学与美国AAU大学研究影响力对比

学校	CNCI	$h5$指数	校均被引次数
中国"双一流"大学	1.27	353	198393
美国AAU大学	1.49	530	215269

期刊分区数据来自科睿唯安公司的JCR数据库,科睿唯安的期刊分区是分学科进行的,将某一学科的所有期刊按照影响因子降序排列,平均分为四等份,各占25%,分别是Q1、Q2、Q3、Q4(这里的Q代表1/4)。这一指标表征的是某所大学论文发表在高品质期刊的情况,从另一角度反映科研产出的影响力状况。

如图3-4所示,从中美两个大学联盟的论文期刊分区情况看,中国"双一流"大学有近半论文发表在Q1分区期刊上,表明高影响力期刊对中国"双一流"大学论文的接受度较高,但与美国AAU大学58.46%的占比相比仍有较大差距。中美两个大学联盟发表于Q2期刊上的论文占比较为接近,都在25%左右。而从后半区的Q3、Q4期刊发文情况来看,中国"双一流"大学约有15%的论文发表于Q3期刊,Q4期刊论文占比超过9%,而美国AAU大学在这两个期刊分区的论文仅为16%,即中国"双一流"大学在分区靠后的期刊上论文占比明显高于美国AAU大学。虽然期刊影响力不能完全等同于论文的影响力,但是高品质学术期刊通常对论文的学术质量要求更高,其收录的论文也往往会得到领域同行更多的关注,能够有效提升论文的社会影响力。中国"双一流"大学如希望让自己的研究成果在全球范围内得到更为广泛的传播,获得更高的影响力,则应提高其在Q1期刊上的发文量。

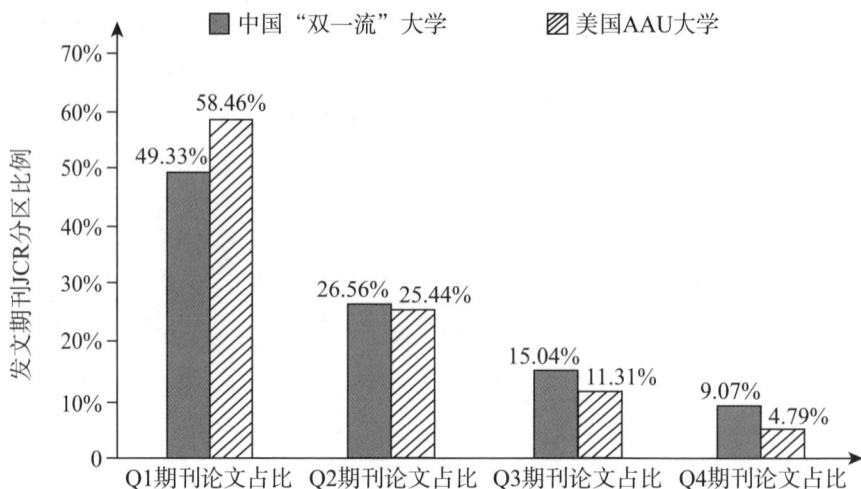

图 3-4　中国"双一流"大学与美国 AAU 大学发文期刊 JCR 分区的比例

如图 3-5 所示，从影响力的变化趋势看，2015—2019 这 5 年间，中国"双一流"大学和美国 AAU 大学的 CNCI 年度变化趋势正好相反，中国"双一流"大学的 CNCI 逐年上升，而美国 AAU 大学的 CNCI 则逐年下降。说明中国"双一流"大学的研究影响力近年来正稳步提升，与美国 AAU 大学影响力之间的差距也在不断缩小。

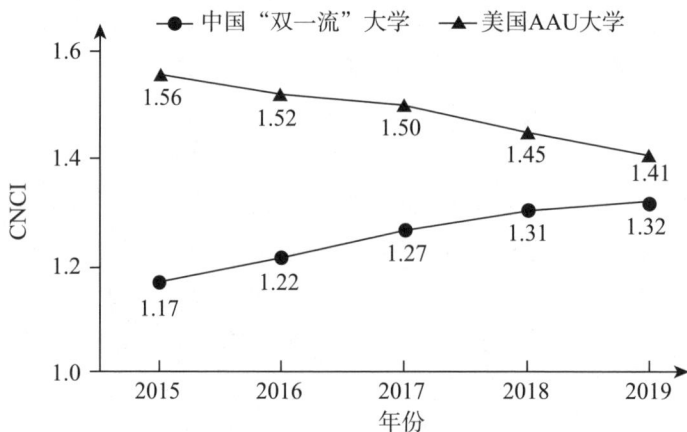

图 3-5　中国"双一流"大学与美国 AAU 大学研究影响力发展态势

四、高水平研究竞争现状及发展态势

中美两个大学联盟高水平研究竞争力的表现主要可从被引次数前1%（Top1%）论文和CNS及其子刊论文这两方面进行观察。Top1%论文占比（PPTop1%）是在某一指定学科领域、某一年、某种文献类型下，被引频次排名前1%的文献数除以该组文献总数的百分比。该指标数值越大，表明该组文献表现越好。Top10%论文占比（PPTop10%）则是被引频次排名前10%的文献数除以该组文献总数的值。这2项指标反映的是大学研究产出中高影响力论文的占比情况。从Top1%论文和Top10%论文占比来看，美国AAU大学均领先于中国"双一流"大学，尤其是Top1%论文占比，美国AAU大学明显高于中国"双一流"大学（如表3-7所示）。

CNS及其子刊收录的论文一般被视为创新性强、高质量的研究成果。中国"双一流"大学与美国AAU大学近5年在CNS及其子刊上的发文数量差距很大，中国"双一流"大学近5年有7300篇论文发表在CNS及其子刊上，校均173.8篇；美国AAU大学的CNS及子刊论文数则高达34840篇，校均553篇，是中国"双一流"大学的3倍多。这表明中国"双一流"大学的创新性研究产出数量尚无法与美国AAU大学匹敌。

表3-7 中国"双一流"大学与美国AAU大学高水平研究对比

分类	论文数	PPTop1%	Top1%论文数	PPTop10%	Top10%论文数
中国"双一流"大学	841143	1.66%	13996	13.28%	111687
美国AAU大学	1119611	2.23%	24962	15.86%	177595

对中国"双一流"大学和美国AAU大学的CNS及其子刊发文情况做进一步的分析，结果表明：中国"双一流"大学在CNS及其子刊的论文数仅占其全部论文数的0.87%，对被引次数的贡献为4.16%；美国AAU大学的CNS及子刊论文数占其全部论文数的3.11%，对被引次数的贡献高达12.74%。这表明CNS及其子刊论文对学术影响力的提升有非常重要的贡献，增加CNS及其子刊论文数可以有效地提高学术影响力。此外，中国"双一流"大学在CNS及其子刊上发文的CNCI达5.62，略高于美国AAU大学，而全部发文CNCI却有所不及，这说明中国"双一流"大学的论文整体影响力虽然不如美国AAU大学，但是已有的创新性研究具有较强的竞争力（如表3-8所示）。

表3-8　中国"双一流"大学与美国AAU大学2015—2019年间在CNS及其子刊的发文情况

分类	CNS及其子刊					全部发文
	论文数	论文占比	被引次数	论文被引占比	CNCI	CNCI
中国"双一流"大学	7300	0.87%	346842	4.16%	5.62	1.27
美国AAU大学	34840	3.11%	1728219	12.74%	5.06	1.49

　　对比中国"双一流"大学和美国AAU大学高水平产出的发展态势可以看出,中国"双一流"大学Top1%论文占比在不断提高,呈追赶美国AAU大学的态势,而美国AAU大学则稳中稍降,两者间的差距已由2015年的1.02%缩小到了2019年的0.15%。如中国"双一流"大学能保持现有发展态势,在该项指标上应该可以较快追平甚至赶超美国AAU大学(如图3-6所示)。

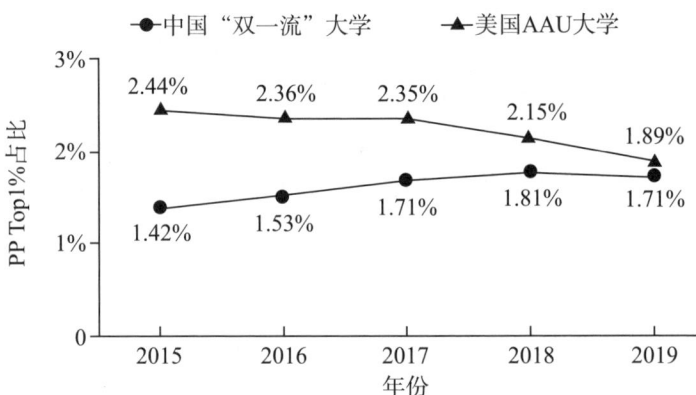

图3-6　中国"双一流"大学与美国AAU大学Top1%论文占比发展态势(2015—2019年)

五、合作竞争现状及发展态势

　　合作竞争包括国际合作和横向合作。国际合作论文指由2个或者2个以上国家(地区)的作者共同参与合作发表的论文。国际合作论文百分比指标体现了机构或科研工作者吸引国际合作的能力。横向合作论文指包含了一位或多位组织机构类型标记为"企业"的作者的出版物,横向合作论文占比是某一文献集中横向合作发表文献数除以该文献集文献总数的百分比值①（如表3-9所示）。

表3-9 中国"双一流"大学与美国AAU大学2015—2019年间发文的合作情况对比

学校	论文数	国际合作论文数	国际合作论文占比	横向合作论文数	横向合作论文占比
中国"双一流"大学	841143	233581	27.77%	13085	1.56%
美国AAU大学	1119611	474934	42.42%	37101	3.31%

从论文的国际合作情况看,美国AAU大学的国际合作论文占比明显高于中国"双一流"大学,有42.42%的论文是国际合作论文。中国"双一流"大学的国际合作率已超过25%,但与美国AAU大学相比还有较大差距。在横向合作率上,中国"双一流"大学仅为1.56%,而美国AAU大学远高于中国"双一流"大学,为3.31%。

国务院在发布的《统筹推进世界一流大学和一流学科建设总体方案》中指出,要"深化产教融合,将一流大学和一流学科建设与推动经济社会发展紧密结合,着力提高高校对产业转型升级的贡献率"。现下中国经济正以"中国智造"取代"中国制造",以重质量的发展模式取代过去重速度的发展模式,使创新成为驱动中国经济发展的新引擎之一。大学在此过程中,不仅需承担为国家培养大批优秀人才、提升国民整体素质的任务,而且应充分发挥自身汇聚大量高科技人才的优势,在创新研究上成为中流砥柱,增强与企业间的合作,将相关的研究成果转化为社会生产力,助推国家产业转型升级。

自20世纪上半叶至今,美国一直是世界高等教育中心和世界强国,其高等教育体系有很强的全球影响力和辐射力。因此,美国AAU大学一直保持着较高的国际合作率。从国际合作论文发展趋势看,中国"双一流"大学和美国AAU大学近5年的国际合作率基本维持稳定,中国"双一流"大学在2019年略有下降,导致两者在这一指标上的差距有所增加(如图3-7所示)。

---

①InCites数据库目前未统一所有论文包含的每一个机构的隶属关系,只有那些已被统一的机构才能被标记特定的组织机构类型。因此,可能存在一些企业,由于其隶属关系未被统一而没有被标记组织机构类型,其发表文献未被标记为横向合作论文。目前的数据库有可能局限于统一大型跨国企业,因此可能产生区域偏差。

图 3-7　中国"双一流"大学与美国 AAU 大学国际合作论文占比情况

第三节　竞争布局分析

学科是大学的基本单元，一流大学的建设最终要落到一流学科的建设，没有一流学科的大学就是空中楼阁。但具体到每所学校，由于地理位置、历史沿革、人才队伍等差异，学科生态布局也往往是千校千面。纵观世界一流大学，不一定学科门类齐全，但基本都有其独具特色的一流学科。我国教育部、财政部、国家发展改革委三部委发布的《统筹推进世界一流大学和一流学科建设实施办法（暂行）》对"双一流"大学的学科布局提出了明确的要求："支持一批接近或达到世界先进水平的学科，加强建设关系国家安全和重大利益的学科，鼓励新兴学科、交叉学科，布局一批国家急需、支撑产业转型升级和区域发展的学科"，从而"着力解决经济社会中的重大战略问题，提升国家自主创新能力和核心竞争力。"遵循这一指导方针，多所中国"双一流"大学在已发布的建设方案中也对本校学科布局做了相应的规划，如清华大学发布的《清华大学一流大学建设高校建设方案（精编版）》中指出："学校构建了包括学科领域—学科群—学科 3 个层次的学科建设体系，制定了分类分层次的学科发展途径。""将现有的 11 个学科门类整合为工程科学与技术、自然科学、人文社会科学与艺术、生命科学与医学 4 个学科领域。"那么，除大学自身的规划外，作为整体，中国"双一流"大学的整体学科布局现状与美国 AAU 大学又有哪些异同？两个高校群体在新兴学科、交叉学科上的布局情况又是怎样的？本节利用 SciVal 平台，以 2015—2019 年间两个高校群体的文献数据，对美国 AAU 大学与中国"双一流"大学各自的学科布局特点及其差异进行了梳理和分析，从而为中国"双一流"大学规划下一阶段的学科布局提供参考。

一、中国"双一流"大学学科分布

本节数据来源于 SciVal 分析平台,该平台的数据源为 Scopus 数据库 1996 年至今的所有数据,文献学科归类采用 Scopus 的期刊分类系统 ASJC,ASJC 将全部学科分为 27 个学科大类,详细如表 3-10 所示。

表 3-10　ASJC 学科分类

学科分类(英文)	学科分类(中文)	学科分类(英文)	学科分类(中文)
Computer Science	计算机科学	Medicine	医学
Mathematics	数学	Pharmacology, Toxicology and Pharmaceutics	药理学、毒理学和药剂学
Physics and Astronomy	物理学和天文学	Health Professions	健康专业
Chemistry	化学	Nursing	护理学
Chemical Engineering	化学工程	Dentistry	牙科学
Materials Science	材料科学	Neuroscience	神经科学
Engineering	工程	Arts and Humanities	艺术与人文
Energy	能源学	Psychology	心理学
Environmental Science	环境科学	Social Sciences	社会科学
Earth and Planetary Sciences	地球与行星科学	Business, Management and Accounting	商业、管理和会计
Agricultural and Biological Sciences	农业与生物科学	Economics, Econometrics and Finance	经济学、计量经济学与金融学
Biochemistry, Genetics and Molecular Biology	生物化学、遗传学和分子生物学	Decision Sciences	决策科学
Immunology and Microbiology	免疫学和微生物学	Multidisciplinary	多学科
Veterinary	兽医学		

图 3-8 是 2015—2019 年中国"双一流"大学论文的 ASJC 学科分布情况。图中展示了中国"双一流"大学发文数量较多的前 13 个 ASJC 学科,这 13 个学

科的论文数占据了5年所有论文数的90%以上,其他14个学科论文数仅占9.9%。在13个论文数较多的学科中,中国"双一流"大学发文最多的学科是工程,占比达17.7%;其次是材料科学,占比10.1%。占比接近10%的学科有计算机科学(9.4%),以及物理学和天文学(9.2%)。从学科发文规模看,这13个学科是中国"双一流"大学的优势学科。其他14个论文数较少的学科涉及部分医学和人文社科类的学科,如医学领域的神经科学,牙科学,药理学、毒理学和药剂学等,以及人文社科类的社会科学,艺术与人文,商业、管理和会计,经济学、计量经济学与金融学等。

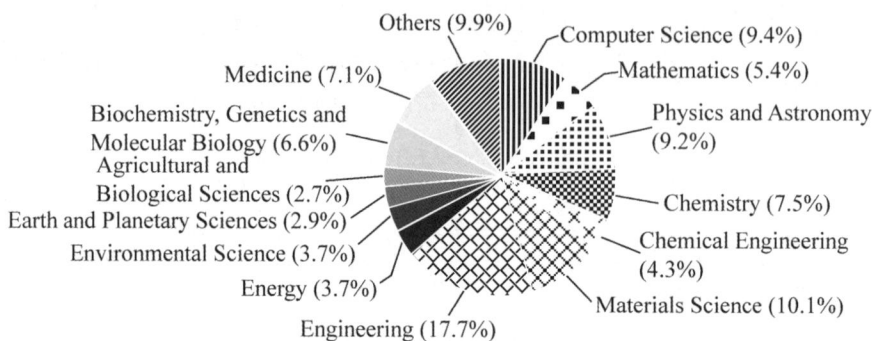

图3-8 中国"双一流"大学2015—2019年间发表的论文ASJC学科分布

二、中国"双一流"大学研究主题集群分布

SciVal分析平台整合了Scopus数据库1996年至今的科研数据,通过文献的直接引用关系,聚类得到全科学领域约9.6万个研究主题(Topics)[①]。这些研究主题是动态且不断发展的,随着时间的推移,新的研究主题也不断出现。引用链接强度达到一定阈值的研究主题聚合在一起后,形成一个更广

---

①研究主题:是基于SciVal平台1996年至今的科研数据,通过文献的引用关系聚类得到。全科学领域约9.6万个研究主题。研究主题是具有共同关注的知识兴趣的文献集合,它是动态且不断发展的。随着时间的推移,新的研究主题也不断浮现。研究主题命名应用了指纹专利技术和特殊短语,自动抽取题名和摘要给主题命名。

泛、更高层次的研究领域,称为主题集群①,一个主题集群包含具有相似研究兴趣的主题。全球所有研究主题经聚类共形成1494个主题集群。通过分析主题或主题集群可以了解机构的研究涉及哪些领域,在哪些研究领域的产出更具竞争优势。

　　中国"双一流"大学2015—2019年的研究论文主题集群分布如图3-9所示,图中最外面的彩色环代表27个ASJC学科,不同的颜色代表不同学科,色环的长度取决于该学科在全球所有学科中的发文比例;大圆圈中的各个气泡代表研究主题集群,气泡的颜色由该研究主题集群的主要所属学科决定;气泡的大小代表了主题集群的发文量规模;气泡的位置由该研究主题集群所涉及的学科类型及其论文量决定。

　　中国"双一流"大学2015—2019年的研究产出在全部1494个主题集群中均有分布,即全球所有的主题集群中都有中国"双一流"大学的贡献,这表明中国"双一流"大学的研究方向分布极为广泛,覆盖的研究领域非常全面。从图3-9中可见,代表计算机科学、数学的紫色环附近气泡最为密集,且其中出现了一个非常巨大的气泡,说明其代表的研究领域非常热门,表现为论文产出数量非常多;图中代表化学、化学工程、材料科学的蓝色环附近形成另一团密集的气泡群,其中也有一个较大的气泡,同时还有不少中等大小的气泡;代表工程、能源学、环境科学的绿色环,以及代表医学,药理学、毒理学和药剂学的红色环附近密集地分布了一团团小气泡群,其中仅靠近工程的色环附近有少量略大一些的气泡;代表艺术与人文、心理学、社会科学的黄色环附近的气泡最稀疏,且全部为小气泡。这与前一节中描述的ASJC学科分布情况是一致的。该图表明中国"双一流"大学在理工学科领域的研究产出最为丰富,且在其中若干领域的研究实力已相对较强;虽然对社会科学、心理学、艺术类学科领域也有涉及,但这些领域仅有少量的研究成果。

---

①主题集群(topic clusters):将具有相似研究兴趣的主题聚合在一起而形成的一个更广泛、更高层次的研究领域。这些主题集群可用于更广泛地了解一个国家、机构(或团体)或研究人员(或团体)正在进行的研究,然后再深入更小范围的基础主题。主题集群是使用与创建主题相同的直接引用算法形成的。当研究主题之间的引用链接强度达到阈值时,形成主题集群。9.6万个研究主题中的每一个都与1,500个主题集群中的一个匹配。与主题一样,一位研究人员或机构可以对多个主题集群有贡献,但是一个研究主题只能属于一个主题集群,而一个出版物只能属于一个研究主题,因此也只能属于一个主题集群。

COMP	计算机科学	MEDI	医学
MATH	数学	PHAR	药理学、毒理学和药剂学
PHYS	物理学和天文学	HEAL	健康专业
CHEM	化学	NURS	护理学
CHNG	化学工程	DENT	牙科学
MATE	材料科学	NEUR	神经科学
ENGI	工程	ARTS	艺术与人文
ENER	能源学	PSYC	心理学
ENVI	环境科学	SOCI	社会科学
EART	地球与行星科学	BUSI	商业、管理和会计
AGRI	农业与生物科学	ECON	经济学、计量经济学与金融学
BIOC	生物化学、遗传学和分子生物学	DECI	决策科学
IMMU	免疫学和微生物学	MULT	多学科
VETE	兽医学		

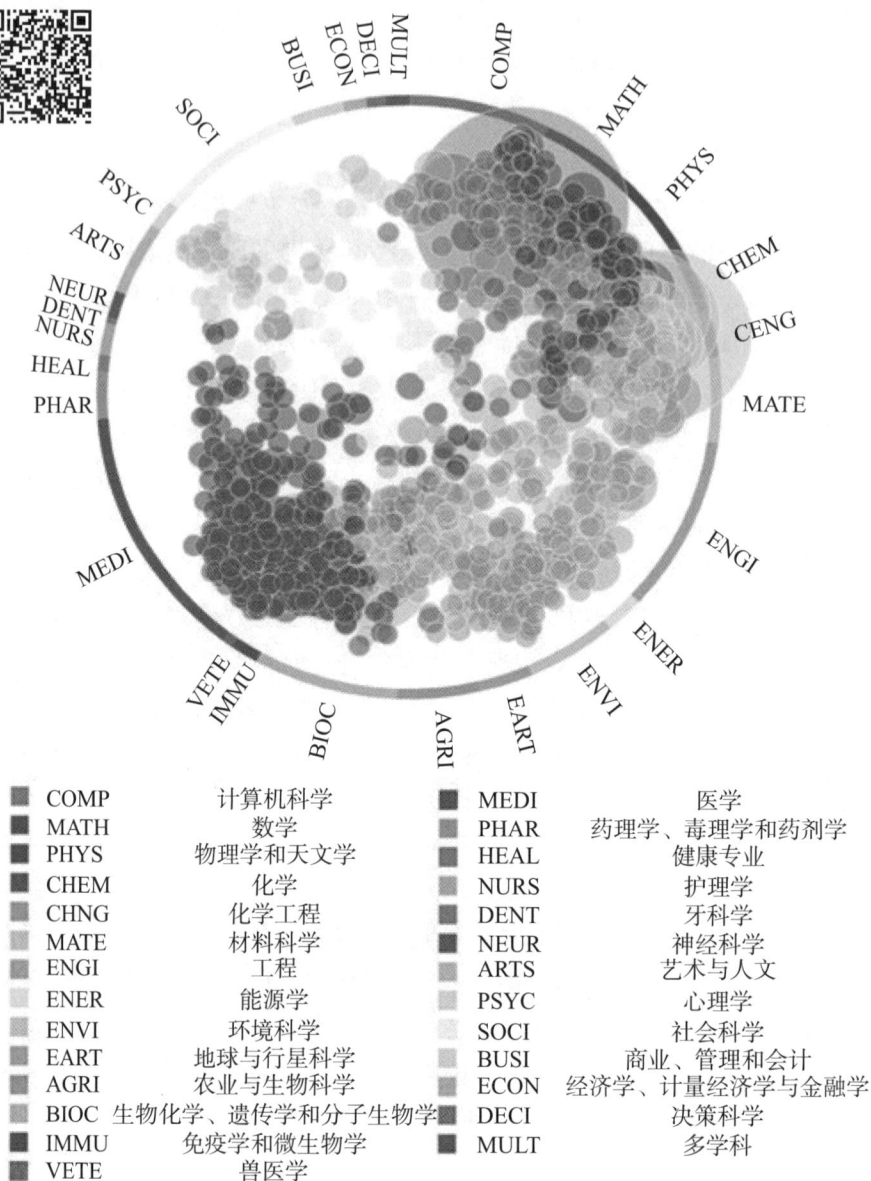

图 3-9　中国"双一流"大学 2015—2019 年间发表的论文的主题集群分布

　　表 3-11 列出了中国"双一流"大学发文数量在 1 万篇以上的 10 个主题集群，这 10 个主题集群的文献数占全部文献的 14.4%。表中全球产出份额是指某机构(此处是中国"双一流"大学)在该主题集群上的发文量占比；FWCI 是 SciVal 中的学科规范化引文影响力指标，在该表中，FWCI 是指中国"双一流"

大学在该主题集群中发文的学科规范化引文影响力。显著度是 SciVal 为每个研究主题/主题集群建立的一个测度主题可见度和发展势头的指标,一般来说,某个主题的显著度①与该主题的研究热度呈正相关。

　　从中国"双一流"大学发文数量较多的这 10 个主题集群的名称看,这些主题集群主要是计算机、材料、能源、电气、电子等领域的研究。中国"双一流"大学在前 4 个主题集群(即图 3-9 中最大的几个气泡)的论文数均超过了 19000 篇,其中 TC.0(算法;计算机视觉;模型)是目前人工智能方向的全球研究热点,其他 3 个主题集群属于新能源、新材料领域。从全球产出份额看,中国"双一流"大学在 TC.30 这一主题集群的产出份额达到全球的 28%。TC.0(算法;计算机视觉;模型)和 TC.30(第二代电池;电池;锂合金)这两个主题集群所涉及的人工智能、新能源都属于当下全球新经济聚焦的新兴产业,是新一轮国际竞争的战略制高点。中国在战略规划上也发布了支持相关产业发展的中长期规划,集中资源力争在这些领域赢得领导权。从 2015—2019 年的文献产出情况看,中国"双一流"大学在学科布局上紧密契合新经济发展方向和国家的产业布局,正成为这些领域重要的研究力量。

表 3-11　中国"双一流"大学 2015—2019 年间发文数量较多的主题集群

研究主题集群	主题集群编号	"双一流"大学论文数	全球产出份额(%)	学科标准化论文影响力(FWCI)	显著度
Algorithms; Computer Vision; Models	TC.0	36608	19.69	1.62	99.799
Secondary Batteries; Electric Batteries; Lithium Alloys	TC.30	28792	28.07	2.82	100
Photocatalysis; Photocatalysts; Solar Cells	TC.8	19609	18.69	2.25	99.933

①主题显著度综合考虑了最近引用数量、最近浏览数量和期刊 CiteScore 3 个参数,对每个主题 j 在第 n 年的显著度 Pj,计算公式如下:$Pj=0.495[C_j-\text{mean}(C_j)]/\text{stdev}(C_j)+0.391[V_j-\text{mean}(V_j)]/\text{stdev}(V_j)+0.1149[CS_j-\text{mean}(CS_j)]/\text{stdev}(CS_j)$。其中,$C_j$ 是主题 j 中的第 n 年和 $n-1$ 年发表论文的引用量,V_j 是主题 j 中的第 n 年和 $n-1$ 年发表论文的 Scopus 浏览量,CS_j 是主题 j 中的第 n 年和 $n-1$ 年发表论文的平均 CiteScore,其中原始数据经过了对数转换,即 $C_j=\ln(C_j+1)$,$V_j=\ln(V_j+1)$,$CS_j=\ln(CS_j+1)$。显著度计算是用标准化分数消除 3 个指标之间的量纲差异,再对每个主题近两年论文的引用数量、浏览数量、期刊评价指数与平均值的离散程度加权求和。因此,显著度指数越高,表示正在关注这个主题的研究者越多,也说明这个主题的增长势头越猛。实际使用中,SciVal 根据主题的显著度数值排序,计算每个主题的百分位数指标。

续表

研究主题集群	主题集群编号	"双一流"大学论文数	全球产出份额(%)	学科标准化论文影响力（FWCI）	显著度
Graphene；Carbon Nanotubes；Nanotubes	TC.22	19256	20.31	2.1	99.866
MicroRNAs；Long Untranslated RNA；Neoplasms	TC.219	14618	25.01	2.03	99.465
Control；Controllers；Linear Matrix Inequalities	TC.9	13897	22.11	1.44	97.724
Plasmons；Metamaterials；Surface Plasmon Resonance	TC.47	13294	20.08	1.67	99.598
Cognitive Radio；MIMO Systems；Orthogonal Frequency Division Multiplexing	TC.3	12719	14.70	1.43	97.925
Electric Potential；Electric Inverters；DC–DC Converters	TC.13	12526	13.40	1.14	98.461
Electric Power Transmission Networks；Wind Power；Electric Power Distribution	TC.28	12394	14.52	1.22	99.398

三、美国AAU大学学科分布

如图3-10所示为2015—2019年美国AAU大学论文的学科分布情况。图中标识出了美国AAU大学论文数较多的前16个学科,这16个学科的论文数占据了美国AAU大学近5年论文数的88.4%,其他学科论文数仅占12.6%。与中国"双一流"大学不同的是,美国AAU大学论文数最多的学科是医学,占比达21%;其次是生物化学、遗传学和分子生物学,占比9%。这反映了美国AAU大学在医学、遗传和分子生物学等与生命科学相关的领域研究产出非常多。其他占比高于5%的学科还有工程(7.6%),物理学和天文学(6.3%),社会科学(6.4%),以及计算机科学(5.8%)。发文较少的11个学科中有部分和中国"双一流"大学一致,如医学类的牙科学、药理学、毒理学和药剂学,人文社科类的商业、管理和会计、经济学、计量经济学和金融学。与中国"双一流"大学不同的是,美国AAU大学在化学工程和能源学这两个工程类学科发文较少。

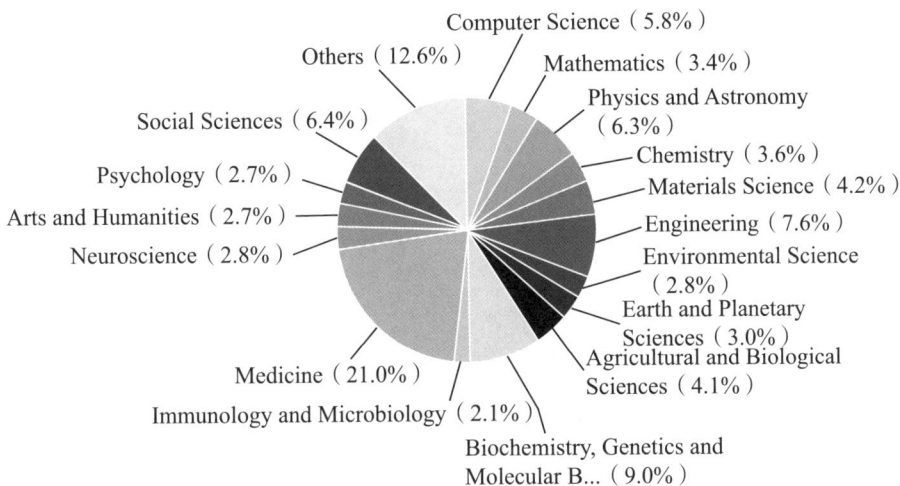

图3-10　美国AAU大学2015—2019年间发表的论文ASJC学科分布

四、美国AAU大学研究主题集群分布

与中国"双一流"大学相同,美国AAU大学2015—2019年的研究覆盖了全部1494个主题集群,这表明美国AAU大学涉及的研究领域也非常广。如图3-11所示为这些主题集群的分布情况。

从图中可见,美国AAU大学在各学科领域的研究主题集群气泡分布比较均匀,在代表计算机科学、数学、物理的紫色环附近,以及代表医学、药学、毒理学和药剂学的红色环附近,有多个比较大的气泡,大气泡的密集程度明显高于中国"双一流"大学,这说明美国AAU大学在这些学科领域的多个主题集群中都产出较多,有较强的研究实力。代表工程、能源、环境科学的绿色环附近的大气泡略多于中国"双一流"大学同领域气泡,代表艺术、心理学、社会科学的黄色环附近的大气泡远多于中国"双一流"大学同领域气泡,说明美国AAU大学在这些领域有明显的竞争优势。

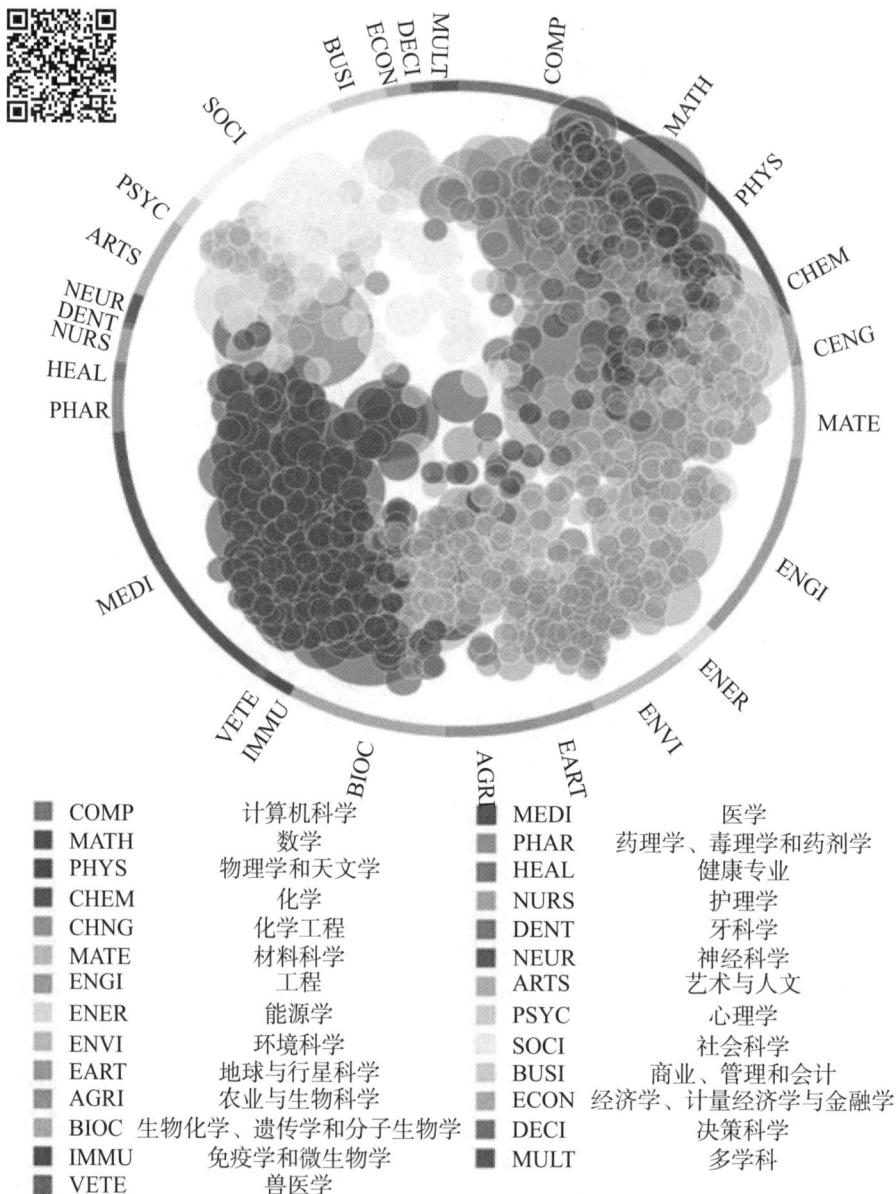

COMP	计算机科学	MEDI	医学
MATH	数学	PHAR	药理学、毒理学和药剂学
PHYS	物理学和天文学	HEAL	健康专业
CHEM	化学	NURS	护理学
CHNG	化学工程	DENT	牙科学
MATE	材料科学	NEUR	神经科学
ENGI	工程	ARTS	艺术与人文
ENER	能源学	PSYC	心理学
ENVI	环境科学	SOCI	社会科学
EART	地球与行星科学	BUSI	商业、管理和会计
AGRI	农业与生物科学	ECON	经济学、计量经济学与金融学
BIOC	生物化学、遗传学和分子生物学	DECI	决策科学
IMMU	免疫学和微生物学	MULT	多学科
VETE	兽医学		

图 3-11　美国 AAU 大学 2015—2019 年论文主题集群分布

　　如表 3-12 所示为美国 AAU 大学论文数在 1 万篇以上的 9 个主题集群。9 个主题集群的文献数量占同期美国 AAU 大学全部文献的 6.7%,反映了美国 AAU 大学在不同领域的研究力量分布较中国"双一流"大学更为分散。9 个主题集群中仅 TC.0(算法;计算机视觉;模型)与中国"双一流"大学一致,说明该领域近年无论在中国还是美国,都是研究热点。从文献量看,美国 AAU 大学在该主题集群的全球产出份额仅 8%,远低于中国"双一流"大学近 20% 的全球产出份额。值得注意的是,美国 AAU 大学在该主题集群发文的 FWCI 为 4.06,而中国"双一流"大学仅为 1.62,这表明中国"双一流"大学虽然 赢在规模上,但在该主题集群研究成果的影响力上与美国 AAU 大学相去 甚远。

美国 AAU 大学发文数较多的主题集群分布于物理与天文学、医学、生 物、认知科学、大气科学、社会科学等多个学科领域。发文数最多的主题集 群为 TC.1(星系;恒星;行星),发表的文献份额超过全球的 33%,其次为计算 机方向的主题 TC.0(算法;计算机视觉;模型),全球产出份额超过 8%。表明 美国 AAU 大学在这些领域研究实力非常强劲。

表 3-12　美国 AAU 大学 2015—2019 年发文数量较多的主题集群

研究主题集群	主题集群编号	AAU 论文数	全球产出份额(%)	FWCI	显著度
Galaxies; Stars; Planets	TC.1	22990	33.93	1.82	99.331
Algorithms; Computer Vision; Models	TC.0	14926	8.03	4.06	99.799
HIV; HIV Infections; HIV-1	TC.17	13155	30.01	1.45	95.984
T-Lymphocytes; Neoplasms; Immunotherapy	TC.12	12763	20.45	3.69	99.665
Climate Models; Model; Rainfall	TC.5	12121	16.69	1.69	98.996
Obesity; Motor Activity; Child	TC.18	12070	18.89	1.79	98.862
Attention; Brain; Learning	TC.10	11063	23.64	1.36	97.189
Students; Medical Students; Education	TC.43	10876	21.59	1.38	94.378
Decay; Quarks; Neutrinos	TC.6	10036	21.00	2.1	98.26

五、中美热点研究主题集群对比

根据 SciVal 的主题显著度指标定义,某个主题的显著度指数与该主题的 研究热度呈正相关,主题显著度指数高于 90%(Top10%)的研究主题,可被认 为是关注度较高或研究较热的研究主题。

　　如图3-12所示为中国"双一流"大学与美国AAU大学在全球关注度较高（主题显著度指数Top10%）的主题集群的分布对比图。从图中可见，全球关注度较高的主题集群多分布于数学、计算机科学、物理、化学与化学工程及医学等学科领域。在这些全球关注度较高的研究主题中，中国"双一流"大学在化学、化学工程及材料等相关领域布局最为密集（即图3-12中蓝色环附近的密集气泡）；在计算机科学、数学等领域中布局也不少，且有部分领域研究成果较多（紫色环附近较大的气泡）；在医学、生物科学相关领域中有所布局但气泡都不大，研究产出相对较少；在心理、艺术、社会科学相关的领域仅有少量布局。美国AAU大学在这些全球关注度较高的研究主题中布局较为均衡，几乎大部分学科领域都有布局。其中在计算机、数学、物理等领域的气泡密度与中国"双一流"大学不相上下；在医学、生物等领域布局密集度明显高于中国"双一流"大学，且有不少大气泡，在艺术、商业与经济等相关研究主题的布局略为稀疏，但气泡比中国"双一流"大学大，说明美国AAU大学在这些主题集群的研究产出量高于中国"双一流"大学。

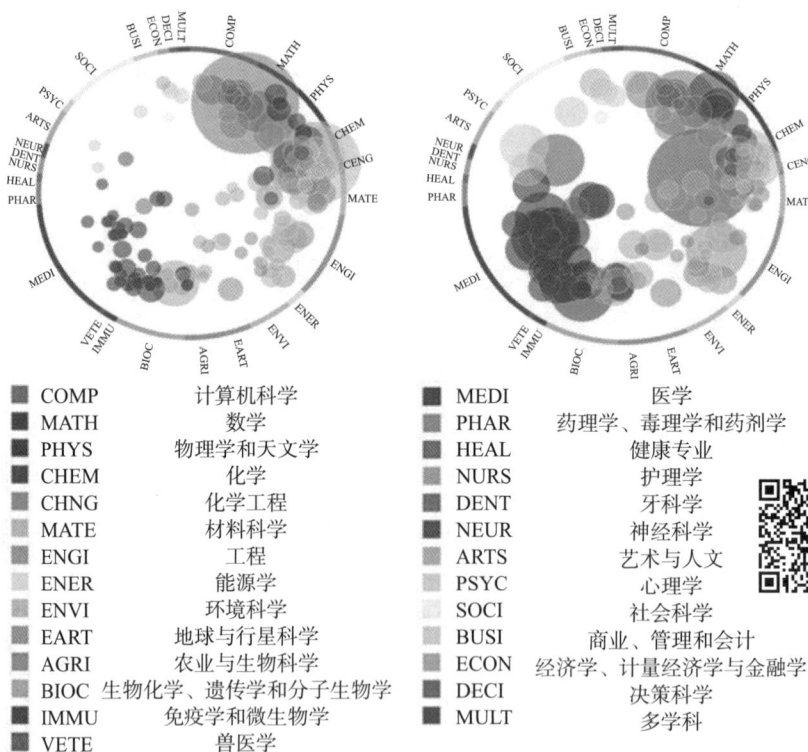

■ COMP	计算机科学	■ MEDI	医学
■ MATH	数学	■ PHAR	药理学、毒理学和药剂学
■ PHYS	物理学和天文学	■ HEAL	健康专业
■ CHEM	化学	■ NURS	护理学
■ CHNG	化学工程	■ DENT	牙科学
■ MATE	材料科学	■ NEUR	神经科学
■ ENGI	工程	■ ARTS	艺术与人文
■ ENER	能源学	■ PSYC	心理学
■ ENVI	环境科学	■ SOCI	社会科学
■ EART	地球与行星科学	■ BUSI	商业、管理和会计
■ AGRI	农业与生物科学	■ ECON	经济学、计量经济学与金融学
■ BIOC	生物化学、遗传学和分子生物学	■ DECI	决策科学
■ IMMU	免疫学和微生物学	■ MULT	多学科
■ VETE	兽医学		

图3-12　高关注度研究主题集群（中国"双一流"大学和美国AAU大学）

第四节　总　结

本章通过对中国"双一流"大学和美国AAU大学这两类中美一流大学群体在2015—2019年发表论文的计量数据进行挖掘,从研究规模、研究影响力、高水平研究、合作等多个方面对两个群体的研究竞争力进行了定量分析。利用两者研究成果的学科分布,揭示了中美两国高水平大学在研究领域上的整体布局差异。

（一）竞争实力及潜力

从研究规模竞争力看,在国家战略扶持下,中国"双一流"大学近年的研究规模迅速提升,科研产出快速发展,年增速基本保持在两位数。目前,中国"双一流"大学的科研产出规模已不逊于美国AAU大学,在整体研究规模上表现出很强的竞争力,但研究影响力并未与规模同步增长,无论是在引文影响力、$h5$指数,或是高品质期刊发文占比等方面,相较于美国AAU大学仍有不小的差距。

相对于研究规模和影响力,中国"双一流"大学与美国AAU大学差距较大的是高水平研究,从Top1%论文、CNS及其子刊论文数两项数据看,中国"双一流"大学均落后于美国AAU大学。其中,Top1%论文双方的差距正逐渐缩小,至2019年,两者Top1%的论文占比已经比较接近。但在CNS及其子刊论文数这一指标上,两者差距非常明显,中国"双一流"大学5年的发义数量仅有美国AAU大学的20%;抛开两个大学群体的规模差别,从CNS及其子刊论文占比来看,两者差距依然显著,美国AAU大学CNS及其子刊论文占比是中国"双一流"大学的3.6倍。这表明中国"双一流"大学在创新性研究上仍需有更多的突破。中共中央在关于"十四五"规划和2035年远景目标建议中提出,到2035年,中国经济实力、科技实力、综合国力将大幅跃升,关键核心技术实现重大突破,进入创新型国家前列。中国"双一流"大学应不仅以培养创新人才为目标,而且应承载着服务国家战略需求、为社会发展提供知识创新和技术贡献、助力产业转型升级的重要职责。

合作竞争力的数据表明,美国AAU大学在吸引国际合作方面竞争力很强,国际合作率达40%以上,中国"双一流"大学虽然也有超过25%的国际合作论文,但与美国AAU大学还相距甚远;从发展趋势看,中国"双一流"大学也无法在短期内达到美国AAU大学的水平。值得注意的是，美国AAU大学的横向合作论文占比是中国"双一流"大学的两倍，表明美国AAU大学与企业的合作明显多于中国"双一流"大学，美国哈佛大学、耶鲁大学、哥伦比亚大学等进行学科建设的一个重要路径就是积极促进研究成果的转化。中国"双一流"大学中有不少大学拥有一些实力强劲、基础扎实的学科，这些学科若能在创新研究以及研究成果的产业化方面做出更多的探索和进步，将对"双一流"大学的学科建设起到重要的促进作用。

从中国"双一流"大学和美国AAU大学两个群体中各校的论文产出规模与影响力来看，63所美国AAU大学中有近33.3%的学校在综合竞争力上与中国"双一流"大学相比占绝对优势。中国"双一流"大学中约33.3%大学的研究规模已与部分美国AAU大学势均力敌，其中上海交通大学、浙江大学、清华大学、北京大学和中山大学等的规模竞争力已与美国AAU大学中表现较为出色的大学（如斯坦福大学、约翰霍普金斯大学等）相近，但在影响竞争力上还有不小的差距。中国"双一流"大学的综合竞争力发展极不均衡，部分"双一流"大学的学术论文产出规模与影响力要达到世界一流大学的水平仍任重道远。

（二）竞争布局

从中国"双一流"大学和美国AAU大学研究成果的学科分布情况看，中美两个一流大学群体的学科布局存在一定差异，中国"双一流"大学的优势学科主要是理工学科，其中工程学科是中国"双一流"大学布局最多的学科，其他如材料、计算机、物理与天文学等也有较多布局；人文、社会科学方面的布局相对较弱。美国AAU大学的优势学科为生命科学相关学科，尤以医学为最，且在人文、社会科学领域布局强度要明显高于中国"双一流"大学。

从研究主题分布看，中美两个大学联盟的研究领域分布都非常广泛，相比之下，中国"双一流"大学重点研究主题集群的集中度更高，论文产出也更多，这些研究主题主要分布于人工智能、新材料、新能源及电气、电子等领域。美国AAU大学的研究主题集群相对中国"双一流"大学较为分散，重点研究主题集群涉及多个基础科学领域，如物理与天文学、大气科学、认知科学、生物科学等，此外，美国AAU大学对社会科学领域的相关研究也比较关注。值得注意的是，美国AAU大学在全球热点研究主题的布局更为均衡，在若干热门研究主题中表现出很强的研究实力。

第四章 中美顶尖大学学术竞争力案例分析

第一节 概 述

自2017年以来,麻省理工学院、斯坦福大学、哈佛大学在QS世界大学排名中稳居全球大学排名前3位,而多年来在QS世界大学排名中稳居中国前3位的大学分别是清华大学、北京大学和复旦大学。以清华大学、北京大学为代表的中国顶尖"双一流"大学,被寄予"建设世界一流大学,实现高等教育强国"的厚望。那么,我国顶尖大学在世界大学中的定位如何?与以麻省理工学院、斯坦福大学、哈佛大学为代表的美国顶尖大学的差距在哪?

为明晰我国顶尖大学与美国顶尖大学的差距,本章参照QS世界人学排名(2017—2021年),分别选择中、美一流大学联盟中表现突出的3所学校(简称六校),从学术论文的产出规模、学术影响力、高水平论文、国际合作、发展趋势、学科布局、研究主题等不同维度进行对比,分析我国顶尖大学在学术竞争力方面与美国顶尖大学之间的差距和在学科布局方面表现的差异。(如表4-1所示)

表4-1 中美六校QS世界大学排名(2017—2021年)

学校	所在国家	QS排名				
		2021年	2020年	2019年	2018年	2017年
麻省理工学院	美国	1	1	1	1	1
斯坦福大学	美国	2	2	2	2	2
哈佛大学	美国	3	3	3	3	3

续表

学校	所在国家	QS排名				
		2021年	2020年	2019年	2018年	2017年
清华大学	中国	15	16	17	25	24
北京大学	中国	23	24	30	38	39
复旦大学	中国	34	40	44	40	43

第二节　竞争实力及潜力分析

一、总体实力分析

选择6所中美顶尖大学2015—2019年发表的WoS论文，文献类型为article，从研究规模、研究影响力、高水平研究和国际合作等方面分析其研究总体概况。如表4-2所示，论文数遥遥领先的是哈佛大学，其次为清华大学，论文数与斯坦福大学不相上下，论文数最低的为麻省理工学院。学科规范化的引文影响力（CNCI）[1]最高的则是麻省理工学院，国内3所大学的CNCI与美国3所大学存在一定差距。$h5$指数[2]哈佛大学最高，复旦大学最低。Top1%论文占比（PPTop1%）[3]和国际合作论文占比[4]均是麻省理工学院最高，国内三校在这两项指标的表现上不及美国三校。综合来看，中国顶尖大学在研究规模上已逐渐追平或赶超美国顶尖大学（哈佛大学除外），但在研究影响力方面仍有一定差距。

---

①学科规范化的引文影响力（CNCI）能够表征一组论文在学科层面上的相对影响力水平，即该组论文在每个学科中发表论文的实际被引频次与全球该学科同年同类型（Article或Review类型）论文的平均被引频次的比值之均值，常用以衡量科研质量。一般以1.00为分界，大于1.00表示科研产出影响力高于平均水平，小于1.00表示科研产出低于平均水平。

②$h5$指数指在过去5年中机构所发表文章的h指数。h指数是一个混合量化指标，综合考量了被引频次和论文数量的均衡，指在一定期间内某学者或科研团队发表的论文至少有h篇的被引频次不低于h次。

③Top1%论文占比（PPTop1%）指在某一指定学科领域、某一年、某种文献类型下，被引频次排名前1%的文献数除以该组文献全部论文数的值，以百分数的形式表现。通常，该指标数值越大，表明该组文献表现越好。

④国际合作论文是指两个或两个以上国家（地区）的作者共同参与合作发表的论文。国际合作论文百分比即指学者或机构发表的国际合作论文数占全部论文数的百分比。

表4-2 六校论文总体实力(2015—2019年)

学校	论文数	被引次数	CNCI	$h5$指数	PPTop1%	国际合作论文占比
哈佛大学	108529	2034252	2.26	367	4.78%	51.17%
斯坦福大学	47286	953570	2.39	279	5.20%	47.69%
麻省理工学院	34299	777226	2.45	262	5.81%	57.63%
清华大学	47750	633670	1.59	192	2.76%	36.45%
北京大学	44085	531245	1.45	179	2.26%	37.03%
复旦大学	35196	394410	1.39	153	1.88%	30.05%

▷二、研究规模竞争力现状及发展态势

论文是科研活动成果的重要形式,发表论文的数量在一定程度上体现了大学科研活动的规模大小和显示度。从2015—2019年6所大学发表的论文数(如图4-1所示)来看,哈佛大学的论文数遥遥领先,超过10万篇,为其他5所大学的2倍以上;清华大学的论文数与斯坦福大学不相上下,均为4.7万篇以上;北京大学为44085篇;复旦大学35196篇;麻省理工学院最低,为34299篇。

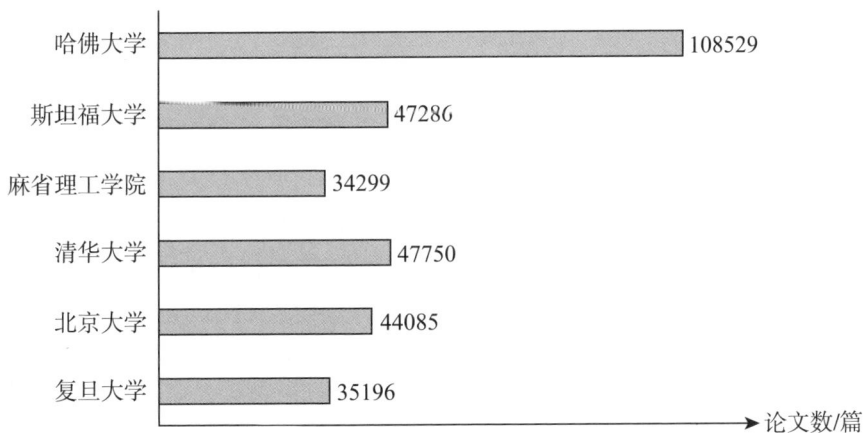

图4-1 六校论文数(2015—2019年)

从2015—2019年六校WoS论文数发展趋势(如图4-2所示)来看,哈佛大学除2015年外,其余年份均在2万篇以上;斯坦福大学年度论文数基本超过9000篇,2018—2019年被清华大学赶超;麻省理工学院年度论文数比较稳

定,基本保持在6000多篇到7000多篇,低于北京大学和清华大学,并于2018年起被复旦大学赶超。2015—2019年,国内三校WoS论文数增长较快,5年增量均达到3000余篇,清华大学、北京大学2019年的论文数超过了斯坦福大学。

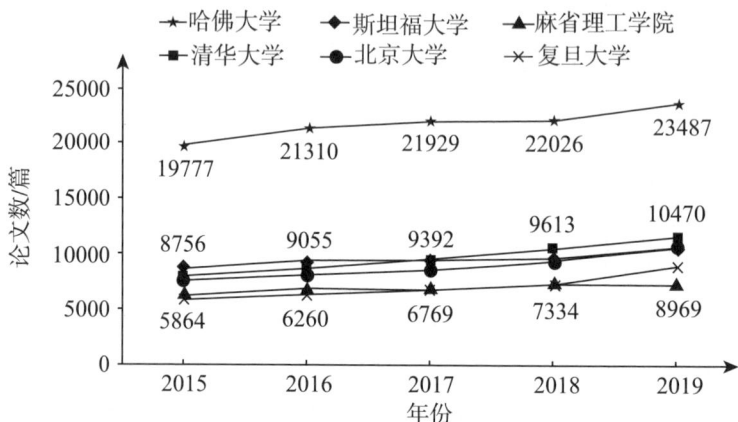

图4-2　六校年度发文量趋势(2015—2019年)

三、研究影响力竞争现状及发展态势

论文的被引用结果是对该文献学术影响力的认证与对作者科研成果的肯定,学术论文的被引用次数越多,说明该学术论文在同行中引起的反响越大,受同行关注的程度越高。被引频次是文献计量学中测度学术论文社会显示度和学术影响力的重要指标,常被应用于期刊、学科以及同一学科领域内的国家(地区)、机构、个人的学术影响力评价,文献计量学中测度学术影响力的许多指标由其衍生而来。然而,被引频次指标经常受数据库收录范围、出版时间、学科特点和文献类型的影响,有其局限性。为此,InCites数据库推出了学科规范化的引文影响力指标,该指标对不同文献类型、不同出版年、不同学科领域进行归一化处理,排除了这些因素的影响,是一个兼具权威性和客观性的影响力指标。

学术期刊作为刊载学术论文的主要载体,在促进科学知识的交流与传播、推动科技创新和进步中发挥着重要的作用。期刊论文的被引频次体现了论文的学术水平,反映了期刊被利用、被认可的程度。一般来讲,如果一个期刊的高被引论文多,则该期刊就被认为具有较高的学术影响力和学术水准。影响因子是代表期刊影响力大小的一项定量指标,也是期刊分区的主要依据。本节期刊分区采用的是科睿唯安的JCR分区,期刊分区按照学科进行,将某一学科的所有期刊按照上一年的影响因子降序排列,并平均分为四等份,分别是Q1、Q2、Q3、Q4。

h指数起初主要用于衡量研究人员的学术产出数量与学术产出水平,后来被扩展应用于科研团队评价、学术期刊评价、机构评价乃至国家或地区等群体成就的评价。本节所采用的h5指数是指在过去5年中机构所发表文章的h指数。

本节采用学科规范化的引文影响力、Q1~Q4期刊论文占比和h5指数指标来考察中美顶尖大学研究影响力竞争现状及发展态势。表4-3列出了2015—2019年6所中美顶尖大学研究影响力概况。

美国3所大学的论文平均影响力较高,CNCI均大于2,麻省理工学院最高,达到2.45;国内三校CNCI略低,清华大学达到1.59,北京大学为1.45,复旦最低,为1.39。

表4-3　中美六校研究影响力现状(2015—2019年)

学校	CNCI	Q1期论文占比	Q2期刊论文占比	Q3期刊论文占比	Q4期刊论文占比	h5指数
哈佛大学	2.26	65.95%	21.50%	8.94%	3.30%	367
斯坦福大学	2.39	66.67%	21.38%	8.59%	3.17%	279
麻省理工学院	2.45	73.21%	18.01%	6.43%	2.45%	262
清华大学	1.59	59.74%	23.42%	11.41%	5.38%	192
北京大学	1.45	54.80%	25.28%	13.34%	6.43%	179
复旦大学	1.39	48.51%	27.61%	15.17%	8.64%	153

6所大学的发文期刊影响力都比较高,除复旦大学外,其他5所大学的Q1期刊论文占比都超过50%,并且Q1期刊论文与Q2期刊论文的占比之和超过80%。但两组大学的发文期刊影响力存在一定的差距,美国3所顶尖大学的Q1期刊论文占比超过65%,其中麻省理工学院达到73%;而清华大学、北京大学Q1期刊论文占比不到60%,复旦大学不到50%。

h5指数哈佛大学最高,达367;斯坦福大学和麻省理工学院均超过260;国内大学中,清华大学最高,达192,但与美国同行相比还有一定差距。

从直观的CNCI(如图4-3所示)来看,国内3所大学的CNCI与美国3所顶尖大学明显处于两个层次,复旦大学(最低)和麻省理工学院(最高)差距值大于1。

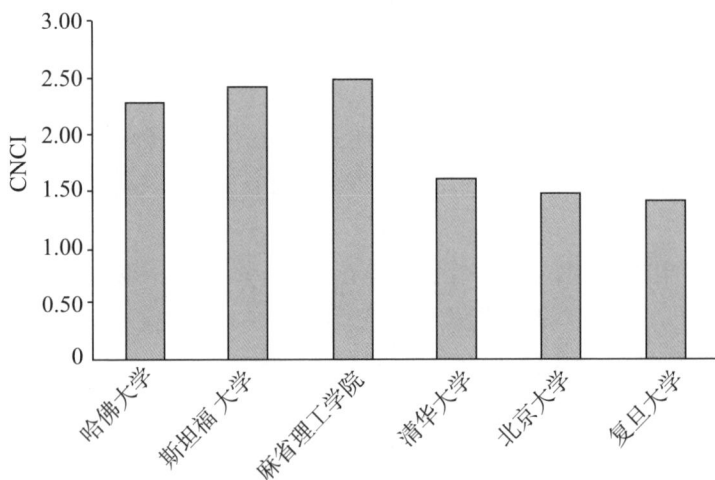

图4-3　六校论文CNCI(2015—2019年)

从CNCI的年度发展趋势(如图4-4所示)来看,国内3所大学与美国3所大学一直存在不小差距。美国3所大学年度CNCI均超过2,麻省理工学院较高,斯坦福大学次之;国内3所大学中,清华大学CNCI略高。6所大学的年度CNCI波动较小,其中国内三校更为稳定,中间有几个年份还略有提升,而美国三校年度CNCI则呈略下降态势,表明国内三校的论文影响力增长速度比美国三校要快,中美顶尖大学的论文影响力差距有缩小的趋势。

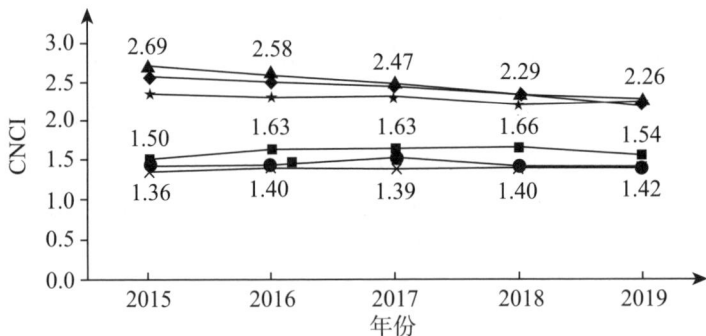

图4-4　六校论文CNCI年度发展趋势(2015—2019年)

从中美 6 所顶尖大学 Q1 期刊论文占比的发展趋势（如图 4-5 所示）来看，麻省理工学院的 Q1 期刊论文占比稳中略降，哈佛大学和斯坦福大学下降趋势更为明显；清华大学的 Q1 期刊论文占比在 2015—2018 年上升较快，在 2019 年略有回落；北京大学基本稳定，保持在 55% 上下；复旦大学则相对较低，多数年份未超过 50%。清华大学与哈佛大学、斯坦福大学的差距已经逐渐缩小，2018—2019 年 3 所学校 Q1 期刊论文占比已非常接近。

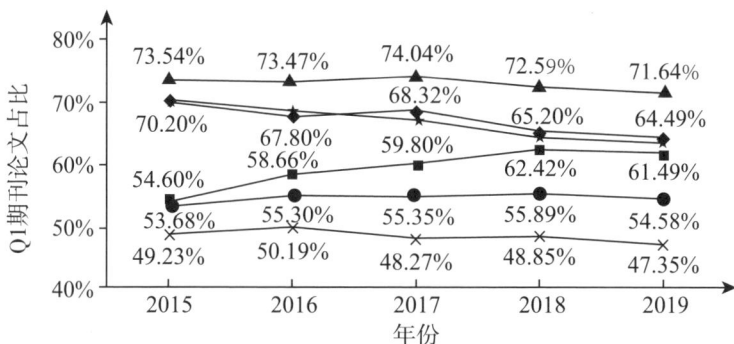

图 4-5　六校 Q1 期刊论文占比年度发展趋势（2015—2019 年）

四、高水平研究竞争现状及发展态势

本节采用 Top1% 论文、Top10% 论文、CNS 及其子刊发文情况三项指标来分析中美顶尖大学高水平研究竞争现状及发展态势。Top1% 论文代表着某机构产出"杰出"论文的数量，Top10% 论文代表着某机构产出"优秀"论文的数量，发表在 CNS 三刊及其子刊上的论文往往代表各国研究机构、研究人员的最前沿领域和最顶尖水平。

从六校 Top1% 论文占比、Top10% 论文占比、CNS 及其子刊论文占比 3 项指标（如图 4-6 所示）来看，麻省理工学院均相对领先，特别是 CNS 及其子刊论文占比，超出其他学校较多。国内 3 所大学的高水平研究竞争力与美国 3 所大学之间的差距明显比较。

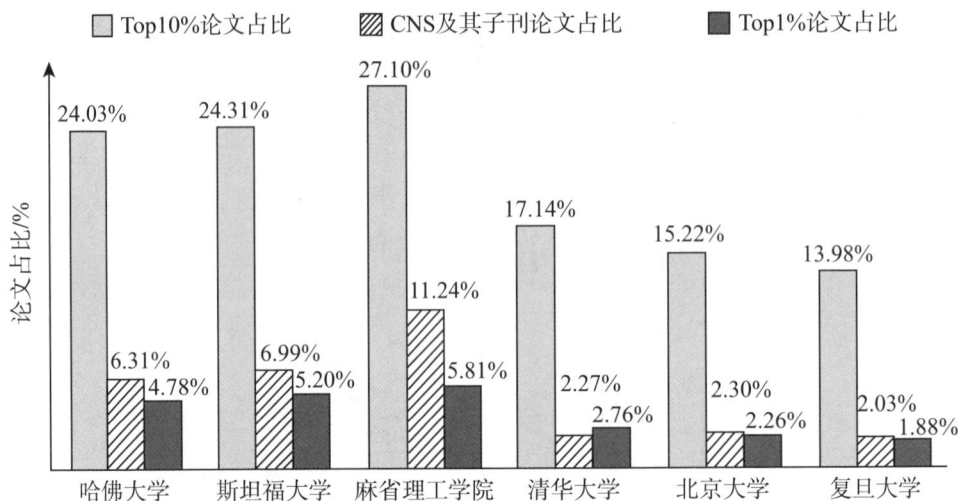

图4-6 六校高水平研究竞争现状(2015—2019年)

(一)CNS及其子刊论文及发展趋势分析

2015—2019年,哈佛大学CNS及其子刊的论文数遥遥领先,高达6844篇;斯坦福大学和麻省理工学院也均超过了3000篇;清华大学和北京大学CNS及其子刊论文数为1000余篇;复旦大学为700余篇(如表4-4所示)。以斯坦福大学和清华大学为例,两校5年发表的WoS论文数相近,但清华大学CNS及其子刊论文数仅为斯坦福大学的32%。CNS及其子刊论文占比最高的为麻省理工学院,达11.24%;哈佛大学和斯坦福大学的CNS及其子刊论文占比均高于6%;中国3所大学只略高于2%。中美顶尖大学在顶尖水平研究方面的发文差距可见一斑。从六校CNS及其子刊论文被引占全校论文总被引次数的比例来看,最高的为麻省理工学院,达35.15%;哈佛大学和斯坦福大学均高于20%。中国3所大学中,北京大学的CNS及其子刊论文被引占比达到10%,清华大学和复旦大学在8%左右。再结合CNCI表现,6所大学在CNS及其子刊上发表论文的影响力差距并不十分明显,美国3所大学略高一些。与全部论文的CNCI相比,CNS及其子刊上发表的论文的影响力高出许多,斯坦福大学、麻省理工学院、清华大学、北京大学4所学校CNS及其子刊论文与其全部论文的CNCI差距值超过4,哈佛大学和复旦大学约为3.7。充分说明了CNS及其子刊论文成果对大学学术影响力的重要性。

表4-4　六校CNS及其子刊发文及被引情况(2015—2019年)

学校	CNS及其子刊论文					全部论文
	数量	占比	被引次数	被引占比	CNCI	CNCI
哈佛大学	6844	6.31%	425753	20.93%	6.02	2.26
斯坦福大学	3306	6.99%	210325	22.06%	6.39	2.39
麻省理工学院	3855	11.24%	273233	35.15%	6.80	2.45
清华大学	1085	2.27%	55788	8.80%	5.83	1.59
北京大学	1015	2.30%	54682	10.29%	5.97	1.45
复旦大学	713	2.03%	30070	7.62%	5.13	1.39

从六校CNS及其子刊的论文数年度发展趋势(如图4-7所示)看,除麻省理工学院在个别年份略有波动外,其余五校均呈增长态势。哈佛大学遥遥领先,且增长明显,从2015年的1118篇增至2019年的1612篇,5年增加近500篇;麻省理工学院次之,从581篇增至918篇,增幅达到58%;斯坦福大学则从2015年的508篇增至2019年的839篇,增幅超过65%。中国三校CNS及其子刊的论文数远不及美国三校,清华大学和北京大学2019年均超过300篇,不到斯坦福大学同期的40%,约为哈佛大学的20%。

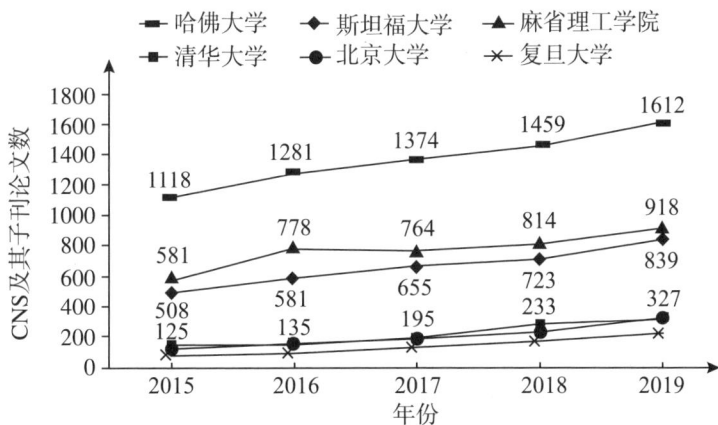

图4-7　六校CNS及其子刊论文年度发展趋势(2015—2019年)

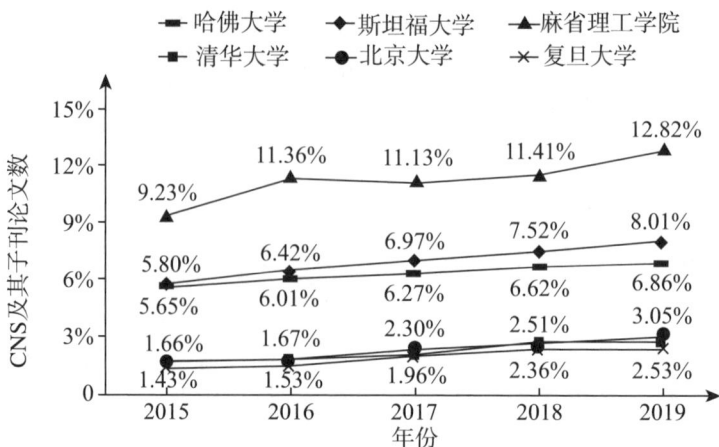

图 4-8　六校 CNS 及其子刊年度发文占比趋势（2015—2019年）

从 CNS 及其子刊论文年度发文占比趋势（如图 4-8 所示）来看，六校 CNS 及其子刊论文年度发文占比均呈增长态势。年度发文占比最高的为麻省理工学院，除 2015 年外，2016—2018 年发文占比均超过 11%，2019 年达到 12.82%；斯坦福大学 CNS 及其子刊论文年度发文占比高于哈佛大学；清华大学、北京大学的 CNS 及其子刊年度发文占比较接近，发文占比均逐年增长，北京大学 2019 年达到 3.05%，但与美国 3 所顶尖大学相比，还有较大差距。

（二）Top1% 论文、Top10% 论文及发展趋势分析

如表 4-5 所示，从 6 所大学 Top1% 论文来看，无论是数量还是占比，中美顶尖大学之间都还有不小的差距。国内 3 所大学中，清华大学 Top1% 论文最多，为 1318 篇，仅为哈佛大学的 25.4%，斯坦福大学的 53.6%，麻省理工学院的 66.1%。与此同时，麻省理工学院 2015—2019 年总论文数为 34299 篇，约为清华大学 5 年总论文数的 72%。说明清华大学在发文总量占优的情况下，高水平研究成果数量还有待提升。从 PPTop1% 来看，美国顶尖大学均在 5% 左右，而清华大学、北京大学略高于 2%，复旦大学仅有 1.88%。PPTop10% 情况类似，美国三校中，麻省理工学院 PPTop10% 最高，达到 27.1%；哈佛大学和斯坦福大学紧随其后，在 24% 左右。国内三校中，清华大学最高，为 17.14%；北京大学次之；复旦大学最低。

表 4-5　六校 Top1% 和 Top10% 论文（2015—2019 年）

学校	Top1% 论文数	PPTop1%	Top10% 论文数	PPTop10%
哈佛大学	5192	4.78%	26081	24.03%
斯坦福大学	2459	5.20%	11494	24.31%
麻省理工学院	1994	5.81%	9296	27.10%
清华大学	1318	2.76%	8185	17.14%
北京大学	996	2.26%	6711	15.22%
复旦大学	663	1.88%	4922	13.98%

　　从六校 Top1% 论文占比（如图 4-9 所示）来看，美国 3 所大学 2018—2019 年有下降趋势；清华大学在 2015—2018 年持续上升，2019 年略有回落；北京大学较为平稳，2018—2019 年有所下降；复旦大学的 PPTop1% 在六校中最低，但基本处于上升态势。

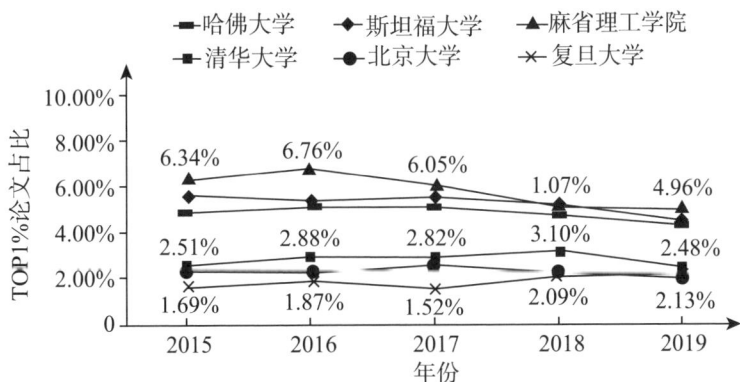

图 4-9　六校 PPTop1% 年度发展趋势（2015—2019 年）

　　6 所大学 Top10% 论文发展趋势（如图 4-10 所示）与 Top1% 论文类似，美国 3 所大学下降趋势更为明显；清华大学和复旦大学 2015—2018 年基本稳定，2019 年略有下降；北京大学经历了先升后降的过程，2018—2019 年有所下降。

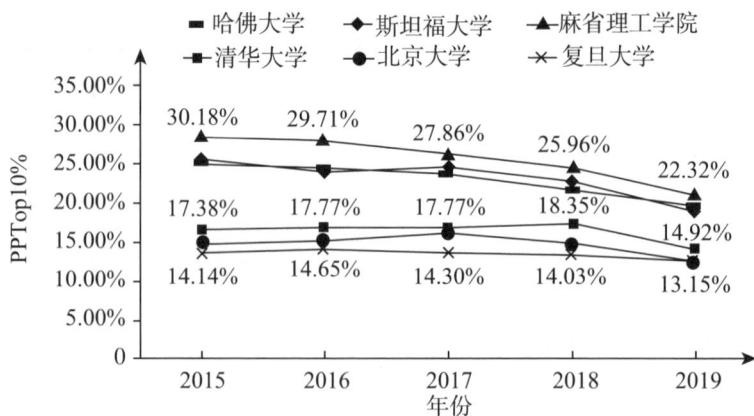

图4-10　六校Top10%论文年度发展趋势（2015—2019年）

＞ 五、合作竞争现状及发展态势

分析六校国际合作和校企合作论文情况（如表4-6所示）可知，与美国三校相比，国内三校的国际合作、校企合作论文数量及占比均存在一定差距。

表4-6　六校国际合作及校企合作论文（2015—2019年）

学校	论文数	国际合作论文数	国际合作论文占比	校企合作论文数	校企合作论文占比
哈佛大学	108529	55533	51.17%	5474	5.04%
斯坦福大学	47286	22549	47.69%	2426	5.13%
麻省理工学院	34299	19768	57.63%	2304	6.72%
清华大学	47750	17404	36.45%	1247	2.61%
北京大学	44085	16326	37.03%	922	2.09%
复旦大学	35196	10575	30.05%	695	1.97%

如图4-11所示，6所大学国际合作率整体呈稳中略升的态势，美国3所大学每年的国际合作率均高于国内三校，差距较为明显。

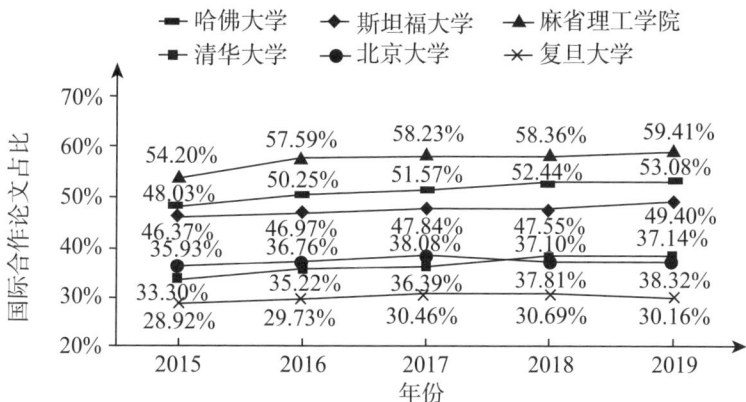

图4-11 六校国际合作论文占比年度发展趋势(2015—2019年)

第三节 竞争布局分析

学科结构和布局体现大学的学科发展理念,也影响大学未来的发展方向。中外教育机构及大学的学科设置与分类各有特点,均依据本国或本校的实际情况进行划分。不同的排行榜依据不同的价值判断对知识作了不同的分类,产生了不同数量的学科。ESI共设22个学科;软科世界一流学科排名覆盖五大领域54个学科;QS分5个学科门类、51个学科;U.S. News共设38个学科;THE分11个学科;我国教育部《学位授予和人才培养学科目录》共设13个学科门类、111个一级学科。不同学科分类系统的学科之间可能存在交叉重叠,很难实现一一对应。ESI、QS、U.S. News、THE、软科等各大学科排名的数据来源、学科内涵、指标设置各不相同,但论文数及研究影响力相关指标始终是学科评价的重要内容。本节以SciVal平台[①]的相关数据为基础,从学科论文分布及其影响力的角度,对中美顶尖大学的学科布局及研究热点进行分析,以更好地评价和分析我国顶尖大学的学科优势与短板,明确学科发展的目标和定位,进而有针对性地探索我国顶尖大学的学科建设与发展路径。

---

①SciVal平台是爱思唯尔公司研发的科研绩效评估工具,其底层数据库是Scopus(全球最大同行评议文献索引摘要与引文数据库)。SciVal平台包含全球220多个国家超过4600家大学及科研机构和3000多万科研学者的数据。在统计不同学科之间的互引量、交叉学科的内部联系等方面较具优势。

一、学科分布对比

（一）中美六校学科分布

本部分基于SciVal平台2015—2019年的论文数据，参照Scopus数据库的全学科期刊分类系统（all science journal classification，ASJC）的27个学科[①]，分析中美6所顶尖大学的学科布局情况。学科分类如表3-10所示。

如图4-12所示，哈佛大学2015—2019年医学发文最多，占比为39.2%；其次是生物化学、遗传学和分子生物学，占比为12.7%；物理学和天文学发文占比超过5%；神经科学为4.4%，社会科学为3.9%，免疫学和微生物学为3%；工程学、地球与行星科学、心理学、农业与生物科学均超过2%。此外，其他占比18.2%的16个学科包括计算机科学（2.0%）、护理学（1.9%）、化学（1.9%）、材料科学（1.8%）等。

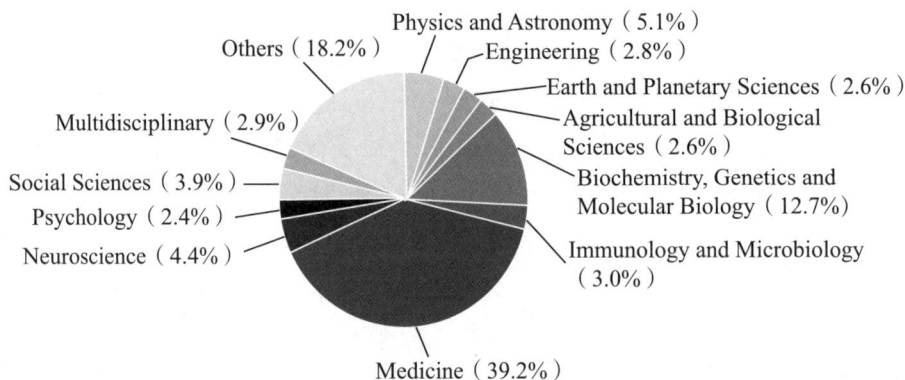

图4-12　发文量角度下哈佛大学学科布局（2015—2019年）

如图4-13所示，麻省理工学院各学科发文情况相对分散，论文数第一的物理学和天文学占全校发文的比例为13.5%；其次是工程学，占比为12.9%；计算机科学的论文占比为10.1%。其他发文较多的学科还有生物化学、遗传学和分子生物学（7.3%）、医学（6.1%）、数学（5.4%）、化学（5.1%）。

---

①Scopus数据库收录了24000多种学术期刊，ASJC学科分类按期刊进行分类，涵盖四大门类27个学科334个小类。QS、THE学科排名采用的文献数据来源是Scopus的相关数据。

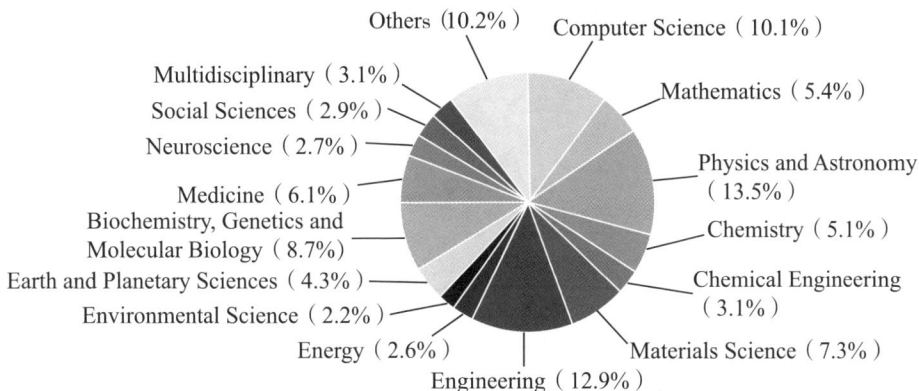

图4-13　发文量角度下的麻省理工学院学科布局（2015—2019年）

如图4-14所示,斯坦福大学2015—2019年医学发文最多,占比为24%;其次是生物化学、遗传学和分子生物学,占比为10%;物理学和天文学发文占比为8.9%;工程学为6.7%;计算机科学为6%;社会科学为4.7%;材料科学为4.3%;化学、数学、神经科学、地球与行星科学等多学科均超过3%。

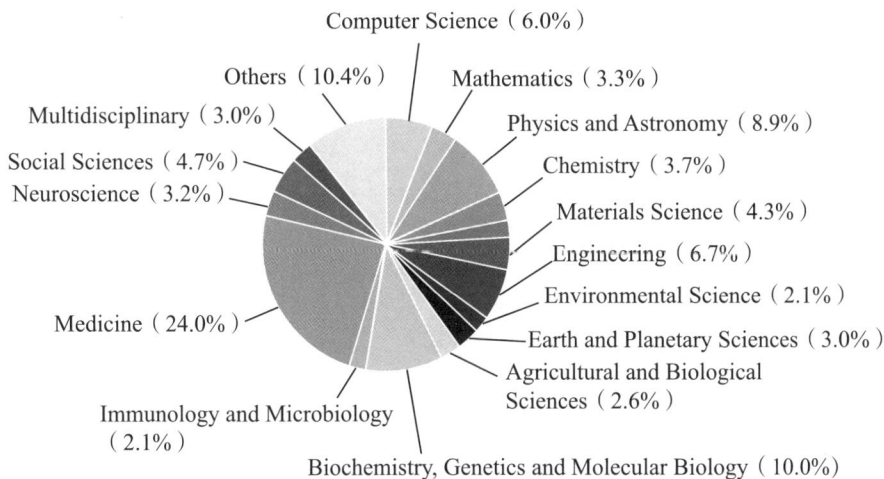

图4-14　发文量角度下斯坦福大学学科布局（2015—2019年）

如图4-15所示,清华大学2015—2019年发文最多的是工程学,占比为20.9%;其次是计算机科学,占比为12.2%;物理学和天文学占比为11.2%;材料科学为10%;化学为6.6%;能源学为6%;数学为5.6%;环境科学为5.2%,化学工程为4.5%。

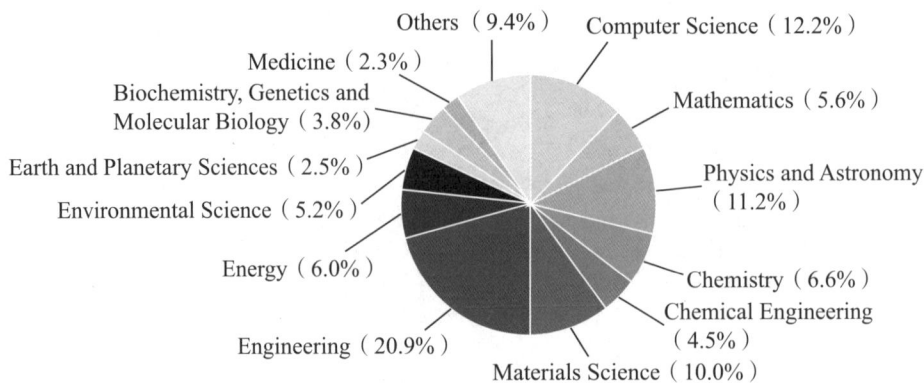

图4-15　发文量角度下清华大学学科布局（2015—2019年）

如图 4-16 所示，北京大学 2015—2019 年发文最多的是医学，占比为 12.5%；其次是物理学和天文学，占比为 10%；化学、工程学和材料科学均超过 9%；生物化学、遗传学和分子生物学占比为 8.5%；计算机科学为 7.1%；地球与行星科学为 4.3%；化学工程、环境科学和数学占比均超过 3%。

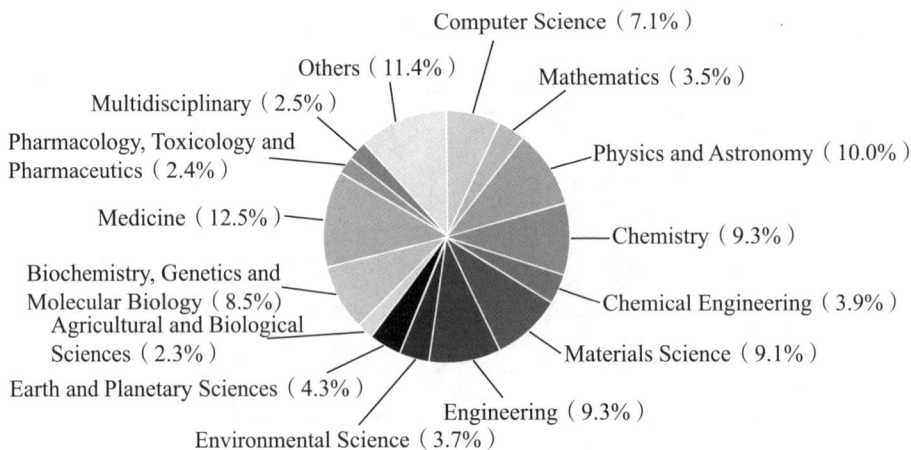

图4-16　发文量角度下北京大学学科布局（2015—2019年）

如图 4-17 所示，复旦大学在 2015—2019 年发文最多的领域是医学，占比为 22.2%；其次是生物化学、遗传学和分子生物学，占比为 14.7%；材料科学、化学均为 7.3%；工程学为 7%；物理学和天文学为 6.6%；计算机科学为 4.7%；药理学、毒理学和药剂学为 3.2%；数学为 3%。

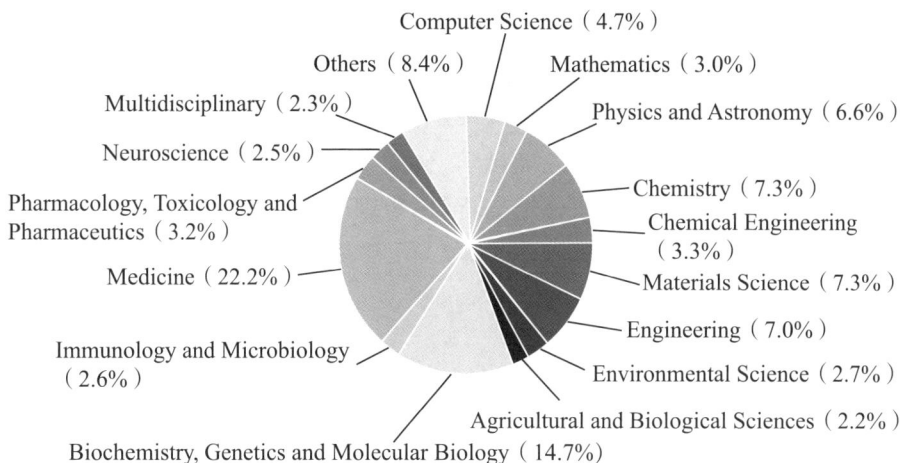

图4-17 发文量角度下复旦大学学科布局(2015—2019年)

综上所述,2015—2019年,哈佛大学、斯坦福大学、北京大学和复旦大学发文最多的学科均为医学,哈佛大学医学学科的发文占比高达39.2%,复旦大学和斯坦福大学医学学科的发文占比超过20%,北京大学为12.5%。哈佛大学、斯坦福大学、北京大学发文占比居第2位的学科均为生物化学、遗传学和分子生物学,占比均超过10%。麻省理工学院发文占比最多的是物理学和天文学(该学科在中美6所学校的发文占比均位居前列),清华大学发文占比最高的学科是工程学。从论文的学科分布来看,麻省理工学院和清华大学的学科分布有一定相似性,除了物理与天文学、工程学之外,计算机科学、材料科学、数学、化学等学科发文较多。

(二)六校学科规模及影响力对比

如表4-7所示,2015—2019年中美6所大学27个ASJC学科的论文数和学科标准化论文影响力(FWCI)①情况。FWCI代表一组论文在学科层面上的相对影响力水平。从研究规模来看,哈佛大学的医学,生物化学、遗传学和分子生物学,神经科学,农业与生物科学,社会科学,多学科,免疫学和微生物学,药理学、毒理学和药剂学,心理学,护理学,艺术与人文等学科的论文

①学科标准化论文影响力(field-weighted citation impact,FWCI),是SciVal平台的文献计量指标,与学科规范化的引文影响力类似,用来衡量文献是否达到全球同类文献平均水平。FWCI是考察机构、国家、学者等的论文影响力的指标,计算论文的被引用次数和相同学科、相同年份、相同类型论文平均被引次数的比值,排除了出版年、学科领域和文献类型的影响。FWCI=1说明论文质量等于世界平均水平,FWCI>1说明论文质量高于世界平均水平,FWCI<1说明论文质量低于世界平均水平。

数遥遥领先;麻省理工学院发文较多的学科是物理学和天文学、工程、计算机科学;斯坦福大学发文较多的学科有医学,生物化学、遗传学和分子生物学,物理学和天文学;清华大学具有一定优势的学科有工程、计算机科学、化学、材料科学、能源学、数学、环境科学、化学工程;北京大学发文较多的学科有医学,生物化学、遗传学和分子生物学,物理学和天文学,化学,材料科学,地球与行星科学领域。综合来看,国内3所顶尖大学各学科的研究影响力不及美国3所大学。

表4-7 中美六校ASJC学科论文数及研究影响力对比(2015—2019年)①

学科名称	哈佛大学		麻省理工学院		斯坦福大学		清华大学		北京大学		复旦大学	
	论文数	FWCI	论文数	FWCI	论文数	FWCI	论文数	FWCI	论文数	FWCI	论文数	FWCI
医学	94889	2.37	5884	2.73	28432	2.62	3503	1.81	15961	1.26	17949	1.51
生物化学、遗传学和分子生物学	31287	2.16	8631	2.77	12044	2.37	5835	1.86	11023	1.52	11950	1.34
物理学和天文学	12404	2.46	12960	2.58	10532	2.86	17012	1.64	12735	1.66	5287	1.64
多学科	11304	1.68	7882	1.51	7496	1.37	5134	0.67	6127	0.64	3086	0.85
神经科学	11196	1.81	2812	1.85	4048	1.87	844	1.18	1930	1.09	2087	1.04
社会科学	9503	2.03	2863	2.71	5531	2.52	2915	1.51	2367	1.55	1467	1.37
免疫学和微生物学	7879	2.01	2111	2.6	2740	2.25	1085	1.59	1605	1.39	2116	1.16
工程	6827	2.37	12500	2.25	7921	2.65	31771	1.42	11863	1.8	5700	1.64
农业与生物科学	6779	1.63	2137	1.66	3305	1.78	1781	1.46	2787	1.43	1784	1.29
地球与行星科学	6279	2.02	4186	1.97	3589	2.33	3745	1.51	5102	1.42	909	1.88
心理学	5811	1.81	770	1.71	2323	1.98	365	1.23	658	1.2	288	1.16
计算机科学	4731	2.42	9900	2.98	7219	4.03	18637	1.75	8832	1.71	3881	1.41
护理学	4690	1.73	112	2.37	1020	2.07	59	1.45	518	1.38	342	1.3

①表格数据来源于SciVal平台,按哈佛大学各学科论文数降序排列。

续表

学科名称	哈佛大学		麻省理工学院		斯坦福大学		清华大学		北京大学		复旦大学	
	论文数	FWCI	论文数	FWCI	论文数	FWCI	论文数	FWCI	论文数	FWCI	论文数	FWCI
化学	4475	2.24	4961	2.27	4371	2.59	10168	1.73	11082	1.74	5877	1.65
材料科学	4441	2.36	7031	2.21	5141	2.61	15173	1.6	11316	1.91	5864	1.89
药理学、毒理学和药剂学	4178	1.49	960	1.81	1345	1.69	894	1.55	2982	1.08	2602	1.39
艺术与人文	4112	1.79	1020	2.96	2096	2.29	527	2.21	701	1.55	375	1.16
数学	3374	2.24	5256	2.37	3958	2.7	8550	1.16	4232	1.33	2416	1.18
环境科学	3123	2.25	2104	2.14	2459	2.32	7836	1.8	4875	1.73	2220	1.82
健康专业	2623	1.9	291	1.89	861	2.12	183	1.13	284	1.01	355	1.26
化学工程	2434	2.55	2949	2.42	2441	2.81	6936	1.65	4701	1.92	2650	1.84
经济学、计量经济学与金融学	2285	2.85	1136	2.76	1358	2.48	837	1.5	961	1.37	549	1.26
商业、管理和会计	1781	2.72	1055	1.84	1044	2.13	1508	1.67	929	1.64	659	1.81
牙科学	916	1.33	19	1.2	98	1.87	18	1.92	572	1.24	73	1.21
决策科学	755	2.6	971	2.81	737	2.87	1468	1.26	820	1.07	479	1.41
能源学	594	2.28	2494	1.96	1666	2.59	9088	1.43	2503	2.13	1203	2.15
兽医学	227	1.61	51	1.12	87	1.78	23	1.27	65	1.61	82	1.06

二、研究主题对比分析

本书中涉及的与研究主题（topics）相关的数据均采集自 SciVal 平台。SciVal 为研究主题建立了一个测度主题可见度和发展势头的指标，即主题显著度[①]，根据主题的显著度数值排序，计算每个主题的百分位数指标。显著度指数高于 99（即 Top1%）的研究主题，可视为整个科学研究领域的热点研究主题。如果在某个研究主题中，某个机构的论文数达到了论文数排名第一的机构的 1/3，或者被引次数达到了被引次数排名第一的机构的 1/3，就会被认为是某个研究主题的关键贡献者。该机构作为关键贡献者完成的主题可被视为该机构的优势研究主题（key topics）。

主题集群（topic clusters）将具有相似研究兴趣的主题聚合在一起，形成一个更广泛、更高层次的研究领域。这些主题集群可用于更广泛地了解一个国家、机构（或团体）或研究人员（或团体）正在进行的研究，然后再深入探讨更小范围的基础主题。研究主题集群是使用与创建研究主题相同的直接引用算法形成的。当研究主题之间的引用链接强度达到阈值时，形成研究主题集群。

表4-8　六校发表论文的研究主题集群数量及分布情况（2015—2019年）

学校名称	研究主题集群	研究主题	优势研究主题	优势研究主题占比
哈佛大学	1425	24380	11793	48.37%
麻省理工学院	1357	13019	2867	22.02%
斯坦福大学	1400	17877	4810	26.91%
清华大学	1342	14818	3265	22.03%
北京大学	1401	15943	3364	21.10%
复旦大学	1335	12985	2549	19.63%

从六校的研究主题数量及分布（如表4-8所示）看，哈佛大学所涉及的研究主题最为广泛，其次是斯坦福大学；北京大学所涉及的研究主题比清华大

[①] 主题显著度综合考虑了最近引用数量、最近浏览数量和期刊 CiteScore 3个指标，对每个主题 j 在第 n 年的显著度 Pj，计算公式如下：$Pj=0.495[C_j-mean(C_j)]/stdev(C_j)+0.391[V_j-mean(V_j)]/stdev(V_j)+0.1149[CS_j-mean(CS_j)]/stdev(CS_j)$ 这里，C_j 是主题 j 中的第 n 年和 $n-1$ 年发表论文的引用量，V_j 是主题 j 中的第 n 年和 $n-1$ 年发表论文的 Scopus 浏览量，CS_j 是主题 j 中的第 n 年和 $n-1$ 年发表论文的平均 CiteScore，其中原始数据经过了对数转换，即 $C_j=ln(C_j+1)$，$V_j=ln(V_j+1)$，$CS_j=ln(CS_j+1)$。显著度计算是用标准化分数消除3个指标之间的量纲差异，再对每个主题近两年论文的引用数量、浏览数量、期刊评价指数与平均值的离散程度加权求和。因此，显著度指数越高，表示越来越多的研究者正在关注这个主题，也说明这个主题的增长势头越猛。实际使用中，SciVal 根据主题的显著度数值排序，计算每个主题的百分位数指标。

学更广,麻省理工学院与复旦大学的研究主题广度较为接近。从6所大学作为主要贡献者拥有的优势研究主题数量和占比来看,哈佛大学的优势研究主题数量和占比均遥遥领先,其次是斯坦福大学;北京大学和清华大学拥有的优势研究主题的数量略超麻省理工学院,占比与之差别不大。复旦大学的优势研究主题的数量和占比在六校中最低。哈佛大学多个研究主题的优势远超其他5所大学。

如图4-18至图4-23所示为2015—2019年6所学校的研究主题集群分布图。图中彩色环表示27个ASJC学科,不同颜色表示不同的学科。色环的长度取决于该学科在全球所有学科中的发文比例;色环内各个气泡代表研究主题集群,气泡的颜色由该研究主题集群的主要所属学科决定;气泡大小由该主题集群的文献数量决定;气泡的位置由该研究主题集群所涉及的各个学科及其论文数决定。

（一）哈佛大学研究主题集群

论文数较大且全球产出份额较高的研究主题集群一定程度上可视作该校的影响力较强的研究方向。哈佛大学的研究主题集群(如图4-18所示)在医学,免疫学和微生物学,药理学、毒理学和药剂学等学科分布最为密集,在农业与生物科学,生物化学、遗传学与分子生物学,社会科学等学科分布也较为密集;在化学,化学工程,材料科学,数学,物理学和天文学,计算机科学等学科也有一定的聚集。

如表4-9所示,哈佛大学2015—2019年论文数最大的主题集群为TC.1（星系;恒星;行星）,5年论文数超过4400篇,全球产出份额达到6.6%。其次是TC.12(T淋巴细胞;肿瘤;免疫治疗),哈佛大学在该主题集群的5年论文数为2155篇,全球产出份额为3.46%;哈佛大学的TC.17(HIV;HIV感染;HIV-1),5年论文数为1891篇,全球产出份额为4.32%。论文数居第6位的是TC.160(卫生保健服务;患者;医院),哈佛大学在该主题集群的5年论文数为1529篇,全球产出份额为6.78%。哈佛大学论文数居前的研究主题集群主要分布在医学,全球产出份额均较高,且FWCI较高,说明该校多数研究主题集群在全球具有较高影响力。

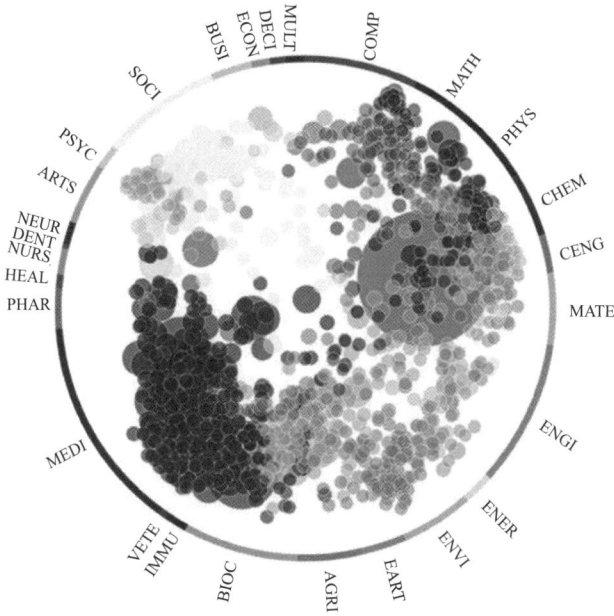

■ COMP	计算机科学	■ MEDI	医学
■ MATH	数学	■ PHAR	药理学、毒理学和药剂学
■ PHYS	物理学和天文学	■ HEAL	健康专业
■ CHEM	化学	■ NURS	护理学
■ CHNG	化学工程	■ DENT	牙科学
■ MATE	材料科学	■ NEUR	神经科学
■ ENGI	工程	■ ARTS	艺术与人文
■ ENER	能源学	■ PSYC	心理学
■ ENVI	环境科学	■ SOCI	社会科学
■ EART	地球与行星科学	■ BUSI	商业、管理和会计
■ AGRI	农业与生物科学	■ ECON	经济学、计量经济学与金融学
■ BIOC	生物化学、遗传学和分子生物学	■ DECI	决策科学
■ IMMU	免疫学和微生物学	■ MULT	多学科
■ VETE	兽医学		

图 4-18 哈佛大学研究主题集群分布（2015—2019 年）

表 4-9 哈佛大学论文数前 20 位的研究主题集群（2015—2019 年）

主题集群编号	研究主题集群	论文数	全球产出份额	FWCI	显著度
TC.1	Galaxies；Stars；Planets	4446	6.60%	2.17	99.331
TC.12	T-Lymphocytes；Neoplasms；Immunotherapy	2155	3.46%	4.93	99.665
TC.17	HIV；HIV Infections；HIV-1	1891	4.32%	1.79	95.984
TC.43	Students；Medical Students；Education	1714	3.40%	1.74	94.378
TC.18	Obesity；Motor Activity；Child	1680	2.63%	3.46	98.862
TC.160	Delivery of Health Care；Patients；Hospitals	1529	6.78%	2.21	84.471

续表

主题集群编号	研究主题集群	论文数	全球产出份额	FWCI	显著度
TC.32	Alzheimer Disease；Dementia；Amyloid	1375	3.05%	2.87	98.527
TC.25	Atrial Fibrillation；Patients；Catheter Ablation	1344	3.28%	2.31	93.641
TC.78	Sleep；Obstructive Sleep Apnea；Sleep Apnea Syndromes	1257	3.70%	2.17	95.047
TC.53	Percutaneous Coronary Intervention；Patients；Myocardial Infarction	1163	3.79%	2.53	91.232
TC.77	Neoplasms；Patients；Palliative Care	1160	3.04%	1.96	94.779
TC.181	Magnetic Resonance Imaging；Brain；Diffusion	1140	4.60%	2.06	92.905
TC.46	Insulin；Type 2 Diabetes Mellitus；Glucose	946	2.41%	6	97.055
TC.124	Non-Small-Cell Lung Carcinoma；Lung Neoplasms；Patients	912	2.92%	3.89	94.645
TC.26	Anticoagulants；Patients；Venous Thromboembolism	879	2.73%	2.53	90.161
TC.141	Prostatic Neoplasms；Prostate；Prostatectomy	876	3.64%	4.05	92.169
TC.163	Mesenchymal Stromal Cells；Stem Cells；Induced Pluripotent Stem Cells	859	2.74%	2.34	96.452
TC.10	Attention；Brain；Learning	856	1.83%	1.59	97.189
TC.138	Stroke；Patients；Cerebral Hemorrhage	848	3.58%	3.04	89.023
TC.89	Breast Neoplasms；Patients；Mammography	845	3.26%	2.42	88.22

（二）麻省理工学院研究主题集群

论文数较大且全球产出份额较高的研究主题集群一定程度上可视作该校的影响力较强的研究方向。麻省理工学院不同颜色气泡分布相对均衡，研究主题集群在医学，农业与生物科学，计算机科学，物理学和天文学，数学，社会科学，化学工程，材料科学等都有一定程度的聚集。

■ COMP	计算机科学	■ MEDI	医学
■ MATH	数学	■ PHAR	药理学、毒理学和药剂学
■ PHYS	物理学和天文学	■ HEAL	健康专业
■ CHEM	化学	■ NURS	护理学
■ CHNG	化学工程	■ DENT	牙科学
■ MATE	材料科学	■ NEUR	神经科学
■ ENGI	工程	■ ARTS	艺术与人文
■ ENER	能源学	■ PSYC	心理学
■ ENVI	环境科学	■ SOCI	社会科学
■ EART	地球与行星科学	■ BUSI	商业、管理和会计
■ AGRI	农业与生物科学	■ ECON	经济学、计量经济学与金融学
■ BIOC	生物化学、遗传学和分子生物学	■ DECI	决策科学
■ IMMU	免疫学和微生物学	■ MULT	多学科
■ VETE	兽医学		

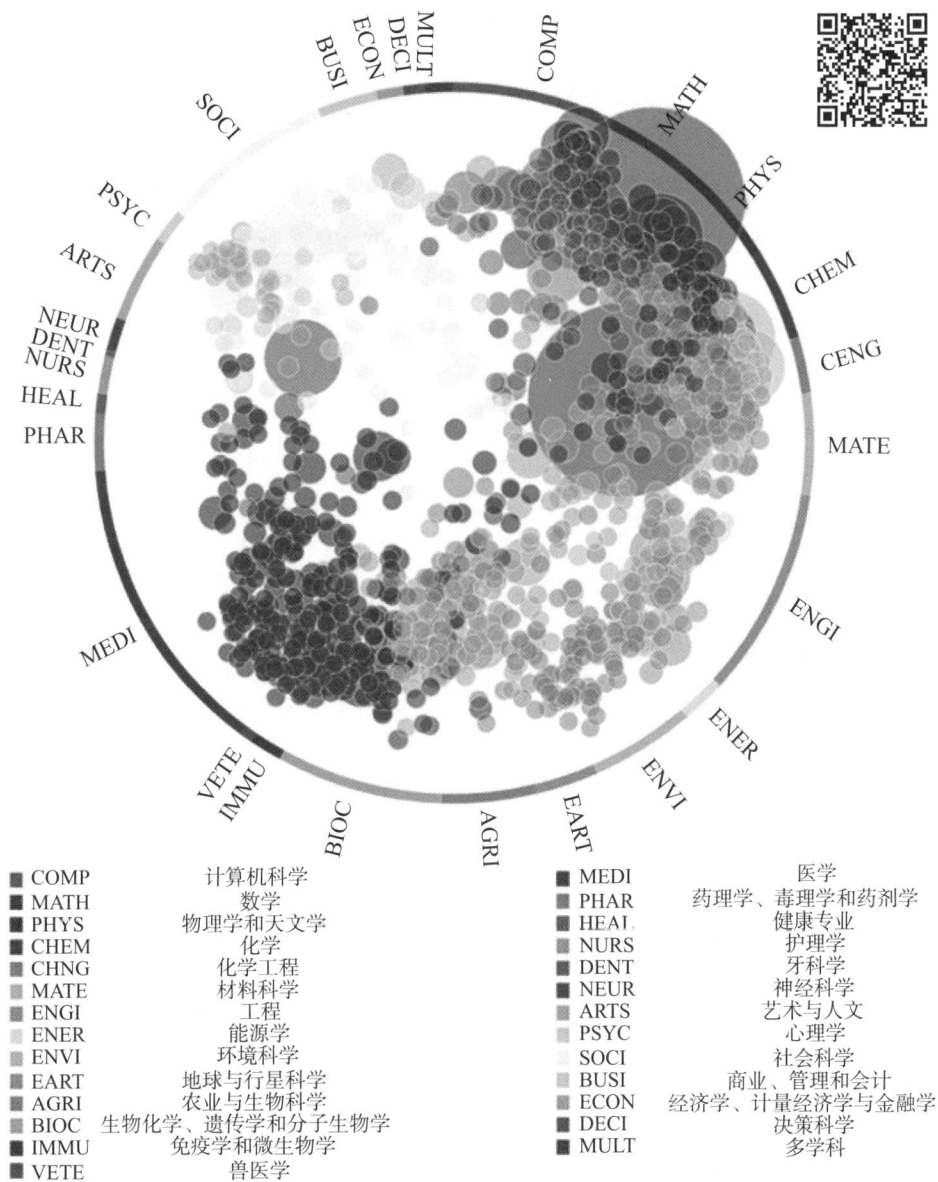

图4-19　麻省理工学院发表论文的研究主题集群分布(2015—2019年)

　　如表4-10所示,麻省理工学院论文数最大的主题集群为TC.1(星系;恒星;行星),5年论文数为1840篇,全球产出份额达到2.73%;其次是TC.6(衰变;夸克;中微子),5年论文数为1744篇,全球产出份额达到3.68%。

表4-10　麻省理工学院论文数前20位研究主题集群（2015—2019年）

主题集群编号	研究主题集群	论文数	全球产出份额	FWCI	显著度
TC.1	Galaxies；Stars；Planets	1840	2.73%	3.56	99.331
TC.6	Decay；Quarks；Neutrinos	1744	3.68%	3.04	98.26
TC.0	Algorithms；Computer Vision；Models	846	0.46%	5.69	99.799
TC.22	Graphene；Carbon Nanotubes；Nanotubes	789	0.83%	3.29	99.866
TC.57	Quantum Optics；Quantum Computers；Quantum Theory	714	1.75%	1.86	95.917
TC.10	Attention；Brain；Learning	619	1.32%	1.53	97.189
TC.30	Secondary Batteries；Electric Batteries；Lithium Alloys	614	0.60%	3.79	100
TC.185	Magnetoplasma；Tokamak Devices；Plasmas	493	2.70%	1.11	78.313
TC.12	T-Lymphocytes；Neoplasms；Immunotherapy	444	0.71%	4.61	99.665
TC.5	Climate Models；Model；Rainfall	437	0.60%	2.05	98.996
TC.107	Traffic Control；Transportation；Models	417	0.91%	1.8	96.787
TC.38	Algebra；Category；Module	386	1.35%	1.08	62.383
TC.188	HIV-1；HIV；HIV Infections	367	2.84%	3.17	85.609
TC.262	Graph In Graph Theory；Coloring；Graphic Methods	360	2.05%	1.92	62.851
TC.592	Genome-Wide Association Study；Single Nucleotide Polymorphism；Genes	354	3.57%	6.55	86.747
TC.436	Genome；Neoplasms；Genes	344	1.90%	6.53	94.913
TC.186	Insulators；Quantum Dots；Spin	337	1.72%	3.29	93.44
TC.84	Cryptography；Authentication；Data Privacy	329	0.63%	3.96	97.256
TC.47	Plasmons；Metamaterials；Surface Plasmon Resonance	328	0.50%	2.1	99.598
TC.181	Magnetic Resonance Imaging；Brain；Diffusion	327	1.32%	2.34	92.905

（三）斯坦福大学研究主题集群

　　论文数较大且全球产出份额较高的研究主题集群一定程度上可视作该校的影响力较强的研究方向。斯坦福大学的研究主题集群在医学，免疫学和微生物学,药学,毒理学和药剂学等学科分布最为密集,其次是在计算机科学、数学、物理学和天文学等学科分布也较多。

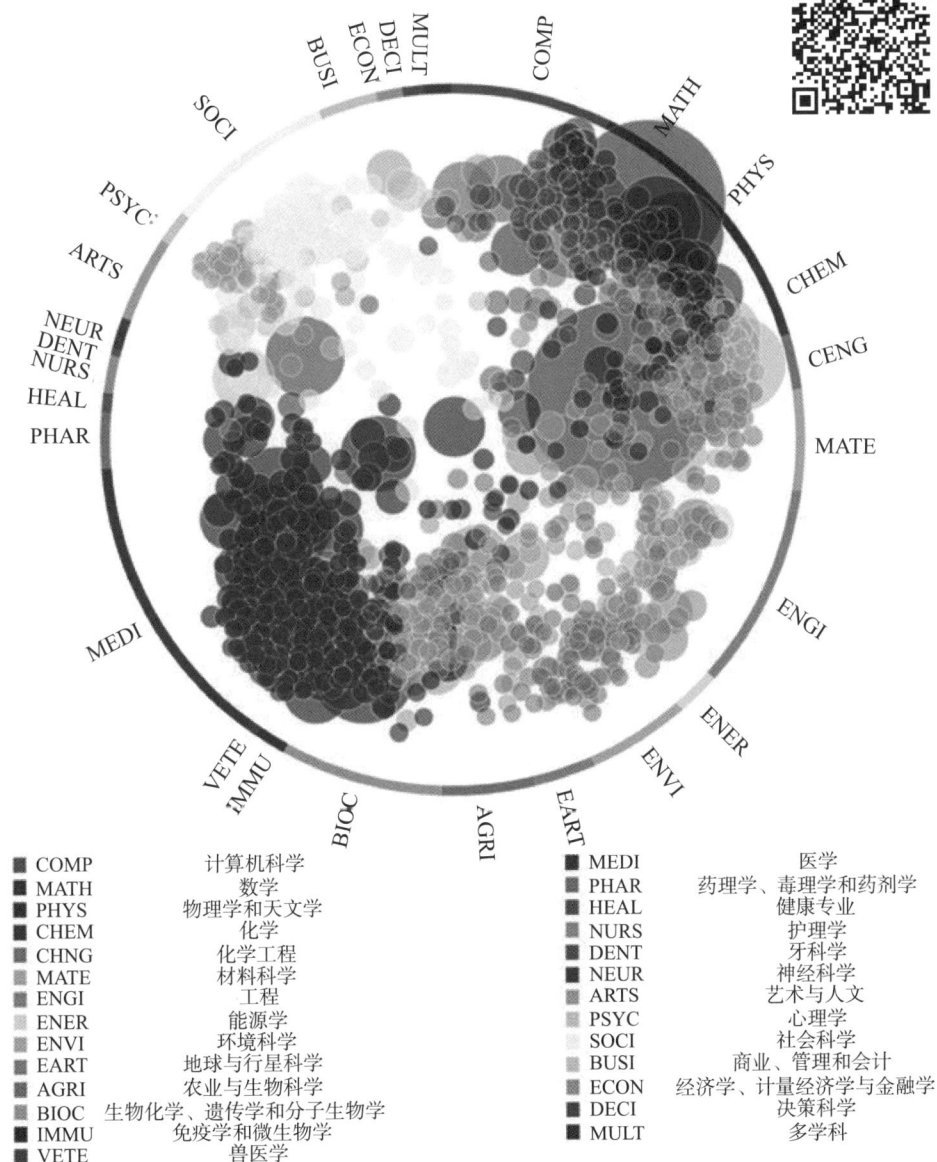

■ COMP	计算机科学		■ MEDI	医学
■ MATH	数学		■ PHAR	药理学、毒理学和药剂学
■ PHYS	物理学和天文学		■ HEAL	健康专业
■ CHEM	化学		■ NURS	护理学
■ CHNG	化学工程		■ DENT	牙科学
■ MATE	材料科学		■ NEUR	神经科学
■ ENGI	工程		■ ARTS	艺术与人文
■ ENER	能源学		■ PSYC	心理学
■ ENVI	环境科学		■ SOCI	社会科学
■ EART	地球与行星科学		■ BUSI	商业、管理和会计
■ AGRI	农业与生物科学		■ ECON	经济学、计量经济学与金融学
■ BIOC	生物化学、遗传学和分子生物学		■ DECI	决策科学
■ IMMU	免疫学和微生物学		■ MULT	多学科
■ VETE	兽医学			

图 4-20　斯坦福大学研究主题集群集群分布(2015—2019年)

如表 4-11所示,斯坦福大学 2015—2019年论文数最多的研究主题集群为 TC.1(星系;恒星;行星),该主题集群的 5年论文数为 1380篇,全球产出份额达到2.05%；其次是TC.6(衰变；夸克；中微子)，5年论文数为1114篇，全球产出份额达到2.35%。此外，发文较多的主题集群还有TC.0(算法；计算机视觉；模型)，5年论文数783篇，全球产出份额为0.42%；TC.12(T淋巴细胞；肿瘤；免疫治疗)5年论文数694篇，全球产出份额为1.11%。TC.426[光束(辐射)；加速器；自由电子激光]5年论文数573篇，全球产出份额为6.41%。

表4-11 斯坦福大学发表论文数前20位的研究主题集群(2015—2019年)

主题集群编号	研究主题集群	论文数	全球产出份额	FWCI	显著度
TC.1	Galaxies；Stars；Planets	1380	2.05%	3.98	99.331
TC.6	Decay；Quarks；Neutrinos	1114	2.35%	3.73	98.26
TC.0	Algorithms；Computer Vision；Models	783	0.42%	7.75	99.799
TC.12	T-Lymphocytes；Neoplasms；Immunotherapy	694	1.11%	6.69	99.665
TC.30	Secondary Batteries；Electric Batteries；Lithium Alloys	610	0.60%	6.25	100
TC.43	Students；Medical Students；Education	606	1.20%	2.03	94.378
TC.426	Beams (Radiation)；Accelerators；Free Electron Lasers	573	6.41%	1.18	38.956
TC.15	Gravitation；Black Holes (Astronomy)；Models	565	1.39%	3.73	95.85
TC.78	Sleep；Obstructive Sleep Apnea；Sleep Apnea Syndromes	547	1.61%	2.04	95.047
TC.163	Mesenchymal Stromal Cells；Stem Cells；Induced Pluripotent Stem Cells	531	1.70%	2.33	96.452
TC.25	Atrial Fibrillation；Patients；Catheter Ablation	512	1.25%	1.99	93.641
TC.10	Attention；Brain；Learning	496	1.06%	1.69	97.189
TC.22	Graphene；Carbon Nanotubes；Nanotubes	486	0.51%	5.61	99.866
TC.181	Magnetic Resonance Imaging；Brain；Diffusion	457	1.85%	3.01	92.905
TC.62	Lymphoma；Diffuse Large B-Cell Lymphoma；Patients	396	1.48%	3.86	89.558
TC.18	Obesity；Motor Activity；Child	391	0.61%	3.94	98.862
TC.37	Semantics；Models；Recommender Systems	389	0.55%	4.35	97.39
TC.436	Genome；Neoplasms；Genes	371	2.04%	3.81	94.913
TC.160	Delivery Of Health Care；Patients；Hospitals	366	1.62%	1.65	84.471
TC.46	Insulin；Type 2 Diabetes Mellitus；Glucose	353	0.90%	6.06	97.055

（四）清华大学研究主题集群

清华大学的研究主题集群在化学工程、材料科学、计算机科学、数学、物理学和天文学等学科分布较为密集。与美国3所大学相比,清华大学气泡的密度相对稀疏。

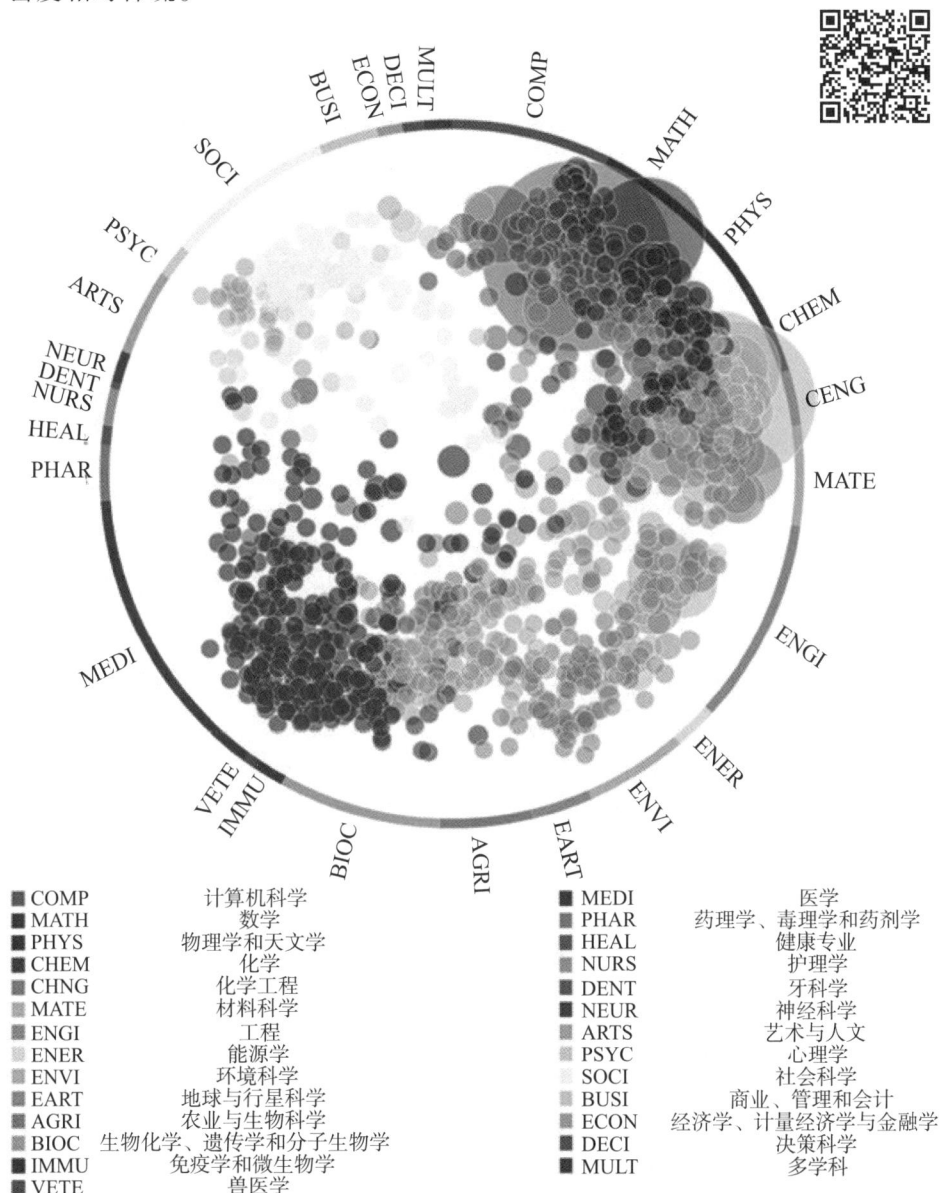

■ COMP	计算机科学	■ MEDI	医学
■ MATH	数学	■ PHAR	药理学、毒理学和药剂学
■ PHYS	物理学和天文学	■ HEAL	健康专业
■ CHEM	化学	■ NURS	护理学
■ CHNG	化学工程	■ DENT	牙科学
■ MATE	材料科学	■ NEUR	神经科学
■ ENGI	工程	■ ARTS	艺术与人文
■ ENER	能源学	■ PSYC	心理学
■ ENVI	环境科学	■ SOCI	社会科学
■ EART	地球与行星科学	■ BUSI	商业、管理和会计
■ AGRI	农业与生物科学	■ ECON	经济学、计量经济学与金融学
■ BIOC	生物化学、遗传学和分子生物学	■ DECI	决策科学
■ IMMU	免疫学和微生物学	■ MULT	多学科
■ VETE	兽医学		

图4-21 清华大学研究主题集群分布(2015—2019年)

如表4-12所示,清华大学论文数最多的主题集群是TC.0(算法;计算机视觉;模型),2015—2019年发文2670篇,全球产出份额为1.45%;其次是TC.30(第二代电池;蓄电池;锂合金),5年论文数为2147篇,全球产出份额为2.09%;TC.28(电力传输网络;风力发电;配电)论文数居第3位,全球产出份额为2.01%;论文数居第5位的TC.6(衰变;夸克;中微子)5年论文数为1508篇,全球产出份额却达到了3.18%。

表4-12　清华大学论文数前20位的研究主题集群(2015—2019年)

主题集群编号	研究主题集群	论文数	全球产出份额	FWCI	显著度
TC.0	Algorithms;Computer Vision;Models	2670	1.45%	2.96	99.799
TC.30	Secondary Batteries;Electric Batteries;Lithium Alloys	2147	2.09%	3.76	100
TC.28	Electric Power Transmission Networks;Wind Power;Electric Power Distribution	1714	2.01%	1.79	99.398
TC.22	Graphene;Carbon Nanotubes;Nanotubes	1572	1.66%	2.43	99.866
TC.6	Decay;Quarks;Neutrinos	1508	3.18%	3.14	98.26
TC.3	Cognitive Radio;MIMO Systems;Orthogonal Frequency Division Multiplexing	1264	1.46%	2.14	97.925
TC.13	Electric Potential;Electric Inverters;DC-DC Converters	950	1.02%	1.35	98.461
TC.37	Semantics;Models;Recommender Systems	924	1.30%	2.52	97.39
TC.8	Photocatalysis;Photocatalysts;Solar Cells	906	0.86%	2.5	99.933
TC.42	Aerosols;Air Quality;Atmospheric Aerosols	873	2.46%	2.47	97.657
TC.81	Electricity;Energy;Economics	783	1.66%	2.12	99.264
TC.86	Ferroelectricity;Dielectric Properties;Ferroelectric Materials	736	2.59%	1.98	95.515
TC.65	Microbial Fuel Cells;Anaerobic Digestion;Bioreactors	697	1.63%	1.43	98.929
TC.137	Reinforced Concrete;Concretes;Steel	693	2.14%	0.99	91.299

主题集 群编号	研究主题集群	论文数	全球产出份额	FWCI	显著度
TC.95	Fiber Optic Networks；Quality Of Service；Network Architecture	676	2.21%	1.2	88.621
TC.297	Partial Discharges；Insulation；Power Transformers	674	3.25%	0.83	74.967
TC.7	Catalysts；Zeolites；Hydrogenation	659	1.12%	1.77	99.531
TC.70	Cloud Computing；Clouds；Distributed Computer Systems	652	1.32%	2.03	96.185
TC.47	Plasmons；Metamaterials；Surface Plasmon Resonance	648	0.98%	1.59	99.598
TC.57	Quantum Optics；Quantum Computers；Quantum Theory	623	1.52%	1.37	95.917

(五)北京大学研究主题集群

北京大学的研究主题集群在医学，免疫学和微生物学，药理学、毒理学和药剂学等学科分布最为密集；其次是在计算机科学、数学、物理学和天文学等学科；在化学工程、材料科学等学科也有一定程度的聚集。

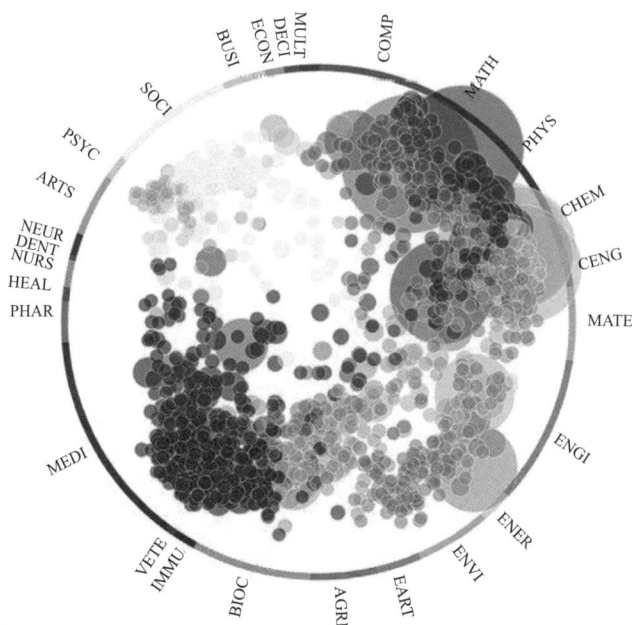

■ COMP　计算机科学　　　　　　　　■ MEDI　医学
■ MATH　数学　　　　　　　　　　　■ PHAR　药理学、毒理学和药剂学
■ PHYS　物理学和天文学　　　　　　■ HEAL　健康专业
■ CHEM　化学　　　　　　　　　　　■ NURS　护理学
■ CHNG　化学工程　　　　　　　　　■ DENT　牙科学
■ MATE　材料科学　　　　　　　　　■ NEUR　神经科学
■ ENGI　工程　　　　　　　　　　　■ ARTS　艺术与人文
■ ENER　能源学　　　　　　　　　　■ PSYC　心理学
■ ENVI　环境科学　　　　　　　　　■ SOCI　社会科学
■ EART　地球与行星科学　　　　　　■ BUSI　商业、管理和会计
■ AGRI　农业与生物科学　　　　　　■ ECON　经济学、计量经济学与金融学
■ BIOC　生物化学、遗传学和分子生物学　■ DECI　决策科学
■ IMMU　免疫学和微生物学　　　　　■ MULT　多学科
■ VETE　兽医学

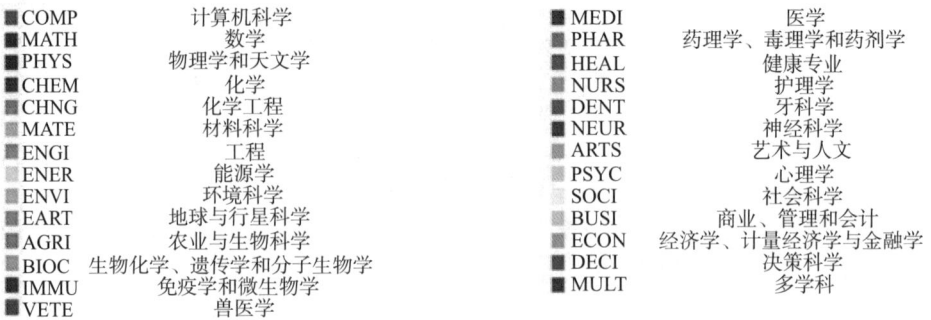

图 4-22　北京大学研究主题集群分布（2015—2019）

如表 4-13 所示，北京大学 5 年论文数最大的主题集群是 TC.0（算法；计算机视觉；模型），论文数为 1641 篇，但全球产出份额偏低（0.89%）。论文数居第 2 位的是 TC.61（有机发光二极管（OLED）；太阳能电池；共轭聚合物），论文数为 1574 篇，全球产出份额为 3.34%。第 3 位的是 TC.6（衰变；夸克；中微子），论文数为 1474 篇，全球产出份额为 3.11%。此外，TC.22（石墨烯；碳纳米管；纳米管）、TC.30（第二代电池；蓄电池；锂合金）、TC.1（星系；恒星；行星）、TC.8（光催化；光催化剂；太阳能电池）等主题集群的 5 年论文数也均在 1100 篇以上。

表 4-13　北京大学论文数前 20 位的研究主题集群（2015—2019 年）

主题集群编号	研究主题集群	论文数	全球产出份额	FWCI	显著度
TC.0	Algorithms；Computer Vision；Models	1641	0.89%	2.53	99.799
TC.61	Organic Light Emitting Diodes（OLED）；Solar Cells；Conjugated Polymers	1574	3.34%	3.61	99.13
TC.6	Decay；Quarks；Neutrinos	1474	3.11%	2.54	98.26
TC.22	Graphene；Carbon Nanotubes；Nanotubes	1418	1.50%	2.53	99.866
TC.30	Secondary Batteries；Electric Batteries；Lithium Alloys	1252	1.22%	3.67	100
TC.1	Galaxies；Stars；Planets	1184	1.76%	1.72	99.331
TC.8	Photocatalysis；Photocatalysts；Solar Cells	1170	1.12%	2.5	99.933
TC.2	Zircon；Uranium-Lead Dating；Geochronology	980	2.31%	1.52	96.519

主题集群编号	研究主题集群	论文数	全球产出份额	FWCI	显著度
TC.42	Aerosols；Air Quality；Atmospheric Aerosols	888	2.50%	2.03	97.657
TC.4	Catalysis；Synthesis（Chemical）；Catalysts	800	1.33%	1.63	99.732
TC.47	Plasmons；Metamaterials；Surface Plasmon Resonance	762	1.15%	1.73	99.598
TC.37	Semantics；Models；Recommender Systems	621	0.88%	2.01	97.39
TC.219	MicroRNAs；Long Untranslated RNA；Neoplasms	596	1.02%	2.04	99.465
TC.14	Tooth；Bone And Bones；Dentin	521	1.09%	0.74	94.177
TC.5	Climate Models；Model；Rainfall	483	0.67%	1.36	98.996
TC.131	Memristors；MOSFET Devices；Data Storage Equipment	467	1.89%	1.16	90.897
TC.3	Cognitive Radio；MIMO Systems；Orthogonal Frequency Division Multiplexing	416	0.48%	2.15	97.925
TC.153	Remote Sensing；Image Classification；Satellite Imagery	415	1.11%	1.98	97.122
TC.31	Magnetic Fields；Ionospheres；Sunspots	363	1.42%	0.95	87.282
TC.186	Insulators；Quantum Dots；Spin	359	1.84%	2.28	93.44
TC.12	T-Lymphocytes；Neoplasms；Immunotherapy	356	0.57%	1.23	99.665

（六）复旦大学研究主题集群

复旦大学的研究主题集群在医学，免疫学，药理学、毒理学和药剂学等学科分布最为密集；其次，在计算机科学、数学、物理学和天文学等学科分布也较多。

■ COMP	计算机科学	■ MEDI	医学
■ MATH	数学	■ PHAR	药理学、毒理学和药剂学
■ PHYS	物理学和天文学	■ HEAL	健康专业
■ CHEM	化学	■ NURS	护理学
■ CHNG	化学工程	■ DENT	牙科学
■ MATE	材料科学	■ NEUR	神经科学
■ ENGI	工程	■ ARTS	艺术与人文
■ ENER	能源学	■ PSYC	心理学
■ ENVI	环境科学	■ SOCI	社会科学
■ EART	地球与行星科学	■ BUSI	商业、管理和会计
■ AGRI	农业与生物科学	■ ECON	经济学、计量经济学与金融学
■ BIOC	生物化学、遗传学和分子生物学	■ DECI	决策科学
■ IMMU	免疫学和微生物学	■ MULT	多学科
■ VETE	兽医学		

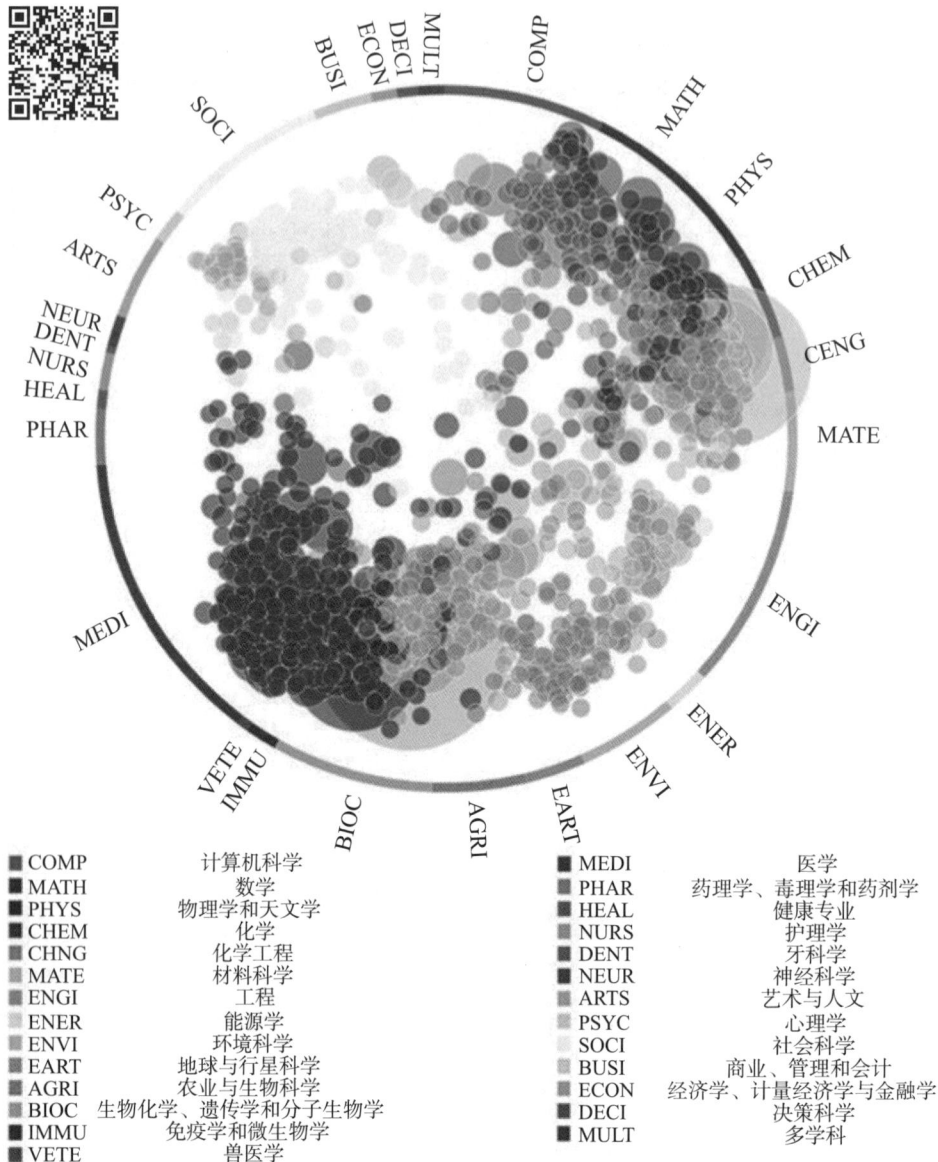

图 4-23　复旦大学研究主题集群分布(2015—2019 年)

如表 4-14 所示,复旦大学 5 年论文数最多的主题集群是 TC.219 (microRNAs;长链非翻译 RNA;肿瘤),论文数为 1236 篇,全球产出份额为 2.12%。其次是 TC.30(第二代电池;蓄电池;锂合金),论文数为 1019 篇,全球产出份额为 0.99%。第 3 位的是 TC.12(T 淋巴细胞;肿瘤;免疫治疗),论文数为 786 篇,全球产出份额为 1.26%。

表4-14　复旦大学论文数前20位的研究主题集群(2015—2019年)

主题集群编号	研究主题集群	论文数	全球产出份额	FWCI	显著度
TC.219	MicroRNAs;Long Untranslated RNA;Neoplasms	1236	2.12%	2.12	99.465
TC.30	Secondary Batteries;Electric Batteries;Lithium Alloys	1019	0.99%	3.14	100
TC.12	T-Lymphocytes;Neoplasms;Immunotherapy	786	1.26%	1.53	99.665
TC.22	Graphene;Carbon Nanotubes;Nanotubes	666	0.70%	2.55	99.866
TC.8	Photocatalysis;Photocatalysts;Solar Cells	589	0.56%	2.34	99.933
TC.0	Algorithms;Computer Vision;Models	559	0.30%	1.68	99.799
TC.124	Non-Small-Cell Lung Carcinoma;Lung Neoplasms;Patients	521	1.67%	1.3	94.645
TC.47	Plasmons;Metamaterials;Surface Plasmon Resonance	486	0.73%	2.06	99.598
TC.19	Eye;Glaucoma;Cataract	408	1.12%	1.1	88.554
TC.182	Hepatocellular Carcinoma;Liver;Neoplasms	377	1.94%	0.99	84.27
TC.60	Endometriosis;Ovarian Neoplasms;Endometrial Neoplasms	362	1.22%	1.01	87.684
TC.58	Hepacivirus;Hepatitis B Virus;Hepatitis C	359	1.29%	1.04	92.102
TC.4	Catalysis;Synthesis(Chemical);Catalysts	356	0.59%	1.95	99.732
TC.42	Aerosols;Air Quality;Atmospheric Aerosols	342	0.96%	1.88	97.657
TC.7	Catalysts;Zeolites;Hydrogenation	338	0.58%	1.39	99.531
TC.112	Block Copolymers;Micelles;Polymers	328	1.45%	1.48	96.252
TC.16	Anti-Bacterial Agents;Infection;Methicillin-Resistant Staphylococcus Aureus	300	0.60%	1.29	98.126
TC.51	Pancreatic Neoplasms;Pancreatitis;Patients	298	0.97%	0.96	88.889
TC.110	Cells;Drosophila;Neoplasms	293	1.24%	1.36	93.106

续表

主题集群编号	研究主题集群	论文数	全球产出份额	FWCI	显著度
TC.93	Colorectal Neoplasms；Rectal Neoplasms；Patients	285	0.94%	0.7	91.633
TC.89	Breast Neoplasms；Patients；Mammography	271	1.05%	1.84	88.22

(七)六校共同高论文数研究主题集群分析

在6所大学论文数排名前20的研究主题集群中,并无6所学校都重合的研究主题集群,本节选择在3所及以上学校中重合的排名前20位的研究主题集群进行分析。

1.五校共同高发文研究主题集群

TC.0(算法；计算机视觉；模型)的显著度为99.799,是2018—2019年的全球研究热点。如表4-15所示,该主题集群是清华大学、北京大学2015—2019年论文数最多的研究主题集群,斯坦福大学、麻省理工学院和复旦大学在该主题集群的论文数也位居前列。从该领域各校的全球产出份额来看,清华大学为1.45%,其余四校均未达到1%(该主题集群论文数最大的机构为中国科学院)。从研究规模来看,清华大学具有一定优势。从论文影响力来看,斯坦福大学、麻省理工学院分别为7.75和5.69,远超国内3所大学,国内最高的清华大学FWCI仅为2.96。

表4-15　五校2015—2019年发文情况——TC.0(算法；计算机视觉；模型)

学校	论文数	全球产出份额	论文增长[①]	FWCI	该领域论文数在学校排名
清华大学	2670	1.45%	0.70%	2.96	1
北京大学	1641	0.89%	−8.40%	2.53	1
麻省理工学院	846	0.46%	5.70%	5.69	3
斯坦福大学	783	0.42%	43.30%	7.75	3
复旦大学	559	0.30%	47.70%	1.68	6

①计算方法: $\dfrac{2019 - 2015}{2015} \times 100\%$

　　TC.22(石墨烯;碳纳米管;纳米管)的显著度为99.866,也是2018—2019年较受关注的全球性研究热点。如表4-16所示,TC.22在麻省理工学院、清华大学、北京大学和复旦大学的主题集群发文排行中均居第四,在斯坦福大学的主题集群发文排行中居第十三。从全球产出份额来看,清华大学和北京大学在该主题集群的产出份额均大于1%,相对而言略具优势(该研究主题集群论文数最大的机构为中国科学院)。从论文影响力来看,斯坦福大学最高(5.61),其次为麻省理工学院(3.29),国内3所大学均在2.5左右。从论文增长趋势看,美国2所大学2019年在这一主题上的论文产出明显减少。

表4-16　五校2015—2019年发文情况——TC.22(石墨烯;碳纳米管;纳米管)

学校	论文数	全球产出份额	论文增长	FWCI	该领域论文数在学校排名
清华大学	1572	1.66%	10.10%	2.43	4
北京大学	1418	1.50%	3.30%	2.53	4
麻省理工学院	789	0.83%	−35.60%	3.29	4
复旦大学	666	0.70%	29.00%	2.55	4
斯坦福大学	486	0.51%	−34.60%	5.61	13

　　TC.30(第二代电池;蓄电池;锂合金)的显著度为100,是2018—2019年全球最热门的研究方向之一。如表4-17所示,TC.30在清华大学和复旦大学的主题集群发文排行中均居第二,在斯坦福大学和北京大学的主题集群发文排行中均居第五,在麻省理工学院居第七。从全球产出份额来看,清华大学在该主题集群的产出份额为2.09%(该主题集群全球论文数最大的机构为中国科学院),其次为中国科学院大学。从论文影响力来看,斯坦福大学最高,为6.25,麻省理工学院、清华大学和北京大学在3.7左右,复旦大学最低,为3.14。

表4-17　五校2015—2017发文情况——TC.30(第二代电池;蓄电池;锂合金)

学校	论文数	全球产出份额	论文增长	FWCI	该领域论文数在学校排名
清华大学	2147	2.09%	7.50%	3.76	2
北京大学	1252	1.22%	38.80%	3.67	5
复旦大学	1019	0.99%	−19.30%	3.14	2
麻省理工学院	614	0.60%	−30%	3.79	7
斯坦福大学	610	0.60%	13.90%	6.25	5

2.四校共同高发文研究主题集群

TC.1(星系；恒星；行星)显著度为99.331，是2018—2019年全球最热门的研究方向之一。如表4-18所示，该主题集群是2015—2019年哈佛大学、斯坦福大学和麻省理工学院论文数最多的研究主题集群，北京大学在该主题集群的论文数排名全校第6位。从发文全球产出份额来看，四校中哈佛大学最高，为6.6%；从论文影响力来看，斯坦福大学最高，FWCI为3.98；北京大学在该研究主题集群的论文影响力与美国同行相比还有一定差距。

表4-18　四校2015—2019发文情况——TC.1(星系；恒星；行星)

学校	论文数	全球产出份额	论文增长趋势	FWCI	该领域论文数在学校排名
哈佛大学	4446	6.60%	−2.00%	2.17	1
麻省理工学院	1840	2.73%	40.30%	3.56	1
斯坦福大学	1380	2.05%	−16.50%	3.98	1
北京大学	1184	1.76%	35.90%	1.72	6

此外，TC.6(衰变；夸克；中微子)的显著度为98.26。如表4-19所示，在麻省理工学院、斯坦福大学、清华大学、北京大学的主题集群发文排行中均位居前列，除斯坦福大学全球产出份额为2.35%外，其他三校均超过3%(在该主题集群全球发文机构排名中，麻省理工学院排名第31)。从论文影响力来看，麻省理工学院、斯坦福大学、清华大学差距不大，FWCI均大于3，北京大学略低，FWCI为2.54。

表4-19　四校2015—2019发文情况—TC.6(衰变；夸克；中微子)

学校	论文数	全球产出份额	论文增长趋势	FWCI	该领域论文数在学校排名
麻省理工学院	1744	3.68%	−10.60%	3.04	2
清华大学	1508	3.18%	70.80%	3.14	5
北京大学	1474	3.11%	48.90%	2.54	3
斯坦福大学	1114	2.35%	−19.30%	3.73	2

TC.12(T淋巴细胞；肿瘤；免疫治疗)的显著度为99.665。如表4-20所示，哈佛大学在该主题集群的论文数遥遥领先，全球产出份额为3.46%，同时，哈佛大学也是该主题集群全球发文最多的机构。论文影响力则是斯坦福大学最高。复旦大学论文数增长比较明显，但影响力与美国同行相比仍有较大差距。

表4-20　四校2015—2019年发文情况——TC.12(T淋巴细胞;肿瘤;免疫治疗)

学校	论文数	全球产出份额	论文增长趋势	FWCI	该领域论文数在学校排名
哈佛大学	2155	3.46%	−7.70%	4.93	2
复旦大学	786	1.26%	29.60%	1.53	3
斯坦福大学	694	1.11%	−5.90%	6.69	4
麻省理工学院	444	0.71%	51.20%	4.61	9

TC.47(等离子体;超材料;表面等离子共振)的显著度为99.598,为国内三校和麻省理工学院论文数居前列的共同研究主题集群;该主题集群全球论文数最大的机构为中国科学院,北京大学排名第8位。如表4-21所示,4所学校中北京大学在该主题集群的产出份额最高(1.15%);麻省理工学院的全球产出份额最低,为0.5%,但FWCI最高,为2.10;复旦大学全球产出份额为0.73%,FWCI为2.06。

表4-21　四校2015—2019年发文情况——TC.47(等离子体;超材料;表面等离子共振)

学校	论文数	全球产出份额	论文增长趋势	FWCI	该领域论文数在学校排名
北京大学	762	1.15%	−19.40%	1.73	10
清华大学	648	0.98%	28.10%	1.59	19
复旦大学	486	0.73%	12.60%	2.06	8
麻省理工学院	328	0.50%	−24.60%	2.10	19

3.三校共同高发文研究主题集群

TC.37(语义;模型;推荐系统)显著度为97.39,为清华大学、北京大学和斯坦福大学共同的论文数排名前20的研究主题集群。该主题集群全球论文数最大的机构为中国科学院。三校中清华大学论文数最高,论文影响力为斯坦福大学最高。但从论文增长趋势看,2019年三校论文产出都在减少,结合显著度考虑,或许预示着这一主题方向的研究热度会下降(如表4-22所示)。

表4-22　三校2015—2019年发文情况——TC.37(语义;模型;推荐系统)

学校	论文数	全球产出份额	论文增长趋势	FWCI	该领域论文数在学校排名
清华大学	924	1.3%	−17.1%	2.52	8
北京大学	621	0.88%	−19.5%	2.01	12
斯坦福大学	389	0.55%	−44.5%	4.35	17

TC.10(注意;大脑;学习)显著度为97.189,为美国3所大学共同的论文

数排名前20的研究主题集群。如表4-23所示，三校中哈佛大学论文数最高，论文影响力差别不大。该主题集群全球产出份额中哈佛大学排名第4。

表4-23　三校2015—2019年发文情况——TC.10(注意；大脑；学习)

学校	论文数	全球产出份额	论文增长趋势	FWCI	该领域论文数在学校排名
哈佛大学	856	1.83%	0.8%	1.59	18
麻省理工学院	619	1.32%	−9.3%	1.53	6
斯坦福大学	496	1.06%	−20.8%	1.69	12

TC.181(磁共振成像；脑；扩散)显著度为92.905，为美国3所大学共同的论文数前20的研究主题集群。如表4-24所示，三校中哈佛大学论文数最多，同时也是该主题集群全球发文最多的机构。斯坦福大学在该主题集群的论文影响力要高于另外2所大学。

表4-24　三校2015—2019年发文情况——TC.181(磁共振成像；脑；扩散)

学校	论文数	全球产出份额	论文增长趋势	FWCI	该领域论文数在学校排名
哈佛大学	1140	4.6%	8.6%	2.06	12
斯坦福大学	457	1.85%	−31.3%	3.01	14
麻省理工学院	327	1.32%	−16.7%	2.34	20

国内三校论文数居前列的共同研究主题集群有TC.8(光催化；光催化剂；太阳能电池)，显著度为99.933。如表4-25所示，北京大学和清华大学的全球产出份额和论文影响力差别不大，复旦大学全球产出份额略低。该主题集群全球论文数最大的机构为中国科学院，北京大学排名第6位。

表4-25　三校2015—2019年发文情况——TC.8(光催化；光催化剂；太阳能电池)

学校	论文数	全球产出份额	论文增长趋势	FWCI	该领域论文数在学校排名
北京大学	1170	1.12%	10.60%	2.5	7
清华大学	906	0.86%	2.90%	2.5	9
复旦大学	589	0.56%	−0.50%	2.34	5

国内三校论文数居前列的共同研究主题集群还有TC.42(气溶胶；空气质量；大气气溶胶)，显著度为97.659。如表4-26所示，北京大学和清华大学在该主题集群的论文数相近，论文影响力清华大学略高。复旦大学论文数和论文影响力均较低，但增长较快。该主题集群全球论文数最大的机构为

北京大学排名第9位。从论文增长趋势看,以空气污染治理为目的的TC.42今后仍是热点研究方向。

表4-26　三校2015—2019年发文情况——TC.42(气溶胶;空气质量;大气气溶胶)

学校	论文数	全球产出份额	论文增长趋势	FWCI	该领域论文数在学校排名
北京大学	888	2.50%	15.20%	2.03	9
清华大学	873	2.46%	25.50%	2.47	10
复旦大学	342	0.96%	108.80%	1.88	14

第四节　总　结

本章从学术论文的研究产出、学术影响力、高水平论文、国际合作及其发展趋势、学科布局、研究主题集群分布等不同维度,对以清华大学、北京大学和复旦大学为代表的中国顶尖大学,以及以哈佛大学、麻省理工学院、斯坦福大学为代表的美国顶尖大学的学术竞争力情况进行比较研究。

(一)竞争实力及潜力

从研究规模来看,中国顶尖大学论文产出数量正逐渐追上并赶超美国同行,但与哈佛大学的差距非短期内可以改变。从研究影响力来看,无论是CNCI、发文期刊影响力和$h5$指数,还是代表高水平研究的CNS及其子刊论文、PPTop1%、PPTop10%,中国顶尖大学与美国顶尖大学之间都还有一定差距。从发展趋势来看,中国顶尖大学的论文影响力增长速度比美国顶尖大学更快,中美顶尖大学的论文影响力差距有缩小的趋势。从合作情况来看,无论是国际合作还是校企合作,中美顶尖大学之间都还有不小的差距。

(二)竞争布局

在本章选取的中美两国各3所顶尖大学中,哈佛大学以全面的基础研究闻名,在2019年QS世界大学学科排名中的医学学科排名第一。从论文的学科布局看,哈佛大学的医学及相关学科(生物化学、遗传学和分子生物学,免疫学和微生物学,护理学等)的论文数占到了学校全部论文数近60%,从研究主题集群分布看,论文数排名第二、第三的研究主题集群都为医学[TC.12(T淋巴细胞;肿瘤;免疫治疗),TC.17(HIV;HIV感染;HIV-1)],前20个主题集群中有75%为医学领域研究,这反映了哈佛大学在医学领域研究实力雄厚。哈佛大学的物理学和天文学、地球与行星科学、心理学等基础科学领域的论文产出也较多,其中论文数最多的主题集群是TC.1(星系;恒星;行星)。哈佛大学在社会科学、艺术与人文的学术产出占比达到5%以上,在经济学、计量经济学和金融学,商业、管理和会计等学科的学科规范化影响力是6所大学中最高的,充分显示了哈佛大学在人文社科领域的竞争优势。

作为一所研究型理工科大学,麻省理工学院的主页上描述该校的使命为:在科学、技术和其他学术领域促进知识和教育学生。麻省理工学院的这一使命,也体现在了该校的学科布局上:理学和工学学科具有明显的科研优势,人文、艺术和社会科学则是突出重点、有选择地发展。文献产出也可反映该校的学科布局特色:在论文数居前的15个ASJC学科中,基本以理学(物理学和天文学、化学、数学等),工学(工程、化学工程等),计算机科学,材料科学为主,并有少量生命科学领域的学科(生物化学、遗传与分子生物学,神经科学等),社会科学仅有不到3%。从研究主题集群看,麻省理工学院发文最多的主题集群[TC.1(星系;恒星;行星),TC.6(衰变;夸克;中微子)]分布在物理学和天文学,其他发文较多的研究主题集群涉及人工智能[TC.0(算法;计算机视觉;模型)]、材料科学[TC.22(石墨烯;碳纳米管;纳米管),TC.30(第二代电池;蓄电池;锂合金)]、量子信息[TC.57(量子光学;量子计算机;量子理论)]、神经科学[TC.10(注意力;脑;学习)]等。此外,麻省理工学院论文数排名前20的研究主题集群也包括若干并非当下全球研究热点的方向,如TC.38(代数;类别;模块),TC.262(图论中图;着色;图形方法)这两个数学学科的研究方向。

斯坦福大学誉称"硅谷"孵化器,是闻名全球的创业型大学,且一直是世界创新创业教育的引领者。从斯坦福大学的学科布局看,该校在医学、生命科学相关领域的文献产出比例最高,超过了33.3%;理科(数学、物理学和天文学、化学等)与工科(工程、化学工程、材料科学等)其次,占比约33.3%。斯坦福大学在计算机科学、材料科学领域相对其他5所大学具有较强的影响力竞争优势,尤其是在计算机科学领域,虽然论文数不及麻省理工学院、清华大学和北京大学,但学科标准化论文影响力FWCI达到了4.03,远超其他5所大学。在多校共同高发文的研究主题集群中,斯坦福大学在TC.0(算法;计算机视觉;模型)和TC.37(语义;模型;推荐系统)这2个涉及计算机科学的研究主题集群上的影响力都显著高于其他大学。在TC.22(石墨烯;碳纳米管;

纳米管)和TC.30(第二代电池;蓄电池;锂合金)这2个五校共同高发文领域,斯坦福大学的研究影响力均居首位。

清华大学是我国的工科强校,近20年已发展成为一所全学科门类的综合性、研究型大学,其在2017年发布的《清华大学一流大学建设高校建设方案》中,将11个学科门类整合为工科、理科、文科、生命科学四大学科领域,并对这4个学科领域分别提出了双一流建设目标:工科引领,理科创新,文科提升,生命医学强化。从2015—2019年清华大学的论文产出看,该校在工科领域、理科领域研究成果丰厚,工科领域的成果占60%左右,其中工程(20.9%)、计算机科学(12.2%)、材料科学(10%)的产出最多;理科领域研究成果占比近25%,发文较多的研究主题基本为工程、计算机科学、材料科学等领域,反映出清华大学在上述两个领域的研究实力强劲。

北京大学在2017年发布的《北京大学一流大学建设高校建设方案》中提出"以学科交叉融合为重点,加快培育新的学科增长点""布局建设以临床医学+X、区域与国别研究为代表的前沿和交叉学科领域,带动学科结构优化与调整"。从北京大学2015—2019年的学科布局情况看,医学及相关科学发文占比超过20%,这为其实现"双一流"学科建设目标打下了坚实的基础。但从研究主题集群看,北京大学医学及相关学科虽然总体发文较多,但尚无较大产出规模或较高影响力的研究主题集群。北京大学理学(物理学和天文学、数学、化学等)基础学科发文占比超过20%,且这几个学科的影响力在中国3所顶尖大学中处于领先水平。此外,北京大学材料科学发文占9.1%,计算机科学占7.1%。

复旦大学发布的《复旦大学一流大学建设总体方案》中提出,该校在2020年前的奋斗目标是:"人文、社科、理科、医科主干学科保持国内最高水平,加快完成新工科学科布局,学科融合创新形成新兴学科门类"。从复旦大学2015—2019年的学科布局情况看,该校医学及相关学科(生物化学、遗传及分子生物学,免疫学和微生物学,药理学、毒理学和药剂学等)发文占该校总论文数的40%以上,ASJC学科医学的论文数是3所中国顶尖大学中最多的;理学(物理学和天文学、数学、化学等)发文占比约17%。从研究主题集群看,复旦大学论文数排名前20个主题集群中近半是医学领域研究,但这些主题集群与哈佛大学和斯坦福大学发文排名前20的主题重合很少,如TC.19(眼;青光眼;白内障),TC.182(肝细胞癌;肝;肿瘤),TC.58(肝炎病毒;乙型肝炎病毒;丙型肝炎)这些主题集群,都是复旦大学特有的高发文主题集群。

　　将美国顶尖大学与中国顶尖大学的学科布局及其竞争力状况进行对比可以发现:3所美国大学的学科布局各有特点和侧重点,其共性是都有自己顶尖的学科或学科群,在基础科学领域都有雄厚的研究实力,且在高产出的研究方向上有很强的竞争优势。3所中国顶尖大学的学科发展也各有所长,均有各自的优势学科和学科群,但是从学科成果全球影响力看,与3所美国顶尖大学还有相当差距。在一些两国顶尖大学都有参与的全球研究热点,如TC.0(算法;计算机视觉;模型)、TC.22(石墨烯;碳纳米管;纳米管)、TC.30(第二代电池;蓄电池;锂合金)、TC.12(T淋巴细胞;肿瘤;免疫治疗)等领域,中国大学的影响力明显低于美国同行。

第三篇 学科分析

　　学术竞争力是评价大学竞争力的重要维度之一，是大学综合发展结果的体现。作为学术竞争力的主体，大学的学科表现从学科自身来看是其所形成的一种能力或素质的反映；从竞争结果来看，是其在培养人才、科学研究和社会服务等方面的能力。学科建设是当代大学培养优秀人才、实现教育创新和人才发展的重要基础，也是实现世界一流大学建设、展现大学影响力的基本途径。为进一步提高学科建设水平，国家相继出台了《统筹推进世界一流大学和一流学科建设总体方案》《统筹推进世界一流大学和一流学科建设实施办法(暂行)》《关于高等学校加快"双一流"建设的指导意见》等文件，提出"一流学科建设大学应具有居于国内前列或国际前沿的高水平学科，学科水平在有影响力的第三方评价中进入前列，或者国家急需、具有重大的行业或区域影响、学科优势突出、具有不可替代性。"

理清学科映射关系是开展学科分析的重要前提。国内外分类体系的差异给学科映射带来较大困难。我国共111个一级学科(参与教育部学科评估的有95个),与国外的一级学科有较大不同,如:ESI有22个学科,QS有51个学科。即便是名称相同的学科,在不同学科分类体系中的内涵都可能存在差异,并普遍存在交叉重叠现象。部分论文在不同的分类体系中会被划分到不同的学科,跨体系的学科很难实现——对应。正因如此,本书在中美大学学术竞争力评价的学科分析篇仅选取了各学科分类体系下匹配度较高、包含与交叉关系较弱的学科作为对比分析的对象,它们分别是临床医学、化学、材料科学、环境科学、药学5个学科。

　　为具体了解"双一流"大学中表现突出的顶尖大学在"十三五"期间的学科建设进展以及与美国顶尖大学之间存在的差距,我们在第三篇学科分析中以中国和美国各5所顶尖大学在上述5个学科发表的论文为分析对象,聚焦研究规模、研究影响力、发文期刊竞争力、高水平研究、国际合作、研究布局等维度,对中美顶尖大学的学术竞争力及学科布局进行考察。结果发现,"十三五"期间,5所中国顶尖大学在5个代表性学科的整体水平提升明显,但在研究成果影响力、高水平研究成果、国际化等方面与美国顶尖大学还存在明显差距,同时,临床医学领域论文的产出规模、学科分布广度和研究主题覆盖面明显落后于美国顶尖大学。中美顶尖大学的学科及领域的研究侧重点有所不同。综上所述,学科竞争力的提升并非一蹴而就的,中国顶尖大学应在保持各学科现有优势的基础上,注重提升研究成果的质量,加大对引领性研究的投入,努力缩小在前沿研究上与美国顶尖大学的差距,并积极与研究水平较高的国家开展国际合作,不断提升研究成果的国际影响力。

第五章 中美顶尖大学学术竞争力分析
——临床医学

第一节 概 述

医学是保护和促进人类健康、预防和治疗疾病的科学体系和实践活动。临床医学主要指医学中侧重实践活动的部分,是直接面对疾病、病人,并对病人直接实施治疗的科学。因此,临床医学专业是一门实践性很强的应用学科,它致力于培养具备基础医学、临床医学的基本理论和医疗预防的基本技能,能在医疗卫生单位、医学科研等部门从事医疗及预防、医学科研等方面工作的医学高级专门人才。大学里的医学院系往往集教育教学、科学研究、医疗服务为一体。临床医学学科发展的动力、潜力和竞争力也与国家战略布局和全民健康保障密切相关。分析中美大学临床医学学科竞争力现状和变化趋势,了解"双一流"大学在临床医学学科与美国一流大学的差距,有助于"双一流"建设成效的客观评估,也可为今后中国一流大学临床医学学科建设提供思路。

本章以教育部公布的全国第四轮学科评估中临床医学等级为A(包括A+,A,A−)的10所大学为底板,辅之以QS世界大学医学学科(2019年)的国际排名,最终确定临床医学学科的国内研究对象为上海交通大学、浙江大学、复旦大学、北京大学和中山大学,以这5所"双一流"大学作为临床医学领域中国顶尖大学的代表。以QS医学学科(2019年)排名前5的美国大学为临床医学领域美国顶尖大学的代表,它们分别是哈佛大学、斯坦福大学、约翰霍普金斯大学、加州大学洛杉矶分校和耶鲁大学。10所大学的具体学科排名如表5-1所示。

从QS世界大学医学学科排行榜(2019)来看,国内5所"双一流"大学的排名均在51~150,而美国5所一流大学均在前十之列。无论是中国第四轮学科评估,还是英国的QS世界大学学科排行榜,都是利用多维度指标综合评价的结果。明显的排名差距说明国内"双一流"大学在临床医学学科的人才培养和科学研究方面与美国一流大学不在同一水平线上。为具体分析中美一流大学之间的临床医学学科竞争力差异,本部分从定量指标对标分析的角度,基于中美顶尖大学临床医学论文产出、论文成果影响力、国际合作和研究内容等方面的差异,洞察"双一流"大学临床医学学科发展的短板,从而为"双一流"大学的临床医学学科建设的前沿化和国际化发展提供决策参考。

表5-1　临床医学研究对象及其学科排名

学校名称		第四次学科评估结果	QS学科排名
中文	英文		
上海交通大学	Shanghai Jiao Tong University	A+	51~100
浙江大学	Zhejiang University	A+	101~150
复旦大学	Fudan University	A	51~100
北京大学	Peking University	A-	51~100
中山大学	Sun Yat-Sen University	A-	101~150
哈佛大学	Harvard University	/	1
斯坦福大学	Stanford University	/	4
约翰霍普金斯大学	Johns Hopkins University	/	5
加州大学洛杉矶分校	University of California, Los Angeles (UCLA)	/	7
耶鲁大学	Yale University	/	8

*第四轮学科评估结果(临床医学),QS世界大学学科2019年排名(医学)

上海交通大学临床医学的全国第四轮学科评估结果为A+。上海交通大学临床医学以临床医学方向为主干学科,护理学学科和中西医结合学科为支撑学科,覆盖内科、外科、妇儿、肿瘤及医技等在内的全学科体系,并通过引导学科整合,保优势、补短板,实现各学科共同发展。上海交通大学临床医学现有国家重点学科12个,国家重点实验室2个,国家工程中心1个,教育部重点实验室2个,卫生部重点实验5个,教育部工程中心1个,国家卫生部临床重点专科74个。从人才队伍和科研实力来看,上海交通大学临床医学学科拥有两院院士12人、外籍院士1人,入选国家基金委"创新研究群体"3个、"教育部创新团队"3个。学科近3年承担科技部国家重点研发计划重点专项12项,科技部"973"重大研究计划项目1项,"863"课题3项,国际科技合作专项2项。

上海交通大学临床医学的中期目标(2030年建设目标)包括:临床医学整体水平进入世界一流行列,国际第三方学科排名继续提升,增加2~3个达到国际领先水平的亚学科方向,争取进入各主要榜单前30位;血液学、内分泌代谢病学、整形外科学达到世界领先水平。

浙江大学临床医学的全国第四轮学科评估结果也为A+。浙江大学注重医学学科与科研发展的顶层设计,统筹推进重大项目实施、重大成果产出及高水平科研基地建设。拥有国家重点学科4个、国家重点培育学科4个、国家临床重点专科45个。同时拥有一批国家级高水平科研基地,包括国家临床医学研究中心2个、国家重点实验室1个、国家国际科技合作基地2个、国家科技资源共享服务平台1个、国家协同创新中心1个、教育部前沿科学中心1个、教育部重点实验室2个、教育部工程研究中心1个、卫生健康委员会重点实验室3个。权威学术期刊发表论文数、获科研经费总额等主要科研指标稳居国内医学院校前列,获国家科技进步奖和科技发明奖20项,其中特等奖1项,一等奖2项。

浙江大学医学院积极响应国家宏观战略,围绕学校总体规划,与哈佛大学、牛津大学、多伦多大学等海外30多所高水平医学院校及研究机构合作,形成了全方位、多渠道、宽领域的国际交流格局。在国内各省各地,乃至国外大洋洲、北美等组织成立校友机构,链接全球校友,构筑发展共同体。浙江大学医学院现有教授及正高职人员1031人,博士生导师497人,硕士生导师1097人。其中包括中国科学院院士(含兼职)4人,中国工程院院士(含兼职)5人,国家优秀青年科学基金获得者20人。

复旦大学临床医学的全国第四轮学科评估结果为A。复旦大学上海医学院有国家一级重点学科3个:生物学、基础医学、中西医结合;国家二级重点学科12个:内科学(心血管病、肾病、传染病)、儿科学、神经病学、影像医学与核医学、外科学、眼科学、耳鼻咽喉科学、肿瘤学、妇产科学、流行病学与卫生统计学、药剂学、社会医学与卫生事业管理。有国家老年疾病临床医学研究中心、国家放射与治疗临床医学研究中心和国家儿童医学中心。有国家重点实验室1个:医学神经生物学;教育部重点实验室5个:医学分子病毒学、代谢分子医学、智能化递药、公共卫生安全、癌变与侵袭原理;教育部前沿科学中心1个:脑科学;国家卫健委(卫生部)重点实验室9个:糖复合物、抗生素临床药理、手功能重建、卫生技术评估、医学分子病毒学、听觉医学、近视眼、病毒性心脏病、新生儿疾病;上海市重点实验室9个:周围神经显微外科、医学图像处理与计算机辅助技术、器官移植、女性生殖内分泌相关疾病、肾脏疾病与血液净化、视觉损害与重建、乳腺肿瘤、出生缺陷防治、老年医学临床。该学院有中国科学院院士6人,中国工程院院士5人,特聘教授29名,讲座教授8名;"国家重点基础研究发展计划(含重大科学研究计划)"项目首席科学家17人,牵头2018年度国家重点研发计划专项项目9项(含附属医院牵头4项)、国家科技重大专项课题5项(含附属医院牵头3项);国家自然科学基金优秀青年基金获得者22人。

北京大学临床医学的全国第四轮学科评估结果为A-。北京大学医学部拥有3个国家一级重点学科,12个国家二级重点学科,1个国家重点实验室,1个国家工程实验室,5个国家临床医学研究中心,3个国家国际联合研究中心,1个国家医学中心,61个省部级重点实验室/工程研究中心/国际科技合作基地/临床医学研究中心。学部还拥有大批国内外知名的医学教育、科研、临床方面的专家,其中具有高级职称的2718人,两院(中国科学院、中国工程院)院士16人,"973"计划和重大科学研究计划项目首席科学家18人。北京大学医学部充分利用北京大学综合学科优势,加快推进医学学科与理科、工科、人文社会学科的交叉融合,同时着力于医学教育改革与基础设施改善,使得学科实力显著提升,学科布局进一步优化。近年来,在教育强国战略、健康中国战略、科技强国战略和创新驱动发展战略等国家战略背景下,在"211工程""985工程"和"双一流"建设的政策支持下,北京大学医学部进入了一个新的历史发展阶段,在学科发展、人才培养、师资队伍建设、教学科研等各方面都取得了显著成绩。

中山大学临床医学的全国第四轮学科评估结果为A-。中山大学医科拥有150年悠久而辉煌的医学教育历史。2016年,中山大学重点发展医学学科,其医科进入了全面建设世界一流医科的崭新阶段。医学院作为中山大学医科的重要组成部分,秉承中山大学医科优良的办学传统,与位于广州的中山医学院平行建设,错位发展,在加强传统主流学科的同时,布局前沿及新兴交叉学科领域,促进基础与临床医学学科的整合,重点发展感染与免疫、医学大数据与精准医学、干细胞与再生医学、神经科学、肿瘤生物学和代谢性疾病等学科方向。中山大学医学院主持或参与建设完善的生物医学研究大平台,包括实验动物中心、生物安全实验室(包括二级、三级、四级等高等级生物安全实验室)、组学与生物信息学平台、冷冻电镜等结构生物学平台、光学成像及各种分子和细胞生物学共享设施。学院的学科发展坚持面向国际学术前沿、面向国家重大战略需求、面向国家和区域经济社会发展,通过"大团队、大项目、大平台"建设进一步提升中山大学医科的整体水平。

哈佛大学医学院成立于1782年,距今已有200多年历史,是世界上顶级的医学院。哈佛大学医学院由11个基础和社会科学系、17个临床系和16家教学附属医院和研究机构组成,拥有教职员工11998人,其中终身教授186人,在校及附属机构的具有投票权的教员(voting faculty)6307人,在校及附属机构的全职员工(full-time faculty)9954人。累计获得诺贝尔医学奖或生理学奖、和平奖10个,诺贝尔奖获奖者16人。现有美国国家医学学会成员160名,现任美国国家科学院成员83人。医学院现有研究生2000余人,其中博士研究生894名。受训人员(包括在训的住院医师和博士后人员)9000余人。2017年以来,哈佛大学医学学科位居QS世界大学学科排名第一,临床医学位居U.S. News学科排名第一。

斯坦福大学医学院起源于1858年旧金山太平洋大学医学系,1885年斯坦福大学成立后并入斯坦福大学。医学院拥有全职教职员工2455人,博士生844人,博士后1276人,住院医师和临床研究员1257人。斯坦福大学医学院是全球顶尖的医学院之一,在心脏移植和肿瘤治疗等方面均处于世界领先水平。斯坦福大学医学中心包括斯坦福医院和露西尔帕卡德儿童医院。2017年以来,斯坦福大学医学学科位居QS世界大学学科排名第4,临床医学居U.S. News学科排名第3~9位。

约翰霍普金斯大学医学院创立于1893年,现有980多名全职教师和1270多名兼职教师,1280多名医学和博士生。约翰霍普金斯大学医学院累计有21人获得诺贝尔奖,包括2019年诺贝尔生理或医学奖得主Gregg

Semenza教授。约翰霍普金斯医学院经营着6家学术和社区医院以及4家郊区医疗和外科中心，每年有超过280万人次的门诊量。约翰霍普金斯医学院及其附属医院拥有超过4万名全职教职员工。约翰霍普金斯大学医学院的科学家每年获得的联邦研究资助超过4.69亿美元，超过美国其他医学院的同行。多年来约翰霍普金斯大学医学学科居QS学科排名第4~5位，临床医学居U.S. News学科排名第2位，在软科世界一流学科中排名3~6位。

1945年，加州大学洛杉矶分校理事会决定成立医学院，1949年，医学院和医疗中心开始建造。1951年，医学院开始招生，1955年，加州大学洛杉矶分校医学中心正式开张。此后历经数十年的发展。2002年，大卫·格芬（David Geffen）先生宣布为该校提供2亿美元的无限制捐赠，学院因此得名大卫·格芬医学院。作为美国最年轻的十大医学院之一，加州大学洛杉矶分校的大卫·格芬医学院是世界公认的医学研究、教育和患者护理领域的领导者，目前有2000多名全职教师，近1300名住院医生，750多名医学生和近400名博士生。该学院提供了临床医疗和基础科学两大类的研究生课程。除了医学博士学位以外，该学院还设有生物科学、生物数学等硕士学位。2017年以来，加州大学洛杉矶分校医学学科居QS学科排名第7位，临床医学居U.S. News学科排名10~12位。

耶鲁大学医学院成立于1810年，起初是耶鲁的医学机构，1918年起采用现在的名称——耶鲁大学医学院。耶鲁大学医学院作为生物医学研究、先进临床护理和富有启发性的医学教育中心而享有盛誉。目前有1925名教师，1533名学生和3608名员工，由28个学术系、10个基础科学和18个临床系组成。医学院还包括临床和研究学科组织有关的项目和中心，如耶鲁大学癌症中心、耶鲁干细胞中心以及血管生物学、移植和细胞神经科学以及神经再生和修复项目等。耶鲁临床研究中心为临床和转化研究人员提供集中的基础设施支持和培训。流行病学和公共卫生系也是耶鲁大学医学院内一所完全被认可的公共卫生学院。2017年以来，耶鲁大学医学学科居QS学科排名第8~9位，临床医学位居U.S. News学科排名13~24位。

第二节 竞争实力及潜力分析

一、中美顶尖大学论文实力与潜力分析

(一)论文竞争力总体对比

表5-2 中美顶尖大学临床医学论文指标综合表现(2015—2019年)

学校	论文数	CNCI	被引频次	论文被引占比	$h5$ 指数
中国顶尖大学(5所)	47251	1.15	376362	80.44%	142
美国顶尖大学(5所)	97838	2.14	1577745	87.33%	341

本节分别以中国顶尖大学(5所)和美国顶尖大学(5所)两个整体作为研究对象,对比分析两者临床医学论文指标的综合表现,包括论文数、学科规范化的引文影响力(CNCI)[①]、被引次数、论文被引占比、$h5$指数[②],详细数据如表5-2所示。论文数可表征2015—2019年中美顶尖大学临床医学的论文产出规模,CNCI表征的是论文集在临床医学领域的学术影响力大小,被引次数表征的是这些临床医学论文的学术影响广度,论文被引占比是论文被其他学者认可和引用的标志。$h5$指数是一个混合量纲,用以综合评价大学临床医学近5年的学术产出数量与学术产出水平。

从论文产出规模看,中国顶尖大学在临床医学领域的论文数与美国顶尖大学存在明显差距。中国顶尖大学的5年论文总数为47251篇,年均发文数为9450篇。美国顶尖大学的5年论文总数为97838篇,年均发文数为19568篇。美国顶尖大学临床医学的年均发文数是中国顶尖大学的2.07倍。从5年论文的被引次数(未经过学科规范化处理)看,美国顶尖大学临床医学论文的被引次数是中国顶尖大学的4.19倍,说明相比于发文规模,中国顶尖

---

①学科规范化的引文影响力(category normalized citation impact,CNCI):能够表征一组论文在学科层面上的相对影响力水平,即该组论文在每个学科中发表论文的实际被引频次与全球该学科同年同类型(Article或Review类型)论文的平均被引频次的比值之均值,常用以衡量科研质量。一般以1.00为分界,大于1.00表示科研产出影响力高于平均水平,小于1.00则低于平均水平。
②$h5$指数指在过去5年中机构所发表文章的h指数。h指数是一个混合量化指标,综合考量了论文数量和被引次数。h指数指在一定期间内某学者或科研团队发表的论文至少有h篇的被引频次不低于h次。

大学与美国顶尖大学在临床医学论文影响力方面的差距更加明显。从两组大学临床医学论文的CNCI看，中国顶尖大学的CNCI为1.15，美国顶尖大学的CNCI为2.14，美国顶尖大学临床医学论文的平均学术影响力明显高于中国顶尖大学。从两组顶尖大学的h5指数看，中国顶尖大学的h5指数为142（被引次数高于或等于142次的论文是142篇），美国顶尖大学的h5指数为341（被引次数高于或等于341次的论文是341篇）。美国顶尖大学h5指数是中国顶尖大学的2.4倍，两者差距也比较明显。从论文被引占比看，中国顶尖大学与美国顶尖大学都超过了80%（低于90%），差距不大。

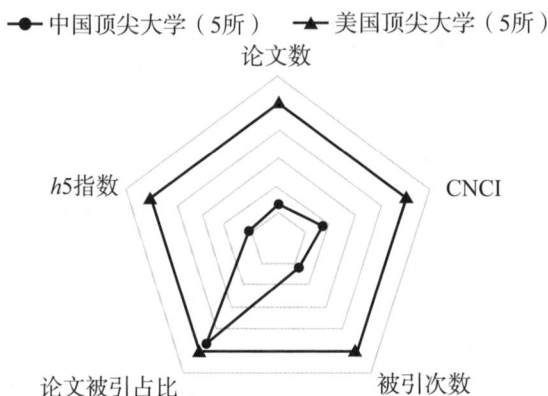

图5-1　中美顶尖大学临床医学学术竞争力综合比较（2015—2019年）

在临床医学领域，美国顶尖大学综合表现优于中国顶尖大学，而且美国顶尖大学的多数论文指标数值都是中国顶尖大学的两倍以上。将这些指标数据以雷达图（如图5-1所示）的形式展示（图中数据已经归一化处理），可以更直观地看到两组大学在各具体指标上的差距。在雷达图中，研究对象的覆盖面积越大，其学术竞争力越强。可以发现，美国顶尖大学临床医学有4个指标遥遥领先，学科竞争力更强。相比之下，中国顶尖大学临床医学的短板较多，在研究规模和研究影响力上都明显低于美国顶尖大学，需要长足的进步才有望缩短距离。中国顶尖大学临床医学的论文数少于美国顶尖大学是导致其论文被引次数偏少的根本原因。中国顶尖大学的h5指数明显低于美国顶尖大学，说明中国顶尖大学临床医学的高被引论文更少，加之中国顶尖大学临床医学论文被引占比略低于美国顶尖大学，使得中国顶尖大学临床医学论文的CNCI也低于美国顶尖大学。综上，与美国顶尖大学相比，中国顶尖大学的临床医学学科的学术竞争力还比较弱，学科研究规模和研究影响力的进步空间还很大,中国顶尖大学应继续扩大临床医学的研究规模,努力提升优秀科研成果的产出能力。

(二)研究规模发展态势

从论文角度对比中美两组顶尖大学临床医学总体实力可以发现,美国顶尖大学在代表总体实力的多数指标上的表现比中国顶尖大学高一个台阶。为更加全面详实地比较两组顶尖大学的临床医学学科竞争力发展态势,对两组大学部分学术指标在2015—2019年的发展变化情况进行了分析(如图5-2和图5-3所示),以期全面反映中国"双一流"大学在一流学科建设过程中所处的阶段与发展趋势。

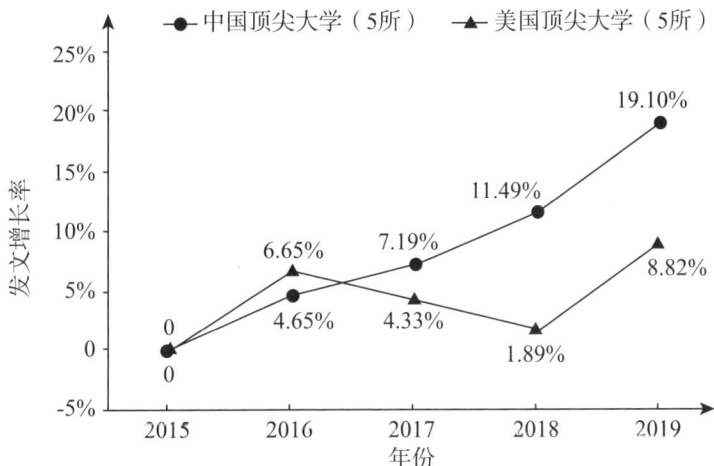

图5-2　中美顶尖大学临床医学发文年增长率(2015—2019年)

如图5-2所示为2015—2019年中国顶尖大学(5所)和美国顶尖大学(5所)的发文增长率[①]。中美两组大学在2016—2019年的发文增长率全部大于零,表明中美顶尖大学在临床医学方面的年度论文成果都在不断增加,充分体现了顶尖大学对临床医学领域科学研究的重视。相比于美国顶尖大学,中国顶尖大学的论文成果增速更快,并且增速还在逐年提高,年度增长率从2016年的4.65%提高到2019年的19.10%,2019年的发文数约是2015年的1.49倍。美国顶尖大学的发文数也是逐年增长,但增速波动明显,年度增长率处在1.89%~8.82%,2019年的发文数约是2015年的1.23倍。由此可见,虽

①发文增长率是指某一年份发文数的增量与前一年发文数比值,以%表示。如2018年发文增长率=(2018发文数−2017发文数)/2017发文数×100%。

然中美两组顶尖大学的年度发文数还存在较大的差距(2019年美国顶尖大学的发文数仍比中国顶尖大学多9849篇),但这一差距正在逐渐缩小。

(三)研究影响力(CNCI)发展态势

如图5-3所示为2015—2019年中国顶尖大学(5所)和美国顶尖大学(5所)的临床医学学科规范化的引文影响力变化情况。中国顶尖大学的CNCI保持在1.08~1.18,除2015—2016年有明显上升外,其余年份波动较小。美国顶尖大学的CNCI则稳定在2.09~2.19,虽然2018年有较明显下降,但仍保持在2以上。经过4年的发展,中美两组顶尖大学的CNCI差值从2015年的1.09缩小到了2019年的0.96,两者之间虽然拉近了一些距离,但依旧相差甚远。

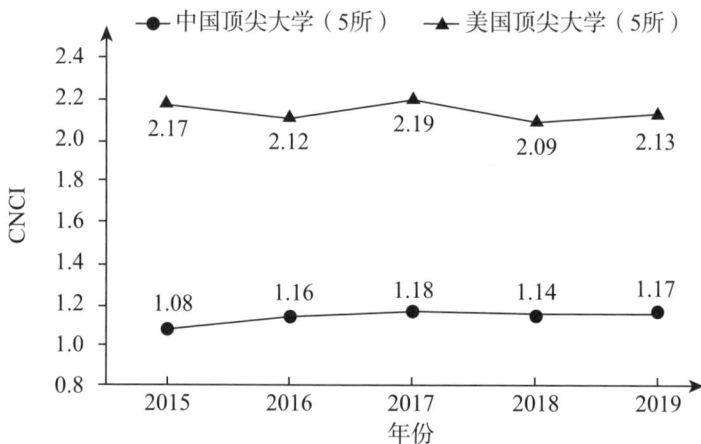

图5-3　中美顶尖大学临床医学论文CNCI发展趋势(2015—2019年)

(四)十校论文竞争力对比分析

如表5-3所示为中国顶尖大学(5所)和美国顶尖大学(5所)各校的临床医学论文指标的具体数值,据此可进一步了解中美临床医学最具学科竞争力大学的具体表现,并对比分析5所中国顶尖大学和5所美国顶尖大学的临床医学学科表现的内部差异。中国顶尖大学与美国顶尖大学的临床医学论文指标数值明显处于不同的层次,除论文数外,美国顶尖大学的表现均更优秀。中国顶尖大学中5项指标表现最好的大学分别是上海交通大学(论文数、被引次数),复旦大学(CNCI、h5指数),中山大学(论文被引占比)。美国顶尖大学中5项指标表现最好的大学分别是哈佛大学(论文数、被引次数、论文被引占比、$h5$指数),耶鲁大学(CNCI)。如图5-4所示为十校以归一化论文数①为横轴,以CNCI为纵轴的散点图。同时分别以十校归一化论文数(X=2.1)和CNCI的平均值(Y=1.9)为分隔线做四象限图,将10所大学分为不同的四类。落在象限Ⅰ的大学论文数和CNCI在十校中都有优势,这些大学可以被认为是全球临床医学学科竞争力最强的学校。落在象限Ⅱ的大学为十校中CNCI有优势的大学。落在象限Ⅳ的学校为十校中发文数有优势的大学。落在象限Ⅲ的学校在十校中论文数和CNCI都不占优势。可以看出,5所中国顶尖大学都落在象限Ⅲ,与5所美国顶尖大学相比,论文数和CNCI都不占优势。美国有2所大学落在象限Ⅰ,即这2所大学是十校中临床医学学科竞争力最强的学校;有3所大学落在象限Ⅱ,即美国还有3所顶尖大学临床医学的论文影响力具有相对优势。从归一化论文数看,哈佛大学临床医学的论文数遥遥领先,甚至超过5所中国顶尖大学的论文数之和。从CNCI表现看,5所美国顶尖大学明显比5所中国顶尖大学高一个台阶。也就是说,美国顶尖大学在临床医学领域拥有比中国顶尖大学更高的水平,尤其是学术影响力方面,美国顶尖大学均遥遥领先于中国顶尖大学。

表5-3　十校2015—2019年临床医学论文综合表现

学校	论文数	CNCI	被引次数	论文被引占比	$h5$指数
上海交通大学	13172	1.30	125788	81.35%	92
复旦大学	10691	1.49	110889	81.57%	94
中山大学	10472	1.36	99324	81.78%	87
北京大学	9107	1.26	77677	80.11%	82
浙江大学	7694	1.10	60226	77.77%	68
哈佛大学	49199	2.49	919239	88.32%	289
约翰霍普金斯大学	21466	2.41	394222	87.93%	206
斯坦福大学	14749	2.54	270803	87.10%	170
加州大学洛杉矶分校	12830	2.40	233778	87.08%	163
耶鲁大学	10399	2.64	209529	86.67%	158

①i校归一化论文数的计算方法:i校论文数/l校论文数(l校为论文数最少的学校)

●中国顶尖大学　　▲美国顶尖大学

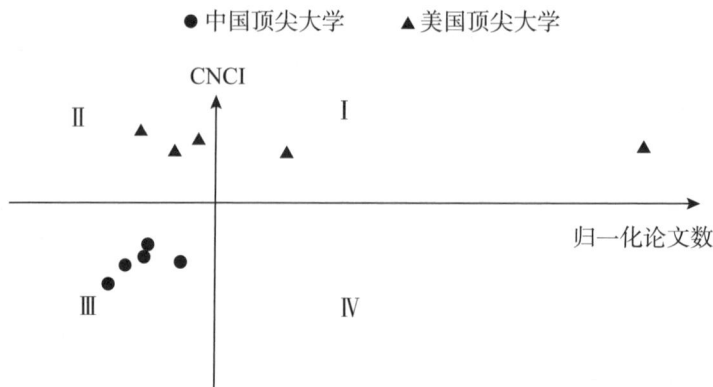

图5-4　十校临床医学归一化论文数与引文影响力象限图

〉二、中美顶尖大学发文期刊实力与潜力分析

(一)发文期刊竞争力分析

1.主要发文期刊分析

通过分析中美顶尖大学临床医学发文期刊,可以从发文期刊影响力角度对比中美顶尖大学的临床医学学科竞争力。本部分分别统计了中国顶尖大学(5所)和美国顶尖大学(5所)的临床医学论文的主要发文期刊,并列出了两组学校论文数排名前30的期刊名称及其影响因子分区情况。由表5-4和表5-5可知,中国顶尖大学的主要发文期刊集中在Q2期刊(10种)和Q3期刊(10种)。美国顶尖大学的主要发文期刊为Q1期刊(25种),其中不乏 *New England Journal of Medicine* 等医学顶级期刊。中国5所顶尖大学的期刊发文较为集中,2015—2019年论文数超过500的期刊有11种(只有1种为Q1期刊),论文数超过1000篇的期刊有4种。美国顶尖大学论文数超过500篇的期刊共有15种(其中11种为Q1期刊),论文数超过1000篇的期刊有2种。中国顶尖大学的主要发文期刊仅有16.7%为Q1期刊,而美国顶尖大学的主要发文期刊有83.3%为Q1期刊。两组大学的主要发文期刊竞争力分析结果再次说明,美国顶尖大学临床医学领域的研究成果主要发表在国际影响力更高的期刊上,具有更强的竞争力。中国顶尖大学临床医学领域的研究成果更倾向于发表在对中国作者友好的期刊上(例如2015—2019年 *Medicine* 有52.6%的论文为中国作者发表)。中国顶尖大学的临床医学发文期刊过于集

中,不利于扩大学术成果的传播范围。此外,中美顶尖大学都在年发文数多且被划分为多学科的期刊上发表了较多的论文,如 *PLoS ONE* 和 *Scientific Reports*。2015—2019 年期刊 *PLoS ONE* 的年均发文数为 21883 篇(仅统计 Article 和 Review),期刊 *Scientific Reports* 的年均发文数为 18626 篇(仅统计 Article 和 Review)。这些期刊年发文数非常大,审稿周期和出版周期短,成果见刊快,且都是开放获取期刊,有利于学术成果的快速传播,因此受到各顶尖大学学者的欢迎。

表5-4　中国顶尖大学2015—2019年临床医学主要发文期刊

期刊名称	论文数	期刊分区
Medicine	1630	Q3
Scientific Reports	1523	Q1
PLoS ONE	1344	Q2
Molecular Medicine Reports	1053	Q3
Oncology Letters	924	Q3
International Journal of Clinical and Experimental Pathology	847	Q4
Journal of Cancer	651	Q2
Experimental and Therapeutic Medicine	572	Q4
OncoTargets and Therapy	548	Q2
Chinese Medical Journal	531	Q3
BMC Cancer	502	Q3
Tumor Biology	467	/
Journal of Thoracic Disease	434	Q3
Oncology Reports	430	Q2
Medical Science Monitor	402	Q3
World Journal of Gastroenterology	387	Q2
Cancer Letters	378	Q1
Cancer Management and Research	347	Q3
BMJ Open	335	Q2
Theranostics	320	Q1
Cancer Medicine	307	Q2

续表

期刊名称	论文数	期刊分区
World Neurosurgery	285	Q3
Journal of Experimental & Clinical Cancer Research	282	Q1
International Journal of Molecular Medicine	278	Q3
Journal of International Medical Research	269	Q4
Journal of Craniofacial Surgery	259	Q4
International Journal of Oncology	249	Q2
Annals of Translational Medicine	242	Q2
Journal of Translational Medicine	232	Q2
International Journal of Cancer	232	Q1

表5-5 美国顶尖大学2015—2019年临床医学主要发文期刊

期刊名称	论文数	期刊分区
PLoS ONE	1982	Q2
Scientific Reports	1022	Q1
Clinical Cancer Research	743	Q1
New England Journal of Medicine	733	Q1
Journal of Clinical Oncology	732	Q1
Journal of the American Heart Association	723	Q1
Pediatrics	687	Q1
Circulation	650	Q1
Cancer	639	Q1
BMJ Open	599	Q2
Journal of the American College of Cardiology	587	Q1
Blood	551	Q1
American Journal of Cardiology	531	Q2
Laryngoscope	507	Q1
World Neurosurgery	502	Q3

续表

期刊名称	论文数	期刊分区
Magnetic Resonance in Medicine	480	Q1
Cancer Research	464	Q1
Annals of Thoracic Surgery	442	Q1
Journal of Clinical Investigation	434	Q1
Journal of Clinical Endocrinology & Metabolism	434	Q1
Lancet	431	Q1
Journal of General Internal Medicine	427	Q1
Journal of Pediatrics	425	Q1
Journal of Vascular Surgery	400	Q1
Medical Physics	399	Q1
JCI Insight	398	Q1
American Journal of Roentgenology	392	Q2
Plastic and Reconstructive Surgery	389	Q1
JAMA–Journal of the American Medical Association	381	Q1
Anesthesia and Analgesia	368	Q1

2.发文期刊竞争力分析

为纠正科研界对不同学科期刊影响因子数值差异的忽视,帮助学者更好地了解本领域学术期刊的水平,科睿唯安公司和中国科学院文献情报中心都制定了期刊影响因子分区表,分别称为JCR分区和中科院分区。JCR分区将期刊划分为176个WoS学科,每个学科的期刊按照当年的影响因子高低排名,根据期刊在所属学科中的排名(X)与该学科所有期刊数量(Y)的比值(Z)得出期刊的分区,$Z \leq 25\%$ 为 Q1、$25\% < Z \leq 50\%$ 为 Q2、$50\% < Z \leq 75\%$ 为 Q3、$Z > 75\%$ 为 Q4。JCR分区为四分位分区,每个分区的期刊数基本相等。中科院分区则将JCR期刊分为18个大类,然后将每类期刊按照3年平均影响因子由高到低降序排列,划分为四个区。前5%为该类一区、前6%~20%为二区、前21%~50%为三区,其余为四区。中科院分区中一区到四区的期刊数量不等,呈金字塔状分布。一般认为Q1/一区的期刊具有更高的学术影响力。

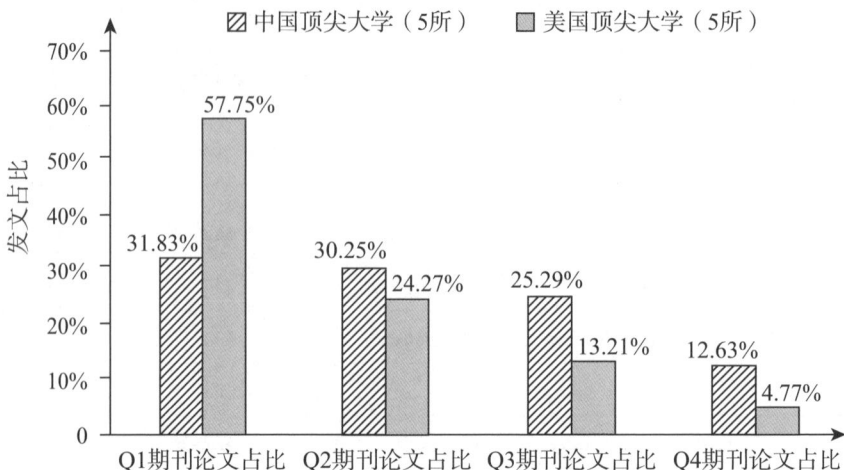

图5-5　中美顶尖大学临床医学发文期刊分区对比

本部分采集10所中美顶尖大学临床医学论文期刊的WoS学科JCR分区数据，了解两组大学在各区期刊上研究成果的份额。如图5-5所示，两组顶尖大学发文期刊占比最高的都为Q1期刊，均超过30%，可见中美顶尖大学的发文期刊影响力都比较高，但两者之间的差距也较为明显，美国顶尖大学的临床医学论文有82.02%发表在Q1和Q2期刊上，而中国顶尖大学只有62.08%的论文发表在Q1和Q2期刊上。此外，美国顶尖大学的Q1期刊论文占比达到了57.75%，是中国顶尖大学的1.81倍。尽管不能够"以刊评文"，但发表在高影响力期刊上的论文往往具有更高的学术水准，更容易受到同行的关注，也更有利于成果的传播。美国顶尖大学的临床医学发文期刊影响力更高，中国顶尖大学需要在提升学术成果水平的基础上发表更多的Q1期刊论文，使中国优秀临床医学研究成果得到更多的关注并实现更广的传播。

3.十校发文期刊竞争力分析

如图5-6所示为10所顶尖大学临床医学的发文期刊分区数据，通过图5-6可以了解各校临床医学发文期刊竞争力的具体表现，并进一步分析5所中国顶尖大学和5所美国顶尖大学各校发文期刊分区的差异。通过分析各校发文期刊影响因子分区数据可以发现，5所中国顶尖大学的Q1期刊论文占比都低于35%，其中浙江大学低于30%；而5所美国顶尖大学的Q1期刊论文占比都高于55%，其中哈佛大学的Q1期刊论文占比超过60%。5所中国顶尖大学中，除浙江大学外，发文期刊竞争力差异不明显；而5所美国顶尖大学各校发文期刊竞争力都非常强劲，尤其是哈佛大学，不但论文数遥遥领先，而且发表在Q1期刊的论文比例也最高。中美顶尖大学临床医学发文期刊竞争力的差距是一个值得讨论的话题。2020年2月,教育部、科技部联合发文,鼓励优秀成果在国内期刊上发表,并指出论文评价实行代表作制度,基础类研究在国内科技期刊发表论文数量原则上应不少于1/3。这对于国内科技期刊的发展是难得的良机,但国内科技期刊的国际影响力要达到国外顶级期刊的水平还需要长期的努力。中国顶尖大学临床医学的优秀学术成果不但要提高其在国内优秀科技期刊的竞争力,而且需提高其在国外优秀科技期刊的竞争力,这还有很长一段路要走。

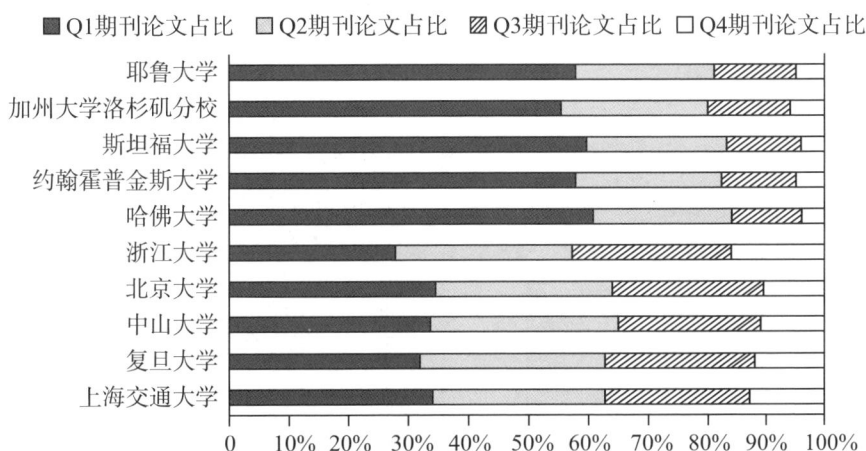

图5-6　十校临床医学发文期刊分区对比(2015—2019年)

(二)发文期刊竞争力发展态势

图5-7和图5-8分别展示了2015—2019年中国顶尖大学(5所)和美国顶尖大学(5所)临床医学发文期刊分区变化情况。中国顶尖大学的Q1期刊论文占比连续5年都保持在30%左右,但2018—2019年Q1期刊论文占比明显较2015—2017年有所降低。美国顶尖大学的Q1期刊论文占比则连续5年都保持在50%以上,但2018—2019年同样比2015—2017年有所降低。中美两组顶尖大学的历年发文期刊竞争力差距变化不明显。

中国顶尖大学（5所）

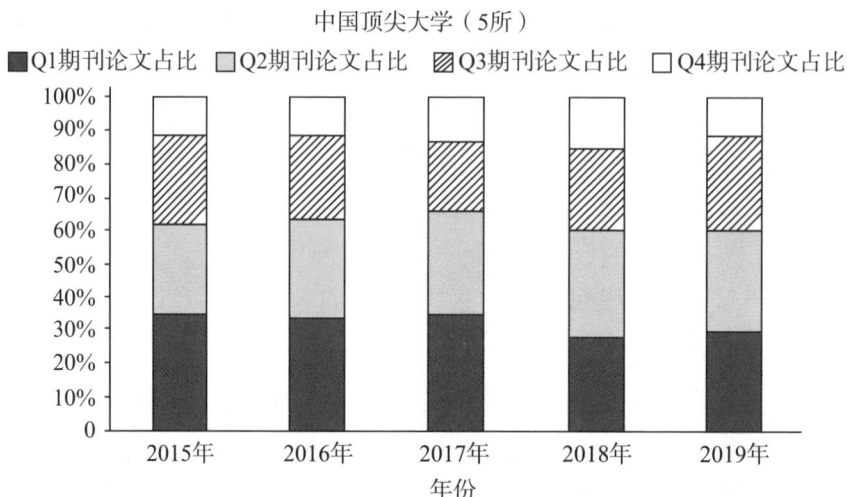

图5-7 中国顶尖大学2015—2019年临床医学发文期刊分区分布

美国顶尖大学（5所）

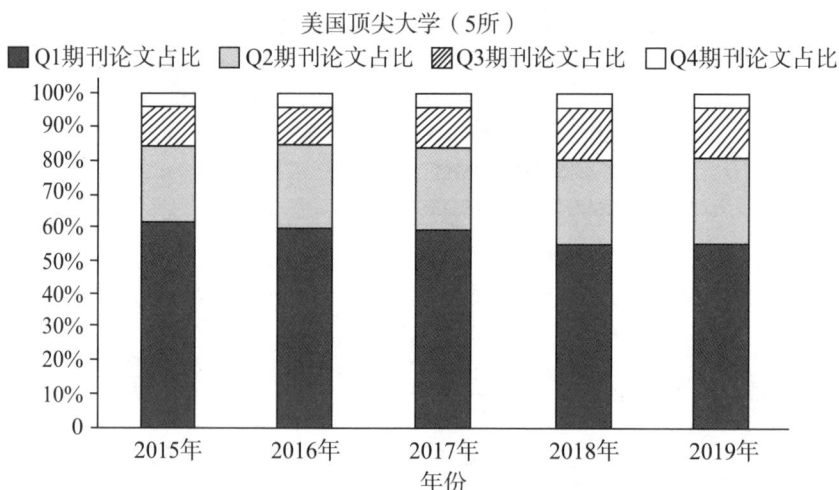

图5-8 美国顶尖大学2015—2019年临床医学发文期刊分区分布

三、中美顶尖大学高水平研究竞争现状及发展态势

中国科技部在2020年2月17日发布了《关于破除科技评价中"唯论文"不良导向的若干措施（试行）》，该文件的主要目的是纠正过去在科技评价中过度看重论文数量多少、影响因子高低，忽视标志性成果的质量、贡献和影响等"唯论文"的不良导向和做法。同时，文件仍然强调了高质量成果的重

要性,指出要提高对高质量成果的考核评价权重:对于具有一定学术影响或取得实际应用效果的标志性成果可作为高质量成果,可增加到10%的权重;对于具有重要学术影响、对相关领域的科技创新具有带动作用的,可增加到30%的权重;对于已在实践中应用、对经济社会发展和国家安全做出重要贡献的,可增加到50%的权重。具体权重由相关科技评价组织管理单位(机构)根据实际情况确定。文件同时鼓励发表高质量论文,包括发表在具有国际影响力的国内科技期刊、业界公认的国际顶级或重要科技期刊的论文,以及在国内外顶级学术会议上进行报告的论文。本部分的高水平研究包括:发表在学界公认的国际顶级或重要科技期刊的论文(Top期刊论文[①]),被引前1%论文(Top1%论文),被引前10%论文(Top10%论文)。

(一)高水平研究的多指标分析

如图5-9所示为中国顶尖大学(5所)和美国顶尖大学(5所)的高质量论文指标对比情况。高质量论文指标包括3个,即Top期刊论文占比(PPTop期刊)、被引前1%论文占比(PPTop1%)[②]和被引前10%论文占比(PPTop10%)[③]。以上3项指标数值越大,则表明该国顶尖大学临床医学学科的高学术影响力论文产出能力越强。两组大学的PPTop1%和PPTop10%分别超过了1%和10%,表明两组顶尖大学的被引前1%论文占比都高于全球平均水平。中国顶尖大学的PPTop1%为1.13%,美国顶尖大学的PPTop1%则高达4.07%,是中国顶尖大学的3.6倍。美国顶尖大学的PPTop10%数值也明显高于中国顶尖大学,是中国顶尖大学的2倍。3个高水平研究论文指标中,中国顶尖大学的PPTop期刊指标与美国顶尖大学差距最大,仅为美国的20.8%(即美国顶尖大学该指标数值是中国顶尖大学的4.8倍)。结合表5-5可以看出,美国顶尖大学临床医学不但主要发文期刊竞争力十分强劲,且其Top期刊发文占比表现更加突出。

---

①临床医学Top期刊:ESI临床医学5年影响因子排名前20的期刊(年发文量少于100的期刊除外)。
②TOP1%论文占比:指在某一指定学科领域、某一年、某种文献类型下,被引频次排名前1%的文献数除以该组文献全部论文数的值,以百分数的形式展现。通常,该指标数值越大,表明该组文献表现越好。
③TOP10%论文占比:指在某一指定学科领域、某一年、某种文献类型下,总被引次数排名前10%的文献数除以该组文献全部论文数的值,以百分数的形式展现。通常,该指标数值越大,表明该组文献表现越好。

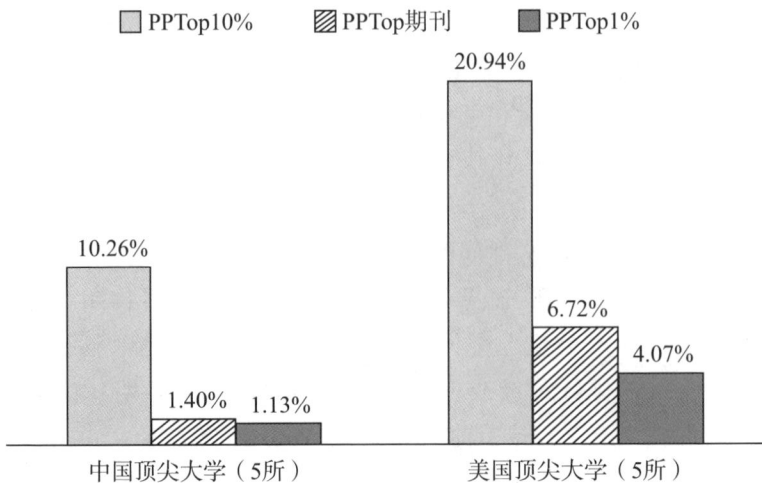

图5-9　中美顶尖大学临床医学高水平论文占比(2015—2019年)

(二)Top 期刊发文竞争力分析

本节的 Top 期刊指 ESI 临床医学 5 年影响因子排名前 20 的期刊(年发文量少于 100 的期刊除外)。通过两组顶尖大学 Top 期刊发文的对比分析可以了解中美顶尖大学临床医学高水平研究产出的差异。表 5-6 和表 5-7 分别列出了 5 所中国顶尖大学和 5 所美国顶尖大学在 20 种临床医学 Top 期刊的发文情况。如表 5-6 所示,中国顶尖大学总体的 PPTop 期刊只有 1.40%,均低于 5 所大学各自的 PPTop 期刊,说明 5 所中国顶尖大学之间在临床医学领域有较多的合作。以北京大学为例,其在 Top 期刊上发表的 229 篇论文中,与复旦大学合作的有 37 篇,与上海交通大学合作的有 31 篇,与中山大学合作的有 29 篇,与浙江大学合作的有 23 篇,与上海交通大学和复旦大学同时合作的有 28 篇。美国顶尖大学总体的 PPTop 期刊为 6.72%,低于其中 3 所大学的 PPTop 期刊,说明中国顶尖大学之间在临床医学领域的合作比美国顶尖大学更频繁。如表 5-7 所示,2015—2019 年,中国顶尖大学在 Top 期刊上的发文数在 110~229 篇之间,发文占比在 1.43%~2.51%之间;而同一时期美国顶尖大学在 Top 期刊上的发文数在 808~4296 篇之间,占比在 6.22%~8.73%之间。中美两组顶尖大学在 Top 期刊上的发文数的差距比它们在总发文数上的差距更大:美国顶尖大学临床医学的 5 年发文数(97838 篇)是中国顶尖大学(47251 篇)的 2 倍多,而 Top 期刊发文数(6572 篇)几乎是中国顶尖大学(662 篇)的 10 倍。由此可见,美国顶尖大学临床医学研究成果受到更多 Top

期刊的认可,其学科国际影响力远高于中国顶尖大学。中国顶尖大学中,北京大学 Top 期刊发文数最多(229篇),占比为2.51%;其次是复旦大学,其 Top 期刊发文数 206 篇,占比为1.93%。美国顶尖大学中,哈佛大学在临床医学领域 Top 期刊发文数最多(4296篇),占比为8.73%;其次是约翰霍普金斯大学,其 Top 期刊发文数 1336 篇,占比为6.22%。

表5-6 中国顶尖大学临床医学 Top 期刊发文情况[①]　　　(单位:篇)

期刊名称	5年影响因子	2015—2019 Top 期刊发文量					
		上海交通大学	浙江大学	复旦大学	北京大学	中山大学	合计
New England Journal of Medicine	72.098	11	8	18	12	7	32
Lancet	59.345	38	9	42	36	24	77
JAMA-Journal of the American Medical Association	47.677	7	3	5	10	5	20
Lancet Oncology	35.843	9	5	14	11	22	35
BMJ-British Medical Journal	27.997	5	1	4	14	7	27
Journal of Clinical Oncology	25.597	15	7	26	19	21	49
JAMA Oncology	23.246	3	0	3	3	4	12
Lancet Global Health	22.408	5	1	1	11	3	17
European Heart Journal	22.162	5	2	2	4	3	12
Circulation	21.054	9	6	11	19	5	41
Annals of Internal Medicine	19.792	0	1	1	5	0	6
JAMA Internal Medicine	19.658	4	0	2	4	1	9
Journal of the American College of Cardiology	19.035	11	6	7	13	6	30
Gastroenterology	18.785	17	6	17	14	20	57
Gut	17.751	22	17	8	9	18	56
European Urology	16.519	4	0	7	2	8	14
Journal of Hepatology	15.835	21	11	17	9	15	59
Circulation Research	15.627	11	19	4	17	9	55

①检索结果与检索时间相关,不同的检索时间,本部分的数据结果可能会略微不同。

续表

期刊名称	5年影响因子	2015—2019 Top期刊发文量					
		上海交通大学	浙江大学	复旦大学	北京大学	中山大学	合计
American Journal of Respiratory and Critical Care Medicine	15.303	1	2	4	2	2	10
Annals of Oncology	15.254	19	6	13	15	17	44
20种Top期刊论文数	/	217	110	206	229	197	662
20种Top期刊论文占比	/	1.65%	1.43%	1.93%	2.51%	1.88%	1.40%

表5-7　美国顶尖大学临床医学Top期刊发文情况　　　　（单位:篇）

期刊名称	5年影响因子	2015—2019 Top期刊发文量					
		哈佛大学	斯坦福大学	约翰霍普金斯大学	加州大学洛杉矶分校	耶鲁大学	合计
New England Journal of Medicine	72.098	552	89	111	85	62	733
Lancet	59.345	270	81	139	77	79	431
JAMA-Journal of the American Medical Association	47.677	252	91	70	102	68	381
Lancet Oncology	35.843	168	32	30	41	30	234
BMJ-British Medical Journal	27.997	153	41	30	16	28	235
Journal of Clinical Oncology	25.597	501	94	166	88	99	732
JAMA Oncology	23.246	174	36	42	25	42	252
Lancet Global Health	22.408	64	25	59	3	10	132
European Heart Journal	22.162	180	45	28	14	11	243
Circulation	21.054	448	134	115	70	73	650
Annals of Internal Medicine	19.792	137	43	64	33	33	253
JAMA Internal Medicine	19.658	157	35	60	27	41	272

续表

期刊名称	5年影响因子	2015—2019 Top期刊发文量					
		哈佛大学	斯坦福大学	约翰霍普金斯大学	加州大学洛杉矶分校	耶鲁大学	合计
Journal of the American College of Cardiology	19.035	424	110	89	66	54	587
Gastroenterology	18.785	129	50	61	34	34	259
Gut	17.751	61	15	20	11	11	104
European Urology	16.519	126	20	69	16	19	204
Journal of Hepatology	15.835	34	16	14	12	25	91
Circulation Research	15.627	109	47	31	23	24	219
American Journal of Respiratory and Critical Care Medicine	15.303	168	35	98	34	44	297
Annals of Oncology	15.254	189	26	40	31	40	263
20种Top期刊论文数	/	4296	1065	1336	808	827	6572
20种Top期刊论文占比	/	8.73%	7.22%	6.22%	6.30%	7.95%	6.72%

（三）Top期刊发文竞争力分析

本节的Top期刊包括被引次数排名前1%的论文和被引次数排名前10%的论文,这类论文通常受到较多同学科学者的关注,同Top期刊论文一样,也可以认为是高水平研究成果。了解两组大学Top期刊发文的具体表现,可进一步分析中国顶尖大学和美国顶尖大学临床医学在高水平研究方面的差异。表5-8列出了十校临床医学被引次数排名前1%的论文占比(PPTop1%)[①]。中美顶尖大学的PPTop1%分为两个明显的层次,5所中国顶尖大学的PPTop1%在1.12%~1.72%,均小于2%;而5所美国顶尖大学的PPTop1%在4.43%~5.16%,均大于4%。中美顶尖大学的整体差距较大,但两组大学内部的个体

[①]PPTop1%:指在某一指定学科领域、某一年、某种文献类型下,被引次数排名前1%的文献数除以该组文献总数的值,以百分数的形式展现。该指标数值越大,表明该组文献表现越好。如果某组论文的该指标值等于1%,说明该组论文中有1%的论文位于全球同类论文(同一学科、出版年和文献类型)被引次数排名的前1%,也说明这组论文的水平与全球平均水平相当。一个高于1%的值,代表该组论文中超过1%的论文位于全球同类论文排名的前1%,同样的,一个低于1%的值代表该组论文中不足1%的论文位于全球同类论文排名的前1%。

差距不大。在5所中国顶尖大学中,复旦大学的PPTop1%最高,其次为中山大学,浙江大学的PPTop1%最低。在5所美国顶尖大学中,耶鲁大学的PPTop1%最高,其次是哈佛大学,约翰霍普金斯大学的PPTop1%最低。在临床医学PPTop1%论文的表现上,中国顶尖大学要想追赶美国顶尖大学,需要台阶式跨越才能实现。

表5-8 十校2015—2019年临床医学Top1%论文竞争力比较

学校	PPTop 1%	
上海交通大学	1.37%	
复旦大学	1.72%	
中山大学	1.63%	
北京大学	1.57%	
浙江大学	1.12%	
哈佛大学	5.14%	
约翰霍普金斯大学	4.43%	
斯坦福大学	4.94%	
加州大学洛杉矶分校	4.47%	
耶鲁大学	5.16%	

表5-9 十校2015—2019年临床医学Top10%论文竞争力比较

学校	PPTop 10%	
上海交通大学	10.83%	
复旦大学	11.58%	
中山大学	11.73%	
北京大学	10.56%	
浙江大学	9.73%	
哈佛大学	23.57%	
约翰霍普金斯大学	21.79%	
斯坦福大学	22.18%	
加州大学洛杉矶分校	20.37%	
耶鲁大学	22.45%	

表5-9列出了5所中国顶尖大学和5所美国顶尖大学临床医学的被引前

10%论文占比（PPTop10%）①。PPTop10%可以提供更为宽泛的优秀科研成果的评价。与两组学校的PPTop1%表现相似，两组大学的PPTop10%整体差距也较大，而两组学校的内部差距较小。5所中国顶尖大学的PPTop10%为9.73%~11.73%。5所美国顶尖大学的PPTop10%为20.37%~23.57%。5所美国顶尖大学的PPTop10%都超过了20%，其中，哈佛大学的PPTop10%最高，达到23.57%；加州大学洛杉矶分校的PPTop10%最低，但也达到了20.37%。而5所中国顶尖大学的PPTop10%表现不尽如人意，中山大学的PPTop10%最高，达到11.73%；浙江大学最低，仅为9.73%。在临床医学论文的PPTop10%指标上，中国顶尖大学与美国顶尖大学也完全不在一个水平线上。

四、国际合作竞争现状及发展态势分析

（一）中美顶尖大学国际合作论文竞争力及发展态势

1.国际合作论文竞争力分析

国际合作论文是指由2个或者2个以上国家（地区）的作者共同参与合作发表的论文。国际合作论文占比指学者或机构发表的国际合作论文数占全部论文数的百分比。加强国际合作是当前促进科研工作创新和进步的有效方式之一，有助于学科综合竞争力的提升。表5-10列出了中美两组顶尖大学临床医学国际合作论文的表现。从国际合作论文规模来看，中国顶尖大学远低于美国顶尖大学：中国顶尖大学临床医学国际合作论文数为10443篇，校均国际合作论文数约为2089篇；美国顶尖大学临床医学国际合作论文数为38970篇，校均国际合作论文数约为7794篇，是中国顶尖大学的3.73倍。国际合作论文占比揭示了临床医学论文国际化程度，从中美两组顶尖大学国际合作论文占比来看，美国顶尖大学的临床医学论文整体国际化程度要高于中国顶尖大学。具体而言，中国顶尖大学临床医学国际合作率为

①PPTop10%：指在某一指定学科领域、某一年、某种文献类型下，被引次数排名前10%的文献数除以该组文献总数的值，以百分数的形式展现。该指标数值越大，表明该组文献表现越好。如果某组论文的该指标值等于10%，说明该组论文中有10%的论文位于全球同类论文（同一学科、出版年和文献类型）被引次数排名的前10%，也说明这组论文的水平与全球平均水平相当。一个高于10%的值，代表该组论文中超过10%的论文位于全球同类论文排名的前10%，同样的，一个低于10%的值代表该组论文中不足10%的论文位于全球同类论文排名的前10%。

22.10%,美国顶尖大学临床医学国际合作率为39.83%,是中国顶尖大学国际合作论文占比的1.8倍。

表5-10还进一步对比了中美两组顶尖大学临床医学国际合作论文质量的差异。中国顶尖大学临床医学国际合作论文篇均被引为14.69,美国顶尖大学临床医学国际合作论文篇均被引为22.56,是中国顶尖大学的1.5倍。从高质量论文占比(PPTop1% 和 PPTop10% 论文)的表现情况来看,中国顶尖大学临床医学国际合作论文表现与美国顶尖大学临床医学国际合作论文表现差距也比较明显,例如美国顶尖大学国际合作论文的PPTop1% 为6.64%,约为中国顶尖大学的2倍。结合表5-2来看,两组顶尖大学的国际合作论文被引占比均高于全部论文的被引占比。中美两组顶尖大学临床医学国际合作论文在论文被引占比方面差距相对较小,中国顶尖大学临床医学国际合作论文有86.75%论文被其他论文引用,美国顶尖大学国际合作论文有90.05%被其他论文引用。

表5-10　中美顶尖大学临床医学国际合作论文表现

学校	国际合作论文数	国际合作率	篇均被引	论文被引占比	PPTop1%	PPTop10%
中国顶尖大学(5所)	10443	22.10%	14.69	86.75%	3.38%	19.64%
美国顶尖大学(5所)	38970	39.83%	22.56	90.05%	6.64%	27.57%

2.国际合作论文发展态势分析

如图5-10所示为中国顶尖大学(5所)和美国顶尖大学(5所)的临床医学国际合作发文占比在2015—2019年间的变化趋势。2015—2017年,中国顶尖大学和美国顶尖大学的临床医学国际合作率都呈增长趋势,2018年起,中国顶尖大学(5所)国际合作率呈持续下降趋势,美国顶尖大学国际合作率在2018年同样有所下降,但2019年又重回增长趋势,且达到5年内最高值。对比中美两组顶尖大学国际合作论文发展趋势,2015—2017年间,中美两国临床医学论文的国际化程度呈你追我赶状态,但自2018年起,中国顶尖大学国际合作率开始呈下降趋势,导致与美国顶尖大学的临床医学国际化程度差距进一步拉大,至2019年,美国顶尖大学国际合作率达到中国顶尖大学的1.9倍(5个年度中的最高值)。

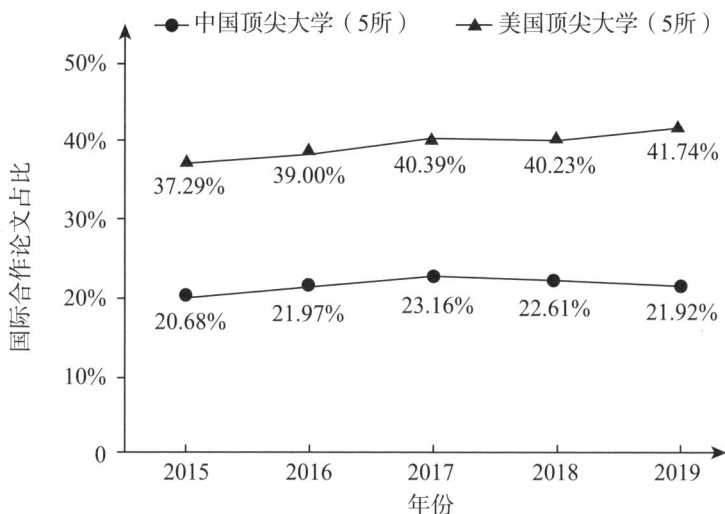

图5-10 中美顶尖大学临床医学国际合作率发展趋势(2015—2019年)

如图5-11所示为中国顶尖大学(5所)和美国顶尖大学(5所)国际合作论文的年增长率。中美两组顶尖大学都非常重视国际合作。与全部临床医学论文一样,中美两组顶尖大学在临床医学领域的国际合作论文数量连续5年都在不断增加。除了2016年美国顶尖大学国际合作论文增长率高于中国顶尖大学外,2017年起,中国顶尖大学国际合作论文增长率均超过美国顶尖大学。美国顶尖大学国际合作论文5年平均增长率为8.50%,中国顶尖大学国际合作论文5年平均增长率为12.12%,是美国顶尖大学的1.43倍。中美顶尖大学的国际合作论文发文规模差距显著,但中国顶尖大学国际合作论文的增长率持续高于美国顶尖大学。结合图5-2分析,2018—2019年,中国顶尖大学临床医学国际合作论文增速慢于全部临床医学论文的增速,中国顶尖大学仍需加快临床医学领域国际合作的步伐。美国作为引领临床医学研究的国家,与各国都有合作关系,在提升自身科研国际化的同时,也促进了各国的科研国际化。中国除加强与美国的国际合作外,还应考虑与更多在临床医学领域有建树的、美国以外的国际机构建立合作关系。

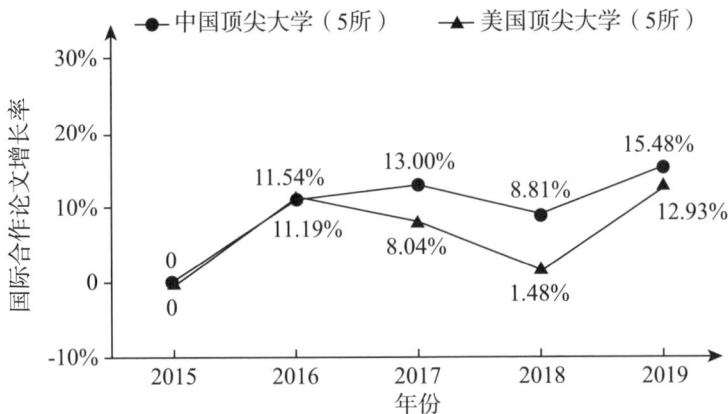

图 5-11 中美顶尖大学临床医学国际合作论文年增长率（2015—2019年）

综合比较发现，中美两组顶尖大学临床医学国际合作方面的表现存在显著差距。美国顶尖大学的临床医学国际合作论文不论是论文规模，还是论文质量等各指标上的表现均处于领先水平。虽然中国顶尖大学国际合作论文的年增长率持续高于美国顶尖大学，但中国顶尖大学临床医学国际合作论文的年增长率仍低于中国顶尖大学全部临床医学论文的增长率，导致2018—2019年来的国际合作论文占比不升反降，与美国顶尖大学的差距也有进一步拉大的趋势。中国顶尖大学应加快国际合作的步伐，努力缩小与美国顶尖大学在临床医学论文国际化程度上的差距。

（二）中美顶尖大学国际合作成果影响力分析

如表 5-11 所示为在临床医学领域内中国顶尖大学（5所）国际合作论文、中国顶尖大学（5所）全部论文和美国顶尖大学（5所）全部论文的5个论文影响力指标的具体表现。从平均百分位①来看，中国顶尖大学国际合作论文平均百分位为 42.82，表现高于中国顶尖大学全部论文（53.71），略低于美国顶尖大学全部论文（42.42）。中国顶尖大学的国际合作论文 CNCI 为 2.12，高于世界平均水平，是中国顶尖大学全部论文的 1.84 倍，与美国顶尖大学全部论文的 CNCI 非常接近。从篇均被引来看，中国顶尖大学国际合作论文篇均被引为 14.69，是中国顶尖大学全部论文的 1.84 倍，比美国顶尖大学全部论文篇

---

①一篇论文的百分位是通过建立出版年、同学科领域、同文献类型的所有出版物的被引次数分布（将论文按照被引用次数降序排列），并确定低于该论文被引次数的论文的百分比获得的。如果一篇论文的百分位只为1，则该学科领域、同出版年、同文献类型中99%的论文的被引次数都低于该论文。对于一组论文来说，平均百分位可以通过计算该组论文中所有论文百分位的平均值获得。

均被引低 1.44。在 PPTop1% 和 PPTop10% 高质量论文的表现上,中国顶尖大学国际合作论文同样优于中国顶尖大学全部论文,略低于美国顶尖大学全部论文。中国顶尖大学国际合作论文的学术影响力与美国顶尖大学全部论文的学术影响力差距很小。

表5-11　中国顶尖大学和美国顶尖大学临床医学国际合作论文影响力比较

学校	平均百分位	CNCI	篇均被引	PPTop1%	PPTop10%
中国顶尖大学(5所)国际合作论文	42.82	2.12	14.69	3.38%	19.64%
中国顶尖大学(5所)全部论文	53.71	1.15	7.97	1.13%	10.26%
美国顶尖大学(5所)全部论文	42.42	2.14	16.13	4.07%	20.94%

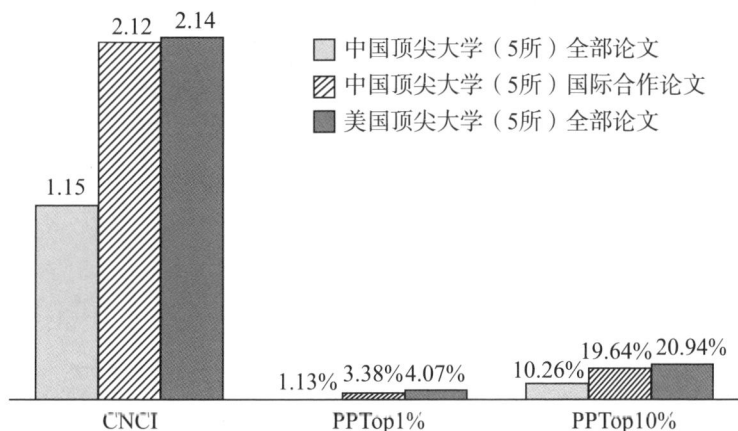

图5-12　中美顶尖大学临床医学国际合作论文影响力比较

图5-12更加直观展示了三者之间的差距,由图可以看出中国顶尖大学临床医学全部论文的 CNCI、PPTop1% 和 PPTop10% 都是最低,且与其余两者差距明显;而中国顶尖大学临床医学国际合作论文与美国顶尖大学全部临床医学论文的表现非常接近。由此可见,在临床医学领域,国际合作对论文影响力提升有突出贡献,拉近了中国顶尖大学与世界顶尖大学之间的距离。

(三)中国顶尖大学国际合作地位变化趋势

如图5-13所示为2015—2019年中国顶尖大学(5所)在临床医学国际合作中作为第一单位和通讯单位的论文占比变化趋势。通常来说,第一单位指论文署名排名第一的作者所属的单位,第一作者对文章贡献度最高;通讯单位指通讯作者所属的单位,通讯作者一般是整个课题或论文的负责人,是文章选题的提供者和指导者,担负着保证文章可靠性的责任。2015—2019年,中国顶尖大学作为第一单位的临床医学国际合作论文数逐年增加,但由于中国顶尖大学临床医学全部国际合作论文增长速度更快,致使作为第一单位发表的国际合作论文占比呈逐年下降趋势,这说明在临床医学国际合作论文中,目前虽然有超过一半中国顶尖大学的作者为论文做出了主要贡献,但未来中国顶尖大学的作者在国际合作中作为主要贡献者的发展势头可能有所不足。从通讯作者来看,2015年中国顶尖大学作为通讯单位的国际合作论文占比为39.12%,2016年增加至46.33%,2017—2019年作为通讯单位发表的国际合作论文稳定在45%左右,波动较小,可见中国顶尖大学的学者在国际合作中,作为通讯作者的指导地位在前期有所提升,后期则趋于平稳。整体而言,中国顶尖大学临床医学学科国际合作论文数在不断上升,但第一作者占比发展趋势从长远来看并不乐观,可见中国顶尖大学在国际合作中更多地担任参与者的角色,作为主要贡献者或主导者的力量不足,仍需不断提升。

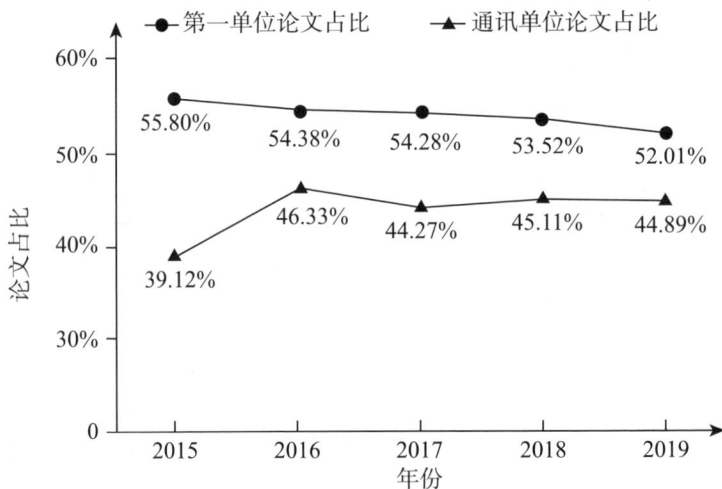

图5-13 中国顶尖大学作为第一或通讯单位的临床医学国际合作论文年度发文趋势（2015—2019年）

第三节 竞争布局分析

一、中美顶尖大学学科布局分析

Web of Science数据库收录12000多种国际学术期刊,涉及250多个学科类别(Web of Science Categories,WoS学科),覆盖人文、社会科学、艺术及科技等多个领域,该分类模式通过将一个大学科划分至多个分支学科而构建(例如"临床医学"被细分为"临床神经学""肿瘤学""眼科学""小儿科"等分支学科)。由于不同分支学科的引文情况可能存在较大差异,细化的学科定义成为WoS学科分类模式的重要特征之一,因此WoS学科分类模式通常被认为是精细文献计量学分析的最佳工具。表5-12列出了10所中美顶尖大学临床医学论文的WoS学科分布情况。美国顶尖大学(5所)学科分布较中国顶尖大学(5所)更加广泛,所涉及的WoS学科数均超过100个。美国顶尖大学中哈佛大学临床医学论文发文规模最大,有49199篇,涉及WoS学科达113个。相比之下,中国顶尖大学临床医学论文发文规模较小,涉及WoS学科数也相应略少,为90~96个。比较中国顶尖大学的临床医学论文数与WoS学科数可发现,上海交通大学临床医学论文数最高,有13172篇,覆盖92个WoS学科,北京大学和浙江大学临床医学论文数分别居第4位和第5位,WoS学科数分别为96个和94个,可见发文规模与学科布局广度并非呈正相关关系,北京大学和浙江大学虽然发文规模较小,但学科布局更加广泛。

表5-12 十校临床医学论文的WoS学科分布情况(2015—2019年)

学校	论文数	WoS学科数
上海交通大学	13172	92
复旦大学	10691	91
中山大学	10472	90
北京大学	9107	96
浙江大学	7694	94
哈佛大学	49199	113
约翰霍普金斯大学	21466	107
斯坦福大学	14749	110
加州大学洛杉矶分校	12830	102
耶鲁大学	10399	101

如图5-14所示为10所中美顶尖大学的WoS学科分布热力图。选取每所顶尖大学均选取发文量Top20%的WoS学科,形成34个WoS学科的集合,纵坐标是这些WoS学科的名称,横坐标是10所中美顶尖大学名称,横纵坐标交叉的区域代表大学在该学科的发文量。颜色深浅代表该学科发文量多少,颜色越深,说明该校在该学科发文量在十校中越多。该热力图运用R语言中的Scale函数对发文量进行归一化处理,采用K-means算法依据学科结构相似度进行聚类。10所中美顶尖大学形成4个聚类。

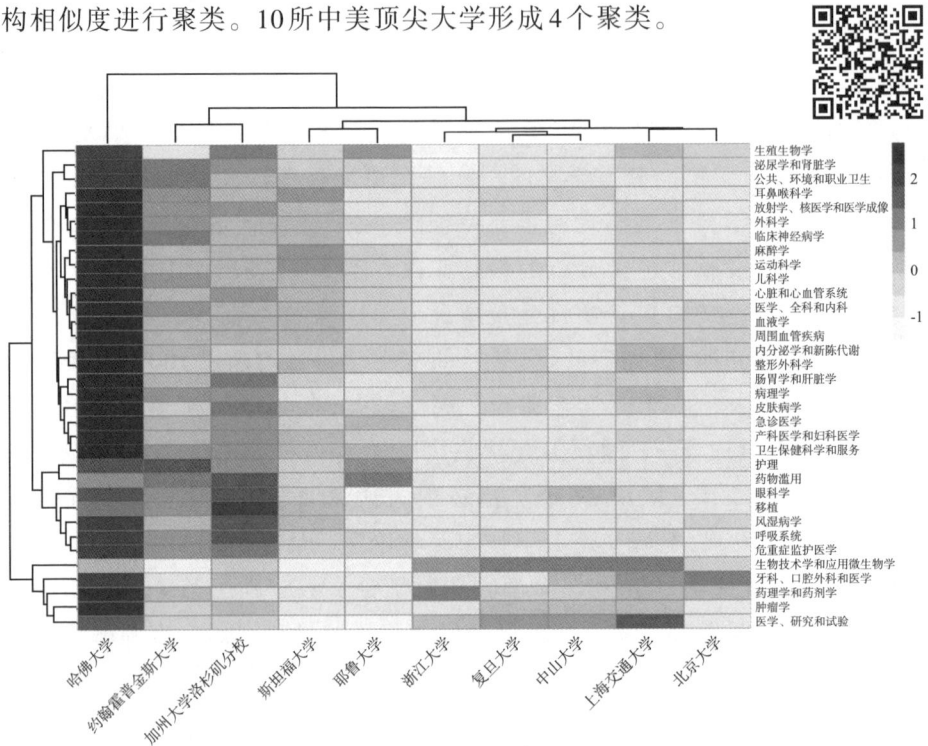

图5-14 十校临床医学论文WoS学科分布热力图(2015—2019年)

结合学科结构的热力图聚类结果,通过比较分析和归纳总结,得出每种聚类下各校的临床医学学科结构特征。第一类仅包含哈佛大学,从热力图来看,哈佛大学在超过20个WoS学科上发文颜色均为最深,学科分布极其广泛,学科发文量较均衡,在外科学(surgery)、肿瘤学(oncology)、心脏和心血管系统(cardiac & cardiovascular systems)领域发文量达到6000篇以上;第二类大学包括约翰霍普金斯大学、加州大学洛杉矶分校,该类大学学科分布重点突出,呈现出两个聚类学科,一类以泌尿学和肾脏病(urology & nephrology)为中心,一类以护理学(nursing)、药物滥用(substance abuse)为中心;第三类大学包括斯坦福大学、耶鲁大学,该类大学主要发文学科有麻醉学(anesthesiology)、体育科学(sport sciences)、药物滥用(substance abuse)等;第四类大学包括中国5所顶尖大学,该类大学在34个WoS学科的发文规模均相对较小,仅在个别学科上颜色较深,主要发文学科涉及生物工艺学和应用微生物学(biotechnology & applied microbiology)、牙科/口腔外科和医学(dentistry,oral surgery & medicine)、医学研究和实验(medicine,research & experimental)等。

二、中美顶尖大学研究主题分析

(一)研究主题分布和总体表现分析

本书中涉及的与研究主题(topics)相关的数据均采集自爱思唯尔的SciVal平台。该平台整合了Scopus从1996年至2019年的科研数据,通过文献的引用关系聚类得到超过9.6万个研究主题,并应用指纹专利技术和特殊短语,自动抽取题名和摘要为研究主题命名。SciVal为每个研究主题建立了测度主题可见度和发展势头的指标,即主题显著度,并根据主题显著度数值排序,计算每个研究主题的百分位数指标。显著度指数(显著度)[①]高于99%(Top1%)的研究主题,可视为整个科学研究领域的热点研究主题。

如果在某研究主题上,某个机构的发文量达到了发文量排名第一的机构的1/3或者被引次数达到了被引次数排名第一的机构的1/3,该机构就被认为是某个研究主题的关键贡献者。作为关键贡献者参与的主题可视为该机构的优势研究主题。

如表5-13所示为10所中美顶尖大学临床医学研究主题分布情况。全球范围内涉及临床医学的研究主题超过3万个。中国顶尖大学(5所)参与的主题数是13408个,占比为43.7%;美国顶尖大学(5所)参与的主题数为

①主题显著度综合考虑了最近引用数量、最近浏览数量和期刊CiteScore 3个参数,对每个主题 j 在第 n 年的显著度 P_j,计算公式如下: $P_j=0.495[C_j-\text{mean}(C_j)]/\text{stdev}(C_j)+0.391[V_j-\text{mean}(V_j)]/\text{stdev}(V_j)+0.1149[CS_j-\text{mean}(CS_j)]/\text{stdev}(CS_j)$ 这里, C_j 是主题 j 中的第 n 年和 $n-1$ 年发表论文的引用量, V_j 是主题 j 中的第 n 年和 $n-1$ 年发表论文的Scopus浏览量, CS_j 是主题 j 中的第 n 年和 $n-1$ 年发表论文的平均CiteScore,其中原始数据经过了对数转换,即 $C_j=\ln(C_j+1)$, $V_j=\ln(V_j+1)$, $CS_j=\ln(CS_j+1)$。显著度计算是用标准化分数消除3个指标之间的量纲差异,再对每个主题近两年论文的引用数量、浏览数量、期刊评价指数与平均值的离散程度加权求和。因此,显著度指数越高,表示越来越多的研究者正在关注这个主题,也说明这个主题的增长势头越猛。实际使用中,SciVal根据主题的显著度数值排序,计算每个主题的百分位数指标。

18181个,占比为59.2%。美国顶尖大学的临床医学论文研究成果覆盖面更广。中美两组顶尖大学的临床医学热点研究参与度没有差别,几乎都参与了全部的临床医学热点研究主题。从各校数据看,5所中国顶尖大学中,上海交通大学的临床医学研究主题覆盖面最广,而北京大学的热点研究参与度最高。5所美国顶尖大学中,哈佛大学的临床医学研究覆盖面(参与研究主题数)最广,优势研究主题占比和热点研究主题数参与度都最高,是全球临床医学研究领域当之无愧的领军者。其他4所美国顶尖大学在参与研究主题数、优势研究主题数,以及热点研究主题数等指标上的整体表现也都优于中国顶尖大学。但值得指出的是,上海交通大学在个别指标上的表现已经优于几所美国顶尖大学,如:优势研究主题数略高于耶鲁大学;优势研究主题占比略高于斯坦福大学、加州大学洛杉矶分校和耶鲁大学。综合来看,虽然各中国顶尖大学在临床医学研究主题的覆盖面和热点研究主题数方面整体落后于美国顶尖大学,但个别中国顶尖大学已经开始在部分指标上有了突出表现,并且追上了一些美国顶尖大学的步伐。

表5-13 中美顶尖大学临床医学研究主题在Scopus数据库上分布情况比较(1996—2019年)

	参与研究主题数	优势研究主题数	优势研究主题占比	热点研究主题数
全球	30687	—	—	229
中国顶尖大学(5所)	13408	—	—	228
美国顶尖大学(5所)	18181	—	—	229
浙江大学	6261	1384	22.11%	209
复旦大学	6740	1715	25.45%	211
北京大学	6434	1433	22.27%	218
上海交通大学	7381	2161	29.28%	215
中山大学	6261	1461	23.33%	206
哈佛大学	13837	8361	60.42%	229
约翰霍普金斯大学	9758	3733	38.26%	223
斯坦福大学	8313	2431	29.24%	222
加州大学洛杉矶分校	8222	2322	28.24%	220
耶鲁大学	7505	1974	26.30%	220

如图5-15所示为10所中美顶尖大学在临床医学领域内发文数前30位的研究主题上的论文产出表现。发文数较多的研究主题通常是这个领域较

为成熟的研究方向。图5-15横轴为十校在某研究主题上的累计表现,无底
纹的条形代表中国顶尖大学在该研究主题的发文数,有底纹的条形代表美
国顶尖大学在该研究主题的发文数。在临床医学领域研究规模较大的研究
主题(发文数前30位)上,中国顶尖大学和美国顶尖大学的表现差异较为明
显。图中各研究主题的显著度都在90以上,说明这些研究主题都代表着近
年关注度较高的研究方向。可以看出,美国顶尖大学在19个研究主题上发
文数明显多于中国顶尖大学,中国顶尖大学仅在11个研究主题上占有发文
优势。少数研究主题的受关注度具有区域特征:如T.5367(医疗使命;唇裂;
低收入国家)、T.5669(再入院;液态空气循环发动机;医疗保险)、T.248(处方
药监测方案;麻醉镇痛剂;阿片成瘾)、T.5038(暴露前预防;HIV预防;替诺福
韦)等4个研究主题主要是美国顶尖大学在参与研究;而T.663
(鼻咽癌;调强放疗;诱导化疗)和T.115(长链非编码RNA;生长
停滞特异性转录本5;核小RNA)2个研究主题主要是中国顶尖
大学在参与研究。

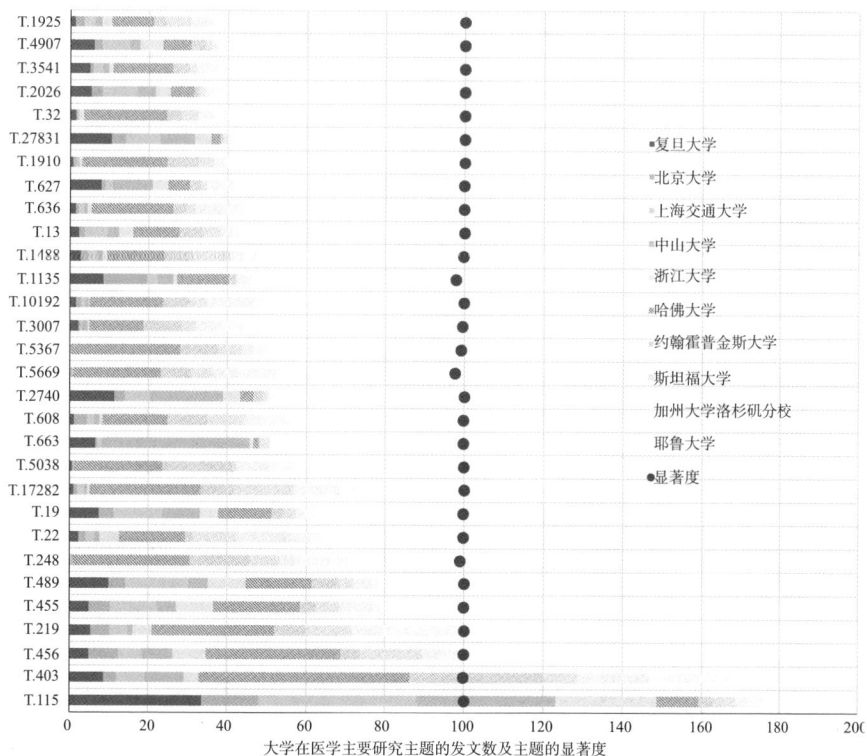

图5-15　十校临床医学主要研究主题(发文前30主题)的论文产出表现

如图 5-16 所示为中国顶尖大学(5 所)和美国顶尖大学(5 所)发文数前 20 位的研究主题的学科标准化论文影响力(FWCI)和全球发文产出份额,图中空心的三角和圆点代表中美两组顶尖大学重叠的主要研究主题。在发文产出方面,中国顶尖大学有 1 个主题的产出份额达到了 34.62%,但在其余 19 个主题的产出份额都低于 15%。美国顶尖大学有 7 个主要研究主题产出份额超过了 15%。在 FWCI 方面,美国顶尖大学有 1 个主题的 FWCI 达到 12.69,还有 4 个研究主题的 FWCI 都超过了 5。而中国顶尖大学主要研究主题的 FWCI 最高为 4.43,有 12 个主题的 FWCI 低于 1.97(美国顶尖大学主要研究主题的最低 FWCI)。美国顶尖大学发文数前 20 位的主题,其论文影响力整体上表现优于中国顶尖大学。但是中国顶尖大学有 1 个产出份额超过全球 1/3 的研究主题,即 T.663(鼻咽癌;调强放疗;诱导化疗),中国顶尖大学应在继续保持这一方向的竞争优势的前提下,进一步提高研究质量;中国顶尖大学其他研究主题大多没有明显优势,在产出份额或论文引用影响力方面都有较大进步空间。此外,中美两组顶尖大学重叠的 5 个研究主题[①]中,有 4 个是美国顶尖大学的表现更优,分别是 T.403(纳武单抗;派姆单抗;程序性死亡 1 配体 1)、T.219(连接组;功能磁共振成像;网络连通性)、T.456(向导 RNA;CRISPR 结合核酸内切酶 Cas9;基因编辑)、T.455(肠道菌群;瘤胃球菌科;生态失调);中国顶尖大学仅在 1 个研究主题 T.489(外泌体;细胞外囊泡;PKH67)上产出份额更高,但其 FWCI 相对较低。

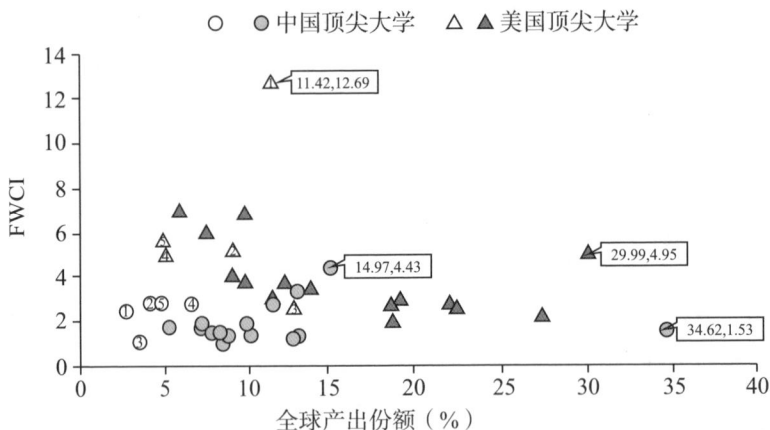

图 5-16 中美顶尖大学临床医学主要研究主题(发文前 20 的主题)综合对比

---

①图中标注序号①-⑤的主题为中美顶尖大学重合的 5 个研究主题。

（二）十校主要研究主题分析

如表5-14所示为5所中国顶尖大学主要研究主题（发文数前10位）的具体表现。5所顶尖大学的主要研究主题重合不多，仅T.115（长链非编码RNA；生长停滞特异性转录本5；核小RNA）同时是5所大学的主要研究主题。在这一研究主题上，5所大学的累计论文产出份额达到全球的12.19%，其中上海交通大学的全球产出份额最高，为3.29%，北京大学的FWCI最高，为3.25。T.489（外泌体；细胞外囊泡；PKH67）同时是4所大学（除中山大学）的主要研究主题，在这一研究主题上，同样是上海交通大学的全球产出份额最高，为2.57%，并且其FWCI达到了3。5所中国顶尖大学中，复旦大学与其他4所重合最多，仅有T.474（乙型肝炎E抗原；恩替卡韦；替比夫定）这一研究主题不与其他4所大学的主要研究主题重合。浙江大学的主要研究主题与其他4所大学重合最少，T.35510（黏菌素；多黏菌素；抗性基因）、T.468（β-内酰胺酶；碳青霉烯类耐药肠杆菌科；碳青霉烯类）、T.1767（Beclin1；氯喹；自噬）、T.4907（Yap；长效甲状腺刺激剂；维替泊芬）、T.296（Leber遗传性视神经萎缩；线粒体疾病；MERRF综合征）、T.22（血栓；血凝块溶解；Solitaire）均不与其他4所大学的主要研究主题重合。各校表现最佳（FWCI最高或者全球产出份额最高）的主要研究主题为：复旦大学的T.1135（污染暴露；空气质量；颗粒物），FWCI达到5.87；北京大学的T.20511（单倍体相合移植；无关供者；移植物抗宿主病）产出份额达到全球的13.12%；上海交通大学的T.27831（环状RNA；核糖核酸酶R；Miranda）FWCI为4.8；中山大学的T.663（鼻咽癌；调强放疗；诱导化疗）产出份额达到全球的28.9%；浙江大学的T.35510，产出份额达到全球的8.24%，FWCI为6.14。

表5-14　中国顶尖大学2015—2019年临床医学主要研究主题（发文数前10位）及其具体表现

学校	研究主题	论文数	论文全球产出份额/%	FWCI
复旦大学	Long Noncoding RNA; Growth Arrest Specific Transcript 5; Small Nucleolar RNA	336	2.76	2.6

续表

学校	研究主题	论文数	论文全球产出份额/%	FWCI
复旦大学	Nutrition Assessment; Glasgow; Lymphocyte	114	3.55	1.48
	Circular RNA; Ribonuclease R; Miranda	105	4.76	4.86
	Exosome; Extracellular Vesicle; PKH67	99	1.58	2.33
	Segmental Mastectomy; Adenocarcinoma In Situ; Nodule	91	6.14	1.52
	Nivolumab; Pembrolizumab; Programmed Death 1 Ligand 1	86	0.83	2.52
	Pollution Exposure; Air Quality; Particulate Matter	85	4.47	5.87
	Sorafenib; Portal Vein; Miriplatin	79	2.96	0.97
	Osimertinib; Afatinib; Erbb-1 Gene	74	1.79	1.26
	Hepatitis B E Antigen; Entecavir; Telbivudine	70	4.07	0.93
北京大学	Long Noncoding RNA; Growth Arrest Specific Transcript 5; Small Nucleolar RNA	144	1.18	3.25
	Pollution Exposure; Air Quality; Particulate Matter	111	5.84	2.01
	Rural Cooperative; Medical Insurance; Health Coverage	83	5.76	2.56

续表

学校	研究主题	论文数	论文全球产出份额/%	FWCI
北京大学	Haploidentical Transplantation; Unrelated Donor; Graft Vs Host Disease	77	13.12	1.3
	Guide RNA; CRISPR Associated Endonuclease Cas9; Gene Editing	76	1.13	2.37
	G-Quadruplex; G-Structure; Thrombin Aptamer	63	3.62	0.79
	Intestine Flora; Ruminococcaceae; Dysbiosis	55	0.65	2.8
	Nephroureterectomy; Urinary Tract; Ureteroscopy	51	6.47	0.55
	Connectome; Functional Magnetic Resonance Imaging; Network Connectivity	49	0.89	1.21
	Exosome; Extracellular Vesicle; PKH67	43	0.69	2.01
上海交通大学	Long Noncoding RNA; Growth Arrest Specific Transcript 5; Small Nucleolar RNA	401	3.29	2.71
	Exosome; Extracellular Vesicle; PKH67	161	2.57	3
	Osimertinib; Afatinib; Erbb-1 Gene	123	2.98	2.5

续表

学校	研究主题	论文数	论文全球产出份额/%	FWCI
上海交通大学	Intestine Flora; Ruminococcaceae; Dysbiosis	120	1.42	3.29
	Inflammasome; Pyroptosis; Pyrin Domain	87	2.73	1.72
	Circular RNA; Ribonuclease R; Miranda	86	3.9	4.8
	Electromyography; Artificial Limb; Hand Gesture Recognition	77	3.1	1.23
	Segmental Mastectomy; Adenocarcinoma In Situ; Nodule	76	5.13	0.93
	Nivolumab; Pembrolizumab; Programmed Death 1 Ligand 1	73	0.7	2.47
	Sirtuin; Group III Histone Deacetylasis; Srt1720	70	3.1	1.22
中山大学	Nasopharynx Carcinoma; Intensity Modulated Radiation Therapy; Induction Chemotherapy	376	28.92	1.68
	Long Noncoding RNA; Growth Arrest Specific Transcript 5; Small Nucleolar RNA	350	2.87	2.84
	Nutrition Assessment; Glasgow; Lymphocyte	186	5.8	1.41

续表

学校	研究主题	论文数	论文全球产出份额/%	FWCI
中山大学	Sorafenib; Portal Vein; Miriplatin	103	3.86	0.97
	Nivolumab; Pembrolizumab; Programmed Death 1 Ligand 1	99	0.96	3.11
	Osimertinib; Afatinib; Erbb-1 Gene	97	2.35	2.07
	Circular RNA; Ribonuclease R; Miranda	89	4.04	4.93
	Guide RNA; CRISPR Associated Endonuclease Cas9; Gene Editing	76	1.13	2.85
	Myopia; Refractive Error; Retinoscopy	74	6.92	2.07
	Rectum Tumor; Chemoradiotherapy; Organ Preservation	74	3.25	0.66
浙江大学	Long Noncoding RNA; Growth Arrest Specific Transcript 5; Small Nucleolar RNA	255	2.09	2.23
	Exosome; Extracellular Vesicle; PKH67	96	1.53	2.82
	Intestine Flora; Ruminococcaceae; Dysbiosis	95	1.12	2.58
	Guide RNA; CRISPR Associated Endonuclease Cas9; Gene Editing	86	1.28	3.21

续表

学校	研究主题	论文数	论文全球产出份额/%	FWCI
浙江大学	Colistin; Polymyxin; Resistance Gene	77	8.24	6.14
	Beta-Lactamase; Carbapenem-Resistant Enterobacteriaceae; Carbapenem	77	2.2	2.32
	Beclin 1; Chloroquine; Autophagy	63	2.59	1.22
	Yap; Long-Acting Thyroid Stimulator; Verteporfin	60	2.78	2.32
	Leber Hereditary Optic Atrophy; Mitochondrial Disease; MERRF Syndrome	52	5.96	0.9
	Thrombus Aspiration; Blood Clot Lyse; Solitaire	51	1.13	0.68

表5-15 美国顶尖大学2015—2019年临床医学主要研究主题(发文数前10位)及其具体表现

学校	研究主题	论文数	论文全球产出份额/%	FWCI
斯坦福大学	Guide RNA; CRISPR Associated Endonuclease Cas9; Gene Editing	159	2.37	4.4
	Multifactorial Inheritance; Summary Statistic; Genome-Wide Association Study	151	9.65	5.66

续表

学校	研究主题	论文数	论文全球产出份额/%	FWCI
斯坦福大学	Connectome; Functional Magnetic Resonance Imaging; Network Connectivity	117	2.13	5.03
	Thrombus Aspiration; Blood Clot Lyse; Solitaire	111	2.45	7.97
	E 4031; Pluripotent Stem Cell; Cardiac Muscle Cell	101	6.36	2.94
	Sofosbuvir; BMS−790052; ABT−267	96	2.07	4.11
	Exome; Copy Number Variation; Whole Genome Sequencing	95	2.83	3.58
	Artificial Pancreas; Hypoglycemia; Insulin Dependent Diabete Mellitu	89	4.07	5.75
	Narcolepsy; Orexin; Suvorexant	88	6.08	1.94
	Nivolumab; Pembrolizumab; Programmed Death 1 Ligand 1	85	0.82	26.68
加州大学洛杉矶分校	Thrombus Aspiration; Blood Clot Lyse; Solitaire	185	4.09	9.22
	Nivolumab; Pembrolizumab; Programmed Death 1 Ligand 1	181	1.75	20.1

续表

学校	研究主题	论文数	论文全球产出份额/%	FWCI
加州大学洛杉矶分校	DNA Methylation; Monozygotic Twin; Epigenetic	119	6.1	3.96
	Multifactorial Inheritance; Summary Statistic; Genome-Wide Association Study	118	7.54	5.4
	Coronary Vessel; Calcification; Ethnic Study	107	10.66	6.51
	Antiretroviral Therapy; CD4-CD8 Ratio; Abacavir	90	7	1.89
	Intestine Flora; Ruminococcaceae; Dysbiosis	87	1.03	4.85
	Optical Coherence Tomography Device; Angiography; Fremont	86	5.2	6.68
	Pre-Exposure Prophylaxis; HIV Prevention; Tenofovir	85	3.92	2.81
	Prostate; Gleason Score; Prostate-Specific Antigen	82	3.26	6.25
耶鲁大学	Nivolumab; Pembrolizumab; Programmed Death 1 Ligand 1	226	2.18	17.82
	Connectome; Functional Magnetic Resonance Imaging; Network Connectivity	184	3.35	3.02

续表

学校	研究主题	论文数	论文全球产出份额/%	FWCI
耶鲁大学	Prescription Drug Monitoring Program; Narcotic Analgesic Agent; Opiate Addiction	134	2.84	2.44
	Essential Tremor; Head Voice; Movement Disorder	107	14.56	1.48
	Ketamine; Treatment-Resistant Depressive Disorder; Antidepressant	100	7.51	5.24
	Hospital Readmission; Liquid Air Cycle Engine; Medicare	100	5	2.29
	Posttraumatic Stress Disorder; Military Veteran; National Guard	86	5.48	1.68
	Neutrophile Gelatinase Associated Lipocalin; Acute Kidney Injury; Cystatin C	80	2.65	2.57
	Vaping; Electronic Nicotine Delivery System; Tobacco	79	2.33	4.86
	Release From Prison; Incarceration; Prisoner	73	9.06	1.7
哈佛大学	Nivolumab; Pembrolizumab; Programmed Death 1 Ligand 1	534	5.15	10.11

续表

学校	研究主题	论文数	论文全球产出份额/%	FWCI
哈佛大学	Guide RNA; CRISPR Associated Endonuclease Cas9; Gene Editing	340	5.06	6.56
	Connectome; Functional Magnetic Resonance Imaging; Network Connectivity	311	5.66	2.4
	Prescription Drug Monitoring Program; Narcotic Analgesic Agent; Opiate Addiction	296	6.28	3.92
	Multifactorial Inheritance; Summary Statistic; Genome-Wide Association Study	282	18.03	6.34
	Medical Mission; Cleave Lip; Low Income Country	277	17.59	3.03
	Neutralizing Antibody; Human Immunodeficiency Virus Vaccine; GP 140	246	15.85	3.88
	Postconcussion Syndrome; Brain Concussion; Head Impact	225	8.31	3.64
	Hospital Readmission; Liquid Air Cycle Engine; Medicare	223	11.15	3.54

续表

学校	研究主题	论文数	论文全球产出份额/%	FWCI
哈佛大学	Pre-Exposure Prophylaxis; HIV Prevention; Tenofovir	222	10.24	2.71
约翰霍普金斯大学	Nivolumab; Pembrolizumab; Programmed Death 1 Ligand 1	338	3.26	16.9
	Pre-Exposure Prophylaxis; HIV Prevention; Tenofovir	178	8.21	3.28
	Prescription Drug Monitoring Program; Narcotic Analgesic Agent; Opiate Addiction	152	3.23	3.69
	Coronary Vessel; Calcification; Ethnic Study	141	14.04	5.44
	Retention In Care; Continuity Of Patient Care; Antiretroviral Therapy	108	10.89	1.33
	Oropharyngeal Neoplasm; Papillomavirida; Squamous Cell Carcinoma Of Head And Neck	107	5.85	2.92
	Frailty; Frail Elderly; Tilburg	107	3.4	3.19
	Contrast Medium; Proton Transport; Gadolinia	106	9.43	2.11

续表

学校	研究主题	论文数	论文全球产出份额/%	FWCI
约翰霍普金斯大学	Glu-Nh-Co-Nh-Lys-(Ahx)-((68)Ga(Hbed-Cc)); Gallium 68; Glutamate Carboxypeptidase II	105	7.91	2.89
	Maternal Health Service; Prenatal Care; Maternal Mortality	103	3.9	2.9

　　如表5-15所示为5所美国顶尖大学主要研究主题(发文数前10位)的具体表现。5所顶尖大学的主要研究主题重合不多,仅有T.403(纳武单抗;派姆单抗;程序性死亡因子1配体1)同时是5所大学的主要研究主题,5所大学的累计产出份额达到全球的13.16%,其中哈佛大学的全球产出份额最高,为5.15%;斯坦福大学的FWCI最高,达到26.6。5所美国顶尖大学中哈佛大学的主要研究主题与其他4所大学重合最多,只有3个主要研究主题与其他4所大学不重合。约翰霍普金斯大学的主要研究主题与其他4所大学重合的最少,只有4个研究主题与其他大学重合。各校表现最佳的主要研究主题为:加州大学洛杉矶分校的T.1658(冠状血管;钙化;民族研究),产出份额达到全球的10.66%。耶鲁大学的T.3261(特发性震颤;头声;运动障碍)产出份额达到全球的14.56%;哈佛大学的T.17282(多因素遗传;汇总统计数据;全基因组关联研究)产出份额达到全球的18.03%;约翰霍普金斯大学的T.1658(冠状血管;钙化;民族研究)产出份额达到全球的14.04%;斯坦福大学的T.17282(多因素遗传;汇总统计数据;全基因组关联研究),论文产出份额达到全球的9.65%,FWCI为6.14。

第四节　总　结

　　临床医学一直是大学的热门专业,临床医学人才培养过程往往集医、学、研为一体,相对其他学科而言更容易产出较多科研成果。从大学的发展层面分析,临床医学专业实力的增强往往能够提升大学的综合实力,因此综合类大学都十分重视临床医学的学科建设。临床医学是顶尖大学力争的高原学科,中美顶尖大学都在努力提升临床医学引领性成果的产出能力。

本章通过对中美10所顶尖大学2015—2019年临床医学论文数据的分析,从研究规模、研究影响力、高水平研究、国际合作、研究布局的现状和发展态势等方面,揭示中美顶尖大学临床医学学科竞争力的具体差距。"双一流"建设期间,中国5所顶尖大学临床医学整体水平提升明显,在一些亚学科方向已经进入世界一流水平。但中国5所顶尖大学临床医学研究在诸多方面与美国5所顶尖大学差距明显,还有很大提升空间。

(一)竞争实力和潜力

中国5所顶尖大学的临床医学论文综合表现与美国5所顶尖大学差距明显。在论文产出规模、被引次数、学科规范化的引文影响力(CNCI)、$h5$指数等指标上,美国5所顶尖大学表现明显领先于中国5所顶尖大学。美国5所顶尖大学临床医学发文数是中国5所顶尖大学的2.07倍,被引次数是中国5所顶尖大学的4.19倍,CNCI是中国5所顶尖大学的1.86倍,$h5$指数是中国5所顶尖大学的2.4倍。临床医学发展态势研究结果表明,中美两组顶尖大学发文规模和学科影响力都在持续增长,但中国5所顶尖大学论文增长速度更快,中美两组顶尖大学临床医学综合竞争力差距有缩小的趋势。

中美两组顶尖大学临床医学发文期刊竞争力、高水平研究成果差距也较大。美国5所顶尖大学临床医学论文的发文期刊影响力更高,有57.75%的临床医学论文发表在Q1期刊上,而中国5所顶尖大学发表在Q1期刊上的论文只有31.83%。美国5所顶尖大学的Top期刊论文占比是中国5所顶尖大学的4.8倍,被引前1%论文占比是中国5所顶尖大学的3.6倍,被引前10%论文占比是中国5所顶尖大学的2倍。美国5所顶尖大学临床医学的引领性研究成果明显更多,并且中美顶尖大学在这些方面的差距并没有缩小的趋势。

从国际合作论文情况来看,美国5所顶尖大学临床医学的国际合作论文无论是占比还是论文质量均处于优势地位。中国5所顶尖大学临床医学国际合作论文的增长率低于全部临床医学论文,其国际合作率与美国5所顶尖大学的差距有进一步加大的趋势。

(二)竞争布局

除了研究产出规模和影响力方面的差距,中国5所顶尖大学在临床医学的学科布局广度上也不及美国5所顶尖大学。美国5所顶尖大学中,哈佛大学学科分布极其广泛且发文量最多,其他四校学科分布重点突出;相对而言,中国5所顶尖大学WoS学科覆盖面均较窄,学科发文规模小。

美国5所顶尖大学研究主题覆盖面较中国5所顶尖大学也更广,发文占优势的研究主题更多。中美顶尖大学都参与了临床医学领域研究规模较大且研究热度较高的主题,但美国5所顶尖大学在这些主题上的发文表现优于中国5所顶尖大学。美国5所顶尖大学明显处于领先水平的研究主题有4个,而中国5所顶尖大学明显处于领先水平的研究主题仅有2个。

值得注意的是,美国5所顶尖大学临床医学整体和个体的竞争力均强于中国5所顶尖大学,而非平均竞争力强于中国5所顶尖大学。中国5所顶尖大学要想在与美国5所顶尖大学在临床医学领域的竞争中脱颖而出,仍需要一个长期的过程。中国5所顶尖大学应继续加大临床医学研究投入,扩大学术产出规模,侧重于临床医学领域引领性研究的投入,尽快缩小与美国5所顶尖大学在前沿研究上的差距,持续增强核心竞争力。中国5所顶尖大学还应加快国际合作的步伐,扩大合作范围,与更多国家建立国际合作关系,努力提升临床医学学科的国际影响力。

第六章　中美顶尖大学学术竞争力分析
——材料科学

第一节　概　述

材料科学与工程是研究材料的组织结构、性质、生产流程和使用效能，以及它们之间的相互关系，集物理学、化学、冶金学等于一体的应用科学。大学材料科学与工程专业致力于培养通晓材料的组成、结构、合成与制备、性质之间关系的基本规律，掌握各种材料的制备合成、结构表征、性能检测等方面的技能，拥有新材料与新工艺设计、材料工艺与性能优化、产品质量控制等方面的能力，能在材料基础理论、材料合成与制备、材料加工与成型等领域从事科学研究、技术开发、工艺设计与工程设计、生产管理与经营等方面的复合型人才。材料科学与工程学科属于基础学科，在教育部、财政部、国家发展改革委印发的《关于公布世界一流大学和一流学科建设大学及建设学科名单的通知》中，共有30所大学的材料科学与工程入选一流学科，是入选"双一流"建设学科名单中最多的学科之一。大学的材料科学与工程学科的发展与国家未来的产业布局和经济发展密切相关，分析中美一流大学材料科学与工程学科的竞争力现状和变化趋势，有助于了解中国"双一流"大学与美国一流大学在材料科学与工程学科的差距，为中国"双一流"大学材料科学与工程学科的发展提供方向。

根据本书的方法学支撑，以教育部公布的全国第四轮学科评估中材料科学与工程等级为A(A+，A，A-)的10所大学为底板，辅之以QS材料科学学科(2019)的国际排名，最终确定材料科学学科的国内研究对象为清华大学、北京航空航天大学、哈尔滨工业大学、上海交通大学、浙江大学，美国研究对象为麻省理工学院、加州大学伯克利分校、哈佛大学、斯坦福大学、西北大学（美国）。10所大学的学科排名详如表6-1所示。

从QS世界大学材料科学学科排名（2019）看，5所中国"双一流"大学的排名位于12~100，而5所美国一流大学的排名都在10以内，说明所选择的5所中国"双一流"大学在材料科学学科的学术竞争力与5所美国一流大学存在一定差距。本章采用定量分析的方法，从论文研究产出规模、研究影响力、国际合作和研究内容等角度分析中美两组顶尖大学材料科学学科学术竞争力的差异，并进一步探讨中国"双一流"大学材料科学学科发展的优势、劣势、机会和潜力，为中国"双一流"大学材料科学学科的建设和发展提供参考。

表6-1　材料科学研究对象及其学科排名

学校名称		第四次学科评估结果	QS学科排名
中文	英文		
清华大学	Tsinghua University	A+	12
北京航空航天大学	Beihang University	A+	51~100
哈尔滨工业大学	Harbin Institute of Technology	A	51~100
上海交通大学	Shanghai Jiao Tong University	A	25
浙江大学	Zhejiang University	A	36
麻省理工学院	Massachusetts Institute of Technology（MIT）	/	1
斯坦福大学	Stanford University	/	2
加州大学伯克利分校	University of California，Berkeley（UCB）	/	5
哈佛大学	Harvard University	/	7
西北大学（美国）	Northwestern University	/	10

*第四轮学科评估结果（材料科学与工程），QS世界大学学科2019年排名（材料科学）

清华大学材料科学与工程全国第四轮学科评估结果为A+。清华大学材料学院现有4个国家重点实验室及多个国家和部委级科研和教学平台，包括新型陶瓷与精细工艺国家重点实验室、先进材料教育部重点实验室、先进成形制造教育部重点实验室、北京电子显微镜中心、先进材料虚拟仿真国家实验教学示范中心、材料科学与工程国家教学示范中心、材料科学与工程研究院中心实验室等国内一流的教学科研平台，以及贝氏体钢推广中心、镁铝合金成形技术研究开发中心、北京市高技术陶瓷材料与工艺国际科技合作基地和功能材料国际联合研究中心等国家级产学研基地。学院根据学科建设需要,成立了6个研究创新团队,分别是材料加工技术及工艺仿真团队、新型功能材料团队、微结构与材料计算团队、新能源材料团队、极端条件材料团队,以及医用环境碳材料团队。同时,学院瞄准材料科学与工程前沿,紧密结合国家重大需求,注重学科交叉,形成了材料微结构及表征、计算材料科学及工程仿真、材料制备工艺及加工工程、新型信息功能材料、新型能源材料、环境友好材料、再生医学及仿生材料、极端条件材料等具有特色并在国内外有影响力的研究方向。

北京航空航天大学材料科学与工程的全国第四轮学科评估结果为A+。北京航空航天大学材料科学与工程学院下设材料科学与工程系、材料物理与化学系、材料加工工程与自动化系、高分子及复合材料系,是航空科学与技术国家实验室航空材料与结构功能实验室的建设单位,拥有多个国家级、省部级实验室,联合建立2个"2011协同创新中心",并获批"111"引智基地。依托学院建设有大型金属构件增材制造技术国家工程实验室、国防高性能碳纤维检测评价中心、国防激光快速制造工程中心、空天先进材料与服役教育部重点实验室、特种功能材料与薄膜技术北京市重点实验室、北京市聚合物基复合材料重点实验室、民航安全技术和鉴定重点实验室、高温结构材料与涂层技术工信部重点实验室等。学院主持国家及国防重大与重点项目40余项,获得科技奖励20余项。学院现有中国工程院院士5人,形成了超常服役环境金属智能材料国家自然基金委创新群体、高性能非平衡材料科学与工程与技术和高性能金属材料激光制备与成型教育部创新团队、先进高温材料与涂层技术国防科技创新团队以及增材制造科技部重点领域创新团队。

哈尔滨工业大学材料科学与工程的全国第四轮学科评估结果为A。哈尔滨工业大学材料科学与工程学院下设材料科学系、材料工程系、焊接科学与工程系、材料物理与化学系、信息材料与技术系,另有先进焊接与连接国家重点实验室、金属精密热加工国家级重点实验室、空间环境材料行为与评价技术国家级重点实验室和材料科学与工程国家级教学实验示范中心。学院在2019年时拥有中国工程院院士4人,国家百千万人才工程入选者4人。学院拥有教育部创新团队1个,国家自然科学基金委创新研究群体1个,国防科技创新团队3个。学院完成国家各类科技计划项目和企业合作科研项目数百项,自主掌握了一批高性能材料制备及复杂构件近净成形与精密连接核心关键技术,为汽车工业、装备制造等行业提升竞争力做出了重要贡献,其成果已经在航天和汽车等工业生产得到实际应用。自2010年以来,学院获国家科技奖10项,主要学科研究方向包括高温陶瓷材料、金属基复合材料、空间环境材料、信息功能材料、轻质材料近净成形、特种塑性成形、高效智能焊接、高性能材料连接等。

上海交通大学材料科学与工程的全国第四轮学科评估结果为A。上海交通大学设有国内首批国家重点一级学科"材料科学与工程",并连续多年入围ESI世界前1%学科。材料科学与工程学院2019年时拥有中国科学院院士1人,中国工程院院士4人,国家"973"计划首席科学家4名,教育部新世纪(跨世纪)人才15名,上海市领军人才4名。学院面向学科发展前沿和国家重大需求,组成了13个各有特色的教学和研究团队,并拥有国家及省部级重点(工程)实验室10个,学科交叉研究中心7个,校地平台11个。学院获得国家级二等奖4项,国家国际合作奖1项,省部级科技奖25项,在《自然》《科学》《材料科学与工程进展》等世界著名期刊上发表论文多篇,多项关键技术成果成功应用于航空、航天、船舶海洋及核电等重大工程装备,解决了国家重要领域的关键性问题。

浙江大学材料科学与工程的全国第四轮学科评估结果为A。浙江大学材料科学与工程学院拥有半导体材料、材料物理、高温合金、功能复合材料与结构、金属材料、无机非金属材料6个研究所和1个电子显微镜中心,并拥有硅材料国家重点实验室、表面与结构改性无机功能材料教育部工程研究中心、电池新材料与应用技术研究浙江省重点实验室、新型信息材料技术研究浙江省重点实验室、磁性材料浙江省工程实验室以及浙江省电子显微镜中心等多个重点实验室及研究中心。学院2019年时拥有中国科学院院士3人,浙江省特级专家4人,教育部跨/新世纪优秀人才9人,中组部青年拔尖人才3人,国家优秀青年基金获得者6人,浙江大学求是特聘教授11人,浙江大学百人计划14人。学院先后承担完成国家自然科学基金、国家重点研发计划、973计划、863计划等众多国家重大、重点项目,研究成果共获得国家自然科学二等奖4项、国家技术发明奖14项、国家科技进步奖3项,并多次在《科学》《自然》等国际顶尖学术期刊上发表高水平研究论文,在国内外具有重要学术影响力。

麻省理工学院材料科学与工程系源于1865年麻省理工学院建校时开设

的课程3(course3),当时课程3包含了地质学和采矿学。在之后的几十年里,地质学、采矿学和冶金学等学科内容被反复合并和拆分,直到20世纪40年代,课程3被命名为冶金学系。1967年该系又更名为冶金与材料科学系,1974年起采用现在的名称——材料科学与工程系。材料科学与工程系2019年时拥有全职教师41人,包括教授27人,副教授10人,助理教授4人。此外,该系还拥有工程材料实验室、先进材料实验室、纳米实验室、薄膜实验室等多个实验室。主要研究方向包括计算材料科学、凝聚态物理学、电化学、磁性材料、材料化学、冶金学、纳米技术等。2017年以来,麻省理工学院材料科学位居QS世界大学学科排名第一,居U.S. News学科排名前两位。

斯坦福大学材料科学与工程系成立于1919年,2019年时拥有有全职教授14人,副教授4人,助理教授5人,兼职教授7人。主要研究方向包括生物材料与生物界面,材料计算理论与设计,电子、磁性与光子材料,可持续材料,机械行为与结构材料,新表征方法,新型合成与制造方法,软物质与杂化材料。2017年以来,斯坦福大学材料科学位居QS世界大学学科排名第二,居U.S. News学科排名第3~4位。

加州大学伯克利分校材料科学与工程系起源于1868年成立的采矿系。现拥有核心教师18人,包括教授13人,副教授2人,助理教授3人,其中3人获美国青年科学家总统奖,1人获麦克阿瑟天才奖。主要研究方向包括生物材料,化学与电化学材料,计算材料,电子、磁性与光学材料,结构材料。此外,该系还拥有纳米制造实验室、国家能源研究科学计算中心(National Energy Research Scientific Computing Center, NERSC)、先进光源实验室、国家电子显微镜研究中心等多个实验室及研究中心。2017年以来,加州大学伯克利分校材料科学居QS世界大学学科排名3~5位,居U.S. News学科排名第5~6位。

哈佛大学材料科学的成果大多来自工程与应用科学学院,该学院成立于2007年,起源于1996年成立的工程与应用科学部,2015年6月,哈佛大学工程与应用科学学院收到校友约翰·保尔森(John A. Paulson)一笔高达4亿美元的捐赠,为纪念他慷慨的捐赠,哈佛大学将该学院更名为哈佛大学约翰·保尔森工程和应用科学学院(Harvard John A. Paulson School of Engineering and Applied Sciences)。学院的材料科学与机械工程专业,主要研究方向包括流体力学、材料、机器人与控制、软物质、固体力学、表面与界面科学。2017年以来,哈佛大学材料科学居QS世界大学学科排名5~7位,居

U.S. News学科排名第5~8位。

西北大学(美国)材料科学与工程系正式成立于20世纪60年代,是世界上第一个独立研究材料科学的系科,目前拥有核心全职教授30人,包括多位美国国家科学院成员,国家奖项获得者和行业协会成员,还拥有原子探测中心(Northwestern University Center for Atom-Probe Tomography,NUCAPT)、陶瓷实验室、材料力学性能中心实验室、电子探针仪器中心(Electron Probe Instrumentation Center,EPIC)等十余个实验室及研究中心。主要研究方向包括艺术保护科学、生物材料、陶瓷材料、复合材料、能源材料、磁性材料、电子和光子材料、材料合成与加工、材料理论,计算与设计、合金材料、纳米材料、聚合材料、自组装材料、表面与界面研究等。西北大学(美国)材料科学居QS世界大学学科排名10~11位,居U.S. News学科排名第11位。

第二节　竞争实力及潜力分析

一、中美顶尖大学论文实力与潜力分析

(一)论文竞争力总体对比

表6-2　中美顶尖大学材料科学论文指标综合表现(2015—2019年)

学校	论文数	CNCI	被引次数	论文被引占比	h5指数
中国顶尖大学(5所)	26765	1.42	413525	88.71%	176
美国顶尖大学(5所)	9756	2.16	271105	94.17%	186

为了解中美顶尖大学材料科学学科的总体实力差异,本节以中国顶尖大学(5所)和美国顶尖大学(5所)作为研究对象,对比分析中美两组顶尖大学材料科学论文的综合表现指标。此处的指标包括论文数、学科规范化的引文影响力(CNCI)[①]、被引次数、论文被引占比以及h5指数。其中,论文数表征2015—2019年中美顶尖大学材料科学论文产出规模;CNCI表征论文集

[①]学科规范化的引文影响力(category normalized citation impact,CNCI),该指标能够表征一组论文在学科层面上的相对影响力水平,即该组论文在每个学科中发表论文的实际被引频次与全球该学科同年同类型(Article或Review类型)论文的平均被引频次的比值之均值,常用以衡量科研质量。一般以1.00为分界,大于1.00表示科研产出影响力高于平均水平,小于1.00则表示低于平均水平。

在材料科学领域的学术影响力的大小;被引次数表征论文的学术影响广度;论文被引占比是论文被其他学者认可和引用的标志;h5指数是一个混合量纲,本章借用这一指标来综合评价大学材料科学近5年的学术产出数量与学术产出水平。

如表6-2所示,从论文产出规模看,中国顶尖大学5年的论文数为26765篇,年均发文数为5353篇;美国顶尖大学5年的论文数为9756篇,年均发文数为1951篇,中国顶尖大学论文数是美国顶尖大学的2.74倍,表明中国顶尖大学材料科学论文的产出规模相对于美国顶尖大学具有显著优势。从论文的被引次数(未经过学科规范化处理)看,中国顶尖大学材料科学论文的被引次数是美国顶尖大学的1.53倍,结合中美两组顶尖大学的论文产出规模分析,中国顶尖大学的论文产出规模更大可以认为是其被引次数大于美国顶尖大学的根本原因。从CNCI看,中国顶尖大学的CNCI为1.42,美国顶尖大学的CNCI为2.16,两组大学均高于全球平均水平,美国顶尖大学的CNCI是中国顶尖大学的1.52倍,说明美国顶尖大学材料科学论文的学术影响力明显高于中国顶尖大学。从论文被引占比看,中国顶尖大学论文被引占比为88.71%,美国顶尖大学论文被引占比为94.17%,中国顶尖大学略低于美国顶尖大学。从h5指数看,中国顶尖大学的h5指数为176(被引次数高于或等于176次的论文是176篇),美国顶尖大学的h5指数为186(被引次数高于或等于186次的论文是186篇),中国顶尖大学的h5指数同样略低于美国顶尖大学。综上所述,在材料科学领域,中国顶尖大学在论文数和被引次数上显著优于美国顶尖大学,在h5指数和论文被引占比指标上与美国顶尖大学差距较小,但在CNCI上与美国顶尖大学存在明显差距。

为了更直观地展示中美两组顶尖大学在各指标上的差距,将这些指标数据以雷达图(如图6-1所示)的形式展示(图中数据已做归一化处理)。在雷达图中,研究对象的覆盖面积越大,表示其学术竞争力越强。从图中可以看出,中美两组大学各有所长,中国顶尖大学在论文数和被引次数这2项指标上遥遥领先,但在CNCI指标上明显低于美国顶尖大学,说明中国顶尖大学在研究规模上优于美国顶尖大学,但在研究影响力方面与美国顶尖大学存在明显差距。中国顶尖大学在科研成果影响力方面仍有较大的增长空间,应在保持现有研究规模的基础上,注重提升研究水平,努力提高论文产出的质量。

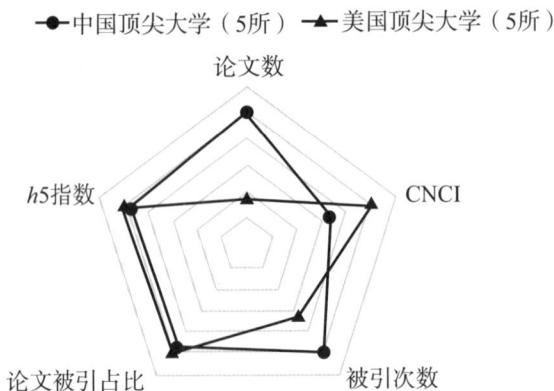

图6-1 中美顶尖大学材料科学领域学术竞争力综合比较(2015—2019年)

(二)研究规模发展态势

为进一步了解中美两组顶尖大学的材料科学学科竞争力发展态势,本部分对中美两组顶尖大学部分学术指标在2015—2019年间的发展变化情况进行了分析,以期全面反映中国"双一流"大学在材料科学学科建设过程中所处的阶段与发展趋势。

中国顶尖大学(5所)和美国顶尖大学(5所)的发文增长率[①]如图6-2所示。从图中可以看出,中美两组顶尖大学在2016—2019四个年度的发文增长率均大于零,说明中美两组顶尖大学在材料科学领域的论文成果均呈持续增长趋势,并且中国顶尖大学的论文成果增速更快。2016—2019年中国顶尖大学发文年度增长率整体呈上升趋势,年度增长率从2016年的5.56%提高到2019年的15.71%,其中,2017年的发文增长率提升最为显著,2019年的发文数已达到2015年的1.65倍。美国顶尖大学的发文年度增长率处在3.42%~7.70%,但其增速波动明显,2019年的发文数约是2015年的1.24倍。结合中美两组顶尖大学总体发文数来看,虽然中美两组顶尖大学在材料科学领域的论文成果均呈持续增长趋势,但中国顶尖大学发文增长速率更快,致使中美顶尖大学在发文数上的差距进一步拉大。

[①]发文增长率是指某一年份发文数的增量与前一年发文数比值,以%表示。如2018年发文增长率=(2018发文数−2017发文数)/2017发文数×100%。

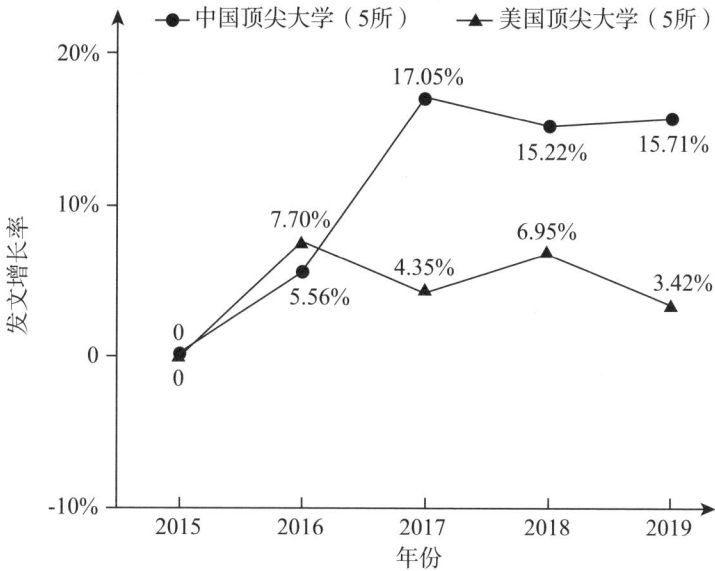

图6-2　中美顶尖大学材料科学领域发文年增长率(2015—2019年)

(三)研究影响力(CNCI)发展态势

中国顶尖大学(5所)和美国顶尖大学(5所)的CNCI的变化情况如图6-3所示。从图中可以看出,中国顶尖大学的CNCI保持在1.33~1.48,2015—2017年,其CNCI上升明显,但之后两个年度略有下降。美国顶尖大学的CNCI为1.74~2.51,2015—2016年其CNCI上升明显,之后呈逐年下降的趋势。中国顶尖大学5个年度的CNCI相较于美国顶尖大学均存在明显差距,但两者之间的差距有逐年缩小的趋势,2015年美国顶尖大学的CNCI比中国顶尖大学高1.06,到2019年两者之差仅为0.33,说明中国顶尖大学近年来在提升材料科学研究影响力方面的努力初见成效。

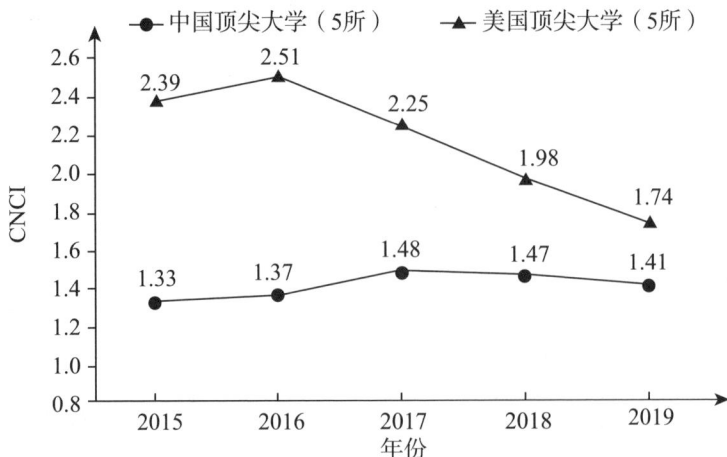

图 6-3　中美顶尖大学材料科学论文 CNCI 发展趋势(2015—2019 年)

(四)中美高校论文竞争力对比分析

为进一步了解 5 所中国顶尖大学和 5 所美国顶尖大学在材料科学领域的具体表现及两组的内部差异,本部分对各校的材料科学论文指标进行了对比分析。

10 所大学材料科学论文综合表现如表 6-3 所示。从表中可知,5 所中国顶尖大学在论文数和被引次数的指标上明显占优,而 5 所美国顶尖大学在 CNCI 上占有显著优势。中国顶尖大学中,清华大学的论文数、被引次数、$h5$ 指数表现最好,浙江大学的 CNCI、论文被引占比表现最好,5 所中国顶尖大学之间发文规模差距较大,但论文的学科影响力差距不大;美国顶尖大学中,斯坦福大学的被引次数、论文被引占比、$h5$ 指数和 CNCI 表现最好,麻省理工学院的论文数表现最好,5 所美国顶尖大学之间发文规模差距不大,但论文的学科影响力差距明显。

图 6-4 呈现了十校以归一化论文数为横轴,以 CNCI 为纵轴的散点图,同时分别以十校平均归一化论文数[①]($X=2.0$)和 CNCI 平均值($Y=1.8$)为分隔线做象限图。利用象限图可将 10 所大学分为四类:落在象限Ⅰ中的大学为十校中论文数和 CNCI 都占优势的大学,这些大学可以被认为是材料科学学科全球竞争力最强的大学;落在象限Ⅱ中的大学为十校中 CNCI 有优势的大学;落在象限Ⅲ中的大学在十校中论文数和 CNCI 都不占优势;落在象限Ⅳ

①归一化论文数的计算方法:i校论文数/l校论文数(1校为论文数最少的学校)

中的大学为十校中论文数有优势的大学。如图6-4所示,5所中国顶尖大学均落在象限Ⅳ,5所美国顶尖大学均落在象限Ⅱ,说明中国顶尖大学在论文发文规模上相对于美国顶尖大学有显著优势,但在CNCI方面,美国顶尖大学明显更具优势,这也与中美两组顶尖大学总体实力的分析结果相一致。由以上分析可知,中国顶尖大学在材料科学研究产出方面占优,但在研究影响力方面与美国顶尖大学仍有较大差距,中国顶尖大学需要在保持研究规模的同时,更加注重研究成果的质量。

表6-3　十校2015—2019年材料科学论文综合表现

学校	论文数	CNCI	被引频次	论文被引占比	$h5$指数
清华大学	7076	1.67	132852	89.22%	133
哈尔滨工业大学	6734	1.12	77770	87.53%	85
上海交通大学	5383	1.39	80919	88.91%	97
浙江大学	4436	1.69	82805	90.49%	105
北京航空航天大学	3786	1.31	53614	87.88%	87
麻省理工学院	2641	2.08	71167	93.49%	110
西北大学(美国)	2153	1.87	50254	94.19%	93
加州大学伯克利分校	2005	2.14	59186	94.91%	103
斯坦福大学	1983	2.78	71566	94.76%	119
哈佛大学	1818	2.23	53030	94.50%	103

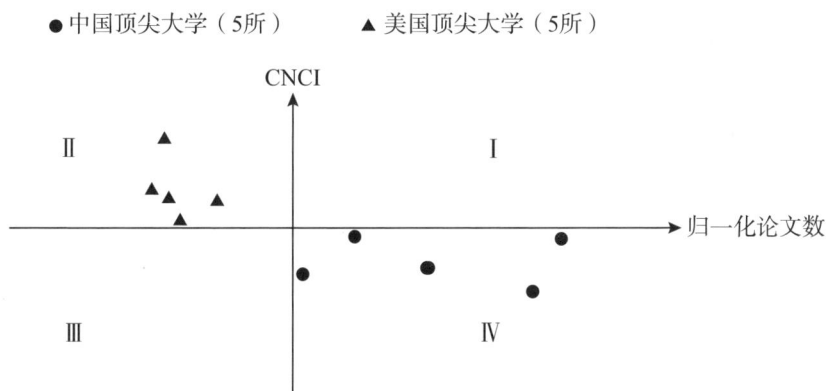

图6-4　十校材料科学归一化论文数与CNCI象限图

二、中美顶尖大学发文期刊实力与潜力分析

(一)发文期刊竞争力分析

1.主要发文期刊分析

本部分统计了中国顶尖大学(5所)和美国顶尖大学(5所)的材料科学论文的主要发文期刊,并分别列出了中美两组顶尖大学发文数排名前30的期刊名称、论文数及期刊分区情况。对比分析中美两组大学材料科学论文的主要发文期刊,可从发文期刊影响力角度了解中美两组顶尖大学材料科学学术竞争力的差异。

由表6-4和表6-5可知,中国顶尖大学主要发文期刊集中在Q1期刊(共24种,占主要发文期刊的80.0%),美国顶尖大学主要发文期刊同样也集中在Q1期刊(共26种,占主要发文期刊的86.7%),两组顶尖大学差别不大。从主要期刊发文数来看,中国顶尖大学在主要发文期刊上的发文数为14716篇(约占总发文数的55%),其中发文数超过500篇的期刊有9种,均为Q1期刊;美国顶尖大学在主要发文期刊上的发文数为6749篇(约占总发文数的69%),其中发文超过500篇的期刊有4种,均为Q1期刊。综上所述,在主要发文期刊竞争力方面,中国顶尖大学与美国顶尖大学之间的差距不大。

表6-4　中国顶尖大学2015—2019年材料科学领域主要发文期刊

期刊名称	论文数	期刊分区
ACS Applied Materials & Interfaces	1471	Q1
Journal of Alloys and Compounds	1208	Q1
Journal of Materials Chemistry A	1019	Q1
Applied Surface Science	732	Q1
Ceramics International	706	Q1
Advanced Materials	693	Q1
Materials Science and Engineering A-Structural Materials Properties Microstructure and Processing	599	Q1
Materials & Design	545	Q1
Advanced Functional Materials	542	Q1
Construction and Building Materials	459	Q1

期刊名称	论文数	期刊分区
ACS Nano	445	Q1
Journal of Power Sources	434	Q1
Materials	433	Q2
Materials Letters	425	Q2
Composite Structures	420	Q1
Nano Energy	395	Q1
Small	393	Q1
Journal of Materials Chemistry C	369	Q1
AIP Advances	361	Q4
Rare Metal Materials and Engineering	339	Q4
Scientific Reports	338	Q1
Journal of Materials Processing Technology	300	Q1
Journal of the American Ceramic Society	299	Q1
Journal of Materials Chemistry B	287	Q1
Nanotechnology	271	Q2
Materials Characterization	267	Q1
Nano Letters	258	Q1
Surface & Coatings Technology	258	Q1
Journal of Materials Science-Materials in Electronics	229	Q2
Advanced Energy Materials	221	Q1

表6-5 美国顶尖大学2015—2019年材料科学主要发文期刊

期刊名称	论文数	期刊分区
Nano Letters	850	Q1
ACS Applied Materials & Interfaces	657	Q1
ACS Nano	594	Q1
Advanced Materials	541	Q1
Chemistry of Materials	474	Q1
Advanced Functional Materials	347	Q1
Journal of Materials Chemistry A	241	Q1

续表

期刊名称	论文数	期刊分区
Biomaterials	235	Q1
Acta Materialia	223	Q1
Advanced Energy Materials	210	Q1
Soft Matter	192	Q1
Small	188	Q1
Nature Materials	184	Q1
Advanced Healthcare Materials	163	Q1
Nature Communications	162	Q1
Nature Nanotechnology	143	Q1
Physical Review Materials	135	Q2
Nano Energy	128	Q1
Scientific Reports	117	Q1
Acta Biomaterialia	114	Q1
Nanotechnology	114	Q2
ACS Energy Letters	104	Q1
Journal of Power Sources	101	Q1
ACS Biomaterials Science & Engineering	84	Q2
AIP Advances	83	Q4
Journal of Materials Chemistry C	78	Q1
Scripta Materialia	75	Q1
Advanced Electronic Materials	73	Q1
Proceedings of the National Academy of Sciences of the United States of America	72	Q1
Construction and Building Materials	67	Q1

2.发文期刊竞争力分析

为帮助学者更好地了解本领域学术期刊的水平,科睿唯安公司制定了期刊分区,即 JCR 分区。JCR 分区将期刊划分为 176 个 WoS 学科,每个学科的期刊按照当年的影响因子高低排名,根据期刊在所属学科中的排名(X)与该学科所有期刊数量(Y)的比值(Z)得出期刊的分区,$Z \leqslant 25\%$ 为 Q1、$25\% < Z \leqslant 50\%$ 为 Q2、$50\% < Z \leqslant 75\%$ 为 Q3,$Z > 75\%$ 为 Q4,4 个分区的期刊数基本相等。通过统计分析中美两组顶尖大学材料科学论文发文期刊的 WoS 学科 JCR 分区数据,可进一步从发文期刊影响力的角度了解中美两组顶尖大学的材料科学学术竞争力差异。

中美顶尖大学材料科学论文期刊的 WoS 学科 JCR 分区数据如图 6-5 所示。从图中可以看出,中国顶尖大学有 87.84% 的材料科学论文发表在 Q1 和 Q2 刊上,美国顶尖大学有 95.38% 的材料科学论文发表在 Q1 和 Q2 期刊上,说明中美两组顶尖大学在材料科学领域都有较高的学术水准。单从 Q1 期刊论文百分比来看,中国顶尖大学的 Q1 期刊论文百分比为 70.73%,而美国顶尖大学的 Q1 期刊论文百分比为 85.89%,明显高于中国顶尖大学,在一定程度上说明美国顶尖大学在材料科学领域发文期刊的影响力更高,材料科学论文也具有更高的学术水平。由于同领域学者更关注 Q1 期刊上发表的成果,更多的 Q1 期刊论文有助于材料科学学术竞争力的快速提升,因此中国顶尖大学需要在提升学术成果整体水平的基础上,加大对前沿和突破性研究的投入,发表更多的 Q1 期刊论文,以提高材料科学学科的学术竞争力。

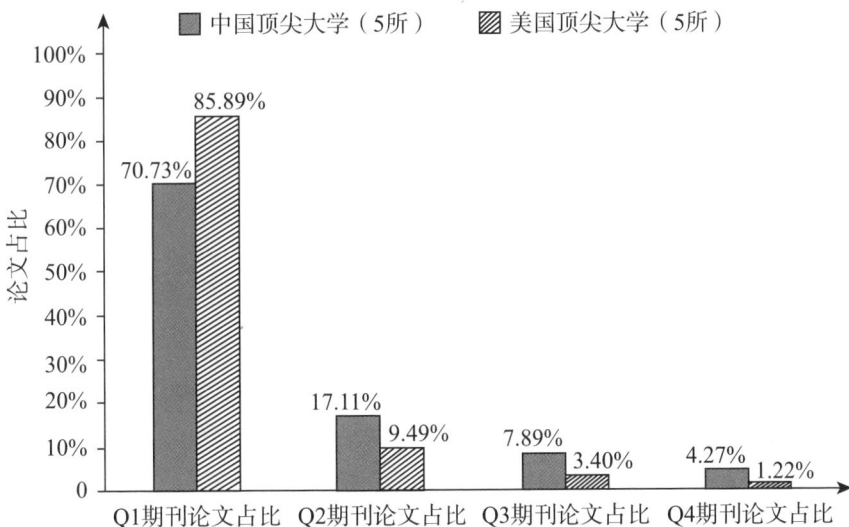

图 6-5　中美顶尖大学材料科学发文期刊分区对比(2015—2019 年)

3.十校发文期刊竞争力分析

为进一步了解 10 所顶尖大学材料科学发文期刊竞争力的具体表现及中美两组顶尖大学的内部差异,本部分对 10 所顶尖大学各校发文期刊分区数据进行了对比分析。十校材料科学发文期刊分区对比如图 6-6 所示。从图中可以看出,5 所中国顶尖大学与 5 所美国顶尖大学在发文期刊的分区上存在明显差异,5 所中国顶尖大学的 Q1 期刊论文占比均低于 75%,其中北京航空航天大学和哈尔滨工业大学低于 70%;而 5 所美国顶尖大学的 Q1 期刊论文占比均高于 80%,其中哈佛大学的 Q1 期刊论文占比高达 88%。但在中美两组大学的内部,发文期刊竞争力的差异均不明显。从整体上看,5 所美国顶尖大学发文期刊竞争力都非常强劲,而 5 所中国顶尖大学在发文期刊竞争力方面仍有不小的提升空间。

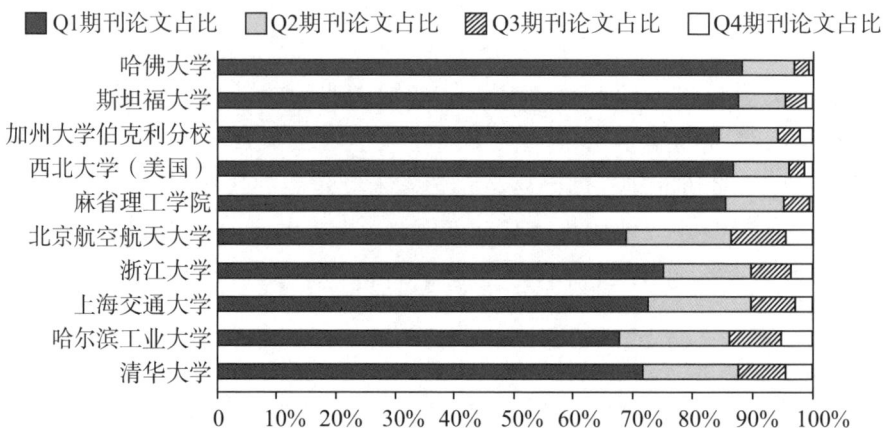

图 6-6　十校材料科学发文期刊分区对比(2015—2019 年)

(二)发文期刊竞争力发展态势

2015—2019 年中国顶尖大学(5 所)和美国顶尖大学(5 所)在材料科学学科发文期刊分区的变化情况分别如图 6-7 和图 6-8 所示。结果表明,中国顶尖大学的 Q1 期刊论文占比 5 年均保持在 70% 左右,除 2019 年略有下降外,整体呈上升趋势。美国顶尖大学的 Q1 期刊论文占比连续 5 年保持在 80% 以上,但呈逐年下降的趋势。由此可见,中国顶尖大学材料科学发文期刊竞争力近年来有明显提升,与此同时,美国顶尖大学材料科学发文期刊竞争力却有所下降,中美两组顶尖大学的发文期刊竞争力的差距正在逐渐缩小。

中国顶尖大学（5所）

■Q1期刊论文占比 ▨Q2期刊论文占比 ▩Q3期刊论文占比 □Q4期刊论文占比

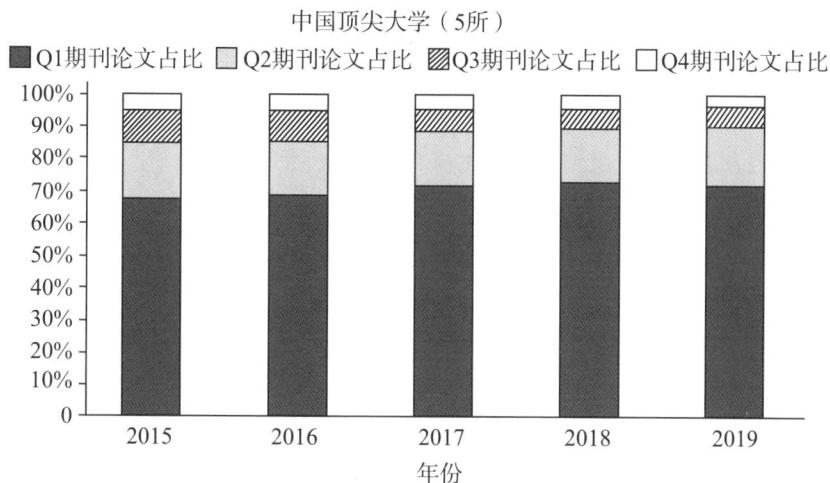

图6-7 中国顶尖大学材料科学发文期刊分区分布

美国顶尖大学（5所）

■Q1期刊论文占比 ▨Q2期刊论文占比 ▩Q3期刊论文占比 □Q4期刊论文占比

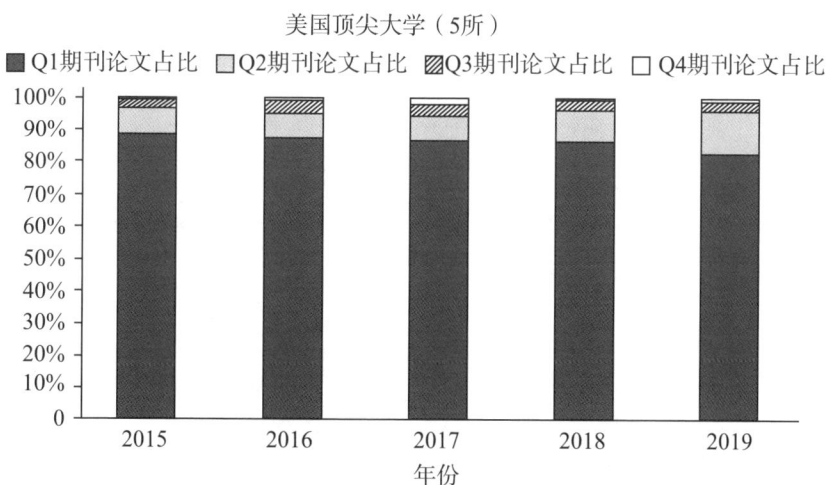

图6-8 美国顶尖大学材料科学发文期刊分区分布

三、中美顶尖大学高水平研究竞争现状及发展态势

（一）高水平研究的多指标分析

为了解中美两组顶尖大学材料科学高水平研究竞争现状及发展态势，本部分对两组大学材料科学学科高水平研究的指标进行了对比分析。此处的高水平研究包括：发表在学界公认的国际顶级或重要科技期刊的论文（Top期刊

论文①），被引前1%论文（Top1%论文）②，被引前10%论文（Top10%论文）③。

中国顶尖大学（5所）和美国顶尖大学（5所）的高水平论文指标对比情况如图6-9所示。从图中可以看出，中美两组顶尖大学的被引前1%论文占比（PPTop1%）和被引前10%论文占比（PPTop10%）都分别超过了1%和10%，说明两组顶尖大学的被引前1%论文占比和被引前10%论文的占比都高于全球平均水平。从3个高水平论文指标来看，美国顶尖大学的整体表现明显优于中国顶尖大学，中国顶尖大学的PPTop1%为2.13%，美国顶尖大学的PPTop1%达到4.21%，是中国顶尖大学的2倍；美国顶尖大学的PPTop10%数值也明显高于中国顶尖大学，是中国顶尖大学的1.7倍；中美两组顶尖大学在PPTop期刊指标上差距最大，美国顶尖大学的PPTop期刊占比是中国顶尖大学的2.6倍。结合前述对中美两组顶尖大学发文期刊分区的分析结果可知，美国顶尖大学不但在材料科学领域的论文期刊竞争力十分强劲，学术成果相较于中国顶尖大学在全球范围内得到了更多的认可，而且在材料科学领域的引领性研究上，其高学术水平和高学术影响力的论文占比也更大，竞争优势更为明显。

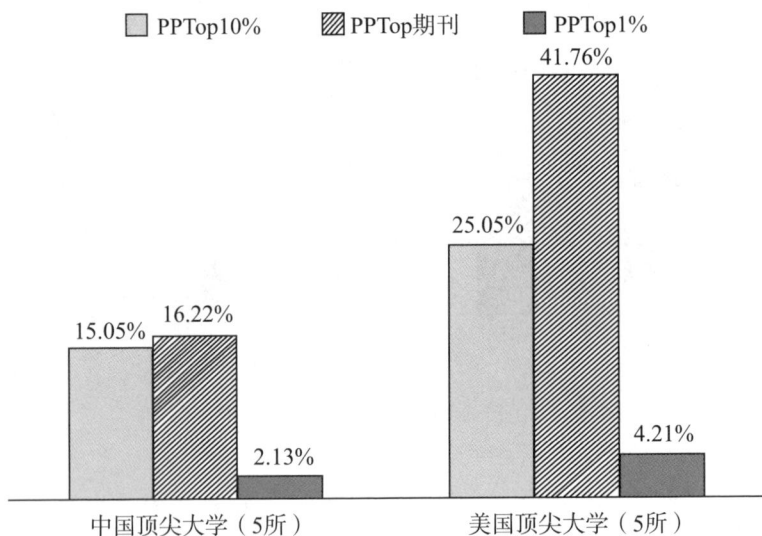

图6-9 中美顶尖大学材料科学高水平论文占比

①材料科学Top期刊：ESI材料科学影响因子排名前15的期刊（年发文量少于100的期刊除外）。
②Top1%论文占比：指在某一指定学科领域、某一年、某种文献类型下，被引频次排名前1%的文献数除以该组文献全部论文数的值，以百分数的形式展现。通常，该指标数值越大，表明该组文献表现越好。
③Top10%论文占比：指在某一指定学科领域、某一年、某种文献类型下，总被引次数排名10%的文献数除以该组文献全部论文数的值，以百分数的形式展现。通常，该指标数值越大，表明该组文献表现越好。

（二）Top 期刊发文竞争力分析

本部分通过对中美两组顶尖大学 Top 期刊发文情况进行对比分析,了解中美顶尖大学材料科学高水平研究产出的差异。此处 Top 期刊是指 ESI 材料科学影响因子排名前 15 的期刊(年发文量少于 100 的期刊除外)。

5 所中国顶尖大学和 5 所美国顶尖大学在材料科学 Top 期刊的发文情况如表 6-6 和表 6-7 所示。从 Top 期刊发文占比来看,中国顶尖大学整体 PPTop 期刊为 16.22%,低于其中 3 所大学的 PPTop 期刊占比,说明中国顶尖大学之间在材料科学领域有较多的合作;美国顶尖大学整体的 PPTop 期刊为 41.76%,低于其中 2 所大学的 PPTop 期刊占比,说明美国顶尖大学在材料科学领域同样存在相互之间的合作。从 Top 期刊发文数来看,中国顶尖大学在 Top 期刊上的发文数为 4342 篇,美国顶尖大学在 Top 期刊上的发文数为 4074 篇,两者差距较小,但美国顶尖大学在 Top 期刊上的发文占比是中国顶尖大学的 2.6 倍,说明美国顶尖大学在材料科学领域高质量论文方面的优势明显,中国顶尖大学仍有较大的进步空间。进一步对比中美两组顶尖大学的内部差异可知,中国顶尖大学在 Top 期刊上的发文数为 598~1464 篇,发文占比为 8.88%~22.54%,其中:清华大学 Top 期刊发文数最多(1464 篇),占比为 20.69%;其次是浙江大学,Top 期刊发文数为 1000 篇,占比为 22.54%;哈尔滨工业大学 Top 期刊发文数最少(598 篇),占比仅为 8.88%。而同一时期美国顶尖大学在 Top 期刊上的发文数为 710~1051 篇,占比为 39.05%~49.37%,其中:麻省理工学院 Top 期刊发文数最多(1051 篇),占比为 39.8%;其次是斯坦福大学,Top 期刊发文数 979 篇,占比为 49.37%;西北大学(美国)Top 期刊发文数最少(886 篇),占比为 41.15%。由以上分析可知,5 所美国顶尖大学内部间的 Top 期刊发文情况较为均衡,而 5 所中国顶尖大学内部之间差距较大,且存在个别成员指标表现欠佳的情况。

表6-6　中国顶尖大学材料科学 Top 期刊发文情况[①]　　　　（单位：篇）

期刊名称	5 年影响因子	2015—2019 Top 期刊发文量					
		清华大学	哈尔滨工业大学	上海交通大学	浙江大学	北京航空航天大学	合计
Nature Materials	43.608	20	1	6	9	1	35
Nature Nanotechnology	40.301	18	1	4	9	4	34

①检索结果与检索时间相关,不同的检索时间,本部分的数据结果可能会略微不同。

续表

期刊名称	5年影响因子	2015—2019 Top期刊发文量					
		清华大学	哈尔滨工业大学	上海交通大学	浙江大学	北京航空航天大学	合计
Advanced Materials	26.444	259	45	119	151	145	693
Advanced Energy Materials	23.315	79	29	35	44	43	221
ACS Energy Letters	18.708	10	9	7	8	7	41
Nano Energy	15.988	136	68	50	93	64	395
Advanced Functional Materials	15.722	181	71	100	103	113	542
ACS Nano	15.211	146	69	76	104	68	445
Materials Horizons	13.233	12	9	12	14	4	48
Nano Letters	12.727	123	19	44	72	15	258
NPJ Computational Materials	11.282	8	2	1	4	1	15
Journal of Materials Chemistry A	10.694	267	207	168	261	138	1019
Small	10.611	154	47	67	84	53	393
Nano-Micro Letters	10.439	9	7	28	12	2	57
Chemistry of Materials	10.102	42	14	46	32	17	146
15种Top期刊论文数	—	1464	598	763	1000	675	4342
15种Top期刊论文占比	—	20.69%	8.88%	14.17%	22.54%	17.83%	16.22%

表6-7　美国顶尖大学材料科学Top期刊发文情况　　　　（单位:篇）

期刊名称	5年影响因子	麻省理工学院	西北大学（美国）	加州大学伯克利分校	斯坦福大学	哈佛大学	合计
Nature Materials	43.608	58	24	43	55	42	184
Nature Nanotechnology	40.301	40	12	31	47	37	143
Advanced Materials	26.444	138	97	114	114	146	541

期刊名称	5年影响因子	麻省理工学院	西北大学（美国）	加州大学伯克利分校	斯坦福大学	哈佛大学	合计
Advanced Energy Materials	23.315	55	37	46	74	13	210
ACS Energy Letters	18.708	11	26	19	46	6	104
Nano Energy	15.988	38	13	36	42	5	128
Advanced Functional Materials	15.722	98	82	55	79	74	347
ACS Nano	15.211	150	143	108	131	132	594
Materials Horizons	13.233	9	8	3	5	8	29
Nano Letters	12.727	201	142	229	216	143	850
NPJ Computational Materials	11.282	13	11	17	5	0	40
Journal of Materials Chemistry A	10.694	74	57	58	49	18	241
Small	10.611	47	49	25	20	68	188
Nano-Micro Letters	10.439	0	0	0	1	0	1
Chemistry of Materials	10.102	119	185	110	95	18	474
15种Top期刊论文数	—	1051	886	894	979	710	4074
15种Top期刊论文占比	—	39.80%	41.15%	44.59%	49.37%	39.05%	41.76%

（三）Top论文发文竞争力分析

通过对比分析中美10所顶尖大学高被引论文的具体表现，深入了解10所顶尖大学在高水平研究方面的表现差异及两组顶尖大学的内部差异。此处Top论文包括被引次数排名前1%的论文（PPTop1%）和被引次数排名前10%的论文（PPTop10%），这类论文受到较多的同学科学者的关注，同Top期刊论文一样，也可以认为是高水平研究成果。

中美10所顶尖大学的各校PPTop1%[①]如表6-8所示。从表中可以看出，

①PPTop1%：指在某一指定学科领域、某一年、某种文献类型下，被引次数排名前1%的文献数除以该组文献总数的值，以百分数的形式展现。该指标数值越大，表明该组文献表现越好。如果某组论文的该指标值等于1%，说明该组论文中有1%的论文位于全球同类论文（同一学科、出版年和文献类型）被引次数排名的前1%，也说明这组论文的水平与全球平均水平相当。一个高于1%的值代表该组论文中超过1%的论文位于全球同类论文排名的前1%，同样的，一个低于1%的值代表该组论文中不足1%的论文位于全球同类论文排名的前1%。

5所中国顶尖大学的PPTop1%为1.01%~3.41%,除清华大学外,其余4所大学均低于3%;而5所美国顶尖大学的PPTop1%为2.93%~6.61%,除西北大学(美国)外,其余4所大学均高于4%,说明在PPTop1%的指标上,美国顶尖大学整体优于中国顶尖大学。同时,中美两组顶尖大学内部个体间也存在着较大差异。在中国顶尖大学中,清华大学的PPTop1%最高(3.41%),其次是浙江大学(2.93%),哈尔滨工业大学的PPTop1%最低,仅为1.01%;在美国顶尖大学中,斯坦福大学的PPTop1%最高(6.61%),其次是加州大学伯克利分校和哈佛大学(4.29%),西北大学(美国)的PPTop1%最低(2.93%)。由此可见,在材料科学PPTop1%论文这一指标上,中国顶尖大学不论个体或整体,都与美国顶尖大学存在一定差距,还有较大的提升空间。

表6-8　十校2015—2019年材料科学Top1%论文竞争力比较

学校	PPTop1%	
清华大学	3.41%	
哈尔滨工业大学	1.01%	
上海交通大学	1.89%	
浙江大学	2.93%	
北京航空航天大学	1.72%	
麻省理工学院	4.01%	
西北大学(美国)	2.93%	
加州大学伯克利分校	4.29%	
斯坦福大学	6.61%	
哈佛大学	4.29%	

　　中美10所顶尖大学的PPTop10%[①]如表6-9所示。PPTop10%可以提供更为宽泛的优秀科研成果的评价。与PPTop1%的表现相似,中美两组顶尖大学的PPTop10%整体也相差较大。5所中国顶尖大学的PPTop10%为10.84%~19.54%,均小于20%;而5所美国顶尖大学的PPTop10%为22.20%~

①PPTop10%:指在某一指定学科领域、某一年、某种文献类型下,被引次数排名前10%的文献数除以该组文献总数的值,以百分数的形式展现。该指标数值越大,表明该组文献表现越好。如果某组论文的该指标值等于10%,说明该组论文中有10%的论文位于全球同类论文(同一学科、出版年和文献类型)被引次数排名的前10%,也说明这组论文的水平与全球平均水平相当。一个高于10%的值代表该组论文中超过10%的论文位于全球同类论文排名的前10%,同样的,一个低于10%的值代表该组论文中不足10%的论文位于全球同类论文排名的前10%。

30.56%,均大于20%。此外,中美两组顶尖大学内部个体间也存在着一定差距,中国顶尖大学中,浙江大学的PPTop10%最高(19.54%),其次是清华大学(18.09%),哈尔滨工业大学最低,仅为10.84%;美国顶尖大学中,斯坦福大学的PPTop10%最高(30.56%),其次是加州大学伯克利分校(26.48%),西北大学(美国)的PPTop10%最低,为22.20%。再次说明,在材料科学论文的PPTop10%指标上,中国顶尖大学在整体和个体上相对于美国顶尖大学均存在着较大差距。

表6-9 十校2015—2019年材料科学Top10%论文竞争力比较

学校	PPTop10%	
清华大学	18.09%	
哈尔滨工业大学	10.84%	
上海交通大学	14.17%	
浙江大学	19.54%	
北京航空航天大学	13.95%	
麻省理工学院	24.95%	
西北大学(美国)	22.20%	
加州大学伯克利分校	26.48%	
斯坦福大学	30.56%	
哈佛大学	25.63%	

四、国际合作竞争现状及发展态势分析

(一)中美顶尖大学国际合作论文竞争力及发展态势

1.国际合作论文竞争力分析

为了解中美顶尖大学国际合作论文竞争力及发展态势,本部分对中美两组顶尖大学材料科学国际合作论文的表现进行了对比分析。国际合作论文指由2个或者2个以上国家(地区)的作者共同参与合作发表的论文,国际合作论文占比指学者或机构发表的国际合作论文数占全部论文数的百分比,体现了研究成果的国际化程度。

中美顶尖大学材料科学国际合作论文表现如表6-10所示。从国际合作论文规模来看,美国顶尖大学材料科学国际合作论文数为5907篇,校均国际

合作论文数为1181篇；中国顶尖大学材料科学国际合作论文数为7336篇，校均国际合作论文数为1467篇，是美国顶尖大学的1.24倍，中国顶尖大学的国际合作论文规模大于美国顶尖大学。从国际合作论文占比来看，中国顶尖大学材料科学国际合作率为27.41%，美国顶尖大学材料科学国际合作率为60.55%，是中国顶尖大学国际合作率的2.2倍，表明美国顶尖大学的材料科学论文整体国际化程度要高于中国顶尖大学，中国顶尖大学材料科学领域的论文国际化程度还有较大提升空间。从篇均被引来看，中国顶尖大学材料科学国际合作论文篇均被引为21.31，美国顶尖大学材料科学国际合作论文篇均被引为28.33，是中国顶尖大学的1.3倍。从论文被引占比来看，中国顶尖大学有92.65%的材料科学国际合作论文被其他论文引用，美国顶尖大学有94.43%的国际合作论文被其他论文引用，两者差距较小。从高质量论文占比（PPTop1%和PPTop10%论文）的表现情况来看，中国顶尖大学与美国顶尖大学存在一定差距，例如中国顶尖大学国际合作论文PPTop1%为3.86%，而美国顶尖大学国际合作论文PPTop1%为4.79%，是中国顶尖大学的1.24倍。由以上分析可知，中国顶尖大学在国际合作论文规模上占有优势，但在国际合作论文质量方面不如美国顶尖大学，需要进一步提升国际合作论文的质量及其学术影响力。

表6-10　中美顶尖大学材料科学国际合作论文表现

学校	国际合作论文数	国际合作率	篇均被引	论文被引占比	PPTop1%	PPTop10%
中国顶尖大学（5所）	7336	27.41%	21.31	92.65%	3.86%	21.97%
美国顶尖大学（5所）	5907	60.55%	28.33	94.43%	4.79%	26.73%

2.国际合作论文发展态势分析

中国顶尖大学（5所）和美国顶尖大学（5所）2015—2019年间材料科学国际合作率的变化趋势如图6-10所示。从图中可以看出，2015—2019年中国顶尖大学和美国顶尖大学的材料科学国际合作率均呈逐年增长趋势，但美国顶尖大学的增长速度明显更快，从而导致中国顶尖大学与美国顶尖大学的材料科学国际合作率的差距逐步拉大，至2019年，美国顶尖大学国际合作率已达到中国顶尖大学的2.3倍。

图6-10　中美顶尖大学材料科学国际合作率发展趋势(2015—2019年)

中国顶尖大学(5所)和美国顶尖大学(5所)的国际合作论文年增长率的变化趋势如图6-11所示。从图中可以看出,2016—2019年中美两组顶尖大学的国际合作论文年增长率均大于0,说明中美两组顶尖大学在材料科学领域的国际合作论文均呈不断增长的趋势,中美两组顶尖大学都非常重视材料科学领域的国际合作。此外,美国顶尖大学国际合作论文5年平均增长率为10.28%,中国顶尖大学国际合作论文5年平均增长率为15.54%。结合图6-2综合分析,美国顶尖大学材料科学全部论文的5年平均增长率为5.61%,中国顶尖大学全部论文的5年平均增长率为13.39%,中国顶尖大学国际合作论文年增长率略高于其全部论文的年增长率(高2.15%),美国顶尖大学国际合作论文年增长率则明显高于其全部论文的年增长率(高4.67%)。这表明,近年来中国顶尖大学在材料科学领域国际合作的步伐明显加快,国际合作论文增速大于材料科学论文整体的增速,在国际合作论文发文规模上优于美国顶尖大学,尤其是2017—2019年中国顶尖大学的国际合作论文5年平均增长率远高于美国顶尖大学。但即便如此,与美国顶尖大学相比,中国顶尖大学的国际化步伐仍然不够快,从而导致中美顶尖大学材料科学国际合作率的差距逐步拉大。此外,美国作为引领全球科学研究的国家,与各国都有合作关系,各国科研国际化水平的提升,也同时促进了美国科研国际化水平的提升。中国在加强与美国的科研合作的同时,可以考虑与更多材料科学领域的强国建立国际合作。

图6-11　中美顶尖大学材料科学国际合作论文年增长率(2015—2019年)

综上所述,中国顶尖大学虽然近年来在国际合作论文发文规模和国际合作论文的年增长率指标上优于美国顶尖大学,但在论文质量指标的表现和国际合作率方面,仍与美国顶尖大学有较大差距。中国顶尖大学在扩大合作范围、加快国际合作的步伐、提升国际合作率的同时,还应进一步提升国际合作论文的水平。

(二)中美顶尖大学国际合作成果影响力分析

中国顶尖大学(5所)国际合作论文、中国顶尖大学(5所)全部论文和美国顶尖大学(5所)全部论文的论文影响力指标具体表现如表6-11所示。从平均百分位来看,中国顶尖大学国际合作论文平均百分位为37.97,其表现优于中国顶尖大学全部论文(45.97),略差于美国顶尖大学全部论文(34.22)。从CNCI来看,中国顶尖大学的国际合作论文CNCI为1.93,是中国顶尖大学全部论文的1.36倍,略低于美国顶尖大学全部论文(2.16)。从篇均被引来看,中国顶尖大学国际合作论文篇均被引为21.31,是中国顶尖大学全部论文的1.38倍,但明显低于美国顶尖大学全部论文篇均被引(27.79)。从高质量论文(PPTop1%和PPTop10%)的表现来看,中国顶尖大学国际合作论文同样优于中国顶尖大学全部论文,但相较于美国顶尖大学仍有一定差距。从图6-12中可以清楚看出,中国顶尖大学全部论文的CNCI、PPTop1%和PPTop10%指标都是最低的,并且与其余两者存在一定差距,而中国顶尖大学国际合作论文和美国顶尖大学全部论文在这3个指标上的差距较小。由此可见,在材料科学领域,国际合作对提升中国顶尖大学的论文质量和学术影响力起到了有益贡献,缩小了中国顶尖大学与美国顶尖大学之间的差距。

表6-11　中美顶尖大学材料科学国际合作论文影响力比较

学校	平均百分位	CNCI	篇均被引	PPTop1%	PPTop10%
中国顶尖大学(5所)国际合作论文	37.97	1.93	21.31	3.86%	21.97%
中国顶尖大学(5所)全部论文	45.97	1.42	15.45	2.13%	15.05%
美国顶尖大学(5所)全部论文	34.22	2.16	27.79	4.21%	25.05%

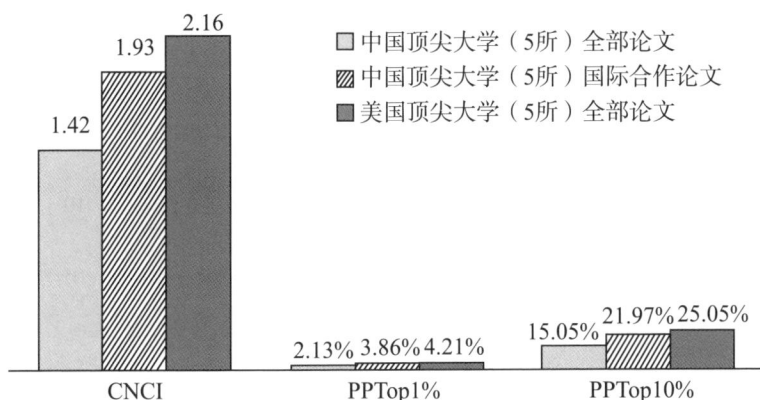

图6-12　中美顶尖大学材料科学国际合作论文影响力比较

(三)中国顶尖大学国际合作地位变化趋势

本部分通过分析2015—2019年中国顶尖大学(5所)在材料科学国际合作中作为第一单位和通讯单位的论文占比变化,以了解中国顶尖大学在国际合作中的地位变化。中国顶尖大学作为第一或通讯单位的材料科学国际合作论文年度发文趋势如图6-13所示,虽然中国顶尖大学2015—2019年作为第一单位的国际合作论文数逐年增加,但由于中国顶尖大学材料科学全部国际合作论文增长更快,致使作为第一单位发表的国际合作论文占比呈逐年下降趋势,说明目前在材料科学国际合作论文中,虽然有超过一半的中国顶尖大学作者为论文做出了主要贡献,但未来作为主要研究者的发展势头可能有所不足,今后中国顶尖大学需要在国际合作中担任更多的主导者的角色。从通讯单位论文占比来看,2015年中国顶尖大学作为通讯单位的国际合作论文占比为52.94%,2016年增加至64.03%,2017—2019年作为通讯单位发表的国际合作论文占比保持在65%左右。由此可见,中国顶尖大学的学者在国际合作中,作为通讯作者的论文占比在前期明显提高,后期逐渐趋于平稳,说明中国顶尖大学还需要在国际合作论文中更多的担当指导者和负责人的角色。

图6-13　中国顶尖大学作为第一或通讯单位的材料科学国际合作论文年度发文趋势（2015—2019年）

第三节　竞争布局分析

一、中美顶尖大学学科布局分析

Web of Science 学科(WoS学科)分类模式由250多个来自自然科学、社会科学与艺术人文领域的学科构成。该分类模式通过将一个大学科划分至多个分支学科而构建(例如材料科学被细化为生物材料科学、涂料与薄膜、陶瓷学等多个学科)。由于不同分支学科的引文情况可能存在较大差异,细化的学科定义成为该学科分类模式的重要特征之一,因此WoS学科分类模式通常被认为是精细文献计量学分析的最佳工具。为了解中美两组顶尖大学的竞争布局,本部分通过Web of Science数据库获取了10所中美顶尖大学材料科学论文的WoS学科分布情况,并对其学科布局进行分析。

从表6-12中可知,中国顶尖大学(5所)材料科学论文发文规模明显大于美国顶尖大学(5所),但两组顶尖大学学科分布在数量上差距不大,10所顶尖大学所涉及的WoS学科数量均在40个左右。美国顶尖大学中,麻省理工学院材料科学论文发文规模最大,有2641篇,涉及WoS学科46个;材料科学论文发文量最少的是哈佛大学,为1818篇,但其涉及的WoS学科数也为46个。中国顶尖大学中,清华大学材料科学论文发文规模最大,有7076篇,涉及WoS学科数为45个;哈尔滨工业大学和上海交通大学材料科学论文数分别居第二和第三位,WoS学科数分别为39个和44个。总体来看,发文规模与学科布局广度并非呈正相关关系,如哈佛大学在10所顶尖大学中材料科学论文数最少,但其WoS学科数最多,学科布局最为广泛。

表6-12　十校2015—2019年材料科学论文的WoS学科分布情况

学校	论文数	WoS学科数
清华大学	7076	45
哈尔滨工业大学	6734	39
上海交通大学	5383	44
浙江大学	4436	44
北京航空航天大学	3786	39
麻省理工学院	2641	46
西北大学(美国)	2153	42
加州大学伯克利分校	2005	38
斯坦福大学	1983	40
哈佛大学	1818	46

图6-14为10所顶尖大学的WoS学科分布热力图。选取每所顶尖大学发文量前50%的WoS学科形成33个WoS学科集合,以这些WoS学科为纵坐标,10所顶尖大学名称为横坐标,横纵坐标交叉的区域代表大学在该学科的发文量,颜色深浅代表发文量多少,颜色越深,说明该校该学科发文量在十校中越多。同时,运用R语言中的Scale函数对发文量进行归一化处理,采用K-means算法依据学科结构相似度进行聚类,使10所顶尖大学形成4个聚类。

结合学科结构的热力图聚类结果,通过比较分析和归纳总结,得出每种聚类内大学的材料科学学科结构特征。第一类大学包括麻省理工学院和哈佛大学,该类大学学科分布重点突出,主要发文学科有工程学·生物医学(engineering,biomedical),物理学·跨学科(physics,multidisciplinary)等;第二类大学包括斯坦福大学、西北大学(美国)和加州大学伯克利分校,该类型大学在 33 个 WoS 学科的发文规模不大,仅在个别学科上颜色较深,主要发文学科包括量子科学与技术(quantum science & technology)、跨学科科学(multidisciplinary sciences)等;第三类大学仅包含清华大学,从热力图上看,清华大学在超过 10 个 WoS 学科上的发文颜色都是最深,主要发文学科包括化学·跨学科(chemistry,multidisciplinary),化学·物理(chemistry,physical),物理学·应用(physics,applied),纳米科学和纳米技术(nanoscience & nanotechnology),物理学·凝聚态(physics,condensed matter)等;第四类大学包括哈尔滨工业大学、北京航空航天大学、上海交通大学和浙江大学,该类大学相对于其他三类大学而言,学科分布较广泛,主要发文学科涉及工程学、制造(Engineering,Manufacturing),仪器和仪表(instruments & instrumentation),材料科学·生物材料(materials science,biomaterials),材料科学·纺织品(materials science,textiles),化学·应用(chemistry,applied)等。

此外,从图 6-14 中可以直观地看出,中美两组顶尖大学的学科分布情况有明显差异。5 所中国顶尖大学整体的学科分布十分广泛,尤其是清华大学和哈尔滨工业大学,在多个学科的发文规模上都占有显著优势。而 5 所美国顶尖大学整体的学科分布重点十分集中,仅在材料科学·生物材料(materials science,biomaterials),工程学·生物医学(engineering,biomedical),物理学·跨学科(physics,multidisciplinary)等学科上发文规模较大。中美顶尖大学在材料科学领域学科布局的不同,反映出两组顶尖大学在材料科学领域研究的侧重点有较大差异,中国顶尖大学十分注重材料科学与其他学科的交叉融合与应用,而美国顶尖大学的研究则更多集中在有关材料科学的研究上。材料产业是各国产业竞争力的基础,近年来中国政府十分重视材料科学与产业的发展,在国家战略层面上发布的《中国制造 2025》《"十三五"国家科技创新规划》等一系列政策文件中都明确部署了新材料领域的技术研发与应用,反映到科学研究层面,材料科学及其分支学科与其他学科的结合和应用仍是研究的重点。

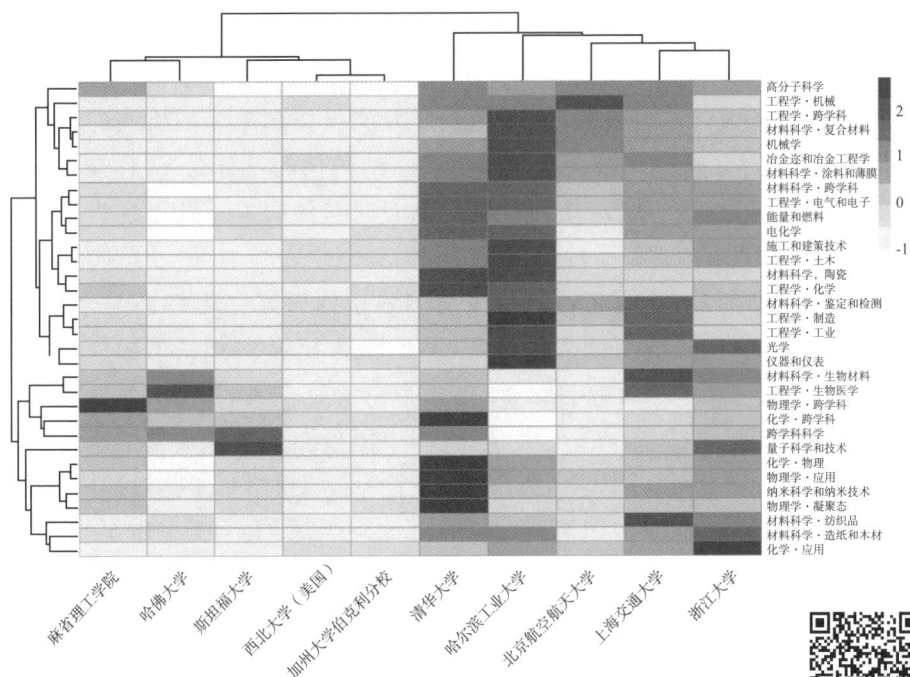

图 6-14 十校材料科学论文 WoS 学科分布热力图

二、中美顶尖大学研究主题分析

(一)研究主题分布和总体表现分析

表 6-13 展示了 10 所中美顶尖大学材料科学研究主题分布情况,本部分所涉及的与研究主题(topics)相关的数据均采集自爱思唯尔的 SciVal 平台。SciVal 平台整合了 Scopus 从 1996 年至今的科研数据,通过文献的引用关系聚类得到超过 9.6 万个研究主题,并应用指纹专利技术和特殊短语,自动抽取题名和摘要给研究主题命名。SciVal 为每个研究主题建立了测度研究主题可见度和发展势头的指标,即主题显著度,根据研究主题的显著度数值排

序,计算每个研究主题的百分位数指标。显著度指数(显著度)[1]高于99%(Top1%)的研究主题,可视为整个科学研究领域的热点研究主题。如果在某个研究主题上,某个机构的发文量达到了发文量排名第一的机构的三分之一,或者被引次数达到了被引次数排名第一的机构的三分之一,就被认为是该研究主题的关键贡献者,作为关键贡献者参与的研究主题可视为该机构的优势研究主题。

如表6-13所示,全球范围内涉及材料科学的研究主题共7696个,中国顶尖大学(5所)参与的研究主题数是6390个,占比为83.0%;美国顶尖大学(5所)参与的研究主题数为4584个,占比为59.6%。中国顶尖大学所参与的研究主题数明显多于美国顶尖大学,说明中国顶尖大学材料科学研究成果的覆盖面更广。此外,中国顶尖大学参与了全部的材料科学热点研究,热点研究主题参与度略高于美国顶尖大学。

从各校数据来看,中国顶尖大学中,清华大学的材料科学研究主题覆盖面最广,优势研究主题数和热点研究主题数都最高;除北京航空航天大学外,其余4所中国顶尖大学在参与研究主题数、优势研究主题数以及热点研究主题数指标上的表现都显著优于美国顶尖大学。美国顶尖大学中,麻省理工学院的材料科学研究覆盖面最广,优势研究主题和热点研究主题参与度都最高;哈佛大学虽然参与研究主题数与热点研究主题数在10所顶尖大学中最低,但其优势研究主题占比在10所顶尖大学中最高。整体来看,中国顶尖大学在材料科学研究主题的覆盖面和热点研究主题数方面的表现均优于美国顶尖大学。

---

[1] 主题显著度综合考虑了最近引用数量、最近浏览数量和期刊CiteScore 3个参数,对每个主题j在第n年的显著度P_j,计算公式如下：$P_j=0.495[C_j-\text{mean}(C_j)]/\text{stdev}(C_j)+0.391[V_j-\text{mean}(V_j)]/\text{stdev}(V_j)+0.1149[CS_j-\text{mean}(CS_j)]/\text{stdev}(CS_j)$ 这里,C_j是主题j中的第n年和$n-1$年发表论文的引用量,V_j是主题j中的第n年和$n-1$年发表论文的Scopus浏览量,CS_j是主题j中的第n年和$n-1$年发表论文的平均CiteScore,其中原始数据经过了对数转换,即$C_j=\ln(C_j+1)$,$V_j=\ln(V_j+1)$,$CS_j=\ln(CS_j+1)$。显著度计算是用标准化分数消除3个指标之间的量纲差异,再对每个研究主题近两年论文的引用数量、浏览数量、期刊评价指数与平均值的离散程度加权求和。因此,显著度指数越高,表示正在关注这个研究主题的研究者越多,也说明这个研究主题的增长势头越猛。实际使用中,SciVal根据主题的显著度数值排序,计算每个主题的百分位数指标。

表6-13　中美顶尖大学材料科学研究主题分布情况比较

	参与研究主题数	优势研究主题数	优势研究主题占比	热点研究主题数
全球	7696	—	—	288
中国顶尖大学(5所)	6390	—	—	288
美国顶尖大学(5所)	4584	—	—	277
清华大学	3435	773	22.50%	281
哈尔滨工业大学	2715	581	21.40%	263
上海交通大学	2876	579	20.13%	281
浙江大学	3094	627	20.27%	279
北京航空航天大学	2122	342	16.12%	224
麻省理工学院	2261	486	21.49%	230
西北大学(美国)	1526	237	15.53%	215
加州大学伯克利分校	1743	326	18.70%	226
斯坦福大学	1817	364	20.03%	204
哈佛大学	1669	433	25.94%	193

10所顶尖大学在材料科学发文前30的研究主题上的论文产出表现如图6-15所示。横轴为十校在某研究主题上的累计表现,无底纹条形代表中国顶尖大学在该研究主题的发文数,有底纹条形代表美国顶尖大学在该研究主题的发文数。发文数较多的研究主题通常是这个领域较为成熟的研究方向。如图6-15所示,这些研究主题的显著度都在90以上,说明近年来全球同领域学者对这些主题的研究成果关注度较高。在多数研究主题上,中美顶尖大学都参与其中,中国顶尖大学在24个研究主题上发文数多于美国顶尖大学,美国顶尖大学仅在6个研究主题发文数上占有优势。此外,中美顶尖大学分别对不同的研究主题具有较强的引领效应,中国顶尖大学处于引领地位的研究主题有5个,分别是T.1363(锂电子电池;离子存储;锂)、T.2252(氰;庚嗪环;光催化剂)、T.2829(四苯乙烯;摩擦发光;噻咯)、T.256(电磁屏蔽;有效带宽;电网络分析)和T.6(电化学电容器;硫化钴;电极材料);美国顶尖大学处于引领地位的研究主题有1个,即T.3622(色心;空位;纳米金刚石)。

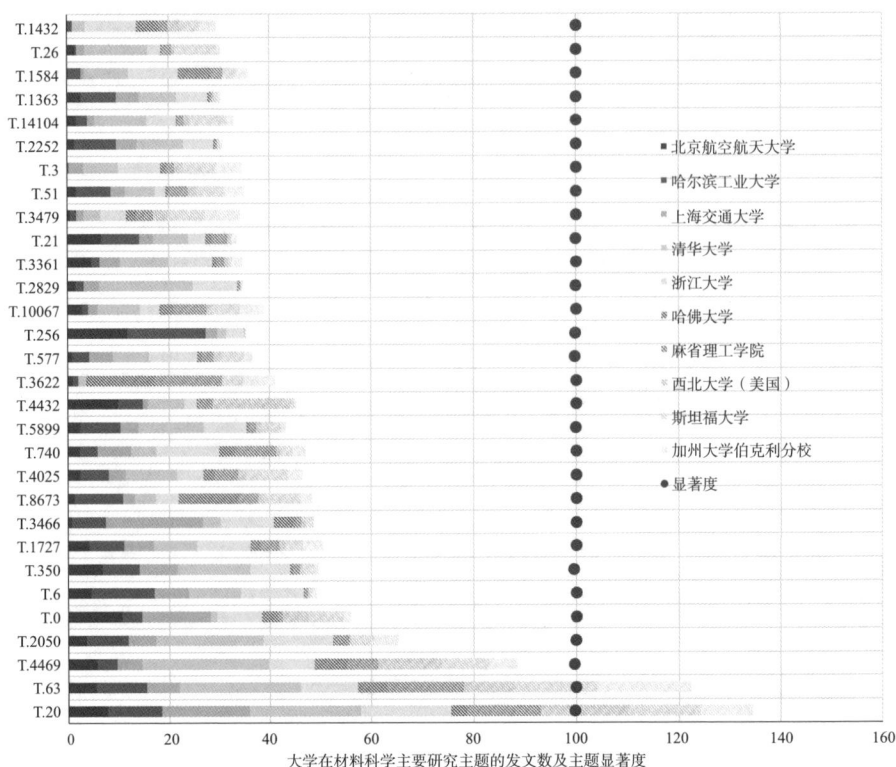

图6-15　十校材料科学主要研究主题（发文前30的主题）的论文产出表现

中国顶尖大学（5所）和美国顶尖大学（5所）发文数前20位的研究主题的学科标准化论文影响力（FWCI）和全球产出份额如图6-16所示，图中空心的三角和圆点代表中美两组大学重叠的主要研究主题，相同的数字代表相同的研究主题。在发文产出方面，美国顶尖大学的主要研究主题的全球产出份额为1.42%~16.49%，有6个主要研究主题的全球产出份额超过10%；中国顶尖大学的主要研究主题的全球产出份额为3.03%~13.58%，有3个主要研究主题的全球产出份额超过10%。在FWCI方面，美国顶尖大学主要研究主题的FWCI为1.69~6.62，有3个研究主题的FWCI超过6；中国顶尖大学的主要研究主题的FWCI为1.24~4.99。由以上分析可知，美国顶尖大学在材料科学主要研究主题产出份额和论文影响力方面的表现略优于中国顶尖大学。

此外，中美两组顶尖大学共有6个研究主题①重叠。在重叠的研究主题

①图中标注序号①~⑥的主题为中美顶尖大学重合的6个研究主题。

中，1个研究主题美国顶尖大学的表现更优，为主题 T.0(聚合物太阳能电池；本体异质结；有机太阳能光伏)；1个研究主题中国顶尖大学的表现更优，为主题 T.63(二硫化钼；硫化铼；范德瓦耳斯)；在另外 4 个研究主题上，美国顶尖大学的 FWCI 更高，但全球产出份额低于中国顶尖大学，分别是 T.20(钙钛矿太阳能电池；溴化铅；甲脒)、T.4469(应变传感器；柔性电子元件；钎焊)、T.740(等离激元；太赫兹；光电探测器)和 T.4025(制氧；电催化剂；水解离)。

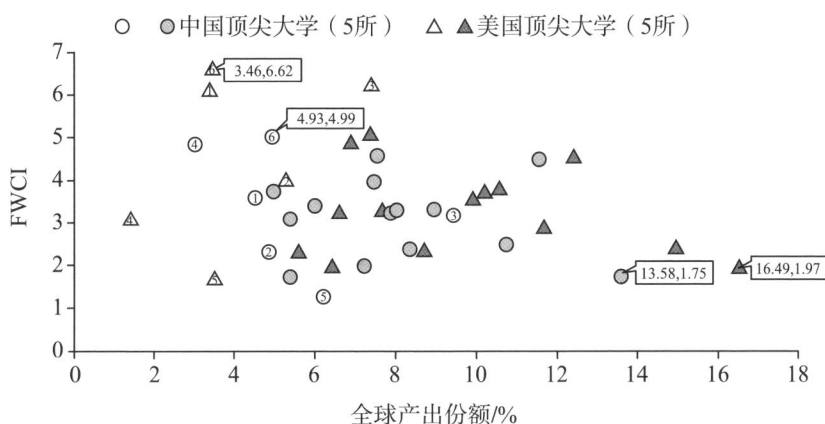

图6-16　中美顶尖大学材料科学主要研究主题(发文前20位的主题)综合对比

(二)十校主要研究主题分析

5所中国顶尖大学主要研究主题(发文数前10位)的具体表现如表6-14所示。5所大学的主要研究主题重合不多，仅 T.20(钙钛矿太阳能电池；溴化铅；甲脒)这一研究主题同时是5所大学发文前10位的研究主题。5所大学在该研究主题上的累计产出份额达到全球的4.66%，其中清华大学全球产出份额最高，为1.35%；上海交通大学的 FWCI 最高，为5.06。中国顶尖大学中，浙江大学与其他4所大学研究主题重合最多，共有5个研究主题重合，另有 T.12558(柱芳烃；轮烷；葫芦脲)、T.740(等离激元；太赫兹；光电探测器)、T.4939(纳滤膜；薄膜复合膜；反渗透)、T.1727[钠离子电池；$NaTi_2(PO_4)_3$；离子存储]和 T.4098(吉布斯方程；溶解度；异丁醇)这5个主题不与其他4所大学的主要研究主题重合。清华大学和北京航空航天大学各有4个主要研究主题与其他4所大学重合，哈尔滨工业大学和上海交通大学各有3个主要研究主题与其他4所大学重合。

各校表现最佳(FWCI最高或者全球产出份额最高)的主要研究主题为：清华大学的 T.2050(锂硫电池；聚硫化物；分离器)，FWCI 达到 6.63；哈尔滨工业大学的 T.2320(钎焊；填充金属；Kovar)，产出份额达到全球的 30.96%；上海交通大学的 T.0(聚合物太阳能电池；本体异质结；有机太阳能光伏)，FWCI 为 6.54；浙江大学的 T.1727[钠离子电池；$NaTi_2(PO_4)_3$；离子存储]，FWCI 为 4.26；北京航空航天大学的 T.0(聚合物太阳能电池；本体异质结；有机太阳能光伏)，FWCI 为 5.86。

表6-14　中国顶尖大学2015—2019年材料科学主要研究主题(发文数前10位)及其具体表现

学校	研究主题	论文数	全球产出份额/%	FWCI
清华大学	Strain Sensor; Flexible Electronics; Sweat	251	5.3	3.87
	Molybdenum Disulfide; Rhenium Sulfide; Van Der Waals	242	2.11	2.46
	Perovskite Solar Cells; Lead Bromide; Formamidine	219	1.35	2.83
	Lithium Sulfur Batteries; Polysulfides; Separators	213	4.88	6.63
	Tetraphenylethylene; Triboluminescence; Silole	183	5.88	2.69
	Visible Light Communication; Optical Wireless; Orthogonal Frequency Division Multiplexing (OFDM)	160	3.23	1.58
	Zinc Air Batteries; Electrocatalysts; Chemical Reduction	146	2.54	5.72

学校	研究主题	论文数	全球产出份额/%	FWCI
清华大学	Electrocatalysts; Cobalt Phosphide; Water Splitting	127	2.73	5.11
	RRAM; Random Access Memory; Memristors	123	3.1	2.02
	Polyvinylidene Fluoride; Barium Titanates; Dielectric Losses	108	4.71	3.49
哈尔滨工业大学	Brazing; Filler Metals; Kovar（Trademark）	209	30.96	0.99
	Titanium Aluminides; Intermetallics; Hot Working	205	18.74	0.94
	Shape-Memory Polymer; Property of Shape; Polyurethan	185	9.93	1.38
	Electromagnetic Shielding; Effective Bandwidth; Electric Network Analyzers	153	3.49	3.51
	Micromotors; Nanorobots; Janus	130	6.71	2.21
	Ultrasonic Motor; Piezoelectric Actuators; Stators	128	16.12	1.89
	Electrochemical Capacitors; Cobaltous Sulfide; Electrode Materials	123	1.44	3.78

续表

学校	研究主题	论文数	全球产出份额/%	FWCI
哈尔滨工业大学	Saturable Absorbers; Diode-Pumped; Yttrium-Aluminum Garnet	115	17.42	0.48
	Perovskite Solar Cells; Lead Bromide; Formamidine	105	0.65	1.92
	Titanium Alloy (TiAl6V4); Titanium Borides; Spark Plasma Sintering	99	20.2	1.25
上海交通大学	Photothermotherapy; Photoacoustics; Theranostic Nanomedicine	189	4.23	3.12
	Perovskite Solar Cells; Lead Bromide; Formamidine	175	1.08	5.06
	Polymer Solar Cells; Bulk Heterojunction; Organic Photovoltaics	134	1.11	6.54
	Heat Storage; Refrigeration; Cooling Systems	126	9.79	1.12
	Plasma Accelerators; Self-Focusing; Gaussian Beams	110	7.33	1.28
	Magnesium Alloys; Precipitation Hardening; Grain Refinement	100	8.16	1.38

学校	研究主题	论文数	全球产出份额/%	FWCI
上海交通大学	Pulse Amplitude Modulation; Passive Optical Networks; Orthogonal Frequency Division Multiplexing (OFDM)	98	5.52	2.01
	DNA Assembly; Toehold; Chemical Reaction Networks	98	4.4	2.48
	Magnesium Alloys; Biodegradable Implant; Microbial Corrosion	84	2.63	1.84
	Laser Welding; Welds; Butt Joints	79	5.67	1.02
浙江大学	Perovskite Solar Cells; Lead Bromide; Formamidine	177	1.09	3.65
	Pillar(5)Arene; Rotaxanca; Cucurbit(8)Uril	138	11.43	2.24
	Lithium Sulfur Batteries; Polysulfides; Separators	137	3.14	3.74
	Plasmons; Terahertz; Photodetectors	124	2.74	1.38
	Electrochemical Capacitors; Cobaltous Sulfide; Electrode Materials	124	1.46	3.2
	Nanofiltration Membranes; Thin Film Composite Membranes; Reverse Osmosis	119	8.48	2.39

续表

学校	研究主题	论文数	全球产出份额/%	FWCI
浙江大学	Molybdenum Disulfide; Rhenium Sulfide; Van Der Waals	112	0.98	2.36
	Sodium-ion Batteries; $NaTi_2(PO_4)_3$; Ion Storage	109	1.88	4.26
	Photothermotherapy; Photoacoustics; Theranostic Nanomedicine	106	2.37	3.19
	Gibbs Equations; Solubility; Isobutanol	102	9.06	0.97
北京航空航天大学	Atomic Clocks; Magnetometers; Spin Exchange	125	12.85	0.63
	Electromagnetic Shielding; Effective Bandwidth; Electric Network Analyzers	119	2.71	2.73
	Optical Gyroscopes; Fiber Optics; Ring Resonator	109	16.49	0.55
	Polymer Solar Cells; Bulk Heterojunction; Organic Photovoltaics	108	0.9	5.86
	Star Sensor; Celestial Navigation; Attitude Measurement	107	15.9	0.78
	Thermoelectric Materials; Lead Selenides; Hole Concentration	101	5.17	4.07

续表

学校	研究主题	论文数	全球产出份额/%	FWCI
北京航空航天大学	Water Collection; Peristome; Nepenthes Alata	90	18	2.93
	Perovskite Solar Cells; Lead Bromide; Formamidine	80	0.49	4.02
	Deuterium Plasma; Tungsten; Helium Ions	80	7.91	0.89
	Zinc Air Batteries; Electrocatalysts; Chemical Reduction	71	1.23	4.24

　　5所美国顶尖大学主要研究主题(发文数前10位)的具体表现如表6-15所示。5所顶尖大学没有重合的主要研究主题,仅有T.63(二硫化钼;硫化铼;范德瓦耳斯)、T.20(钙钛矿太阳能电池;溴化铅;甲脒)和T.4469(应变传感器;柔性电子元件;钎焊)同时是4所大学的主要研究主题。美国顶尖大学中加州大学伯克利分校、斯坦福大学和哈佛大学与其他4所大学研究主题重合最多,各有6个主要研究主题与其他4所大学重合。西北大学(美国)的主要研究主题与其他4所大学重合的最少,仅有3个主要研究主题与其他4所大学重合。

　　各校表现最佳(FWCI最高或者全球产出份额最高)的主要研究主题为:麻省理工学院的T.3692(激光干涉引力波天文台;引力波;热噪声),全球产出份额达到18.9%;西北大学(美国)的T.8145(多腺茄碱;金纳米粒子;寡核苷酸),全球产出份额达到13.63%;加州大学伯克利分校的T.20(钙钛矿太阳能电池;溴化铅;甲脒),FWCI为6.67;斯坦福大学的T.4469(应变传感器;柔性电子元件;钎焊),FWCI为10.73;哈佛大学各主要研究主题的FWCI和产出份额均不突出。

表6-15 美国顶尖大学2015—2019年材料科学主要研究主题（发文数前10位）及其具体表现

学校	研究主题	论文数	全球产出份额/%	FWCI
麻省理工学院	Molybdenum Disulfide; Rhenium Sulfide; Van Der Waals	149	1.3	3.83
	Perovskite Solar Cells; Lead Bromide; Formamidine	144	0.89	6.79
	Color Centers; Vacancies; Nanodiamonds	132	6.7	2.08
	LIGO（Observatory）; Gravitational Waves; Thermal Noise	107	18.9	2.35
	Plasmons; Terahertz; Photodetectors	81	1.79	1.77
	Terahertz; Lithium Niobates; Polaritons	73	11.46	1.13
	Silicon Photonics; Light Modulators; Optical Interconnects	71	3.07	2.39
	Weyl; Metalloids; Paul Adrien Maurice Dirac	67	2.47	5.35
	Topological Insulators; Bismuth Selenide; Quantum Hall Effect	64	2.27	2.46
	Organ-On-A-Chip; Microfluidics; Lab-on-a-chip Devices	62	5.42	3.03
西北大学（美国）	Metal-Organic Frameworks; N(1)-Methyl-2-Lysergic Acid Diethylamide; Zirconium	174	7.96	3.75

续表

学校	研究主题	论文数	全球产出份额/%		FWCI	
西北大学（美国）	Perovskite Solar Cells; Lead Bromide; Formamidine	172	1.06	▏	6.8	▬
	Thermoelectric Materials; Lead Selenides; Hole Concentration	156	7.99	▭	3.58	▬
	Strain Sensor; Flexible Electronics; Sweat	124	2.62	▪	4.37	▬
	Molybdenum Disulfide; Rhenium Sulfide; Van Der Waals	98	0.86	▏	4	▬
	Polyadenine; Gold Nanoparticles; Oligonucleotides	95	13.63	▭	2.03	▬
	Interatomic Potential; Potential Energy Surfaces; Materials Science	53	4.37	▪	3.53	▬
	Polymer Solar Cells; Bulk Heterojunction; Organic Photovoltaics	50	0.42	▏	3.16	▬
	Phase Retrieval; X-Ray Laser; Fourier	49	3.03	▪	1.3	▪
	Diphenylalanine; Peptide Nanotubes; Dipeptides	43	2.16	▪	2.54	▬
加州大学伯克利分校	Molybdenum Disulfide; Rhenium Sulfide; Van Der Waals	184	1.61	▪	4.62	▬
	Perovskite Solar Cells; Lead Bromide; Formamidine	101	0.62	▏	6.67	▬

续表

学校	研究主题	论文数	全球产出份额/%	FWCI
加州大学伯克利分校	Dynamical Phase Transition; Thermalization (Energy Absorption); Eigenvalues and Eigenfunctions	74	4.7	4.58
	Carbon Dioxide Electroreduction; Electrocatalysts; Chemical Reduction	72	2.48	5.59
	Bis(1,3,5-Benzenetricarboxylate) Tricopper(II); MIL-101; Metalorganic Frameworks	64	1.56	2.74
	Color Centers; Vacancies; Nanodiamonds	63	3.2	1.76
	Plasma Accelerators; Self-Focusing; Gaussian Beams	59	3.93	1.62
	Ferroelectric Materials; Hafnium Oxides; Landau Equation	58	6.05	4.41
	Neutron Imaging; Research Reactors; Microchannel Plates	56	9.18	1.71
	Strain Sensor; Flexible Electronics; Sweat	56	1.18	4.95
斯坦福大学	Molybdenum Disulfide; Rhenium Sulfide; Van Der Waals	162	1.41	5.54

学校	研究主题	论文数	全球产出份额/%	FWCI
斯坦福大学	X-Ray Laser; Crystallography; Free Electron Lasers	144	19.05	3.21
	Perovskite Solar Cells; Lead Bromide; Formamidine	142	0.88	5.32
	E 4031; Pluripotent Stem Cells; Cardiac Muscle Cell	101	6.38	2.91
	Strain Sensor; Flexible Electronics; Sweat	92	1.94	10.73
	RRAM; Random Access Memory; Memristors	84	2.12	3.22
	Channelrhodopsins; Optogenetics; Designer Drugs	84	5.54	2.68
	Oxygen Production; Electrocatalysts; Water Splitting	83	1.57	7.52
	Dendrites; Solid Electrolytes; Lithium Deposits	76	5.89	10.08
	Carbon Dioxide Electroreduction; Electrocatalysts; Chemical Reduction	73	2.52	6.19
哈佛大学	Color Centers; Vacancies; Nanodiamonds	135	6.85	2.24
	Berry Phase; Holograms; Terahertz Waves	121	3.2	4.31

续表

学校	研究主题	论文数	全球产出份额/%	FWCI
哈佛大学	Organ-On-A-Chip; Microfluidics; Lab-on-a-chip Devices	86	7.52	3.61
	Dynamical Phase Transition; Thermalization（Energy Absorption）; Eigenvalues and Eigenfunctions	83	5.28	4.17
	Bioprinting; Printability; Tissue Engineering	82	3.79	4.9
	Hydrogels; Polyethylene Glycol Dimethacrylate Hydrogel; Hyaluronic Acid	74	3.78	4.17
	E 4031; Pluripotent Stem Cells; Cardiac Muscle Cell	72	4.55	3.37
	Channelrhodopsins; Optogenetics; Designer Drugs	66	4.36	1.51
	Droplets; Microfluidics; Lab-on-a-chip Devices	65	3.55	2.42
	Strain Sensor; Flexible Electronics; Sweat	63	1.33	5.53

第四节　总　结

材料是现代文明的三大支柱之一，新材料被视为新技术革命的基础和先导。能源、交通、信息、环保事业的进步，以及人民生活水平的提高，无不与材料密切相关。材料科学与工程的涉及面十分广阔，是基础科学与工程科学的融合，也是材料科学与各种现代先进技术结合的产物。目前中国大学大多采用的是大材料学科的发展模式，极大地促进了中国"双一流"大学材料学科资源的整合。而美国顶尖大学较少采用大材料学科模式，有的材料学科资源甚至还分散在不同系部。

本章通过对中美顶尖大学2015—2019年材料科学论文数据的分析，从研究规模、研究影响力、高水平研究、国际合作、研究布局的现状和发展态势等方面，揭示了中美两组顶尖大学材料科学的学科竞争力的具体差距。"双一流"建设期间，中国5所顶尖大学材料学科建设取得了明显进步，论文整体规模和年增长率都超过了美国5所顶尖大学，但在高水平研究方面，中国5所顶尖大学还有较大提升空间。

（一）竞争实力和潜力

中美两组顶尖大学的材料科学论文的综合表现各有千秋，中国5所顶尖大学的论文产出规模胜于美国5所顶尖大学，但在论文被引占比、CNCI、$h5$指数指标上落后于美国5所顶尖大学。材料科学发展态势研究结果表明，中美两组顶尖大学发文规模都在持续增长，但中国5所顶尖大学论文增长速度更快，两组顶尖大学论文数的差距逐渐增大；而两组顶尖大学CNCI的差距有逐年缩小的趋势，2015年美国5所顶尖大学的CNCI比中国5所顶尖大学高1.06，到2019年两者之差已缩小到0.33。

在材料科学发文期刊竞争力以及高水平研究成果方面，中国5所顶尖大学与美国5所顶尖大学存在一定差距。中国5所顶尖大学有87.84%的材料科学论文发表在Q1和Q2期刊上，而美国5所顶尖大学有95.48%的材料科学论文发表在Q1和Q2期刊上，表明美国5所顶尖大学在材料科学领域发文期刊的影响力更高。从高水平研究成果来看，美国5所顶尖大学整体表现优于中国5所顶尖大学，美国5所顶尖大学的被引前1%论文占比是中国5所顶尖大学的2倍，被引前10%论文占比是中国5所顶尖大学的1.7倍，Top期刊论文占比是中国5所顶尖大学的2.6倍。美国5所顶尖大学材料科学的引领性研究成果明显更多，中国5所顶尖大学要达到美国5所顶尖大学的水平尚需时日。

从国际合作论文情况来看，美国5所顶尖大学的整体表现优于中国5所顶尖大学。虽然近年来中国5所顶尖大学在材料科学领域国际合作的步伐明显加快,但由于中国5所顶尖大学国际合作论文年增长率仅略高于其全部论文的年增长率,而美国5所顶尖大学国际合作论文年增长率却明显高于其全部论文的年增长率,因此中美两组顶尖大学材料科学国际化论文占比的差距仍在继续拉大。

(二)竞争布局

在学科布局上,中美两组顶尖大学学科分布在数量上差距不大,10所顶尖大学所涉及的WoS学科数量均在40个左右,但学科分布情况有所不同:中国5所顶尖大学的WoS学科分布极其广泛,学科分布重点突出;相对而言美国5所顶尖大学的WoS学科覆盖面均较小,学科发文规模小。

在全球材料科学的研究主题中,中国5所顶尖大学参与的研究主题数是美国5所顶尖大学的1.39倍,中国5所顶尖大学在材料科学领域论文研究成果的覆盖面更广。比较中美两组顶尖大学在所参与的材料科学主要研究主题(发文数前20位)的FWCI和全球产出份额可发现,美国5所顶尖大学以微弱优势领先于中国5所顶尖大学,中国5所顶尖大学仍需继续提升其发文规模和影响力。

综上所述,中国5所顶尖大学材料科学的研究规模已经超过美国5所顶尖大学,且发展势头强劲,但在高水平研究方面仍与美国5所顶尖大学存在明显差距。中国5所顶尖大学需要更加注重材料科学引领性研究的投入和产出,努力缩小与美国5所顶尖大学在高端研究上的差距。此外,中国应在加强与美国的科研合作的同时,考虑合作对象的多元化,与更多材料科学领域的强国建立国际合作,持续提升材料科学研究的国际化水平。

第七章 中美顶尖大学学术竞争力分析——化学

第一节 概 述

化学学科从近代算起已经有两个世纪的历史,作为一门研究物质相互作用的科学,其目标是认识物质的结构和性能关系,开发新的反应和合成技术,提供具有各种功能的材料。化学是一门与社会生产、生活密切相关的学科,为物质科学、生命科学、材料科学等基础性学科提供了研究对象、理论基础和研究方法,不仅促进了其他学科领域的发展,而且为可持续发展提供了新知识、新技术和新保障。当前,全世界正面临着人口问题、环境问题、资源与可持续发展问题等诸多挑战,化学为这些问题的解决发挥了重要作用。2008年,联合国将2011年定为"国际化学年",以纪念化学学科所取得的成就及其对人类文明的贡献。在现代国际化学领域,美国特别是美国大学享有独特的学术声誉和崇高的学术地位。仅以21世纪以来产生的诺贝尔化学奖为例,在获得诺贝尔化学奖的54名科学家中,来自美国的学者多达28名,其中除少数学者任职于专门的研究机构外,绝大多数为大学教授,美国和美国大学是当之无愧的世界化学学术中心。据2020年11月基本科学指标数据库(ESI)统计,中国化学学科按论文总量及被引次数排序在ESI的22个学科中均位居第一,进入全球ESI化学学科前1%的中国大学已达180余所,化学学科作为中国的优势学科,具备成为世界一流学科的潜力。分析中美顶尖大学化学学科竞争力现状和变化趋势,有助于了解两国大学在化学领域发展的差距,为中国大学化学学科向世界一流迈进提供启示。

根据本书的方法学,以教育部公布的全国第四轮学科评估中化学等级为A(A+,A,A-)的10所大学为底板,辅之以QS世界大学化学学科(2019)的国际排名,最终确定化学学科的国内研究对象为北京大学、清华大学、中国科学技术大学、复旦大学、吉林大学,美国研究对象为麻省理工学院、加州大学伯克利分校、哈佛大学、斯坦福大学、西北大学(美国)。10所大学的学科排名详如表7-1所示。

北京大学的化学专业有着悠久的历史和优良的学术传统,其化学系在中国国立大学中成立最早,其化学学科在历次教育部全国大学一级学科评估中均位列榜首。清华大学化学系在新中国成立时就已经成为国内大学中师资力量最为雄厚、学术水平最高的化学系之一,有着国际化、开放式科学研究和高水平人才培养体系。北京大学和清华大学QS世界大学化学学科排行名(2019)并列全球第18位。复旦大学化学系是在1952年全国高等院校院系调整中,由原浙江大学、交通大学、同济大学、沪江大学、大同大学、震旦大学与复旦大学七校的化学系合并并最终发展而成,实力可见一斑。吉林大学化学学院由老一代化学家蔡镏生院士、唐敖庆院士、关实之教授、陶慰孙教授等人亲手创建,院士聚集,在国内外享有良好的声誉和较高的学术地位。

表7-1 中美顶尖大学化学学科研究对象及其学科排名

学校名称		第四次学科评估结果	QS学科排名
中文	英文		
北京大学	Peking University	A+	18
清华大学	Tsinghua University	A+	18
中国科学技术大学	University of Science and Technology of China	A+	41
复旦大学	Fudan University	A	28
吉林大学	Jilin University	A	101~150
麻省理工学院	Massachusetts Institute of Technology（MIT）	/	1
加州大学伯克利分校	University of California, Berkeley(UCB)	/	2
哈佛大学	Harvard University	/	3
斯坦福大学	Stanford University	/	5
西北大学(美国)	Northwestern University	/	10

*第四轮学科评估结果(化学),QS世界大学学科排名2019(化学)

在5所美国化学领域顶尖大学中,哈佛大学、麻省理工学院都是化学学科的老牌顶尖大学。加州大学伯克利分校的化学学科已经成为公认的世界顶尖学科之一。斯坦福大学化学学科崛起于1960年左右,是斯坦福大学众多优秀学科中的后起之秀。西北大学(美国)的化学系则长期致力于化学基础的合作研究。

北京大学化学学科全国第四轮学科评估结果为A+,是国家一级重点学科,2017年以来居QS世界大学化学学科排名第12~18位。北京大学化学系肇始于1910年成立的京师大学堂格致科化学门,1994年更名为化学与分子工程学院(以下简称化学学院)。作为"国家理科基础科学研究和教学人才培养基地",北京大学化学学院始终以培养"具有健全人格、独立思辨能力和国际竞争力"的杰出人才为使命,培养热爱祖国、崇尚科学、具有高度社会责任感和科学文化素养的化学及相关领域的引领型人才。学院设立了化学、材料化学、化学生物学、应用化学4个专业,现有教职工192人,其中专任教师125名。教师队伍中,有中国科学院院士11人。

清华大学化学学科全国第四轮学科评估结果为A+,2017年以来其QS世界大学化学学科排名居全球第17~19位。清华大学化学系自1982年复系后发展迅速,相继完成了学科布局和学位点、博士后流动站的建立,现在已重新成为国内最重要的化学科学研究和人才培养基地之一,在国际上也有一定影响力。化学系的科研方向不仅涵盖了现代化学的各主要领域,而且包括了21世纪化学发展的最新生长点。化学系下设无机化学、有机化学、分析化学、物理化学、高分子化学与物理5个研究所,对应5个传统二级学科。此外还设有纳米与材料化学、化学生物学、有机电子学、理论化学和超分子化学5个交叉学科和1个实体的基础分子科学中心,以及2个教育部重点实验室:生命有机磷化学及化学生物学教育部重点实验室和有机光电子与分子工程教育部重点实验室。清华大学化学系现有教职员工110余人,其中院士7人,优秀青年基金获得者9人,国家级教学名师1人,北京市教学名师3名,同时还聘请了国内外十多位著名学者担任化学系的双聘教授、兼职教授和客座教授。

中国科学技术大学化学学科全国第四轮学科评估结果为A+,为国家一级重点学科,2019年QS世界大学化学学科排名41位,2020年排名36位。如果说北京大学是化学专业经验最丰富的学府,清华大学是新时代的引领者,那么中国科学技术大学就是实干派的代表。中国科学技术大学非常重视科学技术的研究,参与了许多国家重大科学研究计划。其化学系成立于1997年,现有无机化学、有机化学、分析化学和应用化学4个学科方向。现有教职员工共59人,包括教授24人,其中中国科学院院士3人,副教授22人(包括3名高级工程师)。诺贝尔化学奖获得者J. M. Lehn教授和美国化学会前主席R. Breslow教授在中国科学技术大学担任名誉教授。目前化学学科在校博士生143人,硕士生290人,本科生288人。

复旦大学化学学科全国第四轮学科评估结果为A,居2019年QS世界大学学科排名28位,2020年排名第25位。复旦大学化学系是我国最早的化学一级学科博士学位授权点及博士后流动站之一,其化学学科不仅是一级国家重点学科,而且是国家"双一流"重点建设学科和上海市高峰学科。复旦大学化学系始建于1926年,在1952年全国大学院系调整中,与原浙江大学、交通大学、同济大学、沪江大学、大同大学、震旦大学的化学系合并并发展至今。历经90年,复旦大学化学系已成为我国培养一流化学人才和开展面向国家战略需求的化学前沿研究的重要基地之一。复旦大学化学系内设有无机化学、分析化学、有机化学、物理化学、化学生物学5个二级学科,其中物理化学、无机化学、分析化学为二级学科国家重点学科,无机化学和分析化学入选上海市重点学科建设计划。该系现有在职教职工186人,其中专任教师140人,行政管理和实验室技术人员46人;正高级职称72人,副高级职称70人,中级职称44人;有两院院士3人,双聘院士3人,国家"973计划"首席科学家3人,优秀青年科学基金获得者7人,复旦大学特聘教授1人。

吉林大学化学学科全国第四轮学科评估结果为A,2019、2020年QS世界大学化学学科排名在101~150位。2017年吉林大学化学学科入选国家"双一流"建设学科,其二级学科中有无机化学和物理化学两个国家级的重点学科。吉林大学化学学院的前身是吉林大学化学系,始建于1952年。2000年6月,吉林大学、吉林工业大学、白求恩医科大学、长春科技大学、长春邮电学院合并,组建成立了新的吉林大学。2001年5月,新吉林大学进行院系整合,由来自5所大学化学学科的师生员工组成了化学学院。化学是吉林大学的王牌专业之一,化学学院师资力量强大,教学与科研设施先进,在国内外享有良好的声誉和较高的学术地位,目前已成为我国化学高级人才培养基地与科学研究中心。化学学院现有专职教师322人,其中教授194人、副教授105人(其中博士生导师159人),中国科学院院士(含双聘院士)11位,"万人计划"科技创新领军人才7位,国家级教学名师奖获得者、"万人计划"教学名师2位,"万人计划"青年拔尖人才1位,国家优秀青年科学基金获得者11位。吉林大学化学学院是我国首批一级学科博士学位授权单位,首批博士后科研流动站,目前有在校本科生1110人,研究生1745人。

麻省理工学院2017—2020年QS世界大学化学学科排名第一。麻省理工学院化学系从建校时即存在,由著名化学家William Barton Rogers创立。麻省理工学院的化学系是一个具有包容性、支持性和创新性的团体,其共同目标是创造新的化学知识并指导下一代学生,使这些学生定义化学科学的新领域。化学系的教学和研究计划涵盖的领域包括化学生物学、无机化学、有机化学和物理(实验和理论)化学,以及一些更专业的领域,例如环境和大气化学、材料化学和纳米科学。当前麻省理工化学系拥有超过65名本科生、超过235名研究生和约120名博士后及访问学者。

加州大学伯克利分校2019年QS世界大学化学学科排名第2,2020年排名第5。自1868年伯克利大学成立以来,化学学科一直是该校的重要组成部分。加州大学伯克利分校化学学院包含化学系、化学与生物分子工程系,这两个系的教员都从事广泛的应用和分支学科的教学和研究,为应对重大科学和技术挑战提供了机会和手段,例如气候变化、增加世界粮食供应、合成新材料,以及发现和提供重要药物等。加州大学伯克利分校化学学院在分析化学、无机化学、有机化学、核化学、物理化学和理论化学方面一直处于领先地位,目前在生物物理、材料和大气化学领域以及化学生物学和纳米科学的新兴领域引领着对前沿知识的探索。该学院拥有伯克利催化中心、伯克利绿色化学中心、伯克利全球科学研究所、伯克利纳米科学与纳米工程研究所等20个中心和研究所,每个中心和研究所都有特定的研究和教育重点,目的是加强校企合作。这些研究中心和研究所强调研究小组之间合作的交叉互补,并通过合作和行业联络加强研究生培训。

哈佛大学2019年QS世界大学化学学科排名第3,2020年排名第2。哈佛大学化学与化学生物学系(Department of Chemistry and Chemical Biology,CCB)目前拥有27位高级教员、5位初级教师、6位荣誉教授和78位学术人员。累计拥有诺贝尔奖获得者7名,沃尔夫化学奖获得者3名,美国国家科学奖章获得者9名,普里斯特利奖章获得者3名,韦尔奇化学奖获得者9名,美国国家科学院化学科学奖获得者3名。CCB的研究活动涵盖有机、无机和物理化学的核心学科,以及生命和物理科学的跨学科前沿研究。哈佛大学化学与化学生物系现有学生总数417人,其中博士后139人,研究生

158人,本科生56人,实验室进修学生64人。

斯坦福大学2019年QS世界大学化学学科排名第5,2020年排名第4。化学系是斯坦福大学最早成立的25个系所之一,目前有24名在职教师,其中18人是终身教授,拥有10名美国国家科学院成员,1名诺贝尔奖得主,1名美国国家科学奖章获得者。斯坦福大学化学系博士研究生每年的平均入学人数约为40人,目前约有250名博士在读,另有大约80名博士后学者。斯坦福大学化学系的师生通过探索原子和分子系统创造新形式的物质,并开发实验和理论工具以理解和控制电子、原子、分子和材料。一些研究小组专注于物理和合成化学的核心方面,而其他研究小组则探索材料科学、能源科学、催化学、神经科学、化学生物学和生物物理学等领域的开放性问题。

西北大学(美国)2019年QS世界大学化学学科排名第10,2020年排名第17。西北大学(美国)化学系成立于1884年,长期致力于化学基础的合作研究,并探索纳米技术、能源科学、催化、生命过程、生物化学、材料科学、药物开发、化学和生物工程以及环境科学等多学科的交叉关系。目前,该系拥有29名享誉世界的专门研究活性化学的教师,其中包括8名美国国家科学院院士和1名骑士爵位获得者。现有大约250名研究生和175名博士后、5名讲师、14名研究教授和40名员工。2013年,化学系建成了世界一流的分子结构教育与研究中心,其目标是培养学生成为21世纪的学科带头人,支持世界一流的研究工作。

从QS世界大学化学学科排名看,中国顶尖大学的研究对象中有4所大学排名位于全球前50,另有1所排名在101~105位,而美国顶尖大学的研究对象排名都在前10之内。QS世界大学化学学科排名体现了中美顶尖大学化学学科研究水平的差距,5所美国顶尖大学的化学学科已处于世界领先水平,中国顶尖大学距此还有一定的提升空间。为进一步从多维度分析中美顶尖大学之间的化学学科竞争力差异,本章采用定量指标对标分析的方法,洞察中美顶尖大学在化学学科的总体特征和发展趋势,从研究内容和国际合作等方面寻找差距,探讨中国顶尖大学的化学学科的发展方向。

第二节 竞争实力及潜力分析

〉一、中美顶尖大学论文实力与潜力分析

(一)论文竞争力总体对比

本节分别以中国顶尖大学(5所)和美国顶尖大学(5所)两个整体作为研究对象,对比分析两组顶尖大学化学论文指标的综合表现,包括论文数、学科规范化引文影响力(CNCI)[①]、被引次数、论文被引占比、h5指数[②],具体指标数据如表7-2所示。论文的产出数量和质量直接反映了大学的科研实力,论文数反映了大学的研究规模,CNCI用来分析各大学的论文被引影响力,被引次数是测度大学论文影响力的重要指标之一,h5指数综合考量了大学(或者大学群体)的发文规模和影响力。

表7-2 中美顶尖大学化学论文指标综合表现(2015—2019年)

学校	论文数	CNCI	被引次数	论文被引占比	h5指数
中国顶尖大学(5所)	29501	1.49	454098	90.15%	187
美国顶尖大学(5所)	13156	2.08	325308	94.41%	192

2015—2019年中国顶尖大学(5所)的论文数为29501篇,美国顶尖大学(5所)的论文数为13156篇,中国顶尖大学的化学论文数是美国顶尖大学的2.24倍。中国顶尖大学的论文被引次数(未经过学科规范化)是美国顶尖大学的1.40倍。从CNCI来看,中国顶尖大学的CNCI为1.49,美国顶尖大学的CNCI为2.08,虽然都超过了全球平均水平,但美国顶尖大学化学领域论文的学科引文影响力是中国顶尖大学的1.40倍,说明中国顶尖大学在被引次数上的优势源于其在化学论文数量上的领先,在化学领域上的科研影响力与

[①]学科规范化的引文影响力(category normalized citation impact,CNCI):能够表征一组论文在学科层面上的相对影响力水平,即该组论文在每个学科中发表论文的实际被引频次与全球该学科同年同类型(Article或Review类型)论文的平均被引频次的比值之均值,常用以衡量科研质量。一般以1.00为分界,大于1.00表示科研产出影响力高于平均水平,小于1.00则表示低于平均水平。

[②]h5指数指在过去5年中机构所发表文章的h指数。h指数是一个混合量化指标,综合考量了论文数量和被引次数。h指数是指在一定期间内某学者或科研团队发表的论文至少有h篇的被引频次不低于h次。

美国顶尖大学仍有差距。在h5指数上中国顶尖大学与美国顶尖大学差距较小，中国顶尖大学的h5指数为187（被引次数高于或等于187次的论文是187篇），而美国的h5指数为192（被引次数高于或等于192次的论文是192篇）。中美顶尖大学的化学论文被引占比都超过了90%，但中国顶尖大学的论文被引占比较美国顶尖大学低了4.26%。综上，中国顶尖大学化学学科虽然在论文产出规模上超过美国顶尖大学，但是科研影响力不及美国顶尖大学。

将这些指标数据以雷达图（如图7-1所示）的形式进行呈现，在雷达图中，研究对象的覆盖面积越大，表明其学术竞争力越强。整体来看，除论文数和被引次数外，美国顶尖大学其他3项指标均高于中国顶尖大学。中美两国顶尖大学的h5指数和论文被引占比几乎重合，说明两国顶尖大学在这两个维度的发展水平比较接近；中国顶尖大学化学学科CNCI相比美国顶尖大学处于劣势，是需要着重提升的指标。

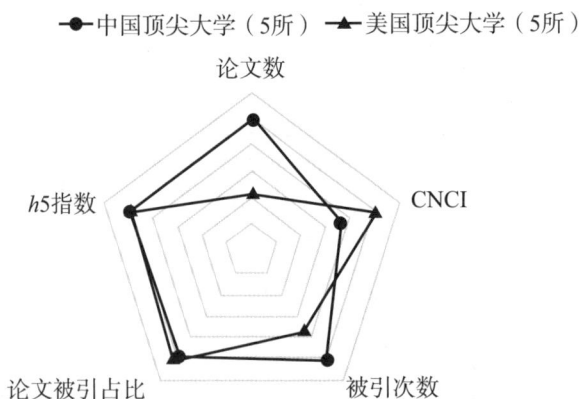

图7-1　中美顶尖大学化学学科学术竞争力综合比较（2015—2019年）

（二）研究规模发展态势

论文成果规模多用于体现顶尖大学对化学领域发展的重视程度，图7-2展示了中国顶尖大学和美国顶尖大学的发文增长率[①]。中国顶尖大学在2016—2019年4个年度的发文增长率全部大于零，而美国顶尖大学则有2个年度的发文增长率小于零。2016—2019年中国顶尖大学化学论文产出均为正增长，5年平均增长率为6.19%，其中2017年发文增长率最低，仅为0.59%。

---

①发文增长率指某一年份发文数的增量与前一年发文数比值，以%表示。如2018年发文增长率=（2018发文数−2017发文数）/2017发文数×100%。

2018年中国顶尖大学在化学领域的发文量激增,年增长率达到了13.02%。总体来看,中国顶尖大学的发文量持续上升,对于化学领域的研究热度只增不减,2018—2019年是中国顶尖大学化学学科较快发展的阶段。2016—2019年期间,美国顶尖大学化学学科的研究成果呈波动下降的趋势,2019年发文量(2546篇)比2015年发文量(2564篇)少了18篇。其发文增长率在2016年达到最高值,为7.64%,2017年和2019年的化学论文发文量出现负增长,增长率分别为-6.09%和-5.49%,2018年发文量虽然有所回升,但增幅不大,可见2016年之后美国顶尖大学化学领域研究增长趋势已逐渐放缓。中国顶尖大学的化学学科发文增长率在2016年超过美国顶尖大学,并一直保持领先状态,中美两国顶尖大学的发文量差距仍将持续扩大。

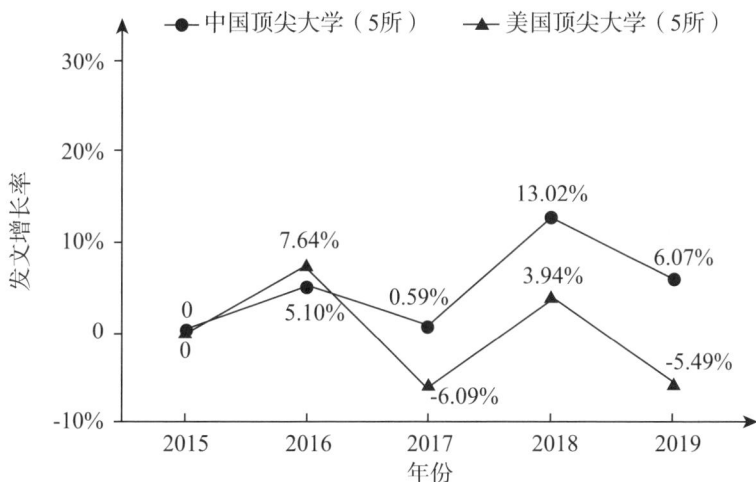

图7-2　中美顶尖大学化学学科发文增长率(2015—2019年)

(三)研究影响力(CNCI)发展态势

学科规范化的引文影响力指标能够消除年份、不同学科之间带来的差异,可以用于横向比较学科影响力,反映不同规模大学间学科发展差距。如图7-3所示为中国顶尖大学和美国顶尖大学2015—2019年CNCI的变化情况。中国顶尖大学化学学科的CNCI已超过全球平均水平,但始终低于美国顶尖大学,但两者之间的差距在逐年变小,2015年美国顶尖大学的CNCI比中国顶尖大学高0.96,至2019年两者之差缩减为0.27。中国顶尖大学的CNCI变化波动较小,呈缓慢上升趋势,CNCI指标从2015年到2019年仅增长了0.11,说明中国顶尖大学在CNCI这一指标上的提升动力不足。美国顶尖大学化学论文的CNCI变化波动较大,表现出明显的下降趋势,CNCI指标从2015年的2.37下降至2019年的1.79。在CNCI方面,美国顶尖大学的科研实力目前虽强于中国顶尖大学,但根据当前CNCI的变化趋势预测,未来两国顶尖大学化学论文的CNCI表现差距将会越来越小。

图7-3　中美顶尖大学化学学科论文CNCI发展趋势(2015—2019年)

(四)十校论文竞争力对比分析

表7-3分别列出了中美10所顶尖大学化学学科的主要竞争力指标。从10所顶尖大学的化学学科论文数来看,吉林大学的表现最为突出。5所中国顶尖大学的论文数均超过5所美国的顶尖大学论文数,发表论文数居前3位的大学分别为吉林大学(7339篇)、清华大学(7243篇)和中国科学技术大学(6530篇),说明这3所大学科研产出相对较多。5所中国顶尖大学的论文数都超过了4000篇,而美国顶尖大学中论文数最多的加州大学伯克利分校,仅发表论文3375篇,说明中国顶尖大学在化学领域的学术规模强于美国顶尖大学。

表7-3　十校2015—2019年化学学科论文综合表现

学校	论文数	CNCI	被引次数	论文被引占比	h5指数
清华大学	7243	1.62	119424	91.51%	124
中国科学技术大学	6530	1.83	115035	89.97%	124
吉林大学	7339	1.17	86369	87.70%	88
北京大学	4971	1.50	85477	90.75%	109
复旦大学	4131	1.45	63201	91.70%	91
加州大学伯克利分校	3375	2.13	90777	94.70%	123
麻省理工学院	3275	2.01	78820	94.66%	113
斯坦福大学	2652	2.48	76409	94.19%	117
西北大学(美国)	2408	2.32	65128	94.93%	112
哈佛大学	2339	1.68	45714	93.12%	85

被引次数越高,说明论文在学术领域内受到的关注越多。观察中美顶尖大学化学领域论文的被引次数可以发现,被引次数超过10万的有清华大学(119424)和中国科学技术大学(115035),哈佛大学(45714)被引次数居十校最末。

从各校CNCI的表现情况来看,10所顶尖大学化学学科论文的CNCI均超过了全球平均值。10所顶尖大学中CNCI排名前三的分别是斯坦福大学(2.48)、西北大学(美国)(2.32)和加州大学伯克利分校(2.13),可见在消除年份、不同学科与文献类型带来的差异后,这3所大学在化学领域有着超高的学术影响力。中国5所顶尖大学中,除中国科学技术大学CNCI(1.83)超过哈佛大学(1.68)外,其他4所大学CNCI均低于美国顶尖大学,说明中国顶尖大学在化学领域的学科影响力与美国顶尖大学还存在差距。

论文被引占比方面,5所美国顶尖大学中有4所都超过了94%,说明美国顶尖大学化学学科的发文受到了广泛的关注。中国顶尖大学化学学科科研产出的认可度稍逊于美国顶尖大学,只有复旦大学和清华大学论文被引百分比超过91%。10所顶尖大学论文被引百分比平均值为92.32%,5所美国顶尖大学论文被引百分比均超过平均值,而5所中国顶尖大学均低于平均值,说明美国顶尖大学无论是整体还是个体,在化学学科上的竞争力都更高,中国顶尖大学的学科竞争力还有很大的提升空间。

$h5$ 指数定义为大学 5 年内发表论文的 h 指数,即 5 年内有 h 篇论文至少被引用了 h 次,h 指数最大的优点是兼顾了数量和质量。10 所顶尖大学中,有 3 所大学的 $h5$ 指数超过了 120,分别是清华大学(124)、中国科学技术大学(124)和加州大学伯克利分校(123),说明这 3 所大学化学学科的高影响力论文表现最好。吉林大学(88)、复旦大学(91)和哈佛大学(85)的 $h5$ 指数均未超过 100,是 10 所大学的末 3 位。

将表 7-3 的数据进一步展示于四象限图(如图 7-4 所示)。图 7-4 以十校归一化论文数为横轴,CNCI 为纵轴,并以十校平均归一化论文数①(X=1.89)和 CNCI 平均值(Y=1.82)为分隔线。右上角的第 Ⅰ 象限代表优势大学,该区域大学的发文量高且论文的学科影响力也高,仅中国科学技术大学勉强进入这个区域,其学科综合竞争力在十校中处于领先;左上角的第 Ⅱ 象限代表潜力大学,该区域的大学论文规模较小,但具有较高的引文影响力,位于该区域的分别是加州大学伯克利分校、麻省理工学院、斯坦福大学和西北大学(美国),这 4 所大学的发文量相对较少,但影响力均超过了十校平均水平;左下角第 Ⅲ 象限的 2 所顶尖大学发文量和 CNCI 表现均未达到平均水平,属于发展相对较弱的大学;而位于右下角第 Ⅳ 象限的 3 所中国大学虽然发文量较高,但影响力表现未达到十校平均水平,属于学术地位受到威胁的大学。位于 Ⅲ、Ⅳ 象限的大学,其化学学科综合竞争力相对较低。总体看来,美国顶尖大学中有 4 所大学集中在第 Ⅱ 象限,1 所大学在第 Ⅲ 象限;中国顶尖大学中有 1 所在第 Ⅰ 象限,1 所在第 Ⅲ 象限,3 所在第 Ⅳ 象限。中国顶尖大学虽然在化学领域贡献了大量的研究成果,但在学术影响力方面与美国顶尖大学尚有一定差距。中国顶尖大学在保证科研产出的同时,应着力提升科研成果的质量,以增强中国顶尖大学在化学领域的综合竞争力。

---

①归一化论文数的计算方法:i 校论文数/l 校论文数(l 校为论文数最少的学校)。

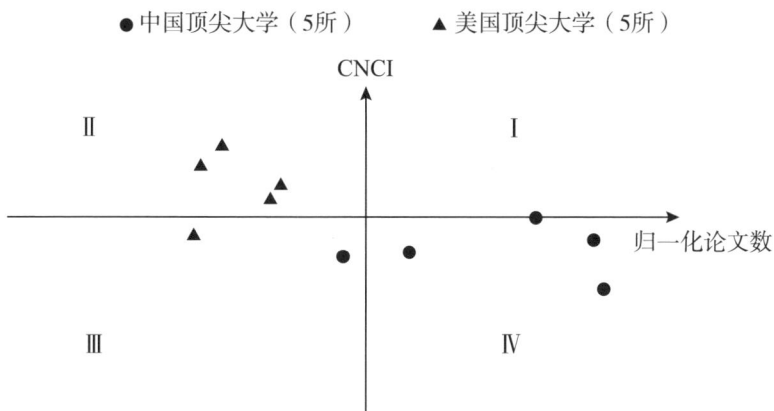

　●中国顶尖大学（5所）　　▲美国顶尖大学（5所）

图7-4　十校化学学科归一化论文数与引文影响力象限图

二、中美顶尖大学发文期刊实力与潜力分析

(一)发文期刊竞争力分析

1.主要发文期刊分析

本节分别统计了5所中国顶尖大学和5所美国顶尖大学化学论文的主要发文期刊,以及两组学校发文数排名前30的期刊名称及其JCR分区情况,如表7-4和表7-5所示。JCR分区为四分位分区,每个分区的期刊数基本相等。根据期刊在所属学科中的排名(X)与该学科所有期刊数量(Y)的比值(Z)得出期刊的分区,$Z \leqslant 25\%$ 为Q1,$25\% < Z \leqslant 50\%$ 为Q2,$50\% < Z \leqslant 75\%$ 为Q3,$Z > 75\%$ 为Q4。中国顶尖大学的主要发文期刊中Q1期刊有20种,Q2期刊有6种,Q3期刊有1种,Q4期刊有3种。2015—2019年5所中国顶尖大学在这些期刊上共发表论文14141篇,占化学学科论文总数的47.93%。其中发文超过500篇的共有7种期刊,发文量最多的期刊为 *RSC Advances*（Q2）,期刊影响因子为3.119,发文量为2215篇,占5所大学发文总数的15.66%,其余6种分别是 *Chemical Communications*、*Angewandte Chemie - International Edition*、*Physical Chemistry Chemical Physics*、*Journal of Physical Chemistry C*、*Journal of the American Chemical Society* 和 *Sensors and Actuators B - Chemical*。中国顶尖大学化学领域主要发文期刊影响因子平均值为5.84,影响因子最高的期刊是 *Journal of the American Chemical Society*,达14.612,中国5所顶尖大学在该期刊上5年共发表论文658篇。

美国顶尖大学的主要发文期刊中 Q1 期刊有 22 种、Q2 期刊有 6 种、Q3 期刊有 2 种。2015—2019 年美国顶尖大学在这 30 种主要期刊上共发表论文 8315 篇，占化学学科论文总数的 63.20%；其中 5 所大学发文超过 500 篇的期刊有 3 种，分别是 *Journal of the American Chemical Society*、*Journal of Physical Chemistry C* 和 *Journal of Chemical Physics*。美国顶尖大学的发文主要集中在 *Journal of the American Chemical Society*（Q1）上，期刊影响因子为 14.612，发文量为 1484 篇，占 5 所大学发文总数的 17.85%。美国顶尖大学化学领域主要发文期刊影响因子平均值为 7.59，影响因子最高的期刊是 *Energy & Environmental Science*，达 30.289，美国 5 所顶尖大学在该期刊上 5 年共发文 186 篇。

表 7-4 中国顶尖大学 2015—2019 年化学学科主要发文期刊

期刊名称	论文数	期刊分区
RSC Advances	2215	Q2
Chemical Communications	953	Q1
Angewandte Chemie-International Edition	901	Q1
Physical Chemistry Chemical Physics	701	Q1
Journal of Physical Chemistry C	700	Q2
Journal of the American Chemical Society	658	Q1
Sensors and Actuators B-Chemical	555	Q1
Sensors	490	Q1
Electrochimica Acta	465	Q1
Analytical Chemistry	436	Q1
Organic Letters	409	Q1
Chemistry-A European Journal	404	Q1
Dalton Transactions	340	Q1
Review of Scientific Instruments	333	Q3
Carbon	318	Q1
Chemical Journal of Chinese Universities-Chinese	306	Q4
Chemical Science	305	Q1
Journal of Chemical Physics	303	Q2

续表

期刊名称	论文数	期刊分区
New Journal of Chemistry	291	Q2
Journal of Colloid and Interface Science	287	Q1
Chemical Research in Chinese Universities	284	Q4
International Journal of Molecular Sciences	283	Q1
Spectroscopy and Spectral Analysis	281	Q4
Nature Communications	280	Q1
LANGMUIR	280	Q2
Chinese Chemical Letters	280	Q2
ACS Sustainable Chemistry & Engineering	277	Q1
ACS Catalysis	272	Q1
Talanta	268	Q1
Journal of Physical Chemistry Letters	266	Q1

表7-5　美国顶尖大学2015—2019年化学学科主要发文期刊

期刊名称	论文数	期刊分区
Journal of the American Chemical Society	1484	Q1
Iournal of Physical Chemistry C	559	Q2
Journal of Chemical Physics	518	Q2
Angewandte Chemie-International Edition	470	Q1
Journal of Physical Chemistry Letters	330	Q1
Physical Chemistry Chemical Physics	317	Q1
Chemical Science	271	Q1
Analytical Chemistry	255	Q1
Review of Scientific Instruments	254	Q3
Inorganic Chemistry	243	Q1
Journal of Instrumentation	233	Q3
ACS Catalysis	228	Q1
Chemical Communications	221	Q1

续表

期刊名称	论文数	期刊分区
Journal of Physical Chemistry B	220	Q2
Nature Communications	218	Q1
Journal of Physical Chemistry A	202	Q2
LANGMUIR	201	Q2
Macromolecules	199	Q1
Lab on a Chip	192	Q1
RCS Advances	190	Q2
Journal of the Electrochemical Society	189	Q1
Energy & Environmental Science	186	Q1
International Journal of Molecular Sciences	174	Q1
Proceedings of the National Academy of Sciences of the United States of America	166	Q1
Journal of Chemical Theory and Computation	163	Q1
ACS Central Science	155	Q1
Chemistry–A European Journal	136	Q1
Accounts of Chemical Research	119	Q1
Organic Letters	114	Q1
Journal of Medicinal Chemistry	108	Q1

中美两国顶尖大学的主要发文期刊有17种相同,重合度达到56.67%,说明中美两国顶尖大学主要发文期刊较集中。美国顶尖大学在主要期刊发文占比达63.20%,比中国顶尖大学发文期刊更加集中,且期刊影响因子平均值也更高。美国顶尖大学化学领域主要发文期刊影响因子的平均值是中国的1.30倍,其发文量最多的期刊 *Journal of the American Chemical Society* 的影响因子是中国顶尖大学发文量最多的期刊 *RSC Advances* 的4.68倍,可见美国顶尖大学的科研成果得到了更多高水平期刊的认可,在化学学科领域的发展水平处于全球领先位置。

2.发文期刊竞争力分析

分析中美顶尖大学化学论文期刊的JCR分区数据(如图7-5所示),进一步对比中美两国顶尖大学各分区期刊论文占比差异。中美顶尖大学的 Q1 期刊论文百分比均超过 50%,美国顶尖大学的 Q1 期刊论文百分比更是达到了71.58%。中国顶尖大学的论文发表在 423 种期刊上,美国顶尖大学的论文发表在 311 种期刊上,而中国顶尖大学 Q1 期刊论文百分比却比美国顶尖大学低了 14.18%,可见美国顶尖大学的科研成果更多集中在高质量期刊上,其发表的化学论文学术质量更高。

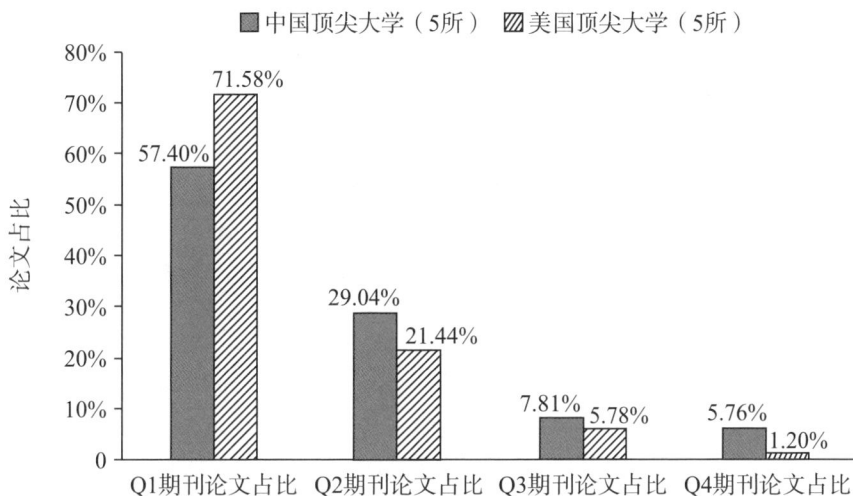

图 7-5 中美顶尖大学化学学科发文期刊分区对比

3. 十校发文期刊竞争力分析

图 7-6 分别列出了中美各所顶尖大学的发文期刊分区数据,以进一步分析 10 所顶尖大学的发文期刊竞争力差异。5 所中国顶尖大学中,有 4 所大学的 Q1 期刊论文百分比都超过了 60%,中国科学技术大学 Q1 期刊论文占比最高,达 61.99%,吉林大学 Q1 期刊论文百分比仅为 47.20%,与其他 4 所大学差距较大。而 5 所美国顶尖大学的 Q1 期刊论文百分比已经接近甚至超过了70%,其中西北大学(美国)Q1 期刊论文百分比几乎达到了 80%。美国顶尖大学发文量虽然不及中国顶尖大学,但其发表在 Q1 期刊的论文比例均高于中国顶尖大学。由中美两国顶尖大学各校发文期刊分区情况可以发现,中国顶尖大学在化学领域的学术产出质量仍有待提高。

图例:■Q1期刊论文占比 □Q2期刊论文占比 ▨Q3期刊论文占比 □Q4期刊论文占比

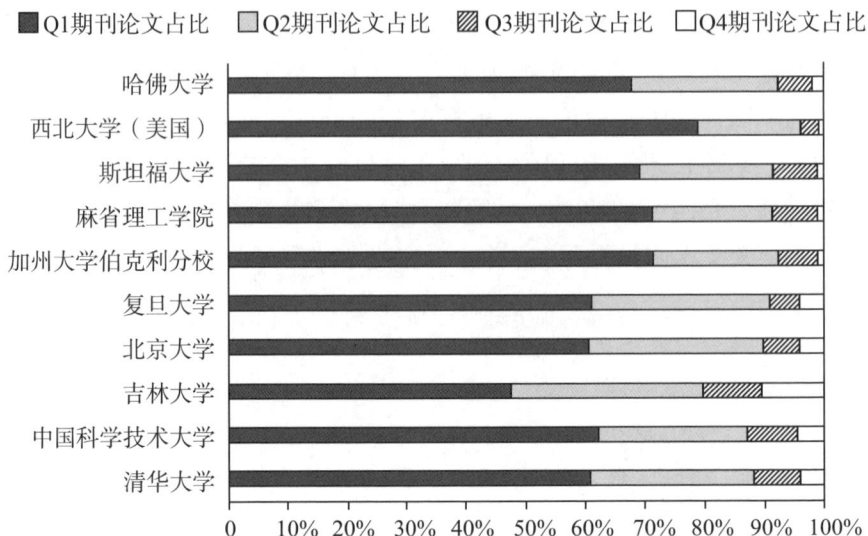

图7-6 十校化学学科发文期刊分区对比(2015—2019年)

(二)发文期刊竞争力发展态势

图7-7和图7-8分别展示了中美顶尖大学2015—2019年化学发文期刊分区变化趋势。中国顶尖大学的Q1期刊论文占比在2015—2018年持续增长了近10%,达到61.44%,但2019年Q1期刊论文占比较上一年有所下降。中国顶尖大学2015—2019年期间Q1和Q2期刊论文百分比之和一直处于85%~90%。2017—2019年是中国顶尖大学在化学学科发表论文量加速增长的时期,而中国顶尖大学在Q1期刊的发文占比依然保持在比较稳定的水平,说明中国顶尖大学在化学学科提速发展的同时也非常重视科研成果的质量。

2015—2019年,美国顶尖大学的Q1期刊论文占比始终在70%上下波动,2017年达到最高值74.26%,最低值则为2019年的69.87%。美国顶尖大学2015—2019年期间Q1和Q2期刊论文百分比之和均超过了90%,2015年和2019年分别达到了96.09%和93.86%。发文期刊的分区情况进一步说明了美国顶尖大学在化学领域的学术产出成果质量较中国顶尖大学更高。值得一提的是,美国顶尖大学在2015—2019年发文量处于波动下降的趋势,但其Q1期刊发文占比却没有受到发文趋势变动的影响,可见,美国顶尖大学在化学学科的高水平研究优势依然存在。

中国顶尖大学（5所）

■Q1期刊论文占比　□Q2期刊论文占比　▨Q3期刊论文占比　□Q4期刊论文占比

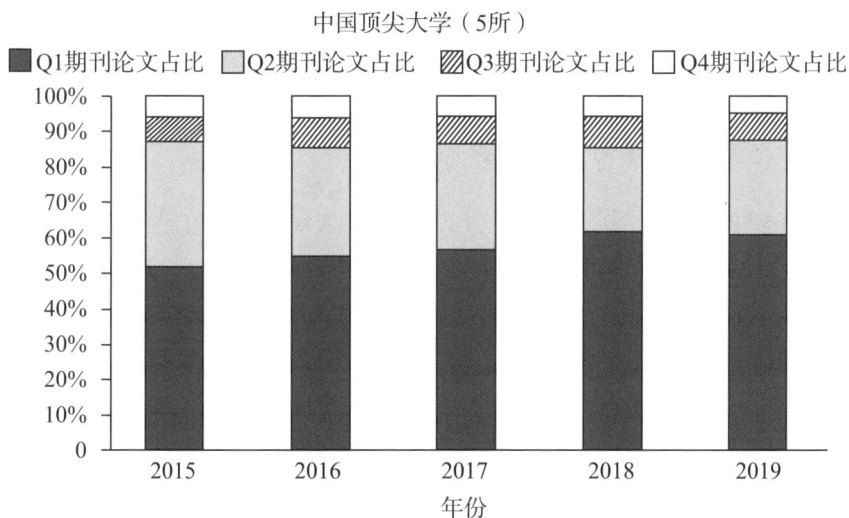

图7-7　中国顶尖大学化学学科发文期刊分区分布

美国顶尖大学（5所）

■Q1期刊论文占比　□Q2期刊论文占比　▨Q3期刊论文占比　□Q4期刊论文占比

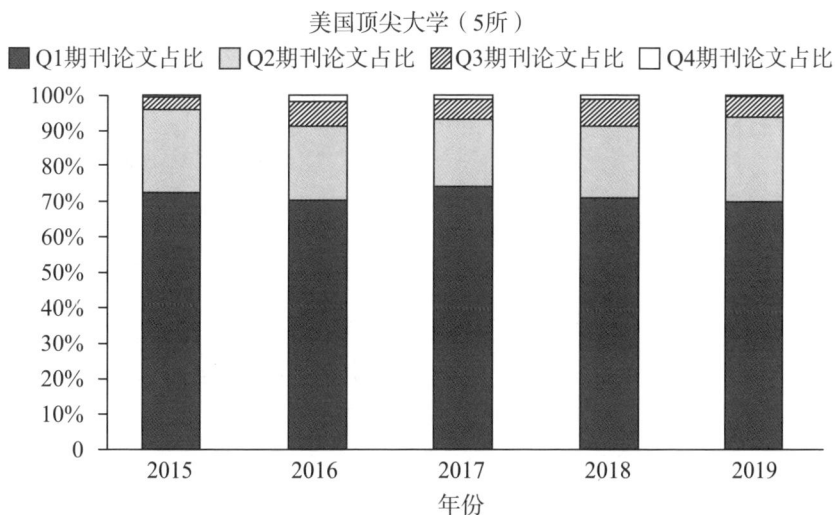

图7-8　美国顶尖大学化学学科发文期刊分区分布

三、中美顶尖大学高水平研究竞争现状及发展态势

（一）高水平研究的多指标分析

图7-9展示了中国顶尖大学与美国顶尖大学 PPTop1%[①]、PPTop10%[②] 和 PPTop 期刊[③]等基于引文的高水平研究指标对比情况，以上3项指标数值越大，表明该国顶尖大学化学学科的高影响力论文产出能力越强。

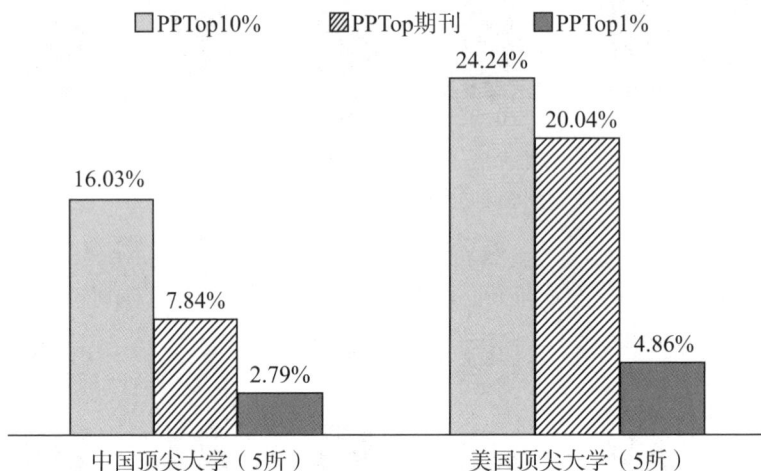

图7-9　中美顶尖大学化学学科高水平论文占比（2015—2019年）

中美两组顶尖大学的 PPTop1% 和 PPTop10% 都分别超过了1%和10%，说明两组大学的被引前1%论文占比和被引前10%论文占比都高于全球平均水平。美国顶尖大学的3项指标都超过了中国顶尖大学，可见其化学学科的高水平论文产出能力更加突出。从 PPTop1% 指标看，美国顶尖大学的 PPTop1% 达到4.86%，说明美国顶尖大学化学领域的论文有4.86%进入了全球化学学科前1%的高被引论文，是中国顶尖大学的1.7倍。从 PPTop10% 和 PPTop 期刊指标看，美国顶尖大学的 PPTop10% 和 PPTop 期刊指标都达到了20%，明显高于中国顶尖大学。3项指标中，中国顶尖大学的 PPTop 期刊指标

①PPTop1%：指在某一指定学科领域、某一年、某种文献类型下，被引频次排名前1%的文献数除以该组文献全部论文数的值，以百分数的形式展现。通常，该指标数值越大，表明该组文献表现越好。

②PPTop10%：指在某一指定学科领域、某一年、某种文献类型下，总被引次数排名前10%的文献数除以该组文献全部论文数的值，以百分数的形式展现。通常，该指标数值越大，表明该组文献表现越好。

③化学学科 Top 期刊：ESI化学5年影响因子排名前20的期刊（年发文量少于100的期刊除外）。

与美国顶尖大学差距最大,美国顶尖大学发表在 Top 期刊上的论文占比是中国顶尖大学的 2.6 倍。

（二）Top 期刊发文竞争力分析

表 7-6 和表 7-7 分别列出了中国顶尖大学和美国顶尖大学在 15 种化学 Top 期刊的发文情况。本节的 Top 期刊是指 ESI 化学学科影响因子排名前 15 的期刊（年发文量少于 100 的期刊除外）。PPTop 期刊可以反映出中美顶尖大学优秀成果的发表情况。中国顶尖大学 5 年间在化学领域 Top 期刊上的发文数占该校化学领域总发文数的比例,北京大学最高（9.50%）,中国科学技术大学次之（8.51%）,吉林大学最低（2.83%）。而美国顶尖大学在化学领域 Top 期刊上的发文数占各校化学领域总发文数的比例为 14.88%~28.07%。中国顶尖大学虽然在化学领域论文发表总量上占据明显的优势,发文数增长迅速,但从发表在 Top 期刊的论文分布来看,中国顶尖大学 Top 期刊发文与美国顶尖大学有显著的差距。中国 5 所顶尖大学化学领域的发文总数是美国 5 所顶尖大学的 2.24 倍,但美国 5 所顶尖大学的 Top 期刊发文总数是中国顶尖大学的 1.35 倍;美国顶尖大学的 Top 期刊发文占比为 20.04%,中国顶尖大学 Top 期刊发文占比仅为 6.64%,说明美国顶尖大学在化学学科的研究成果受到更多 Top 期刊的认可,其学科国际影响力远高于中国顶尖大学。

两组顶尖大学在 Top 期刊发文数之间的差距主要体现在 *Journal of the American Chemical Society* 上,该期刊是中美顶尖大学在 Top 期刊中发文占比最高的期刊,2015—2019 年,5 所中国顶尖大学在该期刊上共发表了 658 篇论文,而 5 所美国顶尖大学共发表了 1484 篇,是中国顶尖大学发文量的 2.25 倍。*Journal of the American Chemical Society* 是美国化学会的旗舰刊物,是材料和化学领域的顶级期刊之一,该刊要求文章有较强的原创性,中美两国顶尖大学在该刊的发文量差距表明中国顶尖大学的原创性成果产出能力相较美国顶尖大学略弱,要想提升中国顶尖大学化学学科的影响力和竞争力,除了保持当前的发文规模优势外,还有必要在鼓励原创性研究、提升创新性成果方面做更多努力。

表 7-6　中国顶尖大学化学学科 Top 期刊发文情况　　　　（单位：篇）

期刊名称	5年影响因子	2015—2019 Top 期刊发文量					
		北京大学	清华大学	中国科学技术大学	复旦大学	吉林大学	合计
Journal of the American Chemical Society	14.549	194	127	184	111	80	658
Nature Communications	13.610	60	82	100	39	33	280
ACS Catalysis	12.741	56	57	108	37	24	272
Applied Catalysis B-Environmental	14.443	22	111	35	35	31	232
Energy & Environmental Science	33.075	23	46	23	15	5	107
Chemical Society Reviews	45.907	28	21	20	18	5	91
Accounts of Chemical Research	20.952	24	20	17	10	1	70
Chem	20.292	12	15	19	7	9	60
Chemical Reviews	60.399	18	6	7	7	5	43
Science Advances	14.094	10	10	12	4	5	40
Coordination Chemistry Reviews	14.614	13	9	2	9	4	36
Nature Catalysis	30.480	5	9	9	4	2	22
Wiley Interdisciplinary Reviews- Computational Molecular Science	16.076	1	4	11	4	1	21
Nature Chemistry	24.633	6	5	7	3	2	20
Progress In Polymer Science	29.063	0	0	2	3	1	6
15种 Top 期刊论文数	/	472	522	556	306	208	1958
15种 Top 期刊论文占比	/	9.50%	7.21%	8.51%	7.41%	2.83%	6.64%

表 7-7　美国顶尖大学化学学科 Top 期刊发文情况　　　　（单位：篇）

期刊名称	5年影响因子	2015—2019 Top 期刊发文量					
		麻省理工学院	加州大学伯克利分校	哈佛大学	斯坦福大学	西北大学（美国）	合计
Journal of the American Chemical Society	14.549	283	411	200	267	432	1484
ACS Catalysis	12.741	35	62	19	72	50	228

期刊名称	5年影响因子	2015—2019 Top期刊发文量					
		麻省理工学院	加州大学伯克利分校	哈佛大学	斯坦福大学	西北大学（美国）	合计
Nature Communications	13.610	52	60	27	59	40	218
Energy & Environmental Science	33.075	77	34	6	47	40	186
Accounts of Chemical Research	20.952	27	34	12	30	24	119
Chemical Reviews	60.399	23	23	26	27	14	102
Nature Chemistry	24.633	23	25	25	19	14	93
Chemical Society Reviews	45.907	14	11	13	7	11	54
Chem	20.292	9	4	7	5	19	40
Science Advances	14.094	11	8	5	9	12	39
Nature Catalysis	30.480	3	8	2	11	3	26
Applied Catalysis B-Environmental	14.443	3	7	2	3	5	19
Coordination Chemistry Reviews	14.614	1	3	0	3	10	16
Wiley Interdisciplinary Reviews-Computational Molecular Science	16.076	1	3	1	1	1	7
Progress in Polymer Science	29.063	4	0	3	0	1	6
15种Top期刊论文数	/	566	693	348	560	676	2637
15种Top期刊论文占比	/	17.28%	20.53%	14.88%	21.12%	28.07%	20.04%

（三）Top论文发文竞争力分析

PPTop1%和PPTop10%分别表示被引次数排名前1%的论文百分比和被引次数排名前10%的论文百分比,通常被认为是反映高水平科研的指标,该指标数值越大,表明该组文献表现越好。两个指标互相补充,可以提供更为宽泛的优秀科研(Top10%)与杰出科研(Top1%)的全景评价。

表7-8为中美10所顶尖大学化学学科（简称十校）被引次数排名前1%论文占比（PPTop1%），其中表现最优的为西北大学（美国）。5所中国顶尖大学的PPTop1%为1.46%~4.23%，PPTop1%居于前3位的中国顶尖大学分别是中国科学技术大学（4.23%）、清华大学（3.52%）和复旦大学（2.81%）；而5所美国顶尖大学中，除哈佛大学外，其他四校PPTop1%均大于4.3%，高于中国顶尖大学中排名第一的中国科学技术大学。美国顶尖大学中PPTop1%前3位的大学分别是西北大学（美国）（6.64%）、斯坦福大学（6.41%）和加州大学伯克利分校（5.21%）。

表7-8　十校化学学科Top1%论文竞争力比较（2015—2019年）

学校	PPTop1%	
清华大学	3.52%	
中国科学技术大学	4.23%	
吉林大学	1.46%	
北京大学	2.62%	
复旦大学	2.81%	
加州大学伯克利分校	5.21%	
麻省理工学院	4.37%	
斯坦福大学	6.41%	
西北大学（美国）	6.64%	
哈佛大学	2.65%	

表7-9为中美10所顶尖大学化学学科被引前10%论文占比（PPTop10%），其中表现最优的依然是西北大学（美国）。中国顶尖大学PPTop10%前3位的大学分别是中国科学技术大学（19.71%）、清华大学（17.30%）和复旦大学（16.22%）；美国顶尖大学PPTop10%前3位的大学分别是西北大学（美国）（29.19%）、斯坦福大学（25.79%）和加州大学伯克利分校（24.98%）。除哈佛大学外，其他4所美国顶尖大学的PPTop10%都超过了20%，而中国顶尖大学中PPTop10%最高的仅为19.71%，吉林大学的PPTop10%甚至低于15%。中美两国PPTop10%前3位的大学和PPTop1%前3位的大学一致，说明这几所大学在各自国家的化学领域已具有一定的学术权威和科研影响力。

表7-9　十校化学学科Top10%论文竞争力比较(2015—2019年)

学校	PPTop10%	
清华大学	17.30%	
中国科学技术大学	19.71%	
吉林大学	12.43%	
北京大学	16.01%	
复旦大学	16.22%	
加州大学伯克利分校	24.98%	
麻省理工学院	24.03%	
斯坦福大学	25.79%	
西北大学(美国)	29.19%	
哈佛大学	18.68%	

四、国际合作竞争现状及发展态势分析

(一)中美顶尖大学国际合作论文竞争力及发展态势

1.国际合作论文竞争力分析

国际合作是当前促进科研工作创新和进步的有效方式之一,加强国际合作有助于学科综合竞争力的提升。表7-10列出了中美两组顶尖大学2015—2019年化学学科国际合作论文的表现。从国际合作论文产出规模来看,5所中国顶尖大学的国际合作论文数为5908篇,国际合作率为20.03%;5所美国顶尖大学的国际合作论文数为6425篇,国际合作率为48.84%。两组顶尖大学的国际合作论文数差别不大,但5所中国顶尖大学的国际合作率只有5所美国顶尖大学的41%,说明中国顶尖大学的国际合作程度远比美国顶尖大学低。从国际合作论文影响力来看,中国顶尖大学国际合作论文在篇均被引、论文被引百分比、PPTop1%和PPTop10%这4个维度上都略逊于美国顶尖大学,中美顶尖大学的国际合作论文影响力差距不大。

表7-10　中美顶尖大学2015—2019年化学学科国际合作论文表现

学校	国际合作论文数	国际合作率	篇均被引	论文被引占比	PPTop1%	PPTop10%
中国顶尖大学(5所)	5908	20.03%	21.53	92.65%	5.09%	22.46%
美国顶尖大学(5所)	6425	48.84%	25.53	94.05%	5.68%	24.87%

2.国际合作论文发展态势分析

如图7-10所示为中国顶尖大学(5所)和美国顶尖大学(5所)化学学科国际合作率在2015—2019年间的变化趋势。中国顶尖大学国际合作率保持缓慢增长的态势,至2018年国际合作率已经超过了20%,2019年达到了21.25%。美国顶尖大学国际合作率在2016年增长迅速,2018—2019年逐渐稳定,保持在51%以上。中美两组顶尖大学的国际合作率都呈现上升趋势,国际合作论文数量的稳定增长意味着两国顶尖大学都在积极主动地参与到国际合作研究中,今后国际合作的程度对学科竞争力的提升将会越发重要。

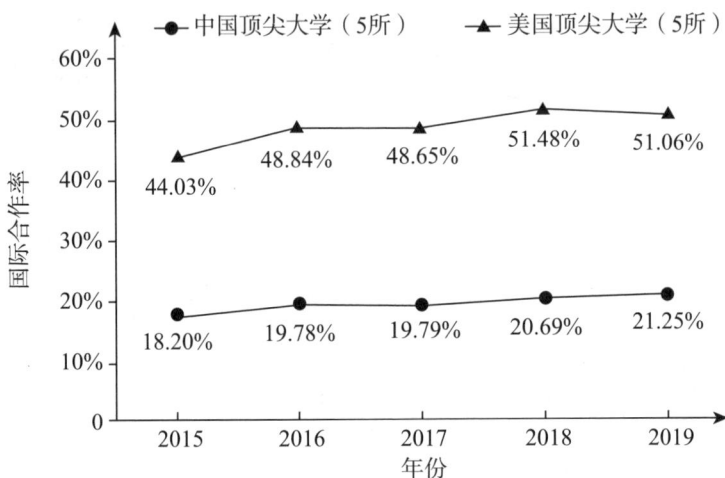

图7-10　中美顶尖大学化学学科国际合作率发展趋势(2015—2019年)

如图7-11所示为2015—2019年中国顶尖大学(5所)和美国顶尖大学(5所)的国际合作论文增长率。中美两组顶尖大学国际合作论文增长率的变化趋势相反。2015—2019年中国顶尖大学的国际合作论文量稳定增长,国际合作论文增长率呈波动上升趋势,5年平均增长率为10.48%;而美国顶尖大学国际合作论文量虽然总体也有增长,但2017年和2019年国际合作论文增长率却出现了负增长,5年平均增长率为4.17%,明显低于中国顶尖大学。

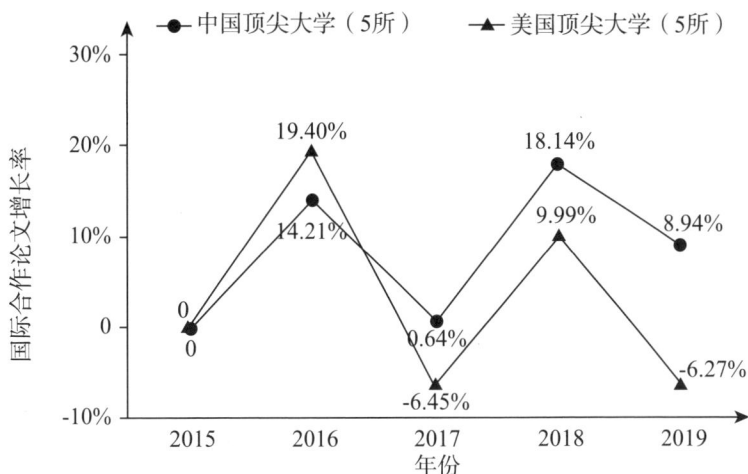

图7-11 中美顶尖大学化学学科国际合作论文增长率(2015—2019年)

结合中美顶尖大学化学学科年度论文增长率(如图7-2所示),可以看出中国顶尖大学已经意识到在国际合作这一方面的短板,近年一直在努力加快国际合作步伐,化学学科国际合作论文数量的增长速度已经高于整体文献的增长速度。但由于美国顶尖大学化学学科的国际合作论文数量的增长速度也高于其整体文献的增长速度,因此,中国顶尖大学化学论文的国际合作率与美国顶尖大学仍有明显差距。美国作为世界科技发展中心,一直是包括中国在内的世界各国争相开展科研合作的对象,世界各国科研领域国际化程度提高的同时,也促进了美国国际合作程度的提高。中国顶尖大学应该继续巩固和开拓与世界顶尖大学和机构的合作关系,积极拓宽国际合作视野,提升国际合作的多元性。

(二)中美顶尖大学国际合作成果影响力分析

如表7-11所示为中国顶尖大学国际合作论文、中国顶尖大学全部论文和美国顶尖大学全部论文的主要论文影响力指标表现情况,三者之间更直观的差异如图7-12所示。中国顶尖大学国际合作论文平均百分位、CNCI、篇均被引和PPTop10%这4个指标都分别高于中国顶尖大学全部论文,但低于美国顶尖大学全部论文。其中,中国顶尖大学国际合作论文的CNCI(2.07)与美国顶尖大学全部论文的CNCI(2.08)几乎持平,其他3个指标:平均百分位(39.96)、篇均被引(21.53)和PPTop10%(22.46%)都略低于美国顶尖大学全部论文。中国顶尖大学国际合作论文PPTop1%(5.09%)是5个指标中唯一超过美国顶尖大学全部论文的指标。

中国顶尖大学全部论文的5个论文质量评价指标表现均低于中国顶尖大学国际合作论文，且有非常明显的差距。这充分说明，国际合作成果对中国顶尖大学的论文影响力提升具有一定的作用，对中国顶尖大学提升学科综合竞争力、参与国际竞争具有积极的正面影响。

表7-11　中美顶尖大学化学学科国际合作论文影响力比较（2015—2019年）

学校	平均百分位	CNCI	篇均被引	PPTop1%	PPTop10%
中国顶尖大学(5所)国际合作论文	39.96	2.07	21.53	5.09%	22.46%
中国顶尖大学(5所)全部论文	46.48	1.49	15.39	2.79%	16.03%
美国顶尖大学(5所)全部论文	37.08	2.08	24.73	4.86%	24.24%

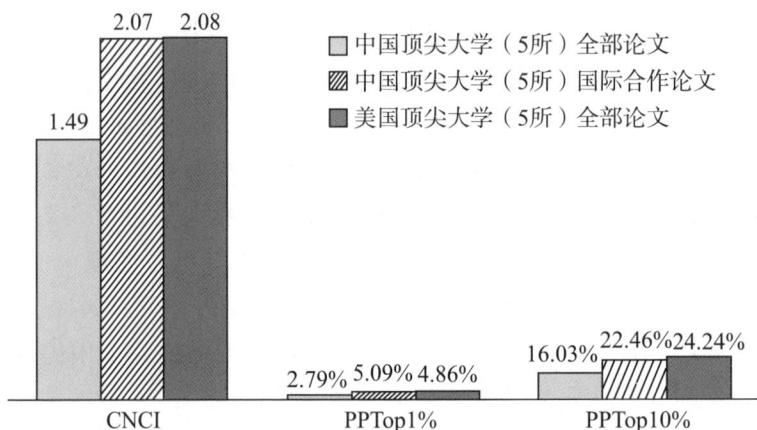

图7-12　中美顶尖大学化学学科国际合作论文影响力比较（2015—2019年）

（三）中国顶尖大学国际合作地位变化趋势

如图7-13所示为中国顶尖大学在化学国际合作中作为第一单位和通讯单位的论文占比变化趋势。通常来说，第一单位指论文署名排名第一的作者所属的单位，第一作者对文章贡献度最高，通讯单位指通讯作者所属的单位，通讯作者一般指整个课题或论文的负责人，是文章思路提供者和指导者，担负着保证文章可靠性的责任。

从第一单位论文占比来看，2016—2018年中国顶尖大学化学学科国际论文数一直保持着稳定增长的趋势，中国顶尖大学作为第一单位的国际合作论文占比也逐年上升。2017—2019年是中国顶尖大学化学学科全部论文数快速增长的一段时间,其国际合作论文数的年增长率也超过了全部论文数的增长率,然而2019年中国顶尖大学作为第一单位发表的国际合作率却出现了下降。这说明2019年中国顶尖大学更多地以参与者而非论文主要贡献者的身份参与国际合作。

从通讯单位论文占比来看,2015年中国顶尖大学作为通讯单位的国际合作率为43.88%,2016年增加至61.40%,2017—2019年中国顶尖大学作为通讯单位发表的国际合作论文稳定在60%以上,可见中国顶尖大学的科研人员在国际合作中更多地承担提供思路和研究指导的工作。

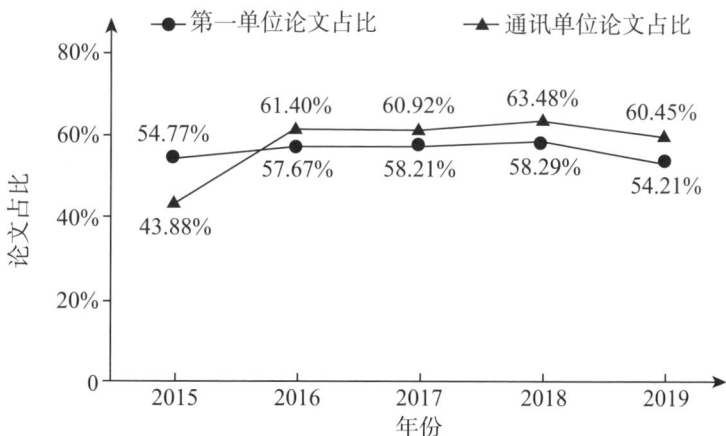

图 7-13　中国顶尖大学作为第一或通讯单位的化学学科国际合作论文占比变化趋势
（2015—2019年）

第三节　竞争布局分析

一、中美顶尖大学学科布局分析

Web of Science学科（WoS学科）分类由250多个来自自然科学、社会科学与艺术人文领域的学科构成,该分类模式通过将一个大学科划分至多个分支学科而构建,例如化学,被细分为"有机化学""物理化学"等分支学科。由于不同分支学科的引文情况可能存在较大差异,细化的学科定义成为WoS学科分类模式的重要特征之一,因此WoS学科分类通常被认为是精细文献计量学分析的最佳工具。

如表7-12所示为10所顶尖大学化学论文的WoS学科分布情况。WoS学科分布最广的2个大学分别是中国科学技术大学和哈佛大学,涉及的WoS学科数量都为57个。美国5所顶尖大学的化学学科论文分布在44~57个学科,中国顶尖大学涉及的WoS学科数量在50~57个之间。美国5所顶尖大学中,加州大学伯克利分校发文规模最大,覆盖50个WoS学科;哈佛大学发文数最少,但是涉及的WoS学科数量最多,达到57个;西北大学(美国)在5所美国顶尖大学中涉及的WoS学科数量最少,仅44个。中国顶尖大学中吉林大学的化学论文发文规模最大,涉及WoS学科52个;复旦大学发文规模在5所中国顶尖大学中是最小的,但涉及WoS学科数量也有50个,同样覆盖50个WoS学科的还有北京大学。可见发文规模与学科布局广度并非呈正相关关系。

表7-12　十校化学学科论文的WoS学科分布情况(2015—2019年)

学校	论文数	WoS学科数
北京大学	4971	50
清华大学	7243	53
中国科学技术大学	6530	57
复旦大学	4131	50
吉林大学	7339	52
麻省理工学院	3275	51
加州大学伯克利分校	3375	50
哈佛大学	2339	57
斯坦福大学	2652	49
西北大学(美国)	2408	44

中国顶尖大学在化学领域的学术产出较为集中的5个WoS学科分别是化学·跨学科(chemistry, multidisciplinary)、物理化学(chemistry, physical)、分析化学(chemistry, analytical)、化学工程学(engineering, chemical)和高分子科学(polymer science)。美国顶尖大学在化学领域的学术产出主要集中在化学·跨学科(chemistry, multidisciplinary)、物理化学(chemistry, physical)、物理

学、原子能、分子能和化学(physics,atomic,molecular & chemical),材料科学·跨学科(materials science, multidisciplinary),纳米科学和纳米技术(nanoscience & nanotechnology)5个WoS学科。从中美顶尖大学学术产出主要WoS学科分布看,两国顶尖大学化学研究的侧重点有所不同,中国顶尖大学在重视基础研究的同时,对化学工程等面向应用的研究也有较多投入,化工产业是我国工业体系中重要的基础性产业,化工产业的发展在一定程度上影响到大学相关部门在研究方向上的侧重。美国顶尖大学化学领域的主要WoS学科除化学,跨学科·物理化学与中国顶尖大学一致外,还有材料科学,纳米科学技术,物理学、原子能、分子能和化学等。美国顶尖大学化学的跨学科融合发展特色明显。

　　如图7-14所示为10所顶尖大学的WoS学科分布热力图。选取每所顶尖大学发文量前50%的WoS学科形成35个WoS学科集合,以这些WoS学科为纵坐标,10所顶尖大学名称为横坐标,横纵坐标交叉的区域代表大学在该学科的发文量,颜色深浅代表发文量多少,颜色越深,说明该校该学科发文量在十校中越多。热力图运用R语言中的Scale函数对发文量进行归一化处理,采用K-means算法依据学科结构相似度进行聚类,10所顶尖大学最终形成三个聚类。通过学科分布热力图还可以进一步分析每种大学聚类内部的学科结构特征。第一类包括哈佛大学、北京大学和复旦大学,这类大学在35个WoS学科的发文规模最小,具体学科聚类包含光学(optics)、有机化学(chemistry,organic)、生物化学研究方法(biochemical research methods)和医用化学(chemistry,medicinal)。第二类是以麻省理工学院为代表的4所美国顶尖大学,重点学科分布突出,具体学科聚类包含多学科科学(multidisciplinary sciences),环境科学(environmental sciences),能源和燃料(energy & fuels),材料科学·涂料和薄膜(materials science, coatings & films),水资源(water resources)。第三类为3所中国顶尖大学,该类大学在35个WoS学科的发文规模最大,发文总量均达到10000篇以上,而且其重点学科分布广泛,每个学校都有至少10个学科的发文颜色较深,呈现4个学科聚类。

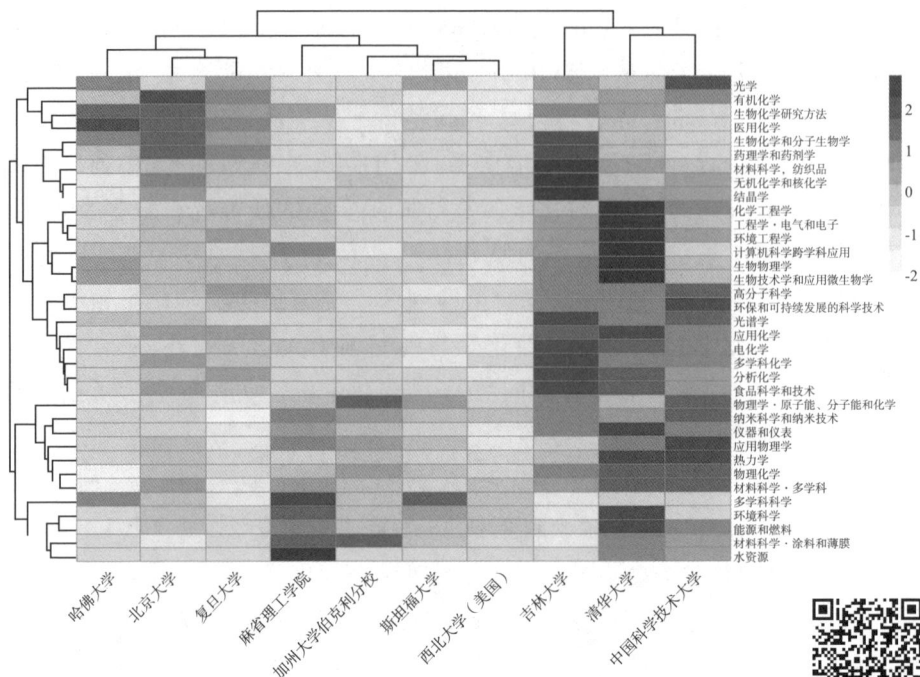

图7-14　十校化学学科论文WoS学科分布热力图

二、中美顶尖大学研究主题分析

(一)研究主题分布和总体表现分析

本书中涉及的与研究主题(topics)相关的数据均采集自爱思唯尔的SciVal平台。该平台整合了Scopus1996年至今的科研数据,通过文献的引用关系聚类得到超过9.6万个研究主题,并应用指纹专利技术和特殊短语,自动抽取题名和摘要给研究主题命名。SciVal为每个研究主题建立了测度研究主题可见度和发展势头的指标,即主题显著度,根据主题的显著度数值排序,计算每个主题的百分位数指标。显著度指数①高于99%(Top1%)的研究主题,可视为整个科学研究领域的热点研究主题。如果在某研究主题上,某个机构的发文量达到了发文量排名第一的机构的1/3或者被引次数达到了被引次数排名第一的机构的1/3,就会被认为是该研究主题的关键贡献者。作为关键贡献者参与的研究主题可视为该机构的优势研究主题。

表7-13列出了中美顶尖大学化学研究主题分布情况。中美顶尖大学的研究者在化学学科领域共开辟了13687个不同的研究主题,代表了化学领域不同的科学问题与研究方向。在全球研究主题中,5所中国顶尖大学参与的研究主题数为5409个,覆盖率为39.6%;5所美国顶尖大学参与研究的主题数为4082个,覆盖率为29.8%。综上所述,中国顶尖大学参与的研究主题覆盖范围更广,化学热点研究主题参与度也更高。热点研究主题代表了在全球研究热度前1%的研究主题,全球化学领域的热点研究主题数共285个,中国顶尖大学参与了其中85.96%的化学热点主题研究,而美国只有58.6%。中国顶尖大学的优势研究主题数和参与的热点研究主题数均超过美国顶尖大学,但优势研究主题占比与美国顶尖大学差距不大,说明化学学科的热点研究相对聚焦,中美顶尖大学的学者对前沿主题都进行了追踪。

表7-13　中美顶尖大学化学学科研究主题分布情况比较

	参与研究 主题数	优势研究 主题数	优势研究 主题占比	热点研究 主题数
全球	13687	/	/	285
中国顶尖大学(5所)	5409	/	/	245
美国顶尖大学(5所)	4082	/	/	167
北京大学	2751	602	21.88%	191
清华大学	2412	506	20.98%	212
中国科学技术大学	2095	342	16.32%	205

①主题显著度综合考虑了最近引用数量、最近浏览数量和期刊CiteScore 3个参数,对每个主题j在第n年的显著度P_j,计算公式如下:$P_j=0.495[C_j-\text{mean}(C_j)]/\text{stdev}(C_j)+0.391[V_j-\text{mean}(V_j)]/\text{stdev}(V_j)+0.1149[CS_j-\text{mean}(CS_j)]/\text{stdev}(CS_j)$这里,$C_j$是主题$j$中的第$n$年和$n-1$年发表论文的引用量,$V_j$是主题$j$中的第$n$年和$n-1$年发表论文的Scopus浏览量,$CS_j$是主题$j$中的第$n$年和$n-1$年发表论文的平均CiteScore,其中原始数据经过了对数转换,即$C_j=\ln(C_j+1)$,$V_j=\ln(V_j+1)$,$CS_j=\ln(CS_j+1)$。显著度计算是用标准化分数消除3个指标之间的量纲差异,再对每个主题近两年论文的引用数量、浏览数量、期刊评价指数与平均值的离散程度加权求和。因此,显著度指数越高,表示正在关注这个主题的研究者越多,也说明这个主题的增长势头越猛。实际使用中,SciVal根据主题的显著度数值排序,计算每个主题的百分位数指标。

续表

	参与研究 主题数	优势研究 主题数	优势研究 主题占比	热点研究 主题数
复旦大学	1959	302	15.42%	196
吉林大学	2266	424	18.71%	192
麻省理工学院	1719	334	19.43%	159
加州大学伯克利分校	1563	310	19.83%	149
哈佛大学	1873	500	26.70%	119
斯坦福大学	1564	304	19.44%	153
西北大学（美国）	1269	194	15.29%	148

从10所顶尖大学参与全球化学领域研究主题的活跃度来看，北京大学参与的研究主题数最多（2751个），其中优势研究主题占比达21.88%，说明北京大学在参与的全球化学领域研究主题中，有21.88%都是作为主要贡献者。清华大学参与的热点研究主题数在5所中国顶尖大学中排名第一，说明清华大学对热点研究主题的挖掘与跟踪更加准确。

美国顶尖大学中，哈佛大学参与的研究主题数量领先其他4所美国顶尖大学，但不及5所中国顶尖大学。哈佛大学在化学领域的论文成果是10所顶尖大学中最少的，但是其优势研究主题数在美国顶尖大学中排名第一，与中国顶尖大学相比，仅次于北京大学和清华大学；其优势研究主题占比为26.70%，居10所学校第一，超出第二位的北京大学4.82%，由此可以推断，哈佛大学在全球化学学科多个研究领域占据举足轻重的地位。哈佛大学参与的热点研究主题数量在10所顶尖大学中是最少的，这可能是由于哈佛大学在多个主题中都做出了一定的贡献，研究方向相对更加发散和多元化。

高发文量的研究主题能够识别和反映近年来全球化学学科的重点研究领域和方向，如果这些研究主题的主题显著度也同时较高，说明这些方向的研究成果持续受到人们的关注。将全球化学领域研究规模较大的主题（发文数前30位）作为化学学科主要研究主题，10所顶尖大学在化学学科发文前30位的研究主题上的论文产出表现如图7-15所示。横轴为十校在某主题上的累计表现，无底纹条形代表中国顶尖大学在该主题的发文数，有底纹条形代表美国顶尖大学在该主题的发文数。从图中可以看出，这些研究主题的显著度指数都在99以上，代表着近年关注度较高的研究方向。中国顶尖大学和美国顶尖大学在这30个主要研究主题上的表现各有侧重，5所中国顶尖大学中,清华大学和中国科学技术大学对30个主要研究主题都有较多参与,其他3所大学只对1~2个主要研究主题有较少涉及;5所美国顶尖大学中,麻省理工学院、斯坦福大学和西北大学(美国)分别有3个主要研究主题发文量较少,而加州大学伯克利分校和哈佛大学分别有5个和6个主要研究主题参与度较低。5所中国顶尖大学在30个研究主题上发文数均多于5所美国顶尖大学,其中一些研究主题中美顶尖大学参与度都很高,如T.20(钙钛矿太阳能电池;溴化铅;甲脒)、T.63(二硫化钼;硫化铼;范德瓦尔斯)和T.0(聚合物太阳能电池;本体异质结;有机光伏)。此外,也有一些中国或美国顶尖大学各自重视的研究主题,中国顶尖大学在T.5899(电催化剂;磷化钴;水裂解)和T.3466(光热疗法;光声学;治疗纳米医学)2个主题研究成果较多,T.4469(应变传感器;柔性电子;汗液)和T.4025(制氧;电催化剂;水裂解)则是美国顶尖大学参与度较高的热点主题。

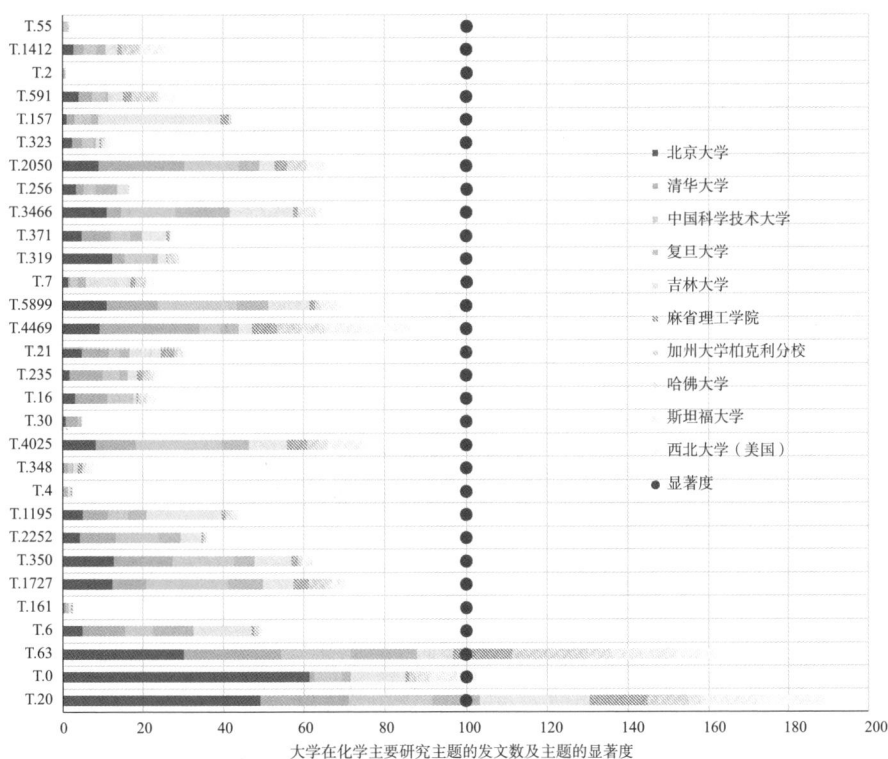

图7-15 十校化学学科主要研究主题(发文前30位主题)的论文产出表现

图7-16展示了中国顶尖大学和美国顶尖大学发文数前20位研究主题

的论文影响力表现。图中横坐标为全球产出份额,纵坐标为学科标准化论文影响力(FWCI),空心的三角和圆点代表中美两组大学重叠的主要研究主题。中美两国顶尖大学重叠的 7 个主要研究主题①中,有 5 个研究主题是中国顶尖大学表现更好,全球产出份额和 FWCI 均超过美国顶尖大学。美国顶尖大学有 4 个主要研究主题产出份额超过 10%;中国顶尖大学有 6 个主要研究主题全球产出份额超过 10%。中国顶尖大学的主要研究主题全球产出份额集中在 7%~11%,其中研究主题 T.2829(四苯基乙烯;三放射发光;硅唑)的全球产出份额达到了 17.38%,美国顶尖大学各主要研究主题全球产出份额差距较大。美国顶尖大学有 3 个主要研究主题 FWCI 超过 6,其中主题 T.63(二硫化钼;硫化铼;范德瓦尔斯)的 FWCI 达到了 12.69。中国顶尖大学各主要研究主题 FWCI 为 2~5。总体来看,中国顶尖大学与美国顶尖大学发文数前 20 位的主题表现各有所长。

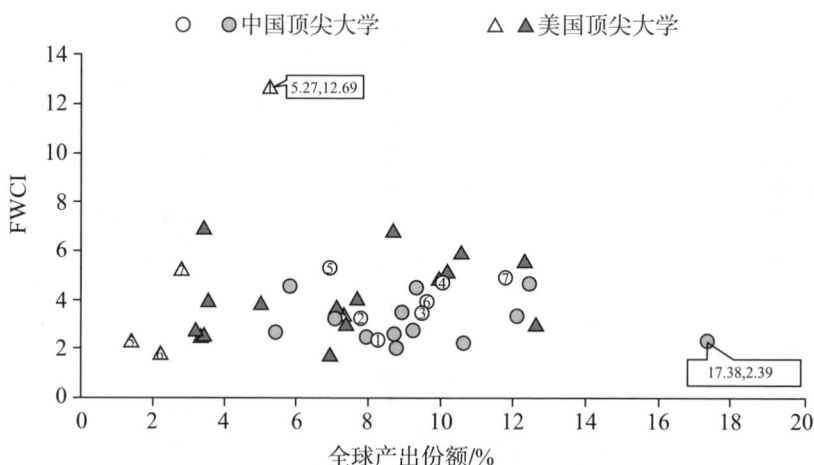

图 7-16　中美顶尖大学化学学科主要研究主题(发文前 20 位的主题)综合对比

(二)十校主要研究主题分析

如表 7-14 所示为中国顶尖大学(5 所)主要研究主题(发文数前 10 位)的具体表现。5 所学校的主要研究主题重合不多,仅有 T.20(钙钛矿太阳能电池;溴化铅;甲脒)是 5 所顶尖大学共同的发文前 10 位的研究主题。5 所顶尖大学的产出份额合计达到全球的 8.04%。其中,北京大学产出份额最高,为

①图中标注序号①~⑦的主题为中美顶尖大学重合的 7 个研究主题。

3.03%；吉林大学的 FWCI 最高，为 4.01。T.5899（电催化剂；钴磷；光解水）、T.63（二硫化钼；硫化铼；范德瓦尔斯）是 4 所顶尖大学共同的主要研究主题。5 所中国顶尖大学中，北京大学与其他 4 所大学主要研究主题重合最多，只有 2 个主要研究主题与其他学校不重合。吉林大学与其他 4 所大学主要研究主题重合最少，只有 6 个主题与其他大学的主要研究主题重合。

表 7-14　中国顶尖大学 2015—2019 年化学学科主要研究主题（发文数前 10 位）及其具体表现

学校	研究主题	论文数	全球产出份额/%	FWCI
清华大学	Strain Sensor; Flexible Electronics; Sweat	249	5.27	3.87
	Molybdenum Disulfide; Rhenium Sulfide; Van Der Waals	242	2.11	2.46
	Perovskite Solar Cells; Lead Bromide; Formamidine	219	1.35	2.83
	Lithium Sulfur Batteries; Polysulfides; Separators	213	4.88	6.66
	Tetraphenylethylene; Triboluminescence; Silole	183	5.88	2.71
	Zinc Air Batteries; Electrocatalysts; Chemical Reduction	146	2.54	5.69
	Electrocatalysts; Cobalt Phosphide; Water Splitting	127	2.72	5.08
	Polyvinylidene Fluoride; Barium Titanates; Dielectric Losses	108	4.72	3.51

续表

学校	研究主题	论文数	全球产出份额/%	FWCI
清华大学	Electrochemical Capacitors; Cobaltous Sulfide; Electrode Materials	106	1.24	2.48
	Dendrites; Solid Electrolytes; Lithium Deposits	103	7.95	8.91
中国科技大学	Oxygen Production; Electrocatalysts; Water Splitting	213	4.02	5.17
	Perovskite Solar Cells; Lead Bromide; Formamidine	206	1.27	2.4
	Sodium-ion Batteries; Nati2(Po4)3; Ion Storage	203	3.5	4.73
	Electrocatalysts; Cobalt Phosphide; Water Splitting	196	4.2	4.82
	Molybdenum Disulfide; Rhenium Sulfide; Van Der Waals	172	1.5	2.3
	Zinc Air Batteries; Electrocatalysts; Chemical Reduction	153	2.66	5.48
	Photothermotherapy; Photoacoustics; Theranostic Nanomedicine	135	3.02	3.33
	Lithium Sulfur Batteries; Polysulfides; Separators	135	3.09	3.76

学校	研究主题	论文数	全球产出份额/%	FWCI
中国科技大学	Cyanogen; Heptazine; Photocatalysts	108	1.89	5.81
	Electrocatalysts; Electrooxidation; Chemical Reduction	98	3.71	2.3
北京大学	Polymer Solar Cells; Bulk Heterojunction; Organic Photovoltaics	613	5.1	6.6
	Perovskite Solar Cells; Lead Bromide; Formamidine	491	3.03	3.38
	Molybdenum Disulfide; Rhenium Sulfide; Van Der Waals	301	2.63	3.27
	Organic Field Effect Transistors; Isoindigotin; Semiconducting Polymers	175	10.45	1.78
	Zinc Air Batteries; Electrocatalysts; Chemical Reduction	127	2.21	4.48
	Tetraphenylethylene; Triboluminescence; Silole	125	4.02	2.82
	Alkenylation; 8 Aminoquinoline; Rhodium	124	2.67	2.43
	Sodium-ion Batteries; Nati2(Po4)3; Ion Storage	124	2.14	4.09

续表

学校	研究主题	论文数	全球产出份额/%	FWCI
北京大学	Electrocatalysts; Cobalt Phosphide; Water Splitting	110	2.36	5.06
	Photothermotherapy; Photoacoustics; Theranostic Nanomedicine	110	2.46	3.41
复旦大学	Molybdenum Disulfide; Rhenium Sulfide; Van Der Waals	163	1.42	2.22
	Photothermotherapy; Photoacoustics; Theranostic Nanomedicine	135	3.02	3.38
	Perovskite Solar Cells; Lead Bromide; Formamidine	117	0.72	2.96
	Electrochemical Capacitors; Cobaltous Sulfide; Electrode Materials	99	1.16	3.22
	Glycopeptides; Glycomics; Glycosylation	94	7.29	1.48
	Sodium-ion Batteries; Nati2(Po4)3; Ion Storage	88	1.52	2.92
	Upconversion; Lanthanum Trifluoride; Erbium	85	2.45	3.79
	Hydrogen Sulfide; Sodium Bisulfide; GYY 4137	81	3.35	1.48

续表

学校	研究主题	论文数	全球产出份额/%	FWCI
复旦大学	Electrocatalysts; Cobalt Phosphide; Water Splitting	79	1.69	3.77
	Sulfonylation; Divinyl Sulfone; Sulfinic Acid Derivative	71	11.95	5.08
吉林大学	Gas Sensor; Acetone; Triethylamine	305	7.32	2.81
	Perovskite Solar Cells; Lead Bromide; Formamidine	271	1.67	4.01
	Tetraphenylethylene; Triboluminescence; Silole	214	6.87	2.14
	Carbon Quantum Dots; Nanodots; Carbon Nanoparticles	188	3.39	3.31
	Upconversion; Lanthanum Trifluoride; Erbium	181	5.22	1.39
	Organic Light emitting Diodes; 1H Phenanthro(9,10-D Imidazole; Tris(2 Phenylpyridine Iridium(III)	166	4.86	1.78
	Photothermotherapy; Photoacoustics; Theranostic Nanomedicine	159	3.55	2.8

续表

学校	研究主题	论文数	全球产出份额/%	FWCI
吉林大学	Electrochemical Capacitors; Cobaltous Sulfide; Electrode Materials	145	1.7	2.41
	Polymer Solar Cells; Bulk Heterojunction; Organic Photovoltaics	136	1.13	0.88
	Organic Polymers; Triazines; Metal Organic Frameworks	135	5	2.45

中国顶尖大学中各校表现最佳(FWCI最高或全球产出份额最高)的主要研究主题为:清华大学的T.14104(枝晶;固体电解质;锂沉积),产出份额达到全球的7.95%,FWCI达到8.91;中国科技大学的T.2252(氰;七叶皂苷;光催化剂),产出份额达到全球的1.89%,FWCI达到5.81;北京大学的T.0(聚合物太阳能电池;本体异质结;有机光伏),产出份额达到全球的5.1%,FWCI达到6.6;复旦大学的T.16983(磺酰化;二乙烯基砜;亚磺酸衍生物),产出份额达到全球的11.95%,FWCI达到5.08;吉林大学的T.20(钙钛矿太阳能电池;溴化铅;甲脒),产出份额达到全球的1.67%,FWCI达到4.01。

如表7-15所示为美国顶尖大学主要研究主题(发文数前10位)的具体表现。5所美国顶尖大学的主要研究主题重合不多。T.4469(应变传感器;柔性电子;汗液)和T.63(二硫化钼;硫化铼;范德瓦尔斯)是5所美国顶尖大学共同的发文前10位研究主题,5所美国顶尖大学的合计产出份额分别达到全球的8.28%和5.69%。5所美国顶尖大学中,加州大学伯克利分校和斯坦福大学与其他大学主要研究主题重合最多,只有2个主要研究主题没有与其他大学的主要研究主题重合。哈佛大学的主要研究主题与其他4所重合的最少,只有4个研究主题与其他大学的主要研究主题重合。

表7-15 美国顶尖大学2015—2019年化学学科主要研究主题(发文数前10位)及其具体表现

学校	研究主题	论文数	全球产出份额/%	FWCI
加州大学伯克利分校	Molybdenum Disulfide; Rhenium Sulfide; Van Der Waals	184	1.61 ▨	4.63 ▬
	Perovskite Solar Cells; Lead Bromide; Formamidine	101	0.62 ▮	6.67 ▬
	Carbon Dioxide Electroreduction; Electrocatalysts; Chemical Reduction	72	2.48 ▨	5.59 ▬
	Bis(1,3,5-Benzenetricarboxylate) Tricopper(II); MIL-101; Metalorganic Frameworks	64	1.56 ▨	2.73 ▬
	Aerosol Formation; Ozonolysis; Isoprene	61	4.37 ▨	3.19 ▬
	Strain Sensor; Flexible Electronics; Sweat	56	1.18 ▮	4.93 ▬
	Lithium Sulfur Batteries; Polysulfides; Separators	47	1.08 ▮	3.37 ▬
	Bismuth Vanadium Tetraoxide; Water Splitting; Cathodes	46	1.25 ▮	2.58 ▬
	Lithium-ion Batteries; Lithium Oxides; Electrochemical Properties	43	1.25 ▮	4.21 ▬
	Density Functional; Van Der Waals; Generalized Gradient Approximation	40	2.32 ▨	6.06 ▬

续表

学校	研究主题	论文数	全球产出份额/%	FWCI
麻省理工学院	Molybdenum Disulfide; Rhenium Sulfide; Van Der Waals	149	1.3	3.83
	Perovskite Solar Cells; Lead Bromide; Formamidine	144	0.89	6.81
	Microreactor; Active Pharmaceutical Ingredients; Batch Process	71	4.92	3.57
	Strain Sensor; Flexible Electronics; Sweat	62	1.31	5.8
	Organ-On-A-Chip; Microfluidics; Lab-on-a-chip Devices	62	5.42	3.04
	Active Particles; Hydrodynamic Interaction; Nematic	56	3.21	2.09
	Flow Batteries; Catholytes; Vanadium	53	2.61	2.04
	Oxygen Production; Electrocatalysts; Water Splitting	49	0.93	6.85
	Hydrogels; Self-Healing; 2-Vinyl-4,6-Diamino-1,3,5-Triazine	48	2.9	6.58
	Solid-State Batteries; Solid Electrolytes; Garnets	46	2.72	4.72
斯坦福大学	Molybdenum Disulfide; Rhenium Sulfide; Van Der Waals	162	1.41	5.53

学校	研究主题	论文数	全球产出份额/%	FWCI
斯坦福大学	Perovskite Solar Cells; Lead Bromide; Formamidine	142	0.88	5.31
	Strain Sensor; Flexible Electronics; Sweat	91	1.92	10.79
	Oxygen Production; Electrocatalysts; Water Splitting	83	1.57	7.53
	Dendrites; Solid Electrolytes; Lithium Deposits	76	5.87	10.03
	Carbon Dioxide Electroreduction; Electrocatalysts; Chemical Reduction	73	2.52	6.16
	Polymer Solar Cells; Bulk Heterojunction; Organic Photovoltaics	69	0.57	4.42
	Bismuth Vanadium Tetraoxide; Water Splitting; Cathodes	63	1.71	2.95
	Lithium-ion Batteries; Lithium Oxides; Electrochemical Properties	54	1.57	4.88
	Hydraulic Fracturing; Methane Emission; Produced Water	53	2.06	2.47
西北大学（美国）	Metal-Organic Frameworks; N(1)-Methyl-2-Lysergic Acid Diethylamide; Zirconium	174	7.95	3.75

续表

学校	研究主题	论文数	全球产出份额/%	FWCI
西北大学（美国）	Perovskite Solar Cells; Lead Bromide; Formamidine	172	1.06	6.85
	Thermoelectric Materials; Lead Selenides; Hole Concentration	156	7.99	3.59
	Strain Sensor; Flexible Electronics; Sweat	122	2.58	4.37
	Molybdenum Disulfide; Rhenium Sulfide; Van Der Waals	98	0.86	3.99
	Interatomic Potential; Potential Energy Surfaces; Materials Science	53	4.37	3.51
	Polymer Solar Cells; Bulk Heterojunction; Organic Photovoltaics	50	0.42	3.18
	Rotaxanes; Catenanes; Dibenzo-24-Crown-8	48	4.92	2.12
	Diphenylalanine; Peptide Nanotubes; Dipeptides	43	2.16	2.52
	Bis(1,3,5-Benzenetricarboxylate) Tricopper(II); MIL-101; Metalorganic Frameworks	41	1	1.71
哈佛大学	Organ-On-A-Chip; Microfluidics; Lab-on-a-chip Devices	86	7.52	3.62

学校	研究主题	论文数	全球产出份额/%	FWCI
哈佛大学	Aerosol Formation; Ozonolysis; Isoprene	79	5.65	2.78
	Mono(2-Ethyl-5-Hydroxyhexyl) Phthalate; Phthalic Acid Bis(2 Ethylhexyl) Ester; Plasticizers	78	4.33	2.45
	Hydrogels; Polyethylene Glycol Dimethacrylate Hydrogel; Hyaluronic Acid	74	3.78	4.14
	Perfluoroalkyl Acids; Fluorochemicals; Perfluorooctane	69	2.71	3.3
	Droplets; Microfluidics; Lab-on-a-chip Devices	65	3.55	2.43
	Mechanotransduction; Focal Adhesions; Stiffness Matrix	62	3.06	2.42
	DNA Assembly; Toehold; Chemical Reaction Networks	61	2.74	2.66
	Strain Sensor; Flexible Electronics; Sweat	61	1.29	5.48
	Molybdenum Disulfide; Rhenium Sulfide; Van Der Waals	58	0.51	4.94

　　5所美国顶尖大学中,各校表现最佳(FWCI最高或全球产出份额最高)的主要研究主题为:加州大学伯克利分校的 T.20(钙钛矿太阳能电池;溴化铅;甲脒),产出份额达到全球的 0.62%,FWCI 达到 6.67;麻省理工学院的

T.4025(制氧;电催化剂;水裂解),产出份额达到全球的0.93%,FWCI达到6.85;斯坦福大学的T.4469(应变传感器;柔性电子;汗液),产出份额达到全球的1.92%,FWCI达到10.79;西北大学(美国)的T.20(钙钛矿太阳能电池;溴化铅;甲脒),产出份额达到全球的1.06%,FWCI达到6.85;哈佛大学的T.4469(应变传感器;柔性电子;汗液),产出份额达到全球的1.29%,FWCI达到5.48。

在探究各顶尖大学研究领域主题差异的同时,不难发现10所顶尖大学主要研究主题具有一定的共性。中美10所顶尖大学有7个主要研究主题重合,分别是T.4469(应变传感器;柔性电子;汗液)、T.63(二硫化钼;硫化铼;范德瓦尔斯)、T.20(钙钛矿太阳能电池;铅溴化物;甲脒)、T.2050(锂硫电池;多硫化物;分离器)、T.14104(枝晶;固体电解质;锂矿床)、T.4025(制氧;电催化剂;水裂解)和T.0(聚合物太阳能电池;本体异质结;有机光伏)。这些研究主题多属于化学研究在电子元件、新能源电池中的应用,是当前中美两国顶尖科研机构在化学领域共同关注的研究热点。

第四节　总　结

中美两国顶尖大学的化学学科均有悠久的发展历史,在全球都具有一定的影响力。本章选取中美10所顶尖大学为化学学科的研究对象,从大学的总体学科实力、发文期刊影响力、高水平研究、国际合作、学科布局与研究主题6个方面进行比较分析,揭示中美顶尖大学化学学科竞争力的具体差距,为中国顶尖大学定位化学学科发展中的短板并进行针对性提升提供参考。总体来说,中国5所顶尖大学化学学科的论文生产力较强,但学术影响力相较美国5所顶尖大学略弱,论文生产力与学术影响力发展并不均衡,导致化学学科发展后劲不足。

(一)竞争实力和潜力

中美两国顶尖大学在化学学科的发展各具优势,中国5所顶尖大学在发文量,也就是发文规模上领先美国5所顶尖大学,但在学术影响力方面与美国5所顶尖大学有明显的差距。中国5所顶尖大学的化学论文数是美国5所顶尖大学的2.24倍,但是CNCI、论文被引占比、h5指数均低于美国5所顶尖大学,说明中国5所顶尖大学的学术成果更多是以量取胜,学术影响力相对较弱。2017—2019年是中国5所顶尖大学化学学科加速发展的阶段,CNCI也保持缓慢增长趋势,而美国5所顶尖大学对化学领域的成果产出已逐渐稳定,在该领域的研究进入成熟阶段,论文数和CNCI这2个指标的增长速度放缓,未来中美两国顶尖大学化学论文的综合表现差距会越来越小。

从发文期刊来看,中美两国顶尖大学的主要发文期刊有17种相同,重合度达到56.67%。中国5所顶尖大学的主要发文期刊中Q1期刊有20种,美国5所顶尖大学的主要发文期刊中Q1期刊有22种,无论是从中美两国顶尖大学整体还是从各校发文期刊表现来看,美国5所顶尖大学发表在Q1期刊的论文占比均相对较高,说明美国5所顶尖大学的科研成果更多集中在高质量期刊上,在化学学科领域的学术水平更高。

从高水平研究成果看,美国5所顶尖大学的PPTop1%、PPTop10%和PPTop期刊3项指标都超过了中国5所顶尖大学。美国5所顶尖大学的Top期刊产出份额是中国5所顶尖大学的3倍,美国5所顶尖大学在Top期刊发文的集中程度远高于中国5所顶尖大学。10所中美顶尖大学中,西北大学(美国)的PPTop1%和PPTop10%表现都是最优,其次是斯坦福大学和加州大学伯克利分校,中国5所顶尖大学中PPTop1%和PPTop10%表现最好的大学是中国科学技术大学。

中美顶尖大学的国际合作论文数差别不大,但中国5所顶尖大学的国际合作率仅为美国5所顶尖大学的40%,中国5所顶尖大学在化学领域的国际合作程度还有较大提升空间。中美顶尖大学国际合作论文的研究影响力差距不明显。中国5所顶尖大学作为第一单位的国际合作论文数占比已稳定在54%左右,作为通讯单位的国际合作论文数占比在60%以上,可见中国5所顶尖大学的科研人员在国际合作中将会更多地发挥主导作用。

(二)竞争布局

中美顶尖大学的学科布局情况相近,由于中国5所顶尖大学发文规模存在优势,其研究主题覆盖面也更大。中美10所顶尖大学根据WoS学科分布形成3个大学聚类,6个学科聚类。大学聚类的第一类为哈佛大学、北京大学和复旦大学,第二类为麻省理工学院、加州大学伯克利分校、斯坦福大学和西北大学(美国),第三类为吉林大学、清华大学和中国科学技术大学。WoS学科分布最广泛的2个大学分别是中国科学技术大学和哈佛大学,涉及WoS学科数量都是57个。

研究发现,中国5所顶尖大学参与全球研究主题覆盖率为39.6%,而美国5所顶尖大学覆盖率为29.8%,可见中国5所顶尖大学参与的研究主题覆盖范围更广;中国5所顶尖大学热点研究主题参与度也更高,是美国5所顶尖大学的1.47倍。北京大学的竞争布局在十校中表现突出,参与的研究主题和热点研究主题数量最多,优势研究主题占比在十校中排在第2位。中美10所顶尖大学化学领域的研究方向有一定差异,侧重点有所不同。中美两国顶尖大学有7个主要研究主题重合,这些研究主题均属于化学研究在电子元件、新能源电池中的应用。

近年来中国5所顶尖大学化学学科发展迅猛,研究成果丰硕,中国5所顶尖大学在世界大学化学学科的排名进步明显。相比而言,美国5所顶尖大学在化学领域已经确立了较高的学术地位,中国5所顶尖大学化学学科想要追赶并超越美国同行,仍需要一定的发展周期。除了保持目前持续增长的论文产出态势外,提升研究成果的学术竞争力也尤为重要,这也是当前中国5所顶尖大学相比于美国5所顶尖大学综合表现中最为明显的短板。加强国际合作和促进学科交叉融合是提升学科竞争力的重要途径,是中国5所顶尖大学需要着重制定相应对策的2个方向。中国顶尖大学一方面要建立长期、系统性的合作平台,深化国际合作内涵,提升化学学科国际话语权;另一方面应借鉴美国5所顶尖大学相对成熟的学科发展模式,优化校内院系结构,立足本校的主体学科和优势学科开展化学领域的交叉学科研究,从而进一步提升化学学科在国际上的影响力和竞争力,助力中国顶尖大学化学学科更上一层楼。

第八章　中美顶尖大学学术竞争力分析
——环境科学

第一节　概　　述

　　环境科学与工程是一门使用综合、定量和跨学科的方法,研究人类社会发展活动与环境演化规律之间相互作用关系,寻求人类社会与环境协同演化、持续发展途径与方法的科学。环境科学与工程是跨学科领域专业,它既包含像物理、化学、生物、地质学、地理、资源技术和工程等自然科学,又含有像资源管理和保护、人口统计学、经济学、政治和伦理学等社会科学。大学里的环境科学与工程专业致力于培养具备环境科学的基本理论、基本知识和基本技能,能在科研机构、高等学校、企事业单位及行政部门等从事科研、教学、环境保护和环境管理等工作的高级专门人才。分析中美大学环境科学与工程学科的学术竞争力现状与发展态势,明晰中国"双一流"大学在环境科学与工程学科上与美国一流大学存在的差距,有利于了解中国"双一流"大学在环境科学与工程领域的优势、劣势、机会与潜力,为今后"双一流"大学环境科学与工程学科的建设提供方向和参考。

　　根据本书的方法学,以教育部公布的全国第四轮学科评估中环境科学与工程等级为 A(A+,A,A-)的15所大学为底板,辅之以 QS 环境科学学科(2019)的国际排名,最终确定环境科学学科的国内研究对象为清华大学、哈尔滨工业大学、同济大学、北京大学、北京师范大学,美国研究对象为斯坦福大学、麻省理工学院、加州大学伯克利分校、哈佛大学、加州大学戴维斯分校。10所大学的具体学科排名如表8-1所示。

从 QS 世界大学环境科学学科排名来看，中国"双一流"大学的研究对象中，清华大学排名 13，北京大学排名 21，其他 3 所大学的排名则位于 51~150 区间；而美国一流大学的研究对象中，除加州大学戴维斯分校的排名为 15 外，其他 4 所大学均排名前 5 位。中美两组顶尖大学在排名上的差距说明中国"双一流"大学在环境科学与工程学科的人才培养和科学研究方面与美国一流大学还存在着明显差距。为了探究中国"双一流"大学环境科学与工程学科发展的优势和短板，本章将从研究产出规模、研究影响力、国际合作和研究内容等多角度具体分析中美一流大学在环境科学领域的学术竞争力差异，为中国"双一流"大学环境科学与工程学科的建设方向提供参考。

表 8-1　环境科学研究对象及其学科排名

学校名称		第四轮学科评估结果	QS 学科排名
中文	英文		
清华大学	Tsinghua University	A+	13
哈尔滨工业大学	Harbin Institute of Technology	A+	101~150
同济大学	Tongji University	A+	51~100
北京大学	Peking University	A	21
北京师范大学	Beijing Normal University	A	51~100
斯坦福大学	Stanford University	/	1
麻省理工学院	Massachusetts Institute of Technology（MIT）	/	2
加州大学伯克利分校	University of California，Berkeley（UCB）	/	4
哈佛大学	Harvard University	/	5
加州大学戴维斯分校	University of California，Davis（UCD）	/	15

*第四轮学科评估结果（环境科学与工程），QS 世界大学学科 2019 年排名（环境科学）

清华大学环境科学与工程的全国第四轮学科评估结果为 A+。清华大学环境学院起源于 1928 年设立的市政工程系。1977 年，清华大学设立了我国第一个环境工程专业，1984 年，成立环境工程系，1997 年，更名为环境科学与工程系，2011 年其发展为环境学院。学院拥有环境科学与工程一级学科和市政工程、辐射防护与环境保护 2 个二级学科的硕士和博士学位授予权，在环境科学与工程一级学科内设有环境工程、环境科学、环境生态学、环境规划与管理 4 个学科方向。学院现有中国工程院院士 2 名，教育部高等学校优秀青年教师教学科研奖励计划获得者 1 名，教育部跨（新）世纪优秀人才计划获得者 7 名，全国百篇优秀博士论文获得者5名,"国家有突出贡献人员"称号获得者14名。学院承担了国家重大科技专项、国家科技支撑(攻关)计划、863计划、973计划和国家自然科学基金等700余项重要研究任务,取得了一大批高水平的技术和理论研究成果,累计获得国家科技三大奖23项,省部级奖励等200余项,国家授权专利400余项,承担国际合作项目400余项、企事业单位委托项目千余项。学院现建有巴塞尔公约和斯德哥尔摩公约框架下的2个区域中心,9个国家、省部级重点实验室和工程技术中心,并先后与多家世界500强企业建立了联合中心,与十余家国内高水平环保企业建立了联合研究中心。

哈尔滨工业大学环境科学与工程的全国第四轮学科评估结果为A+。哈尔滨工业大学环境学院成立于2016年9月,现已成为我国生态环境领域高层次创新人才培养、科学研究和国际学术交流的重要基地。哈尔滨工业大学环境学院是全国唯一同时拥有国家重点实验室、国家工程研究中心、国家工程实验室、国家创新研究群体、国际创新引智基地、国家国际合作基地和国家教学仿真实验室等重大平台的学院。学院现有教职工121人,其中教授45人、副教授35人,拥有中国工程院院士4人。另有创新群体及团队3个:教育部创新团队、国家创新研究群体和科技部重点领域创新团队;国家级科研与学术交流平台5个:城市水资源与水环境重点实验室、城市水资源开发利用(北方)工程研究中心、污泥安全处置与资源化技术国家工程实验室、大学学科创新引智计划—生物质定向生物能源转化、国家国际科技合作基地—污染物处理及能源化;国家级教学平台1个:市政环境虚拟仿真实验教学中心;省部级科研平台4个:水资源利用与环境污染控制建设部重点实验室、环境生物技术黑龙江省重点实验室、水的深度处理与资源化黑龙江省重点实验室、臭氧应用技术与设备开发黑龙江省重点实验室。此外,学院设有水污染防控及水资源可持续利用、饮用水安全保障理论与技术、固体废弃物安全处置与资源化、水化学与环境功能材料4个重点建设的优势与特色学科方向,以及环境生态工程理论与技术、环境系统模拟与规划管理、大气污染物环境形态、迁移转化机理与源头控制技术、环境微生物合成生态学、新兴污染物环境安全与生命健康6个重点建设的新兴与交叉学科方向。学院近年来承担国家级科研项目260余项,获国家技术发明及科技进步二等奖6项,发表SCI收录论文850余篇,科研成果为国家现代化建设进程中面临的重大环境问题和需求做出了突出的贡献,为国家"生态文明建设"发展战略的实施及环境保护事业的发展提供了重要的人才保障。

同济大学环境科学与工程的全国第四轮学科评估结果为 A+。同济大学环境科学与工程学院是全国高等院校中最早以学院建制成立的环境教育和科研学术机构，其前身是 1952 年成立的上下水道系及 1981 年成立的环境工程系，1988 年成立环境工程学院，1998 年正式更名为环境科学与工程学院。学院现设有市政工程系、环境工程系、环境科学系 3 个系，共有市政工程(给水排水工程)、环境工程和环境科学 3 个二级学科专业，并拥有污染控制与资源化研究国家重点实验室、城市污染控制国家工程研究中心、环境科学与工程国家级实验教学示范中心、长江水环境教育部重点实验室、联合国环境规划署—同济大学环境与可持续发展学院、中国气象局上海城市气候变化与应对重点实验室、上海市化学品分析、风险评估与控制重点实验室、可持续城市水系统国际联合研究中心、长江环境样品库、国家污泥处理处置产业技术创新战略联盟等国内最为完善的科研平台。学院现有在职教师 177 人，其中专业技术类教师系列 150 人(含正高 75 人，副高 48 人)，两院院士 4 人(含柔性引进 2 人)，国家万人计划 2 人，国家百千万人选 3 人，上海领军人才 7 人，其他省部级人才计划 20 余人，同时，学院还与很多国内外知名大学和研究机构有着密切的教学和科研合作，并聘请了前联合国副秘书长、联合国环境规划署执行主任 Klaus Toepfer 教授等一批国内外环境领域的著名专家作为兼职教授。学院的科研领域主要包括水污染控制工程、给水排水工程、固体废物处理与资源化、生态修复、环境化学、环境生物学、水资源综合管理与利用、环境规划与管理等。学院承担了国家科技攻关计划、国家"水体污染控制与治理"重大科技专项、国家高技术研究发展计划(863 计划)、国家自然科学基金等一批国家及地方的重大、重点科研项目。2013 年以来，学院获国家级与省部级科技奖励 33 项，其中以第一完成单位获得国家科技进步奖二等奖 2 项，国家技术发明二等奖 1 项，省部一等奖 8 项，年均获国家发明专利 70 余项，年均发表 SCI 论文 300 余篇。

北京大学环境科学与工程的全国第四轮学科评估结果为 A。北京大学是我国最早开展环境学科教学和科研的机构之一，2007 年，北京大学环境科学与工程学院正式成立。学院现有中国科学院院士 1 人、中国工程院院士 2 人、教育部新(跨)世纪优秀人才入选者 8 人、"新世纪百千万人才工程"国家级人选 1 人、国家优秀青年科学基金获得者 5 人、"万人计划"青年拔尖人才 3 人、科技部"重点领域创新团队" 2 个、国家自然基金委创新群体 2 个。学院拥有国家级平台 2 个：环境模拟与污染控制国家重点联合实验室、大气环境污染检测先进技术与装备国家工程实验室；教育部平台 3 个：区域污染控制国际联合实验室、水沙科学教育部重点实验室、111引智基地"城市大气化学与健康效应";生态环境部平台1个:国家环境保护河流全物质通量重点实验室;北京市平台2个:北京市新型污水深度处理工程技术研究中心、北京大学工程科学与新兴技术高精尖中心;其他部级平台1个:北京大学—水利部农村饮水安全研究中心。学院近年来取得了一系列有重要国际影响的科技成果,同时为政府提供了重要的环境决策支持,多项建议被政府采纳,并有效参与到国际环境协议的国际决策支持过程中。

　　北京师范大学环境科学与工程的全国第四轮学科评估结果为A。北京师范大学环境学院成立于2003年,其前身是1983年建立的环境科学研究所,是经教育部批准的全国大学首批从事环境科学研究与教育的平台之一,也是高层次人才培养基地。学院目前下设"四系"和"四中心",包括:环境科学系、环境规划与管理系、环境生态工程系和环境系统工程系,以及战略环境评价与生态空间规划研究中心、湿地生态与工程研究中心、全球环境政策研究中心和大气环境研究中心。学院还拥有水环境模拟国家重点实验室、水沙科学教育部重点实验室、黄河口湿地生态系统教育部野外科学观测研究站、北京市流域环境生态修复与综合调控工程技术研究中心和新型高效废水处理好氧颗粒污泥技术联合研究中心北京市国际合作基地,以及环境科学与工程博士后流动站、白洋淀黄河三角洲等湿地野外实验站、河北建滔、河北辛集产学研一体化试验基地。学院现有中国工程院院士1人,双聘中国工程院院士1名,加拿大工程院院士1人,973项目(国家重大专项)首席科学家5人,国家"万人计划"科技创新领军人才3人,新世纪百千万人才国家级人选1人,北京市教学名师2人,青年拔尖人才2人,国家优秀青年科学基金获得者4人,教育部跨(新)世纪人才11人,同时特聘有美国工程院院士2名及国家外专局高端外国专家5名。在长期发展的过程中,学院形成了以水环境过程及效应、水生态过程及效应、环境修复理论及技术、城市生态模拟及调控、环境评价规划及管理为主体的特色研究方向。2010年至今,学院承担了973项目2项、973课题13项、国家重点研发计划项目5项、国家重点研发计划课题24项、中美(NSFC-NSF)环境可持续性合作研究项目1项、中意(NSFC-MAECI)组织间合作研究项目1项、中欧(NSFC-JPI_UE)组织间合作研究项目1项、中智(NSFC-CONICYT)组织间合作研究项目1项、国家自然科学重点基金9项、基金委重大研究计划重点支持项目1项、863课题6项、国家科技支撑计划8项、科技部国际合作项目2项,以及200余项国家自然科学基金项目和 600 余项省部委委托课题,并获得国家自然科学二等奖 1 项,国家技术发明奖二等奖 1 项,国家技术进步二等奖 3 项,何梁何利基金科学与技术进步奖 1 项,以第一单位获省部级奖励 20 余项。

斯坦福大学环境科学专业隶属于地球、能源与环境科学学院,学院现有全职教师 70 人,包括教授 42 人,副教授 9 人,助理教授 19 人。学院设有地质科学、地球物理学、能源工程和地球系统科学 4 个系,以及地球系统、环境与资源、可持续发展的领导力变革 3 个跨学科项目。学院注重体验式的实地学习,研究人员和学生可以在七大洲的陆地和海洋进行研究和实地学习,并提倡采用数据科学的方法来解决地球及环境问题。2017 年以来,斯坦福大学环境科学学科居 QS 世界大学学科排名前 2 位,居 U.S. News 学科排名第 2~3 位。

麻省理工学院环境科学专业隶属于地球、大气和行星科学学院,学院现有全职教师 67 人,包括教授 42 人,副教授 7 人,助理教授 5 人。学院研究领域分为 8 个类别,分别是大气科学、气候、地球生物学、地球化学、地质学、地球物理学、海洋学和行星科学,并且含有多个跨学科研究。此外,学院还设有多个独立的研究机构及实验中心,如全球变化科学中心、地球资源实验室、Kavil 天体物理和空间研究院等。2017 年以来,麻省理工学院环境科学学科居 QS 世界大学学科排名第 2~3 位,居 U.S. News 学科排名第 9~11 位。

加州大学伯克利分校环境科学专业隶属于自然资源学院。自然资源学院是加州大学系统中的第一个学院,起源于 1868 年建立的农业学院,1974 年,农林学院与环境、生物和食品科学学院共同组成了自然资源学院,2020 年,学院更名为劳瑟(Rausser)自然资源学院,以纪念该学院前院长、加州大学伯克利分校农业和资源经济学荣誉教授戈登·劳瑟(Gordon Rausser)的慷慨捐赠。学院现有本科生 2200 余名,研究生 500 余名,跨学科研究中心 13 个,下设农业与资源经济系,能源及资源系,环境科学、政策及管理系,营养科学与毒理学系,植物与微生物生态系,以及环境科学、分子环境生物学、微生物生态、环境经济与政策、生态系统管理与林业、遗传学与植物生物学、资源保护研究、社会与环境、营养科学(营养学)、营养科学(生理和新陈代谢)、营养科学(毒理学)专业。2017 年以来,加州大学伯克利分校环境科学学科居 QS 世界大学学科排名第 1~4 位,居 U.S. News 学科排名第 1~2 位。

哈佛大学环境科学与工程专业隶属于工程与应用科学学院,学院成立于 2007 年 9 月 20 日,起源于 1996 年成立的工程与应用科学部,2015 年 6 月,哈佛大学工程与应用科学学院收到校友约翰·保尔森(John Paulson)一笔高达4亿美元的捐赠,为纪念他慷慨的捐赠,哈佛大学将该学院更名为哈佛大学约翰·保尔森工程和应用科学学院。环境科学与工程专业现有教职员工95人,研究方向包括大气化学、生物地化循环、气候变化、气候动力学、能源资源与能源系统、地球物理、全球污染、冰动力学与海平面、气象学、海洋学、行星科学、太阳能地球工程以及水源。2017年以来,哈佛大学环境科学学科居QS世界大学学科排名第4~5位。

加州大学戴维斯分校环境科学专业隶属于农业与环境科学学院环境科学与政策系。环境科学与政策系起源于1970年成立的环境研究司,并于1986年正式成为农业与环境科学学院的一个系,1997年更名为环境科学与政策系,现共有教职工21人,名誉教授2人,合作推广专家1人,以及90余名科研人员、博士后等。环境科学与政策系下设环境科学与管理和环境政策分析与规划2个主修专业,以及环境政策分析与规划、气候科学与政策2个辅修专业。环境科学与政策系每年约有350万美元的拨款,主要来自于国家科学基金会、加州运输局、加利福尼亚水资源控制委员会、加利福尼亚卫生服务部等机构。加州大学戴维斯分校现已成为美国最有实力的环境科学研究机构之一。2017年以来,加州大学戴维斯分校环境科学学科居QS世界大学学科排名第13~15位,居U.S. News学科排名第15~16位。

第二节　竞争实力及潜力分析

一、中美顶尖大学论文实力与潜力分析

(一)论文竞争力总体对比

表8-2　中美顶尖大学环境科学论文指标综合表现(2015—2019年)

学校	论文数	CNCI	被引次数	论文被引占比	h5指数
中国顶尖大学(5所)	9754	1.53	116530	88.74%	95
美国顶尖大学(5所)	7681	1.72	128486	92.32%	116

为了解中美顶尖大学环境科学学科的总体实力差异,本部分以中国顶

尖大学(5所)和美国顶尖大学(5所)整体作为研究对象,获取中美两组大学环境科学论文的综合表现指标,并对指标进行对比分析。此处的指标包括论文数、学科规范化的引文影响力(CNCI)①、被引次数、论文被引占比以及 $h5$ 指数。其中,论文数可表征 2015—2019 年中美顶尖大学环境科学论文产出规模;CNCI 可表征论文集在环境科学领域的学术影响力的大小;被引次数可表征论文的学术影响广度;论文被引占比可作为论文被其他学者认可和引用的标志; $h5$ 指数是一个混合量纲,本章借用这一指标来综合评价大学环境科学近 5 年的学术产出数量与学术产出水平。

中美顶尖大学环境科学综合表现如表 8-2 所示,从论文产出规模来看,中国顶尖大学 5 年的论文数为 9754 篇,年发文数为 1951 篇;美国顶尖大学 5 年的论文数为 7681 篇,年发文数为 1536 篇,中国顶尖大学论文数是美国顶尖大学的 1.27 倍,中国顶尖大学在环境科学论文产出规模方面相较于美国顶尖大学具有一定优势。从论文的被引次数(未经过学科规范化处理)来看,美国顶尖大学环境科学论文的被引次数是中国顶尖大学的 1.10 倍,中国顶尖大学在论文产出规模占优的情况下,被引次数却低于美国顶尖大学,说明中国顶尖大学环境科学论文的学术影响力有待提升。从 CNCI 来看,中国顶尖大学的 CNCI 为 1.53,美国顶尖大学的 CNCI 为 1.72,美国顶尖大学环境科学论文的 CNCI 是中国顶尖大学的 1.12 倍,略高于中国顶尖大学。从论文被引占比来看,中国顶尖大学论文被引占比为 88.74%,美国顶尖大学论文被引占比为 92.32%,中国顶尖大学论文被引占比略低于美国顶尖大学。从 $h5$ 指数来看,中国顶尖大学的 $h5$ 指数为 95(被引次数高于或等于 95 次的论文是 95 篇),美国顶尖大学的 $h5$ 指数为 116(被引次数高于或等于 116 次的论文是 116 篇),美国顶尖大学 $h5$ 指数是中国顶尖大学的 1.22 倍,中国顶尖大学的 $h5$ 指数相较于美国顶尖大学存在一定差距。综上所述,中国顶尖大学除在论文产出规模上具有一定优势外,在 CNCI、论文被引次数、 $h5$ 指数和论文被引占比指标上均与美国顶尖大学存在一定差距。

为了更直观地展示中美两组顶尖大学在各指标上的差距,将这些指标数据以雷达图(如图 8-1 所示)的形式展示(图中数据已做归一化处理)。在

---

①学科规范化的引文影响力(category normalized citation impact,CNCI):该指标能够表征一组论文在学科层面上的相对影响力水平,即该组论文在每个学科中发表论文的实际被引频次与全球该学科同年同类型(Article 或 Review 类型)论文的平均被引频次的比值之均值,常用以衡量科研质量。一般以 1.00 为分界,大于 1.00 表示科研产出影响力高于平均水平,小于 1.00 则低于平均水平。

雷达图中,对象的覆盖面积越大,表示其学术竞争力越强。从图中可以看出,美国顶尖大学的综合表现总体优于中国顶尖大学,中国顶尖大学除论文数占优外,其他4个指标均低于美国顶尖大学,说明中国顶尖大学环境科学学科的研究规模大于美国顶尖大学,但在研究影响力方面与美国顶尖大学存在一定差距,学术竞争力还有待提高,需要在保持现有研究规模的基础上,努力提高论文产出的质量。

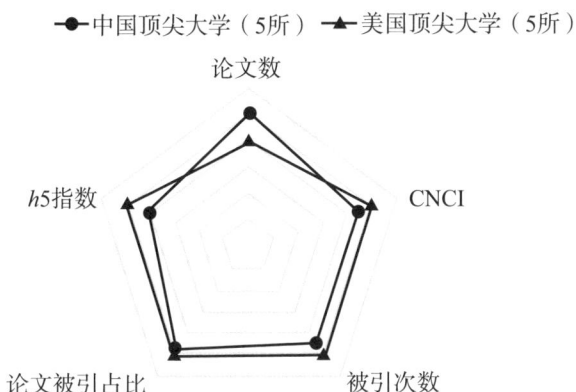

图8-1　中美顶尖大学环境科学学术竞争力综合比较(2015—2019年)

(二)研究规模发展态势

通过前述对中美两组顶尖大学总体实力的对比分析,可以发现美国顶尖大学总体综合表现优于中国顶尖大学。为了更全面地了解两组顶尖大学环境科学学科竞争力的发展态势,本部分对中美两组顶尖大学部分学术指标在2015—2019年的发展变化情况进行了分析,以期全面反映中国"双一流"大学在环境科学与工程学科建设过程中所处的阶段与发展趋势。

中国顶尖大学(5所)和美国顶尖大学(5所)的发文增长率①如图8-2所示。从图中可以看出,中国顶尖大学在2016—2019年这4个年度的发文增长率全部大于零,除了2017年发文增长率为5.20%外,其他年度发文增长率都在两位数以上,2018年、2019年发文增长势头尤为迅猛,2018年达到34.58%。近年来,中国政府把生态文明建设放在突出地位,在环境治理、环境保护方面的投入力度日益加大,反映到科学研究层面,中国顶尖大学近几

---

①发文增长率是指某一年份发文数的增量与前一年发文数比值,以%表示。如2018年发文增长率=(2018发文数−2017发文数)/2017发文数×100%。

年对环境科学领域研究日益重视,科研投入不断增加,文献产出数量突飞猛进。美国顶尖大学除2017年的发文增长率为负外,其余年度的发文增长率基本稳定在10%上下,说明美国顶尖大学在环境科学领域的论文成果整体保持稳定增长的趋势,但其增速远低于中国顶尖大学。虽然中美两组顶尖大学在环境科学领域的论文数量均有所增长,但中国顶尖大学年度发文数始终多于美国顶尖大学,且这个差距在逐年增大(2015年中国顶尖大学的发文数仅比美国顶尖大学多20篇,但2019年此差距扩大为1070篇)。

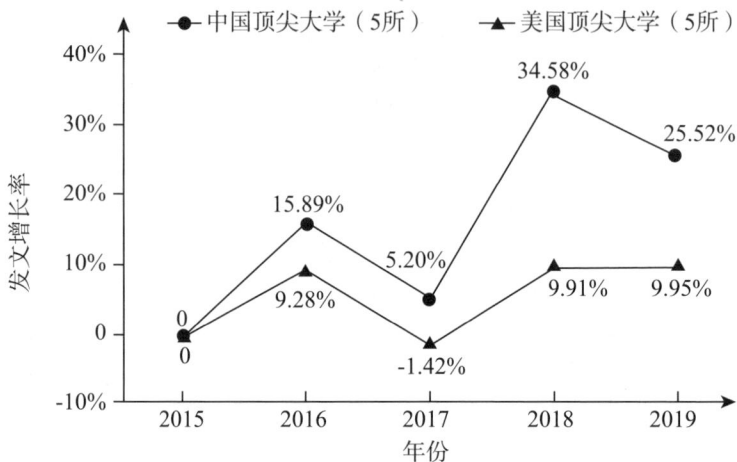

图8-2　中美顶尖大学环境科学发文增长率

(三)研究影响力(CNCI)发展态势

中国顶尖大学(5所)和美国顶尖大学(5所)的环境科学论文CNCI的变化情况如图8-3所示。从图中可以看出,中国顶尖大学的CNCI为1.38~1.68,呈逐年增长的趋势;美国顶尖大学的CNCI为1.52~1.87,呈逐年下降的趋势。2015—2018年美国顶尖大学的CNCI均高于中国顶尖大学,但两者之间的差距在逐年缩小;2019年中国顶尖大学的CNCI反超美国顶尖大学0.16。综上所述,近5年来美国顶尖大学总体的CNCI高于中国顶尖大学,但从发展态势上看,中国顶尖大学的CNCI增长明显,并于2019年首次超过美国顶尖大学,说明中国顶尖大学近年来在提升环境科学研究影响力方面的努力初见成效。

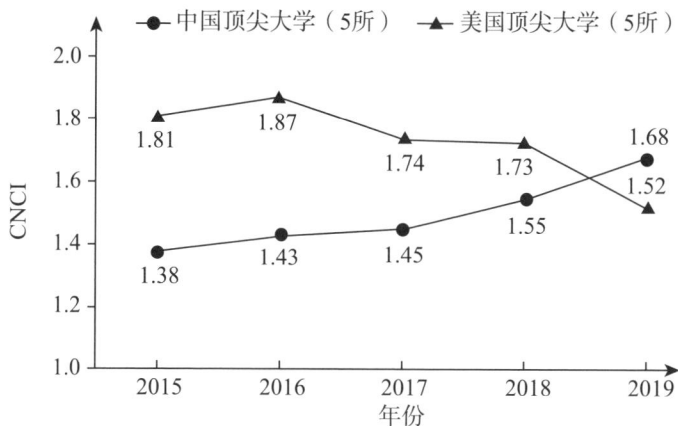

图8-3　中美顶尖大学环境科学论文CNCI发展趋势

（四）十校论文竞争力对比分析

为进一步了解5所中国顶尖大学和5所美国顶尖大学在环境科学领域的具体表现及两组的内部差异，本部分对各校的环境科学论文指标进行了对比分析。

10所顶尖大学环境科学论文综合表现如表8-3所示。从表中可见，哈佛大学除了论文数外，其他4项指标都居十校中前3位。斯坦福大学和加州大学伯克利分校各有3项指标居前3位，其CNCI和论文被引占比在10所大学中表现最佳，$h5$指数略低于加州大学伯克利分校。加州大学伯克利分校被引次数和$h5$指数在十校中领先，论文被引占比居第2位。清华大学有两项指标居前3位，其论文数在十校中最多，被引次数居第2位。整体来看，除论文数外，5所美国顶尖大学的表现更为优秀。

如图8-4所示为十校以归一化论文数为横轴，以CNCI为纵轴的散点图，同时分别以十校平均归一化论文数[①]（X=3.0）和CNCI平均值（Y=1.66）为分隔线做四象限图。利用象限图可将10所顶尖大学分为四类：落在象限Ⅰ中的大学为十校中发文数和CNCI都占优势的大学，这些大学可以认为是环境科学学科全球竞争力最强的大学；落在象限Ⅱ中的大学为十校中CNCI有优势的大学；落在象限Ⅲ中的大学在十校中发文数和CNCI都不占优势；落在象限Ⅳ中的大学为十校中发文数有优势的大学。从散点图中可以看出，5所中国顶尖大学和5所美国顶尖大学各有2所大学落在象限Ⅰ，即可以认为这4

---

①归一化论文数的计算方法：i校论文数/l校论文数（l校为论文数最少的学校）

所大学是全球环境科学学科综合竞争力最强的学校（清华大学、北京大学、加州大学伯克利分校、哈佛大学）；美国顶尖大学有1所大学落在象限Ⅱ，说明此大学的环境科学论文影响力在全球具有优势（斯坦福大学）；中国顶尖大学和美国顶尖大学各有1所大学落在象限Ⅳ，说明这2所大学在环境科学论文发文数上具有优势（北京师范大学、加州大学戴维斯分校）；此外，中国顶尖大学的2所大学以及美国顶尖大学的1所大学落在象限Ⅲ中，说明这3所大学的论文数和CNCI相较于其他大学均不占优势（同济大学、哈尔滨工业大学、麻省理工学院）。在10所顶尖大学中，从归一化论文数来看，清华大学和北京师范大学的论文数占有一定优势；从CNCI的表现来看，哈佛大学和斯坦福大学占有一定优势。以上分析说明，10所顶尖大学各具优势，但在学术影响力方面，5所中国顶尖大学均需要进一步提升。

表8-3　十校环境科学论文综合表现（2015—2019年）

学校	论文数	CNCI	被引次数	论文被引占比	$h5$ 指数
清华大学	2641	1.69	34782	89.63%	68
北京师范大学	2518	1.36	27486	88.40%	57
北京大学	2115	1.78	29384	91.96%	60
同济大学	1640	1.35	17416	86.59%	49
哈尔滨工业大学	1230	1.51	13566	85.69%	47
加州大学戴维斯分校	2220	1.42	29586	90.68%	66
加州大学伯克利分校	2139	1.74	38611	93.22%	78
哈佛大学	1797	1.99	32508	92.93%	71
斯坦福大学	1419	2.21	32437	93.80%	75
麻省理工学院	578	1.56	8011	91.87%	39

●中国顶尖大学（5所）　　▲美国顶尖大学（5所）

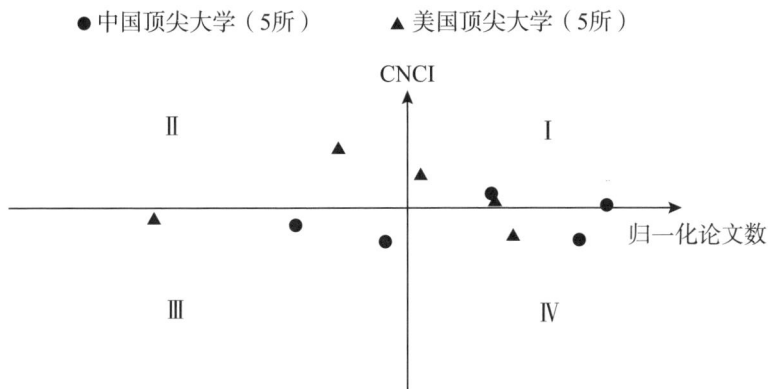

图8-4　十校环境科学归一化论文数与引文影响力象限图

二、中美顶尖大学发文期刊实力与潜力分析

（一）发文期刊竞争力分析

1.主要发文期刊分析

通过分析中美两组顶尖大学环境科学主要发文期刊（发文数前30位的期刊），可以从发文期刊影响力的角度对比中美顶尖大学环境科学学科的学术竞争力。本部分分别统计了中国顶尖大学（5所）和美国顶尖大学（5所）的环境科学论文的主要发文期刊，并分别列出了两组顶尖大学发文数前30位的期刊名称、论文数及期刊分区情况。

如表8-4和表8-5所示，美国顶尖大学主要发文期刊集中在Q1期刊（共25种，占主要发文期刊的83.3%），中国顶尖大学的主要发文期刊同样集中在Q1期刊（共19种，占主要发文期刊的63.3%），但其Q1期刊在主要发文期刊中的占比明显低于美国顶尖大学。从主要发文期刊的发文数来看，中国顶尖大学在主要发文期刊上的发文数为7340篇，约占总发文数的75.3%，发文数超过500篇的期刊有5种，其中3种为Q1期刊；美国顶尖大学在主要发文期刊上的发文数为4370篇，约占总发文数的56.9%，其中发文超过500篇的期刊有一种，为Q1期刊，说明中国顶尖大学环境科学发文期刊相较于美国顶尖大学过于集中，不利于扩大学术成果的传播范围和提升影响力。此外，美国顶尖大学的主要发文期刊中不乏 *Nature Climate Change*、*Environmental Health Perspectives* 等环境科学领域中国际影响力更高的期刊。由上述分析可知,在主要发文期刊竞争力方面,中国顶尖大学与美国顶尖大学相比有一定的差距。

表8-4　中国顶尖大学2015—2019年环境科学主要发文期刊

期刊名称	论文数	期刊分区
Science of the Total Environment	983	Q1
Sustainability	693	Q2
Environmental Science and Pollution Research	575	Q2
Environmental Science & Technology	575	Q1
Chemosphere	571	Q1
Water Research	415	Q1
Environmental Pollution	404	Q1
International Journal of Environmental Research and Public Health	304	Q1
Journal of Environmental Sciences	266	Q1
Water	265	Q2
Ecological Indicators	196	Q1
Frontiers of Environmental Science & Engineering	191	Q2
Environmental Earth Sciences	183	Q2
Journal of Environmental Management	154	Q1
Scientific Reports	152	Q1
Environment International	146	Q1
Ecotoxicology and Environmental Safety	126	Q1
Resources Conservation and Recycling	124	Q1
Ecological Engineering	119	Q1
Environmental Research Letters	112	Q1
Water Science and Technology	110	Q3
Environmental Technology	99	Q3
Water Resources Research	88	Q1
Global Change Biology	87	Q1
Ecological Modelling	76	Q2
PLoS ONE	74	Q2
Marine Pollution Bulletin	68	Q1
Fresenius Environmental Bulletin	67	Q4
Aerosol and Air Quality Research	59	Q2
International Biodeterioration & Biodegradation	58	Q1

表8-5　美国顶尖大学2015—2019年环境科学主要发文期刊

期刊名称	论文数	期刊分区
Environmental Science & Technology	581	Q1
International Journal of Environmental Research and Public Health	241	Q1
Science of the Total Environment	235	Q1
Environmental Health Perspectives	222	Q1
Water Resources Research	213	Q1
Environment International	211	Q1
Environmental Research Letters	199	Q1
Environmental Research	199	Q1
PLoS ONE	180	Q2
Ecology	154	Q1
Global Change Biology	153	Q1
Ecology and Evolution	149	Q2
Proceedings of the National Academy of Sciences of the United States of America	142	Q1
Molecular Ecology	131	Q1
Ecosphere	122	Q2
Sustainability	114	Q2
Water Research	92	Q1
Environmental Pollution	91	Q1
Ecology Letters	91	Q1
Nature Ecology & Evolution	87	Q1
Nature Climate Change	86	Q1
Environmental Health	83	Q1
Environmental Microbiology	80	Q1
Scientific Reports	80	Q1
Ecological Applications	79	Q1
American Naturalist	78	Q1
Biogeosciences	76	Q1
Biological Conservation	74	Q1
Water	64	Q2
Chemosphere	63	Q1

2.发文期刊竞争力分析

为帮助学者更好地了解本领域学术期刊的水平,科睿唯安公司制定了期刊分区,即 JCR 分区。JCR 分区将期刊划分为 176 个 WoS 学科,每个学科的期刊按照当年的影响因子高低排名,根据期刊在所属学科中的排名(X)与该学科所有期刊数量(Y)的比值(Z)得出期刊的分区,$Z \leqslant 25\%$ 为 Q1、$25\% < Z \leqslant 50\%$ 为 Q2、$50\% < Z \leqslant 75\%$ 为 Q3,$Z > 75\%$ 为 Q4,四个分区的期刊数基本相等。通过统计分析中美两组顶尖大学环境科学论文发文期刊的 WoS 学科 JCR 分区数据,可进一步从发文期刊影响力的角度了解中美两组顶尖大学的环境科学学术竞争力差异。

中美顶尖大学环境科学论文期刊的 WoS 学科 JCR 分区数据如图 8-5 所示。从图中可以看出,中国顶尖大学有 85.90% 的环境科学论文发表在 Q1 和 Q2 期刊上,美国顶尖大学有 92.91% 的环境科学论文发表在 Q1 和 Q2 期刊上,说明中美两组顶尖大学在环境科学领域的研究均有较高的学术水准。单从 Q1 期刊论文百分比看,美国顶尖大学的 Q1 期刊论文百分比为 73.89%,是中国顶尖大学的 1.27 倍,在一定程度上说明美国顶尖大学在环境科学领域发文期刊的影响力更高,环境科学论文具有更高的学术水平。中国顶尖大学需要在提升学术成果整体水平的基础上,加大对前沿和突破性研究的投入,发表更多的 Q1 期刊论文,以促进中国顶尖大学环境科学优秀研究成果得到更多的关注和广泛传播。

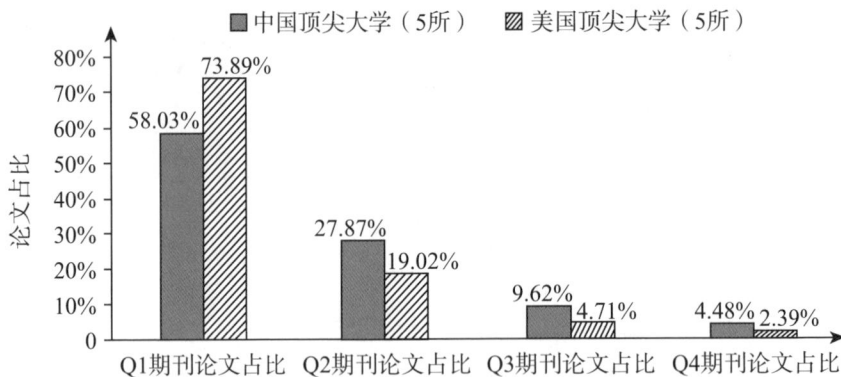

图 8-5　中美顶尖大学环境科学发文期刊分区对比(2015—2019 年)

3.十校发文期刊竞争力分析

为进一步了解 10 所顶尖大学环境科学发文期刊竞争力的具体表现及两组顶尖大学的内部表现差异,本部分对 10 所顶尖大学各校发文期刊分区数据进行了对比分析。十校环境科学发文期刊分区对比如图 8-6 所示。从图中可以看出,5 所中国顶尖大学中,除北京大学的 Q1 期刊论文占比超过 70% 外,其余 4 所大学的 Q1 期刊论文占比均低于 60%;5 所美国顶尖大学中有 4 所大学 Q1 期刊论文占比超过 70%,其中哈佛大学的 Q1 期刊论文占比超过 80%,仅加州大学戴维斯分校的 Q1 期刊论文占比为 65.34%。5 所中国顶尖大学中,除北京大学外,其余 4 所大学的发文期刊竞争力差异并不明显;5 所美国顶尖大学中,哈佛大学、麻省理工学院及斯坦福大学发文期刊竞争力较接近,加州大学伯克利分校与北京大学相近。从整体上看,中国顶尖大学在发文期刊竞争力方面相较于美国顶尖大学仍有较大的提升空间。

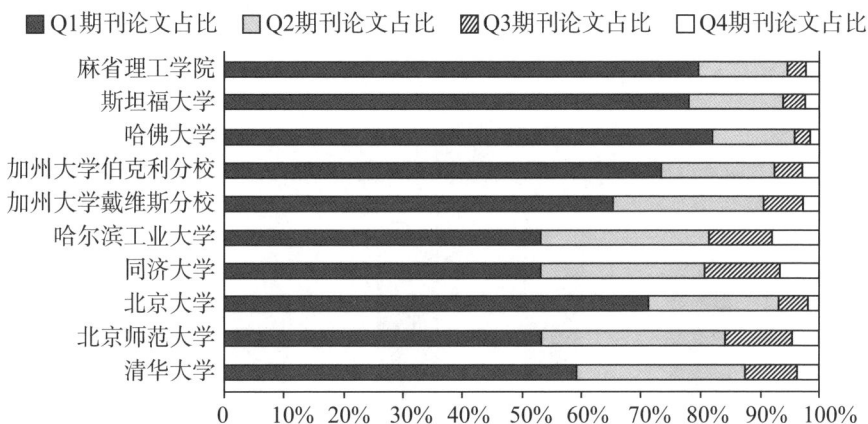

图 8-6　十校环境科学发文期刊分区对比(2015—2019 年)

(二)发文期刊竞争力发展态势

2015—2019 年中国顶尖大学(5 所)和美国顶尖大学(5 所)在环境科学学科发文期刊分区的变化情况分别如图 8-7 和图 8-8 所示。从图 8-7 中可知,中国顶尖大学的 Q1 期刊论文占比连续 5 年间出现明显增长,由 2015 年的 47.59% 升至 2019 年的 66.42%。而从图 8-8 中可知,美国顶尖大学的 Q1 期刊论文占比 5 年来基本保持在 73% 左右,没有明显的变化。以上结果表明,中国顶尖大学的环境科学发文期刊竞争力近年来有明显提升,虽然现阶段与美国顶尖大学相比仍有一定差距,但两组顶尖大学间的差距正在逐渐缩小。

中国顶尖大学（5所）

■Q1期刊论文占比　□Q2期刊论文占比　▨Q3期刊论文占比　□Q4期刊论文占比

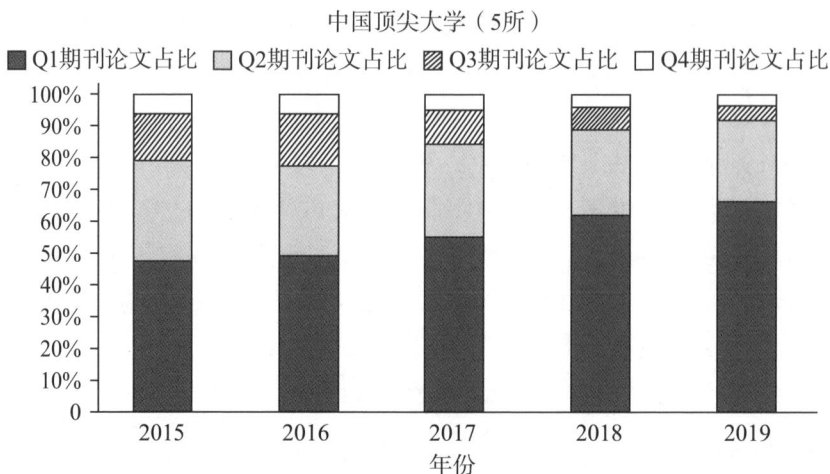

图8-7　中国顶尖大学环境科学发文期刊分区分布（2015—2019年）

美国顶尖大学（5所）

■Q1期刊论文占比　□Q2期刊论文占比　▨Q3期刊论文占比　□Q4期刊论文占比

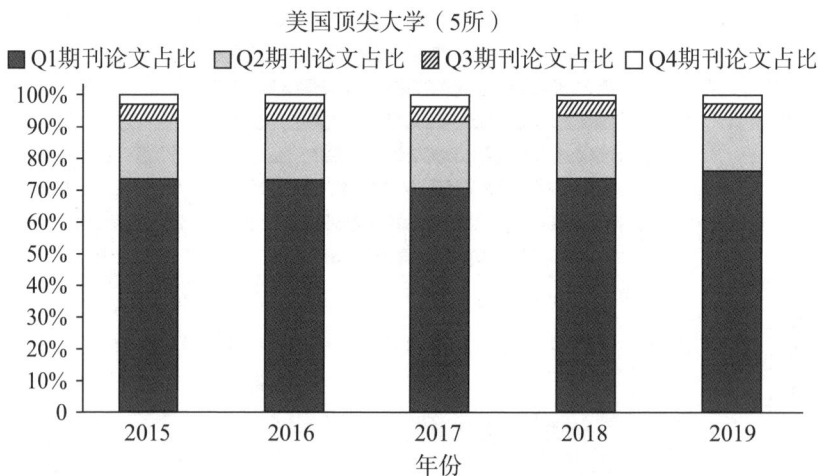

图8-8　美国顶尖大学环境科学发文期刊分区分布（2015—2019年）

三、中美顶尖大学高水平研究竞争现状及发展态势

（一）高水平研究的多指标分析

为了解中美顶尖大学环境科学高水平研究竞争现状及发展态势,本部分对中美两组顶尖大学环境科学学科高水平研究的指标进行了对比分析。此处的高水平研究包括:发表在学界公认的国际顶级或重要科技期刊的论

文(Top 期刊论文)①,被引前 1% 论文(Top1% 论文)②,被引前 10% 论文(Top 10% 论文)③。

如图 8-9 所示为中国顶尖大学(5 所)和美国顶尖大学(5 所)的高质量论文指标对比情况。从图中可以看出,两组大学的 PPTop1% 和 PPTop10% 都分别超过了 1% 和 10%,说明两组大学的被引前 1% 论文占比和被引前 10% 论文的占比都高于全球平均水平。从 3 个指标的具体数值来看,美国顶尖大学整体表现明显优于中国顶尖大学,中国顶尖大学的 PPTop1% 为 2.33%,美国顶尖大学的 PPTop1% 为 3.23%,是中国顶尖大学的 1.39 倍;美国顶尖大学的 PPTop10% 数值也明显高于中国顶尖大学,是中国顶尖大学的 1.13 倍;美国顶尖大学的 PPTop 期刊指标是中国顶尖大学的 1.37 倍。结合前述对中美两组顶尖大学发文期刊分区的分析结果可知,美国顶尖大学不仅在环境科学领域的发文期刊竞争力十分强劲,在环境科学领域的引领性研究上,其竞争优势也十分明显。

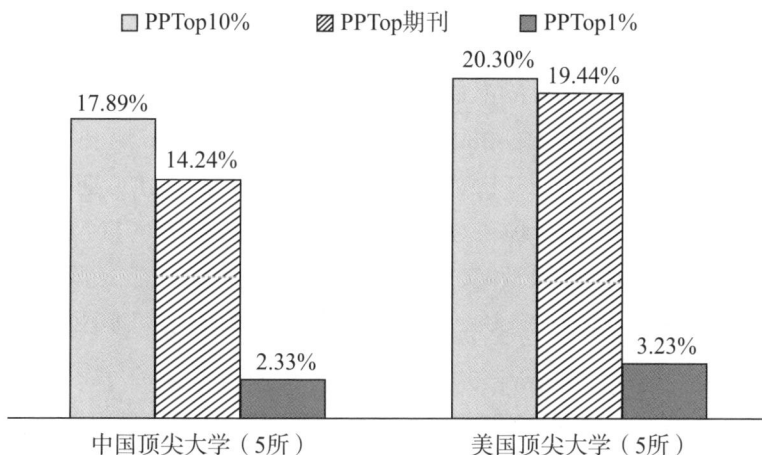

图 8-9　中美顶尖大学环境科学高水平论文占比(2015—2019 年)

(二)Top 期刊发文竞争力分析

本部分通过对中美两组顶尖大学 Top 期刊的发文情况的对比分析,探究

①环境科学 Top 期刊:ESI 环境科学影响因子排名前 11 的期刊(年发文量少于 100 的期刊除外)。

②Top1% 论文占比:指在某一指定学科领域、某一年、某种文献类型下,被引频次排名前 1% 的文献数除以该组文献全部论文数的值,以百分数的形式展现。通常,该指标数值越大,表明该组文献表现越好。

③Top10% 论文占比:指在某一指定学科领域、某一年、某种文献类型下,总被引次数排名前 10% 的文献数除以该组文献全部论文数的值,以百分数的形式展现。通常,该指标数值越大,表明该组文献表现越好。

中美顶尖大学环境科学领域高水平研究产出的差异。此处 Top 期刊是指 ESI 环境科学影响因子排名前 11 的期刊（年发文量少于 100 的期刊除外）。

5 所中国顶尖大学和 5 所美国顶尖大学在环境科学 Top 期刊的发文情况分别如表 8-6 和表 8-7 所示。从 Top 期刊发文占比来看，中国顶尖大学总体的 PPTop 期刊为 14.24%，低于其中 4 所大学的 PPTop 期刊占比，说明中国顶尖大学之间在环境科学领域有较多的合作；美国顶尖大学整体的 PPTop 期刊为 19.44%，也低于其中 4 所大学的 PPTop 期刊占比，说明美国顶尖大学之间在环境科学领域同样存着较多的合作。从 Top 期刊发文数来看，美国顶尖大学 Top 期刊论文数（1493 篇）是中国顶尖大学（1389 篇）的 1.07 倍，但结合表 8-2 分析可知，中国顶尖大学环境科学 5 年总论文数（9754 篇）是美国顶尖大学（7681 篇）的 1.26 倍，中国顶尖大学在论文数占优的情况下，Top 期刊论文数却少于美国顶尖大学，说明美国顶尖大学在高质量论文方面的优势更为明显。进一步分析中美两组顶尖大学的内部差异，中国顶尖大学 Top 期刊论文数为 129~444 篇，Top 期刊论文占比为 5.12%~18.58%，其中：清华大学 Top 期刊论文数最多（444 篇），占比为 16.81%；北京师范大学 Top 期刊论文数（129 篇）和论文占比（5.12%）都最少。美国顶尖大学 Top 期刊论文数在 127~ 507 篇之间，占比为 10.14%~28.21%，其中：哈佛大学 Top 期刊论文数最多（507 篇），占比为 28.21%；其次为加州大学伯克利分校，Top 期刊论文数为 458，占比为 21.41%；麻省理工学院 Top 期刊论文数最少（127 篇），占比为 21.97%。由以上分析可知，和美国一样，中国 5 所顶尖大学之间的 Top 期刊发文竞争力指标也存在一定差距，而中国 5 所顶尖大学之间差距更大。

表 8-6　中国顶尖大学环境科学 Top 期刊发文情况[①]　　　　（单位：篇）

期刊名称	5 年影响因子	2015—2019 Top 期刊发文量					
		清华大学	北京师范大学	北京大学	同济大学	哈尔滨工业大学	合计
Nature Climate Change	24.312	14	5	12	1	0	25
Nature Sustainability	12.092	8	2	2	1	0	11
Frontiers in Ecology and the Environment	11.61	0	0	0	0	0	0

①检索结果与检索时间相关，不同的检索时间，本部分的数据结果可能会略微不同。

续表

期刊名称	5年影响因子	2015—2019 Top期刊发文量					
		清华大学	北京师范大学	北京大学	同济大学	哈尔滨工业大学	合计
Critical Reviews in Environmental Science and Technology	10.404	16	1	1	2	2	22
Environmental Health Perspectives	10.081	5	2	10	2	0	19
Global Change Biology	9.827	20	24	55	0	1	87
Water Research	9.639	96	24	52	132	119	415
Environment International	8.925	57	11	52	20	15	146
Environmental Science & Technology	8.543	205	54	178	100	66	575
Environmental Science & Technology Letters	8.018	9	1	15	4	4	32
Environmental Science-Nano	7.913	14	5	16	12	10	57
11种Top期刊论文数	—	444	129	393	274	217	1389
11种Top期刊论文占比	—	16.81%	5.12%	18.58%	16.71%	17.64%	14.24%

表8-7　美国顶尖大学2015—2019年环境科学Top期刊发文情况　（单位：篇）

期刊名称	5年影响因子	2015—2019 Top期刊发文量					
		加州大学戴维斯分校	加州大学伯克利分校	哈佛大学	斯坦福大学	麻省理工学院	合计
Nature Climate Change	24.312	5	24	17	27	20	86
Nature Sustainability	12.092	10	10	7	15	1	35
Frontiers in Ecology and the Environment	11.61	11	13	5	17	1	43
Critical Reviews in Environmental Science and Technology	10.404	1	3	0	0	1	5
Environmental Health Perspectives	10.081	27	66	146	9	2	222
Global Change Biology	9.827	38	69	33	28	4	153
Water Research	9.639	24	22	3	36	12	92

续表

期刊名称	5年影响因子	2015—2019 Top期刊发文量					
		加州大学戴维斯分校	加州大学伯克利分校	哈佛大学	斯坦福大学	麻省理工学院	合计
Environment International	8.925	10	40	158	8	5	211
Environmental Science & Technology	8.543	91	197	116	163	69	581
Environmental Science & Technology Letters	8.018	4	13	13	10	10	47
Environmental Science-Nano	7.913	4	1	9	2	2	18
11种Top期刊论文数	—	225	458	507	315	127	1493
11种Top期刊论文占比	—	10.14%	21.41%	28.21%	22.20%	21.97%	19.44%

(三)Top论文发文竞争力分析

本部分通过对比分析中美10所顶尖大学高被引论文的具体表现,深入了解10所大学在高水平研究方面的表现差异及两组顶尖大学的内部差异。此处高被引论文包括被引次数排名前1%的论文和被引次数排名前10%的论文,这类论文受到较多的同学科学者的关注,同Top期刊论文一样,也可以被认为是高水平研究成果。

中美10所顶尖大学的各校PPTop1%[①]如表8-8所示。从表中可以看出,5所中国顶尖大学中只有清华大学的PPTop1%大于3%,有2所大学为2%~3%,同济大学最低,仅为1.89%;而5所美国顶尖大学中哈佛大学和斯坦福大学PPTop1%都大于4%,其中斯坦福大学更是达到了5.29%,加州大学伯克利分校为3.51%,加州大学戴维斯分校和麻省理工学院两校都是2.25%。由此可见,在环境科学PPTop1%论文的这一指标上,中美两组顶尖大学内部都存在着一定的差异,且中国顶尖大学不论个体或整体,都明显落后于美国顶尖大学,还有较大提升空间。

---

①PPTop1%:指在某一指定学科领域、某一年、某种文献类型下,被引次数排名前1%的文献数除以该组文献总数的值,以百分数的形式展现。该指标数值越大,表明该组文献表现越好。如果某组论文的该指标值等于1%,说明该组论文中有1%的论文位于全球同类论文(同一学科、出版年和文献类型)被引次数排名的前1%,也说明这组论文的水平与全球平均水平相当。高于1%代表该组论文中超过1%的论文位于全球同类论文排名的前1%,相应的,低于1%代表该组论文中不足1%的论文位于全球同类论文排名的前1%。

表8-8　十校环境科学Top1%论文竞争力比较(2015—2019年)

学校	PPTop 1%	
清华大学	3.03%	
北京师范大学	1.91%	
北京大学	2.65%	
同济大学	1.89%	
哈尔滨工业大学	2.52%	
加州大学戴维斯分校	2.25%	
加州大学伯克利分校	3.51%	
哈佛大学	4.06%	
斯坦福大学	5.29%	
麻省理工学院	2.25%	

表8-9　十校环境科学Top10%论文竞争力比较(2015—2019年)

学校	PPTop 10%	
清华大学	21.05%	
北京师范大学	15.29%	
北京大学	21.56%	
同济大学	14.70%	
哈尔滨工业大学	16.83%	
加州大学戴维斯分校	13.87%	
加州大学伯克利分校	21.37%	
哈佛大学	26.32%	
斯坦福大学	26.00%	
麻省理工学院	18.17%	

中美10所顶尖大学的PPTop10%[①]如表8-9所示,PPTop10%可以提供更

---

①PPTop10%:指在某一指定学科领域、某一年、某种文献类型下,被引次数排名前10%的文献数除以该组文献总数的值,以百分数的形式展现。该指标数值越大,表明该组文献表现越好。如果某组论文的该指标值等于10%,说明该组论文中有10%的论文位于全球同类论文(同一学科、出版年和文献类型)被引次数排名的前10%,也说明这组论文的水平与全球平均水平相当。高于10%代表该组论文中超过10%的论文位于全球同类论文排名的前10%,相应的,低于10%代表该组论文中不足10%的论文位于全球同类论文排名的前10%。

为宽泛的优秀科研成果的评价。10所顶尖大学中，有5所大学的PPTop10%高于20%，包括3所美国顶尖大学和2所中国顶尖大学，其中哈佛大学和斯坦福大学的PPTop10%都超过25%，北京大学、清华大学与加州大学伯克利分校不相上下，都略高于21%。其他3所中国顶尖大学的PPTop10%仅高于十校中排名最末的加州大学戴维斯分校（13.87%）。

从环境科学Top论文指标来看，中国顶尖大学中的佼佼者在PPTop10%上与美国顶尖大学相比已有一定的竞争能力，但是在反映领先研究的PPTop1%论文方面还需要不断努力。从两组顶尖大学的整体表现看，中国顶尖大学要想达到美国顶尖大学的竞争水平尚需时日，需要进一步提升高被引论文的产出能力。

四、国际合作竞争现状及发展态势分析

（一）中美顶尖大学国际合作论文竞争力及发展态势

1.国际合作论文竞争力分析

国际合作论文指由2个或者2个以上国家（地区）的作者共同参与合作发表的论文，国际合作论文占比指学者或机构发表的国际合作论文数占全部论文数的占比，体现了研究成果的国际化程度。为了解中美两组顶尖大学国际合作论文竞争力及发展态势，本部分对中美两组顶尖大学环境科学国际合作论文的表现进行了对比分析。

中美顶尖大学环境科学国际合作论文表现如表8-10所示。从国际合作论文规模来看，中国顶尖大学略低于美国顶尖大学，中国顶尖大学环境科学国际合作论文数为3545篇，校均国际合作论文数约为709篇；美国顶尖大学环境科学国际合作论文数为4135篇，校均国际合作论文数约为827篇，是中国顶尖大学的1.17倍。从国际论文合作率来看，中国顶尖大学环境科学国际合作论文占中国顶尖大学全部论文的36.34%，而美国顶尖大学环境科学国际合作论文占美国顶尖大学全部论文的53.83%，是中国顶尖大学的1.48倍，说明美国顶尖大学环境科学论文整体国际化程度要高于中国顶尖大学。从篇均被引来看，中国顶尖大学环境科学国际合作论文篇均被引为14.97，美国顶尖大学环境科学国际合作论文篇均被引为19.54，是中国顶尖大学的1.3倍。从论文被引占比来看，中国顶尖大学91.62%的环境科学国际合作论文被其他论文引用，美国顶尖大学93.01%的环境科学国际合作论文被其他论

文引用,中美两组顶尖大学在此指标上的差距相对较小。从高质量论文占比(PPTop1%和PPTop10%论文)的表现情况来看,中国顶尖大学与美国顶尖大学存在一定差距,例如中国顶尖大学国际合作论文中PPTop1%为3.61%,而美国顶尖大学国际合作论文中PPTop1%为4.26%,是中国顶尖大学的1.18倍。综上所述,美国顶尖大学在国际合作论文竞争力上总体表现优于中国顶尖大学。

表8-10　中美顶尖大学环境科学国际合作论文表现

学校	国际合作论文数	国际合作率	篇均被引	论文被引占比	PPTop1%	PPTop10%
中国顶尖大学(5所)	3545	36.34%	14.97	91.62%	3.61%	22.85%
美国顶尖大学(5所)	4135	53.83%	19.54	93.01%	4.26%	24.52%

2.国际合作论文发展态势分析

中国顶尖大学(5所)和美国顶尖大学(5所)2015—2019年间环境科学论文国际合作率的变化趋势如图8-10所示。从图中可以看出,中国顶尖大学论文国际合作率5个年度变化较小,基本在36%左右,而美国顶尖大学论文国际合作率在2015—2017年基本稳定,2018—2019年明显提高,中美顶尖大学环境科学国际合作率的差距被进一步拉大,2019年美国顶尖大学国际合作率已达到中国顶尖大学的1.58倍。

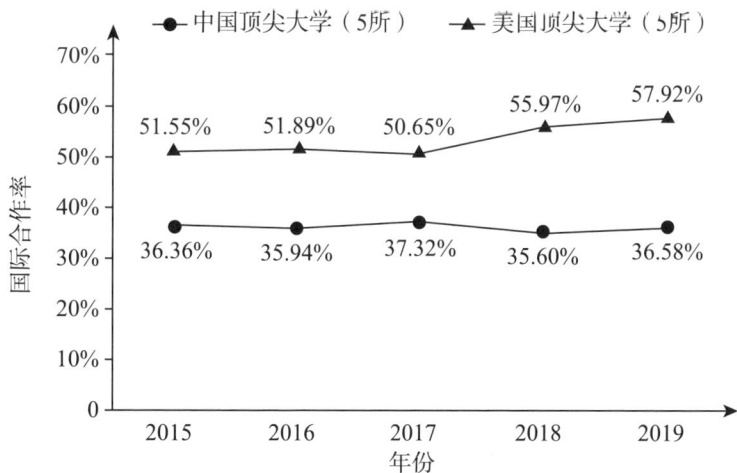

图8-10　中美顶尖大学环境科学国际合作率发展趋势(2015—2019年)

如图 8-11 所示为中国顶尖大学(5所)和美国顶尖大学(5所)的国际合作论文年增长率。中国顶尖大学在环境科学领域的国际合作论文数 5 个年度都在不断增加,美国顶尖大学国际合作论文数除 2017 年为负增长外,其余年度也在不断增加,说明中美两组顶尖大学都非常重视环境科学领域的国际合作。2015—2019 年美国顶尖大学国际合作论文 5 年平均增长率为 10.37%,中国顶尖大学 5 个年度的国际合作论文增长率均高于美国顶尖大学,5 年平均增长率为 20.28%,是美国顶尖大学的 1.96 倍。结合图 8-2 综合分析,中国顶尖大学环境科学全部论文 5 年平均增长率为 20.30%,美国顶尖大学环境科学全部论文的 5 年平均增长率为 6.93%,中国顶尖大学国际合作论文年增长率仅略高于其全部论文的年增长率(高 0.02%),而美国顶尖大学国际合作论文年增长率却明显高于其全部论文的年增长率(高 3.44%),说明中国顶尖大学虽然在提升环境科学论文国际化程度方面有所成效,但国际化脚步仍然不够快,从而导致中美顶尖大学环境科学国际化论文占比的差距呈逐渐增大趋势。此外,美国作为引领科学研究的国家,与各国都有合作关系,各国科研国际化的推进也间接促进了美国科研国际化的提升。中国在加强与美国科研合作的同时,还可以考虑与更多环境科学领域较为领先的国家建立国际合作,以进一步提升环境科学领域论文国际化的程度。

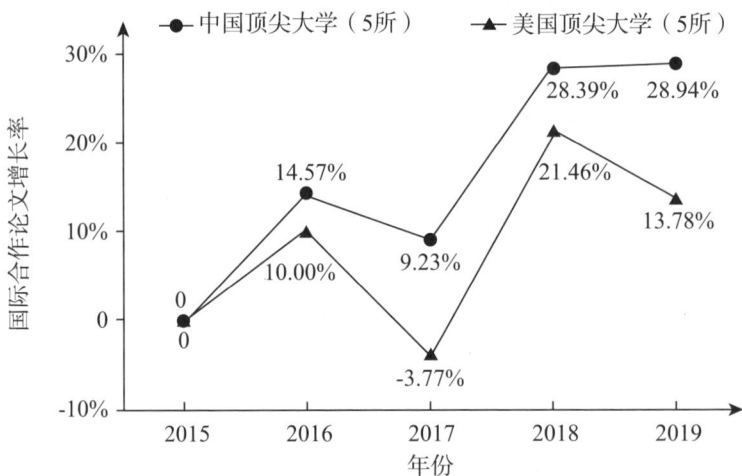

图 8-11　中美顶尖大学环境科学国际合作论文年增长率(2015—2019年)

综上所述,中国顶尖大学虽然近年在国际合作论文的发文增长率指标上优于美国顶尖大学,但在国际合作论文发文规模、论文质量指标的表现以及国际合作率方面,仍与美国顶尖大学有较大差距。中国顶尖大学应在扩大合作范围、加快国际合作步伐、提升国际合作率的同时,进一步提升国际合作论文的质量和水平。

(二)中美顶尖大学国际合作成果影响力分析

中国顶尖大学(5所)国际合作论文、中国顶尖大学(5所)全部论文和美国顶尖大学(5所)全部论文的论文影响力指标具体表现如表8-11所示。从平均百分位来看,中国顶尖大学国际合作论文平均百分位为38.17,表现优于中国顶尖大学全部论文(44.24),也优于美国顶尖大学全部论文(39.95)。从CNCI来看,中国顶尖大学国际合作论文CNCI为1.88,是中国顶尖大学全部论文的1.23倍,也高于美国顶尖大学全部论文(1.72)。从篇均被引来看,中国顶尖大学国际合作论文篇均被引为14.97,是中国顶尖大学全部论文的1.25倍,略低于美国顶尖大学全部论文篇均被引(16.73)。从高质量论文(PPTop1%和PPTop10%)的表现来看,中国顶尖大学国际合作论文同样优于中国和美国顶尖大学全部论文。从图8-12中可以直观地看出,中国顶尖大学全部论文的CNCI、PPTop1%和PPTop10%指标都是最低,并且与其余两者相比存在一定差距;而中国顶尖大学国际合作论文除了篇均被引,其他指标都优于美国顶尖大学全部论文。由此可见,国际合作对提升中国顶尖大学在环境科学领域的论文质量和学术影响力方面起到了重要作用,对缩小中国顶尖大学与美国顶尖大学环境科学学术竞争力之间的差距有一定贡献。

表8-11　中美顶尖大学环境科学国际合作论文影响力比较(2015—2019年)

学校	平均百分位	CNCI	篇均被引	PPTop1%	PPTop10%
中国顶尖大学(5所)国际合作论文	38.17	1.88	14.97	3.61%	22.85%
中国顶尖大学(5所)全部论文	44.24	1.53	11.95	2.33%	17.89%
美国顶尖大学(5所)全部论文	39.95	1.72	16.73	3.23%	20.30%

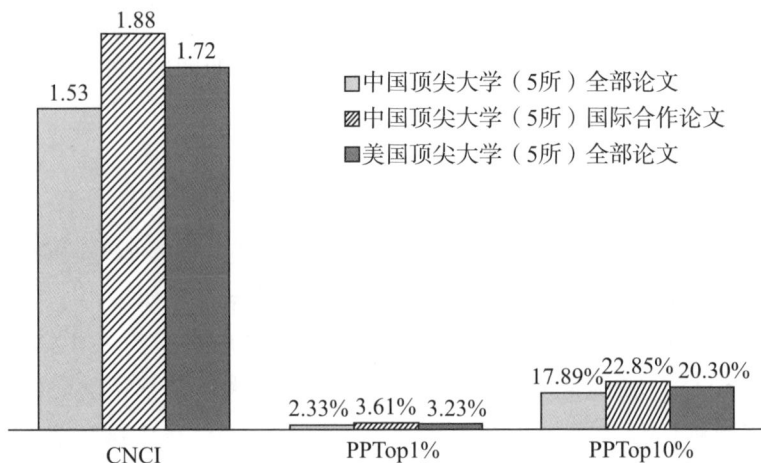

图8-12　中美顶尖大学环境科学国际合作论文影响力比较（2015—2019年）

（三）中国顶尖大学国际合作地位变化趋势

本部分通过获取2015—2019年中国顶尖大学（5所）在环境科学国际合作中作为第一单位和通讯单位的论文占比并分析其变化趋势，以了解中国顶尖大学国际合作著作单位变化趋势。中国顶尖大学作为第一或通讯单位的环境科学国际合作论文年度发文趋势如图8-13所示，虽然中国顶尖大学2015—2019年间作为第一单位的国际合作论文数逐年增加，但由于中国顶尖大学环境科学全部国际合作论文增速更快，致使作为第一单位发表的国际合作论文占比在2016—2018年呈下降趋势。说明目前中国顶尖大学在环境科学国际合作论文中，虽然有超过一半作者为论文做出了主要贡献，但未来作为主要贡献者或主导者的发展势头可能不足，今后需要在国际合作中承担更多主导者的角色。从通讯单位论文占比来看，2015年中国顶尖大学作为通讯单位的国际合作论文占比为52.10%，2016年增加至61.15%，2017—2019年逐年下降，由此可见，中国顶尖大学的学者在国际合作中，作为通讯作者的比例在前期明显提高，后期略有下降，说明中国顶尖大学还需要在国际合作论文中更多的担当指导者和负责人。

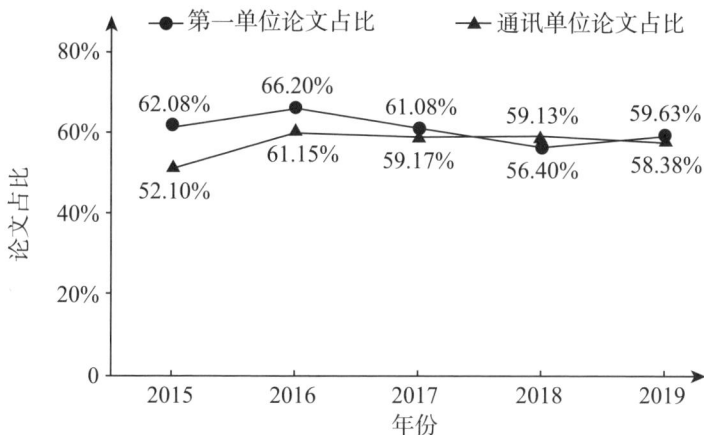

图8-13 中国顶尖大学作为第一或通讯单位的环境科学国际合作论文年度发文趋势

第三节 竞争布局分析

一、中美顶尖大学学科布局分析

Web of Science 学科（WoS学科）分类模式由250多个来自自然科学、社会科学与艺术人文领域的学科构成。该分类模式通过将一个大学科划分至多个分支学科而构建，例如在环境科学领域，除环境科学学科外，还包括环境研究、环境和职业健康等分支学科。由于不同分支学科的引文情况可能存在较大差异，细化的学科定义成为该学科分类模式的重要特征之一，因此WoS学科分类模式通常被认为是精细文献计量学分析的最佳工具。为了解中美顶尖大学环境科学学科的竞争布局，本部分通过Web of Science数据库获取了10所顶尖大学环境科学论文的WoS学科分布情况，并对其学科布局进行分析。

从表8-12中可知，中国顶尖大学（5所）环境科学论文整体发文规模略大于美国顶尖大学（5所），但两组大学的WoS学科分布在数量上差距不大，10所大学所涉及的WoS学科数量均在40个左右。美国顶尖大学中，加州大学戴维斯分校环境科学论文数最多（2220篇），涉及WoS学科44个；论文数最少的为麻省理工学院（578篇），涉及WoS学科37个。中国顶尖大学中，清华大学环境科学论文数最多（2641篇），涉及WoS学科41个；北京师范大学和北京大学环境科学论文发文量分别居第二和第三名,所涉及 WoS 学科均为 37 个。

表 8-12　十校环境科学论文的 WoS 学科分布情况(2015—2019 年)

学校	论文数	WoS 学科数
清华大学	2641	41
北京师范大学	2518	37
北京大学	2115	37
同济大学	1640	34
哈尔滨工业大学	1230	32
加州大学戴维斯分校	2220	44
加州大学伯克利分校	2139	44
哈佛大学	1797	41
斯坦福大学	1419	40
麻省理工学院	578	37

　　如图 8-14 所示为 10 所中美顶尖大学的 WoS 学科分布热力图。选取每所顶尖大学发文量前 70% 的 WoS 学科形成 22 个 WoS 学科集合,以这些 WoS 学科为纵坐标,10 所顶尖大学名称为横坐标,横纵坐标交叉的区域代表大学在该学科的发文量,颜色深浅代表发文量多少,颜色越深,说明该校该学科发文量在十校中越多。同时,运用 R 语言中的 Scale 函数对发文量进行归一化处理,采用 K-means 算法依据学科结构相似度进行聚类,由图 8-14 分析可知 10 所大学形成 4 个聚类。

　　结合学科结构的热力图聚类结果,通过比较分析和归纳总结,得出每种聚类内大学的环境科学学科结构特征。第一类大学包含北京大学、同济大学和哈尔滨工业大学,从热力图来看,该类大学仅在个别学科上较为突出,主要发文学科有地球科学·跨学科(geosciences, multidisciplinary)、纳米科学和纳米技术(nanoscience & nanotechnology)、化学·跨学科(chemistry, multidisciplinary)等;第二类大学包含清华大学和北京师范大学,该类大学学科分布重点突出,主要发文学科有工程学·环境(engineering, environmental),环境科学(environmental sciences),水资源(water resources),环保和可持续发展的科学技术(green & sustainable science & technology),环境研究(environmental studies)等;第三类大学包括加州大学戴维斯分校和加州大学伯克利分校,该类大学在近一半的 WoS 学科上发文颜色较深,学科分布较为广泛,主要发文学科涉及生物多样性保护(biodiversity conservation)、植物学(plant sciences)、生态学(ecology)、进化生物学(evolutionary biology)、生物化学和分子生物学(biochemistry & molecular biology)、湖沼学(limnology)等；第四类大学包括哈佛大学、斯坦福大学和麻省理工学院，该类大学仅在个别学科上较为突出，主要发文学科包括公共、环境和职业卫生(public, environmental & occupational health)，毒理学(toxicology)，湖沼学，海洋学(oceanography)等。

此外，从图8-14中可以直观地看出，中美两组顶尖大学的学科分布重点明显不同，5所中国顶尖大学的研究更多地集中在环境保护及污染治理等环境改造方面，如环境科学、环境研究(environmental studies)、环保和可持续发展的科学技术(green & sustainable science & technology)等学科；而5所美国顶尖大学的研究则更多集中在对环境的本源性研究及其对人类的影响方面，如微生物学(microbiology)、植物学、生态学、海洋学等学科。目前中国仍是发展中国家，随着工业化和经济发展对环境造成的压力日益凸显，环境保护所受的关注程度倍增，反映在科学研究层面，有关环境保护和污染治理等方面的内容仍是研究的重点。中美顶尖大学在环境科学领域学科布局重点的不同，不仅反映出两组顶尖大学在环境科学领域研究的侧重点有较大差异，而且说明了国家所处社会发展阶段的不同会对科学研究领域产生一定的直接影响。

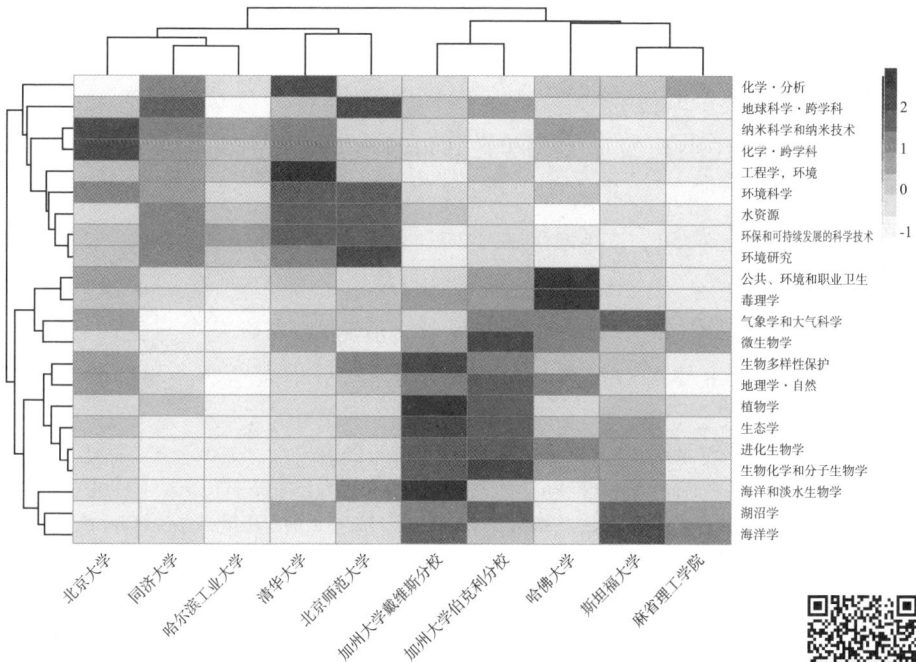

图8-14　十校环境科学论文WoS学科分布热力图

> 二、中美顶尖大学研究主题分析

(一)研究主题分布和总体表现分析

如表8-13所示为10所中美顶尖大学环境科学研究主题分布情况,本部分所涉及的与研究主题(topics)相关的数据均采集自爱思唯尔的SciVal平台。SciVal平台整合了Scopus1996年至今的科研数据,通过文献的引用关系聚类得到超过9.6万个研究主题,并应用指纹专利技术和特殊短语,自动抽取题名和摘要给研究主题命名。SciVal为各研究主题建立了测度主题可见度和发展势头的指标,即主题显著度,根据研究主题的显著度数值排序,计算每个研究主题的百分位数指标。显著度指数[1]高于99%(Top1%)的研究主题,可视为整个科学研究领域的热点研究主题。如果在某个研究主题上,某个机构的发文量达到了发文量排名第一的机构的1/3,或者被引次数达到了被引次数排名第一的机构的1/3,就被认为是该研究主题的关键贡献者,作为关键贡献者参与的研究主题可视为该机构的优势研究主题。

如表8-13所示,全球范围内涉及环境科学的研究主题4121个,中国顶尖大学(5所)参与的研究主题数是2707个,占比为65.7%;美国顶尖大学(5所)参与的研究主题数为2839个,占比68.9%,美国顶尖大学所涉及的环境科学研究主题数量略高于中国顶尖大学,说明其环境科学研究成果的覆盖面更广。此外,中美两组顶尖大学在环境科学热点研究中的参与度没有差别,几乎都参与了全部的环境科学热点研究。

从各校数据看,5所中国顶尖大学中,清华大学的环境科学研究主题覆盖面最广,优势研究主题占比和热点研究参与度也最高。5所美国顶尖大学中,加州大学伯克利分校的环境科学研究覆盖面最广,热点研究参与度最高,而哈佛大学的优势研究主题数最多。值得指出的是,清华大学所参与的研究主题

---

[1]主题显著度综合考虑了最近引用数量、最近浏览数量和期刊CiteScore 3个参数,对每个主题j在第n年的显著度P_j,计算公式如下:$P_j=0.495[C_j-mean(C_j)]/stdev(C_j)+0.391[V_j-mean(V_j)]/stdev(V_j)+0.1149[CS_j-mean(CS_j)]/stdev(CS_j)$这里,$C_j$是主题$j$中的第$n$年和$n-1$年发表论文的引用量,$V_j$是主题$j$中的第$n$年和$n-1$年发表论文的Scopus浏览量,$CS_j$是主题$j$中的第$n$年和$n-1$年发表论文的平均CiteScore,其中原始数据经过了对数转换,即$C_j=ln(C_j+1)$,$V_j=ln(V_j+1)$,$CS_j=ln(CS_j+1)$。显著度计算是用标准化分数消除3个指标之间的量纲差异,再对每个研究主题近两年论文的引用数量、浏览数量、期刊评价指数与平均值的离散程度加求和。因此,显著度指数越高,表示正在关注这个研究主题的研究者越多,也说明这个研究主题的增长势头越猛。实际使用中,SciVal根据主题的显著度数值排序,计算每个研究主题的百分位数指标。

数、优势研究主题数和热点研究主题数在10所顶尖大学中最高。除清华大学外,其余4所中国顶尖大学在环境科学研究主题覆盖面方面与美国顶尖大学不相上下,对热点研究主题数的参与度整体高于美国顶尖大学。

表8-13 中美顶尖大学环境科学研究主题分布情况比较

	参与研究主题数	优势研究主题数	优势研究主题占比	热点研究主题数
全球	4121	—	—	144
中国顶尖大学(5所)	2707	—	—	143
美国顶尖大学(5所)	2839	—	—	143
清华大学	1465	446	30.44%	135
哈尔滨工业大学	754	195	25.86%	109
同济大学	1000	231	23.10%	125
北京大学	1144	278	24.30%	127
北京师范大学	1122	284	25.31%	114
斯坦福大学	1043	248	23.78%	109
麻省理工学院	795	150	18.87%	108
加州大学伯克利分校	1262	301	23.85%	122
哈佛大学	1174	365	31.09%	107
加州大学戴维斯分校	1256	263	20.94%	107

10所顶尖大学在环境科学发文前30的研究主题上的论文产出表现如图8-15所示。横轴为十校在某研究主题上的累计表现,无底纹条形代表中国顶尖大学在该研究主题的发文数,有底纹条形代表美国顶尖大学在该研究主题的发文数,发文数较多的研究主题通常是这个领域较为成熟的研究方向。由图8-15可知,10所顶尖大学环境科学发文前30的研究主题的显著度均在90以上,说明这些研究主题近年来受到了全球同领域学者的持续关注。在多数研究主题上,中美顶尖大学都参与其中,中国顶尖大学在22个研究主题上发文数多于美国顶尖大学,美国顶尖大学仅在8个研究主题上占有优势。同时,在少数主题上中国或美国具有较强的引领效应,中国顶尖大学处于引领地位的研究主题有6个,分别是 T.766(膜反应器;厌氧分解池;结垢)、T.1218(三卤甲烷;卤乙酸;氯二溴甲烷)、T.596(纳米铁粒子;脱氯;反应墙)、T.2229(活性污泥;厌氧消化;挥发性脂肪酸)、T.5131(厌氧氨氧化;氨氧化细菌;脱氮)和

T.6669(过一硫酸盐;硫酸根;高级氧化);美国顶尖大学处于引领地位的研究主题仅有一个,即 T.2424(洗手;环境卫生;腹泻病)。

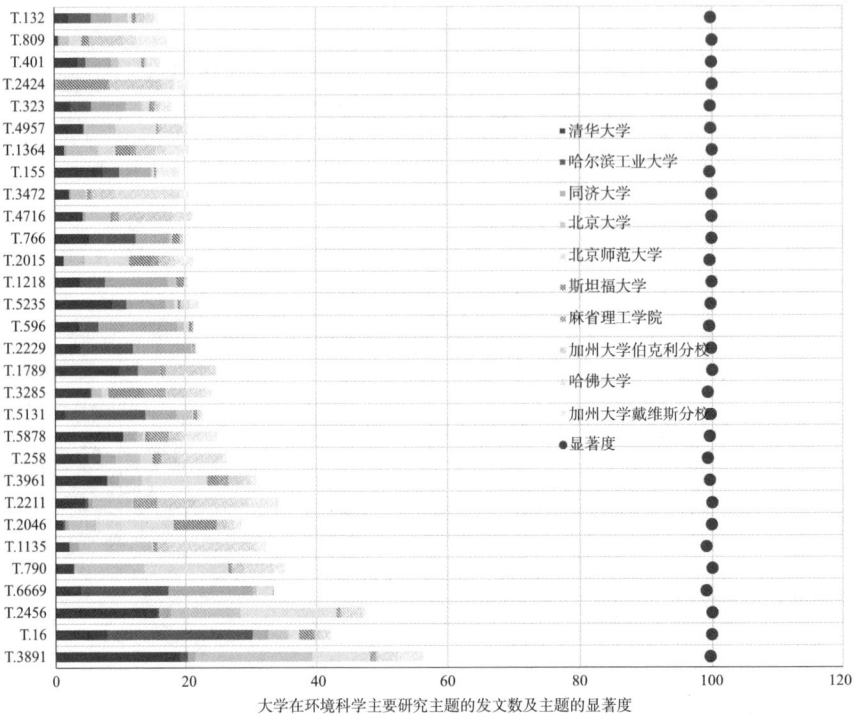

图8-15　十校环境科学主要研究主题(发文前30的主题)的论文产出表现

图8-16展示了中国顶尖大学(5所)和美国顶尖大学(5所)发文数前20位的主题的学科标准化论文影响力(FWCI)和发文产出份额,图中空心的三角和圆点代表中美两组大学重叠的主要研究主题,相同的数字代表相同的研究主题。在发文产出方面,中国顶尖大学有一个研究主题的产出份额最高,达到16.88%,另有8个主要研究主题的产出份额超过了12%;而美国顶尖大学仅有1个主要研究主题的产出份额达到了13.04%,其余19个主题的产出份额均小于10%。在FWCI方面,美国顶尖大学有一个研究主题的FWCI最高,达到4.53,另有10个主要研究主题的FWCI超过了3;而中国顶尖大学仅有1个主要研究主题的FWCI达到了3.54,其余19个研究主题的FWCI均小于3。以上分析说明,美国顶尖大学发文数前20位的主题的论文影响力整体表现优于中国顶尖大学,但中国顶尖大学的产出份额相对于美国顶尖大学具有显著优势。中国顶尖大学应当在保持产出份额优势的基础上,进一

步提高研究质量,提升主要研究主题论文的影响力。

此外,在中美两组顶尖大学重叠的5个研究主题[①]里,中国顶尖大学的产出份额均高于美国顶尖大学,而FWCI均低于美国顶尖大学。这5个重叠的研究主题分别是:T.2046(文化生态系统服务;服务价值;自然资本)、T.258(全氟烃基酸;含氟化合物;十八氟辛烷)、T.1789(热舒适;室内环境质量;办公建筑)、T.3891(源解析;烟雾;元素碳)、T.790(归一化植被指数;物候学;植被生长)。

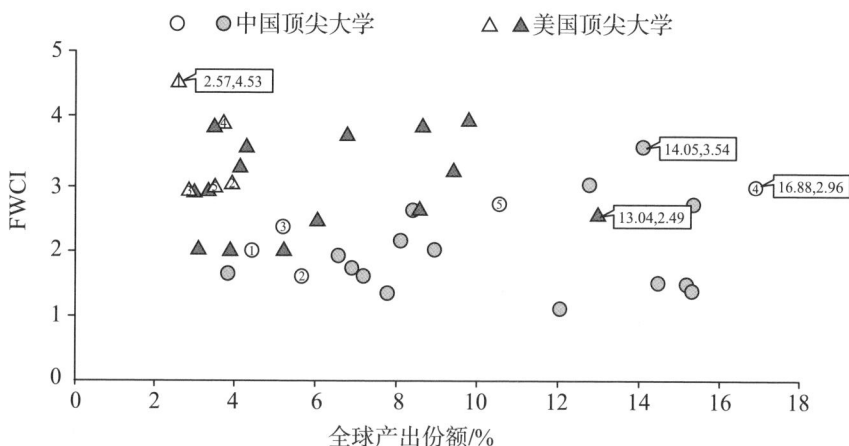

图8-16　中美顶尖大学环境科学主要研究主题(发文前20位的主题)综合对比

(二)十校主要研究主题分析

5所中国顶尖大学主要研究主题(发文数前10位)的具体表现如表8-14所示。没有5所大学均重合的研究主题,仅有T.3891(源解析;烟雾;元素碳)和T.2456(结构分解分析;投入产出分析;物质流分析)这2个研究主题同时是3所大学(清华大学、北京大学和北京师范大学)的主要研究主题,其中T.3891(源解析;烟雾;元素碳)全球产出份额最高的是清华大学,为8.85%,北京师范大学的FWCI最高,为3.46;T.2456(结构分解分析;投入产出分析;物质流分析)清华大学的全球产出份额和FWCI均为最高,分别达到6.79%和3.19。5所中国顶尖大学中,同济大学与其他4所大学所重合的主要研究主题最多,仅有T.596(纳米铁粒子;脱氯;反应墙)和T.1849(磺胺二甲嘧啶;土霉素;磺胺甲恶唑)这2个主题不与其他4所大学重合。北京大学的主要研究主题与其他4所

①图中标注序号①~⑤的主题为中美顶尖大学重合的5个研究主题。

大学重合的最少，T.1135(污染暴露；空气质量；颗粒物)、T.2211(气溶胶形成；臭氧分解；异戊二烯)、T.303[多环芳烃；源解析；茚并(1,2,3-Cd)芘]、T.1364(功能多样性；植物群落；生态系统稳定性)和T.4716(炉灶；使用固体燃料；室内空气污染)这5个研究主题均不与其他4所大学的主要研究主题重合。

各校表现最佳(FWCI最高或者全球产出份额最高)的主要研究主题为：清华大学的T.3891(源解析；烟雾；元素碳)，产出份额达到全球的8.85%；哈尔滨工业大学的T.5131(厌氧氨氧化；氨氧化细菌；脱氮)，产出份额达到全球的8.35%；同济大学的T.1218(三卤甲烷；卤乙酸；氯二溴甲烷)，产出份额达到全球的7.98%；北京大学的T.4716(炉灶；使用固体燃料；室内空气污染)，FWCI达到6.66；北京师范大学的T.2456(结构分解分析；投入产出分析；物质流分析)，产出份额达到全球的6.4%。

表8-14　中国顶尖大学2015—2019年环境科学主要研究主题(发文数前10位)及其具体表现

学校	研究主题	论文数	全球产出份额/%	FWCI
清华大学	Source Apportionment; Haze; Elemental Carbon	191	8.85	3.37
	Structural Decomposition Analysis; Input-output Analysis; Material Flow Analysis	155	6.79	3.19
	Battery Electric Vehicles; Alternative Fuel Vehicles; Electric Car	104	3.78	2.04
	Thermal Comfort; Indoor Environmental Quality; Office Buildings	99	3.38	3
	Antibiotic Resistome; Tetracycline Resistance; Integrons	89	4.21	3.13

学校	研究主题	论文数	全球产出份额/%	FWCI
清华大学	Water Footprint; Water-Energy Nexus; Greywater	80	3.37	2.71
	Biocathodes; Regenerative Fuel Cells; Bioelectricity	80	1.59	2.06
	Anaerobic Digestion; Digester; Methane Production	75	1.91	1.8
	E-Waste; Printed Circuit Boards; Electronic Equipment	63	3.07	2.64
	PPCP; Micropollutant; Carbamazepine	63	1.54	1.96
哈尔滨工业大学	Biocathodes; Regenerative Fuel Cells; Bioelectricity	222	4.4	1.57
	Peroxymonosulfate; Sulfate Radical; Advanced Oxidation	133	5.72	4.2
	Anaerobic Ammonium Oxidation; Anammox Bacterium; Nitrogen Removal	122	8.35	1.51
	Activated Sludge; Anaerobic Digestion; Volatile Fatty Acids	81	5.88	1.46
	Membrane Reactor; Anaerobic Digesters; Fouling	71	4.82	1.1

续表

学校	研究主题	论文数	全球产出份额/%	FWCI
哈尔滨工业大学	Electrochemical Oxidation; Diffusion Electrodes; Soil Washing	60	2.77	1.43
	Photobioreactors; Nannochloropsis; Chlorella Sorokiniana	43	1.11	1.41
	Trihalomethanes; Haloacetic Acids; Chlorodibromomethane	39	3.28	0.99
	Halogenated Diphenyl Ethers; Hexabromocyclododecane; Tribromodiphenyl Ether 28	35	1.73	1.19
	Daphnia Magna; Titanium Dioxide Nanoparticle; Ecotoxicity	32	0.76	1.07
同济大学	Peroxymonosulfate; Sulfate Radical; Advanced Oxidation	129	5.54	2.64
	Iron Nanoparticle; Dechlorination; Reactive Barrier	121	5.38	2.09
	Trihalomethanes; Haloacetic Acids; Chlorodibromomethane	95	7.98	1.48
	Activated Sludge; Anaerobic Digestion; Volatile Fatty Acids	89	6.46	1.62

续表

学校	研究主题	论文数	全球产出份额/%	FWCI
同济大学	Antibiotic Resistome; Tetracycline Resistance; Integrons	59	2.79	2
	Daphnia Magna; Titanium Dioxide Nanoparticle; Ecotoxicity	53	1.26	1.44
	Membrane Reactor; Anaerobic Digesters; Fouling	52	3.53	1.08
	Anaerobic Ammonium Oxidation; Anammox Bacterium; Nitrogen Removal	49	3.35	1.19
	Anaerobic Digestion; Digester; Methane Production	47	1.2	1.75
	Sulfadimidine; Oxytetracycline; Sulfamethoxazole	44	2.01	2.07
北京大学	Source Apportionment; Haze; Elemental Carbon	178	8.25	2.73
	Pollution Exposure; Air Quality; Particulate Matter	111	5.84	2.03
	Structural Decomposition Analysis; Input-output Analysis; Material Flow Analysis	107	4.69	2.98

续表

学校	研究主题	论文数	全球产出份额/%	FWCI
北京大学	Normalized Difference Vegetation Index; Phenology; Vegetation Growth	106	4.75	3.59
	Aerosol Formation; Ozonolysis; Isoprene	60	4.3	1.87
	Polycyclic Aromatic Hydrocarbons; Source Apportionment; Indeno（1,2,3-Cd）Pyrene	55	3.03	1.42
	Optical Thickness; AERONET; MISR（Radiometry）	49	4.43	2.77
	Functional Diversity; Plant Communities; Ecosystem Stability	48	1.62	2.79
	Cultural Ecosystem Services; Service Value; Natural Capital	42	1.08	1.99
	Cooking Stoves; Solid Fuel Use; Indoor Air Pollution	39	3.16	6.66
北京师范大学	Structural Decomposition Analysis; Input-output Analysis; Material Flow Analysis	146	6.4	2.35
	Normalized Difference Vegetation Index; Phenology; Vegetation Growth	130	5.82	2.23

续表

学校	研究主题	论文数	全球产出份额/%		FWCI	
北京师范大学	Cultural Ecosystem Services; Service Value; Natural Capital	119	3.06		2.18	
	Water Footprint; Water–Energy Nexus; Greywater	101	4.26		2.33	
	Droughts; Evapotranspiration; River Basins	90	4.25		1.61	
	Source Apportionment; Haze; Elemental Carbon	88	4.08		3.46	
	Soil and Water Assessment Tool Model; Nonpoint Source Pollution; Stream Flow	72	3.89		1.55	
	Crop Models; CERES (Experiment); Climate Change Impact	68	2.53		1.89	
	Optical Thickness; AERONET; MISR (Radiometry)	61	5.52		2.6	
	Sediment Contamination; Trace Metal; Pollution Load	52	2.8		2.35	

　　5所美国顶尖大学主要研究主题(发文数前10位)的具体表现如表8-15所示。没有5所大学重合的研究主题,仅有T.2211(气溶胶形成;臭氧分解;异戊二烯)这一研究主题同时是4所大学(除斯坦福大学外)的主要研究主题,这一主题哈佛大学的产出份额最高,为5.66%,加州大学伯克利分校的FWCI最高,为3.17。5所美国顶尖大学中,加州大学伯克利分校与其他4所

大学的研究主题重合最多,仅有T.1789(热舒适;室内环境质量;办公建筑)这一研究主题不与其他4所大学的主要研究主题重合。哈佛大学的主要研究主题与其他4所大学重合的最少,仅有3个研究主题与其他大学重合。

各校表现最佳(FWCI最高或者产出份额最高)的主要研究主题为:斯坦福大学的T.2015[作物生长模型;CERES(实验);气候变化影响],FWCI达到6.22;加州大学伯克利分校的T.4716(炉灶;使用固体燃料;室内空气污染),产出份额达到全球的6.55%;哈佛大学的T.1135(污染暴露;空气质量;颗粒物),产出份额达到全球的6.95%;麻省理工学院和加州大学戴维斯分校各项研究主题的产出份额和FWCI表现较为平均,均不突出。

表8-15　美国顶尖大学2015—2019年环境科学主要研究主题(发文数前10位)及其具体表现

学校	研究主题	论文数	全球产出份额/%	FWCI
斯坦福大学	Hand Washing; Sanitation; Diarrheal Disease	78	4.25	3.91
	Cultural Ecosystem Services; Service Value; Natural Capital	65	1.67	5
	Hydraulic Fracturing; Methane Emission; Produced Water	53	2.06	2.48
	Integrated Assessment Model; Climate Policy; Global Temperature Increase	52	2.52	4.82
	Marine Protected Areas; Marine Parks; Small-scale Fisheries	49	3.34	4.2
	Ice Shelf; Grounding Line; Cryosat	42	3.6	1.58
	Crop Models; CERES (Experiment); Climate Change Impact	33	1.23	6.22

学校	研究主题	论文数	全球产出份额/%	FWCI
	Social-ecological Systems; Ecological Resilience; Advocacy Coalition Framework	26	0.82	2.13
	Brazilian Amazon; Tropical Deforestation; Forest Cover	25	1.62	3.46
	Functional Diversity; Plant Communities; Ecosystem Stability	22	0.74	2.74
麻省理工学院	Aerosol Formation; Ozonolysis; Isoprene	36	2.58	2.43
	Integrated Assessment Model; Climate Policy; Global Temperature Increase	34	1.65	3.6
	Battery Electric Vehicles; Alternative Fuel Vehicles; Electric Car	29	1.05	2.37
	Distillation; Direct Contact; Water Desalination	27	1.91	3.73
	Material Flow Analysis; Strategic Materials; Supply Risk	22	1.4	2.32
	Food Webs; Pollinators; Nestedness	19	1.55	3.56
	Water Footprint; Water-Energy Nexus; Greywater	15	0.63	2.14

续表

学校	研究主题	论文数	全球产出份额/%	FWCI
	Osmosis; Thin Film Composite Membranes; Desalination	14	0.84	1.76
	Embodied Energy; Life Cycle Assessment; Green Building	13	0.52	3.24
	Hydraulic Fracturing; Methane Emission; Produced Water	12	0.47	1.1
加州大学伯克利分校	Cooking Stoves; Solid Fuel Use; Indoor Air Pollution	81	6.55	2.83
	Hand Washing; Sanitation; Diarrheal Disease	78	4.25	3.8
	Thermal Comfort; Indoor Environmental Quality; Office Buildings	69	2.36	3.22
	Aerosol Formation; Ozonolysis; Isoprene	61	4.37	3.17
	Maximum Entropy; Biogeography; Environmental Space	51	1.35	2.11
	Bombus; Pollinators; Neonicotinoids	48	1.86	4.09
	Pollution Exposure; Outdoor Air Pollution; Air Quality	36	2.33	2.38
	Integrated Assessment Model; Climate Policy; Global Temperature Increase	33	1.6	2.66

续表

学校	研究主题	论文数	全球产出份额/%	FWCI
	Hydraulic Fracturing; Methane Emission; Produced Water	31	1.2	1.79
	Functional Diversity; Plant Communities; Ecosystem Stability	29	0.98	2.14
哈佛大学	Pollution Exposure; Air Quality; Particulate Matter	132	6.95	4.31
	Pollution Exposure; Outdoor Air Pollution; Air Quality	99	6.41	3.58
	Aerosol Formation; Ozonolysis; Isoprene	79	5.66	2.82
	Mono(2-Ethyl-5-Hydroxyhexyl) Phthalate; Phthalic Acid Bis(2 Ethylhexyl) Ester; Plasticizers	78	4.34	2.46
	Perfluoroalkyl Acids; Fluorochemicals; Perfluorooctane	69	2.72	3.31
	Heat Wave; Infrared Radiation; Distributed Lag	67	3.6	3.99
	Bisphenol S; Lexan; Endocrine Disruptors	53	2.27	2.33
	Normalized Difference Vegetation Index; Phenology; Vegetation Growth	45	2.02	3.92

续表

学校	研究主题	论文数	全球产出份额/%	FWCI
	Optical Thickness; AERONET; MISR（Radiometry）	33	2.99	4.21
	Cooking Stoves; Solid Fuel Use; Indoor Air Pollution	30	2.43	7.79
加州大学戴维斯分校	Bombus; Pollinators; Neonicotinoids	56	2.17	3.64
	Battery Electric Vehicles; Alternative Fuel Vehicles; Electric Car	48	1.75	1.75
	Maximum Entropy; Biogeography; Environmental Space	47	1.25	1.54
	Aerosol Formation; Ozonolysis; Isoprene	46	3.3	2.53
	Introduced Plants; Biological Invasions; Invasibility	39	2.26	1.78
	Source Apportionment; Haze; Elemental Carbon	39	1.81	3.15
	Ocean Acidification; Sea Urchins; Acanthochromis Polyacanthus	37	2.65	3
	Functional Diversity; Plant Communities; Ecosystem Stability	36	1.22	3.93

学校	研究主题	论文数	全球产出份额/%		FWCI	
	Social-ecological Systems; Ecological Resilience; Advocacy Coalition Framework	36	1.14	▮	4.8	▰▰▰
	Anaerobic Digestion; Digester; Methane Production	35	0.89	▮	1.8	▰

第四节　总　结

随着环境污染问题的日益严峻,以及污染成因的多元化导致污染治理难度增大,环境保护成为当今世界各国共同关心的重大社会经济问题,环境科学与工程也成为国内外大学都十分重视的学科。环境科学与工程涉及的学科和技术十分广泛,涵盖了化学、物理学、生物学、工程学、经济学、法学等各个领域的科学知识和技术,形成了一个跨学科的庞大科学体系。目前,中国大学大多设立了单独的环境科学与工程学院,而美国大学的环境科学专业则一般设置在其他院系下。

本章通过对中美10所顶尖大学2015—2019年环境科学论文数据的分析,从研究规模、研究影响力、高水平研究、国际合作、研究布局的现状和发展态势等方面,揭示了中美顶尖大学环境科学学科学术竞争力的具体差距。"双一流"建设期间,中国5所顶尖大学在环境科学学科建设方面取得了显著的进步,论文整体规模和年增长率都超过了美国5所顶尖大学,但在论文学术影响力及高水平研究方面,与美国5所顶尖大学仍存在一定的差距,有较大的提升空间。

(一)竞争实力和潜力

近5年的发文情况反映出中美两组顶尖大学在环境科学领域的竞争力各有高下,中国5所顶尖大学的研究规模胜于美国5所顶尖大学,且从发展趋势看,中国5所顶尖大学的研究规模增长速度也快于美国5所顶尖大学。从研究影响力看,虽然中国5所顶尖大学环境科学近5年的CNCI、$h5$指数、论文被引占比等影响力指标落后于美国5所顶尖大学,但是从年度变化趋势看,中国5所顶尖大学的CNCI逐年提高,并于2019年反超美国5所顶尖大学,说明中国5所顶尖大学在提升环境科学研究影响力方面的努力初见成效。

在环境科学的Q1期刊发文及高水平研究成果方面,中国5所顶尖大学与美国5所顶尖大学存在相当差距,美国5所顶尖大学主要发文期刊(发文数前30位的期刊)中83.30%是Q1期刊,而中国5所顶尖大学主要发文期刊中仅有63.30%是Q1期刊。在反映高水平研究的PPTop1%指标方面,中国5所顶尖大学明显落后于美国5所顶尖大学;但中国5所顶尖大学中的佼佼者在PPTop10%上与美国5所顶尖大学相比已有一定的竞争力。从两组顶尖大学的整体表现看,在高水平研究的产出能力方面,中国5所顶尖大学要想达到美国5所顶尖大学的竞争水平尚需时日,中国5所顶尖大学仍需不断努力,进一步提升高被引论文的产出能力。

从国际合作论文情况看,美国5所顶尖大学的国际合作率显著高于中国5所顶尖大学,且这一差距有继续扩大的趋势。就中国5所顶尖大学的国际合作论文影响力分析情况看,中国5所顶尖大学国际合作论文的各项影响力指标均优于其全部论文,表明国际合作对提升环境科学论文的学术影响力有一定作用,中国5所顶尖大学可以考虑进一步加强国际合作,与全球同行共同进步的同时,也加快自身竞争实力的提升。

(二)竞争布局

从2015—2019这5年环境科学发文看,中国5所顶尖大学与美国5所顶尖大学环境科学的WoS学科分布广度相近,两组顶尖大学所涉及的WoS学科数均在40个左右,但两组顶尖大学的学科分布重点明显不同,中国5所顶尖大学环境科学的重点学科主要是化学、环境工程学、水资源、环保等,美国5所顶尖大学环境科学的重点学科则是微生物学、植物学、生态学、海洋学等,这反映出两国顶尖大学环境科学学科的研究侧重点有较大差异。

从两组大学的研究主题看,全球所有环境科学研究主题中,中国5所顶尖大学与美国5所顶尖大学参与度都达到65%以上,对热点研究主题基本也实现了全覆盖。从两组大学发文数前20位的研究主题观察,中国5所顶尖大学在这些研究主题中的发文规模相对更有优势,有8个研究主题的产出规模超过12%,美国5所顶尖大学仅有一个研究主题的产出规模超过12%。但美国5所顶尖大学发文数前20位主题的研究影响力胜于中国5所顶尖大学，共有11个研究主题的FWCI超过3，而中国5所顶尖大学仅有一个研究主题FWCI超过3。总体来看，中美两国顶尖大学在环境科学领域均具备较强的研究实力，中国5所顶尖大学的优势更多体现在研究规模方面，而美国5所顶尖大学的优势更多体现在研究影响力上。

综上所述，中国5所顶尖大学环境科学学科在研究规模上已经超过美国5所顶尖大学，但在科研成果影响力和高水平研究方面仍与美国5所顶尖大学存在一定差距。中国顶尖大学应在保持现有研究规模优势的基础上，注重提升环境科学研究的产出质量，努力缩小在引领性研究上与美国顶尖大学的差距，并积极与环境科学领域研究水平较高的国家开展国际合作，不断提升环境科学领域研究成果的国际影响力。

第九章　中美顶尖大学学术竞争力分析
——药学

第一节　概　述

药学是在人类与疾病斗争的过程中逐渐产生并发展起来的一门科学，涉及药物研发、药物生产、药物使用、药物管理等全过程，为保障药物安全、有效、质量可控提供了理论来源和技术支撑。现代药学学科是以化学、生命科学、医学等相关学科为基础的一门综合性学科，其内容主要包括：药物靶标的发现与确证、药物发现、药物设计、药物作用机制、药物传输、药物质量控制、药物临床应用和药物监管等方面的相关理论和科学技术问题。随着科技不断发展，一些新兴学科如基因组学、蛋白质组学、代谢组学、化学生物学、结构生物学、计算机和信息科学、社会管理学等也开始不断渗入药学领域。大学是科研的前沿阵地，药学专业师生从事的基础研究和应用研究，对推动整个药学学科的发展起到至关重要的作用。本章通过对中美顶尖大学药学学科竞争力现状和变化趋势展开全方位的调研，找出中美顶尖大学在药学学科存在的差距，既有助于大学对自身药学学科的科研能力进行诊断，也有助于国家在中国一流学科建设中更好地做出相应的决策。

根据本书的方法学支撑，以教育部公布的全国第四轮学科评估中药学学科等级为 A(A+，A，A-)的 11 所大学为底板，辅之以 QS 世界大学药学和药理学学科(2019)的国际排名，最终确定药学学科的国内研究对象为北京大学、浙江大学、复旦大学、上海交通大学、中山大学，美国的研究对象为哈佛大学、加州大学旧金山分校、约翰霍普金斯大学、北卡罗来纳大学教堂山分校、加州大学圣地亚哥分校。10所顶尖大学的具体学科排名如表9-1所示。

学科排名是国际上普遍运用的学科评价方式，可以衡量和评估一门学科的发展水平。从QS世界大学药学和药理学学科排名看，5所中国顶尖大学中北京大学与复旦大学排名分别为32和33，其他3所大学位于51~100区间，而5所美国顶尖大学均排名前12，说明了中国顶尖大学药学学科的学术声誉和科研水平与美国一流大学存在明显差距。本部分以翔实的学术数据为基础，探析了中美顶尖大学药学学科的科研竞争实力，梳理了中美顶尖大学药学学科的发展脉络，并从期刊发文、国际合作、学科布局等方面对"双一流"药学学科建设提出参考性建议。

表9-1　药学研究对象及其学科排名

学校名称		第四轮学科评估结果	QS学科排名
中文	英文		
北京大学	Peking University	A	32
浙江大学	Zhejiang University	A	51~100
复旦大学	Fudan University	A-	33
上海交通大学	Shanghai Jiao Tong University	A-	51~100
中山大学	Sun Yat Sen University	A-	51~100
哈佛大学	Harvard University	/	2
加州大学旧金山分校	University of California San Francisco	/	5
约翰霍普金斯大学	Johns Hopkins University	/	9
北卡罗来纳大学教堂山分校	University of North Carolina at Chapel Hill	/	10
加州大学圣地亚哥分校	University of California San Diego	/	12

*第四轮学科评估结果（药学），QS世界大学学科2019排名（药学）

北京大学药学学科在教育部第三轮（2012年）学科评估中占据全国首位，第四轮学科评估结果为A。北京大学药学院以培养研究型人才为目标，在学科建设上依托于3个重点学科（生药学、药物化学、药理学），以天然药物及仿生药物国家重点实验室为核心，新兴学科（化学生物学、预防药学）与发展中学科（药事管理与临床药学）异军突起，基础研究与创新药物研究同步发展。目前，学院共有在职职工178名，包括教授（研究员）45名、副教授（副研究员）51名，其中中国科学院院士2人，国家"973"计划项目首席科学家3人。近年来，学院获国家自然科学二等奖3项，国家科技进步二等奖2项，省部级一等奖8项、二等奖26项、三等奖12项。

浙江大学药学学科全国第四轮学科评估结果为A。浙江大学药学学科门类齐全，其中药物分析学为国家重点培育学科，药理学为浙江省大学重点学科。浙江大学药学院设有2个系所、1个实验教学中心、6个研究所和1个研究中心，拥有药学一级学科博士后科研流动站、药学一级学科博士点及中药学一级学科硕士点，形成了完善的高等药学教学和科研体系。学院还拥有药物制剂技术国家地方联合工程实验室、中—印尼生物技术联合实验室、教育部长三角绿色制药协同创新中心药效评价中心、浙江省抗肿瘤药物临床前研究重点实验室、食品药品安全浙江省国际科技合作基地等一批重点科研基地，形成了新药创制临床前研究的完整研发技术链。学院现有教职员工281人，师资队伍中正高职称39人，副高职称40人，其中获得国务院政府特殊津贴4人，国家百千万人才工程2人，国家万人计划3人。近年来，浙江大学药学院承担国家级科研项目235项，包括国家重点研发计划、"重大新药创制"科技重大专项等重大研究项目29项、国家自然科学基金面上项目201项、省部级重点重大项目37项、重大新药研发课题112项。获得国家发明专利授权402项、国家科技进步奖一等奖2项、二等奖2项、省部级科学技术奖一等奖5项和二等奖24项。

复旦大学药学学科全国第四轮学科评估结果为A-。复旦大学的药学学科共涵盖7个二级学科，包括药物化学、微生物与生化药学、药理学、药剂学、生药学、药物分析学和临床药学，其中药剂学为国家重点学科，药理学和药物化学为上海市重点学科。复旦大学药学院围绕药物的研究、开发和应用，构建了以四大学科群为基本框架、4个中心和4个平台为支撑点的创新药物研究和高端药学人才培养的药学学科体系，开展创新药物发现、生物效应与成药性研究、药物制剂与递送、药物临床应用与安全性评价等教学和科研工作，使药学基础研究与新药开发应用有机融合，形成了创新药物研究与应用并重的学科发展格局。学院现有教职员工133人，其中正高职称42人，副高职称50人。拥有973项目首席科学家3名和"优秀青年基金获得者"2名。近年来，学院承担"国家重大科学研究计划（973计划）项目"3项，"国家高技术研究发展计划（863计划）项目"6项。获得教育部自然科学奖一等奖2项，国家自然科学二等奖1项，国家科技进步二等奖1项。

上海交通大学药学学科全国第四轮学科评估结果为A-。上海交通大学药学学科创建于20世纪50年代初，在药学一级学科下设有药剂学、药理学、药物化学、药物分析学、微生物与生化药学、生药学、临床药学、药事管理等8个二级学科。上海交通大学药学院拥有药学一级学科博士点、博士后流动站;药学、中药学一级学科硕士点;药学、制药工程专业硕士学位点;药学、临床药学本科学位点。学院本着"构建完整的药学研究体系,在新兴领域异军突起"的发展方针,拥有"细胞工程及抗体药物"教育部工程研究中心、国家中医药管理局三级实验室、国家"重大新药创制"技术平台、"临床评价研究技术平台—临床药物动力学和药物代谢组"建设点、上海市大学生物技术和抗体药物重点实验室、上海市手性药物分子工程重点实验室、上海市大分子生物药物公共技术服务平台等重要平台。学院现有教职工91名,包括国家特聘专家、教育部大学青年教师奖获得者、中科院百人计划入选者、教育部新世纪人才、交大特聘教授等杰出人才。

中山大学药学学科全国第四轮学科评估结果为A-。中山大学药学院以中山大学生命科学学院药学系为基础,整合了化学与化学工程学院以及中山医学院相关药学资源,依托中山大学的综合力量组建而成。其总体发展目标是以创新药物研究为龙头,组建与国际接轨的公共技术平台;借助学校的整体力量,将药学院办成具有国内先进水平、某些领域在国际上有较大影响的科学研究与高层次人才培养基地,特别是培养开发创新药物的团队和人才。在学科布局方面,学院拥有国家二级重点学科"药理学"及广东省一级重点学科"药学",形成了以药理学国家重点学科和药物化学重点发展学科为依托,药剂学和其他药学二级学科全面发展,基础研究与创新药物研究开发同步发展的局面。学院设有药物化学与药物分子设计实验室、药剂学与制药工程实验室、药物代谢与药动学实验室、药理与毒理学实验室、生药学与天然药化实验室、微生物与生化制药实验室、药物分析与质量评价实验室、结构生物学实验室等8个实验室,成立了陈新滋院士研究团队等12个PI团队。近年来,学院获国家重大新药创制专项资助15项、重点研发计划资助3项;国家自然科学基金重点项目2项、优秀青年科学基金项目3项;获得欧盟第7框架项目1项、科技部国际合作项目4项、国家自然科学基金重大国际合作研究项目1项。

哈佛大学药学学科隶属于哈佛大学医学院生物化学和分子药理学系。该系的重点研究领域为阐述生物学和疾病中的分子机制,强调用分子、结构和化学的方法来理解生物学中的形态和功能。哈佛大学生物化学和分子药理学系目前共有36名教职员工,包括25名全职教授,4名副教授和7名助理教授,其中美国国家科学院院士7名,霍华德休斯医学研究所(The Howard Hughes Medical Institute,HHMI)研究人员4名。2017—2018年,哈佛大学药学学科在QS世界大学学科排名中位列第一,2019年被牛津大学超越,滑落至第2位,3年始终位居U.S. News世界学科排名第一。

加州大学旧金山分校药学院是历史悠久的药学院之一,在揭示健康和疾病的基本生化机制、探索新药的分子靶标、诊断测试开发新药及医疗设备等研究领域均有着丰硕的科研成果。加州大学旧金山分校药学院主要包括药物化学、生物工程与治疗科学、临床药学3个系所。药物化学系旨在探索药物相关的基本生物学机制和分子机制,并通过化学、物理和计算科学领域的新技术为之提供支持;生物工程与治疗科学系主要研究生物学的复杂过程,并将这些发现和生物工程的进展应用于精确疗法的开发;临床药学系致力于促进治疗方法的精确、安全和有效使用。2017年以来,加州大学旧金山分校药学学科位居QS世界大学学科排名第5,在U.S. News世界学科排名第3~6位。

约翰霍普金斯大学药学学科隶属于约翰霍普金斯大学医学院药理学和分子科学系,该系的药理学研究涵盖了现代生物医学的众多学科,包括化学生物学、免疫学、病毒学、癌症和神经科学等。约翰霍普金斯大学医学院药理学和分子科学系的教师队伍由本系教职人员以及约翰霍普金斯大学其他部门的教授共同组成。2017年以来,约翰霍普金斯大学药学学科QS世界大学学科排名居9~15位,在U.S. News世界学科排名第12~13位。

北卡罗来纳大学教堂山分校药学院成立于1897年,是北卡罗纳州唯一的公立药学院。该学院根据药物开发、交付和患者护理这一周期组成了化学生物学和药物化学、药物工程和分子药剂学、药物疗法与实验药物疗法、实践发展和临床教育、医药成果与政策共5个研究部门,共有128名教职工。具体研究内容包括:在药物发现过程中,查找并表征新的治疗靶标和药物;在药物输送过程中,提供治疗药物以获得成功的结果;在药物优化过程中,发现并评估影响治疗剂工作方式的因素;在患者恢复过程中,确定健康结果和治疗实践的价值。2017年以来,北卡罗来纳大学教堂山分校药学学科QS世界大学学科排名为第5~21位,在U.S.News世界学科排名第2~3位。

加州大学圣地亚哥分校斯卡格斯药学院的主要研究领域是发现药物靶标和治疗剂,并将其应用于预防、诊断和治疗人类疾病的临床环境。目前正在针对药物开发的各个领域进行研究,包括目标识别、药物发现、药物再利用、疾病模型中的药理学/毒理学/候选药物的临床评估、药物输送及药物经济学、药物基因组学等。学院设立了药物开发传输中心、纳米医学卓越中心、药物发现研究所、计算质谱中心、转化研究联盟等研究中心。2018—2019年，加州大学圣地亚哥分校药学学科居QS世界大学学科排名第5位，在U.S. News世界学科排名第2~5位。

第二节　竞争实力及潜力分析

一、中美顶尖大学论文实力与潜力分析

(一)论文竞争力总体对比

表9-2　中美顶尖大学药学论文指标综合表现(2015—2019年)

学校	论文数	CNCI	被引次数	论文被引占比	h5 指数
中国顶尖大学(5所)	6661	1.14	51510	84.69%	58
美国顶尖大学(5所)	5478	1.46	68536	88.52%	80

如表9-2所示，以中国顶尖大学(5所)和美国顶尖大学(5所)为研究对象，分别获取两者药学论文的综合表现指标，包括论文数、学科规范化的引文影响力(CNCI)[1]、被引次数、论文被引占比和h5指数[2]。这5个指标可以从论文产出规模、学术影响力、学术产出水平等维度体现出中美顶尖人学的总体实力。

从论文产出规模看，中国顶尖大学的5年论文数为6661篇，年均论文数为1332篇。美国顶尖大学的5年论文数为5478篇，年均论文数为1096篇。两组大学在药学领域的论文体量均不大，中国顶尖大学略胜一筹。从学术影响力看，美国顶尖大学5年论文的总被引次数(68536次)大于中国顶尖大学5年论文的总被引次数(51510次)，美国顶尖大学药学论文的学科规范化

---

①学科规范化的引文影响力(category normalized citation impact)，简称CNCI，该指标能够表征一组论文在学科层面上的相对影响力水平，即该组论文在每个学科中发表论文的实际被引频次与全球该学科同年同类型(Article或Review类型)论文的平均被引频次的比值之均值，常用以衡量科研质量。一般以1.00为分界，大于1.00表示科研产出影响力高于平均水平，小于1.00则表示低于平均水平。
②h5指数指在过去5年中机构所发表文章的h指数。h指数是一个混合量化指标，综合考量了论文数量和被引次数。h指数是指在一定期间内某学者或科研团队发表的论文至少有h篇的被引频次不低于h次。

的引文影响力(1.46)也高于中国顶尖大学的学科规范化的引文影响力(1.14)，说明美国顶尖大学在药学领域的学术影响力强于中国顶尖大学。从学术产出水平看，中国顶尖大学的 $h5$ 指数为 58(被引次数高于或等于 58 次的论文是 58 篇)，而美国顶尖大学的 $h5$ 指数为 80(被引次数高于或等于 80 次的论文是 80 篇)，是中国顶尖大学的 1.38 倍，美国顶尖大学再次占据优势。论文被引占比是论文被其他学者认可和引用的标志，在这个指标上，中美顶尖大学相差无几，均为 80%~90%。

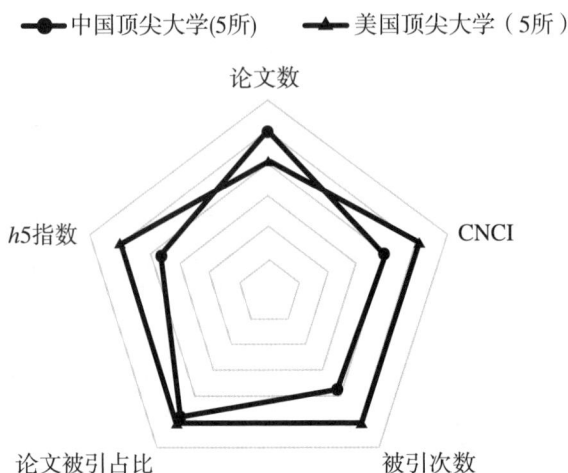

图 9-1　中美顶尖大学药学学术竞争力综合比较(2015—2019 年)

　　为了更直观地观察中美两组顶尖大学药学领域在各指标上的差距，以雷达图(如图 9-1 所示)的形式进一步展示这些指标(图中数据已经归一化处理)。结合表 9-2 和图 9-1 可以发现，中国顶尖大学在代表研究规模的指标上略有领先，美国顶尖大学在代表学术影响力的指标上更具优势，总体而言，美国顶尖大学的学术竞争力强于中国顶尖大学。其主要原因在于中国顶尖大学药学论文学术影响力小，论文被引次数少，$h5$ 指数也较低，进而使得中国顶尖大学药学论文的 CNCI 也低于美国顶尖大学。为了缩短与美国顶尖大学的差距，中国顶尖大学应在保持研究规模稳定增长的基础上，努力加强优秀科研成果的产出能力，提高标志性成果的质量、贡献和影响力，从而提升整体学科质量和水平。

（二）研究规模发展态势

中美顶尖大学药学发文量的差距反映出中国顶尖大学总体研究规模大于美国顶尖大学。通过对两组顶尖大学2015—2019年的发文增长率变化进行详细分析，可以跟踪和预测中美顶尖大学药学学科研究规模发展态势，有助于明确药学学科所处的发展阶段和未来趋势。

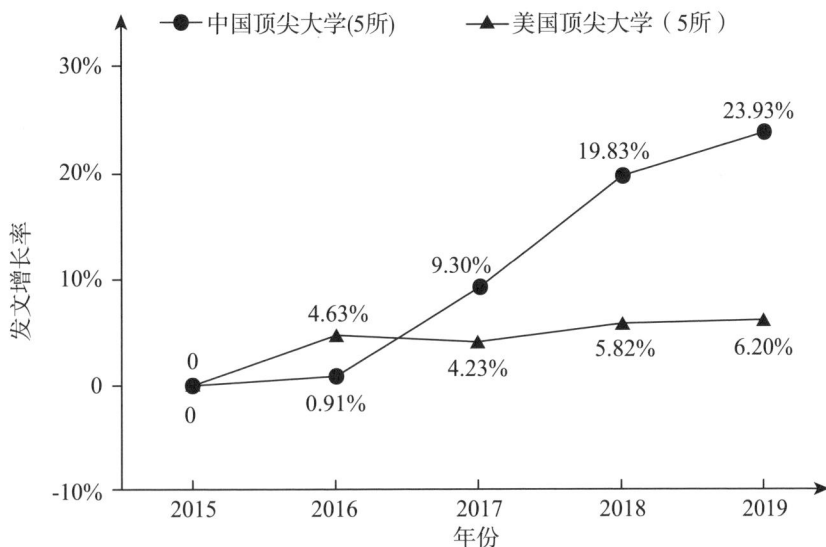

图9-2　中美顶尖大学药学发文增长率（2015—2019年）

如图9-2所示为2015—2019年中国顶尖大学（5所）和美国顶尖大学（5所）的发文增长率[①]。由图可知，中美两组大学在2015—2019年的发文量均为正增长，中国顶尖大学发文增速显著，美国顶尖大学发文增速则较为平缓。2015年中国顶尖大学的发文量为1097篇，经过5年的发展，中国顶尖大学的年发文量达到1797篇，是2015年的1.64倍，发文增长率也从2016年的0.91%提升到2019年的23.93%。美国顶尖大学的发文年增长率保持在4.23%~6.20%，2019年论文数是2015年的1.23倍。2019年，中国顶尖大学的论文数是同年美国顶尖大学的1.48倍，发文增长率是同年美国顶尖大学的3.86倍。中美顶尖大学药学论文数逐年增加，充分反映出两国顶尖大学对药学研究的重视，且中国顶尖大学药学学科的发展速度要快于美国。

[①]发文增长率：指某一年份发文数的增量与前年发文数比值，以%表示。如2018年发文增长率=（2018发文数−2017发文数）/2017发文数×100%。

(三)研究影响力(CNCI)发展态势

如图9-3所示为2015—2019年中国顶尖大学(5所)和美国顶尖大学(5所)药学学科CNCI的变化情况。中国顶尖大学的CNCI波动较小,保持在1.11~1.18;美国顶尖大学的CNCI呈波动下降趋势,2015年为峰值1.69,2016和2018年出现明显下滑,至2018年,达到5年最低值(1.35),2019年略有回升,但仍低于2015年的CNCI。在2015—2019年,美国顶尖大学的CNCI一直高于中国顶尖大学,由于美国顶尖大学的CNCI呈波动下降趋势,两者之间的CNCI差距一度从2015年的0.58缩小至2018年的0.17。

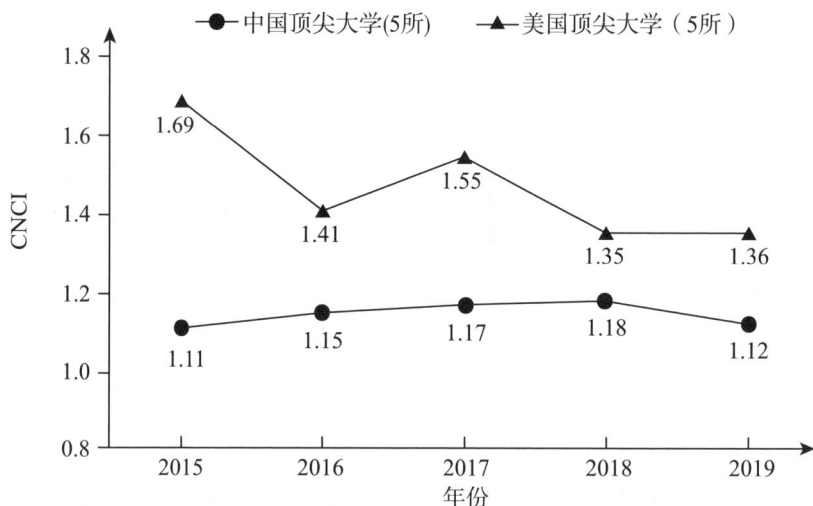

图9-3　中美顶尖大学药学论文CNCI发展趋势(2015—2019年)

(四)十校论文竞争力对比分析

如表9-3所示为中美10所顶尖大学药学学科的论文数、CNCI、被引次数、论文被引占比、$h5$指数5个指标的具体数值,通过这些指标可以全方位了解中美药学最具学科竞争力大学的具体表现,揭示出5所中国顶尖大学和5所美国顶尖大学药学学科表现的内部差异。综合来看,中国顶尖大学与美国顶尖大学的药学论文指标表现各有千秋,5所中国顶尖大学在论文数、被引次数上较为突出,5所美国顶尖大学在CNCI、论文被引占比、$h5$指数上更为优秀。中国顶尖大学中5个指标表现最好的大学分别是上海交通大学(论文数、被引次数、论文被引占比)、中山大学(CNCI)、浙江大学($h5$指数)。

5所美国顶尖大学中5个指标表现最好的大学分别是哈佛大学(论文数、被引次数、h5指数),加州大学圣地亚哥分校(CNCI、论文被引占比)。如图9-4所示为十校以归一化论文数①为横轴,以CNCI值为纵轴的散点图。在此基础上以十校平均归一化论文数(X=2.1)和CNCI值平均值(Y=1.9)为分隔线做四象限图,将10所大学分为不同的四类。落在象限Ⅰ中的大学,其论文数和CNCI在十校中都有优势,这些大学可以认为是药学学科全球竞争力最强的学校;落在象限Ⅱ的大学为十校中CNCI有优势的大学;落在象限Ⅳ的学校为十校中论文数有优势的大学;落在象限Ⅲ的学校在十校中论文数和CNCI都不占优势。中国有4所大学落在象限Ⅳ,一所大学落在象限Ⅲ,即中国有4所顶尖大学药学学科的论文规模在十校中具有优势,有一所顶尖大学论文数和CNCI均处于劣势。美国哈佛大学落在象限Ⅰ,表明该校药学学科全球竞争力非常强;其他4所大学落在象限Ⅱ,即美国另外4所顶尖大学药学的论文影响力在十校中具有优势。从归一化论文数看,除哈佛大学药学学科的论文数遥遥领先外,其他4所美国顶尖大学的论文数均低于中国顶尖大学。从CNCI表现看,5所美国顶尖大学均领先于5所中国顶尖大学。也就是说,在学术规模方面,中国顶尖大学在药学领域比美国顶尖大学拥有更多的优势;在学术影响力方面,5所美国顶尖大学比5所中国顶尖大学略胜一筹。

表9-3　十校2015—2019年药学论文综合表现

学校	论文数	CNCI	被引次数	论文被引占比	h5指数
复旦大学	1476	1.16	11064	84.28%	34
北京大学	1210	1.09	9443	84.13%	36
上海交通大学	1598	1.14	12474	86.55%	35
中山大学	1352	1.19	10256	85.13%	35
浙江大学	1376	1.17	11171	83.65%	39
哈佛大学	1933	1.47	25707	89.03%	59
约翰霍普金斯大学	1070	1.47	12335	88.69%	42
加州大学圣地亚哥分校	790	1.62	10912	89.49%	46
加州大学旧金山分校	748	1.46	8821	89.04%	40
北卡罗来纳大学教堂山分校	1212	1.37	13729	86.30%	47

①归一化论文数的计算方法:i校论文数/l校论文数(l校为论文数最少的学校)。

●中国顶尖大学　▲美国顶尖大学

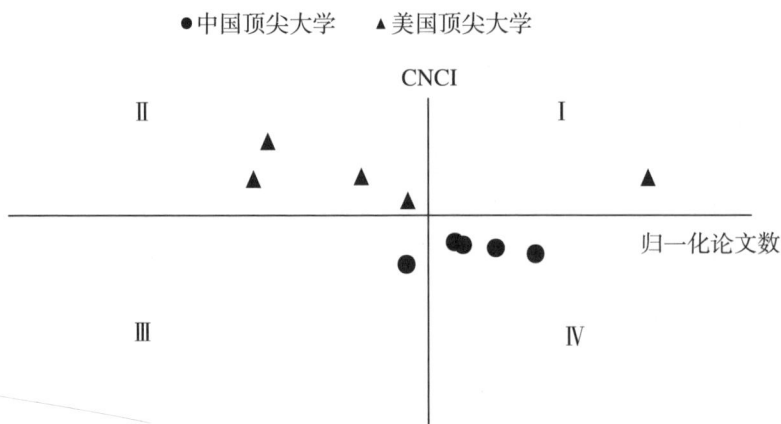

图9-4　十校药学归一化论文数与引文影响力象限图

二、中美顶尖大学发文期刊实力与潜力分析

(一)发文期刊竞争力分析

1.主要发文期刊分析

通过分析中美顶尖大学药学发文期刊可以从期刊影响力角度对比中美顶尖大学的药学学科竞争力。本部分分别统计了中国顶尖大学(5所)和美国顶尖大学(5所)的药学论文主要发文期刊,并列出了两组顶尖大学论文数排名前30的期刊名称及其分区情况。如表9-4和表9-5所示,中国顶尖大学的主要发文期刊集中在Q1期刊(19种)和Q2期刊(7种),且论文数超过100篇的15种期刊全部是Q1或Q2期刊(其中9种为Q1期刊)。Q1期刊(16种)和Q2期刊(7种)同样是美国顶尖大学的主要发文期刊,其中论文数超过100篇的期刊共有7种(5种为Q1期刊)。统计得出,中国顶尖大学的主要发文期刊中Q1期刊占比为63.3%,其中47.4%的Q1期刊论文数超过100篇,美国顶尖大学的主要发文期刊中Q1期刊占比为53.3%,其中31.3%的Q1期刊论文数超过100篇。数据表明,中国顶尖大学药学领域除了在对中国作者友好的期刊上(例如 *Biomedicine & Pharmacotherapy* 2015—2019年有57.3%的论文为中国作者发表)硕果累累,在 *Antimicrobial Agents and Chemotherapy*(2019年影响因子4.904)、*Frontiers in Pharmacology*(2019年影响因子4.225)等受美国顶尖大学学者青睐的高影响力期刊上也表现不俗,高发文期刊(论文数

大于100篇)的影响力分布也比较均衡,除 *Natural Product Research* 外,其他期刊的2019年影响因子均为3~5。美国顶尖大学高发文期刊(论文数大于100篇)的影响力跨度明显,高发文期刊(论文数大于100篇)的2019年影响因子为2~7。由此可见,中国顶尖大学在药学领域高影响力期刊上发文更多,具有一定的国际显示度;美国顶尖大学在药学领域顶级期刊上有更多的研究成果,学术水准更高。

表9-4　中国顶尖大学2015—2019年药学主要发文期刊

期刊名称	论文数	期刊分区
Biomedicine & Pharmacotherapy	372	Q1
Frontiers in Pharmacology	279	Q1
International Journal of Nanomedicine	274	Q1
European Review For Medical and Pharmacological Sciences	230	Q2
International Immunopharmacology	191	Q1
ACTA Pharmacologica Sinica	178	Q1
Drug Design Development and Therapy	178	Q2
Marine Drugs	124	Q2
CNS Neuroscience & Therapeutics	119	Q1
European Journal of Pharmacology	110	Q2
Antimicrobial Agents and Chemotherapy	110	Q1
International Journal of Pharmaceutics	109	Q1
Journal of Pharmaceutical and Biomedical Analysis	107	Q2
Molecular Pharmaceutics	105	Q1
Natural Product Research	101	Q2
Journal of Natural Products	98	Q1
Journal of Ethnopharmacology	97	Q1
Journal of Controlled Release	95	Q1
Drug Delivery	85	Q1
Toxicology Letters	81	Q1

续表

期刊名称	论文数	期刊分区
Fitoterapia	81	Q3
British Journal of Pharmacology	76	Q1
ACTA Pharmaceutica Sinica B	72	Q1
Biochemical Pharmacology	70	Q1
Journal of Asian Natural Products Research	64	Q3
Phytomedicine	61	Q1
Tropical Journal of Pharmaceutical Research	55	Q4
Current Pharmaceutical Design	55	Q3
Toxicology and Applied Pharmacology	52	Q2
Scientific Reports	50	Q1

表9-5　美国顶尖大学2015—2019年药学主要发文期刊

期刊名称	论文数	期刊分区
Antimicrobial Agents and Chemotherapy	334	Q1
Journal of Controlled Release	181	Q1
Clinical Pharmacology & Therapeutics	157	Q1
Pharmacoepidemiology and Drug Safety	152	Q2
Alimentary Pharmacology & Therapeutics	147	Q1
American Journal of Health-System Pharmacy	104	Q3
Frontiers in Pharmacology	100	Q1
Journal of Antimicrobial Chemotherapy	97	Q1
Toxicological Sciences	96	Q1
International Journal of Drug Policy	90	Q1
Journal of Clinical Lipidology	87	Q1
Molecular Pharmaceutics	82	Q1
Advanced Drug Delivery Reviews	79	Q1

续表

期刊名称	论文数	期刊分区
American Journal of Pharmaceutical Education	78	N/A
ACS Infectious Diseases	73	Q1
Journal of Pharmacology and Experimental Therapeutics	65	Q2
Clinical Therapeutics	65	Q2
Journal of Managed Care & Specialty Pharmacy	64	Q2
Value in Health	64	Q1
Journal of Oncology Pharmacy Practice	62	Q4
Journal of Natural Products	61	Q1
Pharmacotherapy	60	Q2
Journal of The American Pharmacists Association	55	Q2
Molecular Pharmacology	55	Q2
Journal of Clinical Pharmacology	53	Q3
Drug Safety	52	Q1
Current Pharmaceutical Design	50	Q3
British Journal of Pharmacology	47	Q1
Journal of Biopharmaceutical Statistics	46	Q4
Annals of Pharmacotherapy	46	Q3

2.发文期刊竞争力分析

为帮助学者更好地了解本领域学术期刊的水平,科睿唯安公司制定了期刊分区,即 JCR 分区。JCR 分区将期刊划分为 176 个 WoS 学科,每个学科的期刊按照当年的影响因子高低排名,根据期刊在所属学科中的排名(X)与该学科所有期刊数量(Y)的比值(Z)得出期刊的分区,$Z \leq 25\%$ 为 Q1、$25\% < Z \leq 50\%$ 为 Q2、$50\% < Z \leq 75\%$ 为 Q3,$Z > 75\%$ 为 Q4。JCR 分区为四分位分区,每个分区的期刊数基本相等。通过统计分析中美两组顶尖大学药学论文发文期刊的 WoS 学科 JCR 分区数据,可进一步从发文期刊影响力的角度了解中美两组顶尖大学药学学科的学术竞争力差异。

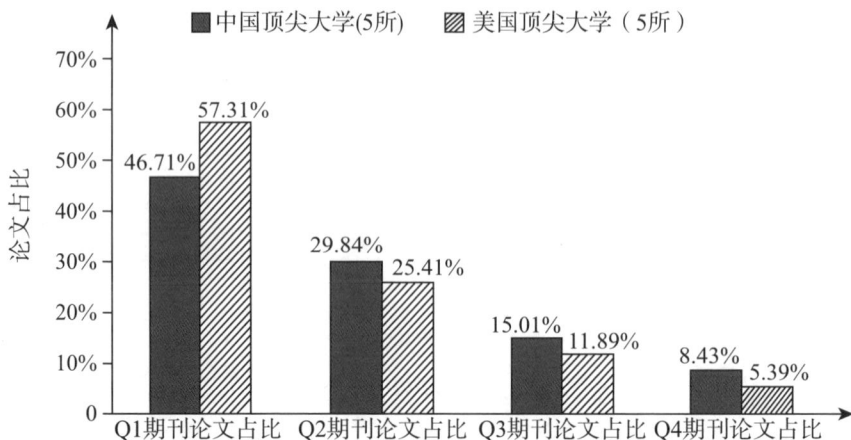

图 9-5　中美顶尖大学药学发文期刊分区对比(2015—2019 年)

　　本部分采集中美顶尖大学药学论文期刊的 WoS 学科 JCR 分区数据,了解两组顶尖大学在各区期刊上研究成果的份额。如图 9-5 所示,两组顶尖大学的发文期刊影响力都比较高,其中美国顶尖大学更胜一筹,有 82.72% 的论文发表于 Q1 和 Q2 期刊,Q1 期刊论文占比达到 57.31%。中国顶尖大学药学论文期刊影响力稍显逊色,Q1 期刊论文占比不足 50%,Q1 和 Q2 期刊论文合计占比 76.55%。以 Q1 和 Q2 为代表的药学高影响力期刊是展示该领域高质量研究成果的重要平台,其学术水平和学术竞争力已经得到了同行的充分认可和广泛关注。目前,美国顶尖大学正处在世界领先的位置,在扩大成果传播范围和增加同行关注度上抢占了先机,中国顶尖大学需要努力提升学术成果质量,增加在高影响力期刊及顶级期刊上的发文比例,扩大中国顶尖大学在药学领域的国际知名度和影响力。

　　3.十校发文期刊竞争力分析

　　如图 9-6 所示为 10 所顶尖大学药学的发文期刊分区数据,勾勒出 5 所中国顶尖大学和 5 所美国顶尖大学的具体发文期刊竞争实力。由图可知,5 所中国顶尖大学的 Q1 期刊论文占比为 45%~50%,复旦大学位居第一,Q1 期刊论文占比为 49.42%,排名最末的上海交通大学 Q1 期刊论文占比为 45.59%,各校间差异不大。美国顶尖大学中除北卡罗来纳大学教堂山分校的 Q1 期刊论文占比为 50.89% 外,其余 4 所大学的 Q1 期刊论文占比均在 58% 以上,其中约翰霍普金斯大学表现最为亮眼,达到 60.83%。10 所中美顶尖大学的发文期刊竞争力分化明显,除北卡罗来纳大学教堂山分校的发文期刊竞争力与复旦大学的发文期刊竞争力基本持平外,其他4所美国顶尖大学的发文期刊竞争力明显比5所中国顶尖大学高一个台阶。

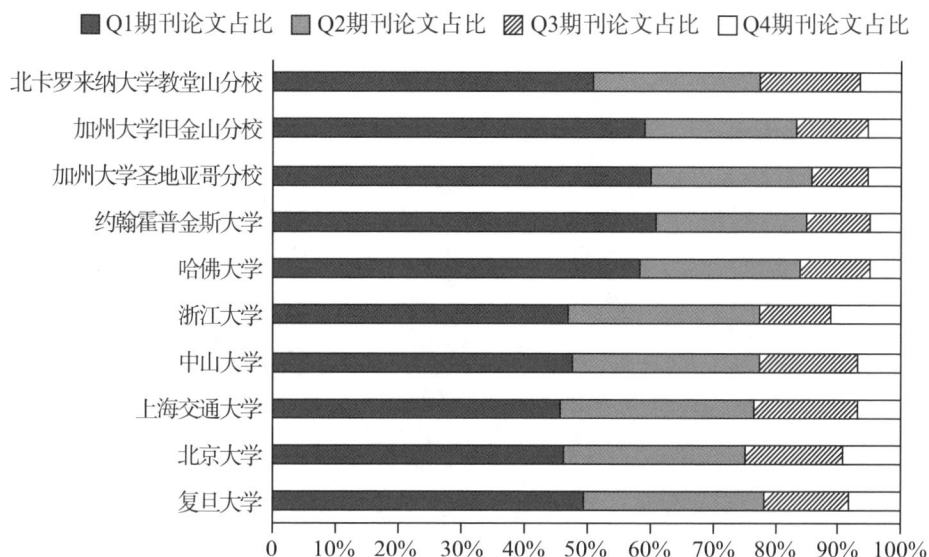

图9-6 十校药学发文期刊分区对比(2015—2019年)

(二)发文期刊竞争力发展态势

图9-7和图9-8分别展示了2015—2019年中国顶尖大学(5所)和美国顶尖大学(5所)的药学发文期刊分区变化情况。2015—2017年,中国顶尖大学的Q1期刊论文占比始终在40%上下浮动,2018年这一指标加速上升,冲击到51.8%,2019年继续小幅度增长。美国顶尖大学的Q1期刊论文占比一直在55%以上,2018年达到5年峰值,为59.91%,2019年出现回落,降低到55.76%。

中国顶尖大学(5所)

■ Q1期刊论文占比 ▨ Q2期刊论文占比 ▨ Q3期刊论文占比 □ Q4期刊论文占比

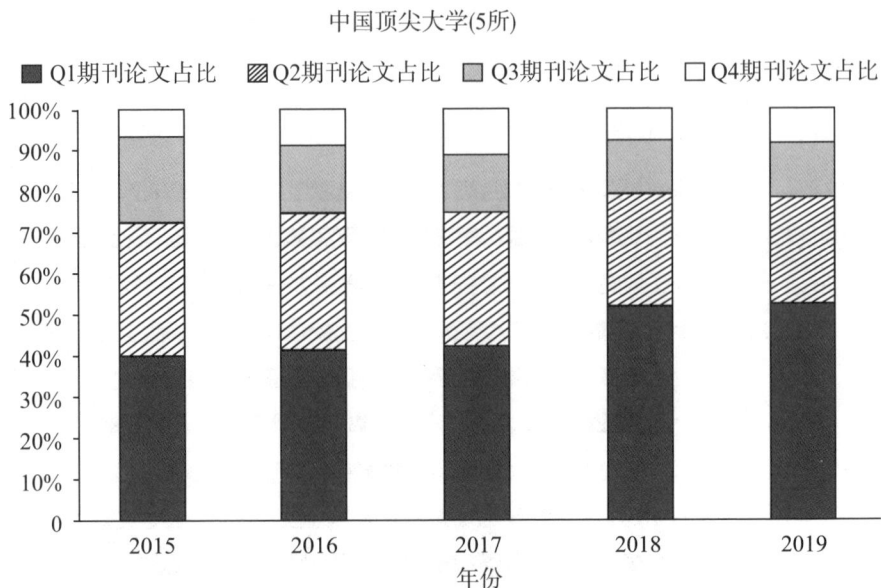

图9-7　中国顶尖大学药学发文期刊分区分布(2015—2019年)

美国顶尖大学(5所)

■ Q1期刊论文占比 ▨ Q2期刊论文占比 ▨ Q3期刊论文占比 □ Q4期刊论文占比

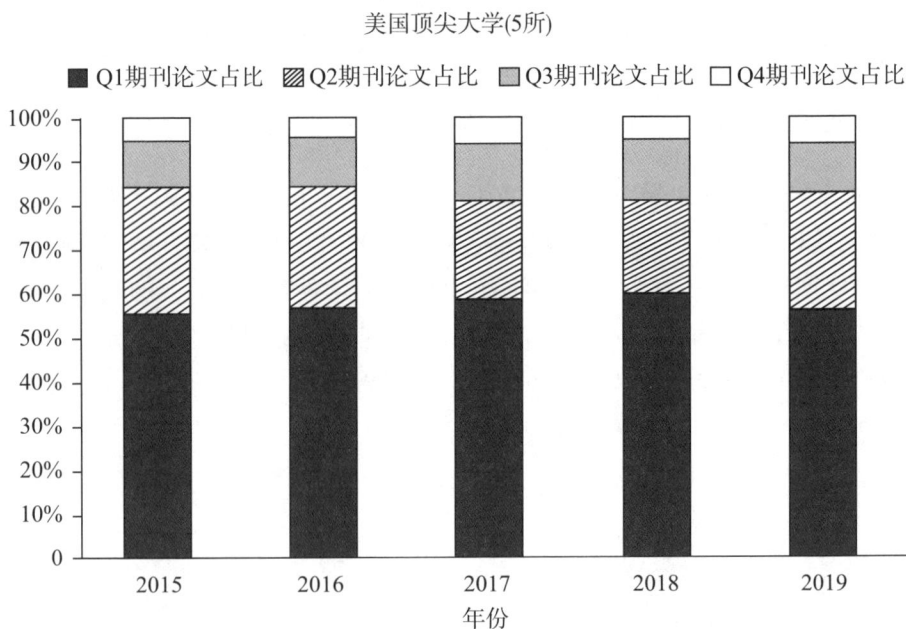

图9-8　美国顶尖大学药学发文期刊分区分布(2015—2019年)

三、中美顶尖大学高水平研究竞争现状及发展态势

从科学计量学数据指标的内涵上看,高影响力论文所报道的内容反映了最前沿、最重要和最有影响的科学发现与创新成果。本部分通过对中美顶尖大学国际顶级或重要科技期刊的论文(Top 期刊论文[①]),被引前1%论文(Top1%论文),被引前10%论文(Top10%论文)等高影响力论文进行统计分析和比较,从高水平研究产出的角度,反映中美顶尖大学药学学科的研究质量、水平,以及国际地位。

(一)高水平研究的多指标分析

图 9-9 选取 Top 期刊论文占比(PPTop 期刊),被引前 1% 论文占比(PPTop1%)[②]、被引前 10% 论文占比(PPTop10%)[③]3 个指标对中国顶尖大学(5 所)和美国顶尖大学(5 所)的高质量论文进行对比。PPTop1%、PPTop 期刊、PPTop10% 是高水平论文(被引前 1% 论文、Top 期刊论文、被引前 10% 论文)与全部论文的比值,数值越大说明文献集合表现越优秀,1% 和 10% 代表了全球 PPTop1% 和 PPTop10% 的平均水平。中国顶尖大学的 PPTop1% 为 1.02%,与全球平均水平基本持平,美国顶尖大学的 PPTop1% 达到 3.03%,是中国顶尖大学的 3 倍。在 PPTop 期刊指标上,中美顶尖大学依然差距悬殊,美国顶尖大学 PPTop 期刊发文占比为 15.02%,中国顶尖大学仅为 4.89%。两组顶尖大学的 PPTop10% 均高于全球平均水平,中国顶尖大学的 PPTop10% 为 11.33%,美国顶尖大学的 PPTop10% 为 15.74%。

---

①药学 Top 期刊:ESI药学 5 年影响因子排名前 10 的期刊(年发文量少于 100 的期刊除外)。

②被引前 1% 论文占比(PPTop1%):指在某一指定学科领域、某一年、某种文献类型下,被引次数排名前 1% 的文献数除以该组文献总数的值,以百分数的形式展现。该指标数值越大,表明该组文献表现越好。如果某组论文的该指标值等于 1%,说明该组论文中有 1% 的论文位于全球同类论文(同一学科、出版年和文献类型)被引次数排名的前 1%,也说明这组论文的水平与全球平均水平相当。高于 1% 代表该组论文中超过 1% 的论文位于全球同类论文排名的前 1%,相应的,低于 1% 代表该组论文中不足 1% 的论文位于全球同类论文排名的前 1%。

③被引前 10% 论文占比(PPTop10%):指在某一指定学科领域、某一年、某种文献类型下,被引次数排名前 10% 的文献数除以该组文献总数的值,以百分数的形式展现。该指标数值越大,表明该组文献表现越好。如果某组论文的该指标值等于 10%,说明该组论文中有 10% 的论文位于全球同类论文(同一学科、出版年和文献类型)被引次数排名的前 10%,也说明这组论文的水平与全球平均水平相当。高于 10% 代表该组论文中超过 10% 的论文位于全球同类论文排名的前 10%,相应的,低于 10% 代表该组论文中不足 10% 的论文位于全球同类论文排名的前 10%。

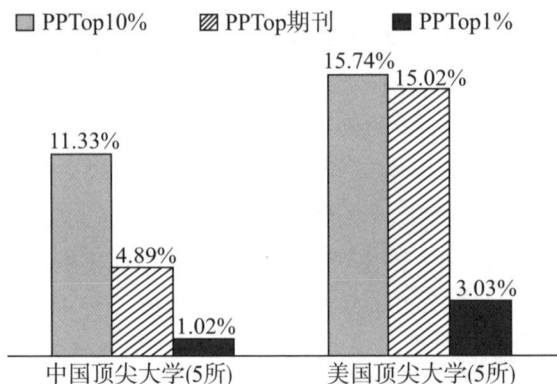

图9-9　中美顶尖大学药学高水平论文占比(2015—2019年)

(二)Top期刊发文竞争力分析

为了进一步比较中美顶尖大学药学高水平研究产出的差异,表9-6和表9-7分别列出了5所中国顶尖大学和5所美国顶尖大学在十种药学Top期刊上的发文情况。Top期刊(年发文量少于100篇的期刊除外)是指ESI药学影响因子排名前十的期刊,其发表的文章通常具有较高的学术水准。从中美顶尖大学总体表现来看,美国顶尖大学总体的Top期刊论文数和论文占比均远超中国顶尖大学,美国顶尖大学的5年Top期刊论文数(823篇)是中国顶尖大学(326篇)的2.5倍,美国顶尖大学的5年Top期刊论文占比(15.02%)是中国顶尖大学(4.89%)的3倍。从各校的具体表现来看,5所中国顶尖大学发表在Top期刊上的论文数为63~75篇,Top期刊论文占比均在5%左右,复旦大学在Top期刊上发文最多(75篇),北京大学的Top期刊论文占比最高(5.7%)。5所美国顶尖大学发表在Top期刊上的论文数为103~315篇,Top期刊论文占比为13.70%~16.30%,哈佛大学的Top期刊论文数(315篇)与占比(16.30%)都居首位;其次是约翰霍普金斯大学,Top期刊论文数170篇,占比为15.89%。相比于美国顶尖大学,中国顶尖大学药学领域Top期刊发文竞争力不强,在提升Top期刊发文竞争力方面尚需要更多的努力。以 *Pharmacology & Therapeutics* 为例,5所美国顶尖大学发文(44篇)是5所中国顶尖大学发文(18篇)的2.44倍,该刊影响因子为11.402,主要刊载药理学主题权威性综述文章,以约稿为主,投稿前与编辑交流沟通稿件内容非常重要。我国学者应该在提升研究水平的同时,分析不同期刊的特色,采取更有针对性的投稿策略和方式,从而进一步提高中稿率。

表9-6　中国顶尖大学药学Top期刊发文情况①　　　　　（单位：篇）

期刊名称	5年影响因子	2015—2019 Top期刊发文量					
		北京大学	复旦大学	上海交通大学	浙江大学	中山大学	合计
Advanced Drug Delivery Reviews	15.551	5	4	2	1	1	20
Pharmacology & Therapeutics	11.402	4	4	4	2	4	18
Journal of Controlled Release	8.626	18	29	21	19	13	95
Alimentary Pharmacology & Therapeutics	7.251	5	9	9	5	6	28
Drug Discovery Today	7.006	2	7	5	5	4	22
Clinical Pharmacology & Therapeutics	6.325	0	2	3	1	3	8
Value in Health	6.195	2	1	0	0	0	3
British Journal of Pharmacology	6.148	21	5	21	15	17	76
Pharmacological Research	5.631	9	7	4	6	11	36
Archives of Toxicology	5.609	3	7	2	5	4	20
10种Top期刊论文数	—	69	75	71	66	63	326
10种Top期刊论文占比	—	5.70%	5.08%	4.44%	4.80%	4.66%	4.89%

表9-7　美国顶尖大学药学Top期刊发文情况　　　　　（单位：篇）

期刊名称	5年影响因子	2015—2019 Top期刊发文量					
		北卡罗来纳大学教堂山分校	哈佛大学	加州大学旧金山分校	加州大学圣地亚哥分校	约翰霍普金斯大学	合计
Advanced Drug Delivery Reviews	15.551	18	26	9	7	21	79
Pharmacology & Therapeutics	11.402	6	25	4	2	8	44

---

①检索结果与检索时间相关，不同的检索时间，本部分的数据结果可能会略微不同。

续表

期刊名称	5年影响因子	2015—2019 Top期刊发文量					
		北卡罗来纳大学教堂山分校	哈佛大学	加州大学旧金山分校	加州大学圣地亚哥分校	约翰霍普金斯大学	合计
Journal of Controlled Release	8.626	52	60	10	15	48	181
Alimentary Pharmacology & Therapeutics	7.251	23	54	13	65	13	147
Drug Discovery Today	7.006	4	16	5	3	7	35
Clinical Pharmacology & Therapeutics	6.325	27	64	44	14	25	157
Value in Health	6.195	12	32	11	2	13	64
British Journal of Pharmacology	6.148	7	19	4	8	11	47
Pharmacological Research	5.631	2	16	2	3	10	32
Archives of Toxicology	5.609	15	3	1	4	14	37
10种Top期刊论文数	—	166	315	103	123	170	823
10种Top期刊论文占比	—	13.70%	16.30%	13.77%	15.57%	15.89%	15.02%

(三)Top论文发文竞争力分析

Top论文是衡量高水平研究成果产出能力的指标之一,包括被引次数排名前1%论文和被引次数排名前10%论文两组文献集,PPTop1%论文代表了顶尖科研成果,PPTop10%论文代表了优秀科研成果,可统称为高水平研究成果,两者在对比中美顶尖大学药学领域高水平研究方面的差异上均具有较强的说服力。表9-8和表9-9分别展示了十校药学学科的PPTop1%和PPTop10%。从两组大学PPTop1%的表现来看,中国5所顶尖大学的PPTop1%均在1%(全球平均水平)上下,其中浙江大学PPTop1%最高,达到了1.38%,此外中山大学、复旦大学也略高于全球平均水平。而美国5所顶尖大学的PPTop1%为2.27%~3.80%,是全球平均水平的2~3倍,其中加州大学圣地亚哥分校的PPTop1%最高,其次是哈佛大学,加州大学旧金山分校最低。与两组顶尖大学的PPTop1%表现相比,两组顶尖大学的PPTop10%整体差距相对较小。10所顶尖大学均高于全球平均水平,5所中国顶尖大学的PPTop10%更接近全球平均水平,为10.50%~12.14%,5所美国顶尖大学的PPTop10%则为14.44%~17.47%。在中国顶尖大学中,浙江大学的PPTop10%最高,为12.14%;北京大学最低,为10.50%。在美国顶尖大学中,加州大学圣地亚哥分校的PPTop10%最高,达到17.47%;北卡罗来纳大学教堂山分校的PPTop10%最低,为14.44%。在药学领域,中国顶尖大学的PPTop10%与美国顶尖大学相差不多,但在PPTop1%论文产出上还有很大的提升空间,说明中国顶尖大学研究成果创新度不高,发表的高水平创新性论文较少,需要更大程度地拓展国际视野,努力发表高水平学术成果,进而提升国际影响力。

表9-8　十校药学Top1%论文竞争力比较(2015—2019年)

学校	PPTop 1%	
复旦大学	1.08%	
北京大学	0.91%	
上海交通大学	0.81%	
中山大学	1.11%	
浙江大学	1.38%	
哈佛大学	3.26%	
约翰霍普金斯大学	2.99%	
加州大学圣地亚哥分校	3.80%	
加州大学旧金山分校	2.27%	
北卡罗来纳大学教堂山分校	2.72%	

表9-9　十校药学Top10%论文竞争力比较(2015—2019年)

学校	PPTop 10%	
复旦大学	11.38%	
北京大学	10.50%	
上海交通大学	11.64%	
中山大学	11.39%	
浙江大学	12.14%	
哈佛大学	15.73%	
约翰霍普金斯大学	15.89%	
加州大学圣地亚哥分校	17.47%	
加州大学旧金山分校	16.31%	
北卡罗来纳大学教堂山分校	14.44%	

四、国际合作竞争现状及发展态势分析

(一)中美顶尖大学国际合作论文竞争力及发展态势

1.国际合作论文竞争力分析

表9-10从论文规模、国际化程度及论文影响力3个角度揭示了中美两组顶尖大学药学领域国际合作论文的差距。国际合作论文是指由两个或者两个以上国家(地区)的作者共同参与合作发表的论文,国际合作率即指学者或机构发表的国际合作论文数占全部论文数的占比。从国际合作论文数来看,中国顶尖大学与美国顶尖大学差距悬殊,中国顶尖大学在药学领域国际合作论文总数(1389篇)仅为美国顶尖大学(2466篇)的60%左右。从国际化程度来看,美国顶尖大学药学领域国际合作率也远高于中国顶尖大学,中国顶尖大学药学领域国际合作率为20.85%,而美国顶尖大学药学领域国际合作率为45.02%,是中国顶尖大学的2.15倍。

篇均被引、PPTop1%、PPTop10%是衡量药学领域国际合作论文质量和影响力的重要指标。从3个指标的表现情况来看,中国顶尖大学药学领域的国际合作论文逊色于美国顶尖大学,其中PPTop1%差距尤为明显。美国顶尖大学药学领域国际合作论文PPTop1%(3.28%)是中国顶尖大学(1.51%)的2.17倍,篇均被引和PPTop10%分别是中国顶尖大学的1.29倍和1.21倍。值得一提的是,中美两组顶尖大学药学领域国际合作论文在论文被引占比方面的差距不到1%。结合表9-2可以得出,中美两组顶尖大学药学领域国际合作论文的论文被引占比差距较中美两组顶尖大学药学领域全部论文的论文被引占比差距有所减少,说明国际合作对提高中国顶尖大学药学学科的关注度有所裨益。

表9-10　中美顶尖大学2015—2019年药学国际合作论文表现

学校	国际合作论文数	国际合作率	篇均被引	论文被引占比	PPTop1%	PPTop10%
中国顶尖大学(5所)	1389	20.85%	9.76	89.49%	1.51%	15.05%
美国顶尖大学(5所)	2466	45.02%	12.62	90.43%	3.28%	18.17%

2.国际合作论文发展态势分析

如图9-10所示为2015—2019年中国顶尖大学(5所)和美国顶尖大学(5

所)药学领域的国际合作率变化趋势。纵观这5年,中国顶尖大学和美国顶尖大学药学领域的国际合作率总体呈平稳发展的趋势,两者差距保持在19.59%~27.05%。2015—2017年,中国顶尖大学药学论文国际合作率小有波动,2017年略低,为21.07%;而同时期美国顶尖大学药学论文国际合作率稳步上升。2018年中美两组顶尖大学药学国际合作率均达到5年峰值,其中,中国顶尖大学(5所)国际合作率为22.41%,美国顶尖大学国际合作率为47.64%。2019年两组顶尖大学药学国际合作率出现了不同程度的回落,中国顶尖大学下降幅度更大,下跌了4.10%。对比中美两组顶尖大学药学领域的国际合作论文发展趋势,中国顶尖大学的药学论文国际化程度上与美国顶尖大学的差距逐步拉大,国际合作率的差值从2015年的19.59%扩大到2019年的27.05%。

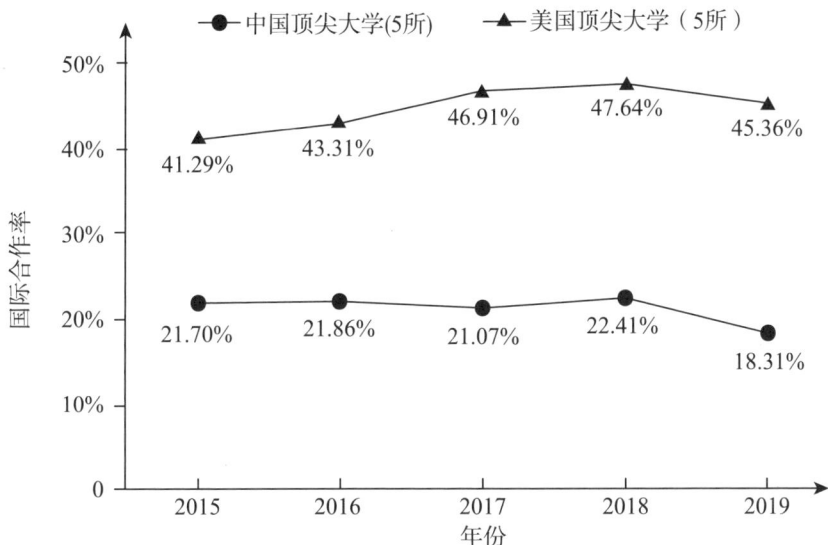

图9-10 中美顶尖大学药学国际合作率发展趋势(2015—2019年)

如图9-11所示为中国顶尖大学(5所)和美国顶尖大学(5所)药学领域的国际合作论文增长率。中美两组顶尖大学药学国际合作论文增长率与全部药学论文增长率一样,均为正值。2015—2017年,中国顶尖大学药学国际合作论文增长率小幅上升,但一直低于美国顶尖大学,同时期美国顶尖大学药学国际合作论文增长率也呈上升趋势。2018年,中国顶尖大学药学国际合作论文增长率从5.37%上升至27.45%,但在2019年迅速回落,降至1.23%;这2年间美国顶尖大学的药学国际合作论文增长率则连续下降,2019

年的增长率与中国顶尖大学相当。结合图9-2分析,2015—2017年度,中国顶尖大学药学国际合作论文增长率的变化趋势与全部药学论文增长率的变化趋势大体吻合,只是增速相对较缓。2018—2019年度,中国顶尖大学药学国际合作论文增长率大幅波动,与全部药学论文增速稳步上涨的趋势产生分歧。总体来看,中国顶尖大学药学国际合作论文增速明显低于中国顶尖大学药学全部论文增速,因此,中国顶尖大学应加快提升药学领域自身的国际化环境和水平,以促进中国药学领域整体发展。

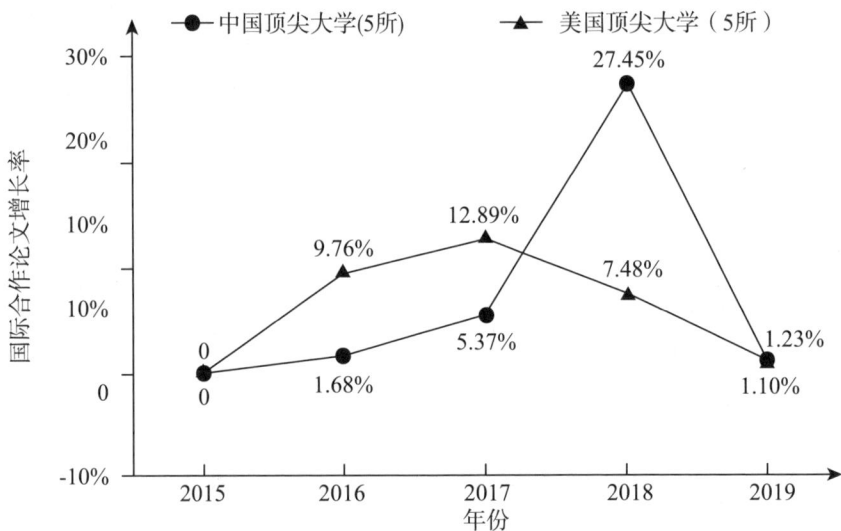

图9-11　中美顶尖大学药学国际合作论文增长率(2015—2019年)

与美国顶尖大学相比,中国顶尖大学的药学国际合作在论文规模、论文质量上都处于劣势,其中高水平论文占比差距尤为突出,且中美顶尖大学药学国际合作率差距有逐年增大的趋势。中国顶尖大学应进一步保持2018—2019年在药学领域科研国际化增速上的优势,在加深国际合作深度和扩大国际合作广度方面下更大的功夫。

(二)中美顶尖大学国际合作成果影响力分析

表9-11列出了中国顶尖大学(5所)国际合作论文、中国顶尖大学(5所)全部论文及美国顶尖大学(5所)全部论文的5个论文影响力指标的具体表现。从平均百分位来看,中国顶尖大学国际合作论文平均百分位为45.35,表现优于中国顶尖大学全部论文(50.72)和美国顶尖大学全部论文(46.42)。

在CNCI、篇均被引、PPTop1%、PPTop10%这4个指标上,中国顶尖大学国际合作论文表现均优于中国顶尖大学全部论文,但不如美国顶尖大学全部论文。如图9-12所示,在CNCI和PPTop10%这2个指标上,中国顶尖大学国际合作论文与美国顶尖大学全部论文的表现较为接近。在PPTop1%指标上,中国顶尖大学国际合作论文则明显落后,PPTop1%仅为美国顶尖大学全部论文的50%左右。由此可见,在药学领域,国际合作对提升论文影响力有所贡献,有助于缩小中美顶尖大学间的差距。

表9-11 中美顶尖大学2015—2019年药学国际合作论文影响力比较

学校	平均百分位	CNCI	篇均被引	PPTop1%	PPTop10%
中国顶尖大学(5所)国际合作论文	45.35	1.33	9.76	1.51%	15.05%
中国顶尖大学(5所)全部论文	50.72	1.14	7.73	1.02%	11.33%
美国顶尖大学(5所)全部论文	46.42	1.46	12.51	3.03%	15.74%

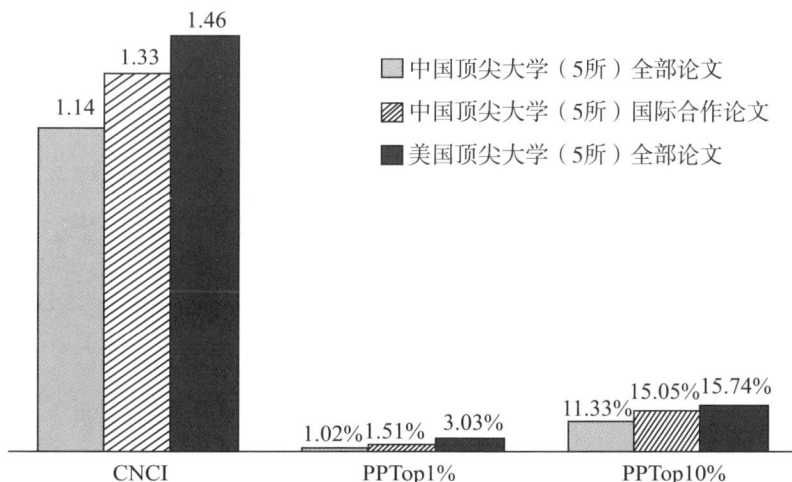

图9-12 中美顶尖大学药学国际合作论文影响力比较(2015—2019年)

(三)中国顶尖大学国际合作地位变化趋势

国际合作单位包括第一单位、通讯单位等多种形式。第一单位指论文署名排名第一的作者所属的单位,第一作者对文章贡献度最高;通讯单位指通讯作者所属的单位,通讯作者一般指整个课题或论文的负责人,是文章思路提供者和指导者,担负着保证文章可靠性的责任。图9-13从第一单位和通讯单位两个层面对比了2015—2019年中国顶尖大学(5所)药学国际合作论文占比变化趋势,可以从机构视角洞察中国顶尖大学(5所)药学国际合作论文的贡献变化。2015—2019年,中国顶尖大学作为第一单位发表的国际合作论文占比经历了先下降再上升的过程,其中2017年为5年最低值,不足50%。中国顶尖大学作为通讯单位发表的国际合作论文占比基本呈稳步上升趋势,表明中国顶尖大学在国际合作中越来越多地承担起了指导人和负责人的角色。

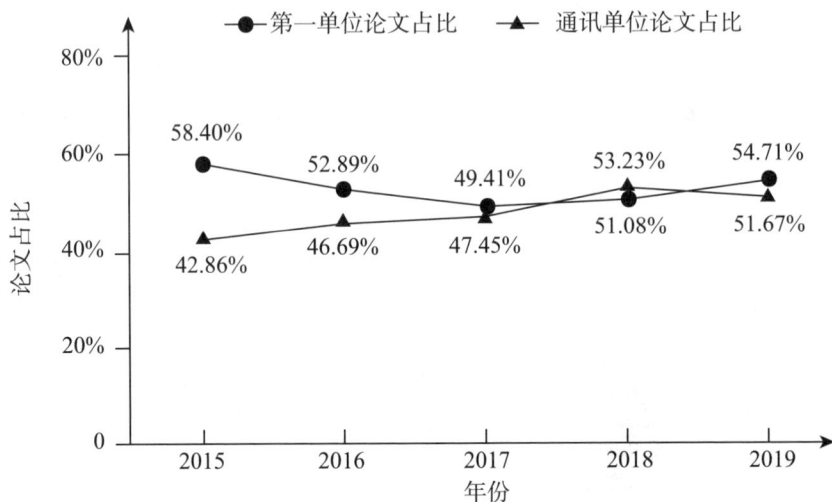

图9-13　中国顶尖大学作为第一或通讯单位的药学国际合作论文年度发文趋势
(2015—2019年)

第三节　竞争布局分析

一、中美顶尖大学学科布局分析

Web of Science数据库收录12000多种国际学术期刊,涉及250多个学科类别(Web of Science Categories,WoS学科),覆盖人文、社会科学、艺术及科技等多个领域。该分类模式通过将一个大学科划分多个分支学科来构建(如药学,可以被细分为药理学和药剂学、毒理学等分支学科)。由于不同分支学科的引文情况可能存在较大差异,细化的学科定义成为该学科分类模式的重要特征之一。因此,WoS学科分类模式通常被认为是精细文献计量学分析的最佳工具。

　　药理学和药剂学（pharmacology & pharmacy）、医用化学（chemistry, medicinal）和毒理学（toxicology）3个WoS学科是中美两国顶尖大学药学领域的重点布局学科，论文数在分布学科中均排名前5位。如表9-12所示为10所中美顶尖大学药学学科论文的WoS学科分布情况。中美顶尖大学的学科分布情况相似，所涉及的WoS学科数量几乎均介于40~50个。10所顶尖大学中，北京大学、哈佛大学和约翰霍普金斯大学学科布局最为广泛，涉及的WoS学科均为47个；覆盖WoS学科最少的是中山大学，涉及WoS学科为38个。比较中美10所顶尖大学的发文规模和WoS学科数，美国顶尖大学中，哈佛大学药学学科论文发文规模最大，有1933篇，涉及WoS学科达47个，发文规模最小的是加州大学旧金山分校，论文数为748篇，涉及WoS学科44个；中国顶尖大学中，论文数最多（1598篇）的上海交通大学涉及学科44个，而论文数在5所中国顶尖大学中排名最低的北京大学WoS学科数则达到了47个，可见发文规模与学科布局广度并非呈绝对的正相关关系。

表9-12　十校药学2015—2019年论文的WoS学科分布情况

学校	论文数	WoS学科数
北京大学	1210	47
浙江大学	1376	41
复旦大学	1476	43
上海交通大学	1598	44
中山大学	1352	38
哈佛大学	1933	47
加州大学旧金山分校	748	44
约翰霍普金斯大学	1070	47
北卡罗来纳大学教堂山分校	1212	46
加州大学圣地亚哥分校	790	44

　　如图9-14所示为10所顶尖大学的WoS学科分布热力图。选取每所顶尖大学发文量排名前40%的WoS学科形成32个WoS学科集合，以这些WoS学科为纵坐标，10所顶尖大学名称为横坐标。横纵坐标交叉的区域代表大

学在该学科的发文量,颜色深浅代表发文量多少,颜色越深,说明该校该学科发文量在十校中越多。同时,运用R语言中的Scale函数对发文量进行归一化处理,采用K-means算法依据学科结构相似度进行聚类,10所顶尖大学形成3个聚类。

结合学科结构的热力图聚类结果,通过比较分析和归纳总结,得出每种聚类内大学的药学学科结构特征。第一类仅包含哈佛大学一所大学,哈佛大学在近20个WoS学科上的发文颜色都较深,学科分布广泛,其中有5个学科发文量在10所顶尖大学中是最多的,多个学科发文量在10所顶尖大学中较为领先,所涉及的WoS学科形成3个学科聚类,一类以公共事业、环境和职业健康(public,environmental & occupational health)、卫生保健科学和服务(health care sciences & services)为中心,一类以生物技术学和应用微生物学(biotechnology & applied microbiology)为中心,还有一类以毒理学(toxicology)、药理学和药剂学(pharmacology & pharmacy)为中心;第二类为中国5所顶尖大学,该类大学学科分布重点突出,每所学校都有少量学科发文量在10所顶尖大学中较有优势,呈现若干个聚类学科,一类以神经系统科学(neurosciences)、生理学(physiology)为中心,一类以结合和补充医学(integrative & complementary medicine)、医用化学(chemistry,medicinal)为中心,还有一类以毒理学(toxicology)、多学科化学(chemistry,multidisciplinary)为中心;第三类大学包括北卡罗来纳大学教堂山、约翰霍普金斯大学分校、加州大学旧金山分校和加州大学圣地亚哥分校,该类型大学发文规模较小,但仍有个别学科发文量具备相对优势,表明这些学科是这类大学的强势学科,主要包含两个WoS学科聚类,一个是统计学和概率(statistics & probability),教育、科学学科(education,scientific disciplines),另一个是药物滥用(substance abuse)、胃肠病学和肝脏病学(gastroenterology & hepatology)等。

随着药学学科的发展,材料学、生物学、经济学和医学等越来越多相关学科的理论与方法被应用于药学研究中。通过上述各组大学的学科聚类情况可以发现,这种交叉学科的研究趋势已经成为主流,但中美两国顶尖大学的WoS学科布局也有着较为明显的差异。中国顶尖大学主要布局的WoS学科融合了药学与临床医学学科,从现代西方医学体系的角度而言,我国的中医药属于结合与补充医学的重要组成部分。中国顶尖大学在这个领域的布局一方面担负着传统文化复兴的重要角色,推动中医药的国际化和现代化;另一方面也是中医药发展的大势所趋,中医药在国际医学同仁中的认可度不断上升,世界范围内对中医药的需求日益增长。曾任国家中医药管理局国际合作司司长的王笑频也提出,传统医学历史悠久的临床实践大多集中体现在典籍记载的医案中,在用现代语言诠释、用中西医结合开展循证医学研究方面尚有大量工作要做。近年来,美国药物滥用问题日趋严重,药物滥用已成为美国迫切需要解决的公共卫生和社会问题,美国顶尖大学的药学研究也因此与经济学、社会学有着密切的联系,一方面要加快对药物滥用者进行药物治疗的药理学研究,另一方面也要参与药物滥用监测和社会心理干预的治疗过程。综上,药学领域的学科交叉融合不仅顺应了全球跨学科领域的研究热潮,而且与中美两国的文化传统和社会需求密不可分。

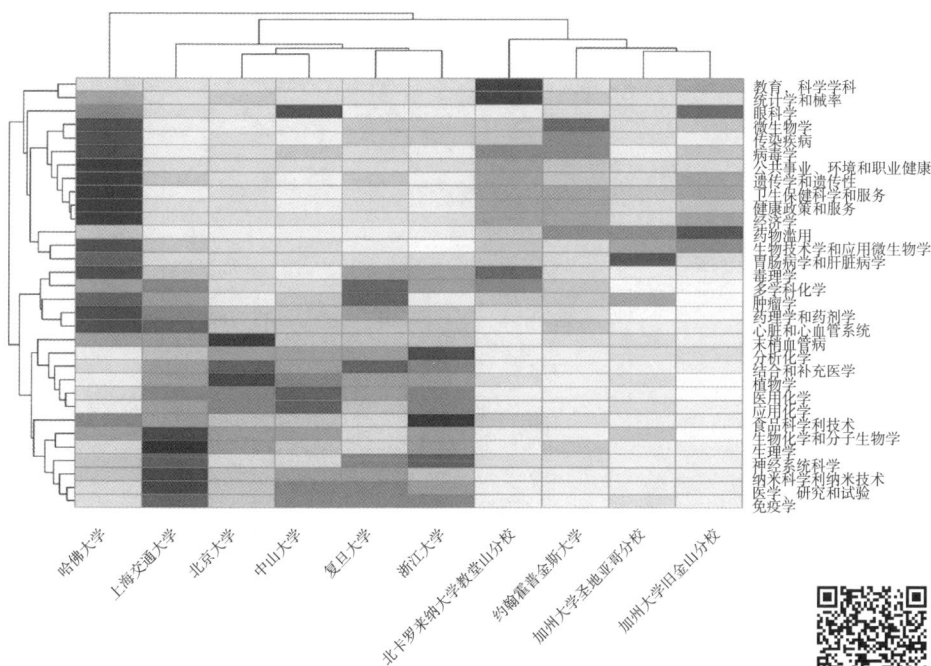

图9-14　十校药学论文WoS学科分布热力图

二、中美顶尖大学研究主题分析

(一)研究主题分布和总体表现分析

本书中涉及的与研究主题(topics)相关的数据均采集自爱思唯尔的SciVal平台。该平台整合了Scopus1996年至今的科研数据,通过文献的引用关系聚类得到超过9.6万个研究主题,并应用指纹专利技术和特殊短语,自动抽取题名和摘要给研究主题命名。SciVal为各研究主题建立了测度研究主题可见度和发展势头的指标,即主题显著度,根据研究主题的显著度数值排序,计算每个研究主题的百分位数指标。显著度指数[①]高于99%(Top1%)的研究主题,可视为整个科学研究领域的热点研究主题。

如果在某研究主题上,某个机构的发文量达到了发文量排名第一的机构的1/3,或者被引次数达到了被引次数排名第一的机构的1/3,就会被认为是该研究主题的关键贡献者。作为关键贡献者参与的研究主题可视为该机构的优势研究主题。

表9-13 中美顶尖大学2015—2019年药学学科研究主题分布情况比较

	参与研究主题数	优势研究主题数	优势研究主题占比	热点研究主题数
全球	4457	—	—	55
中国顶尖大学(5所)	3211	—	—	49
美国顶尖大学(5所)	3117	—	—	47
浙江大学	1491	410	27.50%	46
复旦大学	1375	383	27.85%	45
北京大学	1420	411	28.94%	48
上海交通大学	1482	450	30.36%	46
中山大学	1209	299	24.73%	47
哈佛大学	2075	1025	49.40%	48
约翰霍普金斯大学	1268	444	35.02%	45

①主题显著度综合考虑了最近引用数量、最近浏览数量和期刊CiteScore 3个参数,对每个主题j在第n年的显著度Pj,计算公式如下：$P_j=0.495[C_j-mean(C_j)]/stdev(C_j)+0.391[V_j-mean(V_j)]/stdev(V_j)+0.1149[CS_j-mean(CS_j)]/stdev(CS_j)$这里,$C_j$是主题$j$中的第$n$年和$n-1$年发表论文的引用量,$V_j$是主题$j$中的第$n$年和$n-1$年发表论文的Scopus浏览量,$CS_j$是主题$j$中的第$n$年和$n-1$年发表论文的平均CiteScore,其中原始数据经过了对数转换,即$C_j=\ln(C_j+1)$,$V_j=\ln(V_j+1)$,$CS_j=\ln(CS_j+1)$。显著度计算是用标准化分数消除3个指标之间的量纲差异,再对每个研究主题近2年论文的引用数量、浏览数量、期刊评价指数与平均值的离散程度加权求和。因此,显著度指数越高,表示正在关注这个研究主题的研究者越多,也说明这个研究主题的增长势头越猛。实际使用中,SciVal根据研究主题的显著度数值排序,计算每个研究主题的百分位数指标。

	参与研究主题数	优势研究主题数	优势研究主题占比	热点研究主题数
加州大学旧金山分校	1052	339	32.22%	34
加州大学圣地亚哥分校	1174	319	27.17%	45
北卡罗来纳大学教堂山分校	1048	288	27.48%	43

如表9-13所示为10所中美顶尖大学药学学科研究主题的分布情况。全球范围内药学学科涉及的研究主题有4457个,中国顶尖大学(5所)参与的主题数为3211个,占全球药学所有研究主题的72.04%;美国顶尖大学(5所)参与的主题数为3117个,占比为69.93%。中美两国顶尖大学在药学学科热点研究主题中的参与度都很高,中国顶尖大学(5所)参与的热点研究主题数为49个,占比为89.09%;美国顶尖大学(5所)参与的研究主题数为47个,占比为85.45%。整体来看,中国顶尖大学药学学科参与的研究主题数与热点研究主题数都略高于美国顶尖大学。

从各校数据看,哈佛大学的药学学科研究覆盖面最广,优势研究主题数是其他9所顶尖大学的两倍多,优势研究主题占比和热点研究参与度都最高,可见当前哈佛大学在药学学科领域处于无法撼动的领先地位。5所中国顶尖大学中,浙江大学的药学学科研究主题覆盖面最广,上海交通大学的优势研究主题数量最多,而北京大学的热点研究主题参与度最高。5所美国顶尖大学中,除了哈佛大学之外,约翰霍普金斯大学参与的研究主题数、优势研究主题数以及热点研究主题数都是最多的,在美国顶尖大学中也是非常具有综合竞争力的大学。除哈佛大学外,其余美国顶尖大学在药学学科研究主题的覆盖面和热点研究主题数方面均不如中国顶尖大学,但在优势研究主题占比上有一定的优势。

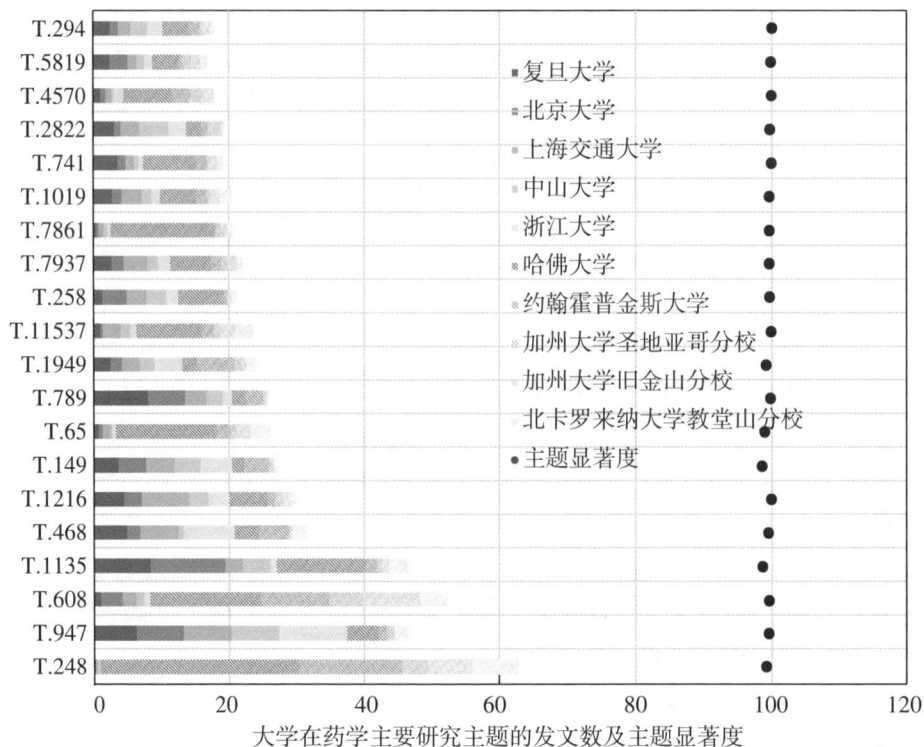

图9-15　十校药学主要研究主题（发文前30位主题）的论文产出表现

　　图9-15展示了10所顶尖大学在药学学科发文前20的研究主题上的论文产出表现。横轴为十校在某主题上的累积表现，无底纹条形代表中国顶尖大学在该研究主题的论文数，有底纹条形代表美国顶尖大学在该研究主题的论文数。论文数较多的研究主题通常是这个领域较为成熟的研究方向，如果这些主题显著度同时较高，说明这些方向的研究成果持续受到学校的关注。如图9-15所示的研究主题仅有T.7861（Resolvin D1；脂氧素A；Cd59抗原）的显著度为98.619，其余研究主题都在99以上，均为关注度较高的研究主题。在药学学科领域研究规模较大的研究主题（论文数前20）中，美国顶尖大学有8个研究主题论文数明显多于中国顶尖大学，中国顶尖大学和美国顶尖大学的表现各有千秋，分别在某些研究主题上具有较强的引领效应。T.65（依达珠单抗；达比加群酯；依度沙班）、T.608（索非布韦；BMS-790052；ABT-267）和T.248（处方药监控程序；麻醉镇痛剂；阿片类药物成瘾）等研究主题主要是美国顶尖大学在参与研究；而T.947（纳米凝胶；胶束；前药）、T.789（硫化氢；二硫化钠；GYY 4137）和

T.149(基因转移;聚乙烯亚胺;转染)这3个主题主要是中国顶尖大学在参与研究。

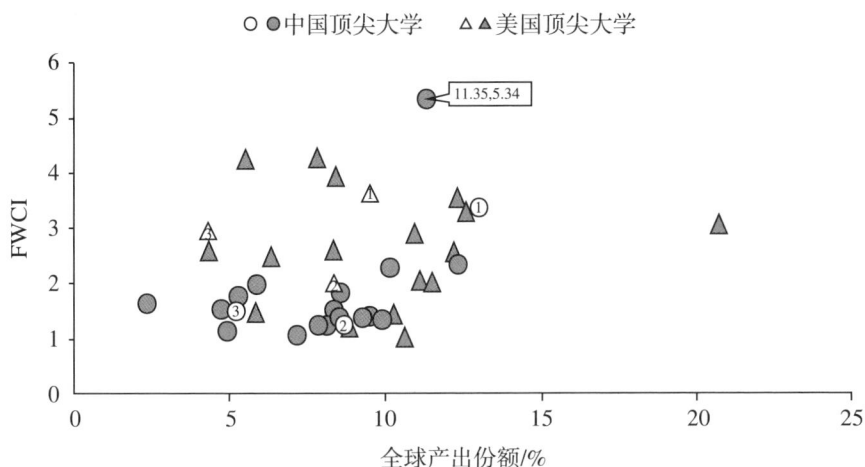

图9-16　中美顶尖大学药学主要研究主题(发文前20位的主题)综合对比(2015—2019年)

如图9-16所示为中国顶尖大学(5所)和美国顶尖大学(5所)论文数前20主题的学科标准化论文影响力(FWCI)和全球产出份额,图中空心的三角和圆点代表中美两组顶尖大学重叠的主要研究主题。两国顶尖大学有3个主要研究主题[①]重叠,分别是T.7937(组蛋白去甲基化酶;苯环丙胺;GSK-j4)、T.1949(Kelch样ECH相关蛋白1;转录因子Nrf2;抗氧化反应元件)和T.1135(污染暴露;空气质量;颗粒物),中国顶尖大学在3个主要研究主题上的全球产出份额均领先美国顶尖大学,FWCI均不及美国顶尖大学。在发文产出方面,中国顶尖大学在主题T.1135(污染暴露;空气质量;颗粒物)上的全球产出份额达到13.05%,有4个研究主题的全球产出份额超过了10%;美国顶尖大学有9个主要研究主题全球产出份额超过了10%,主题T.7861(Resolvin D1;脂氧素A;Cd59抗原)发文占比最高,达到了20.71%。在FWCI方面,美国顶尖大学有2个主要研究主题FWCI超过了4,最高的达到4.23;而中国顶尖大学的主要研究主题FWCI超过4的仅有1个,达到了5.34;5所中国顶尖大学主要研究主题的FWCI多为1~2,有16个主题的FWCI低于2,而5所美国顶尖大学主要研究主题的FWCI多集中于2~3,FWCI低于2的仅有5个。可见美国顶尖大学在论文数前20的主题领域的综合表现优于中国顶尖大学。

---

①图中标注序号①~③的主题为中美顶尖大学重合的3个研究主题。

（二）十校主要研究主题分析

如表9-14所示为5所中国顶尖大学主要研究主题（论文数前10）的具体表现。5所中国顶尖大学分别有5~6个主要研究主题与其他4所顶尖大学重合，共有9个重合的主要研究主题，其中，T.947（纳米凝胶；胶束；前药）和T.149（基因转移；聚乙烯亚胺；转染）同时是5所顶尖大学的主要研究主题。以T.947为代表的纳米药物制备技术是近年来药物制剂技术中比较热门的一类新型技术，5所顶尖大学在这个主题的累计产出份额达到全球的10.22%，其中浙江大学全球产出份额和FWCI均是最高的，分别为2.83%和2.96；T.149这一研究主题5所顶尖大学的产出份额累计达到全球的9.51%，全球产出份额和FWCI同样也是浙江大学最高，分别为2.28%和1.83。T.1216（Sirtuin；Ⅲ组组蛋白去乙酰化酶；Srt1720）同时是4所顶尖大学（北京大学除外）的主要研究主题，Srt1720是Sirtris公司开发的SIRT1激动剂之一，针对Ⅲ组组蛋白去乙酰化酶的激动剂的开发和应用等方面的研究是中国顶尖大学的主要研究主题之一，其中上海交通大学在这个研究主题上的全球产出份额最高，为3.1%，中山大学FWCI最高，达到了1.91。

表9-14　中国顶尖大学2015—2019年药学主要研究主题（论文数前10位）及其具体表现

学校	研究主题	论文数	全球产出份额/%	FWCI
复旦大学	Pollution Exposure; Air Quality; Particulate Matter	85	4.47	5.91
	Hydrogen Sulphide; Sodium Bisulphide; GYY 4137	81	3.35	1.48
	Angiopep-2; Blood-Brain Barrier; Transferrin Receptor	77	8.35	2.46
	Nanogel; Micelle; Prodrug	64	1.81	2.15

续表

学校	研究主题	论文数	全球产出份额/%	FWCI
	Beta-Lactamase; Carbapenem-Resistant Enterobacteriaceae; Carbapenem	50	1.43	1.9
	Sirtuin; Group III Histone Deacetylasis; Srt1720	45	1.99	1.56
	Silica Nanoparticle; Drug Liberation; Nanocarrier	38	1.65	1.62
	Autophagy; Diabetic Cardiomyopathy; Cardiac Muscle Cell	37	4.67	2.31
	Gene Transfer; Polyethyleneimine; Transfection	37	1.76	1.62
	Mono(2-Ethyl-5-Hydroxyhexyl) Phthalate; Phthalic Acid Bis(2 Ethylhexyl) Ester; Plasticizer	36	2	1.36
北京大学	Pollution Exposure; Air Quality; Particulate Matter	111	5.84	2.03
	Nanogel; Micelle; Prodrug	69	1.95	2.29
	G-Quadruplex; G-Structure; Thrombin Aptamer	63	3.62	0.8
	Hydrogen Sulphide; Sodium Bisulphide; GYY 4137	54	2.23	1.18

续表

学校	研究主题	论文数	全球产出份额/%	FWCI
	Gene Transfer; Polyethyleneimine; Transfection	41	1.95	1.24
	Perfluoroalkyl Acid; Fluorochemical; Perfluorooctane	37	1.45	1.44
	Sofosbuvir; BMS-790052; ABT-267	33	0.71	1.25
	Protein Protein Interaction; Macrocyclization Reaction; Peptidomimetic Agent	32	7.06	1.16
	Ginsenoside; Protopanaxadiol; Panax Quinquefolii	29	1.61	1.57
	Drug Repositioning; Polypharmacology; Adverse Drug Reaction	27	1.38	1.83
上海交通大学	Nanogel; Micelle; Prodrug	72	2.04	1.99
	Sirtuin; Group III Histone Deacetylasis; Srt1720	70	3.1	1.22
	Beta-Lactamase; Carbapenem-Resistant Enterobacteriaceae; Carbapenem	56	1.6	1.28
	Obeticholic Acid; Bile Acid And Salt; Cholestasi	49	3.96	1.28

续表

学校	研究主题	论文数	全球产出份额/%	FWCI
	Osteoclast; Tartrate-Resistant Acid Phosphatase; Macrophage Colony-Stimulating Factor Receptor	47	4.07	1.21
	Gene Transfer; Polyethyleneimine; Transfection	41	1.95	1.33
	Hepatic Stellate Cell; Liver Fibrose; Thioacetamide	41	3.12	1.44
	Microbubble; Definity; Cavitation	40	6.07	1.17
	High Mobility Group B1 Protein; Advanced Glycation End Product Receptor; FPS-ZM1	39	2.74	1.22
	Position Weight Matrix; Jackknife; Amino Acid Composition	39	3.33	2.59
中山大学	Nanogel; Micelle; Prodrug	71	2.01	2.05
	G-Quadruplex; G-Structure; Thrombin Aptamer	56	3.22	1.41
	Neuralgia; Spinal Cord Dorsal Horn; Spinal Ganglion	42	3.01	1.75

续表

学校	研究主题	论文数	全球产出份额/%	FWCI
	Pollution Exposure; Air Quality; Particulate Matter	41	2.16	2.02
	Gene Transfer; Polyethyleneimine; Transfection	39	1.85	1.08
	Breast Cancer Resistance Protein; Vanadate-Sensitive Atpase; Multiple Drug Resistance	31	6.14	1.62
	Perfluoroalkyl Acid; Fluorochemical; Perfluorooctane	30	1.18	1.48
	Sirtuin; Group III Histone Deacetylasis; Srt1720	29	1.28	1.91
	Cell Tracking; Ferric Ferrocyanide; Ultrasmall Superparamagnetic Iron Oxide	26	4.55	0.66
	Curcumin; Demethoxycurcumin; Turmeric Extract	25	0.8	2
	Histone Deacetylase Inhibitor; Vorinostat; Romidepsin	25	1.43	1.1
	Hydrogen Sulphide; Sodium Bisulphide; GYY 4137	25	1.03	0.85

续表

学校	研究主题	论文数	全球产出份额/%	FWCI
浙江大学	Nanogel; Micelle; Prodrug	100	2.83	2.96
	Beta-Lactamase; Carbapenem-Resistant Enterobacteriaceae; Carbapenem	77	2.2	2.34
	Colistin; Polymyxin; Resistance Gene	77	8.24	6.12
	Gene Transfer; Polyethyleneimine; Transfection	48	2.28	1.83
	Daphnia Magna; Titania Dioxide Nanoparticle; Ecotoxicity	47	1.12	2.17
	Acinetobacter Baumannii; Carbapenem; Colistin	41	2.04	1.35
	Kelch Like ECH Associated Protein 1; Transcription Factor Nrf2; Antioxidant Responsive Element	40	1.73	1.74
	Hydrate; Structure Prediction; Molecular Crystal	37	4.46	0.64
	Osteoclast; Tartrate-Resistant Acid Phosphatase; Macrophage Colony-Stimulating Factor Receptor	32	2.77	1.74

续表

学校	研究主题	论文数	全球产出份额/%	FWCI
	Sirtuin; Group III Histone Deacetylasis; Srt1720	32	1.42	1.41

各校表现最佳（FWCI 最高或者全球产出份额最高）的主要研究主题为：复旦大学的 T.8554（Angiopep-2；血脑屏障；转铁蛋白受体）产出份额达到全球的 8.35%，FWCI 达到 2.46；北京大学的 T.20495（蛋白质—蛋白质相互作用；大环化反应；肽模拟物剂）产出份额达到全球的 7.06%，FWCI 为 1.16；上海交通大学的 T.5215（微泡；确定性；空化）产出份额达到全球的 6.07%，FWCI 为 1.17；中山大学的 T.9613（乳腺癌耐药蛋白；钒酸盐敏感 atp 酶；多重耐药）产出份额达到全球的 6.14%，FWCI 为 1.62；浙江大学的 T.35510（黏菌素；多黏菌素；耐药基因），产出份额达到全球的 8.24%，FWCI 为 6.12。

表 9-15 展示了 5 所美国顶尖大学主要研究主题（论文数前 10 位）的具体表现。5 所美国顶尖大学的主要研究主题重合不多，共有 7 个重合的主要研究主题，但大多只与 1~2 个大学之间存在重合，其中 T.248（处方药监控程序；麻醉镇痛剂；阿片类药物成瘾）和 T.608（索非布韦；BMS-790052；ABT-267）同时是 5 所大学的主要研究主题。阿片类药物滥用已成为美国近年来最严峻且发展最快的药物问题之一，阿片类药物成瘾问题也是美国公共政策讨论的焦点。美国大学针对这个现象及监管方法的制定进行了大量的研究，5 所美国顶尖大学在主题 T.248 上的累计产出份额达到全球的 12.29%，其中哈佛大学全球产出份额和 FWCI 都最高，分别为 6.28% 和 3.93。5 所顶尖大学在 T.608 主题的产出份额达到全球的 7.8%，丙型肝炎由于其患者基数大、分布广、难治性等特点已成为世界性公共卫生问题，索非布韦、达卡他韦（BMS-790052）和奥比他韦（ABT-267）都是由美国制药公司研发的用于治疗丙型肝炎的直接作用抗病毒药物，哈佛大学在这个主题上的全球产出份额最高，为 3.55%，加州大学圣地亚哥分校的 FWCI 最高，达到 7.91。

5 所美国顶尖大学中，哈佛大学的主要研究主题与其他 4 所大学重合的最少，仅两个研究主题与其他大学重合，可见哈佛大学在药学领域的研究方向更具创新性。北卡罗来纳大学教堂山分校的主要研究主题与其他4所大学重合最多,只有4个主要研究主题与其他4所大学不重合,分别是T.19690(扶正反射;暴饮暴食;血液酒精含量)、T.3754(中毒性肝炎;肝毒性;急性肝衰竭)、T.978(乌梅啶;噻托溴铵;维兰特罗)和T.1635(药物治疗依从性;治疗依从性和依从性;依从性)

各校表现最佳(FWCI最高或者全球产出份额最高)的主要研究主题为:哈佛大学的T.7861(Resolvin D1;脂氧素A;Cd59抗原),产出份额达到全球的18.22%,FWCI为3.17。约翰霍普金斯大学的T.4555(利福平;吡嗪酰胺;异烟肼)产出份额达到全球的9.35%,FWCI达到2.01;加州大学圣地亚哥分校的T.17014(环腺苷酸依赖性蛋白激酶;磷酸转移酶;DFG)产出份额达到全球的11.93%,FWCI为1.34;加州大学旧金山分校的T.22655(饮酒;抗逆转录病毒疗法;人类免疫缺陷病毒1)产出份额达到全球的14.56%,FWCI为5.2;北卡罗来纳大学教堂山分校的T.19690(扶正反射;暴饮暴食;血液酒精含量)产出份额达到全球的11.4%,FWCI为2.52。

表9-15　美国顶尖大学2015—2019年药学主要研究主题(论文数前10位)及其具体表现

学校	研究主题	论文数	全球产出份额/%	FWCI
哈佛大学	Prescription Drug Monitoring Program; Narcotic Analgesic Agent; Opiate Addiction	296	6.28	3.93
	Sofosbuvir; BMS-790052; ABT-267	165	3.55	4.54
	Resolvin D1; Lipoxin A; Cd59 Antigen	154	18.22	3.17
	Idarucizumab; Dabigatran Etexilate; Edoxaban	150	3.74	5.21
	Pollution Exposure; Air Quality; Particulate Matter	132	6.95	4.29

续表

学校	研究主题	论文数	全球产出份额/%	FWCI
哈佛大学	Computerized Provider Order Entry; Electronic Prescribing; Drug Interaction	103	7.77	2.13
	Birabresib; Azd5153; Apabetalone	97	7.38	3.15
	Mono(2-Ethyl-5-Hydroxyhexyl) Phthalate; Phthalic Acid Bis(2 Ethylhexyl) Ester; Plasticizer	78	4.34	2.42
	Photodynamic Therapy; Photosensitizing Agent; Tolonia Chloride	74	5.19	2.38
	E 4031; Pluripotent Stem Cell; Cardiac Muscle Cell	72	4.54	3.41
约翰霍普金斯大学	Prescription Drug Monitoring Program; Narcotic Analgesic Agent; Opiate Addiction	152	3.23	3.68
	Sofosbuvir; BMS-790052; ABT-267	101	2.18	6.76
	Adverse Outcome Pathway; Toxicology; Chemical Safety	67	7.21	3.2
	Rifampicin; Pyrazinamide; Isoniazid	62	9.35	2.01

学校	研究主题	论文数	全球产出 份额/%	FWCI
约翰霍普金斯大学	Kelch Like ECH Associated Protein 1; Transcription Factor Nrf2; Antioxidant Responsive Element	57	2.46	3.5
	Ivacaftor; Ivacaftor Drug Combination Lumacaftor; Cystic Fibrose	45	4.7	4.05
	Beta-Lactamase; Carbapenem-Resistant Enterobacteriaceae; Carbapenem	43	1.23	2.31
	Monomethylarsonic Acid; Sodium Arsenite; Arsenous Acid Derivative	42	3.22	1.66
	Psilocybine; Psychedelic Agent; Lysergide	41	8.42	4.49
	Guadecitabine; Methyltransferase; Azacitidine	38	8.43	3.03
加州大学圣地亚哥分校	Fetal Alcohol Spectrum Disorder; Alcohol Consumption; Binging	56	5.7	2.76
	Sofosbuvir; BMS-790052; ABT-267	48	1.03	7.91
	Prescription Drug Monitoring Program; Narcotic Analgesic Agent; Opiate Addiction	38	0.81	2.65

续表

学校	研究主题	论文数	全球产出份额/%	FWCI
加州大学圣地亚哥分校	Moorea Producen; Cyanobacterium; Depsipeptide	34	7.93	1.49
	Zebrafish; Anxiolytic Agent; Larva	31	3.74	1.46
	Infliximab; Adalimumab; Drug Monitoring	30	3.54	3.16
	Dolutegravir; Rilpivirine; Cobicistat	27	2.18	6.39
	NITD 609; Antimalarial; Plasmodium Falciparum	27	9.71	2.81
	Cannabis; Dronabinol; Endocannabinoid	26	6.16	1.43
	Cyclic AMP Dependent Protein Kinase; Phosphotransferase; DFG	26	11.93	1.34
加州大学旧金山分校	Sofosbuvir; BMS-790052; ABT-267	86	1.85	2.28
	Prescription Drug Monitoring Program; Narcotic Analgesic Agent; Opiate Addiction	67	1.42	4.72
	Alcohol Consumption; Antiretroviral Therapy; Human Immunodeficiency Virus 1	46	14.56	5.2

学校	研究主题	论文数	全球产出份额/%	FWCI
加州大学旧金山分校	Rifampicin; Pyrazinamide; Isoniazid	32	4.83	1.76
	Accrual; Recruiting; Enrollment	31	2.71	2.79
	Piperaquine; Artemether Plus Benflumetol; Lumefantrine	31	9.14	2.2
	Medication Reconciliation; Patient Transfer; Transitional Care	29	1.71	1.67
	Methamphetamine; Sexual And Gender Minority; Sexual Risk	29	6.35	1.1
	Organic Cation Transporter; Metformin; Estrone Sulphate	28	4.58	3.94
	Cathinone; Mephedrone; 1-Pentyl-3-(1-Naphthoyl)Indole	26	1.19	5.16
	Potentially Inappropriate Medication List; Deprescription; Inappropriate Prescribing	26	1.06	4.03

续表

学校	研究主题	论文数	全球产出份额/%	FWCI
北卡罗来纳大学教堂山分校	Monomethylarsonic Acid; Sodium Arsenite; Arsenous Acid Derivative	68	5.21	1.39
	Prescription Drug Monitoring Program; Narcotic Analgesic Agent; Opiate Addiction	68	1.44	1.7
	Ivacaftor; Ivacaftor Drug Combination Lumacaftor; Cystic Fibrose	43	4.49	1.87
	Sofosbuvir; BMS-790052; ABT-267	42	0.9	6.27
	Fetal Alcohol Spectrum Disorder; Alcohol Consumption; Binging	40	4.07	3.49
	Righting Reflex; Binging; Blood Alcohol Content	40	11.4	2.52
	Toxic Hepatitis; Liver Toxicity; Acute Liver Failure	39	4.55	3.17
	Umeclidinia; Tiotropium Bromide; Vilanterol	34	2.91	1.7
	Dolutegravir; Rilpivirine; Cobicistat	33	2.66	6.33
	Medication Compliance; Treatment Adherence And Compliance; Adherence	32	1.81	1.08

第四节 总 结

本章将 WoS 数据库中检索到的文献作为数据源,以美国 5 所顶尖大学为对标机构,运用趋势分析和内容挖掘等分析方法,从数量和质量两个角度客观总结了中国 5 所顶尖大学药学学科的学术产出和学术影响力,探明了中国 5 所顶尖大学药学学科的科研产出在国际药学学科发展中的地位,也反映出中国 5 所顶尖大学药学学科的综合竞争力。药学是极具竞争力、发展迅速的学科,"双一流"建设期间,中国 5 所顶尖大学药学学科经过不懈的努力,在论文整体规模上有了突飞猛进的发展,已经超越了美国 5 所顶尖大学。但在我国科研从追求"数量"到追求"高质量"转变的新形势下,单纯的数量增长已经无法满足国家的科学经济发展需求,提升高水平学术成果产出、缩短与美国顶尖大学在科研质量上的距离已经成为迫在眉睫的现实问题。

(一)竞争实力和潜力

目前,随着我国越来越重视药品研发能力、出台相关政策促进药学领域创新发展,中国 5 所顶尖大学药学学科的研究规模已有了大幅度提升,年度论文发文量快速增长,对大学学科建设和发展均有较为突出的贡献,发展潜力巨大。中国 5 所顶尖大学 5 年论文总数是美国 5 所顶尖大学的 1.21 倍,而且增长势头非常迅猛,从 2019 年中国 5 所顶尖大学发文增长率是同年美国 5 所顶尖大学的 3.86 倍就可见一斑。但在学术影响力上,美国 5 所顶尖大学具有明显优势,药学 5 年论文的 CNCI、被引次数、$h5$ 指数分别是中国 5 所顶尖大学的 1.28 倍、1.33 倍、1.38 倍,中国 5 所顶尖大学虽然奋起直追但后劲不足,如 CNCI 在 2018 年仅落后美国 5 所顶尖大学 0.17,但此后两者差距再次被拉开。

从高水平研究成果来看,中国 5 所顶尖大学药学学科在体现高水平论文的指标上虽领先于全球平均水平,但仍旧无法与占据世界科技最强国地位的美国相提并论,其中顶尖学术成果的差距更是不容小觑。美国 5 所顶尖大学有 82.71% 的论文发表在 Q1 和 Q2 期刊上,中国 5 所顶尖大学 Q1 和 Q2 期刊论文占比则只有 76.55%;美国 5 所顶尖大学被引 Top10% 论文占比是中国 5 所顶尖大学的 1.39 倍,被引 Top1% 论文占比和 Top 期刊论文占比已达中国 5 所顶尖大学的 3 倍。从 10 所顶尖大学的具体表现来看,中美顶尖大学同样不在一个层次上,如 5 所中国顶尖大学的 PPTop1% 均在全球平均水平上下徘徊,而美国5所顶尖大学的PPTop1%均为2.27%~3.80%。

在药学领域国际合作竞争力方面,中国5所顶尖大学与美国5所顶尖大学无论是在数量还是质量上均差距显著。从学术产出看,美国5所顶尖大学5年国际合作论文数是中国5所顶尖大学的1.78倍,国际合作率是中国5所顶尖大学的2.15倍。从学术影响力看,美国5所顶尖大学药学国际合作论文的篇均被引和被引Top10%论文占比分别是中国5所顶尖大学的1.3倍和1.2倍,被引Top1%论文占比是中国5所顶尖大学的2倍。对比中美两组顶尖大学国际合作论文发展趋势,中国5所顶尖大学与美国5所顶尖大学在国际合作率上的差距逐步扩大,差值从2015年的19.59%上升到2019年的27.05%。

(二)竞争布局

中美10所顶尖大学的学科分布情况相似,所涉及的WoS学科数量几乎均为40~50个,药理学和药剂学(pharmacology & pharmacy)、医用化学(chemistry,medicinal)、毒理学(toxicology)3个WoS学科是中美10所顶尖大学的重点布局学科。中国5所顶尖大学药学论文的WoS学科布局充分体现了药学与临床医学学科的交叉融合性,是以中医药为主要内容的传统医学与西方临床医学的补充结合;美国5所顶尖大学的药学研究则与经济学、社会学有着密切的联系,在药理学研究、药物滥用监测、社会心理干预等领域颇有建树。结合学科结构的热力图聚类结果,挖掘10所中美顶尖大学各自的学科分布特点可以发现,哈佛大学学科分布广泛,其中有5个学科的发文量居十校第一;中国5所顶尖大学学科分布重点突出,呈现出3个学科聚类,一类以神经系统科学(neurosciences)、生理学(physiology)为中心,一类以结合和补充医学(integrative & complementary medicine)、医用化学为中心,还有一类以毒理学、多学科化学(chemistry,multidisc-iplinary)为中心;北卡罗来纳大学教堂山分校、约翰霍普金斯大学分校、加州大学旧金山分校和加州大学圣地亚哥分校,发文规模较小。

在研究主题分布上,中国5所顶尖大学参与的研究主题数占比和热点研究主题数占比分别是72.04%和89.09%,美国5所顶尖大学参与的研究主题数占比和热点研究主题数占比则分别为69.93%和85.45%,中国5所顶尖大学参与的研究主题数与热点研究主题数都略多于美国5所顶尖大学。从各校数据看,哈佛大学的学科研究覆盖面、优势研究主题占比、热点研究参与度均是10所顶尖大学中最强的,优势研究主题数相当于其他9所顶尖大学的两倍多。中国5所顶尖大学中,浙江大学的学科研究主题覆盖面最广;上海交通大学参与的优势研究主题数最多;北京大学的热点研究参与度最高。

当然,学科整体竞争实力的提高不是一蹴而就的,需要长时间的积累与沉淀,才会有质的飞跃。我国要建设世界一流药学学科,需要在加强学科发展定位和体系建设的基础上,继续保持研究规模优势,更大程度地拓宽和推进国际同行间的学术交流与科研合作,重视前沿动态与回顾分析相结合,加强药学热点问题的原创性与自主性研究,争取为国家科技实力进步做出更大的贡献。

第四篇 技术领域分析

　　随着世界经济从传统的"工业经济"向"知识经济"转变,国家之间的竞争已聚焦到创新链的前端。近年来,中美贸易纷争的白热化将我国当前科技研究领域亟须解决的"卡脖子"技术推向了风口浪尖。

　　2020年10月29日,中国共产党第十九届中央委员会第五次全体会议通过了《中共中央关于制定国民经济和社会发展第十四个五年规划和二〇三五年远景目标的建议》(下文简称《建议》),提出了未来5~15年国家的整体发展目标和重点方向。《建议》指出,要在"十四五"期间瞄准人工智能、量子信息、集成电路、生命健康、脑科学、生物育种、空天科技、深地深海等八大前沿领域,实施一批具有前瞻性、战略性的国家重大科技项目。其中,人工智能作为引领新一轮科技革命和产业变革的重要驱动力,受到了世界各国的广泛关注。而在量子信息领域,中国科学技术大学于2020年12月成功构建76个光子的量子计算原型机"九章",牢固确立了我国在国际量子计算研究中的第一方阵地位。

本书第四部分以"人工智能"和"量子信息"这两个重要的前沿领域作为分析对象,分别从基础研究和技术创新两个角度,结合硬评价指标与软评价指标,对中美10所顶尖大学"十三五"期间的论文规模、研究影响力、高水平研究、国际合作、研究布局和发展态势,技术创新发展态势和专利技术布局等进行比较研究。主要研究结果如下:"十三五"期间,中国5所代表性顶尖大学在人工智能领域和量子信息领域这两个重要战略方向上均取得了突出进展,论文及专利的总产出和年度产出都已领先于美国5所代表性顶尖大学,但在成果质量、研究特色、国际化等方面,中国顶尖大学与美国顶尖大学还有明显差距。可喜的是,在学术影响力、国际合作论文及高水平研究成果占比方面,中国5所顶尖大学与美国5所顶尖大学的差距正在缩小。从学科布局与研究主题的分布情况来看,中国5所顶尖大学在两个领域的学科布局和研究主题分布逐渐优化,研究主题覆盖面和热点研究主题数均优于美国5所顶尖大学,但中国5所顶尖大学的学科分布相近,特色研究不及美国5所顶尖大学;此外,中国5所顶尖大学在多数研究主题上仅论文数指标占优,论文影响力的整体表现不及美国5所顶尖大学。从专利情况看,中国5所顶尖大学在两个领域的专利数增长迅速,增幅超过美国5所顶尖大学,专利总数和年度专利数都已领先于美国5所顶尖大学,但在国际专利申请占比和高分专利占比上仍落后于美国5所顶尖大学。从专利布局看,中美顶尖大学在主要技术分支上的专利布局规模有着较大区别,中国5所顶尖大学在各主要技术分支上布局的专利数远多于美国5所顶尖大学。总之,"十三五"期间中国5所顶尖大学在人工智能领域和量子信息领域的整体学术水平明显提升,但仍与美国5所顶尖大学存在着一定差距,中国5所顶尖大学应在保持研究规模和活跃度的同时,努力提升优秀科研成果的产出能力,集中资源和人才,完成一批开创性、引领性成果,形成自己的优势研究方向,加快从"重数量重广度"向"重质量重高度"转变。

第十章 中美顶尖大学人工智能领域学术竞争力分析

第一节 概　述

随着中美两国经济和科技实力差距的不断缩小,2017年美国对中国做出一系列不实指责,利用不断加征关税等手段,试图采取极限施压方法将自身利益诉求强加于中国。面对这种局面,增强科技创新实力,提高经济发展质量成为中国应对中美经贸摩擦的重要手段。作为当今科技领域最前沿的主题,人工智能(artificial intelligence,AI)经过多年发展,概念已经为业界所熟知。从整个产业链来看,人工智能包含基础层、技术层和应用层3个环节。基础层以人工智能芯片为核心,覆盖智能传感器、GPU/FGPA及其他中间件等支撑人工智能运算处理的硬件设备,以及云计算、大数据等计算系统技术。技术层被认为是人工智能领域的核心,也是我国人工智能发展势头良好的领域,包含面向多种应用方向的技术,如机器学习、类脑算法等算法理论,计算机视觉、自然语言理解等技术,以及大数据、云计算等平台能力开发。应用层是人工智能与传统行业的融合落地,"十四五"期间可能优先落地的场景包括智慧医疗、智能家居、无人驾驶,以及以智能机器人和智能工厂为代表的智能制造。

人工智能具有增强任何领域技术的潜力,是类似于内燃机或电力的一种"使能"技术。为抢占发展先机,美国在2016年密集发布了《为人工智能的未来做好准备》《国家人工智能研究与发展战略规划》等人工智能专项战略及报告,对人工智能开展多层级、多角度的研究部署并制定标准规范。中国也于2017年7月出台了《新一代人工智能发展规划》。习近平总书记强调，加快发展新一代人工智能是我们赢得全球科技竞争主动权的重要战略抓手，是推动我国科技跨越发展、产业优化开放、生产力整体跃升的重要战略资源①。同年，教育部制定《高等学校人工智能创新行动计划》，为中国新一代人工智能发展提供战略支撑，提出到2030年，大学要成为建设世界主要人工智能创新中心的核心力量和人才高地。在国家政策的号召下，中美大学都适时强化了人工智能学科的建设，以求在人工智能领域的人才培养和科学研究中赢得竞争主动权。2018年，卡耐基梅隆大学（Carnegie Mellon University）宣布开设美国首个人工智能本科学位。同年，美国麻省理工学院（Massachusetts Institute of Technology）宣布新建一个人工智能学院（麻省理工学院史蒂芬·施瓦茨曼计算学院），初始投资为10亿美元，新学院于2020年1月1日正式成立，致力于将计算和人工智能融入麻省理工学院的所有研究领域中。中国大学也兴起了人工智能学院的建设热潮。2017年5月，中国科学院大学成立中国人工智能领域首个全面开展教学和科研工作的新型学院。2018年6月，清华大学成立人工智能研究院。2019年9月，浙江大学招收了首届人工智能专业本科生。

我国学者对大学人工智能学科的建设也进行了一系列的探讨：如季波等（2019）以卡耐基梅隆大学为例研究了美国人工智能本科人才培养的经验；吴飞等（2019）对人工智能本科专业课程设置进行了研究和思考。

本章以中美顶尖大学人工智能领域研究差距分析为主要目标，分别从基础研究和技术创新两个方面，洞察中美顶尖大学在人工智能领域学术竞争力上存在的差距。

第二节　基础研究实力及潜力分析

一、中美基础研究竞争现状及发展态势分析

世界各国越来越意识到，作为一项基础赋能技术，人工智能正逐渐渗透至各行各业，助力传统行业实现跨越式发展，为人类社会和经济发展带来革命性的影响，已成为全球科技竞争的新高地和研究热点。通过检索Web of

---

① 出自《习近平：推动我国新一代人工智能健康发展》，人民日报。

Science数据库,2015—2019年全球共发表AI[①]领域论文412756篇[②],其中中国的论文数(108152篇)大幅领先,占比为26.2%,其次为美国(76193篇),占比为18.46%。仅中美两国AI领域的论文数便超过了全球总量的40%。其他产出较多的国家还有印度、德国、英国、法国、日本等,与这些国家相比,中国和美国在AI领域的全球竞争优势已然十分明显(如图10-1所示)。

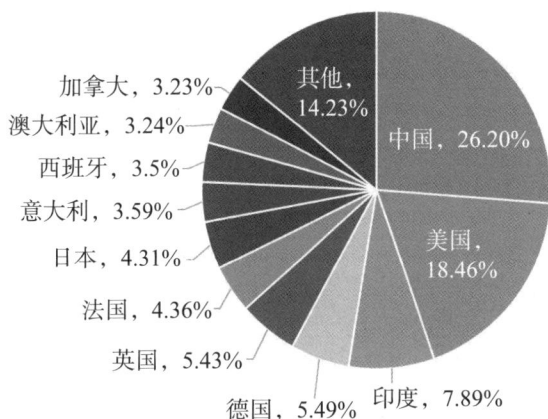

图10-1　全球AI领域主要发文国家分布(2015—2019年)

从表10-1可以看出,2015—2019年,中美两国AI领域论文处于增长态势,中国AI领域每年的论文数均高于美国,2017—2019年中国AI领域每年的论文数均超出美国7000多篇。

表10-1　中美AI领域论文概况(2015—2019年)

区域	2015	2016	2017	2018	2019	总计
中国	17980	17923	23057	23122	26070	108152
美国	13464	13063	15088	16159	18419	76193
全球	73813	74993	88793	85018	90139	412756

本部分综合考虑大学的研究论文规模、专利布局和学科排名情况,在论文规模和专利规模均排名靠前的大学中,选择10所顶尖大学(中美各5所)作为研究对象,从研究产出、学术影响力、高水平论文、国际合作、发展趋势、学科布局、研究主题等不同维度对中美顶尖大学AI领域的学术竞争力进行

①为行文方便,后文"人工智能"统一写作"AI"。
②检索方法:主题检索＋学科分类,WoS学科分类为Computer Science Artificial Intelligence,论文发表时间:2015—2019,文献类型范围:A+P+R(article、proceedings paper、review)。

对比分析。中国顶尖大学 AI 领域的研究对象为清华大学、北京大学、上海交通大学、浙江大学和北京航空航天大学，美国顶尖大学 AI 领域的研究对象为麻省理工学院、斯坦福大学、哈佛大学、卡耐基梅隆大学和密歇根大学。从学科角度来说，AI 属于计算机学科的一个分支，10 所大学的计算机学科排名如表 10-2 所示，其中 QS 世界大学学科排名采用 2020 年相关数据。

表 10-2 中美顶尖大学计算机学科排名

学校名称		第四轮学科评估结果	QS 学科排名
中文	英文		
清华大学	Tsinghua University	A+	13
北京大学	Peking University	A+	19
上海交通大学	Shanghai Jiao Tong University	A	34
浙江大学	Zhejiang University	A+	51~100
北京航空航天大学	Beihang University	A	201~250
麻省理工学院	Massachusetts Institute of Technology（MIT）	/	1
斯坦福大学	Stanford University	/	2
卡耐基梅隆大学	Carnegie Mellon University	/	3
哈佛大学	Harvard University	/	7
密歇根大学	University of Michigan	/	48

二、中美顶尖大学基础研究实力及潜力对比分析

（一）中美顶尖大学基础研究竞争力综合对比

本节分别以中国顶尖大学（5 所）和美国顶尖大学（5 所）整体作为研究对象，获取两者的 AI 论文综合表现指标，包括论文数、学科规范化的引文影响力（CNCI）[①]、被引次数、论文被引占比和 $h5$ 指数[②]，详细数据如表 10-3 所示。

---

①学科规范化的引文影响力（category normalized citation impact，CNCI）：能够表征一组论文在学科层面上的相对影响力水平，即该组论文在每个学科中发表论文的实际被引频次与全球该学科同年同类型（Article 或 Review 类型）论文的平均被引频次的比值之均值，常用以衡量科研质量。一般以 1.00 为分界，大于 1.00 表示科研产出影响力高于平均水平，小于 1.00 则表示低于平均水平。

②$h5$ 指数指 2015—2019 年机构所发表文章的 h 指数。h 指数是一个混合量化指标，综合考量了论文数量和被引次数。h 指数是指在一定期间内某学者或科研团队发表的论文至少有 h 篇的被引频次不低于 h 次。

论文数可表征 2015—2019 年中美顶尖大学 AI 论文的产出规模,CNCI 可表征论文集在 AI 领域的学术影响力大小,被引次数可表征论文集的学术影响广度,论文被引占比是论文被其他学者引用的标志。$h5$ 指数是一个混合量纲,利用这一指标可综合评价各大学 2015—2019 年在 AI 领域的学术产出数量与学术产出水平。

从论文产出规模看,中国顶尖大学在 AI 领域的论文产出超过美国顶尖大学:中国 5 所顶尖大学的 5 年论文数为 13582 篇,美国 5 所顶尖大学的 5 年论文数为 10334 篇。从被引次数看,美国 5 所顶尖大学 AI 论文的篇均被引次数(15.35 次)远高于 5 所中国顶尖大学(9.35 次),且 5 年论文的总被引次数也较为领先。从两组大学 AI 论文的 CNCI 看,中国顶尖大学的 CNCI 为 2.12,美国顶尖大学的 CNCI 为 3.24,是中国顶尖大学的 1.53 倍,美国顶尖大学 AI 领域论文的平均学术影响力明显高于中国顶尖大学。从两组大学的 $h5$ 指数看,中国顶尖大学的 $h5$ 指数为 111(被引次数高于或等于 111 次的论文是 111 篇),美国顶尖大学的 $h5$ 指数为 130(被引次数高于或等于 130 次的论文是 130 篇),差距不大。从论文被引占比看,中国顶尖大学为 69.7%,美国顶尖大学为 75%,两组大学有一定差距。

表 10-3　中美顶尖大学 AI 领域基础研究综合表现(2015—2019 年)

学校	论文数	被引次数	CNCI	论文被引占比	$h5$ 指数
中国顶尖大学(5 所)	13582	127054	2.12	69.70%	111
美国顶尖大学(5 所)	10334	158646	3.24	75.00%	130

将上述指标数据以雷达图(如图 10-2 所示)的形式展示(图中数据已经归一化处理),可以更直观地看到两组顶尖大学在各具体指标上的差距。在雷达图中,研究对象的覆盖面积越大,其学术竞争力越强。可以发现,美国顶尖大学 AI 领域的综合学术竞争力更强,除论文数外,其他 4 个指标均超过中国顶尖大学,特别是 CNCI,达到了中国顶尖大学的 1.53 倍。中国顶尖大学 AI 领域的研究规模超过美国顶尖大学,但研究影响力有所不及。中国顶尖大学应在扩大 AI 领域研究规模的同时,努力提升优秀科研成果的产出能力,增强科研成果的学术影响力。

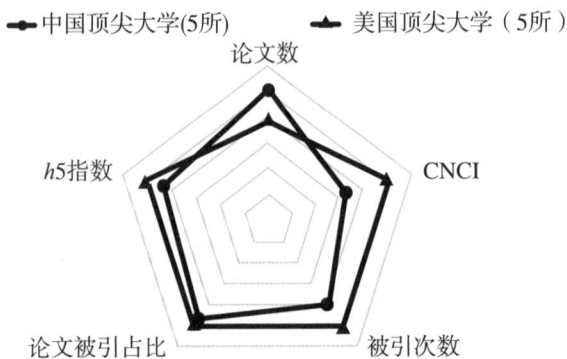

图 10-2　中美顶尖大学 AI 领域学术竞争力综合比较(2015—2019 年)

如表 10-4 所示为 10 所中美国顶尖大学 AI 论文指标的具体数值,可以进一步了解中美 AI 领域最具学术竞争力大学的具体表现。清华大学的论文数、被引次数和 $h5$ 指数三项指标均为十校最高。斯坦福大学虽然论文数不到清华大学的一半,但两校总被引次数相差无几,CNCI 高达 5.11,位居十校之首,被引次数排名 Top1% 论文占比(PPTop1%)也最高,达到 9.75%,可见其高影响力论文产出能力较强,远超其他学校。中国顶尖大学 AI 领域研究规模已超过美国同行,但在学术影响力和优秀科研成果产出方面,仅清华大学、北京大学与美国部分顶尖大学相近。从国际合作论文占比来看,哈佛大学最高,超过 50%;中国 5 所顶尖大学均不及美国 5 所顶尖大学。

表 10-4　十校 AI 领域基础研究实力综合表现(2015—2019 年)

学校	论文数	被引次数	CNCI	$h5$ 指数	PPTop1%	国际合作率
斯坦福大学	1980	47756	5.11	80	9.75%	40.91%
麻省理工学院	2356	37519	2.76	71	6.71%	43.55%
密歇根大学	1514	35575	3.88	53	4.76%	36.33%
卡耐基梅隆大学	3001	33997	3.17	77	7.13%	38.89%
哈佛大学	2169	32387	2.06	73	4.70%	50.95%
清华大学	4072	48981	2.98	83	5.80%	33.03%
上海交通大学	2975	25347	1.80	65	3.60%	32.64%
浙江大学	2171	19899	1.81	54	2.95%	35.70%
北京大学	2224	19836	2.24	60	5.44%	33.54%
北京航空航天大学	2552	18447	1.43	54	2.43%	26.37%

（二）中美顶尖大学基础研究竞争现状及发展态势分析

表10-5和图10-3分别展示了中国顶尖大学（5所）和美国顶尖大学（5所）AI领域发文量增长态势和增长率。从两组顶尖大学论文数来看，中国顶尖大学的年度论文数始终高于美国顶尖大学，且两者间的差距不断扩大，从2015年的300多篇增加到2019年的近900篇。

表10-5　中美顶尖大学AI领域论文数增长态势（2015—2019年）

学校	2015	2016	2017	2018	2019
中国顶尖大学（5所）	2325	2304	2724	2893	3336
美国顶尖大学（5所）	1977	1843	2017	2059	2438

除2016年外，中美两组大学在其他3个年份的发文均处于增长态势，特别是2017年、2019年增速明显；2019年美国顶尖大学的发文增长率首次赶超了中国顶尖大学，但论文数与中国顶尖大学相比仍有一定差距。中美顶尖大学AI领域的论文成果不断增加，充分证明了各校对AI领域科学研究的重视。

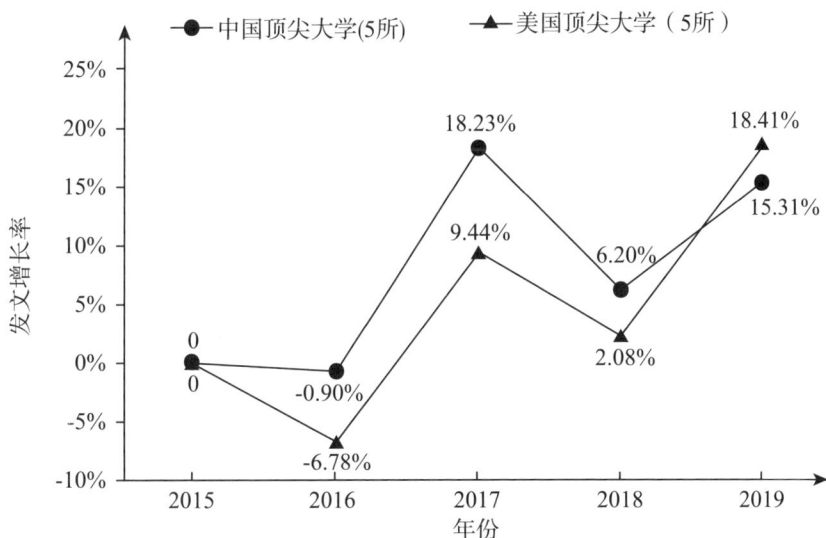

图10-3　中美顶尖大学AI领域发文增长率（2015—2019年）

如图10-4所示为2015—2019年中国顶尖大学（5所）和美国顶尖大学（5所）AI领域论文的CNCI变化情况。中国顶尖大学的CNCI保持在1.89~2.61，

2017年上升至峰值(2.61)，之后2年略有回落。美国顶尖大学的CNCI保持在2.03~4.05，2016年、2019年出现明显下降，但仍保持在2以上。2015年美国顶尖大学的CNCI比中国顶尖大学高2.06，经过4年的发展，两组顶尖大学的CNCI差距已缩小至0.06。

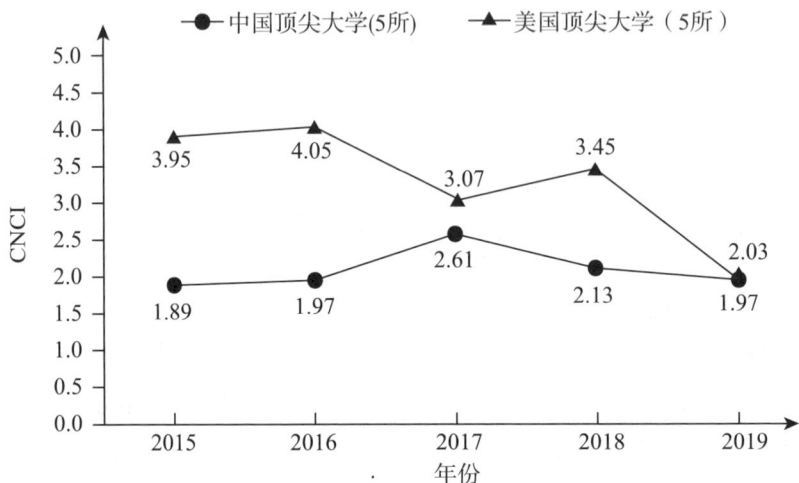

图10-4　中美顶尖大学AI论文CNCI发展趋势(2015—2019年)

(三)高水平基础研究竞争现状及发展态势分析

本部分选取Top期刊论文、Top会议论文、被引Top10%论文三项指标来分析中美顶尖大学AI领域高水平研究竞争现状及发展态势。Top期刊论文和被引Top10%论文数据来源于InCites分析平台；Top会议论文通过检索Scopus数据库获得。

1.Top期刊论文竞争现状及发展态势

Top期刊目录参考2019年《中国计算机学会推荐国际学术会议和期刊目录》中AI方向的国际学术期刊，包括4种A类期刊(如表10-6所示)和21种B类期刊(如表10-9所示)。为了行文方便，在此将10所顶尖大学在4种A类期刊上发表的论文称为Top期刊论文，在21种B类期刊上发表的论文称为优秀期刊论文，分别分析中美顶尖大学在这两类期刊上的发文情况。

表10-6　中国计算机学会推荐的AI领域国际学术期刊(A类)

序号	期刊简称	期刊全称	出版社	ISSN
1	*AI*	*Artificial Intelligence*	Elsevier	0004-3702
2	*TPAMI*	*IEEE Trans on Pattern Analysis and Machine Intelligence*	IEEE	0162-8828
3	*IJCV*	*International Journal of Computer Vision*	Springer	0920-5691
4	*JMLR*	*Journal of Machine Learning Research*	MIT Press	1532-4435

表10-7展示了中国顶尖大学(5所)和美国顶尖大学(5所)在AI领域4种Top期刊上的发文情况。可以看出,美国顶尖大学的论文数、被引次数和CNCI均高于中国顶尖大学,论文被引占比和国际合作率则是中国顶尖大学占优。

表10-7　中美顶尖大学AI领域Top期刊论文综合表现(2015—2019年)

学校	论文数	被引次数	CNCI	论文被引占比	国际合作率
中国顶尖大学(5所)	142	4247	2.81	92.25%	66.90%
美国顶尖大学(5所)	256	12448	3.56	85.55%	50.39%

表10-8所示为10所中美顶尖大学各自在AI领域4种Top期刊上的发文情况,按论文数降序排列。其中卡耐基梅隆大学的论文数最高;斯坦福大学的被引次数最多;上海交通大学国际合作率最高;密歇根大学CNCI最高,但在论文被引占比和国际合作率这两项指标上均为十校最低。斯坦福大学、麻省理工学院和密歇根大学优秀成果产出能力较强,研究影响力远超其他学校。清华大学、北京大学、上海交通大学的CNCI超过了卡耐基梅隆大学和哈佛大学。

表10-8　十校AI领域Top期刊论文表现(2015—2019年)

学校	论文数	被引次数	CNCI	论文被引占比	国际合作率
卡耐基梅隆大学	94	1742	1.91	89.36%	58.51%
麻省理工学院	64	8431	8.49	89.06%	48.44%
清华大学	54	2281	3.44	98.15%	64.81%
斯坦福大学	51	9270	11.20	88.24%	45.09%
北京大学	39	930	2.62	92.31%	66.67%
哈佛大学	38	490	1.21	84.21%	50.00%
密歇根大学	32	7544	13.45	65.63%	28.13%

续表

学校	论文数	被引次数	CNCI	论文被引占比	国际合作率
上海交通大学	29	922	3.62	93.10%	72.41%
浙江大学	26	337	1.28	80.77%	65.38%
北京航空航天大学	9	250	2.65	100%	55.56%

中国计算机学会推荐的 AI 方向的 B 类国际学术期刊共 21 种，具体如表 10-9 所示。

表 10-9 中国计算机学会推荐的 AI 领域国际学术期刊（B 类）

序号	期刊简称	期刊全称	出版社	ISSN
1	TAP	*ACM Transactions on Applied Perception*	ACM	1544-3558
2	TSLP	*ACM Transactions on Speech and Language Processing*	ACM	1550-4875
3	AAMAS	*Autonomous Agents and Multi-Agent Systems*	Springer	1387-2532
4		*Computational Linguistics*	MIT Press	0891-2017
5	CVIU	*Computer Vision and Image Understanding*	Elsevier	1077-3142
6	DKE	*Data and Knowledge Engineering*	Elsevier	0169-023X
7		*Evolutionary Computation*	MIT Press	1063-6560
8	TAC	*IEEE Transactions on Affective Computing*	IEEE	1949-3045
9	TASLP	*IEEE Transactions on Audio, Speech, and Language Processing*	IEEE	2329-9290
10		*IEEE Transactions on Cybernetics*	IEEE	2168-2267
11	TEC	*IEEE Transactions on Evolutionary Computation*	IEEE	1089-778X
12	TFS	*IEEE Transactions on Fuzzy Systems*	IEEE	1063-6706
13	TNNLS	*IEEE Transactions on Neural Networks and learning systems*	IEEE	2162-237X
14	IJAR	*International Journal of Approximate Reasoning*	Elsevier	0888-613X
15	JAIR	*Journal of Artificial Intelligence Research*	AAAI	1076-9757
16		*Journal of Automated Reasoning*	Springer	0168-7433
17	JSLHR	*Journal of Speech, Language, and Hearing Research*	American Speech-Language Hearing Association	1092-4388

序号	期刊简称	期刊全称	出版社	ISSN
18		*Machine Learning*	Springer	0885-6125
19		*Neural Computation*	MIT Press	0899-7667
20		*Neural Networks*	Elsevier	0893-6080
21	*PR*	*Pattern Recognition*	Elsevier	0031-3203

如表10-10所示为中国顶尖大学(5所)和美国顶尖大学(5所)在AI领域21种优秀期刊上的发文情况,中国顶尖大学的论文数、被引次数、CNCI和论文被引占比均高于美国顶尖大学,但国际合作率则是美国顶尖大学较为领先。

表10-10　中美顶尖大学AI领域优秀期刊论文表现(2015—2019年)

学校	论文数	被引次数	CNCI	论文被引占比	国际合作率
中国顶尖大学(5所)	664	15733	2.41	94.13%	49.85%
美国顶尖大学(5所)	324	4196	1.44	87.96%	53.08%

如表10-11所示为10所中美顶尖大学各自在AI领域21种优秀期刊上的发文情况,按论文数降序排列。从论文数来看,中国顶尖大学中,除北京大学略低于卡耐基梅隆大学外,其余四校均领先于美国顶尖大学。中国顶尖大学的被引次数、CNCI和论文被引占比也都优于美国同行。国际合作率为斯坦福大学和麻省理工学院占优,中国顶尖大学中表现最佳的浙江大学与卡耐基梅隆大学较为接近,哈佛大学与密歇根大学则为十校最末。

中国顶尖大学在AI领域Top期刊发文的数量和学术影响力不及美国同行,但在优秀期刊上的发文表现及影响力要优于美国顶尖大学。

表10-11　十校AI领域优秀期刊论文表现(2015—2019)

学校	论文数	被引次数	CNCI	论文被引占比	国际合作率
清华大学	193	4516	2.09	23.40%	44.56%
北京航空航天大学	138	3112	2.43	22.55%	47.10%
上海交通大学	136	3478	2.61	25.57%	55.88%
浙江大学	131	3099	2.57	23.66%	58.78%
卡耐基梅隆大学	100	1664	1.59	16.64%	59.00%
北京大学	92	1930	2.35	20.98%	43.48%

续表

学校	论文数	被引次数	CNCI	论文被引占比	国际合作率
麻省理工学院	78	745	1.04	9.55%	60.26%
哈佛大学	68	464	1.24	6.82%	38.24%
密歇根大学	48	638	1.33	13.29%	37.50%
斯坦福大学	45	795	2.03	17.67%	62.22%

2.Top 会议论文竞争现状及发展态势

参照全球顶级计算机科学机构排名 CSRankings[①]的国际会议列表和中国计算机学会推荐的 A 类国际会议列表建立了 AI 领域顶级学术会议列表（具体如表 10-12 所示），通过调研，确认了列表中会议论文数据的可获取性和可对比性，并据此分析中美顶尖大学在 Top 会议上的发文情况。

表 10-12　AI领域顶级学术会议列表（2015—2019 年）

会议全称	会议简称	2019中国计算机学会类别	Scopus收录情况
International Joint Conference on Artificial Intelligence	IJCAI	人工智能 A	5 年完整
AAAI Conference on Artificial Intelligence	AAAI	人工智能 A	5 年完整
Annual Conference on Neural Information Processing Systems	NeurIPS	人工智能 A	5 年完整
International Conference on Machine Learning	ICML	人工智能 A	5 年完整
International Conference on Computer Vision	ICCV	人工智能 A	隔年召开 2015年、2017年、2019年
Conference on Computer Vision and Pattern Recognition	CVPR	人工智能 A	5 年完整
European Conference on Computer Vision	ECCV	人工智能 B	隔年召开 2016年、2018年
Annual Meeting of the Association for Computational Linguistics	ACL	人工智能 A	5 年完整
ACM Knowledge Discovery and Data Mining	SIGKDD	数据库 A	5 年完整
International Conference on Research on Development in Information Retrieval	SIGIR	数据库 A	5 年完整

---

① http://csrankings.org/.

会议全称	会议简称	2019中国计算机学会类别	Scopus收录情况
International World Wide Web Conferences	WWW	交叉A	缺2018年、2019年
Empirical Methods in Natural Language Processing	EMNLP	人工智能B	5年完整
IEEE International Conference on Robotics and Automation	ICRA	人工智能B	5年完整

如图10-5所示为2015—2019年10所中美顶尖大学在13种AI领域Top会议上的发文情况。各校Top会议论文数较为悬殊,卡耐基梅隆大学最多,达到1407篇;清华大学位居第二,为1017篇;麻省理工学院和斯坦福大学分别为842篇和827篇;北京大学为695篇;上海交通大学355篇;密歇根大学308篇;浙江大学300篇;哈佛大学和北京航空航天大学均只有260余篇。

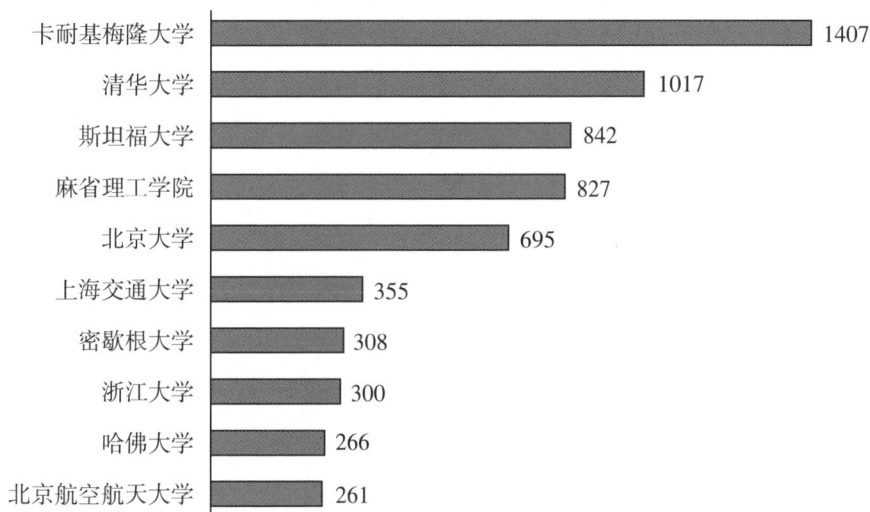

图10-5　十校AI领域Top会议论文数(2015—2019年)

如图10-6所示为中国顶尖大学(5所)和美国顶尖大学(5所)在13种AI领域Top会议上的发文态势。由图可知,美国顶尖大学论文数稳中有增,5年增幅约为38%;中国顶尖大学论文数增长较快,从2015年的270篇增至2019年的895篇,增幅超过230%。2019年中国顶尖大学Top会议论文数已超过美国顶尖大学。

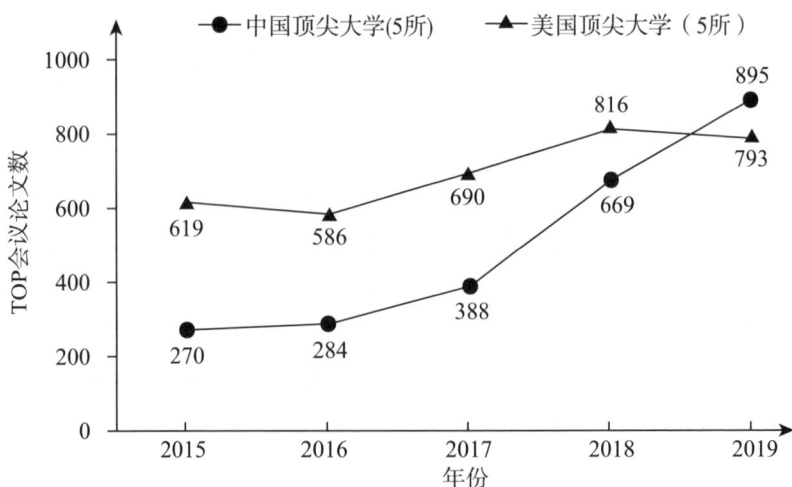

图 10-6　中美顶尖大学 AI 领域 Top 会议论文发展态势（2015—2019 年）

表 10-13　十校 AI 领域 Top 会议论文发展态势（2015—2019 年）

学校	2015	2016	2017	2018	2019	总计
卡耐基梅隆大学	280	216	280	316	315	1407
清华大学	113	135	175	259	335	1017
斯坦福大学	118	149	161	186	228	842
麻省理工学院	134	131	164	220	178	827
北京大学	77	77	97	185	259	695
上海交通大学	33	31	45	122	124	355
密歇根大学	62	64	63	71	48	308
浙江大学	27	30	52	77	114	300
哈佛大学	47	54	51	53	61	266
北京航空航天大学	26	15	40	58	122	261

如表 10-13 所示为 10 所顶尖大学在 13 种 AI 领域 Top 会议上的年度发文情况，有助于进一步了解各校的 Top 会议发文态势。5 所中国顶尖大学的年度论文数始终处于增长态势，且增速较快；5 所美国顶尖大学发文趋势表现不一，卡耐基梅隆大学、斯坦福大学的年发文数缓慢增长，其他三校年度论文数有所波动，且密歇根大学和哈佛大学年度论文数相对较少。

3. 被引 Top10% 论文竞争现状及发展态势

如表 10-14 所示为中美顶尖大学 AI 领域被引 Top10% 论文数量及占比

情况。被引 Top10% 论文数量居前三位的学校是清华大学、卡耐基梅隆大学和麻省理工学院。被引 Top10% 论文占比最高的是斯坦福大学,其次是卡耐基梅隆大学,麻省理工学院位居第三。从 Top10% 论文占比来看,中国顶尖大学中仅清华大学和北京大学的表现接近美国同行,其他三校与美国顶尖大学尚有一定差距。

表 10-14　十校 AI 领域被引 Top10% 论文概况(2015—2019 年)

学校	论文数	TOP10% 论文数	Top10% 论文占比	
斯坦福大学	1980	587	29.55%	
麻省理工学院	2356	649	27.55%	
密歇根大学	1514	343	22.66%	
卡耐基梅隆大学	3001	863	28.76%	
哈佛大学	2169	557	25.68%	
清华大学	4072	951	23.35%	
上海交通大学	2975	560	18.82%	
浙江大学	2171	383	17.64%	
北京大学	2224	508	22.84%	
北京航空航天大学	2552	420	16.46%	

如表 10-15 所示为中美两组顶尖大学 AI 领域被引 Top10% 论文数的年度发展态势。中国顶尖大学 AI 领域被引 Top10% 论文数逐年攀升,2018 年开始超过美国同行。

表 10-15　中美顶尖大学 AI 领域被引 Top10% 论文数发展态势(2015—2019 年)

学校	2015	2016	2017	2018	2019
中国顶尖大学(5 所)	454	458	527	626	628
美国顶尖大学(5 所)	653	558	576	520	465

如图 10-7 所示为中美顶尖大学 AI 领域被引 Top10% 论文占比发展趋势,中国顶尖大学 5 年 Top10% 论文占比基本稳定,2018 年达到峰值 21.64%,2019 年略有回落;美国顶尖大学 Top10% 论文占比经历了逐年下降的过程,到 2019 年,中美顶尖大学的 Top10% 论文占比已基本持平。

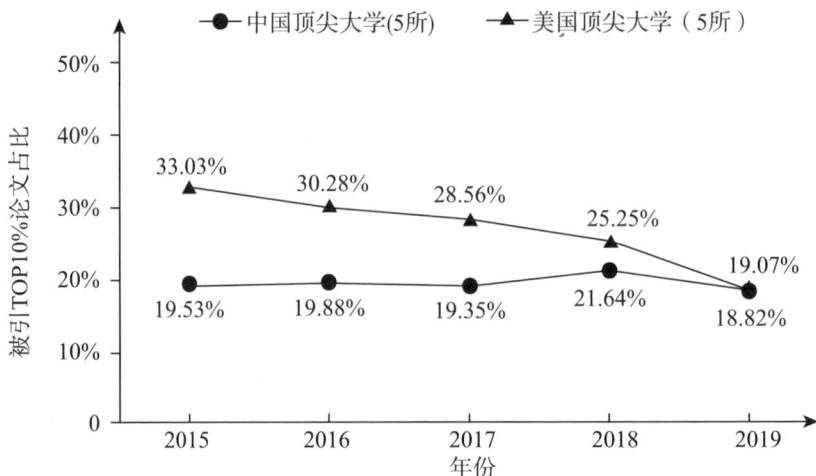

图 10-7　中美顶尖大学 AI 领域被引 Top10% 论文占比发展态势（2015—2019）

（四）国际合作竞争现状及发展态势

表 10-16 展示了中美顶尖大学 AI 领域国际合作论文数及占比情况。国际合作论文数居前 3 位的学校是清华大学、卡耐基梅隆大学和哈佛大学。在国际合作论文占比上，中美顶尖大学仍有一定差距。在十校中，国际合作率排名前 3 位的均为美国顶尖大学，依次为哈佛大学、麻省理工学院和斯坦福大学。中国顶尖大学中国际合作率最高的是浙江大学（35.7%），仅与美国顶尖大学国际合作率最低的密歇根大学（36.33%）表现相近。

表 10-16　十校 AI 领域国际合作论文概况（2015—2019 年）

学校	论文数	国际合作论文数	国际合作率	
斯坦福大学	1980	810	40.91%	
麻省理工学院	2356	1026	43.55%	
密歇根大学	1514	550	36.33%	
卡耐基梅隆大学	3001	1167	38.89%	
哈佛大学	2169	1105	50.95%	
清华大学	4072	1345	33.03%	
上海交通大学	2975	971	32.64%	
浙江大学	2171	775	35.70%	
北京大学	2224	746	33.54%	
北京航空航天大学	2552	673	26.37%	

如图10-8所示为中美两组顶尖大学之间AI领域国际合作论文数年度发展态势。中国5所顶尖大学的国际合作论文一直处于增长状态,且2018—2019年的增速明显提高;美国5所顶尖大学国际合作论文数呈波动上升态势,其中2016年、2018年论文数略有下降。中国顶尖大学国际合作论文数从2018年起实现了反超。

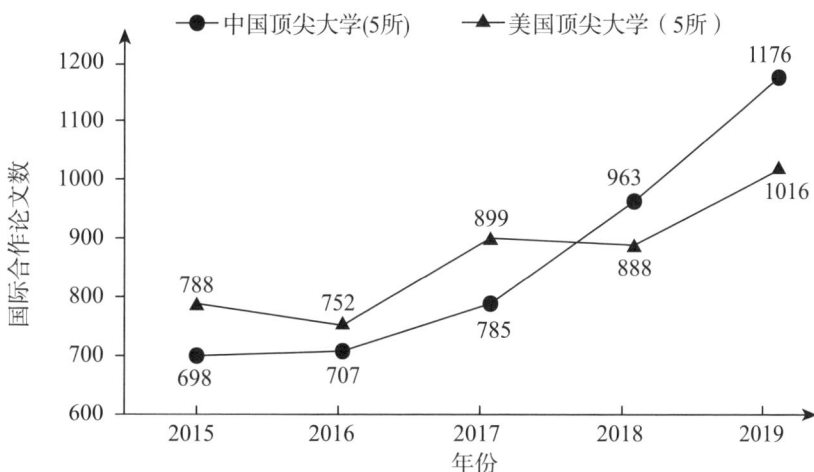

图10-8　中美顶尖大学AI领域国际合作论文发展态势(2015—2019年)

(五)学科布局及关键词分析

1.学科布局分析

Web of Science数据库收录12000多种国际学术期刊,涉及250多个学科类别(Web of Science Categories,WoS学科),覆盖人文、社会科学、艺术及科技等多个领域。如表10-17所示为10所中美顶尖大学AI领域论文的WoS学科分布情况。除卡耐基梅隆大学外,其他4所美国顶尖大学学科分布较中国顶尖大学更加广泛。十校中清华大学AI领域论文发文规模最大,涉及WoS学科数量却位居倒数第3位,仅有143个;哈佛大学论文数约为清华大学的一半,但覆盖WoS学科达180个;斯坦福大学、密歇根大学论文数居倒数第1位和倒数第2位,覆盖WoS学科也达到了176个。中国顶尖大学中,浙江大学和北京大学也以相对较低的论文数覆盖了较多的学科数,可见发文规模与学科布局广度并非呈正相关关系。

表 10-17 十校 AI 领域论文 WoS 学科分布(2015—2019 年)

学校	论文数	WoS 学科数
清华大学	4072	143
卡耐基梅隆大学	3001	126
上海交通大学	2975	155
北京航空航天大学	2552	112
麻省理工学院	2356	162
北京大学	2224	157
浙江大学	2171	155
哈佛大学	2169	180
斯坦福大学	1980	176
密歇根大学	1514	176

表 10-18、表 10-19 分别选取各校发文量排名前 10 的 WoS 学科,分析各学科发文量排名位次和论文数。10 所中美顶尖大学 AI 领域论文数排名第一的 WoS 学科均是计算机科学·人工智能(computer science, artificial intelligence);此外,十校论文数均居前列的学科分别是工程、电气与电子(engineering, electrical & electronic),计算机科学·理论与方法(computer science, theory & methods),计算机科学·信息系统(computer science, information systems),机器人学(robotics)等。中国 5 所顶尖大学论文数排名前 4 位的学科完全一致,美国 5 所顶尖大学的排名位次稍有不同。北京大学、卡耐基梅隆大学的语言学(linguistics)进入论文数前 10;天文学与天体物理学(astronomy & astrophysics)位居哈佛大学发文量第二,在麻省理工学院、密歇根大学均居第 9 位,而中国顶尖大学该学科论文数较少。哈佛大学的学科布局与其他学校有一定差异,该校的神经科学(neurosciences)、工程·生物医学(engineering, biomedical)均是十校中唯一进入发文量前 10 位的学科。浙江大学的设备与仪器(instruments & instrumentation)是十校中唯一进入发文量前 10 位的学科。

表10-18 中国顶尖大学AI领域论文的主要WoS学科（2015—2019年）

学科	清华大学		上海交通大学		浙江大学		北京大学		北京航空航天大学	
	排名	论文数	排名	论文数	排名	论文数	排名	论文数	排名	论文数
计算机科学·人工智能	1	2747	1	1921	1	1398	1	1571	1	1883
工程、电气与电子	2	1336	2	950	2	659	2	730	2	902
计算机科学·理论与方法	3	1034	3	664	3	365	3	613	3	628
计算机科学·信息系统	4	659	4	370	4	303	4	316	4	382
自动化和控制系统	5	305	5	310	5	296	7	115	5	336
计算机科学·跨学科应用	6	240	7	186	6	117	5	161	6	206
机器人学	7	202	6	246	7	115	8	83	7	197
计算机科学·软件工程	8	188	8	148	9	92	6	131	8	137
计算机科学·硬件与体系架构	9	176	10	110	15	68	11	60	10	104
计算机科学·控制论	10	156	13	94	8	113	13	55	9	127
材料科学·跨学科	11	153	12	99	17	50	14	48	15	49
电信	12	149	10	110	16	65	12	56	12	85
影像科学与照相技术	13	126	9	130	12	75	9	75	11	102
语言学	20	54	44	16	53	10	10	70	43	9
工程·生物医学	25	48	14	74	21	35	18	27	22	29
神经科学	27	44	22	39	19	40	16	28	25	21
放射学·核医学与医学成像	34	30	17	53	38	17	19	25	29	18
设备和仪器	36	22	36	20	10	84	65	5	18	35
天文学与天体物理学	45	18	59	9	129	1	15	41	/	/

表10-19　美国顶尖大学AI领域论文的主要WoS学科(2015—2019年)

学科名称	斯坦福大学		麻省理工学院		密歇根大学		卡耐基梅隆大学		哈佛大学	
	排名	论文数	排名	论文数	排名	论文数	排名	论文数	排名	论文数
计算机科学·人工智能	1	1195	1	1544	1	795	1	2480	1	715
计算机科学·理论与方法	2	391	3	457	3	273	3	878	4	197
工程、电气与电子	3	312	2	520	2	281	2	913	3	200
计算机科学、信息系统	4	214	5	287	4	180	5	413	8	123
计算机科学、跨学科应用	5	143	6	148	7	76	6	285	6	164
机器人学	6	131	4	302	5	139	4	429	10	91
计算机科学·软件工程	7	97	8	97	8	73	8	180	16	58
自动化与控制系统	8	83	7	134	6	103	7	209	16	58
影像科学与照相技术	9	69	18	39	16	31	12	66	13	62
放射学、核医学与医学成像	10	65	22	35	14	33	31	10	5	166
天文学与天体物理学	11	56	9	73	9	69	23	18	2	219
材料科学·跨学科	11	56	10	71	10	46	17	30	38	20
神经科学	14	45	12	59	18	30	15	36	7	142
语言学	15	43	15	44	13	34	9	113	32	29
工程·生物医学	15	43	23	34	16	31	29	11	9	109
计算机科学·硬件与体系架构	20	31	18	39	11	44	14	39	61	11
计算机科学·控制论	23	27	16	43	12	43	10	98	51	14
电信	42	12	25	30	22	21	16	35	89	6
设备和仪器	71	6	57	9	51	9	59	4	102	4

2.研究主题分析

本书中涉及的与研究主题(topics)相关的数据均采集自爱思唯尔的SciVal平台。该平台整合了Scopus1996年至今的科研数据,通过文献的引用关系聚类得到超过9.6万个研究主题,并应用指纹专利技术和特殊短语,自动抽取题名和摘要给研究主题命名。SciVal为每个研究主题建立了一个测度主题可见度和发展势头的指标,即主题显著度,根据研究主题的显著度数值排序,计算每个研究主题的百分位数指标。显著度指数高于99%(Top1%)的研究主题,可视为整个科学研究领域的热点研究主题。如果在某个研究主题中,某个机构的论文数达到了论文数排名第一的机构的1/3,或者被引次数达到了被引次数排名第一的机构的1/3,就被认为是该研究主题的关键贡献者。作为关键贡献者参与的研究主题可视为该机构的优势研究主题。

表10-20列出了10所中美顶尖大学AI领域研究主题的分布情况。全球范围内涉及AI领域的研究主题共3376个,其中包括45个热点研究主题。从各校数据看,清华大学的AI领域研究主题覆盖面最广,其次是北京航空航天大学和浙江大学;热点研究主题参与度最高的是清华大学、上海交通大学和北京航空航天大学,参与了全部AI领域热点主题。清华大学的研究主题覆盖面、优势研究主题占比和热点研究主题数均位居十校前列。总体而言,5所中国顶尖大学的研究主题覆盖面和热点研究主题数优于5所美国顶尖大学;从优势研究主题占比来看,十校中最高的是卡耐基梅隆大学和清华大学,中国顶尖大学中除清华大学占比居十校第2位,表现较好外,其余四校均仅高于美国顶尖大学中排名最末的密歇根大学。

表10-20 十校AI领域研究主题分布情况比较(2015—2019年)

学校	参与研究主题数	优势研究主题	优势研究主题占比	热点研究主题数
斯坦福大学	522	147	28.16%	36
麻省理工学院	635	174	27.40%	39
密歇根大学	488	95	19.47%	40
卡耐基梅隆大学	580	191	32.93%	41
哈佛大学	477	134	28.09%	35
清华大学	813	265	32.60%	45
上海交通大学	655	170	25.95%	45
浙江大学	727	186	25.58%	44
北京大学	552	121	21.92%	42
北京航空航天大学	741	193	26.05%	45
全球	3376	/	/	45

　　如图10-9所示为10所顶尖大学在AI领域发文数前30研究主题上的论文产出表现。横轴为十校在某研究主题上的累计表现,无底纹条形代表中国顶尖大学在该主题的论文数,有底纹条形代表美国顶尖大学在该研究主题的论文数。如图10-11所示,研究主题显著度都在98以上,说明这些研究主题都代表着近年关注度较高的研究方向。在AI领域研究规模较大(论文数排名前30位)的研究主题上,中国顶尖大学和美国顶尖大学的表现差异比较明显。在多数研究主题上,中美顶尖大学都参与其中。中美顶尖大学论文最多的研究主题均是T.4338(目标检测;卷积神经网络;并交比函数),论文数远超其他研究主题。中国顶尖大学在大多数研究主题上论文数占优势,如T.31(协同过滤;推荐系统;隐性反馈)、T.64(相关过滤器;视觉跟踪;多目标跟踪)、T.4437(距离度量;季戊四醇三丙烯酸酯;重新排序)、T.680(显著度;目标检测;视觉注意力)、T.1153(轨迹跟踪;高度控制;垂直起落)、T.407(超分辨率;幻觉;稀疏表达)等。美国顶尖大学仅在3个研究主题上论文数多于中国顶尖大学,分别为T.753(人机交互;人形机器人;恐怖谷理论)、T.2323(众包;Turks众包平台;任务分派)、T.4630(气动执行器;抓手;操纵器)。中美顶尖大学均参与较多的研究主题有:T.1614(情感分类;命名实体识别;蕴含)、T.2429(人员流动性;出租车;手机)、T.1471(病毒式营销;信息扩散;在线社交网络)、T.561(动作识别;动作识别数据集;视频监控)、T.8239(玻尔兹曼机;信念网络;生成)、T.4205(话题模型;狄利克雷分布;文本分类)。美国顶尖大学在T.786[Ostdeutscher Rundfunk Brandenburg(ORB);尺度不变特征变换;图像匹配]、T.309(多目标进化算法;进化多目标优化;帕累托前沿)、T.510(入侵检测系统;异常检测;阻断服务攻击)和T.499(聚合运算符;毕达哥拉斯;群体决策)这4个研究主题上参与很少。在研究主题T.17384(智能家居;Rubus;家用设备)上,中美顶尖大学均参与很少。

大学在AI领域主要研究主题的发文数及主题显著度

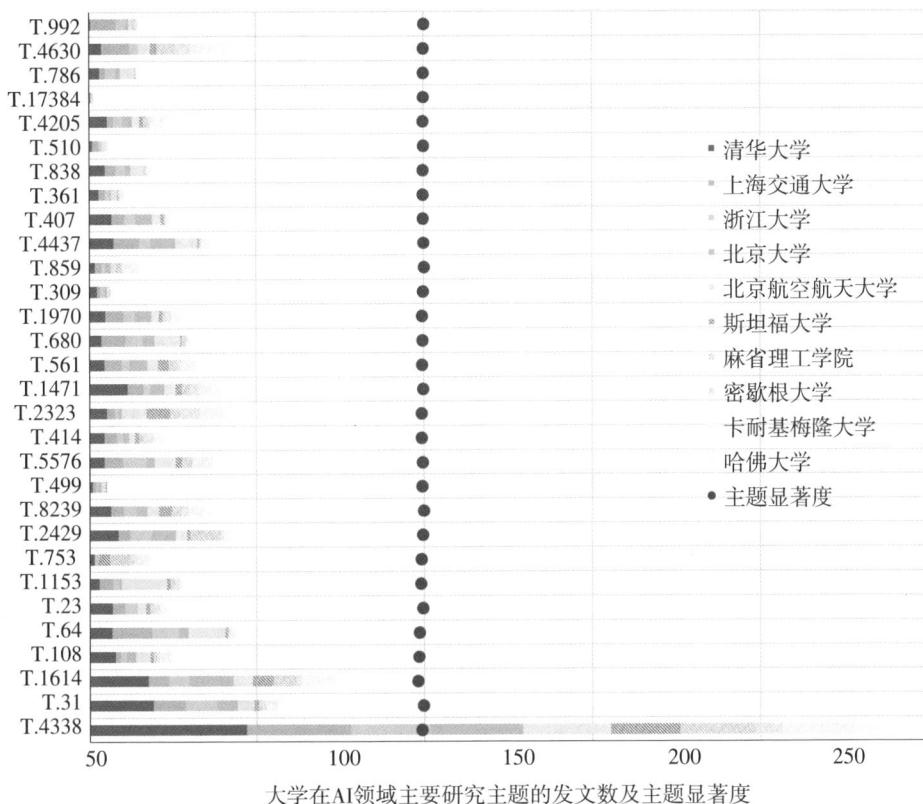

图10-9　十校AI领域研究主题(发文前30主题)的论文产出表现

表10-21、10-22分别展示了5所中美顶尖大学在AI领域主要研究主题(发文数排名前10位)上的具体表现。

T.4338(目标检测;卷积神经网络;并交比函数)是10所大学重合的研究主题,也是各校发文最多的研究主题,论文数远超其他研究主题。在这一研究主题上,10所顶尖大学的累计产出份额达到全球的11.14%,其中清华大学全球产出份额最高,为2.2%,FWCI[①]也为中国五校中最高,为7.03。密歇根大学的全球产出份额最低,为0.39%,但FWCI为十校最高,为29.9。美国5所顶尖大学在该主题上的全球产出份额不及中国顶尖大学,但FWCI普遍

_____

①学科标准化论文影响力(field-weighted citation impact,FWCI):SciVal平台中的文献计量指标,与CNCI类似,用来衡量文献是否达到全球同类文献平均水平。FWCI是考察机构、国家、学者等的论文影响力的指标,计算论文的被引用次数和相同学科、相同年份、相同类型论文平均被引次数的比值,排除了出版年、学科领域和文献类型的影响,FWCI=1说明论文质量等于世界平均水平,FWCI>1说明论文质量高于世界平均水平,FWCI<1则说明论文质量低于世界平均水平。

较高。

T.1614(情感分类；命名实体识别；蕴含)是除密歇根大学和哈佛大学外其他八校共同的研究主题。在这一研究主题上，8所大学的累计产出份额达到全球的10.39%，其中清华大学全球产出份额最高，为2.53%；斯坦福大学的FWCI最高，为7.89。

五校重合的研究主题有2个：T.31(协同过滤；推荐系统；隐性反馈)是中国五校重合主题。在这一研究主题上，清华大学全球产出份额最高，为2.56%；北京大学的FWCI最高，为3.87。T.2323(众包；Turks众包平台；任务分派)是北京航空航天大学、斯坦福大学、卡耐基梅隆大学、哈佛大学、密歇根大学5所大学重合的研究主题。在这一研究主题上，5所顶尖大学的累计产出份额达到全球的9.87%，其中卡耐基梅隆大学全球产出份额最高(2.54%)，其次为北京航空航天大学(2.29%)；密歇根大学的FWCI最高，为4.77。

四校重合的研究主题有4个：T.5576[同步定位和绘图；Ostdeutscher Rundfunk Brandenburg(ORB)；姿态估计]是上海交通大学、浙江大学、北京航空航天大学和卡耐基梅隆大学重合的主题。T.4437(距离度量；季戊四醇三丙烯酸酯；重新排序)为清华大学、上海交通大学、北京大学、北京航空航天大学重合的主题。T.2429(人员流动性；出租车；手机)是清华大学、浙江大学、北京大学、麻省理工学院重合的主题。T.4630(气动执行器；抓手；操纵器)是上海交通大学、麻省理工学院、哈佛大学、密歇根大学重合的主题。

三校重合的主题有4个：T.680(显著度；目标检测；视觉注意力)、T.64(相关过滤器；视觉跟踪；多目标跟踪)是上海交通大学、浙江大学、北京航空航天大学的共同研究主题。T.11071(随机梯度；坐标下降；凸极小化)是斯坦福大学、麻省理工学院、卡耐基梅隆大学的共同研究主题。T.7174(Bandit问题；在线优化；机会频谱接入)是斯坦福大学、哈佛大学、密歇根大学的共同研究主题。

表10-21 中国顶尖大学2015—2019年AI领域主要研究主题(论文数前10位)及其具体表现

学校	研究主题	论文数	全球产出份额/%		FWCI	
清华大学	Object Detection; CNN; IOU	470	2.2		7.03	
	Collaborative Filtering; Recommender Systems; Implicit Feedback	190	2.56		3.29	
	Sentiment Classification; Named Entity Recognition; Entailment	175	2.53		4.65	
	Viral Marketing; Information Diffusion; Online Social Networks	115	3.54		1.82	
	Human Mobility; Taxis; Cell Phone	86	2.23		2.02	
	End Effectors; Grippers; Grasping	83	6.59		0.69	
	Sentiment Classification; Opinion Mining; Product Review	77	1.15		2.01	
	Pedestrian Flow; Evacuation; Crowds	74	3.06		1.13	
	Hashing; Nearest Neighbor Search; Image Retrieval	74	4.5		4.24	
	Distance Metric; Pentaerythrityl Triacrylate; Reranking	73	2.6		6.46	
上海交通大学	Object Detection; CNN; IOU	311	1.46		2.86	
	Correlation Filter; Visual Tracking; Multiple Object Tracking	119	2.51		3.16	

续表

学校	研究主题	论文数	全球产出份额/%	FWCI
上海交通大学	Collaborative Filtering; Recommender Systems; Implicit Feedback	95	1.28	3.6
	Pneumatic Actuators; Grippers; Manipulators	83	3.21	1.55
	Electromyography; Artificial Limbs; Hand Gesture Recognition	77	3.07	1.33
	Distance Metric; Pentaerythrityl Triacrylate; Reranking	77	2.74	2.67
	Unmanned Surface Vehicles; Path Following; Autonomous Underwater Vehicle（AUV）	76	3.6	2.04
	Saliency; Object Detection; Visual Attention	73	2.55	1.22
	Sentiment Classification; Named Entity Recognition; Entailment	60	0.87	1.36
	Simultaneous Localization and Mapping; Ostdeutscher Rundfunk Brandenburg; Pose Estimation	56	1.51	0.63
浙江大学	Object Detection; CNN; IOU	236	1.1	2.16

学校	研究主题	论文数	全球产出份额/%	FWCI
浙江 大学	Collaborative Filtering; Recommender Systems; Implicit Feedback	94	1.27	2.89
	Correlation Filter; Visual Tracking; Multiple Object Tracking	80	1.69	5.35
	Simultaneous Localization and Mapping; Ostdeutscher Rundfunk Brandenburg; Pose Estimation	70	1.89	1.43
	Human Mobility; Taxis; Cell Phone	65	1.69	1.33
	Captions; Question Answering; Image Annotation	60	2.87	4.23
	Sentiment Classification; Named Entity Recognition; Entailment	60	0.87	2.2
	Saliency; Object Detection; Visual Attention	49	1.71	1.81
	3D Model Retrieval; 3D Shape; 3D-Cad	45	3.41	1.08
	Traffic Flow; Travel Time; Advanced Traveler Information Systems	41	2.11	1.74

续表

学校	研究主题	论文数	全球产出份额/%	FWCI
北京大学	Object Detection; CNN; IOU	277	1.3	5.42
	Sentiment Classification; Named Entity Recognition; Entailment	135	1.95	3.3
	Distance Metric; Pentaerythrityl Triacrylate; Reranking	74	2.63	6.2
	Human Mobility; Taxis; Cell Phone	71	1.84	3.26
	Image Retrieval; Scene Recognition; California Institute of Technology	69	3.38	1.07
	Collaborative Filtering; Recommender Systems; Implicit Feedback	62	0.84	3.87
	Action Recognition; UCF 101; Video Surveillance	54	1.69	1.91
	Cross-Modal; Cross Media; Multi-View	53	4.23	4.16
	Machine Translation; Question Answering; Reading Comprehension	52	4.12	2.98
	Super-Resolution; Hallucinations; Sparse Representation	50	1.79	1.42
北京航空航天大学	Object Detection; CNN; IOU	261	1.22	2.33
	Trajectory Tracking; Altitude Control; Vertical Takeoff and Landing	135	3.01	2.05

学校	研究主题	论文数	全球产出份额/%		FWCI	
北京航空航天大学	Correlation Filter; Visual Tracking; Multiple Object Tracking	110	2.32		2.06	
	Saliency; Object Detection; Visual Attention	77	2.69		1.85	
	Crowdsourcing; Turks; Task Assignment	75	2.29		3.19	
	Distance Metric; Pentaerythrityl Triacrylate; Reranking	67	2.38		1.75	
	Simultaneous Localization and Mapping; Ostdeutscher Rundfunk Brandenburg; Pose Estimation	63	1.7		0.98	
	Sentiment Classification; Named Entity Recognition; Entailment	57	0.82		1.77	
	Hashing; Nearest Neighbor Search; Image Retrieval	51	3.1		1.81	
	Collaborative Filtering; Recommender Systems; Implicit Feedback	51	0.69		1.06	

表10-22 美国顶尖大学2015—2019年AI领域主要研究主题(论文数前10位)及其具体表现

学校	研究主题	论文数	全球产出份额/%	FWCI
	Object Detection; CNN; IOU	207	0.97	13.38
	Stochastic Gradient; Coordinate Descent; Convex Minimization	71	3.54	3.56
	Crowdsourcing; Turks; Task Assignment	69	2.11	4.14
	Sentiment Classification; Named Entity Recognition; Entailment	63	0.91	7.89
	Brain Computer Interface; Motor Cortex; Decoding	54	6.94	2.3
斯坦福大学	Generative; Image Inpainting; Source Domain	48	2.05	5.78
	Combinatorial Auctions; Mechanism Design; Revenue Maximization	47	5.74	1.59
	Hedonic Games; Stable Matching; Strategy-Proofness	41	4.54	1.68
	Bandit Problems; Online Optimization; Opportunistic Spectrum Access	40	2.79	1.54
	Boltzmann Machine; Belief Networks; Generative	39	1.02	4.41

续表

学校	研究主题	论文数	全球产出份额/%	FWCI
麻省理工学院	Object Detection; CNN; IOU	223	1.04	11.78
	Human Mobility; Taxis; Cell Phone	92	2.39	3.15
	Sentiment Classification; Named Entity Recognition; Entailment	66	0.95	6.26
	Human-Robot Interaction; Humanoid Robot; Uncanny	61	1.58	4.66
	Stochastic Gradient; Coordinate Descent; Convex Minimization	56	2.79	3.42
	Pneumatic Actuators; Grippers; Manipulators	55	2.12	6.44
	Generative; Image Inpainting; Source Domain	45	1.92	6.18
	Simultaneous Localization and Mapping; Grid Maps; Mobile Robots	41	1.97	4.22
	Motion Planning; Random Trees; Artificial Potential Field	37	1.79	3.01
	Low-Rank Approximation; Random Projection; Spectral Norm	33	4.78	3.34

续表

学校	研究主题	论文数	全球产出份额/%	FWCI
卡耐基梅隆大学	Object Detection; CNN; IOU	216	1.01	6.63
	Sentiment Classification; Named Entity Recognition; Entailment	103	1.49	7.24
	Crowdsourcing; Turks; Task Assignment	83	2.54	3.21
	Captions; Question Answering; Image Annotation	73	3.49	4.65
	Motion Planning; Random Trees; Artificial Potential Field	64	3.1	1.62
	Simultaneous Localization and Mapping; Ostdeutscher Rundfunk Brandenburg; Pose Estimation	58	1.57	4.09
	Machine Translation; Handwriting Recognition; Long Short-Term Memory	54	2.25	8.94
	Stochastic Gradient; Coordinate Descent; Convex Minimization	54	2.69	4.54
	Low-Rank Approximation; Random Projection; Spectral Norm	52	7.54	1.61

续表

学校	研究主题	论文数	全球产出份额/%	FWCI
卡耐基梅隆大学	Emotion Recognition; Facial Expression; Smile	48	1.7	4.33
哈佛大学	Object Detection; CNN; IOU	97	0.45	6.21
	Pneumatic Actuators; Grippers; Manipulators	87	3.36	4.2
	Brain Computer Interface; Motor Cortex; Decoding	50	6.43	2.77
	Exoskeletons; Orthotic Devices; Foot Orthoses	47	1.94	4.41
	Near-Infrared Spectroscopy; Diffuse Optical Tomography; Brain Computer Interface	46	3.17	1.58
	Flapping; Swimming; Fins	45	4.41	2.32
	Alzheimer's Disease; Poly(Divinyl-Co-N-Vinylpyrrolidinone); Computer-aided Diagnosis	42	3.49	2.58
	Crowdsourcing; Turks; Task Assignment	37	1.13	3.57
	Bandit Problems; Online Optimization; Opportunistic Spectrum Access	32	2.23	1.88
	Hedonic Games; Stable Matching; Strategy-Proofness	31	3.43	1.41

续表

学校	研究主题	论文数	全球产出份额/%		FWCI	
密歇根大学	Object Detection; CNN; IOU	83	0.39		29.94	
	Crowdsourcing; Turks; Task Assignment	59	1.8		4.77	
	Pneumatic Actuators; Grippers; Manipulators	46	1.78		1.12	
	Biped Robot; Gait; Inverted Pendulum	37	1.74		2.74	
	Bandit Problems; Online Optimization; Opportunistic Spectrum Access	32	2.23		1.67	
	Emotion Recognition; Emotional Speech; Paralanguage	29	1.46		3.25	
	Automated Vehicle; Takeovers; Autonomous Driving	28	1.22		2.17	
	Community Detection; Graph Clustering; Modularity	28	0.79		3.22	
	Viral Marketing; Information Diffusion; Online Social Networks	26	0.8		2.51	
	Matrix Completion; Tensor Rank; Nonconvex	22	1.25		1.13	

3.研究热点分析

本部分基于十校 AI 领域 2015—2019 年 SCI 期刊论文和 Scopus 会议文献数据,利用 SciVal 分析工具,对 10 所中美顶尖大学 AI 领域的研究关键词进行词频分析比较,发现并分析各校 AI 领域的研究热点及发展趋势。

SciVal关键词频分析通过使用自然语言处理技术对特定的文献集合中有关文档的标题及摘要进行文本挖掘,以期发现重要的主题概念,这些主题概念都被收录在跨学科的主题词表系统之中。每篇文献通过倒序词频的方法平衡文献中主题概念的出现频率与重要性之间的关系,从而在每个研究领域中筛选出前50个具有最高词汇权重的词语作为关键词语。每个关键词语都被赋予一个从0到1的数值标识其权重,1表示具有最高的代表优先级,其他关键词语分别与之相比较从而给出数值,其数值通过云标签以可视化的形式进行展现。

将十校所有的高频关键词(各校出现频率前50位)进行统计分析,发现十校一共有139个高频关键词,其中2所及以上大学共有的高频关键词有44个,占比达31.65%;5所及以上大学共有的高频关键词有24个,占比为17.27%;十校均有的高频关键词有7个,包括计算机视觉(computer vision)、深度学习(deep learning)、深度神经网络(deep neural network)、神经网络(neural network)、人工智能(artificial intelligence)、语义(semantic)、嵌入(embedding)。这说明十校的高频关键词具有一定的重合度。

除与其他大学重合的高频关键词外,每所大学也都有其独有的高频关键词(下文称特色高频关键词),这些特色高频关键词一定程度上能够代表该校的特色研究。哈佛大学与其他大学重合的高频关键词最少,在前50位的高频关键词中有24个特色高频关键词与其他大学高频关键词不同,占比48%;密歇根大学和麻省理工学院分别有11个和10个特色高频关键词;北京大学和北京航空航天大学各有9个特色高频关键词;浙大有7个特色高频关键词;斯坦福大学和清华大学各有6个特色高频关键词;相较而言,上海交通大学与其他大学的高频关键词重合度非常高,仅有5个特色高频关键词。

图10-10、图10-11分别是中国顶尖大学(5所)和美国顶尖大学(5所)2015—2019年发表AI领域论文高频关键词图,可以从中分析两组顶尖大学研究关注点的异同。字号越大表示该高频关键词出现的频次越高。

中美两组顶尖大学AI领域论文前50位的高频关键词重合较多,近一半的高频关键词是两组大学共有的。中国顶尖大学前10位的高频关键词为计算机视觉、深度学习、神经网络、深度神经网络、语义、嵌入、人工智能、卷积(convolution)、哈希法(hashing)、众包(crowdsourcing)。前50位的高频关键词中,哈希法、推荐系统(recommend system)、显著度(saliency)、多视角(multi-view)、因数分解(factorization)、视觉跟踪(visual tracking)、目标跟踪

（object tracking）、协同过滤（collaborative filtering）等是中国顶尖大学的特色高频关键词。

图 10-10　中国顶尖大学（5 所）AI 领域论文高频关键词图

　　美国 5 所顶尖大学前 10 位的高频关键词为计算机视觉、人工智能、深度学习、强化学习（reinforcement learning）、机器学习（machine learning）、学习系统（learning system）、语义、银河（galaxy）、深度神经网络、计算语言学（computational linguistic）；美国顶尖大学前 50 位的高频关键词中，银河、机器人学（robotic）、机器人（robot）、网络架构（network architecture）、数据挖掘（data mining）、运动规划（motion planning）、推理机（inference engine）、监督式学习（supervised learning）、模式识别（pattern recognition）等是其区别于中国顶尖大学的特色高频关键词。

图 10-11　美国 5 所顶尖大学 AI 领域论文高频关键词图

图 10-12 至图 10-21 分别是 10 所中美顶尖大学 2015—2019 年间 AI 领域论文的高频关键词图。

清华大学前 10 位的高频关键词为计算机视觉、深度学习、深度神经网络、神经网络、人工智能、语义、嵌入、卷积、哈希法、众包。清华大学前 50 高频关键词中，有 6 个高频关键词不同于其他学校，分别为：不确定性（uncertain）、情绪（sentiment）、社交网络（social network）、情绪分类（sentiment classification）、机器翻译（machine translation）、语音识别（speech recognition）。

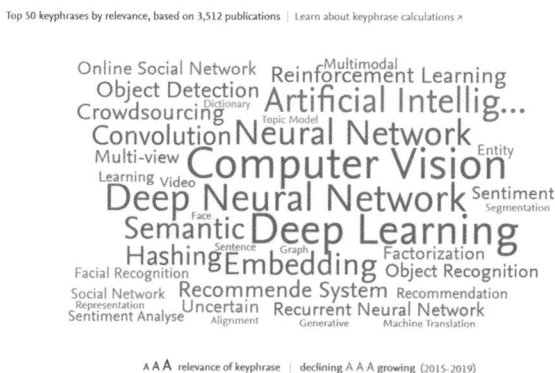

图 10-12　清华大学 AI 领域论文高频关键词图

上海交通大学前 10 位的高频关键词为计算机视觉、深度学习、视觉跟踪、神经网络、深度神经网络、目标检测、人工智能、卷积、众包、生成性（generative）。上海交通大学前 50 位的高频关键词中，特色高频关键词包括：学习自动机（learning automaton）、追踪（tracking）、焊接（welding）、图像检索（image retrieval）、监督式机器学习（supervised machine learning）。

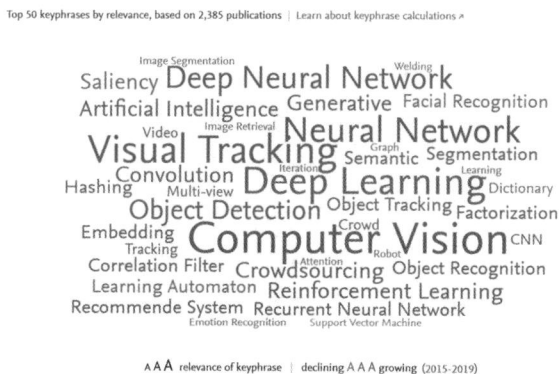

图 10-13　上海交通大学 AI 领域论文高频关键词图

浙江大学前10位的高频关键词为计算机视觉、深度学习、语义、问答系统(question answering)、嵌入、推荐系统、神经网络、因数分解、多视角、极限学习机(extreme learning machine)。前50高频关键词中，该校特色高频关键词共7个，包括查询(query)、稀疏(sparse)、实时异常检测系统(skyline)、矩阵分解(matrix factorization)、非负矩阵分解(non-negative matrix factorization)、特征选择(feature selection)、图像(image)。

图 10-14　浙江大学 AI 领域论文高频关键词图

北京大学前10位的高频关键词为语义、计算机视觉、深度学习、自然语言处理系统(natural language processing system)、深度神经网络、嵌入、人工智能、计算机语言学(computational linguistic)、神经网络、语法分析(parsing)。该校特色高频关键词有9个：摘要(summarization)、文本(text)、对话(conversation)、知识库(knowledge Base)、信息服务(information service)、正则化(regularization)、词(word)、文档(document)、新闻(news)。

图 10-15　北京大学 AI 领域论文高频关键词图

北京航空航天大学前10位的高频关键词为众包、计算机视觉、深度学习、神经网络、显著度、哈希法、语义、深度神经网络、嵌入、目标检测。该校前50位的高频关键词中,特色高频关键词共9个,包括:哈希函数(hash function)、检索(retrieval)、追踪(定位)[tracking(position)]、合成孔径雷达(synthetic aperture radar)、近邻搜索(near neighbor search)、交叉模态(cross-modal)、路径规划(path planning)、聚类分析(cluster analyse)、同步(synchronization)。

Top 50 keyphrases by relevance, based on 1,965 publications | Learn about keyphrase calculations ↗

Cross-modal
Hashing　Unmanned Aerial Vehicle　Complex Network Tracking (position)
Facial Recognition　Recommende System
Segmentation　Deep Learning　Image Recognition
Parsing　Camera　Path Planning
Crowdsourcing　Embedding　Convolution
Support Vector Machine　Crowd　Correlation Filter
Pose Estimation　CNN　Saliency　Object Tracking　Graphic Method
Object Detection　Multimodal　Semantic　Retrieval
Computer Vision　Graph　Object Recognition
Video　Generative　Attribute　Multi-agent System
Cluster Analyse　Hash Function　Neural Network　Synchronization
Action Recognition　Deep Neural Network
Collaborative Filtering　Artificial Intelligence　Synthetic Aperture Radar
Image Classification　Near Neighbor Search
Recurrent Neural Network　Sentiment Analyse
Online Social Network

▲ A A relevance of keyphrase | declining A A A growing (2015-2019)

图 10-16　北京航空航天大学 AI 领域论文高频关键词图

斯坦福大学前10位的高频关键词为计算机视觉、深度学习、人工智能、强化学习、机器学习、学习系统、语义、众包、循环神经网络(recurrent neural network)、计算语言学。该校前50位的高频关键词中,特色高频关键词共6个,包括生成模型(generative model)、本体(ontology)、马尔科夫链(markov chain)、点云(point cloud)、维基百科(Wikipedia)、梯度下降(gradient descent)等。

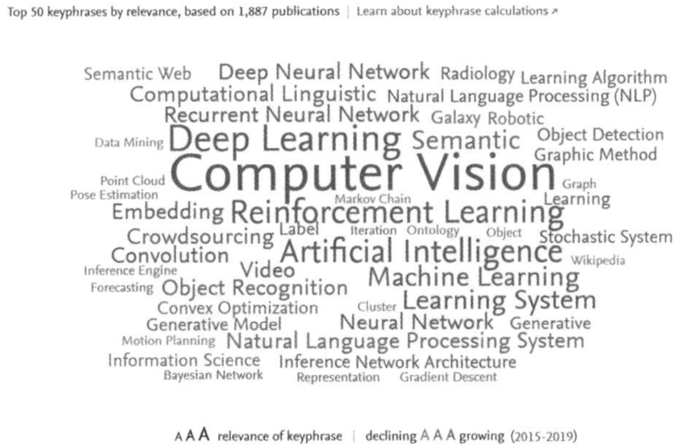

Top 50 keyphrases by relevance, based on 1,887 publications | Learn about keyphrase calculations ↗

Semantic Web　Deep Neural Network　Radiology　Learning Algorithm
Computational Linguistic　Natural Language Processing (NLP)
Recurrent Neural Network　Galaxy　Robotic
Data Mining　Deep Learning　Semantic　Object Detection
Graphic Method
Point Cloud　Graph
Pose Estimation　Markov Chain　Learning
Embedding　Reinforcement Learning
Crowdsourcing　Label　Iteration　Ontology　Object　Stochastic System
Convolution　Artificial Intelligence　Wikipedia
Inference Engine　Video　Machine Learning
Forecasting　Object Recognition　Learning System
Convex Optimization　Cluster　Neural Network　Generative
Generative Model
Motion Planning　Natural Language Processing System
Information Science　Inference Network Architecture
Bayesian Network　Representation　Gradient Descent

▲ A A relevance of keyphrase | declining A A A growing (2015-2019)

图 10-17　斯坦福大学 AI 领域论文高频关键词图

麻省理工学院前10位的高频关键词为计算机视觉、人工智能、机器学习、深度学习、语义、深度神经网络、机器人学、机器人、神经网络、强化学习。该校特色高频关键词共10个，包括：无监督学习（unsupervised learning）、公开演讲（public speaking）、梯度法（gradient method）、机器人编程（robot programming）、声音（sound）、贝叶斯（bayesian）、经济和社会效应（economic and social effect）、概率（probabilistic）、多项式逼近（polynomial approximation）、点过程（point process）。

图10-18　麻省理工学院AI领域论文高频关键词图

卡耐基梅隆大学前10位的高频关键词为计算机视觉、人工智能、强化学习、计算语言学、学习系统、语义、视频（video）、深度学习、深度神经网络、图形（graph）。该校特色高频关键词共8个，包括：模式识别（pattern recognition）、事件检测（event detection）、快照（shot）、语音处理（speech processing）、基于问题的学习（problem-based learning）、语音交流（speech communication）、树（数学）[tree（mathematic）]等。

图10-19　卡耐基梅隆大学AI领域论文高频关键词图

哈佛大学前10位的高频关键词为银河、机器学习、人工智能、自然语言处理〔natural language processing（NLP）〕、深度学习、电子病历（electronic medical record）、分割（segmentation）、放射（radiology）、聚类（cluster）、医学计算（medical computing）。该校特色高频关键词较多，共24个，包括：医学计算、临床决策支持系统（clinical decision support system）、扩散加权成像（diffusion weighted imaging）、心脏再同步治疗（cardiac resynchronization therapy）、诊断成像（diagnostic imaging）、Dust（一种数字安全工具）、主机标识协议（host identity protocol，HIP）、视觉检索（visual search）等。

图10-20　哈佛大学 AI 领域论文高频关键词图

密歇根大学前10位的高频关键词为计算机视觉、人工智能、银河、多任务学习、众包、强化学习、语义、深度学习、嵌入、深度神经网络。该校特色高频关键词有11个：信息检索（information retrieval）、增强现实（augmented reality）、回归模型（lasso）、情绪（emotion）、网络服务（web service）、颞下颌关节（temporomandibular joint）、气溶胶（aerosol）、步态（gait）、水凝胶（hydrogel）、球体（spheroid）、任务（task）。

图10-21　密歇根大学 AI 领域论文高频关键词图

第三节 技术创新实力及潜力分析

专利技术是反映技术创新实力的重要指标。据世界知识产权组织（World Intellectual Property Organization，WIPO）统计，世界上90%以上的技术创新成果率先以专利文献形式为公众所知，因此对技术创新的发展态势分析同样具有战略性价值。鉴于中国和美国在AI领域的领先地位和竞争关系，本部分通过对中美AI领域的专利发展态势和技术布局的研究，分析两国在AI领域的技术创新实力和潜力，然后重点对比分析10所中美顶尖大学在AI领域的专利发展态势、国际申请、高分专利、授权专利情况，以期发现中国顶尖大学在AI领域的优势和短板，明晰中美顶尖大学在AI领域技术创新的差距所在。

一、中美技术创新实力及潜力分析

（一）全球专利发展及区域布局分析

2001—2020年，全球共申请了超过80万件AI领域的专利[①]。如图10-22所示为全球2001—2020年AI专利的发展趋势，从宏观层面把握分析全球在各年份的专利公开文献的数量变化。可以看出，全球范围AI领域的专利数呈逐年上升趋势。2011年以后AI专利布局速度明显加快，2015—2019年的专利增长率更是令人瞩目，每年的增长率[②]都超过25%。2011年公开的专利数是2001年的2.4倍，而2019年（由于2020年数据不完整，这里采用2019年数据计算）公开的专利数达到了2011年的5.6倍。AI技术是近年全球技术研发的热点领域，经过多年的发展，已经逐渐建立起自己的生态格局，在专利申请上，预计未来还会保持高增长态势。

[①]检索时间及数据库:2020年12月,本章有关各类专利数量统计的数据来源于Innography数据库;有关专利技术布局分析的数据来源于Incopat数据库。

[②]增长率的算法:如2018年的增长率=（2018−2017）/2017×100%。

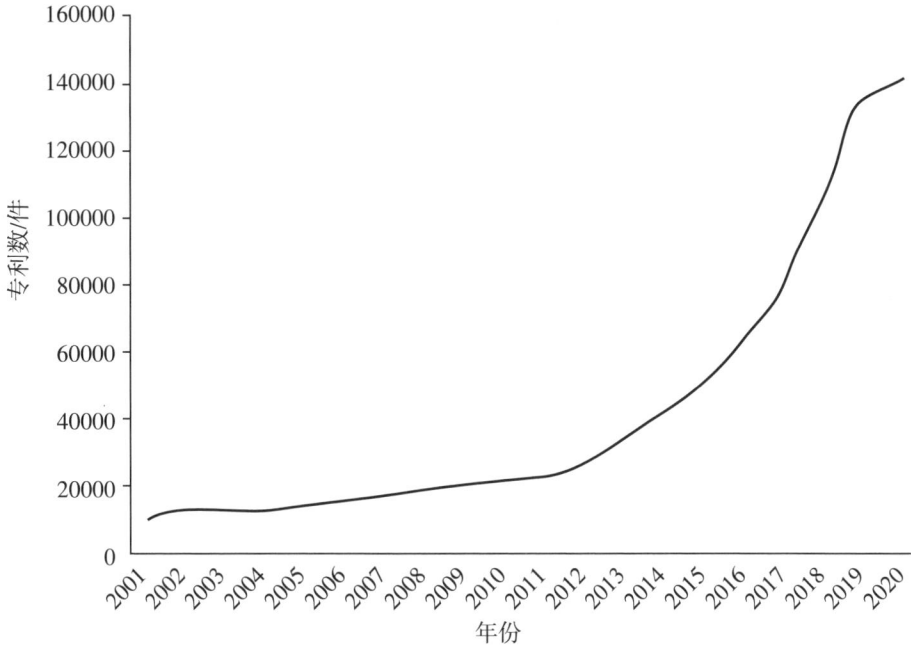

图 10-22　全球 AI 领域专利发展趋势（2001—2020 年）

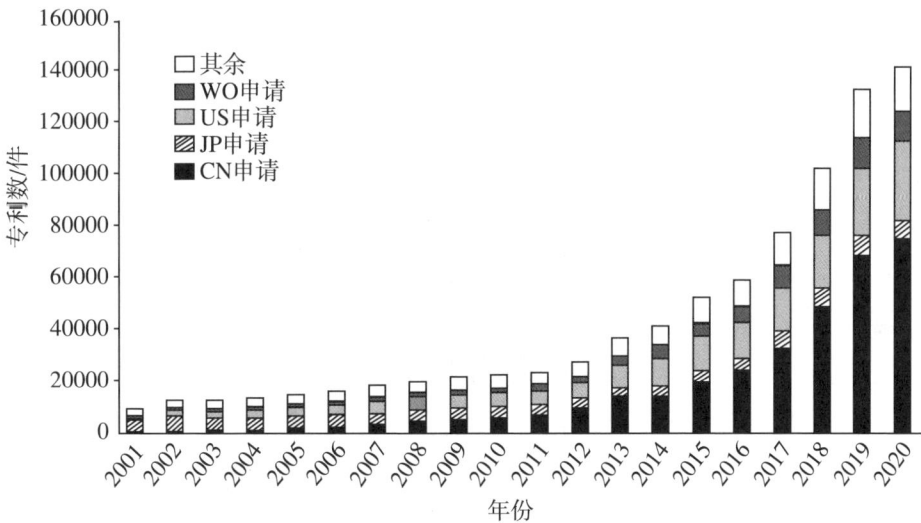

图 10-23　AI 领域专利权主要保护区域分布及其发展态势（2001—2020 年）

　　专利权保护区域即专利的来源管辖权（source jurisdiction），指专利权人申请专利保护的国家或地区。如图 10-23 所示为 AI 领域的专利权主要保护区域分布及其发展态势。近 20 年全球约 40% 的 AI 专利是通过中国专利局申请的，从 2010 年开始，AI 领域的中国专利数量超过美国和日本，且增长最快。全球约22%的AI专利是通过美国专利局申请的，且数量也逐年明显增长。通过日本专利局申请的AI专利约为全球的12%，但增幅较小。通过WIPO登记的国际申请专利（指在世界知识产权组织进行登记，即PCT专利申请，可以在多个国家进行专利申请，标WO专利号）排名第4位，约占10%，超过8万件。此外，通过德国专利局、英国专利局和欧洲专利局申请的AI专利也都超过了5万件。基于专利技术与产业发展的紧密联系，如图10-23所示，中国是全球AI领域专利布局最多的国家，是全球最重要的目标市场，此外AI领域的专利权人都非常重视国际市场。

通过对发明人区域（inventor location）的分析，可以进一步了解AI技术的来源，结合AI领域专利申请的全球布局情况，可以明晰不同国家或地区市场地位以及与之对应的专利布局态势，并分析国家或地区的专利输入输出情况。如图10-24所示为AI领域专利发明人的主要区域分布情况：中国是AI专利产出最多的国家，全球约39%的AI专利是中国发明人研发的；其次是美国，全球约25%的AI专利技术由美国发明人研发；约18%的AI专利技术是日本发明人研发的；韩国发明人申请的AI专利超过了全球的7%，也是重要的AI专利研发区域。此外，德国、法国和英国发明人的AI专利均超过全球的1.5%。结合图10-23可知，美国和日本都在国际市场布局了一定数量的专利，中国AI专利国际布局较少。中国专利中有数千件AI专利的专利权为国外申请人所有，中国是全球AI专利输入较多的国家，而美国是专利输出较多的国家。

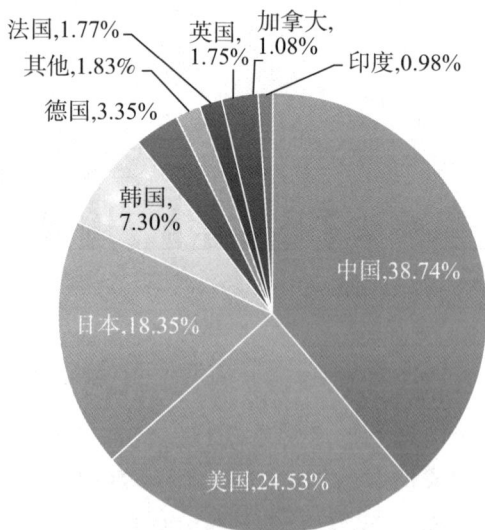

图 10-24　AI领域专利发明人的区域分布

（二）中美专利发展及技术布局对比

AI技术在很大程度上颠覆了现有的产业模式、商业模式和价值链,随着中美贸易竞争日趋激烈,AI成为中美科技竞争新高地。客观认识中美AI技术的发展差距意义重大。在各种有关中美AI领域专利情况分析的报道中,由于专利检索时间和检索范围的不同,中美AI领域专利数差异较大,但各类报道都得出相似结论,即中国和美国是AI专利增长速度和专利拥有量排名居前2位的国家。

本部分以中国和美国申请的AI专利为研究对象,分析中美AI技术创新的发展态势。如图10-25所示为2015—2019年①中国AI专利的发展趋势。结合图10-23可知,中国AI专利申请起步较晚,2001—2005年专利数均很少,从2007年开始明显增长;2012年起,中国取代美国成为全球AI专利年度产出最多的国家。2015年之后中国AI领域专利布局速度明显加快,目前,中国AI专利数已在全球范围内占明显优势。国家工业信息安全发展研究中心、工信部电子知识产权中心2020年11月发布的《2020人工智能中国专利技术分析报告》显示,我国权利主体在AI领域技术创新活跃,AI技术专利申请数量不断刷新。截至2020年10月,中国AI专利申请量累计已达69万余件,大大提升了中国在全球AI专利布局中的竞争实力。虽然中国专利数增长迅速,但中国权利主体申请的主要是本国专利,本国专利申请占比超过92%,与美国和日本相比,对国际市场的重视还不够。

如图10-26所示为2015—2019年美国AI专利的发展趋势。美国AI专利布局速度也明显加快,但自2012年开始,美国的年度专利数被中国反超。与中国的情况类似,虽然美国AI领域专利申请总量逐年增加,但同时段内本国专利数增长更为迅速,即本国专利申请占比不断提高。中美AI领域的专利申请数量都在显著增加,既充分显示出过去几年这一领域的火热和高速发展之势,又说明AI领域是中美专利竞争的重要领域。与中国不同的是,美国权利主体有超过53%的国际申请,非常重视专利技术的境外保护。

---

① 由于专利公开和授权时间的滞后特征(发明专利公开,一般滞后3~18个月),获取中美两国和中美顶尖大学的专利数据时,时间段选择为:公开年份2015—2019年。

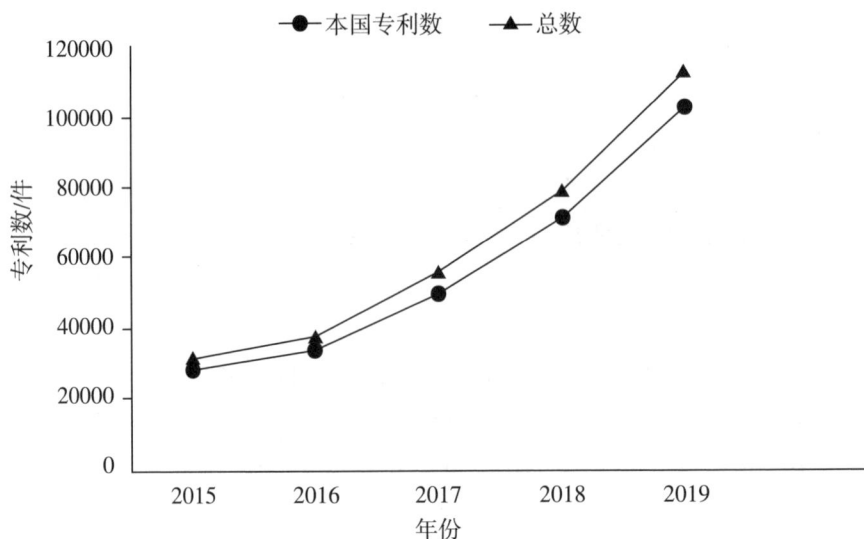

图 10-25　中国 AI 领域专利公开趋势(2015—2019 年)

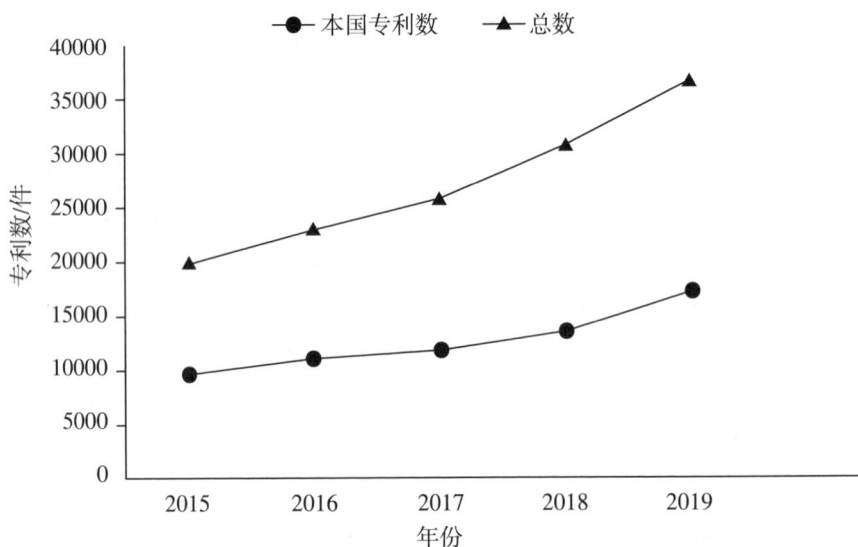

图 10-26　美国 AI 领域专利公开趋势(2015—2019 年)

　　在中美专利发展态势分析过程中可以发现,中国在成为全球最大 AI 专利权保护国之后的 2 年才成为相关专利技术的最大来源国,这一时间差说明虽然中国在 AI 技术领域的创新活跃度高,但开创性、引领性技术成果少。

　　进一步分析中美专利技术构成情况可以了解专利申请的密集点和空白点,找出核心技术分支,并通过评估技术研发集中度,判断分析对象的技术研发和专利布局侧重点。在AI技术创新方面,中国和美国都已呈现出明显的全球竞争力。中国的数量优势已开始凸显,已经具备和美国竞争的实力。那么两国各自的优势技术分支有哪些? 表10-23和表10-24展示了中美两国主要AI技术分支的专利数。通过表中数据可以了解分析对象覆盖的技术类别,以及各技术分支的创新热度和优势。

　　中国申请的AI专利的主要技术构成(专利数排名前20的IPC小组分类)如表10-23所示。由表可以发现,中国申请的AI专利技术主要集中于智能检索和图形识别的方法和装置。中国AI专利数最多的技术方向为智能信息检索,其IPC分类号为G06F16/00;其次是用于阅读或识别印刷或书写字符或者用于识别图形的方法或装置,IPC分类号包括G06K9/00、G06K9/62、G06K9/46、G06K9/32等。中国AI专利还在其他多个技术领域进行了较多布局,例如自然语言处理(G06F17/27)、计算机辅助设计(G06F17/50)、采用神经网络的计算机系统(G06N3/04和G06N3/08)、图形用户界面的交互技术(G06F3/0488等)、用户鉴别(G06F21/32)、自动驾驶仪的控制(G05D1/02和G05D1/02)、行政管理或特定商业领域管理中的数据处理系统或方法(G06Q10/04、G06Q10/06、G06Q50/06)、通信传输规程(H04L29/08)、语音识别(G10L15/22)等。

表10-23　中国AI领域专利主要技术构成

IPC分类号[10]	中文含义[11]	专利数
G06F16/00	.计算;推算;计数; ..电数字数据处理; ...信息检索;数据库结构;文件系统结构	46470
G06K9/00	.计算;推算;计数; ..数据识别;数据表示;记录载体;记录载体的处理; ...用于阅读或识别印刷或书写字符或者用于识别图形,例如指纹的识别方法或装置	45597
G06K9/62	....应用电子设备进行识别的方法或装置	23004
G06K9/32	....图像捕获; .....图像拾取或图像分布图的对准或中心校正	4299
G06K9/34	....在图像分布图中,相接触的或相重叠的图形的分割	2565
G06K9/46	....图像预处理,即无须判定关于图像的同一性而进行的图像信息处理; .....图像特征或特性的抽取	6098

续表

IPC分类号[10]	中文含义[11]	专利数
G06F17/50	...特别适用于特定功能的数字计算设备或数据处理设备或数据处理方法; ....计算机辅助设计	36380
G06F17/27	...处理自然语言数据的(语言分析或综合入G10L); ....自动分析的,例如语法分析、正射校正的	10406
G06N3/04	..基于特定计算模型的计算机系统; ..基于生物学模型的计算机系统; ...采用神经网络模型; ...体系结构,例如互连拓扑	16773
G06N3/08	.....学习方法	12915
G06F3/0488	...用于将所要处理的数据转变成计算机能够处理的形式的输入装置; 用于将数据从处理机传送到输出设备的输出装置,例如接口装置; ....用于用户和计算机之间交互的输入装置或输入和输出组合装置; .....基于图形用户界面的交互技术; ......使用输入装置所提供的特定功能,例如具有双传感装置的鼠标旋转控制功能,或输入装置的特性,例如基于数字转换器检测压力的按压手势; ......使用触摸屏或数字转换器,例如通过跟踪手势输入命令的	9023
G06F3/0484	......用于特定功能或操作的控制,例如选择或操作一个对象或图像,设置一个参数值或选择一个范围	3469
G05D1/02	.控制;调节; ..非电变量的控制或调节系统; ...陆地、水上、空中或太空中的运载工具的位置、航道、高度或姿态的控制,例如自动驾驶仪; ....二维的位置或航道控制	7340
G05D1/10	....三维的位置或航道的同时控制	4649
G06F21/32	...防止未授权行为的保护计算机、其部件、程序或数据的安全装置; ....鉴定,即确定身份或安全负责人的授权; ....用户鉴别; ....使用生物测定数据,例如指纹、虹膜扫描或声波纹	5432
H04L29/08	.....传输控制规程,例如数据链级控制规程	4647
G10L15/22	.乐器;声学; ..语音分析或合成;语音识别;语音或声音处理;语音或音频编码或解码; ...语音识别; ....在语音识别过程中(例如在人机对话过程中)使用的程序	4642

续表

IPC分类号[10]	中文含义[11]	专利数
G06Q10/04	..专门适用于行政、商业、金融、管理、监督或预测目的的数据处理系统或方法；其他类目不包含的专门适用于行政、商业、金融、管理、监督或预测目的的处理系统或方法； ...行政；管理； ….预测或优化，例如线性规划、"旅行商问题"或"下料问题"	3999
G06Q10/06	….资源、工作流、人员或项目管理，例如组织、规划、调度或分配时间、人员或机器资源；企业规划；组织模型	4491
G06Q50/06	...特别适用于特定商业领域的系统或方法，例如公用事业或旅游； ….电力、天然气或水供应	3736

[10]IPC分类号形式为：部（1个字母），大类（2个数字，中文含义中用"."表示），小类（1个字母，中文含义中用".."表示），大组（1~3个数字，中文含义中用"…"表示），小组（2~4个数字，中文含义中多于3个"."的）。全部专利被划分8个部：A—人类生活必需。B—作业；运输。C—化学；冶金。D—纺织；造纸。E—固定建筑物。F—机械工程；照明；加热；武器；爆破。G—物理。H—电学。为节省版面，表中不再列出"部"的名称。

[11]为便于技术构成的分析，在表中将同一大组的IPC号放在了相邻的位置，为节省版面，除小组含义外，不再重复列出IPC号的大类、小类和大组含义。

美国申请的AI专利的主要技术构成（专利数排名前20的IPC小组分类）如表10-24所示。美国同样在G06F16/00这类技术方向的专利布局最多，说明智能信息检索及数据库结构相关的技术在美国市场也同样最受重视；其次是G06K9/00、G06K9/62这类技术，包括用于阅读或识别印刷或书写字符或者用于识别图形的方法和装置。美国申请的AI专利还在其他多个技术领域进行了布局，如基于图形用户界面的交互技术中使用输入装置所提供的特定功能（G06F3/0488、G06F3/0484、G06F3/0482）、计算机辅助设计（G06F17/50）、自然语言处理（G06F17/27）、通信传输规程（H04L29/08）、自动驾驶仪的控制（G05D1/00、G05D1/02）、采用神经网络的计算机系统（G06N3/04和G06N3/08）、基于知识的模式的计算机系统（G06N5/04）、电子商务（G06Q30/02）、自然语言处理（G06F17/27）、机器学习（G06N20/00）、语音识别（G10L15/22）等。

表 10-24　美国 AI 领域专利主要技术构成

IPC分类号	中文含义	专利数
G06F16/00	.计算；推算；计数； ..电数字数据处理； ...信息检索；数据库结构；文件系统结构	38851
G06F17/50	….计算机辅助设计	7233
G06F17/27	….处理自然语言数据的(语言分析或综合入G10L)； …..自动分析的,例如语法分析、正射校正的	5885
G06F17/24	…..文本处理； …..编辑,例如插入/删除	3934
G06F3/0488	...用于将所要处理的数据转变成为计算机能够处理的形式的输入装置；用于将数据从处理机传送到输出设备的输出装置,例如,接口装置； ....用于用户和计算机之间交互的输入装置或输入和输出组合装置； .....基于图形用户界面的交互技术； ......使用输入装置所提供的特定功能,例如具有双传感装置的鼠标旋转控制功能,或输入装置的特性,例如基于数字转换器检测压力的按压手势； ....使用触摸屏或数字转换器,例如通过跟踪手势输入命令的	8192
G06F3/0484	......用于特定功能或操作的控制,例如选择或操作一个对象或图像,设置一个参数值或选择一个范围	5850
G06F3/01	….用于用户和计算机之间交互的输入装置或输入和输出组合装置	4323
G06F3/0482	….基于显示交互对象的特定属性或一个基于隐喻的环境,例如类似窗口或图标的桌面组件的交互,或通过光标的特性或外观的改变辅助的； ....与可选项列表的交互,例如菜单	4057
G06K9/00	.计算；推算；计数； ..数据识别；数据表示；记录载体；记录载体的处理； ...用于阅读或识别印刷或书写字符或者用于识别图形,例如指纹的识别方法或装置	19798
H04L29/06	.电通信技术； ..数字信息的传输,例如电报通信； ...H04L1/00至H04L27/00单个组中不包含的装置、设备、电路和系统； ….通信控制；通信处理； .....以协议为特征的	5673
H04L29/08	.....传输控制规程,例如数据链级控制规程	6957
G06K9/62	….应用电子设备进行识别的方法或装置	6635

续表

IPC分类号	中文含义	专利数
G05D1/00	.控制;调节; ..非电变量的控制或调节系统; ...陆地、水上、空中或太空中的运载工具的位置、航道、高度或姿态的控制,例如自动驾驶仪	6942
G05D1/02	....二维的位置或航道控制	7150
G06N3/08	..基于特定计算模型的计算机系统; ...基于生物学模型的计算机系统; ....采用神经网络模型; .....学习方法	7618
G06N3/04	....体系结构,例如互连拓扑	6080
G06N5/04	..利用基于知识的模式的计算机系统; ...推理方法或设备	4294
G06N20/00	..基于特定计算模型的计算机系统; ...机器学习	4848
G06Q30/02	..专门适用于行政、商业、金融、管理、监督或预测目的的数据处理系统或方法;其他类目不包含的专门适用于行政、商业、金融、管理、监督或预测目的的处理系统或方法; ...商业,例如购物或电子商务; ....行销,例如市场研究与分析、调查、促销、广告、买方剖析研究、客户管理或奖励;价格评估或确定	3729
G10L15/22	.乐器;声学; ..语音分析或合成;语音识别;语音或声音处理;语音或音频编码或解码; ...语音识别; ....在语音识别过程中(例如在人机对话过程中)使用的程序	4416

比较中国和美国申请的AI专利主要技术布局发现,两国均在智能信息检索(G06F16/00)这类技术上布局专利数最多,且两国在该技术分类的专利数相近;两国在用于阅读或识别印刷或书写字符或者用于识别图形的方法或装置(G06K9/00、G06K9/62)这类技术上的专利布局数量也都较多。中美两国还在自然语言数据的处理(G06F17/27)、计算机辅助设计(G06F17/50)、自动驾驶仪的控制(G05D1/02)、图形用户界面的交互技术(G06F3/0488、G06F3/0484)、采用神经网络的计算机系统(G06N3/04、G06N3/08)、语音识别(G10L15/22)、通信传输规程(H04L29/08)等方向形成竞争。但由于国情不同,中美两国的AI技术布局也存在一些区别,例如在适用于行政、商业、金

融、管理、监督或预测目的的数据处理系统或方法上,中国主要布局在行政管理(G06Q10/04、G06Q10/06)或公用事业领域(G06Q50/06)上,美国则主要布局在商业领域(G06Q30/02)上。此外,中国在使用生物测定数据进行用户鉴别(G06F21/32)上布局了较多专利,而这不是美国的主要技术布局类别;美国在基于知识的模式的计算机系统(G06N5/04)和机器学习(G06N20/00)这两类技术上布局较多专利,而这两类均不是中国的主要技术布局类别。

二、中美顶尖大学技术创新实力及潜力对比分析

(一)中美顶尖大学技术创新综合表现对比

表10-25列出了中美顶尖大学AI领域的专利公开数、国际申请数、高分专利数、授权专利数。中国顶尖大学AI专利公开数更多,约为美国顶尖大学7.5倍,两者差距较大,且AI专利的国际申请数和高分专利数也超过了美国顶尖大学。但中国顶尖大学的AI专利国际申请占比(国际申请数/专利公开数)和高分专利占比(高分专利数/专利公开数)仅为5%和3.5%,远低于美国顶尖大学的32.2%和18.3%。中美顶尖大学专利数的差距主要受政策的影响,中国的专利申请资助和授权激励政策使得中国大学的专利申请更为积极[1]。美国并没有专利资助和授权激励,专利的收益仅从专利技术转化中体现,鉴于专利申请费用高昂,美国大学专利申请更为谨慎。目前,中国顶尖大学AI专利已经做大,但还没有做强,国际专利申请、高价值专利培育方面都还有较大的进步空间。

表10-25　中美顶尖大学AI领域专利综合表现[2](2015—2019年)

学校	专利公开数	国际申请数	高分专利数	授权专利数
中国顶尖大学(5所)	5198	262	183	2455
美国顶尖大学(5所)	693	223	127	269

[1]自2008年《国家知识产权战略纲要》颁布实施以来,大学知识产权创造、运用和管理水平不断提高,专利申请量、授权量大幅提升。但是与国外高水平大学相比,我国大学专利还存在"重数量轻质量""重申请轻实施"等问题。为全面提升大学专利质量,强化高价值专利的创造、运用和管理,更好地发挥大学服务经济社会发展的重要作用,2020年6月,教育部发文停止专利申请资助奖励,并将取消专利授权奖励,但允许大学开展职务发明所有权改革探索,并按照权利义务对等的原则,充分发挥产权奖励、费用分担等方式的作用,促进专利质量提升。

[2]中美顶尖大学技术创新实力对比分析中的专利公开年份为2015—2019年。

（二）中美顶尖大学专利发展态势对比

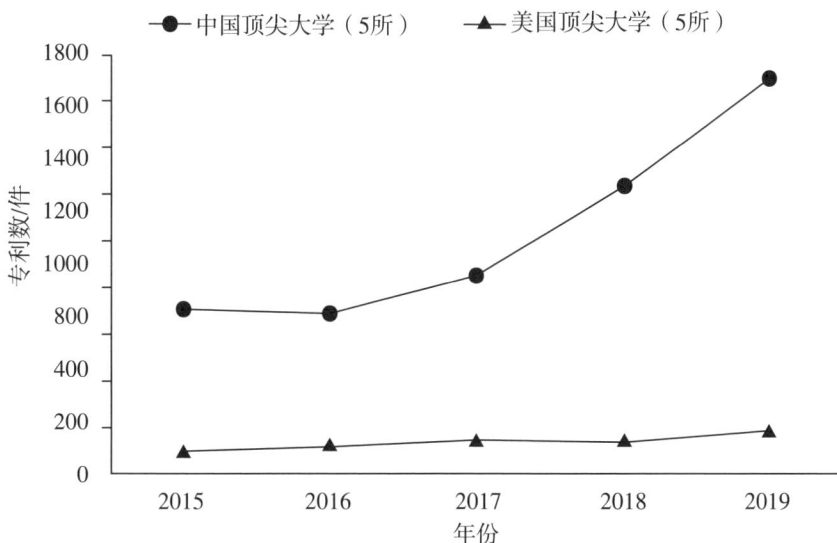

图 10-27　中美顶尖大学 AI 领域专利公开趋势（2015—2019 年）

如图 10-27 所示为中美顶尖大学 2015—2019 年 AI 专利的发展趋势。这一阶段，中国顶尖大学 AI 领域专利数一直大幅领先于美国顶尖大学。除 2016 年小幅波动外，其余年份中国顶尖大学的年度 AI 专利数都在快速增长，尤其是 2018—2019 年，AI 专利数增长迅速。美国顶尖大学的 AI 专利数也有所增加，但增幅很小，与中国顶尖大学之间的差距也进一步被拉开。结合图 10-25 和图 10-26 数据分析，中国 2019 年 AI 专利数是 2015 年的 2.57 倍，美国 2019 年 AI 专利数是 2015 年的 1.86 倍。中美顶尖大学的 AI 技术创新活跃度几乎与本国平均水平保持了同步，进一步说明中美顶尖大学都非常关注 AI 领域的技术创新和技术保护。

（三）中美顶尖大学技术布局对比分析

如表 10-26 所示为中国顶尖大学 AI 专利的主要技术构成（专利数排名前 15 的 IPC 小组分类）。中国顶尖大学与中国在 AI 专利布局最多的技术分类上稍有不同。其中，计算机辅助设计（G06F17/50）是中国顶尖大学布局专利数最多的方向，其次是智能信息检索及数据库结构（G06F16/00），再次是用于阅读或识别印刷或书写字符或者用于识别图形的方法和装置（G06K9/46、G06K9/62 和 G06K9/00），以及采用神经网络模型的计算机系统（G06N3/

04、G06N3/063 和 G06N3/08)。此外,中国顶尖大学 AI 专利还在其他多个技术领域进行布局,例如自然语言的自动分析(G06F17/27)、自动驾驶仪的控制(G05D1/10)、行政管理数据处理系统或方法(G06Q10/04、G06Q10/06)、图像分析(G06T7/00)等。

表 10-26　中国顶尖大学 AI 领域专利主要技术构成

IPC 分类号	中文含义	专利数
G06F17/50	.计算;推算;计数; ..电数字数据处理; ...特别适用于特定功能的数字计算设备或数据处理设备或数据处理方法; ....计算机辅助设计	1761
G06F17/27	....处理自然语言数据的(语言分析或综合入 G10L); .....自动分析的,例如语法分析、正射校正的	278
G06F16/00	.电数字数据处理; ...信息检索;数据库结构;文件系统结构	1011
G06K9/00	.计算;推算;计数; ..数据识别;数据表示;记录载体;记录载体的处理; ...用于阅读或识别印刷或书写字符或者用于识别图形,例如指纹的识别方法或装置	867
G06K9/62	....应用电子设备进行识别的方法或装置	874
G06K9/46	.....图像预处理,即无须判定关于图像的同一性而进行的图像信息处理; .....图像特征或特性的抽取	204
G06N3/04	..基于特定计算模型的计算机系统; ...基于生物学模型的计算机系统; ....采用神经网络模型; .....体系结构,例如互连拓扑	801
G06N3/08	.....学习方法	632
G06N3/063	....物理实现,即神经网络、神经元或神经元部分的硬件实现; .....采用电的	161
G05D1/02	.控制;调节; ..非电变量的控制或调节系统; ...陆地、水上、空中或太空中的运载工具的位置、航道、高度或姿态的控制,例如自动驾驶仪; ....二维的位置或航道控制	158
G05D1/08	....姿态的控制,即摇摆、俯仰角或偏航角的控制	167

续表

IPC分类号	中文含义	专利数
G05D1/10	….三维的位置或航道的同时控制	204
G06Q10/04	.计算;推算;计数; ..专门适用于行政、商业、金融、管理、监督或预测目的的数据处理系统或方法;其他类目不包含的专门适用于行政、商业、金融、管理、监督或预测目的的处理系统或方法; ...行政;管理; ….预测或优化,例如线性规划、"旅行商问题"或"下料问题"	172
G06Q10/06	….资源、工作流、人员或项目管理,例如组织、规划、调度或分配时间、人员或机器资源;企业规划;组织模型	138
G06T7/00	.计算;推算;计数; ..G06T一般的图像数据处理或产生; ...图像分析	127

　　如表10-27所示为美国顶尖大学AI专利的主要技术构成(专利数排名前15的IPC小组分类)。美国顶尖大学在用于阅读或识别印刷或书写字符或者用于识别图形的方法或装置(G06K9/00、G06K9/62)这类技术上布局的专利数最多,其次是采用神经网络模型的计算机系统(G06N3/04、G06N3/02和G06N3/08)。此外,美国顶尖大学AI专利还在其他多个技术领域进行布局,例如智能信息检索及数据库结构(G06F16/00)、计算机辅助设计(G06F17/50)、自动驾驶仪的控制(G05D1/02、G05D1/00)、图像分析(G06T7/00)、图形图像转换(G06T3/40)、适用于生物统计学的信息通信技术(G16B40/00)、用于诊断目的的测量(例如分析动物行为)(A61B5/00)、利用基于知识的模式的计算机系统(G06N5/04)、机器学习(G06N20/00)等。

表10-27　美国顶尖大学AI领域专利主要技术构成

IPC分类号	中文含义	专利数
G06K9/00	.计算;推算;计数; ..数据识别;数据表示;记录载体;记录载体的处理; ...用于阅读或识别印刷或书写字符或者用于识别图形,例如指纹的识别方法或装置	145
G06K9/62	….应用电子设备进行识别的方法或装置	64
G06F16/00	.计算;推算;计数; ..电数字数据处理; ...信息检索;数据库结构;文件系统结构	50

续表

IPC分类号	中文含义	专利数
G06F17/50	...特别适用于特定功能的数字计算设备或数据处理设备或数据处理方法; ....计算机辅助设计	45
G06N3/08	..基于特定计算模型的计算机系统; ...基于生物学模型的计算机系统; ....采用神经网络模型; .....学习方法	113
G06N3/04	.....体系结构,例如互连拓扑	65
G06N3/02	....采用神经网络模型	37
G06N5/04	..基于特定计算模型的计算机系统; ...利用基于知识的模式的计算机系统; ....推理方法或设备	24
G06N20/00	...机器学习	34
G16B40/00	.特别适用于特定应用领域的信息与通信技术; ..生物信息学,例如特别适用于计算分子生物学中的遗传或蛋白质相关数据处理的信息与通信技术; ...特别适用于生物统计学的信息与通信技术;特别适用于与生物信息学相关的机器学习或数据挖掘,例如知识发现或模式发现的信息与通信技术	36
A61B5/00	.医学或兽医学;卫生学; ..诊断;外科;鉴定; ...用于诊断目的的测量(放射诊断入A61B6/00;超声波、声波或次声波诊断入A61B8/00);人的辨识	28
G06T7/00	.计算;推算;计数; ..G06T一般的图像数据处理或产生; ...图像分析	38
G06T3/40	...在图像平面内的图形图像转换; ....整个或部分图形的定标	20
G05D1/00	.控制;调节; ..非电变量的控制或调节系统; ...陆地、水上、空中或太空中的运载工具的位置、航道、高度或姿态的控制,例如自动驾驶仪	33
G05D1/02	....二维的位置或航道控制	39

比较中美顶尖大学的AI专利主要技术布局(如表10-26和表10-27所示)可以发现,两国顶尖大学的专利布局体量有着较大差距,中国顶尖大学在各AI技术分支的专利数远多于美国顶尖大学,但两国顶尖大学的主要技术布局方向相近,均重点关注用于阅读或识别印刷或书写字符或者用于识别图形的方法或装置(G06K9/00和G06K9/62)、采用神经网络模型的计算机系统(G06N3/08和G06N3/04)、自动驾驶仪的控制(G05D1/02)、智能信息检索及数据库结构(G06F16/00)、计算机辅助设计(G06F17/50)、图像分析(G06T7/00)等技术类别。同时两组顶尖大学的主要技术布局也存在一些差别,例如:中国顶尖大学在行政管理数据处理系统或方法(G06Q10/04、G06Q10/06)和自然语言自动分析(G06F17/27)这些技术上布局了较多专利,而这些技术不是美国顶尖大学专利的主要技术类别;又如美国顶尖大学在图形图像转换(G06T3/40)、适用于生物统计学的信息通信技术(G16B40/00)、用于诊断目的的测量(例如分析行为)(A61B5/00)、利用基于知识的模式的计算机系统(G06N5/04)和机器学习(G06N20/00)上布局了较多专利,而这些并非中国顶尖大学的主要专利技术类别。

(四)十校技术创新综合表现及技术布局

为具体了解10所中美顶尖大学的AI专利表现及中美两组顶尖大学的内部差异,表10-28列出了2015—2019年10所大学的AI专利公开数、国际申请数、高分专利数和授权专利数。中国5所大学的专利公开数为790~1301,美国5所大学的专利公开数为77~200;中国5所大学的授权专利数为394~660,美国5所大学的授权专利数为26~114。在专利数量上,美国顶尖大学与中国顶尖大学存在台阶式差距,无论是整体还是个体,中国顶尖大学都明显领先于美国顶尖大学。但中国顶尖大学和美国顶尖大学内部的AI技术创新实力差距都较大。在国际申请和高分专利方面,中国顶尖大学中清华大学表现最优;美国顶尖大学中麻省理工学院的表现最优。

表10-28 十校AI领域专利综合表现(2015—2019)

学校	专利公开数	国际申请数	高分专利数	授权专利数
清华大学	1147	78	46	521
北京大学	790	56	35	426
浙江大学	1301	19	34	534

续表

学校	专利公开数	国际申请数	高分专利数	授权专利数
上海交通大学	921	14	39	394
北京航空航天大学	1239	28	29	660
斯坦福大学	163	45	22	56
卡耐基梅隆大学	104	38	18	47
麻省理工学院	200	63	55	114
密歇根大学	77	27	10	26
哈佛大学	149	57	22	26

表10-29到表10-38分别展示了10所顶尖大学AI专利的主要技术构成。通过表中数据可以详细了解各校AI专利覆盖的技术类别,以及各技术分支的创新热度。

如表10-29所示为清华大学AI专利的主要技术构成(专利数排名前10位的IPC小组分类)。清华大学专利布局最多的研究方向是计算机辅助设计(G06F17/50);其次是智能信息检索及数据库结构(G06F16/00);再次是采用神经网络模型的计算机系统的体系结构和学习方法(G06N3/04和G06N3/08);用于阅读或识别印刷或书写字符或者用于识别图形的方法或装置(G06K9/00和G06K9/62)也是清华大学的重点布局方向。清华大学AI专利还在其他多个技术领域进行布局,例如自然语言数据的自动分析(G06F17/27)、行政管理中的预测和优化(G06Q10/04)、特定公共事业领域(电力、天然气或水供应)的系统或方法(G06Q50/06)等。此外,行政管理中的资源、工作流、人员或项目管理(G06Q10/06)是清华大学的特色研究方向。

表10-29　清华大学AI领域专利主要技术构成

IPC分类号	中文含义	专利数
G06F17/50	.计算;推算;计数; ..电数字数据处理; ...特别适用于特定功能的数字计算设备或数据处理设备或数据处理方法; ....计算机辅助设计	300
G06F17/27	....处理自然语言数据的(语言分析或综合入G10L); .....自动分析的,例如语法分析、正射校正的	72

续表

IPC分类号	中文含义	专利数
G06F16/00	..电数字数据处理； ...信息检索；数据库结构；文件系统结构	243
G06N3/04	..基于特定计算模型的计算机系统； ...基于生物学模型的计算机系统； ....采用神经网络模型； ....体系结构，例如，互连拓扑	200
G06N3/08	.....学习方法	168
G06K9/00	.计算；推算；计数； ..数据识别；数据表示；记录载体；记录载体的处理； ...用于阅读或识别印刷或书写字符或者用于识别图形，例如指纹的识别方法或装置	151
G06K9/62	....应用电子设备进行识别的方法或装置	158
G06Q10/04	.计算；推算；计数； ..专门适用于行政、商业、金融、管理、监督或预测目的的数据处理系统或方法；其他类目不包含的专门适用于行政、商业、金融、管理、监督或预测目的的处理系统或方法； ...行政；管理； ....预测或优化，例如线性规划、"旅行商问题"或"下料问题"	62
G06Q10/06	....资源、工作流、人员或项目管理，例如组织、规划、调度或分配时间、人员或机器资源；企业规划；组织模型	49
G06Q50/06	...特别适用于特定商业领域的系统或方法，例如公用事业或旅游； ....电力、天然气或水供应	67

如表10-30所示为北京大学AI专利的主要技术构成(专利数排名前10位的IPC小组分类)。其中G06F16/00这类技术的专利数最多，说明智能信息检索及数据库结构是北京大学的重点研究方向；其次是G06N3/04、G06N3/08、G06N3/063，G06K9/62、G06K9/46、G06K9/00这几类技术，包括采用神经网络模型的计算机系统，用于阅读或识别印刷或书写字符或者用于识别图形方法和装置等。此外，北京大学AI专利还在其他多个技术领域进行布局，例如计算机辅助设计(G06F17/50)、自然语言数据的自动分析(G06F17/27)、用于换算统计数据的复杂数学运算(G06F17/18)等。其中，用于换算统计数据的复杂数学运算是北京大学的特色研究方向。

表 10-30 北京大学 AI 领域专利主要技术构成

IPC 分类号	中文含义	专利数
G06F16/00	.计算;推算;计数; ..电数字数据处理; ...信息检索;数据库结构;文件系统结构	186
G06F17/27	….处理自然语言数据的(语言分析或综合入 G10L); ….自动分析的,例如语法分析、正射校正的	68
G06F17/50	….计算机辅助设计	57
G06F17/18	….复杂数学运算的; ….用于换算统计数据的	14
G06N3/04	..基于特定计算模型的计算机系统; ...基于生物学模型的计算机系统; ...采用神经网络模型; ….体系结构,例如互连拓扑	137
G06N3/08	…..学习方法	104
G06N3/063	….物理实现,即神经网络、神经元或神经元部分的硬件实现; ….采用电的	22
G06K9/00	.计算;推算;计数; ..数据识别;数据表示;记录载体;记录载体的处理; ...用于阅读或识别印刷或书写字符或者用于识别图形,例如指纹的识别方法或装置	137
G06K9/62	….应用电子设备进行识别的方法或装置	134
G06K9/46	….图像预处理,即无须判定关于图像的同一性而进行的图像信息处理; …..图像特征或特性的抽取	23

如表 10-31 所示为浙江大学 AI 专利的主要技术构成(专利数排名前 10 位的 IPC 小组分类)。浙江大学与清华大学 AI 专利的主要技术构成相近:计算机辅助设计(G06F17/50)的专利布局最多,其次是智能信息检索及数据库结构(G06F16/00),再次是用于阅读或识别印刷或书写字符或者用于识别图形的方法和装置(G06K9/62、G06K9/00、G06K9/46),以及采用神经网络模型的计算机系统的体系结构和学习方法(G06N3/04、G06N3/08)。此外,浙江大学 AI 专利也在自然语言数据的自动分析(G06F17/27)、特定公共事业领域(电力、天然气或水供应)的系统或方法(G06Q50/06)等方向有较多专利布局。与清华大学不同的是,浙江大学还在图像分析(G06T7/00)技术上有较多专利布局。

表10-31　浙江大学AI领域专利主要技术构成

IPC分类号	中文含义	专利数
G06F17/50	.计算;推算;计数; ..电数字数据处理; ...特别适用于特定功能的数字计算设备或数据处理设备或数据处理方法; ….计算机辅助设计;	366
G06F17/27	….处理自然语言数据的(语言分析或综合入G10L); ….自动分析的,例如语法分析、正射校正的	77
G06F16/00	...信息检索;数据库结构;文件系统结构	281
G06K9/00	.计算;推算;计数; ..数据识别;数据表示;记录载体;记录载体的处理; ...用于阅读或识别印刷或书写字符或者用于识别图形,例如指纹的识别方法或装置	219
G06K9/62	….应用电子设备进行识别的方法或装置	264
G06K9/46	....图像预处理,即无须判定关于图像的同一性而进行的图像信息处理; .....图像特征或特性的抽取	70
G06N3/04	..基于特定计算模型的计算机系统; ...基于生物学模型的计算机系统; ….采用神经网络模型; ….体系结构,例如互连拓扑	227
G06N3/08	.....学习方法	176
G06T7/00	.计算;推算;计数; ..G06T一般的图像数据处理或产生; ...图像分析	65
G06Q50/06	.计算;推算;计数; ..专门适用于行政、商业、金融、管理、监督或预测目的的数据处理系统或方法;其他类目不包含的专门适用于行政、商业、金融、管理、监督或预测目的的处理系统或方法; ...特别适用于特定商业领域的系统或方法,例如公用事业或旅游; ….电力、天然气或水供应	64

如表10-32所示为上海交通大学AI专利的主要技术构成(专利数排名前10位的IPC小组分类)。上海交通大学的重点方向也是计算机辅助设计(G06F17/50),在此方向上布局的专利最多;其次是G06K9/00、G06K9/62和

G06N3/04、G06N3/08这几类技术,包括用于阅读或识别印刷或书写字符或者用于识别图形的方法和装置,采用神经网络模型的计算机系统的体系结构和学习方法等;再次是智能信息检索及数据库结构(G06F16/00)。此外,上海交通大学AI专利还在其他多个技术领域进行布局,例如行政管理中的预测和优化(G06Q10/04)、公共事业领域的系统与方法(G06Q50/06)、自动驾驶仪的控制(G05D1/02)和自然语言数据的自动分析(G06F17/27)等。

表10-32 上海交通大学AI领域专利主要技术构成

IPC分类号	中文含义	专利数
G06F17/50	.计算;推算;计数; ..电数字数据处理; ...特别适用于特定功能的数字计算设备或数据处理设备或数据处理方法; ....计算机辅助设计;	270
G06F17/27	....处理自然语言数据的(语言分析或综合入G10L); .....自动分析的,例如语法分析、正射校正的	39
G06F16/00	...信息检索;数据库结构;文件系统结构	141
G06K9/00	.计算;推算;计数; ..数据识别;数据表示;记录载体;记录载体的处理; ...用于阅读或识别印刷或书写字符或者用于识别图形,例如指纹的识别方法或装置	205
G06K9/62	....应用电子设备进行识别的方法或装置	161
G06N3/04	..基于特定计算模型的计算机系统; ...基于生物学模型的计算机系统; ....采用神经网络模型; .....体系结构,例如互连拓扑	182
G06N3/08	.....学习方法	148
G06Q10/04	.计算;推算;计数; ..专门适用于行政、商业、金融、管理、监督或预测目的的数据处理系统或方法;其他类目不包含的专门适用于行政、商业、金融、管理、监督或预测目的的处理系统或方法; ...行政;管理; ....预测或优化,例如线性规划、"旅行商问题"或"下料问题"	46
G06Q50/06	...特别适用于特定商业领域的系统或方法,例如公用事业或旅游; ....电力、天然气或水供应	52

IPC分类号	中文含义	专利数
G05D1/02	控制；调节； ..非电变量的控制或调节系统； ...陆地、水上、空中或太空中的运载工具的位置、航道、高度或姿态的控制，例如自动驾驶仪； ....二维的位置或航道控制	32

如表10-33所示为北京航空航天大学AI专利的主要技术构成（专利数排名前10位的IPC小组分类）。北京航空航天大学同样在计算机辅助设计这类技术上布局的专利数最多；其次是G06K9/00、G06K9/62、G06K9/46，包括用于阅读或识别印刷或书写字符或者用于识别图形的方法和装置；再次是智能信息检索及数据库结构（G06F16/00）和采用神经网络模型的计算机系统的体系结构和学习方法（G06N3/04和G06N3/08）等。此外，北京航空航天大学AI专利还在自动驾驶仪姿态的控制（G05D1/08）、三维的位置或航道控制（G05D1/10）、自然语言数据的自动分析（G06F17/27）方向上有较多专利布局。其中，自动驾驶仪的控制（G05D1/08、G05D1/10）是北京航空航天大学的特色研究方向。

表10-33　北京航空航天大学AI领域专利主要技术构成

IPC分类号	中文含义	专利数
G06F17/50	.计算；推算；计数； ..电数字数据处理； ...特别适用于特定功能的数字计算设备或数据处理设备或数据处理方法； ....计算机辅助设计；	788
G06F17/27	....处理自然语言数据的（语言分析或综合入G10L）； .....自动分析的，例如语法分析、正射校正的	53
G06F16/00	...信息检索；数据库结构；文件系统结构	173
G06K9/00	.计算；推算；计数； ..数据识别；数据表示；记录载体；记录载体的处理； ...用于阅读或识别印刷或书写字符或者用于识别图形，例如指纹的识别方法或装置	232
G06K9/62	....应用电子设备进行识别的方法或装置	219

续表

IPC分类号	中文含义	专利数
G06K9/46	....图像预处理,即无须判定关于图像的同一性而进行的图像信息处理; .....图像特征或特性的抽取	65
G06N3/04	..基于特定计算模型的计算机系统; ...基于生物学模型的计算机系统; ….采用神经网络模型; ….体系结构,例如互连拓扑	155
G06N3/08	.....学习方法	110
G05D1/10	控制;调节; ..非电变量的控制或调节系统; ...陆地、水上、空中或太空中的运载工具的位置、航道、高度或姿态的控制,例如自动驾驶仪; ….三维的位置或航道控制	122
G05D1/08	….姿态的控制,即摇摆、俯仰角或偏航角的控制	118

如表10-34所示为斯坦福大学AI专利的主要技术构成(专利数排名前10位的IPC小组分类)。用于阅读或识别印刷或书写字符或者用于识别图形方法和装置是斯坦福大学的重点方向,因此G06K9/00这类技术的布局数量最多;其次是G06N3/08和G06N3/04,包括采用神经网络模型的计算机系统的体系结构和学习方法。斯坦福大学AI专利还在其他多个技术领域进行布局,如智能信息检索及数据库结构(G06F16/00)、图像分析(G06T7/00)、用于诊断或鉴定目的人或动物行为分析(A61B5/00、A61B6/00、A61B5/055)。可以发现,与重视AI在管理和商业领域的应用的多数中国顶尖大学不同,斯坦福大学更重视AI技术在医学领域的应用。

表10-34　斯坦福大学AI领域专利主要技术构成

IPC分类号	中文含义	专利数
G06K9/00	.计算;推算;计数; ..数据识别;数据表示;记录载体;记录载体的处理; ...用于阅读或识别印刷或书写字符或者用于识别图形,例如指纹的识别方法或装置	35
G06K9/62	….应用电子设备进行识别的方法或装置	18

IPC分类号	中文含义	专利数
G06N3/04	..基于特定计算模型的计算机系统; ...基于生物学模型的计算机系统; ….采用神经网络模型; …..体系结构,例如互连拓扑	23
G06N3/08	…..学习方法	26
G06F7/00	.计算;推算;计数; ..电数字数据处理; ...通过待处理的数据的指令或内容进行运算的数据处理的方法或装置	15
G06F16/00	...信息检索;数据库结构;文件系统结构	15
G06T7/00	.计算;推算;计数; ..G06T 一般的图像数据处理或产生; ...图像分析	13
A61B5/00	.医学或兽医学;卫生学; ..诊断;外科;鉴定; ...用于诊断目的的测量(放射诊断入 A61B6/00;超声波、声波或次声波诊断入 A61B8/00);人的辨识	10
A61B5/055	….用电流或磁场的诊断测量; …..包含电磁共振或核磁共振的,例如磁共振成像	8
A61B6/00	...用于放射诊断的仪器,如与放射治疗设备相结合的	9

如表10-35所示为卡耐基梅隆大学AI专利的主要技术构成(专利数排名前10位的IPC小组分类)。与斯坦福大学一样,卡耐基梅隆大学在用于阅读或识别印刷或书写字符或者用于识别图形方法和装置(G06K9/62、G06K9/00)这一技术分支上布局的专利也最多;其次是采用神经网络模型的计算机系统体系结构和学习方法(G06N3/08、G06N3/04);再次是自动驾驶仪的控制(G05D1/02、G05D1/00)。此外,卡耐基梅隆大学AI专利还在其他多个技术领域进行布局,如智能信息检索及数据库结构(G06F16/00)、利用基于知识模式的计算机系统(G06N5/04)、机器学习(G06N20/00)、基于特定数学模式的计算机系统(G06N7/00)等。其中,基于特定数学模式的计算机系统是卡耐基梅隆大学的特色研究方向。

表10-35　卡耐基梅隆大学AI领域专利主要技术构成

IPC分类号	中文含义	专利数
G06K9/00	.计算;推算;计数; ..数据识别;数据表示;记录载体;记录载体的处理; ...用于阅读或识别印刷或书写字符或者用于识别图形,例如指纹的识别方法或装置	26
G06K9/62	....应用电子设备进行识别的方法或装置	17
G06N3/08	.计算;推算;计数; ..基于特定计算模型的计算机系统; ...基于生物学模型的计算机系统; ....采用神经网络模型; .....学习方法	25
G06N3/04	.....体系结构,例如互连拓扑	20
G06N5/04	...利用基于知识的模式的计算机系统; ....推理方法或设备	8
G06N7/00	..基于特定计算模型的计算机系统; ...基于特定数学模式的计算机系统	6
G06N20/00	..基于特定计算模型的计算机系统; ...机器学习	6
G05D1/00	.控制;调节; ..非电变量的控制或调节系统; ...陆地、水上、空中或太空中的运载工具的位置、航道、高度或姿态的控制,例如自动驾驶仪	11
G05D1/02	控制;调节; ..非电变量的控制或调节系统; ...陆地、水上、空中或太空中的运载工具的位置、航道、高度或姿态的控制,例如自动驾驶仪; ....二维的位置或航道控制	17
G06F16/00	.计算;推算;计数; ..电数字数据处理; ...信息检索;数据库结构;文件系统结构	8

如表10-36所示为麻省理工学院AI专利的主要技术构成（专利数排名前10位的IPC小组分类）。麻省理工学院同样在用于阅读或识别印刷或书写字符或者用于识别图形的方法和装置（G06K9/00、G06K9/62、G06K9/46）上布局的专利数最多；其次是G06F16/00和G06F17/50,包括信息检索及数据库

结构和计算机辅助设计;再次是G16B40/00,特别适用于知识发现或模式发现的信息通信技术。此外,麻省理工学院AI专利还在其他多个技术领域进行布局,例如采用神经网络模型的计算机系统的体系结构和学习方法(G06N3/04 和 G06N3/08),自动驾驶仪位置、航道、高度或姿态的控制(G05D1/00),用于用户和计算机之间交互的输入装置(G06F3/01)等。

表10-36　麻省理工学院AI领域专利主要技术构成

IPC分类号	中文含义	专利数
G06K9/00	.计算;推算;计数; ..数据识别;数据表示;记录载体;记录载体的处理; ...用于阅读或识别印刷或书写字符或者用于识别图形,例如指纹的识别方法或装置	29
G06K9/62	....应用电子设备进行识别的方法或装置	11
G06K9/46	....图像预处理,即无须判定关于图像的同一性而进行的图像信息处理; ....图像特征或特性的抽取	9
G06F16/00	.计算;推算;计数; ..电数字数据处理; ...信息检索;数据库结构;文件系统结构	19
G06F17/50	...特别适用于特定功能的数字计算设备或数据处理设备或数据处理方法; ....计算机辅助设计	17
G06F3/01	...用于将所要处理的数据转变成为计算机能够处理的形式的输入装置;用于将数据从处理机传送到输出设备的输出装置,例如接口装置; ....用于用户和计算机之间交互的输入装置或输入和输出组合装置	7
G16B40/00	.特别适用于特定应用领域的信息与通信技术; ..生物信息学,例如特别适用于计算分子生物学中的遗传或蛋白质相关数据处理的信息与通信技术; ...特别适用于生物统计学的信息与通信技术;特别适用于与生物信息学相关的机器学习或数据挖掘,例如知识发现或模式发现的信息与通信技术	14
G06N3/08	.计算;推算;计数; ..基于特定计算模型的计算机系统; ...基于生物学模型的计算机系统; ....采用神经网络模型; .....学习方法	12
G06N3/04	.....体系结构,例如互连拓扑	12

续表

IPC分类号	中文含义	专利数
G05D1/00	.控制;调节; ..非电变量的控制或调节系统; ...陆地、水上、空中或太空中的运载工具的位置、航道、高度或姿态的控制,例如自动驾驶仪	10

如表 10-37 所示为密歇根大学 AI 专利的主要技术构成(专利数排名前 10 位的 IPC 小组分类)。计算机辅助设计(G06F17/50)是密歇根大学布局专利数最多的方向;其次是 G06N3/08、G06N3/063 和 G06N3/02,即采用神经网络模型的计算机系统。密歇根大学 AI 专利还在其他多个技术领域进行布局,例如自动驾驶仪的控制(G05D1/02)、人体或人体各部分的生物电信号的测量(A61B5/04)、适用于知识发现或模式发现的信息通信技术(G16B40/00)、应用电子设备进行字符或图形识别的方法或装置(G06K9/62)等。

表 10-37 密歇根大学 AI 领域专利主要技术构成

IPC分类号	中文含义	专利数
G06F17/50	.计算;推算;计数; ..电数字数据处理; ...特别适用于特定功能的数字计算设备或数据处理设备或数据处理方法; ….计算机辅助设计	15
G06F17/16	….复杂数学运算的; …..矩阵或向量计算的	6
G06N3/08	.计算;推算;计数; ..基于特定计算模型的计算机系统; ...基于生物学模型的计算机系统; ….采用神经网络模型; …..学习方法	10
G06N3/02	….采用神经网络模型;	9
G06N3/063	…..物理实现,即神经网络、神经元或神经元部分的硬件实现; …….采用电的	7
G05D1/02	.控制;调节; ..非电变量的控制或调节系统; ...陆地、水上、空中或太空中的运载工具的位置、航道、高度或姿态的控制,例如自动驾驶仪; ….二维的位置或航道控制	8

IPC分类号	中文含义	专利数
A61B5/04	.医学或兽医学;卫生学; ..诊断;外科;鉴定; ...用于诊断目的的测量(放射诊断入A61B6/00;超声波、声波或次声波诊断入A61B8/00);人的辨识; ....测量人体或人体各部分的生物电信号	7
G06K9/00	.计算;推算;计数; ..数据识别;数据表示;记录载体;记录载体的处理; ...用于阅读或识别印刷或书写字符或者用于识别图形,例如,指纹的方法或装置	7
G06K9/62	....应用电子设备进行识别的方法或装置	6
G16B40/00	.特别适用于特定应用领域的信息与通信技术; ..生物信息学,例如特别适用于计算分子生物学中的遗传或蛋白质相关数据处理的信息与通信技术; ...特别适用于生物统计学的信息与通信技术;特别适用于与生物信息学相关的机器学习或数据挖掘,例如知识发现或模式发现的信息与通信技术	6

　　如表10-38所示为哈佛大学AI专利的主要技术构成(专利数排名前10位的IPC小组分类)。其中,G06K9/00这类技术的布局数量最多,哈佛大学的重点方向也是用于阅读或识别印刷或书写字符或者用于识别图形方法和装置;其次是G06N10/00,即基于量子力学现象的计算机系统;再次是G16B40/00,例如知识发现或模式发现的基于生物信息学的信息通信技术。此外,哈佛大学还在畜牧业用(用于动物行为分析)的设备(A01K29/00)、用于诊断目的的测量(A61B5/00)、智能信息检索及数据库结构(G06F16/00)、图像分析(G06T7/00)、计算机辅助设计(G06F17/50)、机器学习(G06N20/00)等多个AI技术领域进行了专利布局。与斯坦福大学一样,哈佛大学也重视AI技术在医学领域的应用。

表10-38　哈佛大学AI领域专利主要技术构成

IPC分类号	中文含义	专利数
G06K9/00	.计算;推算;计数; ..数据识别;数据表示;记录载体;记录载体的处理; ...用于阅读或识别印刷或书写字符或者用于识别图形,例如指纹的识别方法或装置	20

续表

IPC分类号	中文含义	专利数
G16B40/00	.特别适用于特定应用领域的信息与通信技术; ..生物信息学,例如特别适用于计算分子生物学中的遗传或蛋白质相关数据处理的信息与通信技术; ...特别适用于生物统计学的信息与通信技术;特别适用于与生物信息学相关的机器学习或数据挖掘,例如知识发现或模式发现的信息与通信技术	9
G06N10/00	.计算;推算;计数; ..基于特定计算模型的计算机系统; ...量子计算机,例如基于量子力学现象的计算机系统	11
G06N20/00	..基于特定计算模型的计算机系统; ...机器学习	8
G06N3/04	....采用神经网络模型; .....体系结构,例如互连拓扑	6
A61B5/00	.医学或兽医学;卫生学; ..诊断;外科;鉴定; ...用于诊断目的的测量(放射诊断入A61B6/00;超声波、声波或次声波诊断入A61B8/00);人的辨识	8
A01K29/00	.农业;林业;畜牧业;狩猎;诱捕;捕鱼; ..畜牧业;禽类、鱼类、昆虫的管理;捕鱼;饲养或养殖其他类不包含的动物;动物的新品种; ...畜牧业用的其他设备	7
G06F16/00	.计算;推算;计数; ..电数字数据处理; ...信息检索;数据库结构;文件系统结构	8
G06F17/50	...特别适用于特定功能的数字计算设备或数据处理设备或数据处理方法; ....计算机辅助设计	6
G06T7/00	.计算;推算;计数; ..G06T一般的图像数据处理或产生; ...图像分析	7

第四节　总　结

本章首先通过对中美10所顶尖大学2015—2019年AI领域论文数据的

分析,从研究规模、研究影响力、高水平研究、国际合作、研究布局的现状和发展态势等方面,揭示中美两组顶尖大学 AI 论文竞争力的具体差距;然后在分析中美两国 AI 领域的专利发展态势和技术布局基础上,重点对比中美两组顶尖大学在 AI 领域的专利发展态势、国际申请、高分专利、技术构成情况,明晰中美两组顶尖大学在 AI 领域的技术创新实力和潜力,以及差距所在。

（一）基础研究实力及潜力

1.竞争实力和潜力

从中国 5 所顶尖大学的 AI 论文综合表现看,中国 5 所顶尖大学 AI 领域研究规模已超过美国同行,但在学术影响力和优秀科研成果产出方面,仅有清华大学、北京大学与美国部分顶尖大学相近。

从发展趋势来看,2015 年美国 5 所顶尖大学的 CNCI 比中国 5 所顶尖大学高 2.06,经过 4 年的发展,两组顶尖大学 2019 年的 CNCI 差距已缩小至 0.06。

从高水平研究竞争现状及发展态势来看,中国 5 所顶尖大学在 AI 领域 Top 期刊上的发文量和学术影响力相对落后,但在优秀期刊上发文表现要优于美国 5 所顶尖大学。同时,中国 5 所顶尖大学 Top 会议论文数持续快速增长,发文数逐渐赶上并超过美国 5 所顶尖大学。中国 5 所顶尖大学被引 Top10% 论文数量已经超过美国同行,被引 Top10% 论文占比也非常接近。

从国际合作情况来看,中美两组顶尖大学之间还有一定差距。从国际合作发展趋势来看,中国 5 所顶尖大学国际合作论文年度发文量已超过美国 5 所顶尖大学,但国际合作率仍有所不及。

2.竞争布局

从中美 10 所顶尖大学 AI 论文的 WoS 学科布局来看,除卡耐基梅隆大学外,其他 4 所美国顶尖大学学科分布较中国 5 所顶尖大学更加广泛。各校发文量居前列的学科较为相似,均包括人工智能、电气与电子工程、信息系统、计算机理论与方法、机器人等。哈佛大学的学科布局与其他学校有一定差异,该校在天文学与天体物理学上有较多布局,其神经科学、生物医学工程是十校中唯一进入论文数前 10 位的学科。中国 5 所顶尖大学的研究主题覆盖面和热点研究主题数优于美国 5 所顶尖大学;从优势研究主题占比来看,十校中最高的是卡耐基梅隆大学,清华大学紧随其后,其余中国四校均仅高于美国 5 所顶尖大学中排名最末的密歇根大学。

在对AI领域主要研究主题(论文数前30)的参与度和影响力方面,中国5所顶尖大学和美国5所顶尖大学的表现差异较为明显。中国5所顶尖大学在多数研究主题上论文数占优势,美国5所顶尖大学论文数仅在3个研究主题上多于中国5所顶尖大学,但其论文影响力的整体表现优于中国5所顶尖大学。T.4338(目标检测;卷积神经网络;并交比函数)是10所顶尖大学共同的研究主题,也是各校发文量最多的研究主题;T.1614(情感分类;命名实体识别;蕴含)是除密歇根大学和哈佛大学外其他八校共同的研究主题。T.31(协同过滤;推荐系统;隐性反馈)是中国五校共同研究主题。T.2323(众包;Turks众包平台;任务分派)是北京航空航天、斯坦福大学、卡耐基梅隆大学、哈佛大学、密歇根大学五校的共同研究主题。

中美10所顶尖大学的高频关键词具有一定的重合度,计算机视觉、人工智能、深度学习、神经网络、深度神经网络、语义、嵌入等是十校所共有的主要研究主题。哈佛大学与其他大学重合的高频关键词最少,在前50高频关键词中有24个高频关键词与其他大学不同,占比48%;上海交通大学与其他大学的高频关键词重合度最高,前50高频关键词中仅有5个高频关键词区别于其他大学;其余8所大学的特色关键词介于6~11个。

(二)技术创新实力及潜力

1.竞争实力和潜力

AI已经成为世界各国争夺的科技高地。目前中国和美国的AI技术在全球都处于领先地位。中国在AI技术领域的创新活跃度比美国更高,已成为AI领域年度专利产出最多的国家,但来源于中国的AI专利中,开创性、引领性成果却比美国少。

中美10所顶尖大学同样非常关注AI领域的技术创新和技术保护。两国顶尖大学的AI专利发展趋势与中美两国的整体表现基本一致。中国5所顶尖大学AI专利数增长迅速,而美国5所顶尖大学的AI专利数增幅很小,无论是整体还是个体,中国5所顶尖大学的专利数都已领先于美国5所顶尖大学。在国际申请数和高分专利数方面,中国5所顶尖大学也超过了美国5所顶尖大学。但中国5所顶尖大学的AI专利国际申请占比和高分专利占比仅为5%和3.5%,远低于美国5所顶尖大学的32.2%和18.3%。在政策的鼓励下,中国5所顶尖大学AI专利已经做大,但还没有做强,应加快从"重数量重国内"向"重质量重全球"转变,在国际专利申请、高价值专利培育方面多下功夫。

2.专利技术构成

中美两国 AI 专利布局的主要技术方向相近,在智能信息检索(G06F16/00)、字符或图形的识别方法或装置(G06K9/00、G06K9/62)、自然语言数据的处理(G06F17/27)、计算机辅助设计(G06F17/50)、自动驾驶仪的控制(G05D1/02)、图形用户界面的交互技术(G06F3/0488、G06F3/0484)、采用神经网络的计算机系统(G06N3/04、G06N3/08)、语音识别(G10L15/22)、通信传输规程(H04L29/08)等方向都已形成相互竞争的态势。但基于国情的不同,中美 AI 技术类别也有一些区别,例如在适用于行政、商业、金融、管理、监督或预测目的的数据处理系统或方法上,中国主要布局在行政管理(G06Q10/04、G06Q10/06)或公用事业领域(G06Q50/06)上,美国则主要布局在商业领域(G06Q30/02)上。此外,中国在使用生物测定数据进行用户鉴别(G06F21/32)上布局了较多专利;而美国在基于知识的模式的计算机系统(G06N5/04)和机器学习(G06N20/00)这两类技术上布局了较多专利。

中美两组顶尖大学在 AI 领域主要技术分支上的专利布局规模有着较大区别,中国 5 所顶尖大学在各主要技术分支上布局的专利数远多于美国 5 所顶尖大学,但两国顶尖大学的主要技术布局相近,例如:用于阅读或识别印刷或书写字符或者用于识别图形的方法或装置(G06K9/00 和 G06K9/62)、采用神经网络模型的计算机系统(G06N3/08 和 G06N3/04)、自动驾驶仪(G05D1/02)、智能信息检索及数据库结构(G06F16/00)、计算机辅助设计(G06F17/50)、图像分析(G06T7/00),都是中美 10 所顶尖大学重点关注的方向。同时两组顶尖大学 AI 领域的主要技术布局也存在一些区别,例如:中国 5 所顶尖大学在行政管理数据处理系统或方法(G06Q10/04、G06Q10/06)和自然语言自动分析(G06F17/27)这些技术上布局较多专利;而美国 5 所顶尖大学在图形图像转换(G06T3/40)、适用于生物统计学的信息通信技术(G16B40/00)、用于诊断目的的测量(例如动物行为分析)(A61B5/00)、利用基于知识的模式的计算机系统(G06N5/04)和机器学习(G06N20/00)上布局较多专利。与多数中国顶尖大学更重视 AI 技术在管理和商业领域的应用不同,多数美国顶尖大学更重视 AI 技术在医学领域的应用。

第十一章 中美顶尖大学量子信息领域学术竞争力分析

第一节 概 述

进入21世纪以来,随着人类对微观世界认识的深入和观测调控能力的提升,以操控光子、电子和冷原子等人造量子体系,利用量子叠加、纠缠和隧穿等独特微观物理现象为主要特征的第二次量子科技革命浪潮将至。以量子计算、量子通信和量子测量为代表的量子信息技术的研究和应用探索,未来有望突破计算处理能力、信息安全保障和测量精度极限等方面的难题和瓶颈,成为推动基础科学研究探索、信息通信技术演进和数字经济产业发展的新动能。

在当前发达国家纷纷启动量子信息国家战略背景下,量子信息技术已成为全球最热的科技竞争焦点之一。美国、中国、日本、加拿大和欧洲等国家和地区都在加快量子信息技术基础研究和应用研发。近年来,量子信息技术发展迅猛,量子通信、量子计算机、量子传感器、量子导航、量子网络等细分领域均取得若干重大突破。

美国是较早开展量子理论、实验和应用研究的国家,也是最先将量子技术列入国家战略、国防安全研发计划的国家。2016年7月,美国公布《推进量子信息科学:国家挑战与机遇》报告,针对量子信息科学基础与应用研究的年度资助额达到2亿美元;2018年6月,美国推出《国家量子行动计划》法案,每年新增投资2.55亿美元,用以支持量子科技研究;2019年,发布《量子计算:进展与前景》《量子前沿报告》等多项报告,对量子信息领域进行深入调研和探讨;2020年,美国在量子信息科学领域实际投入资金支持额度再次提高,增至5.79亿美元。欧盟方面,2016年,其推出"量子技术旗舰"计划,投资总额10亿欧元,推动量子通信、量子模拟器、量子传感器和量子计算机等领域量子技术发展;2019年,欧盟国家就量子技术整合应用于传统通信基础设施之中达成一致意见,签署"量子通信基础设施"声明。

中国同样将量子科技视为战略性产业,量子信息技术的发展受到国务院、科技部、自然科学基金委等多方面政策支持。2020年十九届五中全会审议通过的《中共中央关于制定国民经济和社会发展第十四个五年规划和二〇三五年远景目标的建议》(以下简称《建议》)正式公布,《建议》中明确提出"瞄准人工智能、量子信息、集成电路、生命健康、脑科学、生物育种、空天科技、深地深海等前沿领域,实施一批具有前瞻性、战略性的国家重大科技项目"。中国在量子通信方向已处于全球领先地位,尤其是量子保密通信研究领域,是中国引领全球技术创新的代表性方向之一。2016年发射的"墨子号"量子科学实验卫星,首次在国际上成功实现从卫星到地面的量子密钥分发和从地面到卫星的量子隐形传态。中国科学技术大学潘建伟团队通过我国自主创新的量子光源、量子干涉、单光子探测器等,构建了一台76个光子100个模式的量子计算机原型"九章",它处理"高斯玻色取样"的速度比此前最快的超级计算机"富岳"快一百万亿倍,实现了量子计算优越性,将全球量子霸权竞赛再次推向高潮。

量子信息是新兴的交叉学科,推动交叉学科融合发展的首要条件是吸收汇聚大批具有多学科知识背景的高水平人才,大学具有天然的人才储备优势,同时具备科技第一生产力和人才第一资源重要结合点的独特作用,成为量子信息研发的重要场地。例如美国麻省理工学院凯克极限量子信息理论中心在量子理论研究方面居于国际领先地位,中国大学在量子信息应用方面也取得了国际瞩目的成果,如中国科学技术大学的量子通信研究、清华大学的量子计算研究等。因此,本章以分析中美顶尖大学量子信息领域研究差距为主要目标,分别从基础研究和技术创新两个方面,揭示中美顶尖大学量子信息研发竞争态势,洞察中美顶尖大学在量子信息领域的学术竞争力差距。

如表11-1所示为量子信息领域的中美顶尖大学研究对象。研究对象遴选方案为:综合考虑大学的研究论文和专利的产出规模,在论文规模和专利规模均处于国际领先的大学中,选择研究领域和组织规模相近、研究方向各具特色的代表性大学,中美各5所大学。中国5所顶尖大学为中国科学技术大学、清华大学、北京大学、上海交通大学、浙江大学,美国5所顶尖大学为麻省理工学院、哈佛大学、耶鲁大学、斯坦福大学、密歇根大学。

表11-1　量子信息领域中美顶尖大学研究对象

学校名称	
中文	英文
中国科学技术大学	University of Science and Technology of China
清华大学	Tsinghua University
上海交通大学	Shanghai Jiao Tong University
北京大学	Peking University
浙江大学	Zhejiang University
麻省理工学院	Massachusetts Institute of Technology(MIT)
哈佛大学	Harvard University
耶鲁大学	Yale University
斯坦福大学	Stanford University
密歇根大学	University of Michigan(UMich)

第二节　基础研究实力及潜力分析

一、全球基础研究竞争现状及发展态势分析

(一)研究规模与发展态势

如图11-1所示为近20年全球量子信息领域的论文发展趋势,可见全球范围内量子信息领域的论文数呈上升趋势[①]。20世纪70年代起,Stehen Barnett、Paul Benioff等提出量子信息技术的开创性设想,量子信息作为交叉研究领域处于基础研究探索阶段。20世纪90年代,量子信息迈入了快速发展时期。进入到21世纪,量子信息领域的研究论文年发表数已经突破1万篇,近20年增长趋势平稳。2015—2019年,全球量子信息领域的论文超过

———————
[①]由于检索时间为2021年1月4日,2020年论文数为不完全统计结果,2020年论文数和2019—2020年的论文发展态势仅供参考。

10万篇①,其中2019年全球范围量子信息领域的论文有22270篇,与2015年相比,增长近17.9%,5年的平均增长率②为4.06%。从论文产出看,全球量子信息研究的参与国家/区域共有149个,论文数排名前5位的国家依次为:中国、美国、德国、俄罗斯、印度;结合图11-2可见,排名前5位国家论文数占比超过全球范围量子信息领域论文的70%。全球范围内共有16699个机构参与量子信息研究,可见量子信息已是全球多数国家及机构重点布局的前沿研究领域。

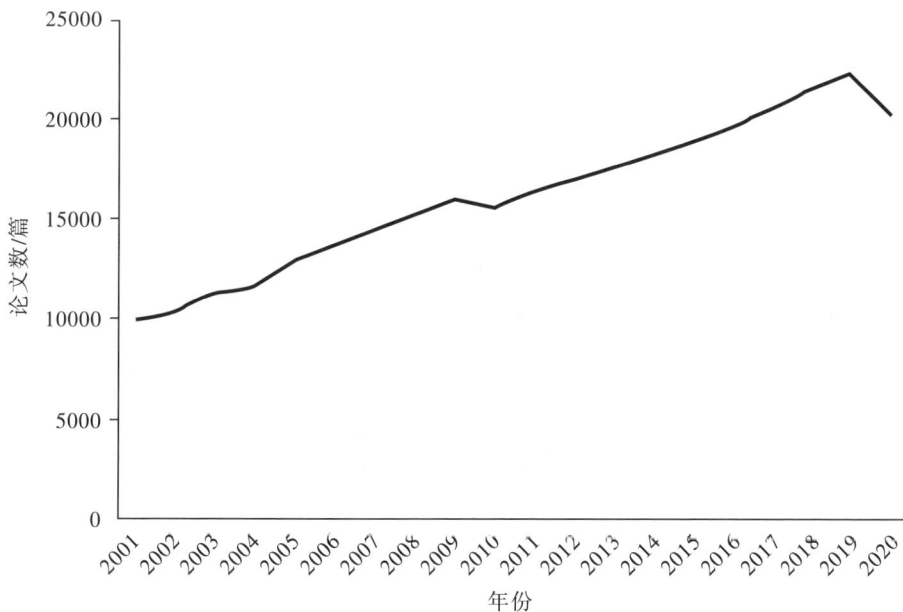

图11-1　全球量子信息论文发展趋势(2001—2020年)

①检索方法:选取Web of Science平台中SCI、SSCI、AHCI、CPCI-S、CPCI-SSH为数据来源库,论文发表年限为2015—2019年,文献类型限制为Article、Review、Proceedings Paper。
②增长率的算法:如2018年的增长率=(2018论文数−2017论文数)/2017论文数×100%。平均增长率即5年增长率平均值。

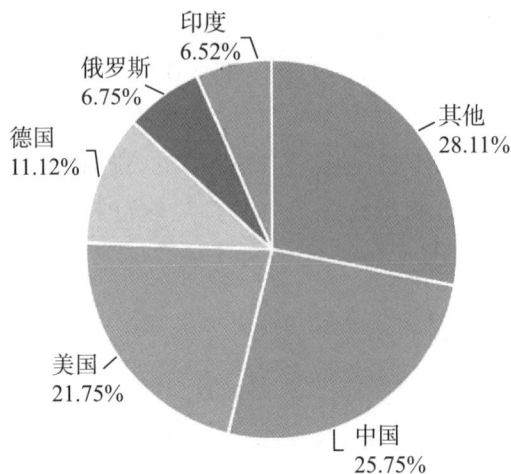

图 11-2　全球量子信息领域主要发文国家分布(论文数前 5 位)

(二)学科交叉分析

20世纪人类以量子力学为理论基础,实现了对光子、原子等微观粒子的精确操控,创造了传感器、通信与信息处理设备、光学器件等。21世纪,随着科学界对量子纠缠、量子相干性、量子叠加等基础理论的深度研究,量子理论在计算、通信、测量、安全等方面的变革式应用成为科学领域的研究热点;量子信息由最初的算法理论研究,转向了量子信息技术操作研究,形成全新的量子信息技术领域。

本节通过分析量子信息论文的WoS学科(Web of Science Categories)分布,揭示量子信息的学科交叉特性。WoS学科分类是最为细分的学科分类模式,共250余个学科,覆盖自然科学、社会科学与艺术人文等领域。该分类模式通过将一个大学科划分至多个分支学科而构建(例如一个大学科"物理",被细分为"应用物理""物理学·跨学科"等分支学科)。由于不同分支学科的引文情况可能存在较大差异,细化的学科定义成为该学科分类模式的重要特征之一,因此WoS学科分类模式通常被认为是精细文献计量学分析的最佳工具。

全球范围量子信息论文共覆盖219个WoS学科,涉及物理、化学、光学、材料以及计算机等多个大类学科。如图11-3所示,论文数前5位的WoS学科为:物理学·应用(physics, applied);材料科学·跨学科(materials science, multidisciplinary);光学(optics);化学·物理(chemistry, physical);物理学·跨学科(physics,multidisciplinary)。归属于这5个学科的论文总数超过6万篇，论文数占比超过60%。计算机相关学科也是量子信息领域论文的重要归属学科，包括计算机科学、理论和方法(computer science,theory & methods)；计算机科学、信息系统(computer science,information systems)；计算机科学，跨学科应用(computer science,interdisciplinary application)等，其中计算机科学、理论和方法学科在所有WoS学科论文数排名为第15位，论文数为2531篇，论文数占比2.46%。量子信息领域论文的WoS学科分布进一步揭示出，量子信息领域是一个以物理学、化学、材料、光学等学科为基础学科，渗透融合信息科学而形成的新兴研究领域。

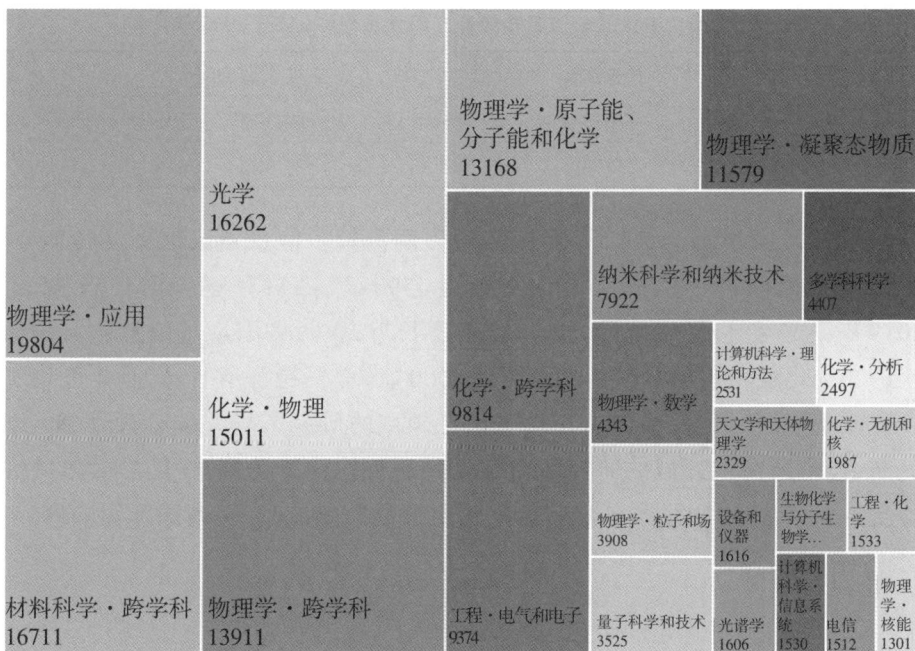

图 11-3　全球量子信息领域论文的 WoS 学科分布

二、中美基础研究竞争现状及发展态势分析

(一)研究规模与发展态势

本部分首先获取2015—2019年量子信息领域论文，分析中美两国在量子信息领域的研究规模与发展态势。如表11-2所示为中美量子信息论文指

标的综合对比情况,科研论文数反映了一个国家在某个领域的研究规模,从论文数来看,2015—2019年中国在量子信息领域的论文数为27813篇,领先于美国,是美国论文数的1.24倍。从研究影响力来看,中国量子信息领域的论文在被引次数和学科规范化的引文影响力(CNCI)[①]指标上的表现均不及美国。中国量子信息领域的论文数高于美国,但产生的总被引次数却比美国低21976次,说明中国量子信息领域论文的学术影响力比美国低。这一结论同时在CNCI指标差距上得到了印证,虽然中美两国量子信息论文的CNCI均高于全球平均水平,但中国CNCI比美国低0.4,相当于中国量子信息领域论文平均每篇被引次数比美国低0.4次。

表11-2　中美量子信息领域论文综合表现(2015—2019年)

国家	论文数	被引次数	论文被引百分比	CNCI
中国	27813	345171	84.30%	1.14
美国	22364	367147	87.08%	1.54

如图11-4所示为2015—2019年中美两国量子信息领域论文发展趋势。2015年中国的量子信息领域论文数为4590篇,随后呈逐年增长趋势,至2019年论文数达到6895篇,较2015年增长近50%;美国量子信息领域的年度论文数比较稳定,保持在4000篇到5000篇,增长趋势不明显,且年度论文数均低于中国。这说明中国在量子信息领域的研究影响力虽然暂时落后于美国,但中国在该领域的研究活力和增长趋势均优于美国,在国家政策的大力支持下,相信中国量子信息将会产出更多高质量成果,提高国际影响力。

---

①学科规范化的引文影响力(category normalized citation impact,CNCI):能够表征一组论文在学科层面上的相对影响力水平,即该组论文在每个学科中发表论文的实际被引频次与全球该学科同年同类型(Article或Review类型)论文的平均被引频次的比值之均值,常用以衡量科研质量。一般以1.00为分界,大于1.00表示科研产出影响力高于平均水平,小于1.00则表示低于平均水平。

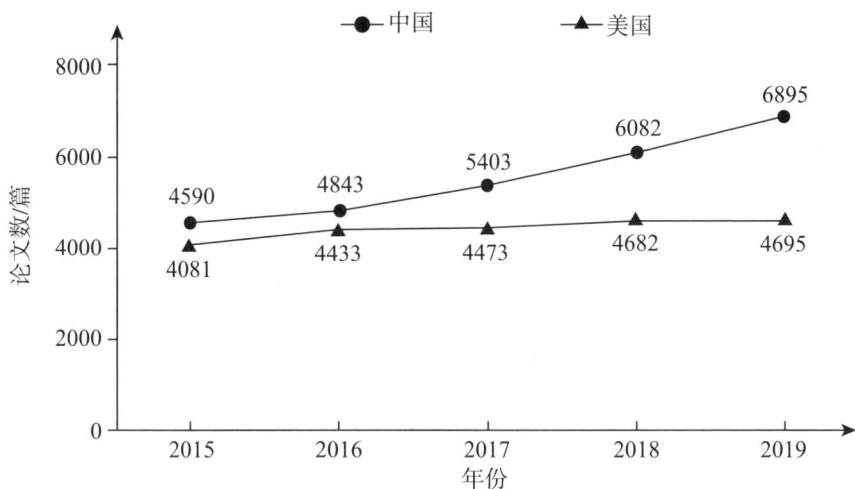

图 11-4 中美量子信息领域论文发展趋势(2015—2019年)

(二)关键词对比分析

词频统计法是反映研究热点的常用方式之一。高频关键词代表一种突现的结果,有助于归纳研究的发展态势。SciVal关键词频分析通过使用自然语言处理技术(nature language processing)对特定的文献集合中有关文档的标题及摘要进行文本挖掘,以期发现重要的主题概念。这些主题概念都被收录在跨学科的主题词表系统之中。每篇文献通过倒序词频(inverse document frequency,IDF)的方法平衡文献中主题概念的出现频率与重要性之间的关系,从而在每个研究领域中筛选出前50个具有最高词汇权重的词语作为关键词。每个高频关键词都赋予一个从0到1的数值标识其权重量。1表示具有最高的代表优先级,其他高频关键词分别与之相比较,从而给出数值,其数值通过云标签以可视化的形式进行体现。

图11-5和图11-6分别是中国和美国量子信息领域论文2015—2019年的高频关键词图。通过关键词图可以分析中美量子信息领域关注点的变化情况,字号大小代表关键词的出现频次,字号越大表示该关键词出现的频次越高。

中国前10高频关键词依次为:量子(quantum)、量子点(quantum dot)、量子比特(qubit)、量子光学(quantum optic)、纠缠(entanglement)、量子密钥分布(quantum key distribution)、量子化学(quantum chemistry)、碳量子点(carbon quantum dot)、量子计算机(quantum computer)、光子(photon)。美国前10高频关键词依次为:量子、量子光学、量子化学、量子比特、量子计算

机、量子理论(quantum theory)、量子点、纠缠、量子力学(quantum mechanic)、半导体激光(semiconductor laser)。前10位高频关键词中，中美重合关键词有7个，其中中国独有的高频关键词包括量子密钥分布、碳量子点、光子，美国独有的高频关键词包括量子理论、量子力学、半导体激光，表明中美两国在量子信息领域的大部分研究方向较相近，但也有各自的特色研究领域。中国在量子通信领域处于全球领先地位，尤其是量子保密通信、量子密钥分配研究，是引领全球创新的代表性方向之一；美国是较早开展量子信息研究的国家，前期开展了大量量子理论、量子力学等方向的相关研究。

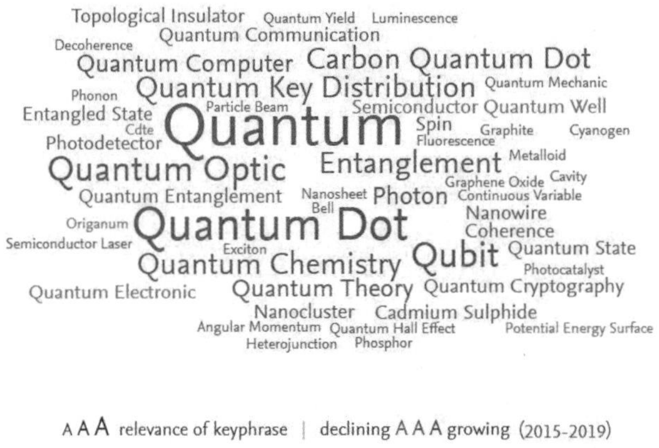

A A A relevance of keyphrase ｜ declining A A A growing (2015-2019)

图11-5　中国量子信息领域论文高频关键词图

A A A relevance of keyphrase ｜ declining A A A growing (2015-2019)

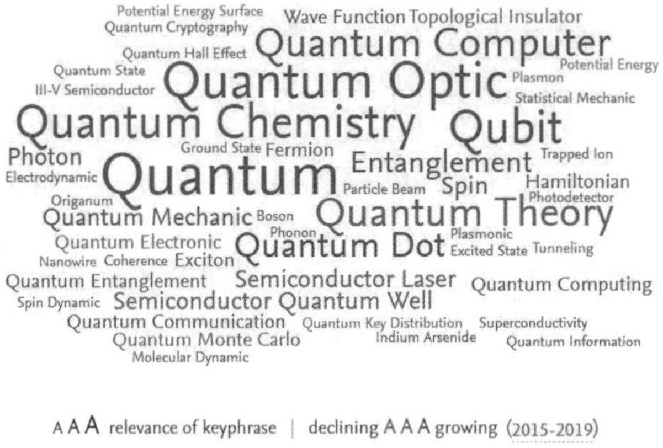

图11-6　美国量子信息领域论文高频关键词图

▷ 三、中美顶尖大学基础研究实力及潜力对比分析

科研论文是基础研究和应用基础研究成果的载体,是世界一流大学核心竞争力的重要考量依据,也是衡量大学科研水平的重要指标。本部分以学术论文这一重要的科研产出为分析对象,比较中美顶尖大学在量子信息领域学术产出上的差异,揭示中美顶尖大学在发文规模及影响力、发文期刊、高水平研究,以及国际合作等方面的差距,并且深入分析中美顶尖大学在研究主题、研究热点上的差异,了解中美顶尖大学在量子信息领域的研究布局情况。

(一)基础研究实力及发展态势分析

1.总体实力对比分析

以中国顶尖大学(5所)和美国顶尖大学(5所)两个群体作为研究对象,比较中美顶尖大学在研究规模、研究影响力、$h5$指数[①]等方面的差距,中美顶尖大学的表现如表11-3所示。

表11-3　中美顶尖大学量子信息论文综合表现(2015—2019年)

学校	论文数	CNCI	被引次数	论文被引占比	$h5$指数
中国顶尖大学(5所)	4481	1.48	71365	88.04%	98
美国顶尖大学(5所)	3459	2.42	89681	90.46%	122

论文数是反映大学研究规模的重要指标之一,2015—2019年中国顶尖大学(5所)在量子信息领域发表论文4481篇,美国顶尖大学(5所)发表论文3459篇,中国顶尖大学的论文规模是美国的1.30倍。从总被引次数来看,中国顶尖大学的总被引次数为71365次,美国顶尖大学的总被引次数为89681次,美国顶尖大学虽然论文规模不及中国,但总被引次数反超中国,可见美国顶尖大学量子信息领域的研究论文更具影响力。CNCI是一种特殊的篇均被引次数,是一个无偏的、具有跨学科比较性的指标,中美顶尖大学的CNCI表现均高于全球平均水平(1),其中,中国顶尖大学(5所)CNCI值为1.48,美国顶尖大学(5所)的CNCI为2.42,比中国顶尖大学的CNCI高0.94。从论文

[①]$h5$指数指在过去5年中机构所发表文章的h指数。h指数是一个混合量化指标,综合考量了论文数量和被引次数。h指数指在一定期间内某学者或科研团队发表的论文至少有h篇的被引频次不低于h次。

被引占比来看，2015—2019年中国顶尖大学的所有量子信息论文，其中88.04%被引用过，美国顶尖大学的所有量子信息论文，其中90.46%被引用过，比中国高2.42%。$h5$指数是一个混合量纲，综合考虑了研究规模和研究影响力，中国顶尖大学的$h5$指数为98，美国顶尖大学的$h5$指数为122，是中国顶尖大学的1.24倍。

图11-7以雷达图形式直观展示了中美顶尖大学在量子信息领域的学术竞争力差距，研究对象的覆盖面积越大，其学术竞争力越强。中国顶尖大学在论文规模表现上优于美国顶尖大学，但在CNCI、被引次数、$h5$指数等研究影响力相关指标上，与美国顶尖大学存在较大差距。虽然中国顶尖大学的量子信息论文被引占比低于美国顶尖大学，但是差距较小，有望近年超越美国顶尖大学。综上所述，中美顶尖大学在量子信息领域的学术指标表现上各有优劣，中国顶尖大学以研究规模见长，美国顶尖大学的研究影响力优势明显。

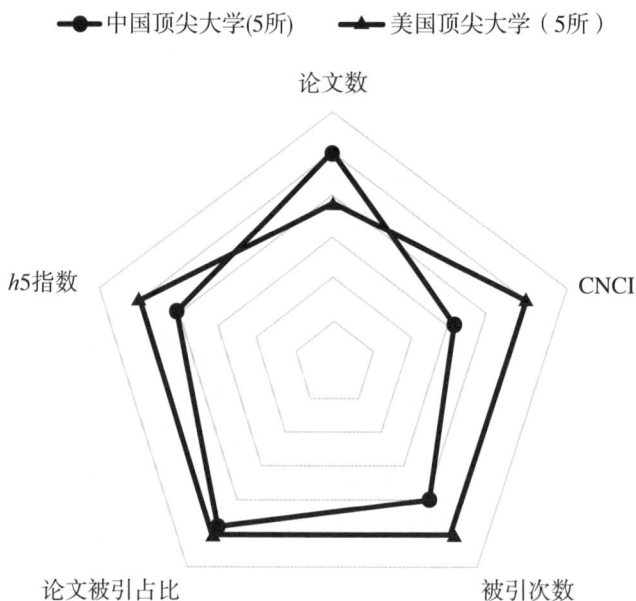

图11-7 中美顶尖大学量子信息学术竞争力综合实力比较（2015—2019年）

2.研究规模发展态势

为了更加全面地了解中美顶尖大学在量子信息领域的研究发展态势，本节比较两组顶尖大学近5年论文数量的发展趋势，如图11-8所示。从发文数量增长趋势来看，2015—2019年中国顶尖大学量子信息论文数增长势头明显。2015年，中国顶尖大学在量子信息领域发表论文691篇，至2019年量子信息论文数达 1031 篇,增幅近 50%,5年平均增长率约为 10%。2015—
2019年美国顶尖大学的论文数稳中略增,2015年论文数为 597 篇,2016年论
文数增长至 706 篇,2016—2018年论文数在 700 篇上下浮动,2019年有所增
长,论文数有 759 篇。5年内,美国顶尖大学量子信息论文增幅约 27.14%。5
年平均增长率为 6.78%。结合全球量子信息论文增长趋势来看,近5年中美
顶尖大学平均增长率均高于全球平均增长率的(4.06%),中国顶尖大学的平
均增长率是全球平均增长率近 2.5 倍。

对比中美顶尖大学近5年的量子信息论文发展态势可以看出,中国顶尖
大学量子信息论文数一直高于美国顶尖大学,且5年平均增长率也高于美国
顶尖大学,相比之下,美国顶尖大学量子信息论文近5年增长较缓慢,与中国
顶尖大学量子信息论文的数量差距进一步拉大。中国顶尖大学在量子信息
领域的论文规模优势显著,综合表 11-3,中国顶尖大学量子信息领域的论文
在影响力上存在短板,在保持发文规模进一步扩大的前提下,仍需在产出高
质量研究成果上发力,提高中国在量子信息领域的研究影响力。

图 11-8　中美顶尖大学量子信息发文趋势(2015—2019年)

3.论文影响力(CNCI)发展态势

学科规范化的引文影响力(CNCI)是一种特殊的篇均被引次数,是经过
归一化的指标。图 11-9 展示了 2015—2019 年中美顶尖大学量子信息领域
CNCI 的变化情况。中美顶尖大学量子信息的 CNCI 都有不同程度的波动。
中国顶尖大学的 CNCI 保持在 1.30~1.60,2015—2017 年中国顶尖大学的

CNCI上升明显,2018年CNCI有所下降,2019年CNCI再次回升,值为1.47。美国顶尖大学的CNCI保持在2.20~2.60,波动趋势与中国顶尖大学的CNCI变化趋势相反,2015—2017年美国顶尖大学CNCI明显下降,2018年CNCI有所上升,但2019年再次下降,达到5年内最低点,值为2.21。经过4年的发展,中美顶尖大学的CNCI差距值由1.12缩小至0.74。综合比较中美顶尖大学量子信息领域的论文影响力发展趋势可见,2015—2019年间中国顶尖大学量子信息论文影响力稳中有升,美国顶尖大学量子信息论文影响力稳中有降,两者间差距虽然有进一步缩小的趋势,但差距仍然明显。如何提高论文影响力,实现内涵式发展仍是中国大学需要重点关注的问题。

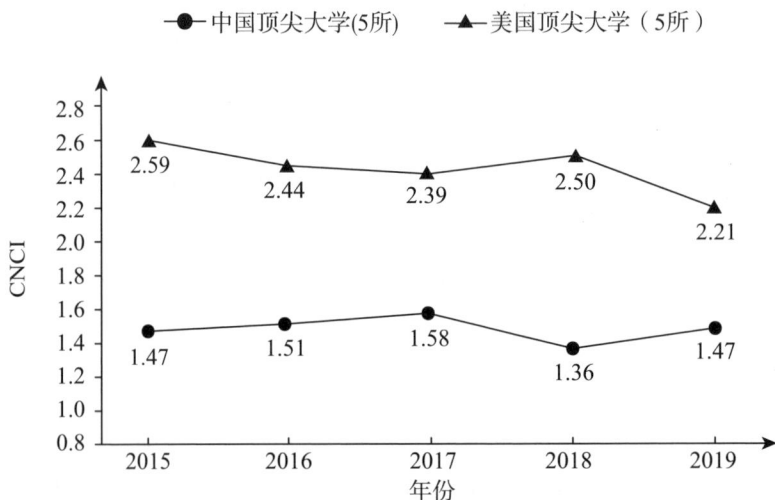

图11-9　中美顶尖大学CNCI发展态势(2015—2019年)

4.十校基础研究实力对比分析

上述分析展示了中美顶尖大学量子信息论文整体表现情况。为了进一步比较10所中美顶尖大学量子信息领域学术竞争力具体表现,表11-4列出了10所顶尖大学的具体指标数据。比较发现,中国5所顶尖大学的论文规模略占优势,美国5所顶尖大学的论文影响力指标优势明显(CNCI、$h5$指数),中美顶尖大学的论文被引占比不相上下。中国5所顶尖大学中,中国科学技术大学在论文数和$h5$指数上优势显著,清华大学论文数居第二位,且CNCI表现最好,上海交通大学的论文被引占比最高。美国5所顶尖大学中,麻省理工学院发文规模和$h5$指数均最高,哈佛大学的CNCI表现最优,耶鲁大学虽然论文数最低,但论文被引占比最高。

如图11-10所示的象限图可以直观比较十校的学术竞争力情况。横轴是归一化的论文数,纵轴是CNCI,分别以十校归一化论文数(X=2.3)和CNCI的平均值(Y=2.1)为分隔线,形成四象限图。图11-10将10所顶尖大学分成四类,落在象限Ⅰ的大学在十校中发文规模和CNCI均占优势,落在象限Ⅱ的大学在十校中CNCI表现优异,落在象限Ⅲ的大学在十校中发文规模和CNCI都不占优势,落在象限Ⅳ的大学在十校中发文规模占优势。分析可见,仅有1所美国顶尖大学(麻省理工学院)落在象限Ⅰ中,该校是量子信息领域10所顶尖大学中综合学术竞争力最强的大学;3所美国顶尖大学落在象限Ⅱ中,为哈佛大学、斯坦福大学、耶鲁大学,这3所大学的论文影响力表现优异;1所美国顶尖大学落在象限Ⅲ。相较而言,中国5所顶尖大学均落在象限Ⅲ和象限Ⅳ,CNCI表现均不占优势。值得关注的是,落在象限Ⅳ中的有中国科学技术大学和清华大学,这2所顶尖大学的发文规模具有较大优势,尤其是中国科学技术大学的发文规模,遥遥领先于其他9所顶尖大学。

表11-4 十校量子信息论文综合表现

学校	论文数/篇	CNCI	被引次数	论文被引占比	h5指数
中国科学技术大学	1712	1.46	25927	87.79%	67
清华大学	1131	1.72	20862	89.04%	61
北京大学	849	1.62	16010	88.93%	56
上海交通大学	564	1.55	9629	89.72%	48
浙江大学	576	1.40	8381	86.28%	45
麻省理工学院	1165	2.78	34040	90.21%	80
哈佛大学	828	3.13	26803	92.51%	72
斯坦福大学	805	2.73	25122	90.31%	75
密歇根大学	589	2.00	12355	88.46%	50
耶鲁大学	376	2.55	9545	94.15%	47

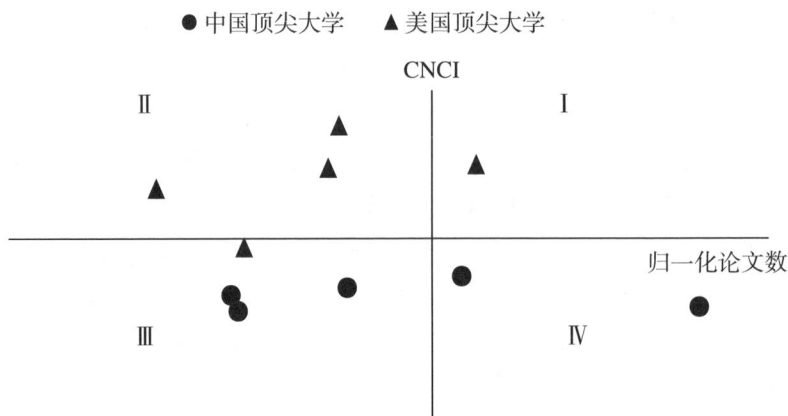

图 11-10　十校量子信息归一化论文数与引文影响力象限图

(二)发文期刊竞争力现状分析

1.主要发文期刊分析

本节主要从发文期刊影响力的角度,进一步分析中美顶尖大学在量子信息领域学术竞争力上的差距。分别选取中美顶尖大学量子信息领域论文数排名前20的期刊作为主要发文期刊,表11-5和表11-6分别列出了中美顶尖大学量子信息主要发文期刊及分区情况。

中国5所顶尖大学在主要发文期刊上论文数占比为43.14%,美国5所顶尖大学在主要发文期刊上论文数占比为50.01%,两个群体在主要发文期刊的论文数占比差距不大。中国顶尖大学的主要发文期刊的分区情况为:13种Q1期刊、4种Q2期刊、2种Q3期刊,1种Q4期刊,美国顶尖大学的主要发文期刊集中在Q1期刊(16种)和Q2期刊(4种),可见中美顶尖大学主要发文期刊的分区分布差距较大,美国顶尖大学的主要发文期刊的分区优势明显。对比中美顶尖大学的主要发文期刊,两组顶尖大学重合的主要发文期刊有12种,美国顶尖大学独有的主要发文期刊中不乏《自然》《科学》等顶级期刊,这也进一步说明美国顶尖大学量子信息领域的主要发文期刊影响力较高,尽管不能"以刊评文",但发表在高影响力期刊上的论文往往具有更高的学术影响力。

表11-5 中国顶尖大学量子信息主要发文期刊（2015—2019年）

期刊名称	论文数	期刊分区
Physical Review A	403	Q2
Physical Review Letters	226	Q1
Physical Review B	212	Q2
Scientific Reports	145	Q1
Optics Express	108	Q1
Chinese Physics B	93	Q3
Quantum Information Processing	71	Q1
Nature Communications	70	Q1
ACTA Physica Sinica	67	Q4
New Journal of Physics	62	Q1
Applied Physics Letters	54	Q1
Journal of Chemical Physics	53	Q2
RSC Advances	51	Q2
Nano Letters	50	Q1
Nanoscale	49	Q1
Chinese Physics Letters	47	Q3
Physical Review Applied	45	Q1
Physical Review D	43	Q1
Optics Letters	43	Q1
Science China-Physics Mechanics & Astronomy	41	Q1

表11-6 美国顶尖大学量子信息主要发文期刊（2015—2019年）

期刊名称	论文数	期刊分区
Physical Review B	255	Q2
Physical Review A	254	Q2
Physical Review Letters	231	Q1
Nature Communications	82	Q1
Journal of Chemical Physics	76	Q2
Scientific Reports	72	Q1
New Journal of Physics	70	Q1

续表

期刊名称	论文数	期刊分区
Nano Letters	70	Q1
Physical Review X	69	Q1
Physical Review D	69	Q1
Journal of High Energy Physics	68	Q1
Science	58	Q1
Applied Physics Letters	58	Q1
Nature	51	Q1
Physical Review Applied	48	Q1
Optics Express	46	Q1
Nature Physics	42	Q1
Proceedings of The National Academy Of Sciences of The United States of America	41	Q1
Journal of Physical Chemistry A	37	Q2
Journal of Physical Chemistry Letters	33	Q1

2.发文期刊竞争力分析

期刊引证报告（journal citation reports，JCR）是一个多学科期刊评价工具。通过对参考文献的标引和统计，JCR可以在期刊层面衡量某项研究的影响力，显示出引用和被引期刊之间的相互关系。为了帮助学者更好地了解本领域内期刊的水平，科睿唯安公司推出JCR分区，该分区将期刊划分为176个WoS学科，每个学科的期刊按照当年的影响因子高低排名，根据期刊在所属学科中的排名（X）与该学科所有期刊数量（Y）的比值（Z）得出期刊的分区，$Z \leq 25\%$ 为Q1、$25\% < Z \leq 50\%$ 为Q2、$50\% < Z \leq 75\%$ 为Q3，$Z > 75\%$ 为Q4，一般认为Q1分区期刊的影响力更高，而Q4分区期刊影响力较低。

如图11-11所示为中美国顶尖大学分别在Q1、Q2、Q3、Q4分区期刊的发文占比，比较两个群体在不同分区的发文情况。中国顶尖大学在Q1分区期刊论文占比62.89%，美国顶尖大学在Q1分区期刊论文占比71.25%，比中国顶尖大学高8.36%；中国顶尖大学和美国顶尖大学在Q2分区期刊上论文占比非常接近；中国顶尖大学在Q3和Q4分区期刊的论文占比之和为13.80%，美国顶尖大学在Q3和Q4分区期刊论文占比之和仅为5.21%。综合来看，中国顶尖大学量子信息的论文发文期刊与美国顶尖大学存在一定的差距，在发文期刊质量提升方面还有较大的进步空间。

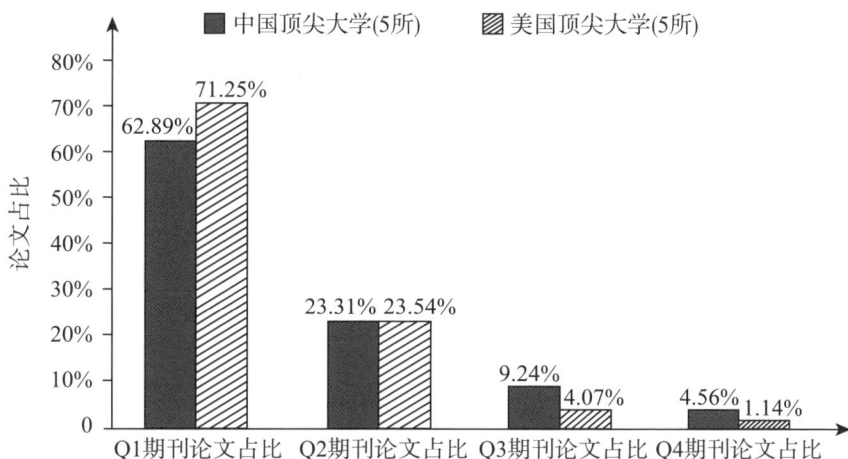

图 11-11　中美顶尖大学量子信息发文期刊分区对比（2015—2019 年）

（三）高水平基础研究竞争现状及发展态势分析

高水平研究能够反映科研机构的全球学术水平,本节重点从被引次数排名前 1%(下称 Top1%)论文、被引次数排名前 10%(下称 Top10%)论文,以及专家公认的 Top 期刊(下称 Top 期刊)论文 3 个指标,比较中美国顶尖大学的高水平研究竞争现状。

Top1% 的论文占比(PPTop1%)指在某一指定学科领域、某一年、某种文献类型下,被引频次排名前 1% 的文献数除以该组文献的总数的值,以百分数的形式展现。该指标数值越大,表明该组文献表现越好。Top10% 的论文占比(PPTop10%)指在某一指定学科领域、某一年、某种文献类型下,被引频次排名前 1% 的文献数除以该组文献的总数的值,以百分数的形式展现。该指标数值越大,表明该组文献表现越好。Top 期刊采用德尔菲法形成,采访量子信息领域内专家和学者,收集他们认可的领域内 Top 期刊,同时结合期刊影响因子和期刊分区进行筛选,最终形成 Top 期刊列表,包括 12 种 Q1 分区期刊,其中 Top 期刊论文百分比(PPTop 期刊)指发表在 12 种 Top 期刊上的论文占比。

1.高水平研究的多指标分析

如图 11-12 所示为中美顶尖大学的高水平研究论文多指标情况。从 Top10% 论文来看,两组顶尖大学的 Top10% 论文占比均高于 10%,超过了全球平均水平;中国顶尖大学被引次数Top10%论文占比为17.32%,美国顶尖大学被引次数Top10%论文占比为28.56%,是中国顶尖大学PPTop10%论文的1.65倍。从Top1%论文来看,两组顶尖大学的PPTop1%论文占比均超过了全球平均水平,中国顶尖大学为2.63%,美国顶尖大学为4.97%,是中国顶尖大学的1.89倍。从Top期刊论文来看,中国顶尖大学在Top期刊上论文占比为10.85%,美国顶尖大学在Top期刊上论文占比为19.63%,约是中国顶尖大学的2倍。由此可见,中国顶尖大学与美国顶尖大学在高水平研究的指标上有一定的差距,尤其在Top期刊的发文方面,美国顶尖大学表现更为突出。

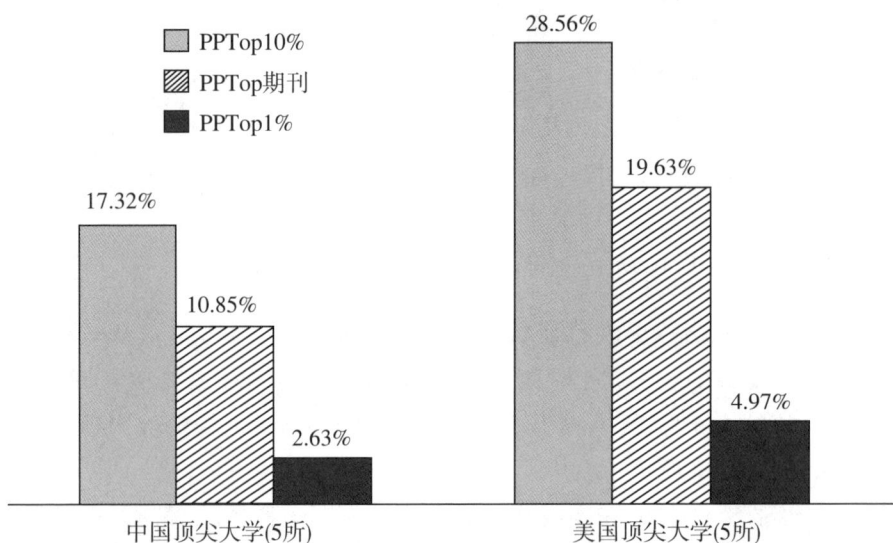

图11-12 中美顶尖大学量子信息高水平论文占比(2015—2019年)

2.Top论文竞争力现状及发展态势分析

被引频次高的论文往往是领域内更受关注的论文,具有较高的影响力,也可以认为是领域内的高水平论文,因此将被引次数排名前1%的论文(PPTop1%)和被引次数排名前10%的论文(PPTop10%)定义为Top论文。表11-7列出了5所中国顶尖大学和5所美国顶尖大学PPTop1%和PPTop10%指标的具体表现情况,两组顶尖大学的被引次数Top1%论文占比分布于两个不同的层次,5所中国顶尖大学PPTop1%分布于1.91%~3.89%,5所美国顶尖大学的PPTop1%分布于4.07%~7.37%。5所中国顶尖大学的PPTop1%占比也存在一定差距,其中清华大学PPTop1%最高(3.89%),浙江大学的PPTop1%最低(1.91%);5所美国顶尖大学中哈佛大学的PPTop1%最高

（7.37%），密歇根大学的PPTop1%最低（4.07%）。同被引次数Top1%论文占比情况相似，5所中国顶尖大学和5所美国顶尖大学的Top10%论文占比分布也存在一定差距，5所中国顶尖大学PPTop10%分布于16.32%~20.14%，5所美国顶尖大学的PPTop10%分布于20.71%~33.33%。仔细比较10所中美顶尖大学Top论文占比情况，清华大学被引次数Top1%论文占比、清华大学和北京大学被引次数Top10%的论文占比数据已经非常接近美国顶尖大学中相对劣势的密歇根大学。在中国大学高质量、内涵式发展政策指导下，中国顶尖大学在Top论文方面有较大希望赶上美国顶尖大学。

表11-7　十校量子信息的Top1%论文占比和Top10%论文占比（2015—2019年）

学校	PPTop1%		PPTop10%	
中国科学技术大学	3.15%		17.17%	
清华大学	3.89%		19.36%	
北京大学	2.59%		20.14%	
上海交通大学	3.01%		18.09%	
浙江大学	1.91%		16.32%	
麻省理工学院	5.58%		31.07%	
哈佛大学	7.37%		33.33%	
斯坦福大学	7.08%		31.06%	
密歇根大学	4.07%		20.71%	
耶鲁大学	5.85%		30.59%	

3.Top期刊论文竞争力分析

运用德尔菲法，经领域专家和学者推荐，形成表11-8所示的量子信息领域Top期刊表，共12种期刊，包括 Nature、Science 顶级刊物和部分子刊，以及美国物理学会的权威期刊 Physical Review Letters、Reviews of Modern Physics、Physical Review Letters 等。中国顶尖大学在量子信息Top期刊上共发表论文486篇，占中国顶尖大学在量子信息领域5年论文数的10.85%；美国顶尖大学在量子信息Top期刊上共发表679篇论文，占美国顶尖大学在量子信息领域5年论文数的19.63%，约是中国顶尖大学的2倍。中国顶尖大学和美国顶尖大学论文数排名前三的Top期刊中，排名第一和第二的Top期刊是重合的，均为 Physical Review Letters、Nature Communications，且两组大学在两种期刊上的论文数较接近；论文数排名第3的期刊不同，中国顶尖大学在

Physical Review Applied 上的论文数为 45 篇，美国顶尖大学在 *Physical Review X* 上的论文数为 69 篇。*Nature*、*Science* 收录论文一般被视为创新性强、高质量的研究成果，美国顶尖大学在 *Nature*、*Science* 上发表的量子信息论文分别为 58 篇和 51 篇，为美国顶尖大学论文数排名第 4 位和第 5 位的期刊。相较而言，中国顶尖大学在 *Nature*、*Science* 上的发文数较少，分别为 13 篇和 11 篇。

总体而言，中国顶尖大学量子信息的 Top 期刊论文数与美国顶尖大学差距明显，在 *Nature*、*Science* 顶级期刊上的论文数差距尤其显著，表明中国顶尖大学在发表强创新性、高质量研究论文方面存在较大短板。

表 11-8　中美顶尖大学 2015—2019 年量子信息 Top 期刊发文情况

期刊名称	5 年影响因子	中国顶尖大学(5 所)	美国顶尖大学(5 所)
Physical Review Letters	8.215	226	231
Nature Communications	13.611	70	82
Physical Review Applied	4.658	45	48
npj Quantum Information	8.870	32	33
Science Advances	14.094	22	22
Physical Review X	12.666	21	69
Nature Photonics	36.870	21	23
Nature Physics	20.923	19	42
Nature	46.488	13	51
Science	44.374	11	58
Nature Nanotechnology	40.301	5	14
Reviews of Modern Physics	46.155	1	6
12 种 Top 期刊论文数	—	486	679
12 种 Top 期刊论文占比	—	10.85%	19.63%

（四）国际合作竞争现状及发展态势

1.国际合作论文竞争力分析

国际合作论文是指由 2 个或者 2 个以上国家（地区）的作者共同参与合作发表的论文。国际合作率指学者或机构发表的国际合作论文数占全部论文数的百分比,能够揭示大学学术研究的国际化程度。表11-9列出了中美顶尖大学量子信息国际合作论文的具体表现。中美顶尖大学的国际合作发文规模接近,其中中国顶尖大学国际合作论文数为1668篇,美国顶尖大学国际合作论文数为1978篇;从国际合作率来看,中美顶尖大学存在较大差距,中国顶尖大学国际合作率为37.22%,美国顶尖大学国际合作率为57.18%,比中国顶尖大学高近20%。两组顶尖大学国际合作论文数接近,但国际合作率差距明显,主要原因是中国顶尖大学量子信息所有论文数较大,计算国际合作率时分母较大,导致国际合作率较低,这也说明虽然中国顶尖大学在国际合作论文上的绝对数值表现尚可,但整体国际化程度还是不及美国顶尖大学。

通过表11-9进一步分析中美顶尖大学国际合作论文影响力的差异,从篇均被引、论文被引占比、高水平论文(PPTop1%和PPTop10%)来看,中国顶尖大学量子信息国际合作论文的影响力低于美国顶尖大学。具体来看,中国顶尖大学量子信息国际合作论文篇均被引为21.84次/篇,美国顶尖大学量子信息国际合作论文篇均被引为29.12次/篇,比中国顶尖大学高7.28次/篇。从高水平论文(PPTop1%和PPTop10%)来看,美国顶尖大学量子信息国际合作高水平论文表现同样优于中国。从论文被引占比来看,中国顶尖大学量子信息国际合作论文被引占比与美国顶尖大学差距非常小。综合来看,中国顶尖大学量子信息国际合作论文规模与美国顶尖大学接近,但在国际合作论文影响力上还有很大的提升空间。

表11-9 中美顶尖大学量子信息国际合作论文表现(2015—2019年)

学校	国际合作论文数	国际合作率	篇均被引	论文被引占比	PPTop1%	PPTop10%
中国顶尖大学(5所)	1668	37.22%	21.84	92.69%	4.50%	23.50%
美国顶尖大学(5所)	1978	57.18%	29.12	93.02%	5.97%	30.18%

2.国际合作论文发展态势分析

上节内容详细分析了中美顶尖大学的量子信息国际合作论文规模和论文影响力的差异,本节进一步分析国际合作论文的发展态势,如图11-13所示为2015—2019年中美顶尖大学的量子信息论文国际合作率发展趋势。5年间,中国顶尖大学的量子信息论文国际合作率保持稳定,在37%上下浮动;美国顶尖大学的量子信息论文国际合作率保持在50%以上,且有所增长,2015—2017年美国顶尖大学的量子信息论文国际合作率直线上升,突破60%,2018—2019年出现小幅下降,且仍显著高于中国顶尖大学。

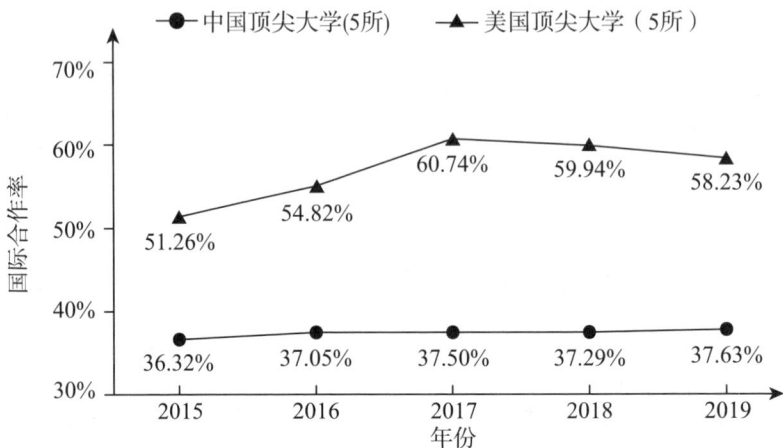

图 11-13　中美顶尖大学量子信息国际合作率发展趋势(2015—2019年)

　　结合图 11-14 中美顶尖大学量子信息国际合作论文年增长率来看,2015—2019年中国顶尖大学量子信息国际合作论文在持续增长,论文总增长数量为340篇,2016—2017年中国顶尖大学量子信息国际合作论文年增长率直线上升,2017年达到最高(23.53%),2018—2019年间增速放缓。美国顶尖大学量子信息国际合作论文年增长率波动较大,论文总增长数量为162篇,2016年美国顶尖大学量子信息国际合作论文增长率为5年最高值(26.47%),此后至2018年一直在下降,2018年增长率为负值(-2.58%),不过2019年国际合作增长率再次回升。在全球量子信息论文稳步增长的大趋势下,中国顶尖大学量子信息国际合作论文5年平均增长率略高于其全部论文,美国顶尖大学量子信息国际合作论文5年平均增长率则是其全部论文的1.49倍。

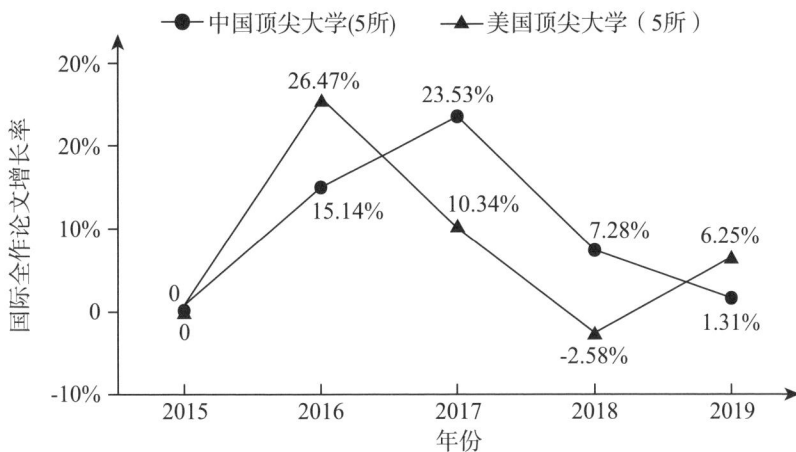

图 11-14　中美顶尖大学量子信息国际合作论文年增长率(2015—2019 年)

综上比较发现,中美顶尖大学在国际合作论文规模上基本处于同一水平,但在国际化程度、国际合作论文影响力上,美国顶尖大学处于领先水平。中美顶尖大学都非常重视国际合作,5 年间两组大学的国际合作论文数均有所增长,美国顶尖大学量子信息国际合作论文虽然增长率波动较大,但仍与中国顶尖大学的 5 年平均增长率持平,并且高于美国顶尖大学全部论文的 5 年平均增长率。中国作为全球量子信息科研产出排名第二的国家,在加强与美国合作的同时,也需要加强与其他国家优质科研机构的合作,加快国际合作的步伐,提高国际合作研究影响力。

（五）中美顶尖大学研究主题与关键词分析

1.研究主题分布和总体表现分析

本书中涉及的与研究主题(topics)相关的数据均采集自爱思唯尔的 SciVal 平台。SciVal 分析平台整合了 Scopus 数据库 1996 年至今的科研数据,通过文献的引用关系聚类得到超过 9.6 万个研究主题,即主题,这些主题是动态且不断发展的。随着时间的推移,新的主题也不断浮现。每个研究主题的命名形式都为"主题词;主题词;特征词"。此处的主题词是利用指纹技术确定的这个领域的高频关键词,可以对该主题的研究领域或者专业方向给予描述;特征词则是摘选自该主题的特殊短语,对该主题在研究问题层次上提供了具体的描述。SciVal 为每个研究主题建立测度主题可见度和发展势头的指标,即主题显著度,根据主题的显著度数值排序,计算每个主题的百分位数指标。显著度指数高于99%（Top1%）的研究主题，可视为整个科学研究领域的热点研究主题。通过各大学的研究主题分析，可以了解大学在量子信息领域的研究方向和研究热点分布情况，比较大学在各研究主题的竞争优势。

如表11-10所示为10所中美顶尖大学量子信息领域研究主题的分布情况。5所中国顶尖大学参与研究主题数为1087个，5所美国顶尖大学参与的研究主题数为969个，比中国顶尖大学少118个；从热点研究主题来看，5所中国顶尖大学参与热点研究主题数为171个，比美国顶尖大学多65个。总体而言，中国顶尖大学在量子信息领域的研究主题范围更加广泛。10所中美顶尖大学中，中国科学技术大学参与研究主题数和热点研究主题数均最高（430个，84个），这说明中国科学技术大学在量子信息研究主题覆盖面最广，热点主题的参与度也最高，是量子信息领域研究的领军者。5所中国顶尖大学中，清华大学也表现相当优异，参与研究主题数402个，参与热点研究主题数84个。5所美国顶尖大学中，麻省理工学院表现突出，参与研究主题数393个，参与热点研究主题数57个，在5所美国顶尖大学中研究主题范围最广，热点研究主题参与度最高。值得注意的是，5所中国顶尖大学参与的热点研究主题数均高于5所美国顶尖大学，尤其是浙江大学，虽然在十校中参与研究主题数排名居中，但对热点主题的参与度位居第三（81个），可见中国顶尖大学在密切关注量子信息领域的研究热点，为全球量子信息热点研究做出积极贡献。

表11-10　中美顶尖大学量子信息研究主题分布情况（2015—2019年）

	参与研究主题数	热点研究主题数
中国顶尖大学（5所）	1087	171
美国顶尖大学（5所）	969	106
中国科学技术大学	430	84
清华大学	402	84
北京大学	338	63
上海交通大学	283	75
浙江大学	296	81
麻省理工学院	393	57

续表

	参与研究主题数	热点研究主题数
哈佛大学	234	49
斯坦福大学	351	44
密歇根大学	257	36
耶鲁大学	166	27

2.十校主要研究主题分析

表11-11和表11-12分别列出了10所中美顶尖大学量子信息领域发文数前5位的研究主题(简称主要研究主题),及其具体表现情况。中美两组顶尖大学参与的主要研究主题共涉及28个,5所中国顶尖大学参与的主要研究主题有16个,包含8个热点研究主题;5所美国顶尖大学参与的主要研究主题有19个,包含9个热点研究主题。两组顶尖大学参与的主要研究主题数量和热点研究主题数量差异较小,但主要研究主题重合度不高,其中共同的研究主题仅有7个。参与学校数量最多的研究主题有:T.801(量子密钥分布;量子密码学;Key Rate)是北京大学、清华大学、上海交通大学、麻省理工学院、中国科学技术大学五校共同的研究主题,T.1357(量子比特;约瑟夫森结;超导谐振器)是耶鲁大学、清华大学、浙江大学、密歇根大学和中国科学技术大学五校共同的研究主题。

结合表11-11具体分析5所中国顶尖大学的主要研究主题分布情况,中国顶尖大学的主要研究主题相对集中。

T.801(量子密钥分布;量子密码学;Key Rate)同时是4所大学共同参与的主要研究主题,该主题显著度为99.11%。中国科学技术大学也是该主题在全球范围内最主要的贡献机构,全球产出份额为8.46%,该主题并未入选浙江大学主要研究主题。

T.1357(量子比特;约瑟夫森结;超导谐振器)是3所大学共同参与的主要研究主题,包括清华大学、浙江大学、中国科学技术大学,其中中国科学技术大学全球产出份额最高(3.26%),浙江大学的FWCI[①]最高(3.28)。此外,

---

[①]学科标准化论文影响力(field-weighted citation impact,FWCI):是SciVal平台中的文献计量指标,与CNCI类似,用来衡量文献是否达到全球同类文献平均水平。FWCI是考察机构、国家、学者等的论文影响力的指标,计算论文的被引用次数和相同学科、相同年份、相同类型论文平均被引次数的比值,排除了出版年、学科领域和文献类型的影响,FWCI=1代表论文质量等于世界平均水平,FWCI>1说明论文质量高于世界平均水平,FWCI<1则说明论文质量低于世界平均水平。

还有4个主要研究主题均有2所大学参与。

5所中国顶尖大学全球产出份额表现最佳的研究主题重合度非常高,除浙江大学外,中国科学技术大学、清华大学、北京大学和上海交通大学全球产出份额表现最佳的主要研究主题都为T.801(量子密钥分布;量子密码学;Key Rate),浙江大学的T.2483(甲烷;钒氧化物;脱去氢作用)全球产出份额最高(2.29%)。各校FWCI表现最佳的主要研究主题为:中国科技大学的T.1357(量子比特;约瑟夫森结;超导谐振器),FWCI为3.26;北京大学的T.10067(魏尔;类金属;Paul Adrien Maurice Dirac),FWCI为4.92;清华大学和上海交通大学FWCI表现最高的主要研究主题均为T.801(量子密钥分布;量子密码学;Key Rate),FWCI分别为1.98、1.63;浙江大学的T.2829(四苯乙烯;摩擦发光;硅杂环戊二烯)FWCI为3.99。

表11-11　中国顶尖大学2015—2019年量子信息主要研究主题(发文数前5位)及其具体表现

学校	研究主题	论文数	全球产出份额/%	FWCI
中国科学技术大学	Quantum Key Distribution; Quantum Cryptography; Key Rate	175	8.46	2.06
	Color Centers; Vacancies; Nanodiamonds	58	2.94	0.93
	Bell's Inequality; Contextuality; Nonlocality	55	3.9	1.27
	Qubits; Josephson Junctions; Superconducting Resonators	41	3.26	2.23
	Photon Echo; Repeaters; Quantum Communication	41	4.56	1.58
清华大学	Quantum Key Distribution; Quantum Cryptography; Key Rate	41	1.98	2.6
	Tetraphenylethylene; Triboluminescence; Silole	32	1.02	2.48

学校	研究主题	论文数	全球产出份额/%	FWCI
清华大学	Optomechanics; Mechanical Oscillators; Resonators	30	1.17	2.21
	Topological Insulators; Bismuth Selenide; Quantum Hall Effect	25	0.88	2.36
	Qubits; Josephson Junctions; Superconducting Resonators	24	1.91	2.16
北京大学	Molybdenum Disulfide; Rhenium Sulfide; Van Der Waals	41	0.36	2.97
	Weyl; Metalloids; Paul Adrien Maurice Dirac	35	1.29	4.92
	Quantum Key Distribution; Quantum Cryptography; Key Rate	27	1.3	1.81
	Topological Insulators; Bismuth Selenide; Quantum Hall Effect	26	0.92	1.12
	Top Quark; Partons; Higgs Bosons	20	0.8	2.34
上海交通大学	Quantum Key Distribution; Quantum Cryptography; Key Rate	68	3.29	1.63
	Photon Echo; Repeaters; Quantum Communication	13	1.45	0.92
	Single Photon Source; Idlers; Four-Wave Mixing	10	0.82	0.43
	Quantum Fisher Information; Metrology; Qubits	10	1.05	1.05
	Heat Engines; Qubits; Otto Cycle	9	1.05	1.13

续表

学校	研究主题	论文数	全球产出份额/%	FWCI
浙江大学	Qubits; Josephson Junctions; Superconducting Resonators	15	1.19	3.28
	Quantum Fisher Information; Metrology; Qubits	15	1.57	0.83
	Liquid Membranes; N-Methyldiethanolamine; 1-butyl-3-methylimidazolium	14	1.28	1.98
	Tetraphenylethylene; Triboluminescence; Silole	12	0.38	3.99
	Methane; Vanadium Oxides; Dehydrogenation	11	2.29	0.46

如表 11-12 所示为 5 所美国顶尖大学量子信息领域主要研究主题的具体表现。5 所美国顶尖大学的主要研究主题分布较分散,大学间共同的研究主题数量较少,重合度低。5 所美国顶尖大学涉及主要研究主题共有 19 个,仅有 6 个研究主题有重合,且重合的研究主题仅有 2 所大学参与,例如 T.13557(量子计算机;伊辛;量子比特),哈佛大学和麻省理工学院同时参与,且两校在该主题的综合竞争力相当,全球产出份额分别为 2.45% 和 2.63%,FWCI 分别为 4.46 和 4.41。

与 5 所中国顶尖大学表现最佳的研究主题分布规律有所不同,5 所美国顶尖大学全球产出份额表现最佳的主要研究主题仅有 2 所大学重合,FWCI 表现最佳的主要研究主题均不重合。各校全球产出份额表现最佳的研究主题为:麻省理工学院和哈佛大学均为 T.3622(色心;Vacancies;纳米金刚石)、斯坦福大学的 T.7170(积分视场单元;TES;测辐射热计)、密歇根大学的 T.3025(赫巴德模型;平均场论;量子蒙特卡罗)、耶鲁大学的 T.20641(氢离子;高斯函数;电子质量)。各校 FWCI 表现最佳的研究主题为:麻省理工学院的 T.63(二硫化钼;二硫化铼;范德瓦耳斯)、哈佛大学的 T.13557(量子计算机;伊辛;量子比特)、斯坦福大学的 T.23945(黑洞;霍金辐射;量子引力)、密歇根大学的 T.1357(量子比特;约瑟夫森结;超导谐振器)、耶鲁大学的 T.5876(量子纠错;MDS码;量子比特)。

表 11-12　美国顶尖大学 2015—2019 年量子信息主要研究主题(发文数前 5 位)及具体表现

学校	研究主题	论文数	全球产出份额/%		FWCI	
麻省理工学院	Color Centers; Vacancies; Nanodiamonds	61	3.09	▨	3.58	▮
	Quantum Computers; Ising; Qubits	30	2.63	▨	4.41	▮
	Quantum Key Distribution; Quantum Cryptography; Key Rate	29	1.4	▨	2.81	▮
	Molybdenum Disulfide; Rhenium Sulfide; Van Der Waals	24	0.21	▏	4.76	▮
	Topological Insulators; Bismuth Selenide; Quantum Hall Effect	22	0.78	▏	1.45	▮
哈佛大学	Color Centers; Vacancies; Nanodiamonds	59	2.99	▨	3.5	▮
	Quantum Computers; Ising; Qubits	28	2.45	▨	4.46	▮
	Dynamical Phase Transition; Thermalization (Energy Absorption); Eigenvalues and Eigenfunctions	28	1.77	▨	3.05	▮
	Optical Lattices; Hubbard Model; Bose Gas	19	2.09	▨	2.89	▮
	Conformal Field Theory; Entanglement; Ads/Cft Correspondence	17	1.11	▨	4.28	▮

续表

学校	研究主题	论文数	全球产出份额/%	FWCI
斯坦福大学	Topological Insulators; Bismuth Selenide; Quantum Hall Effect	27	0.95	3.43
	Conformal Field Theory; Entanglement; Ads/Cft Correspondence	27	1.76	3.92
	Single Photon Source; Resonance Fluorescence; Quantum Dots	21	1.73	1.69
	Black Holes; Hawking Radiation; Quantum Gravity	18	2.51	5.23
	Integral Field Unit; TES; Bolometers	17	3.79	3.83
密歇根大学	Light Harvesting Complex; Bacteriochlorophylls; Excitons	22	2.28	1.71
	Hubbard Model; Mean-Field Theory; Quantum Monte Carlo	21	2.77	2.63
	Qubits; Josephson Junctions; Superconducting Resonators	20	1.59	6.77
	Optomechanics; Mechanical Oscillators; Resonators	17	0.67	3.77
	Qubits; Electron Spin; Quantum Computing	13	1.32	1.41

学校	研究主题	论文数	全球产出份额/%		FWCI	
耶鲁大学	Qubits; Josephson Junctions; Superconducting Resonators	58	4.61		3.02	
	Optomechanics; Mechanical Oscillators; Resonators	20	0.78		2.77	
	Quantum Error Correction; MDS Code; Qubits	10	1.25		3.69	
	Hydrogen Ions; Gaussian Function; Electron Mass	10	6.45		1.62	
	Top Quark; Partons; Higgs Bosons	9	0.36		3.31	

3.十校关键词比较分析

本节采用SciVal的关键词图,以了解10所中美顶尖大学2015—2019年量子信息领域出现频次最高的前50个关键词(简称高频关键词)的变化情况,如图11-15至图11-24所示,字号大小代表关键词的出现频次,字号越大表示该关键词出现的频次越高,一定程度上能够揭示大学的主要研究方向。

（1）关键词统计分析

将十校所有的高频关键词进行统计分析,发现十校一共有214个高频关键词,其中出现在2所及以上大学的高频关键词有84个,占比为39.25%;出现在5所及以上大学的高频关键词有32个,占比为15%。十校的高频关键词具有一定的重合度,共有的关键词为6个:量子计算机、纠缠、量子化学、量子理论、量子光学、量子。10所顶尖大学在量子信息领域的研究内容有交叉,例如量子纠缠与量子计算机、量子光学,量子理论、量子化学等研究方向是十校的共同关注点。

除与其他大学共有的高频关键词外,每所大学都有与其他大学不同的高频关键词(简称特色高频关键词),一定程度上能够代表该校的特色研究。表11-13列出了前50高频关键词中每所大学所独有的高频关键词占比情况。耶鲁大学与其他大学重合的高频关键词最少，有20个高频关键词与其他大学均不重合，占比达40%；其次是上海交通大学和浙江大学，均有18个特色高频关键词；相较而言，清华大学的高频关键词与其他大学的重合度非常高（92%），仅有4个特色高频关键词。

表11-13　十校量子信息特色高频关键词分析

学校	特色高频关键词个数	占比
耶鲁大学	20	40%
上海交通大学	18	36%
浙江大学	18	36%
斯坦福大学	15	30%
密歇根大学	13	26%
哈佛大学	12	24%
中国科技大学	11	22%
北京大学	11	22%
麻省理工学院	8	16%
清华大学	4	8%

（2）主要高频关键词与特色高频关键词比较分析

如图11-15至图11-24所示为2015—2019年10所中美顶尖大学量子信息领域论文的高频关键词。

中国科技大学前10位高频关键词为量子密钥分发、量子、量子光学、量子比特、量子计算机、纠缠、粒子束（particle beam）、量子通信（quantum communication）、量子点、光子。量子密钥分发是中国科学技术大学出现频次最高关键词，也是该校重点研究方向，研究成果和技术水平处于全球领先的地位。2020年3月，中国科学技术大学潘建伟团队与清华大学王向斌团队合作，实现500公里地基量子密钥分发，这一研究成果成功创造了地基量子密钥分发最远距离新的世界纪录。中国科学技术大学前50的高频关键词中，特色高频关键词共有11个，包括势能面（potential energy surface）、纠缠态（entangled state）、单光子监测（single photon detector）、量子漫步（quantum walk）、高维的（high-dimensional）、化学吸附（chemisorption）等。

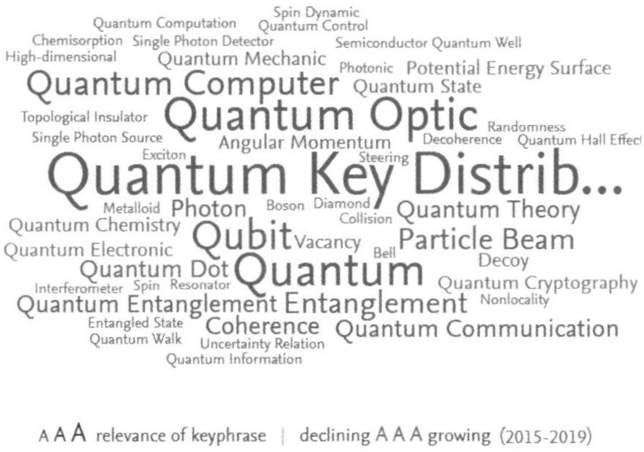

A A A relevance of keyphrase ｜ declining A A A growing (2015-2019)

图 11-15　中国科学技术大学量子信息领域论文高频关键词图

清华大学前 10 位高频关键词为量子、量子光学、量子比特、量子计算机、量子密钥分发、量子理论、纠缠、量子点、量子电子学、量子纠缠。清华大学前 50 位的高频关键词与其他大学重合度最高,仅有 4 个特色高频关键词,包括随机数生成(random number generation)、层析成像(tomography)、微腔(microcavity)、纳米层(nanosheet)。结合清华大学的主要高频关键词和特色高频关键词来看,清华大学的主要研究包括:量子光学、量子比特、量子计算等。

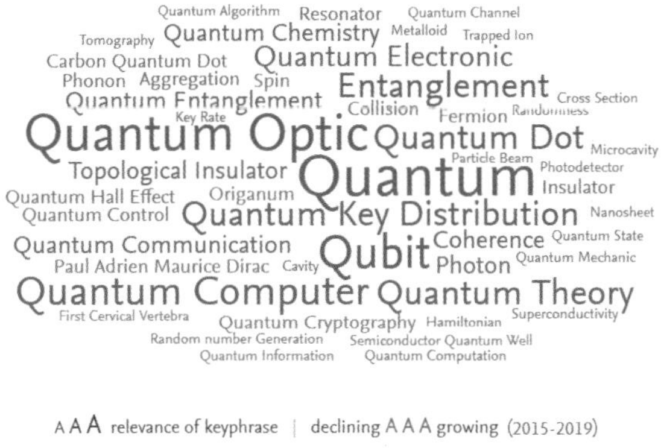

A A A relevance of keyphrase ｜ declining A A A growing (2015-2019)

图 11-16　清华大学量子信息领域论文高频关键词图

北京大学前 10 位高频关键词为纳米线(nanowire)、砷化铟(indium arsenide)、单层(monolayer)、类金属(metalloid)、量子密钥分发、量子、量子理论、连续型变量(continuous variable)、拓扑绝缘体(topological insulator)、晶体管(transistor)。前 50 位的高频关键词中,特色高频关键词共有 11 个,包括晶体管、场效果晶体管(field effect transistor)、氮化铝(aluminum nitride surface state)、约瑟夫森结(josephson junction)等。值得注意的是,北京大学前10位高频关键词与其他大学的重合度较低,其中纳米线、砷化铟、单层、连续型变量这4个高频关键词仅与一所大学重合,晶体管则是北京大学量子信息研究中特有的前10位高频关键词。

AAA relevance of keyphrase | declining AAA growing (2015-2019)

图11-17　北京大学量子信息领域论文高频关键词图

上海交通大学前10位高频关键词为量子密钥分发、连续型变量(continuous variable)、量子、量子点、量子光学、量子通信、光子、量子理论、干涉仪(interferometer)、量子计算机。可见上海交通大学的主要研究分布于量子点、量子光学、连续变量、量子密钥分发等方向。上海交通大学前50位的高频关键词中,特色高频关键词共有18个,包括扫描隧道显微技术(scanning tunneling microscopy)、部分子(parton)、荧光关联谱(fluorescence correlation spectroscopy)、熵(entropy)、量子隐形传态(quantum teleportation)等。

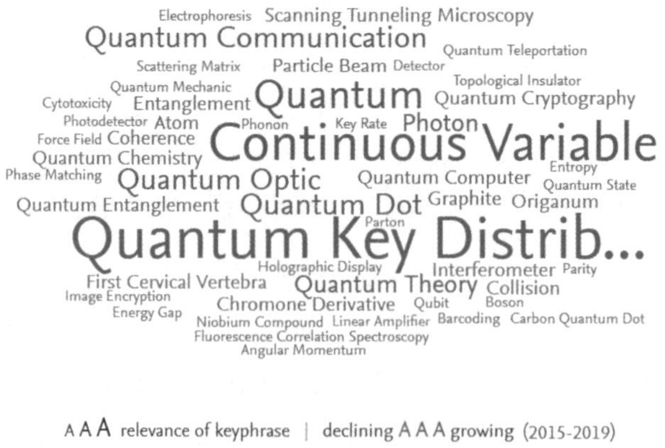

AAA relevance of keyphrase | declining AAA growing (2015-2019)

图11-18　上海交通大学量子信息领域论文高频关键词图

浙江大学前10位高频关键词为量子、量子光学、量子比特、量子计算机、量子点(quantum dot)、量子费舍尔信息(quantum fisher information)、量子化学(quantum chemistry)、光子、一致性(coherence)、量子理论。前50位的高频关键词中,特色高频关键词共有18个,包括量子费舍尔信息、量子相变(quantum phase transition)、粒子群算法(particle swarm optimization)、费希尔信息矩阵(fisher information matrix)、粒子群优化算法(particle swarm optimizer)、超材料(metamaterial)。其中,量子费舍尔信息同时入选浙江大学前10高频关键词和特色高频关键词。

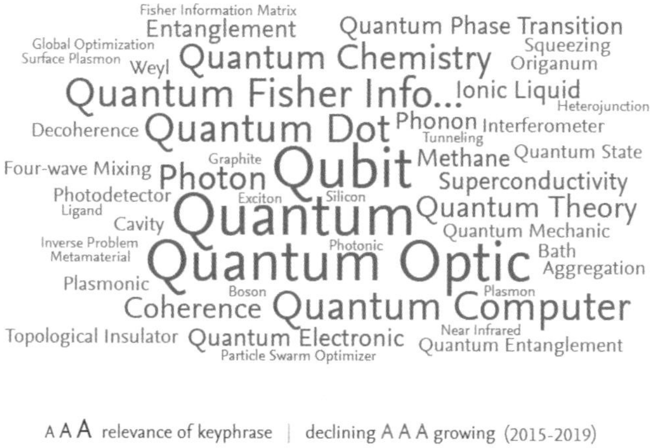

图11-19 浙江大学量子信息领域论文高频关键词图

麻省理工学院前10位高频关键词为量子、量子光学、量子比特、量子计算机、量子理论、量子力学、纠缠、半导体激光(semiconductor laser)、量子化学、量子通信。可见,麻省理工学院主要研究分布于量子比特、量子理论、量子力学等领域,麻省理工学院建有凯克极限量子信息理论中心,该中心在量子理论方面研究位居国际领先地位。麻省理工学院前50位的高频关键词中,特色高频关键词有:太赫兹(terahertz)、引力波(gravitational wave)、MOSFET、氮化硼(boron nitride)等。

A A A relevance of keyphrase | declining A A A growing (2015-2019)

图 11-20　麻省理工学院量子信息领域论文高频关键词图

　　哈佛大学前10位高频关键词为量子光学、量子、量子化学、量子计算机、量子比特、纠缠、量子力学、金刚石(diamond)、量子理论、量子点。哈佛大学的主要研究方向分布于量子光学、量子化学、量子计算机等多领域，量子计算机、量子系统也是哈佛大学突出的研究领域。哈佛大学前50位的高频关键词中，有12个特色高频关键词，包括光学晶格(optical lattice)、基因转换(gene conversion)、伊辛模型(ising model)、机器学习(machine learning)等。

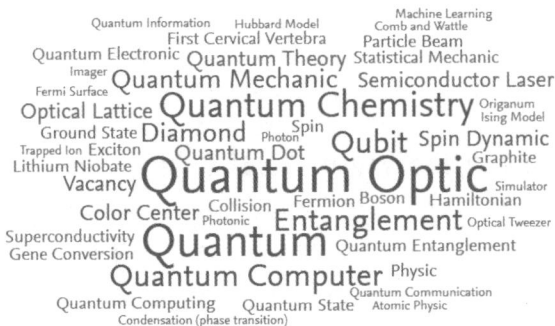

A A A relevance of keyphrase | declining A A A growing (2015-2019)

图 11-21　哈佛大学量子信息领域论文高频关键词图

　　斯坦福大学前10位高频关键词为量子、量子光学、量子霍尔效应(quantum hall effect)、纠缠、量子计算机、量子力学、量子理论、量子化学、拓扑绝缘体(topological insulator)、量子比特。前50位的高频关键词中，共有15个特色高频关键词：光参数振荡器(optical parametric oscillator)、荧光色素(fluorochrome)、黑洞(black hole)、分子动力模拟(molecular dynamic)、干涉测量法（interferometry）、全息学（holography）等。

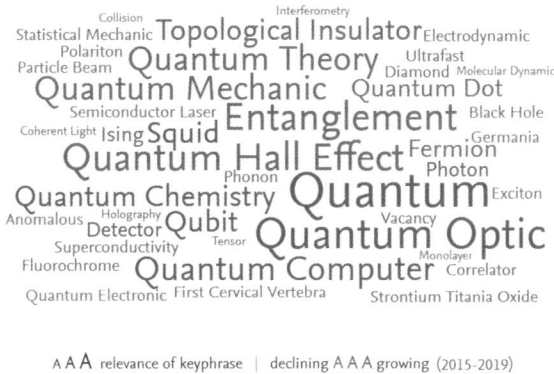

图 11-22　斯坦福大学量子信息领域论文高频关键词图

密歇根大学前 10 位高频关键词为量子比特、量子光学、量子、量子计算机、量子点、光子、量子电子学、激子（exciton）、量子理论、纠缠。密歇根大学的主要研究方向包括量子光学、量子计算机、量子点、量子电子学等。密歇根大学前 50 的高频关键词中，有 13 个特色高频关键词，包括量子电动力学（quantum electrodynamics，QED）、格林函数（green function）、电磁感应透明（electromagnetically induced transparency）、量子蒙特卡罗（quantum monte carlo）、量子系统（quantum system）、量子干涉（quantum interference）、氮化铟镓（indium gallium nitride，InGaN）等。

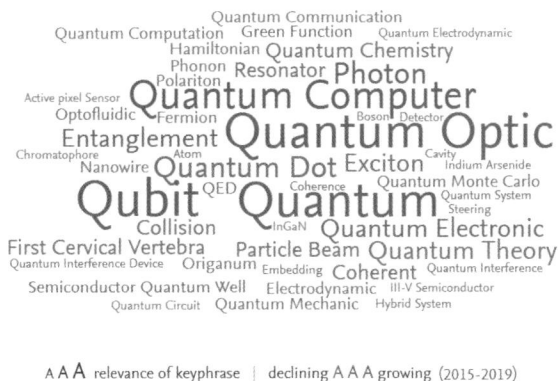

图 11-23　密歇根大学量子信息领域论文高频关键词图

耶鲁大学前 10 位高频关键词为量子光学、量子比特、量子计算机、碰撞（collision）、量子、量子化学、量子力学、量子理论、质子、第一颈椎（first cervical vertebra)。耶鲁大学的高频关键词与其他9所大学关键词重合度最低,共有20个特色高频关键词,包括参量放大器(parametric amplifier)、量子纠错(quantum error correction)、量子噪声(quantum noise)、强耦合(strong coupling)等。

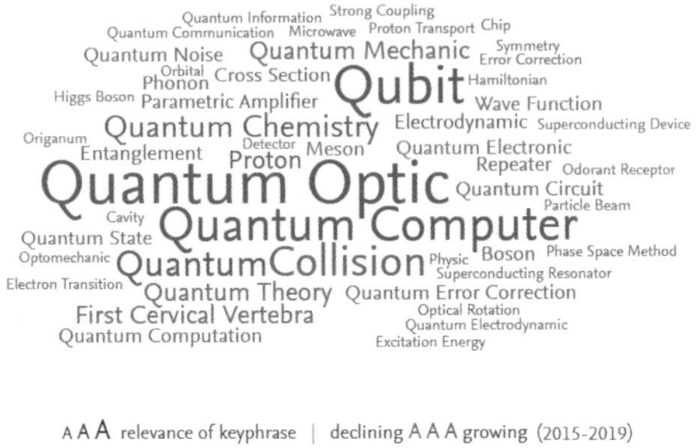

A A A relevance of keyphrase | declining A A A growing (2015-2019)

图 11-24　耶鲁大学量子信息领域论文高频关键词图

第三节　技术创新实力及潜力分析

目前,全球主要科技大国均注重量子信息技术领域的战略投入,而美国和中国在此领域已处于相对领先地位。中美两国在量子科技领域的竞争态势日趋明显。鉴于中国和美国在量子信息领域的领先地位和竞争关系,本部分首先通过分析中美专利发展态势和技术分类布局,对比两国在量子信息领域的技术创新实力和潜力,然后通过分析专利发展态势、国际申请、高分专利、授权专利情况,重点对比中美顶尖大学在量子信息领域的技术创新实力和潜力,以期发现中国顶尖大学在量子信息领域的优势和短板,具体明晰中美顶尖大学在量子信息领域技术创新的差距所在。

一、中美技术创新实力及潜力分析

(一)全球专利发展及区域布局分析

全球2001—2020年申请了约8万件量子信息领域的专利[①]。如图11-25所示为全球2001—2020年量子信息领域专利的发展趋势。通过图11-25可

---

①检索时间:2020年12月。

以从宏观层面分析全球量子信息专利各年份的专利公开文献的数量变化。全球范围内量子信息专利公开量呈逐年上升趋势,尤其是2015年后专利布局速度明显加快。2014年公开的专利数约是2001年的4倍,而2019年(由于2020年数据不完整,这里采用2019年数据计算)公开的专利数约是2001年的10倍。近5年的增长率令人瞩目,平均每年的增长率[①]约为20%。图11-25说明量子信息领域的技术同样是近年全球争相研发的热点。量子理论萌生于20世纪80年代;20世纪90年代进入编码算法研究时期,Shor算法和Grover算法分别被提出,引起了科学界对量子信息技术的重视;21世纪以来,量子信息技术进入了技术验证和原理样机研制的阶段,专利布局也呈现出逐年攀升的态势。从专利数来看,量子信息技术还处于期望膨胀期,预计量子信息技术研发仍会持续增长。从专利发展趋势看,量子信息技术在2015年之后一直在加速发展,这与当前传统计算技术迭代速度日渐趋缓,众多计算场景对算力需求却快速攀升这一矛盾密切相关。

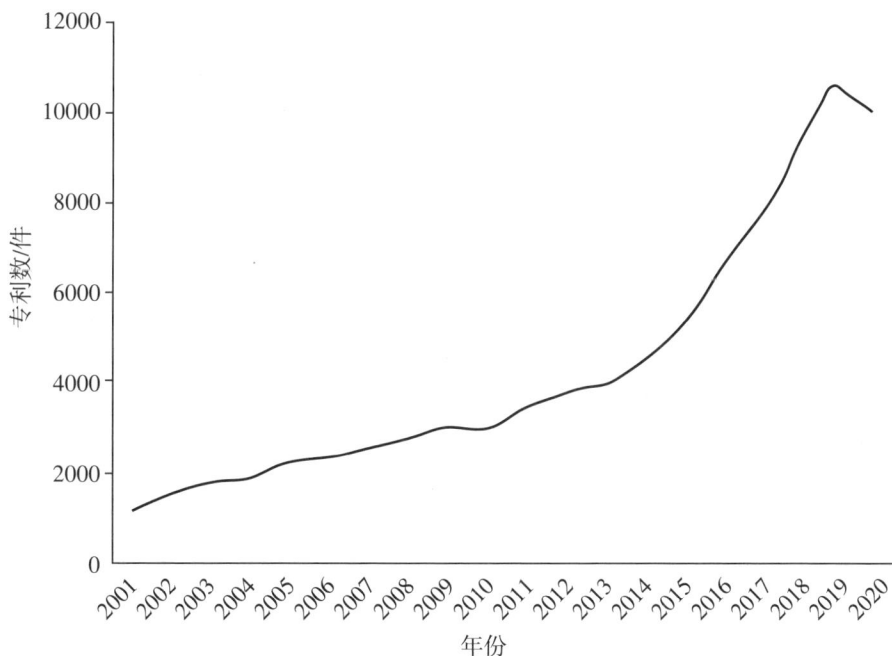

图11-25　全球量子信息专利发展趋势[②](2001—2020)

①增长率的算法:如2018年的增长率=(2018−2017)/2017×100%。
②由于2020的数据为不完全统计,图中展示的2019—2020的趋势仅供参考。

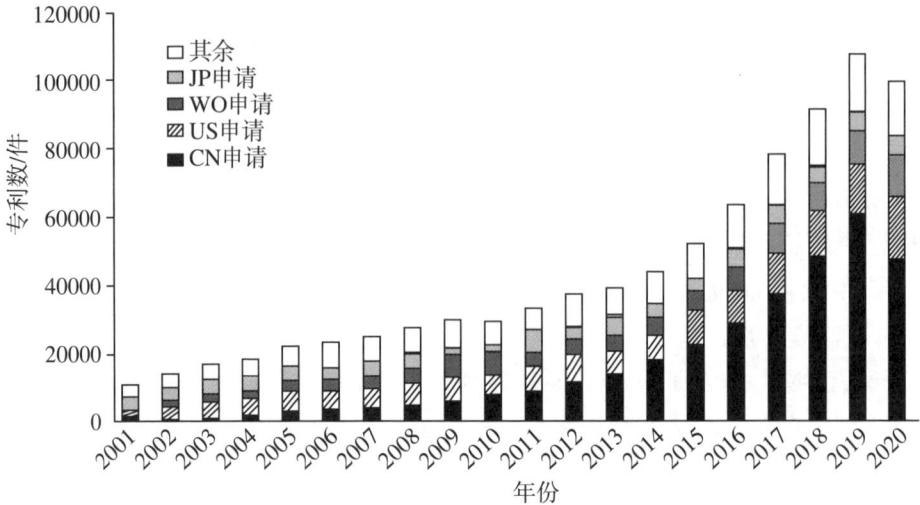

图 11-26　量子信息专利的专利权主要保护区域分布及其发展态势(2001—2020)

　　量子信息技术的主要专利权保护国家/地区及其发展态势如图 11-26 所示。专利权保护区域指专利的来源管辖权(source jurisdiction),即专利权人申请专利保护的国家或地区。从 2012 年之后,中国专利数量超过美国、日本成为全球量子信息专利布局最多的国家,约有 38% 的量子信息专利为中国专利,且专利布局增长速率最快。其次是美国,约有 20% 的量子信息专利为美国专利,美国专利申请也在逐年增加,但增幅较小。排名第 3 位的是国际申请,即通过 WIPO 登记的国际申请(指在世界知识产权组织进行登记,即 PCT 专利申请,可以在多个国家进行专利申请,标 WO 专利号),约有 12% 的量子信息专利是通过 WIPO 递交的国际专利,这说明量子信息的专利权人非常重视国际市场。排名第 4 位的是日本,约有 11% 的量子信息专利为日本专利,并且申请量每年也在稳定增长。

　　对发明人区域(inventor location)进行分析可以了解量子信息技术的来源。结合专利申请的全球布局情况,可以辨别各国或地区市场地位和与之对应的专利布局态势;也可以分析专利输入输出情况。如图 11-27 所示为量子信息专利发明人的主要区域分布情况。量子信息专利产出最多的是中国,全球约 34% 的量子信息专利是中国专利权人申请的。其次是美国,全球超过 27% 的量子信息专利技术是美国发明人研发的。此外,全球超过 13% 的量子信息专利是日本专利权人申请的,超过 8% 的量子信息专利是韩国专利权人申请的。英国、德国、加拿大等的专利发明人产出的量子信息专利也都超过了全球的1.5%。结合图11-26分析可知,中国有量子信息专利输入情况,而美国和日本都在国际布局了一定量的专利。

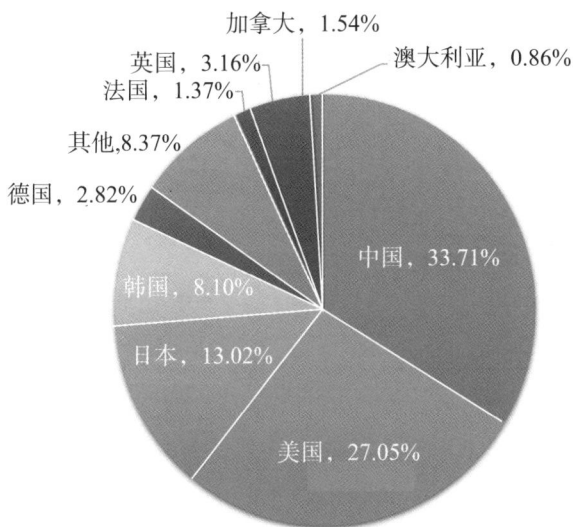

图11-27　量子信息专利发明人的区域分布

(二)中美专利发展及技术布局对比

在各类中美量子信息领域专利情况的报道中,由于专利检索时间和检索范围不同,中美量子信息专利件数也不同。但在各种报道中,中国都是该领域专利增长最快的国家,中国和美国的量子信息专利拥有量都排在全球前两位。

本部分分别以来源于中国和美国的量子信息专利为研究对象,分析中美量子信息专利的发展态势。如图11-28所示为中国2015—2019年[①]量子信息专利的发展趋势。中国量子信息专利申请起步较晚,2005年之后量子信息专利申请逐渐活跃,但增幅不大。2015年,中国量子信息专利布局速度开始明显加快,年度量子信息专利申请数超过2000,中国取代美国成为全球量子信息专利年产出最多的国家。目前,中国量子信息专利数在全球已占明显优势,2019年,中国的年度量子信息专利申请数已经超过5000。在量子信息领域,中国权力主体主要申请的是中国专利,本国专利申请超过90%。

---

①由于专利公开和授权时间的滞后特征(发明专利公开,一般滞后3~18个月),获取中美顶尖大学的专利数据时,时间段选择为公开年份2015—2019。

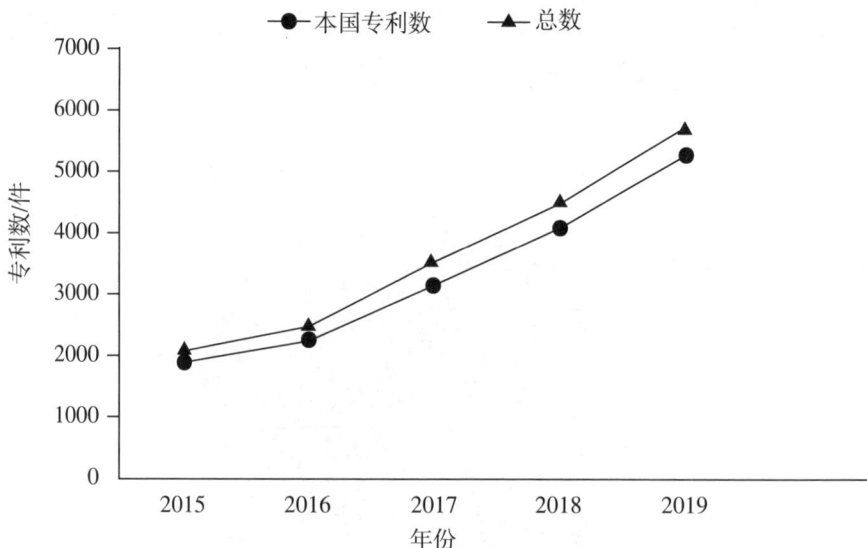

图11-28　中国量子信息专利公开趋势（2015—2019年）

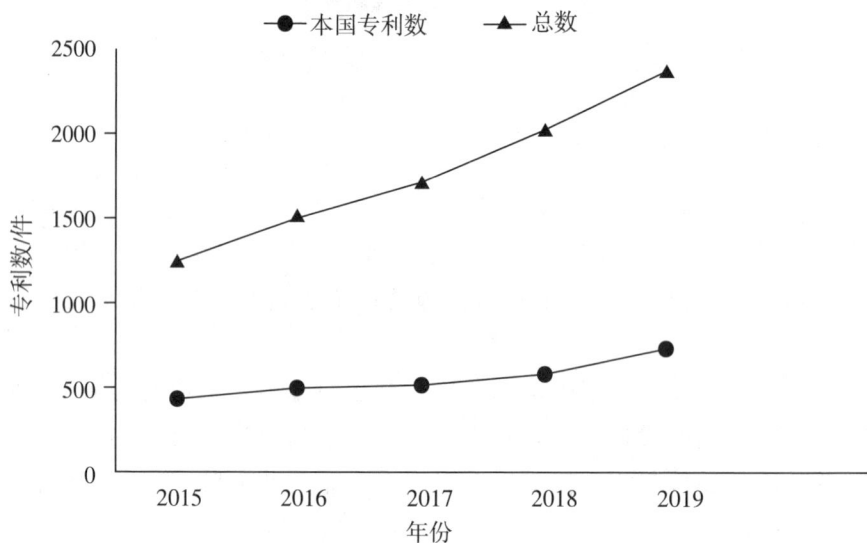

图11-29　美国量子信息专利公开趋势（2015—2019年）

　　如图11-29所示为美国2015—2019年量子信息专利的发展趋势。美国量子信息专利申请起步比中国早。2015年开始，美国量子信息专利的年度产出被中国反超。美国近年量子信息专利布局速度也逐步加快，2019年的专利数约是2015年的2倍，但增长速度已经落后于中国。此外，美国权利主体更重视专利技术的境外保护，约65%的量子信息专利布局在其境外。

　　中国人工智能和量子信息专利量都在"十三五"期间急速增加,成为全球最大的相关专利权和技术产出的国家。"十三五"期间,中国在人工智能和量子信息领域技术研发和技术保护上都取得了长足的进步。值得注意的是,中国成为全球最大专利权保护地之后的数年,才成为相关专利技术的最大来源。人工智能领域的时间差是2年,量子信息领域的时间差是3年。这在一定程度上说明了中国在前沿技术领域的创新活跃度高,但开创性、引领性技术成果不多。中国在前沿技术创新上已经做大,下一步亟须做强,以取得国际市场的广泛认可。

　　进一步对中美的专利技术构成分析,可以了解专利申请的密集点和空白点,找出核心技术分支;还可以评估技术研发集中度,判断分析对象的技术研发和专利布局侧重点。在量子信息技术创新方面,中国和美国已呈现出明显的全球竞争力。中国的数据优势已经凸显,在量子信息领域已经具备和美国竞争的实力。那么两国各自的优势和差异在哪里?表11-14和表11-15分别展示了中国和美国在量子信息各技术方向上的专利分布情况。通过表中数据可以了解分析对象覆盖的技术类别,以及各技术分支的创新热度。

　　如表11-14所示为中国申请的量子信息专利的主要技术分支(专利数排在前20的IPC小组分类)。中国申请的量子信息专利技术集中于量子通信技术和量子测量。专利数最多的IPC分类大组为H04L9(小组分类号为H04L9/08、H04L9/32、H04L29/06、H04L29/08),即保密或安全通信中的密钥分配和用于检验系统用户的身份或凭据的装置;其次为G01N21/64,即利用光学手段(荧光、磷光)来测量或分析材料;再次为H04B10/70,即光量子通信技术。此外,中国申请的量子信息专利还在其他多个技术领域进行布局,例如数字信息传输协议、量子电气元件(例如量子限制结构或隧道势垒)、特定应用的纳米结构(例如量子光学结构)、量子点显示技术、量子计算机、量子计算等。

表 11-14　中国量子信息专利主要技术构成

IPC分类号[12]	中文含义[13]	专利数
H04L9/08	.电通信技术； ..数字信息的传输，例如电报通信（电报和电话通信的公用设备入H04M）； ...保密或安全通信装置； ….密钥分配	1558
H04L9/32	….包括用于检验系统用户的身份或凭据的装置	272
H04L29/06	….以协议为特征的	429
H04L29/08	….传输控制规程，例如数据链级控制规程	144
G01N21/64	.测量；测试； ..借助于测定材料的化学或物理性质来测试或分析材料（除免疫测定法以外包括酶或微生物的测量或试验入C12M，C12Q）； ...利用光学手段，即利用红外光、可见光；或紫外光来测试或分析材料； ….所测试的材料在其中被激发，因之引起材料发光或入射光的波长发生变化的系统； …..光学激发的； …..荧光；磷光	745
H04B10/70	.电通信技术； ..传输； ...利用无线电波以外的电磁波（例如红外线、可见光或紫外线）或利用微粒辐射（例如量子通信）的传输系统； ….光子量子通信	698
H01L33/00	.基本电气元件； ..半导体器件；其他类目中不包括的电固体器件； ...至少有一个电位跃变势垒或表面势垒的专门适用于光发射的半导体器件；专门适用于制造或处理这些半导体器件或其部件的方法或设备；这些半导体器件的零部件	249
H01L33/06	….以半导体为特征的； …..具有一个量子效应结构或超晶格，例如隧道结； …..在发光区中，例如量子限制结构或隧道势垒	126
H01L31/18	...对红外辐射、光、较短波长的电磁辐射，或微粒辐射敏感的，并且专门适用于把这样的辐射能转换为电能的，或者专门适用于通过这样的辐射进行电能控制的半导体器件；专门适用于制造或处理这些半导体器件或其部件的方法或设备；其零部件； ….专门适用于制造或处理这些器件或其部件的方法或设备	198

续表

IPC分类号[12]	中文含义[13]	专利数
H01L51/50	…使用有机材料作有源部分或使用有机材料与其他材料的组合作有源部分的固态器件;专门适用于制造或处理这些器件或其部件的工艺方法或设备; ….专门适用于光发射的,如有机发光二极管或聚合物发光器件(有机半导体激光器入H01S5/36)	162
B82Y40/00	.纳米技术; ..纳米结构的特定用途或应用;纳米结构的测量或分析;纳米结构的制造或处理; ...纳米结构的制造或处理	360
B82Y30/00	...用于材料和表面科学的纳米技术,例如纳米复合材料	251
B82Y20/00	...纳米光学,例如量子光学和光子晶体	236
C09K11/02	.染料;涂料;抛光剂;天然树脂;黏合剂;其他类目不包含的组合物;其他类目不包含的材料的应用; ..不包含在其他类目中的各种应用材料;不包含在其他类目中的材料的各种应用; ...发光材料,例如电致发光材料、化学发光材料; ….以特殊材料作为黏合剂,用于粒子涂层或作悬浮介质	159
C09K11/06	….含有机发光材料	229
C09K11/65	…..含碳	217
G02F1/1335	.光学; ..用于控制光的强度、颜色、相位、偏振或方向的器件或装置,例如转换、选通、调制或解调,上述器件或装置的光学操作是通过改变器件或装置的介质的光学性质来修改的;用于上述操作的技术或工艺;变频;非线性光学;光学逻辑元件;光学模拟/数字转换器; ...控制来自独立光源的光的强度、颜色、相位、偏振或方向的器件或装置,例如转换、选通或调制;非线性光学; ....对强度、相位、偏振或颜色的控制; .....基于液晶的,例如单位液晶显示单元; ......构造上的设备;液晶单元的工作;电路装置; ....构造上的设备; ....与液晶单元结构相连的光学装置,例如偏振器或反射器	150
G02F1/13357	........照明装置	246
G06N10/00	.计算;推算;计数; ..基于特定计算模型的计算机系统; ...量子计算机,例如基于量子力学现象的计算机系统	159

续表

IPC分类号[12]	中文含义[13]	专利数
G06F17/50	.计算;推算;计数; ..电数字数据处理(基于特定计算模型的计算机系统入G06N); ...特别适用于特定功能的数字计算设备或数据处理设备或数据处理方法(信息检索,数据库结构或文件系统结构,G06F16/00); ....计算机辅助设计(静态存储的测试电路的设计入G11C29/54)	168

[12]IPC分类号形式为:部(1个字母),大类(2个数字,中文含义中用"."表示),小类(1个字母,中文含义中用".."表示),大组(1~3个数字,中文含义中用"…"表示),小组(2~4个数字,中文含义中多于3个"."的)。全部专利被划分8个部:A—人类生活必需。B—作业;运输。C—化学;冶金。D—纺织;造纸。E—固定建筑物。F—机械工程;照明;加热;武器;爆破。G—物理。H—电学。为节省版面,表中不再列出"部"的名称。

[13]为便于技术构成的分析,在表中将同一大组的IPC号放了相邻的位置,为节省版面,除小组含义外,不再重复列出IPC号的大类、小类和大组含义。

表11-15展示了美国申请的量子信息专利的主要技术分支(专利数排在前20的IPC小组分类)。美国的量子信息专利技术集中于量子计算机,即基于量子力学现象的计算机系统,IPC分类号为G06N99/00和G06N10/00;其次是量子电气元件(例如约瑟夫逊效应器件、量子限制结构或隧道势垒、PN结耗尽层或载流子集结层的电容器或电阻器等、波长转换器件、由辐射控制的器件等),IPC分类号为H01L39/22、H01L39/24、H01L33/00、H01L29/66等。此外,美国量子信息专利还在其他多个技术领域进行布局,例如利用荧光量子来测量或分析材料、光量子通信、保密或安全通信中的密钥分配和传输协议、应用超导器件的电路、用于量子计算或单电子逻辑的材料制备技术等。

表11-15 美国量子信息专利主要技术构成

IPC分类号	中文含义	专利数
G06N99/00	.计算;推算;计数; ..基于特定计算模型的计算机系统; ...本小类其他各组中不包括的技术主题	635
G06N10/00	...量子计算机,例如基于量子力学现象的计算机系统	628
H01L39/02	.基本电气元件; ..半导体器件;其他类目中不包括的电固体器件; ...应用超导电性的或高导电性的器件,专门适用于制造或处理这些器件或其部件的方法或设备; ....零部件	156

IPC分类号	中文含义	专利数
H01L39/22	....包含有一个不同材料结点的器件,例如约瑟夫逊效应器件	216
H01L39/24	...应用超导电性的或高导电性的器件,专门适用于制造或处理这些器件或其部件的方法或设备; …专门适用于制造或处理包含在H01L39/00组内的器件或其部件的方法或设备	147
H01L33/00	...至少有一个电位跃变势垒或表面势垒的专门适用于光发射的半导体器件;专门适用于制造或处理这些半导体器件或其部件的方法或设备;这些半导体器件的零部件	90
H01L33/06	…在发光区中,例如量子限制结构或隧道势垒	86
H01L33/50	.基本电气元件; ..半导体器件;其他类目中不包括的电固体器件; ...至少有一个电位跃变势垒或表面势垒的专门适用于光发射的半导体器件;专门适用于制造或处理这些半导体器件或其部件的方法或设备;这些半导体器件的零部件; ....以半导体封装体为特征的; .....波长转换元件	73
H01L27/146	...由在一个共用衬底内或其上形成的多个半导体或其他固态组件组成的器件; ....包括有对红外辐射、光、较短波长的电磁辐射或者微粒子辐射并且专门适用于把这样的辐射能转换为电能的,或适用于通过这样的辐射控制电能的半导体组件的; .....由辐射控制的器件; ......图像结构	79
H01L27/18	...由在一个共用衬底内或其上形成的多个半导体或其他固态组件组成的器件; …包括有呈现超导电性的组件的	103
H01L29/66	...专门适用于整流、放大、振荡或切换,并具有至少一个电位跃变势垒或表面势垒的半导体器件;具有至少一个电位跃变势垒或表面势垒,例如PN结耗尽层或载流子集结层的电容器或电阻器;半导体本体或其电极的零部件; …按半导体器件的类型区分的	157

续表

IPC分类号	中文含义	专利数
H01L29/12	.基本电气元件; ..半导体器件;其他类目中不包括的电固体器件; ...专门适用于整流、放大、振荡或切换,并具有至少一个电位跃变势垒或表面势垒的半导体器件;具有至少一个电位跃变势垒或表面势垒,例如PN结耗尽层或载流子集结层的电容器或电阻器;半导体本体或其电极的零部件; ....按其半导体本体的特征区分的; .....按其构成材料的特征区分的	114
H01L29/778	.....带有二维载流子气沟道的	72
B82Y10/00	.纳米技术; ..纳米结构的特定用途或应用;纳米结构的测量或分析;纳米结构的制造或处理; ...用于信息加工、存储或传输的纳米技术,例如量子计算或单电子逻辑	201
H03K19/195	.基本电子电路; ..脉冲技术; ...逻辑电路,即至少有两个输入作用于一个输出的;倒向电路; ....按所用组件的特征进行区分的; .....应用超导器件的	132
H04B10/70	.电通信技术; ..传输; ...利用无线电波以外的电磁波(例如红外线、可见光或紫外线)或利用微粒辐射(例如量子通信)的传输系统; ....光子量子通信	116
H04L9/08	.电通信技术; ..数字信息的传输,例如电报通信(电报和电话通信的公用设备入H04M); ...保密或安全通信装置; ....密钥分配	116
H04L29/06	....以协议为特征的	70

IPC分类号	中文含义	专利数
G01N21/64	.测量;测试; ..借助于测定材料的化学或物理性质来测试或分析材料(除免疫测定法以外包括酶或微生物的测量或试验入C12M,C12Q); ...利用光学手段,即利用红外光、可见光;或紫外光来测试或分析材料; ….所测试的材料在其中被激发,因之引起材料发光或入射光的波长发生变化的系统; ….光学激发的; ….荧光;磷光	93
G06F17/50	.计算;推算;计数; ..电数字数据处理(基于特定计算模型的计算机系统入G06N); ...特别适用于特定功能的数字计算设备或数据处理设备或数据处理方法; ….计算机辅助设计(静态存储的测试电路的设计入G11C29/54)	81

比较表11-14和表11-15中美两国申请的量子信息专利技术布局,可以发现两国在量子信息领域的主要技术布局方向有明显差异。中国申请的量子信息专利技术约有18%集中于量子通信(IPC分类大组为H04L9),已经在该方面取得优势。中国还将利用光学手段(荧光、磷光)来测量或分析材料作为主要研究方向(G01N21/64)。美国的量子信息专利技术约有25%集中于包括量子计算机在内的特定计算模型的计算机系统(IPC分类大组为G06N99和G06N10),并已经在该方面取得优势。美国还将用于量子信息领域的电气元件(例如约瑟夫逊效应器件)的研究作为主要研究方向(H01L39/22)。同时,中美两国也在一些量子信息技术方向上存在竞争,如两国同时在特定用途的纳米结构的制造和处理、适用于光发射的半导体器件等方面都布局了较多的专利。

二、中美顶尖大学技术创新实力及潜力对比分析

(一)中美顶尖大学技术创新综合表现对比

由于专利公开和授权时间的滞后特征(发明专利公开一般滞后18个月),获取中美顶尖大学的专利数据时,时间段选择为公开年份2015—2019。如表11-16所示为中美顶尖大学量子信息专利公开数、国际申请数、高分专

利数、授权专利数。中国顶尖大学量子信息专利更多,专利公开数是美国顶尖大学的1.5倍。然而,中国顶尖大学量子信息专利的国际申请数及占比与美国顶尖大学存在明显差距,中国顶尖大学量子信息专利国际申请占比(国际申请数/专利公开数)和高分专利占比(高分专利数/专利公开数)仅为5%和1.8%,远低于美国顶尖大学的67.6%和16.1%。尽管中美专利申请资助和授权激励政策不同,中国顶尖大学的量子信息专利数领先却不多,这与量子信息技术还处于期望膨胀期、量子信息技术创新和应用门槛高有密切关系。然而中国顶尖大学的国际专利申请和高分专利表现不佳,与美国顶尖大学差距明显,国际申请占比甚至还没达到国内总体平均水平(2015—2019,中国量子信息专利国际申请占比约为9.7%)。中国顶尖大学在国际专利申请和高价值专利培育方面都还有很大的进步空间。

表11-16 中美顶尖大学量子信息专利综合表现①(单位:件)

学校	专利公开数	国际申请数	高分专利数	授权专利数
中国顶尖大学(5所)	505	25	9	310
美国顶尖大学(5所)	330	223	53	111

(二)中美顶尖大学专利发展态势对比

如图11-30所示为中美顶尖大学2015—2019年量子信息专利的发展趋势。中国顶尖大学在整个年段中每年的专利数都高于美国顶尖大学,尤其是2019年,美国顶尖大学的量子信息专利数出现下滑,两者的专利数差距迅速拉大。中国顶尖大学的年度量子信息专利数在2015—2017年增长不明显,但2018—2019年增长迅速。美国顶尖大学的量子信息专利公开数也有所增加,但增幅不明显,2019年比2018年还有所下降。结合图11-28和图11-29分析,中国2019年量子信息专利数是2015年的2.76倍,中国顶尖大学2019年量子信息专利数是2015年的2.23倍。美国2019年量子信息专利数是2015年的1.9倍,美国顶尖大学2019年量子信息专利数是2015年的1.23倍。中美顶尖大学的量子信息技术创新活跃度都低于本国平均水平。尽管中美顶尖大学都非常关注量子信息领域的技术创新和技术保护,但技术创新速度暂时还落后于企业。

---

①中美顶尖大学技术创新实力对比分析中的专利公开年份为2015—2019年。

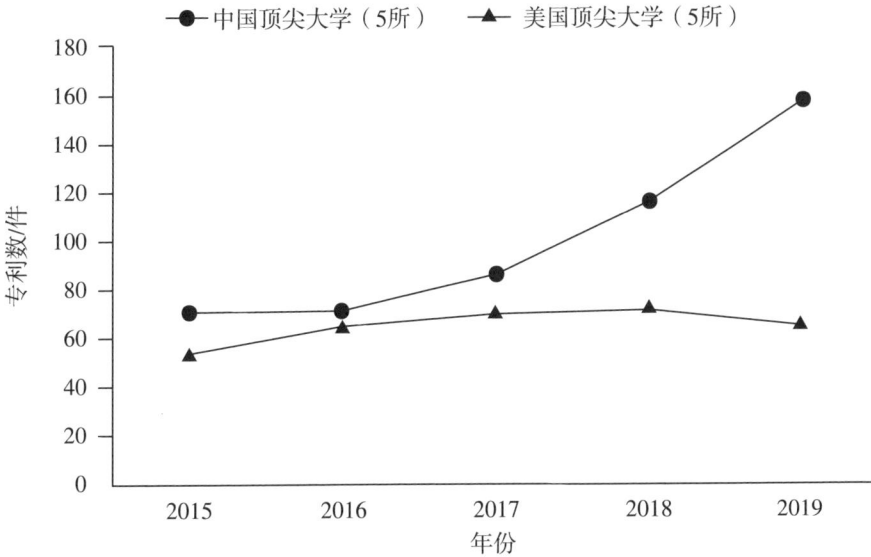

图 11-30　中美顶尖大学量子信息专利公开趋势(2015—2019年)

(三)中美顶尖大学技术布局对比分析

如表 11-17所示为中国顶尖大学量子信息专利的主要技术布局(专利数排在前15的IPC小组分类)。中国顶尖大学的量子信息专利技术集中于量子通信,专利数最多的IPC分类为H04L9/08,即保密或安全通信中的密钥分配;其次是H04B10/70,利用微粒辐射(例如光子)传输系统的通信技术。利用光学手段(例如荧光、磷光)来测试或分析材料也是中国顶尖大学的重点布局方向,分类号为G01N21/64。此外,中国顶尖大学量子信息专利还在其他多个技术领域进行布局,例如量子计算机(G06N10/00 G06N99/00),量子随机数或伪随机数发生器(G06F7/58)、特定应用(如用于量子计算)的纳米结构(B82Y40/00、B82Y30/00、B82Y20/00)、光发射的半导体器件(H01L33/00)、将辐射能转换为电能或控制电能的半导体器件(H01L31/18)等。

表 11-17　中国顶尖大学量子信息专利主要技术构成

IPC分类号	中文含义	专利数
H04L9/08	.电通信技术; ..数字信息的传输,例如电报通信(电报和电话通信的公用设备入 H04M); ...保密或安全通信装置; ....密钥分配	104

续表

IPC分类号	中文含义	专利数
H04L29/06	….以协议为特征的	12
H04L1/00	...检测或防止收到信息中的差错的装置	11
H04B10/70	..传输; ...利用无线电波以外的电磁波(例如红外线、可见光或紫外线)或利用微粒辐射(例如量子通信)的传输系统; ….光子量子通信	63
H04B10/61	….接收机; …..相干接收器	9
G01N21/64	.测量;测试; ..借助于测定材料的化学或物理性质来测试或分析材料; ...利用光学手段,即利用红外光、可见光;或紫外光来测试或分析材料; ….所测试的材料在其中被激发,因之引起材料发光或入射光的波长发生变化的系统; …..光学激发的; …..荧光;磷光	45
G06N10/00	.计算;推算;计数; ..基于特定计算模型的计算机系统; ...量子计算机,例如基于量子力学现象的计算机系统	26
G06F7/58	..电数字数据处理(基于特定计算模型的计算机系统入G06N); ...通过待处理的数据的指令或内容进行运算的数据处理的方法或装置(逻辑电路入H03K19/00); ….随机数或伪随机数发生器	23
B82Y40/00	.纳米技术; ..纳米结构的特定用途或应用;纳米结构的测量或分析;纳米结构的制造或处理; ...纳米结构的制造或处理	16
B82Y20/00	...纳米光学,例如量子光学和光子晶体	9
H01L33/00	.基本电气元件; ..半导体器件;其他类目中不包括的电固体器件; ...至少有一个电位跃变势垒或表面势垒的专门适用于光发射的半导体器件;专门适用于制造或处理这些半导体器件或其部件的方法或设备;这些半导体器件的零部件	15

IPC分类号	中文含义	专利数
H01L31/18	…对红外辐射、光、较短波长的电磁辐射,或微粒辐射敏感的,并且专门适用于把这样的辐射能转换为电能的,或者专门适用于通过这样的辐射进行电能控制的半导体器件;专门适用于制造或处理这些半导体器件或其部件的方法或设备;其零部件;…专门适用于制造或处理这些器件或其部件的方法或设备	13
H01L27/15	…由在一个共用衬底内或其上形成的多个半导体或其他固态组件组成的器件;…包括专门适用于光发射并且包括至少有一个电位跃变势垒或者表面势垒的半导体组件	10
G02F1/35	.光学;..用于控制光的强度、颜色、相位、偏振或方向的器件或装置,例如转换、选通、调制或解调,上述器件或装置的光学操作是通过改变器件或装置的介质的光学性质来修改的;用于上述操作的技术或工艺;变频;非线性光学;光学逻辑元件;光学模拟/数字转换器;…控制来自独立光源的光的强度、颜色、相位、偏振或方向的器件或装置,例如转换、选通或调制;非线性光学;…非线性光学	13
C09K11/06	.染料;涂料;抛光剂;天然树脂;黏合剂;其他类目不包含的组合物;其他类目不包含的材料的应用;..不包含在其他类目中的各种应用材料;不包含在其他类目中的材料的各种应用;…发光材料,例如电致发光材料、化学发光材料;…含有机发光材料	12

　　如表11-18所示为美国顶尖大学量子信息专利的主要技术布局(专利数排在前15的IPC小组分类)。美国顶尖大学的量子信息专利技术集中于量子计算机,专利数最多的IPC分类为G06N99/00和G06N10/00,即量子计算机(基于量子力学现象的计算机系统);其次是半导体器件(例如约瑟夫逊效应器件),分类号为H01L39/22、H01L39/02、H01P5/18等;再次是特定用途的纳米结构(如用于信息加工、存储或传输的量子计算或单电子逻辑),分类号为B82Y10/00。此外,美国顶尖大学量子信息专利还在其他多个技术领域进行布局,例如应用超导器件的量子电路、光量子通信、利用荧光量子来测量或

分析含酶、用于诊断目的的测量、人的辨识、核酸或微生物及其组合物的检测、生物物质的检测、磁变量的测量等。

表11-18　美国顶尖大学量子信息专利主要技术构成

IPC分类号	中文含义	专利数
G06N99/00	.计算;推算;计数; ..基于特定计算模型的计算机系统; ...本小类其他各组中不包括的技术主题	71
G06N10/00	...量子计算机,例如基于量子力学现象的计算机系统	43
H01L39/22	.基本电气元件; ..半导体器件;其他类目中不包括的电固体器件; ...应用超导电性的或高导电性的器件,专门适用于制造或处理这些器件或其部件的方法或设备; ....包含有一个不同材料结点的器件,例如约瑟夫逊效应器件	54
H01L39/02	....零部件	9
H01P5/18	...波导型耦合器件; ....由两个耦合波导组成的,例如定向耦合器	10
B82Y10/00	.纳米技术; ..纳米结构的特定用途或应用;纳米结构的测量或分析;纳米结构的制造或处理; ...用于信息加工、存储或传输的纳米技术,例如量子计算或单电子逻辑	40
H03K19/195	.基本电子电路; ..脉冲技术; ...逻辑电路,即至少有两个输入作用于一个输出的(用于应用模糊逻辑的计算机系统的电路入G06N7/02);倒向电路; ....按所用组件的特征进行区分的; .....应用超导器件的	20
H04B10/70	.电通信技术; ..传输; ...利用无线电波以外的电磁波(例如红外线、可见光或紫外线)或利用微粒辐射(例如量子通信)的传输系统; ....光子量子通信	20
A61B5/00	.医学或兽医学;卫生学; ..诊断;外科;鉴定(分析生物材料入G01N,例如G01N33/48); ...用于诊断目的的测量;人的辨识	12

续表

IPC分类号	中文含义	专利数
C12Q1/68	.生物化学;啤酒;烈性酒;果汁酒;醋;微生物学;酶学;突变或遗传工程; ..包含酶、核酸或微生物的测定或检验方法(免疫检测入G01N33/53);其所用的组合物或试纸;这种组合物的制备方法;在微生物学方法或酶学方法中的条件反应控制; ...包含酶、核酸或微生物的测定或检验方法;其组合物;这种组合物的制备方法; ….包括核酸	11
G01N33/68	.测量;测试; ..借助于测定材料的化学或物理性质来测试或分析材料; ...利用不包括在G01N1/00至G01N31/00组中的特殊方法来研究或分析材料; ....生物物质,例如血、尿; .....生物物质(例如血、尿)的化学分析;包括了生物特有的配体结合方法的测试;免疫学试验; ......涉及蛋白质、肽或氨基酸的	13
G01N21/64	...利用光学手段,即利用红外光、可见光;或紫外光来测试或分析材料; ….所测试的材料在其中被激发,因之引起材料发光或入射光的波长发生变化的系统; …..光学激发的; ….荧光;磷光	9
G01R33/032	..测量电变量;测量磁变量(指示谐振电路的正确调谐入H03J3/12); ...测量磁变量的装置或仪器; ….测量磁场或磁通量的方向或大小; …..采用磁光设备,例如法拉第的	9
G01R23/16	...测量频率的装置;频谱分析装置; ….谱分析;傅立叶(Fourier)分析	8
G06F11/10	.计算;推算;计数; ..电数字数据处理(基于特定计算模型的计算机系统入G06N); ...错误检测;错误校正;监控; ....响应错误的产生,例如容错; .....用数据表示中的冗余码作错误检测或校正,例如应用校验码; ......对编码信息添加特定的码或符号,例如奇偶校验、除9或除11校验	8

比较表11-17和表11-18中美两国顶尖大学的量子信息专利技术布局，发现两国顶尖大学的主要技术布局有明显差异。中美顶尖大学在量子信息技术创新上保持了各自的优势和特色。中国顶尖大学的专利布局方向更为集中，在量子密钥分配方向（H04L9/08）上占据明显优势，也在利用光学手段（红外光、可见光、紫外光）来测试或分析材料（G01N21/64），以及量子随机数或量子伪随机数发生器（G06F7/58）等方向布局了较多专利。而美国顶尖大学在特定计算模型的计算机系统（G06N99/00）方向上处于领先地位，同时还在包含不同材料结点的器件（例如约瑟夫逊效应器件，H01L39/22）、应用超导器件的逻辑电路或倒向电路（H03K19/195）、用于信息处理或存储或传输的纳米技术（例如量子计算或单电子逻辑，B82Y40/00）等方面保持领先。中美顶尖大学都有较多专利布局的方向为量子计算机（G06N10/00）和光子量子通信（H04B10/70），两者在这些方向上形成了竞争之势。

（四）十校技术创新综合表现及技术布局

为具体了解10所中美顶尖大学的量子信息专利表现及中美两组顶尖大学在量子信息技术创新竞争力上的内部差异，如表11-19所示为10所顶尖大学2015—2019年的量子信息专利公开数、国际申请数、高分专利数和授权专利数。从表11-19中可见，中国5所顶尖大学的专利公开数为61~130，美国5所顶尖大学的专利公开数为28~100；中国5所大学的授权专利数为35~77，美国5所大学的授权专利数为9~52。在专利数量上，中美顶尖大学个体差异明显，总体而言，中国顶尖大学略胜一筹。但在国际申请数和高分专利数2个指标上，无论是整体还是个体，中国顶尖大学与美国顶尖大学都存在较大差距。中国顶尖大学中，清华大学和中国科学技术大学综合表现略好。美国顶尖大学中，麻省理工学院和耶鲁大学综合表现较佳。

表11-19　十校量子信息专利综合表现（单位：件）

学校	专利公开数	国际申请数	高分专利数	授权专利数
中国科学技术大学	114	6	3	73
清华大学	130	6	2	77
上海交通大学	91	2	1	69
北京大学	61	2	1	35
浙江大学	109	3	2	56

学校	专利公开数	国际申请数	高分专利数	授权专利数
麻省理工学院	100	57	14	52
哈佛大学	72	51	11	15
耶鲁大学	98	79	19	14
斯坦福大学	30	15	4	21
密歇根大学	32	21	5	9

表 11-20 到表 11-29 分别展示了 10 所顶尖大学量子信息专利的主要技术构成。通过表中数据可以了解各校量子信息专利覆盖的技术类别,以及各技术分支的创新热度。

如表 11-20 所示为中国科学技术大学量子信息专利的主要技术构成(专利数排在前 10 位的 IPC 小组分类)。中国科学技术大学在 H04L9/08 和 H04B10/70 这两个技术分支上专利分布较多,说明量子通信安全是中国科学技术大学的重点研究方向。量子计算机(例如基于量子力学现象的计算机系统)也是中国科学技术大学的重点研究方向。中国科学技术大学量子信息专利还在其他多个技术领域进行布局,例如用于量子计算的纳米结构、半导体器件、量子随机数或伪量子随机数发生器、量子光学、利用光学手段(荧光、磷光)来测试或分析材料等。光子量子通信传输系统的接收机(H04B10/61)是中国科学技术大学的特色研究方向。

表 11-20　中国科学技术大学量子信息专利主要技术构成

IPC分类号	中文含义	专利数
H04L9/08	.电通信技术; ..数字信息的传输,例如电报通信(电报和电话通信的公用设备入H04M); ...保密或安全通信装置; ....密钥分配	26
H04B10/70	.电通信技术; ..传输; ...利用无线电波以外的电磁波(例如红外线、可见光或紫外线)或利用微粒辐射(例如量子通信)的传输系统; ....光子量子通信	22
H04B10/516	....发射机; .....编码或调制元件	4

续表

IPC分类号	中文含义	专利数
H04B10/61	….接收机； …..相干接收器	3
B82Y40/00	.纳米技术； ..纳米结构的特定用途或应用；纳米结构的测量或分析；纳米结构的制造或处理； …纳米结构的制造或处理	8
H01L29/66	.基本电气元件； ..半导体器件；其他类目中不包括的电固体器件； …专门适用于整流、放大、振荡或切换，并具有至少一个电位跃变势垒或表面势垒的半导体器件；具有至少一个电位跃变势垒或表面势垒，例如PN结耗尽层或载流子集结层的电容器或电阻器；半导体本体或其电极的零部件； ….按半导体器件的类型区分的	6
G06F7/58	.计算；推算；计数； ..电数字数据处理(基于特定计算模型的计算机系统入G06N)； …通过待处理的数据的指令或内容进行运算的数据处理的方法或装置(逻辑电路入H03K19/00)； ….随机数或伪随机数发生器	5
G02F1/35	.光学； ..用于控制光的强度、颜色、相位、偏振或方向的器件或装置,例如转换、选通、调制或解调,上述器件或装置的光学操作是通过改变器件或装置的介质的光学性质来修改的；用于上述操作的技术或工艺；变频；非线性光学；光学逻辑元件；光学模拟/数字转换器； …控制来自独立光源的光的强度、颜色、相位、偏振或方向的器件或装置,例如转换、选通或调制；非线性光学； ….非线性光学	4
G01N21/64	.测量；测试； ..借助于测定材料的化学或物理性质来测试或分析材料； …利用光学手段,即利用红外光、可见光,或紫外光来测试或分析材料； ….所测试的材料在其中被激发,因之引起材料发光或入射光的波长发生变化的系统； …..光学激发的； …..荧光；磷光	3

　　表11-21展示了清华大学量子信息专利的主要技术构成(专利数排在前10的IPC小组分类)。量子通信技术是清华大学量子信息技术创新的重点方向,专利在H04L9/08和H04B10/70分布较多,涉及通信保密或安全的密钥分配、通信协议、光量子通信。量子计算机及量子计算也是清华大学的重点方向(G06N10/00和G06F7/58)。此外,清华大学量子信息专利还在其他多个技术领域有所涉及,例如基于量子力学现象的半导体电气元件、利用光学手段(荧光、磷光)来测试或分析材料、用于量子计算的纳米结构、量子光学等。专门适用于光发射并且包括至少有一个电位跃变势垒或者表面势垒的半导体组件(H01L27/15)和只能通过对一个不通有待整流、放大或切换的电流的电极供给电流或施加电位方可进行控制的半导体器件(H01L29/18)是清华大学的特色研究方向。

表11-21　清华大学量子信息专利主要技术构成

IPC分类号	中文含义	专利数
H04L9/08	.电通信技术; ..数字信息的传输,例如电报通信(电报和电话通信的公用设备入H04M); ...保密或安全通信装置; ….密钥分配	25
H04L29/06	….以协议为特征的	5
H04B10/70	.电通信技术; ..传输; ...利用无线电波以外的电磁波(例如红外线、可见光或紫外线)或利用微粒辐射(例如量子通信)的传输系统; ….光子量子通信	16
G06F7/58	.计算;推算;计数; ..电数字数据处理(基于特定计算模型的计算机系统入G06N); ...通过待处理的数据的指令或内容进行运算的数据处理的方法或装置(逻辑电路入H03K19/00); ….随机数或伪随机数发生器	11
G06N10/00	.计算;推算;计数; ..基于特定计算模型的计算机系统; ...量子计算机,例如基于量子力学现象的计算机系统	9

续表

IPC分类号	中文含义	专利数
H01L27/15	.基本电气元件； ..半导体器件；其他类目中不包括的电固体器件； ...由在一个共用衬底内或其上形成的多个半导体或其他固态组件组成的器件； ....包括专门适用于光发射并且包括至少有一个电位跃变势垒或者表面势垒的半导体组件	6
H01L29/78	...专门适用于整流、放大、振荡或切换，并具有至少一个电位跃变势垒或表面势垒的半导体器件；具有至少一个电位跃变势垒或表面势垒，例如PN结耗尽层或载流子集结层的电容器或电阻器；半导体本体或其电极的零部件； ....按半导体器件的类型区分的； ....只能通过对一个不通有待整流、放大或切换的电流的电极供给电流或施加电位方可进行控制的； ......单极器件； ....场效应晶体管； ....由绝缘栅产生场效应的	6
G01N21/64	.测量；测试； ..借助于测定材料的化学或物理性质来测试或分析材料； ....所测试的材料在其中被激发，因之引起材料发光或入射光的波长发生变化的系统； ....光学激发的； ....荧光；磷光	5
B82Y40/00	.纳米技术； ..纳米结构的特定用途或应用；纳米结构的测量或分析；纳米结构的制造或处理； ...纳米结构的制造或处理	4
G02F1/35	.光学； ..用于控制光的强度、颜色、相位、偏振或方向的器件或装置，例如转换、选通、调制或解调，上述器件或装置的光学操作是通过改变器件或装置的介质的光学性质来修改的；用于上述操作的技术或工艺；变频；非线性光学；光学逻辑元件；光学模拟/数字转换器； ...控制来自独立光源的光的强度、颜色、相位、偏振或方向的器件或装置，例如，转换、选通或调制；非线性光学； ....非线性光学	4

如表11-22所示为上海交通大学量子信息专利的主要技术构成（专利数排在前10位的IPC小组分类）。量子通信技术也是上海交通大学量子信息技术创新的重点方向，专利在H04L9/08分布较多，主要涉及通信保密或安全的密钥分配，还在光量子通信、发射机等方面有所涉及。此外，上海交通大学量子信息专利还涉及其他多个技术领域，例如利用光学手段（荧光、磷光）来测试或分析材料、利用抗原或抗体的扩散或迁移的生物物质测定法、集成光路、用于量子计算的纳米结构、量子光学和光子晶体、发光材料、量子计算机等。光波导式的集成光路（G02B6/12、G02B6/13）是上海交通大学的特色研究方向。

表11-22　上海交通大学量子信息专利主要技术构成

IPC分类号	中文含义	专利数
H04L9/08	.电通信技术； ..数字信息的传输，例如电报通信（电报和电话通信的公用设备入H04M）； ...保密或安全通信装置； ….密钥分配	21
H04B10/70	.电通信技术； ..传输； ...利用无线电波以外的电磁波（例如红外线、可见光或紫外线）或利用微粒辐射（例如量子通信）的传输系统； ….光子量子通信	5
H04B10/524	….发射机； ….编码或调制元件； ….脉冲调制	4
G01N21/64	.测量；测试； ..借助于测定材料的化学或物理性质来测试或分析材料； ...利用光学手段，即利用红外光、可见光；或紫外光来测试或分析材料； ….所测试的材料在其中被激发，因之引起材料发光或入射光的波长发生变化的系统； ….光学激发的； ….荧光；磷光	4

续表

IPC分类号	中文含义	专利数
G01N33/558	.测量;测试; ..借助于测定材料的化学或物理性质来测试或分析材料; ...利用不包括在G01N1/00至G01N31/00组中的特殊方法来研究或分析材料; ....生物物质,例如血、尿;血球计数器; .....生物物质(例如血、尿)的化学分析;包括了生物特有的配体结合方法的测试;免疫学试验; ......免疫测定法;生物特异性结合测定;相应的生物物质; ....利用了抗原或抗体的扩散或迁移	3
G02B6/12	.光学; ..光学元件、系统或仪器; ...光导;包含光导和其他光学元件(如耦合器)的装置的结构零部件; ....光波导式的; .....集成光路类型	3
G02B6/13	…..集成光路类型; …....以制作方法为特征的集成光路	4
B82Y20/00	.纳米技术; ..纳米结构的特定用途或应用;纳米结构的测量或分析;纳米结构的制造或处理; ...纳米光学,例如量子光学和光子晶体	3
C09K11/88	.染料;涂料;抛光剂;天然树脂;黏合剂;其他类目不包含的组合物;其他类目不包含的材料的应用; ..不包含在其他类目中的各种应用材料;不包含在其他类目中的材料的各种应用; ...发光材料,例如电致发光材料、化学发光材料; …..含硒、碲或未指明的硫属元素	3
G06N10/00	.计算;推算;计数; ..基于特定计算模型的计算机系统; ...量子计算机,例如基于量子力学现象的计算机系统	3

如表11-23所示为北京大学量子信息专利的主要技术构成(专利数排在

前 10 位的 IPC 小组分类)。量子通信技术同样是北京大学量子信息技术创新的重点方向,专利在 H04L9/08 分布较多,主要涉及通信保密或安全的密钥分配。此外,北京大学量子信息专利还涉及其他多个技术领域,例如应用原子钟测时、光量子通信、利用光学手段(荧光、磷光)来测试或分析材料、控制光的光学装置、利用微粒辐射转换为电能或控制电能的器件、发光材料、量子随机数生成器等。应用原子钟测量时间(G06F5/14)是北京大学的特色研究方向。

表 11-23　北京大学量子信息专利主要技术构成

IPC分类号	中文含义	专利数
H04L9/08	.电通信技术; ..数字信息的传输,例如电报通信(电报和电话通信的公用设备入H04M); ...保密或安全通信装置; ….密钥分配	15
H04B10/70	..传输; ...利用无线电波以外的电磁波(例如红外线、可见光或紫外线)或利用微粒辐射(例如量子通信)的传输系统; ….光子量子通信	4
H04L1/00	..数字信息的传输,例如电报通信(电报和电话通信的公用设备入H04M); ...检测或防止收到信息中的差错的装置	3
G04F5/14	.测时学; ..时间间隔的测量; ...产生用作定时标准的预选的时间间隔的仪器; ….应用原子钟	4
G01N21/64	.测量;测试; ..借助于测定材料的化学或物理性质来测试或分析材料; ...利用光学手段,即利用红外光、可见光、或紫外光来测试或分析材料; ….所测试的材料在其中被激发,因之引起材料发光或入射光的波长发生变化的系统; …..光学激发的; ……荧光;磷光	3

续表

IPC分类号	中文含义	专利数
G02F1/1335	.光学； ..用于控制光的强度、颜色、相位、偏振或方向的器件或装置，例如转换、选通、调制或解调，上述器件或装置的光学操作是通过改变器件或装置的介质的光学性质来修改的；用于上述操作的技术或工艺；变频；非线性光学；光学逻辑元件；光学模拟/数字转换器； ...控制来自独立光源的光的强度、颜色、相位、偏振或方向的器件或装置，例如转换、选通或调制；非线性光学； ....对强度、相位、偏振或颜色的控制； .....基于液晶的，例如单位液晶显示单元； ......构造上的设备；液晶单元的工作；电路装置； ....构造上的设备； ....与液晶单元结构相连的光学装置，例如偏振器或反射器	3
H01L31/18	.基本电气元件； ..半导体器件；其他类目中不包括的电固体器件； ...对红外辐射、光、较短波长的电磁辐射，或微粒辐射敏感的，并且专门适用于把这样的辐射能转换为电能的，或者专门适用于通过这样的辐射进行电能控制的半导体器件；专门适用于制造或处理这些半导体器件或其部件的方法或设备；其零部件； ....专门适用于制造或处理这些器件或其部件的方法或设备	3
H01L33/00	.基本电气元件； ..半导体器件；其他类目中不包括的电固体器件； ...至少有一个电位跃变势垒或表面势垒的专门适用于光发射的半导体器件；专门适用于制造或处理这些半导体器件或其部件的方法或设备；这些半导体器件的零部件	3
C09K11/06	.染料；涂料；抛光剂；天然树脂；黏合剂；其他类目不包含的组合物；其他类目不包含的材料的应用； ..不包含在其他类目中的各种应用材料；不包含在其他类目中的材料的各种应用； ...发光材料，例如电致发光材料、化学发光材料； ....含有机发光材料	2
G06F7/58	.计算；推算；计数； ..电数字数据处理（基于特定计算模型的计算机系统入G06N）； ...通过待处理的数据的指令或内容进行运算的数据处理的方法或装置（逻辑电路入H03K19/00）； ....随机数或伪随机数发生器	2

如表11-24所示为浙江大学量子信息专利的主要技术构成(专利数排在前10位的IPC小组分类)。利用光学手段(荧光、磷光)来测试或分析材料是浙江大学量子信息技术创新的重点方向,专利在G01N21/64分布较多。特定应用的纳米结构(如量子光学和光子晶体)的制造和处理也是浙江大学的重点方向(B82Y40/00)。此外,浙江大学量子信息专利还在其他多个技术领域有所涉及,例如光量子通信、应用电子设备进行图形识别的方法或装置、发光材料(尤其是含硒、碲或未指明的硫属元素的)等。

表11-24　浙江大学量子信息专利主要技术构成

IPC分类号	中文含义	专利数
G01N21/64	.测量;测试; ..借助于测定材料的化学或物理性质来测试或分析材料; ...利用光学手段,即利用红外光、可见光;或紫外光来测试或分析材料; ....所测试的材料在其中被激发,因之引起材料发光或入射光的波长发生变化的系统; .....光学激发的; .....荧光;磷光	32
B82Y40/00	.纳米技术; ..纳米结构的特定用途或应用;纳米结构的测量或分析;纳米结构的制造或处理; ...纳米结构的制造或处理	13
B82Y20/00	...纳米光学,例如量子光学和光子晶体	4
B82Y30/00	...用于材料和表面科学的纳米技术,例如纳米复合材料	4
H01L31/18	.基本电气元件; ..半导体器件;其他类目中不包括的电固体器件; ...对红外辐射、光、较短波长的电磁辐射,或微粒辐射敏感的,并且专门适用于把这样的辐射能转换为电能的,或者专门适用于通过这样的辐射进行电能控制的半导体器件;专门适用于制造或处理这些半导体器件或其部件的方法或设备;其零部件; ....专门适用于制造或处理这些器件或其部件的方法或设备	7

续表

IPC分类号	中文含义	专利数
H01L51/50	.基本电气元件； ..半导体器件；其他类目中不包括的电固体器件； ...使用有机材料作有源部分或使用有机材料与其他材料的组合作有源部分的固态器件；专门适用于制造或处理这些器件或其部件的工艺方法或设备； ....专门适用于光发射的，如有机发光二极管或聚合物发光器件（有机半导体激光器入H01S5/36）	4
H04B10/70	.电通信技术； ..传输； ...利用无线电波以外的电磁波（例如红外线、可见光或紫外线）或利用微粒辐射（例如量子通信）的传输系统； ….光子量子通信	6
G06K9/62	.计算；推算；计数； ..数据识别；数据表示；记录载体；记录载体的处理（印刷本身入B41J）； ...用于阅读或识别印刷或书写字符或者用于识别图形，例如指纹的识别方法或装置； ….应用电子设备进行识别的方法或装置	4
C09K11/02	.染料；涂料；抛光剂；天然树脂；黏合剂；其他类目不包含的组合物；其他类目不包含的材料的应用； ..不包含在其他类目中的各种应用材料；不包含在其他类目中的材料的各种应用； ...发光材料，例如电致发光材料、化学发光材料； ….以特殊材料作为黏合剂，用于粒子涂层或作悬浮介质	4
C09K11/88	….含硒、碲或未指明的硫属元素	5

如表 11-25 所示为麻省理工学院量子信息专利的主要技术构成（专利数排在前 10 位的 IPC 小组分类）。量子计算机（例如基于量子力学现象的计算机系统）是麻省理工学院的重点研究方向，专利在 G06N10/00 和 G06N99/00 分布较多。特定应用的纳米结构（量子计算或单电子逻辑）和应用超导性质的半导体器件也是麻省理工学院的重点方向（B82Y10/00 和 H01L39/02）。此外，麻省理工学院量子信息专利还在其他多个技术领域进行布局，例如粒子

或电离辐射的处理装置、核酸的测定或检验方法、利用光学手段(荧光、磷光)来测试或分析材料、利用核磁共振或电子顺磁共振或其他自旋效应来测试或分析材料、量子通信技术等。用于诊断目的的量子成像技术(A61B5/00)是麻省理工学院的特色研究方向。

表11-25　麻省理工学院量子信息专利主要技术构成

IPC分类号	中文含义	专利数
G06N10/00	.计算;推算;计数; ..基于特定计算模型的计算机系统; ...量子计算机,例如基于量子力学现象的计算机系统	11
G06N99/00	.计算;推算;计数; ..基于特定计算模型的计算机系统; ...本小类其他各组中不包括的技术主题	7
B82Y10/00	.纳米技术; ..纳米结构的特定用途或应用;纳米结构的测量或分析;纳米结构的制造或处理; ...用于信息加工、存储或传输的纳米技术,例如量子计算或单电子逻辑	7
G21K1/00	.核物理;核工程; ..未列入其他类目的粒子或电离辐射的处理技术;照射装置;γ射线或X射线显微镜; ...粒子或电离辐射的处理装置,如聚焦或慢化	6
G21K1/02	….使用光阑、准直器	5
H01L39/02	.基本电气元件; ..半导体器件;其他类目中不包括的电固体器件; ...应用超导电性的或高导电性的器件,专门适用于制造或处理这些器件或其部件的方法或设备; ....零部件	6
C12Q1/68	.生物化学;啤酒;烈性酒;果汁酒;醋;微生物学;酶学;突变或遗传工程; ..包含酶、核酸或微生物的测定或检验方法(免疫检测入G01N33/53);其所用的组合物或试纸;这种组合物的制备方法;在微生物学方法或酶学方法中的条件反应控制; ...包含酶、核酸或微生物的测定或检验方法;其组合物;这种组合物的制备方法; ….包括核酸	4

续表

IPC分类号	中文含义	专利数
G01N21/64	.测量;测试; ..借助于测定材料的化学或物理性质来测试或分析材料; ...利用光学手段,即利用红外光、可见光;或紫外光来测试或分析材料; ....所测试的材料在其中被激发,因之引起材料发光或入射光的波长发生变化的系统; .....光学激发的; .....荧光;磷光	4
G01N24/00	.测量;测试; ..借助于测定材料的化学或物理性质来测试或分析材料; ...利用核磁共振、电子顺磁共振或其他自旋效应来测试或分析材料	4
H04B10/70	.电通信技术; ..传输; ...利用无线电波以外的电磁波(例如红外线、可见光或紫外线)或利用微粒辐射(例如量子通信)的传输系统; ....光子量子通信	4
H04L9/08	.电通信技术; ..数字信息的传输,例如电报通信(电报和电话通信的公用设备入H04M); ...保密或安全通信装置; ....密钥分配	4

　　如表11-26所示为哈佛大学量子信息专利的主要技术构成(专利数排在前10位的IPC小组分类)。哈佛大学量子信息专利集中于量子计算机,IPC专利号为G06N10/00和G06N99/00。特定应用(量子计算或单电子逻辑)的纳米结构(B82Y10/00)、粒子或电离辐射的处理装置(G21K1/00和G21K1/02)、基于生物学模型的计算机系统(G06N3/04和G06N3/08)也是哈佛大学的研究重点。此外,哈佛大学量子信息专利还在其他多个技术领域有所布局,例如利用光学手段(荧光、磷光)或其他方法来测试或分析材料、核酸的测定或检验方法等。量子机器学习(G06N3/04、G06N3/08)是哈佛大学的特色研究方向。

表 11-26　哈佛大学量子信息专利主要技术构成

IPC 分类号	中文含义	专利数
G06N10/00	.计算;推算;计数; ..基于特定计算模型的计算机系统; ...量子计算机,例如基于量子力学现象的计算机系统	22
G06N99/00	.计算;推算;计数; ..基于特定计算模型的计算机系统; ...本小类其他各组中不包括的技术主题	4
G01N33/68	.测量;测试; ..借助于测定材料的化学或物理性质来测试或分析材料; ...利用不包括在 G01N1/00 至 G01N31/00 组中的特殊方法来研究或分析材料; ....涉及蛋白质、肽或氨基酸的	9
B82Y10/00	.纳米技术; ..纳米结构的特定用途或应用;纳米结构的测量或分析;纳米结构的制造或处理; ...用于信息加工、存储或传输的纳米技术,例如量子计算或单电子逻辑	7
G21K1/00	.核物理;核工程; ..未列入其他类目的粒子或电离辐射的处理技术;照射装置;γ射线或 X 射线显微镜; ...粒子或电离辐射的处理装置,如聚焦或慢化	7
G21K1/02	....使用光阑、准直器	6
G06N3/04	.计算;推算;计数; ..基于特定计算模型的计算机系统; ...基于生物学模型的计算机系统; ....体系结构,例如互连拓扑	6
G06N3/08	....学习方法	5
G01N21/64	.测量;测试; ..借助于测定材料的化学或物理性质来测试或分析材料; ...利用光学手段,即利用红外光、可见光;或紫外光来测试或分析材料; ....所测试的材料在其中被激发,因之引起材料发光或入射光的波长发生变化的系统; .....光学激发的; .....荧光;磷光	4

续表

IPC分类号	中文含义	专利数
C12Q1/68	.生物化学;啤酒;烈性酒;果汁酒;醋;微生物学;酶学;突变或遗传工程; ..包含酶、核酸或微生物的测定或检验方法(免疫检测入 G01N33/53);其所用的组合物或试纸;这种组合物的制备方法;在微生物学方法或酶学方法中的条件反应控制; ...包含酶、核酸或微生物的测定或检验方法;其组合物;这种组合物的制备方法; ....包括核酸	3

如表 11-27 所示为耶鲁大学量子信息专利的主要技术构成(专利数排在前 10 位的 IPC 小组分类)。量子计算机(G06N99/00 和 G06N10/00)、应用超导性的器件(H01L39/22)都是耶鲁大学的研究重点。特定应用的纳米结构(量子计算或单电子逻辑)也是耶鲁大学的重点方向(B82Y10/00)。此外,耶鲁大学量子信息专利还在其他多个技术领域进行布局,例如应用超导器件的逻辑电路、光子量子通信、波导型耦合器件、磁变量测量等。波导型耦合器件(H01P5/18、H01P7/08)和应用超导的逻辑电路或倒向电路(H03K19/195)是耶鲁大学的特色研究方向。

表 11-27　耶鲁大学量子信息专利主要技术构成

IPC分类号	中文含义	专利数
G06N99/00	.计算;推算;计数; ..基于特定计算模型的计算机系统; ...本小类其他各组中不包括的技术主题	47
G06N10/00	.计算;推算;计数; ..基于特定计算模型的计算机系统; ...量子计算机,例如基于量子力学现象的计算机系统	13
H01L39/22	.基本电气元件; ..半导体器件;其他类目中不包括的电固体器件; ...应用超导电性的或高导电性的器件,专门适用于制造或处理这些器件或其部件的方法或设备; ....包含有一个不同材料结点的器件,例如约瑟夫逊效应器件	44
B82Y10/00	.纳米技术; ..纳米结构的特定用途或应用;纳米结构的测量或分析;纳米结构的制造或处理; ...用于信息加工、存储或传输的纳米技术,例如量子计算或单电子逻辑	30

IPC分类号	中文含义	专利数
H03K19/195	.基本电子电路; ..脉冲技术; ...逻辑电路,即至少有两个输入作用于一个输出的;倒向电路; ....按所用组件的特征进行区分的; .....应用超导器件的	16
H04B10/70	.电通信技术; ..传输; ...利用无线电波以外的电磁波(例如红外线、可见光或紫外线)或利用微粒辐射(例如量子通信)的传输系统; ….光子量子通信	12
H01P5/18	.基本电气元件; ..波导;谐振器、传输线或其他波导型器件(工作在光频的入G02B); ...波导型耦合器件; ….有两个以上端口的耦合器件(H01P5/04优先); …..共轭器件,即至少有一端与另一端相隔离的装置; …...由两个耦合波导组成的,例如定向耦合器	10
H01P7/08	...波导型谐振器; ….带状线谐振器	6
G01R23/16	.测量;测试; ..测量电变量;测量磁变量 ...测量频率的装置;频谱分析装置; ….谱分析;傅立叶(Fourier)分析	7
G01R33/032	.测量;测试; ..测量电变量;测量磁变量 ...测量磁变量的装置或仪器; ….采用磁—光设备,例如法拉第的	6

如表11-28所示为斯坦福大学量子信息专利的主要技术构成(专利数排在前10位的IPC小组分类)。斯坦福大学在核酸的测定或检验方法(C12Q1/68等)、微生物或酶及其组合物(C12N15/11等)、以电或磁或电化学方法测试或分析材料(G01N27/00)、用于量子医学成像的体内试验用的配制品(A61K49/00)等技术上都有所布局。量子化学方面的技术创新是斯坦福大学的特色。

表11-28　斯坦福大学量子信息专利主要技术构成

IPC分类号	中文含义	专利数
C12Q1/68	.生物化学;啤酒;烈性酒;果汁酒;醋;微生物学;酶学;突变或遗传工程; ..包含酶、核酸或微生物的测定或检验方法;其所用的组合物或试纸;这种组合物的制备方法;在微生物学方法或酶学方法中的条件反应控制; ...包含酶、核酸或微生物的测定或检验方法;其组合物;这种组合物的制备方法; ....包括核酸	3
C12Q1/6806	....制备用于分析的核酸,例如用于聚合酶链式反应分析	2
C12Q1/682	....信号放大	2
C12N15/11	.生物化学;啤酒;烈性酒;果汁酒;醋;微生物学;酶学;突变或遗传工程; ..微生物或酶;其组合物; ...突变或遗传工程;遗传工程涉及的DNA或RNA,载体(如质粒)或其分离、制备或纯化;所使用的宿主; .....DNA或RNA片段;其修饰形成	3
C12N15/87	....DNA重组技术; .....使用其他类目中不包含的方法(如共转化)引入外来遗传物质	2
C12N9/22	...酶,如连接酶;酶原;其组合物;制备、活化、抑制、分离或纯化酶的方法; ....水解酶; .....作用在酯键上; .....核糖核酸酶	3
G01B7/00	.测量;测试; ..长度、厚度或类似线性尺寸的计量;角度的计量;面积的计量;不规则的表面或轮廓的计量; ...以采用电或磁的方法为特征的计量设备	3
G01N27/00	..借助于测定材料的化学或物理性质来测试或分析材料; ...用电、电化学或磁的方法测试或分析材料	3
G01N27/30	....通过测试电化学变量;用电解或电泳法; .....电解池部件; .....电极,例如测试电极;半电池	2
A61K49/00	.医学或兽医学;卫生学; ..医用、牙科用或梳妆用的配制品; ...体内试验用的配制品	2

如表 11-29 所示为密歇根大学量子信息专利的主要技术构成(专利数排在前 10 位的 IPC 小组分类)。量子计算机和电子振荡器或脉冲发生器是密歇根大学的主要研究方向,专利分类号分别为 G06N99/00 和 H03L7/26。密歇根大学还在气体的微波激射器(H01S1/06)、采用光泵激的磁变量测量(G01R33/26)、控制光的光学装置(G02F1/01)、量子随机数或量子伪随机数发生器(G06F7/58)、量子通信的传输系统(H04B10/80)和量子限制结构或隧道势垒(H01L33/06)等方向有所布局。应用分子、原子或亚原子粒子的能级作为频率基准的电子振荡器或脉冲发生器(H03L7/26)是密歇根大学的特色研究方向。

表 11-29　密歇根大学量子信息专利主要技术构成

IPC 分类号	中文含义	专利数
G06N99/00	.计算;推算;计数; ..基于特定计算模型的计算机系统; ...本小类其他各组中不包括的技术主题	6
H03L7/26	.基本电子电路; ..电子振荡器或脉冲发生器的自动控制、起振、同步或稳定(发电机的入 H02P); ...频率或相位的自动控制; ....应用分子、原子或亚原子粒子的能级作为频率基准的	6
H01S1/06	.基本电气元件; ..利用辐射受激发射使用光放大过程来放大或产生光的器件;利用除光之外的波范围内的电磁辐射的受激发射器件; ...微波激射器,即利用微波范围内的电磁辐射的受激发射器件; ....气体的	5
G01R33/26	.测量;测试; ..测量电变量;测量磁变量; ...测量磁变量的装置或仪器; ....涉及磁共振; .....用于测量磁场或磁通量的方向或大小; ......采用光泵激	5

续表

IPC分类号	中文含义	专利数
G02F1/01	.光学; ..用于控制光的强度、颜色、相位、偏振或方向的器件或装置,例如转换、选通、调制或解调,上述器件或装置的光学操作是通过改变器件或装置的介质的光学性质来修改的;用于上述操作的技术或工艺;变频;非线性光学;光学逻辑元件;光学模拟/数字转换器; ...控制来自独立光源的光的强度、颜色、相位、偏振或方向的器件或装置,例如转换、选通或调制;非线性光学; ....对强度、相位、偏振或颜色的控制	5
G06F7/58	.计算;推算;计数; ..电数字数据处理(基于特定计算模型的计算机系统入G06N); ...通过待处理的数据的指令或内容进行运算的数据处理的方法或装置(逻辑电路入H03K19/00); ....随机数或伪随机数发生器	5
H04B10/80	.电通信技术; ..传输; ...利用无线电波以外的电磁波(例如红外线、可见光或紫外线)或利用微粒辐射(例如量子通信)的传输系统; ....适合于特定应用光学传输所涉及的光学方面,例如光功率供给或通过水进行光传输	5
H01L33/00	.基本电气元件; ..半导体器件;其他类目中不包括的电固体器件; ...至少有一个电位跃变势垒或表面势垒的专门适用于光发射的半导体器件;专门适用于制造或处理这些半导体器件或其部件的方法或设备;这些半导体器件的零部件	4
H01L33/06	....以半导体为特征的; ....具有一个量子效应结构或超晶格,例如隧道结; .....在发光区中,例如量子限制结构或隧道势垒	4
H01L33/32	....发光区的材料; ....只包括周期体系中的Ⅲ族和Ⅴ族的元素; ......含氮	4

第四节　总　结

本章首先通过对中美10所顶尖大学2015—2019年量子信息领域论文数据的分析,从研究规模、研究影响力、高水平研究、国际合作、研究主题与关键词分析等方面,揭示了中美两组顶尖大学在该领域论文竞争力的具体差距。然后通过分析中美两组顶尖大学在量子信息领域的专利发展态势、国际申请、高分专利、技术构成情况,对比中美两组顶尖大学在该领域的技术创新实力和潜力,具体明晰中美两组顶尖大学在量子信息领域技术创新的差距。

(一)基础研究实力及潜力

1.竞争实力和潜力

全球量子信息领域论文处于稳步增长阶段,中国5所顶尖大学的量子信息领域研究规模已超过美国同行,尤其是中国科学技术大学的发文规模,遥遥领先于其他9所顶尖大学;中国5所顶尖大学量子信息领域论文的增长率也高于美国5所顶尖大学,但在学术影响力和优秀科研成果产出方面与美国5所顶尖大学还存在差距。

中国5所顶尖大学量子信息领域论文的CNCI稳中有升,经过4年的发展,与美国5所顶尖大学的差距由1.12缩小至0.74,并且有进一步缩小的趋势,但差距仍然明显。中国5所顶尖大学的量子信息领域高水平论文(PPTop1%和PPTop10%)占比均低于美国,但清华大学和北京大学的Top论文占比已经非常接近美国5所顶尖大学相关指标分布范围的下限。在中国大学高质量、内涵式发展政策指导下,中国5所顶尖大学在Top论文方面有较大希望赶上美国5所顶尖大学。

期刊竞争力能够间接揭示学术竞争影响力,中国5所顶尖大学的主要发文期刊中,Q1和Q2分区期刊论文数占比为86.21%,比美国5所顶尖大学低5.2%,差距较小。美国5所顶尖大学主要发文期刊中,不乏 *Nature*、*Science* 等顶级期刊入选,结合中美10所顶尖大学在Top期刊上的论文数来看,中国5所顶尖大学在 *Nature*、*Science* 顶级期刊上论文数与美国5所顶尖大学存在极大的差距,这表明中国5所顶尖大学在发表创新性、高质量研究论文方面存在较大短板,如何提高研究质量、产出具有国际一流水平的科研成果是目前亟待解决的重要问题。

从国际合作情况来看,中国5所顶尖大学量子信息领域国际合作论文数的绝对数值表现尚可,美国5所顶尖大学量子信息领域的整体国际化程度、合作论文影响力均高于中国5所顶尖大学。中国5所顶尖大学量子信息国际合作论文5年平均增长率略高于中国5所顶尖大学全部论文,美国5所顶尖大学国际合作论文5年平均增长率则是全部论文的1.49倍。

2.竞争布局

中国5所顶尖大学的研究主题覆盖面和热点研究主题数优于美国5所顶尖大学;10所顶尖大学中,中国科学技术大学在量子信息领域研究主题覆盖面最广,热点主题的参与度也最高,是量子信息领域研究的领军者。两组顶尖大学参与主要研究主题涉及28个,其中两组顶尖大学均参与的研究主题仅有7个,重合度不高。

中国5所顶尖大学的主要研究主题相对集中,T.801(量子密钥分布;量子密码学;Key Rate)同时是4所顶尖大学的主要研究主题,该主题显著度为99.11%,中国科学技术大学是该研究主题在全球范围内最主要的贡献机构,全球产出份额约8.46%。美国5所顶尖大学的主要研究主题分布较分散,涉及研究主题共有19个,其中6个研究主题有重合,且重合的研究主题仅有2所顶尖大学参与。

中美10所顶尖大学重合的高频关键词有6个,说明10所顶尖大学在量子信息领域的研究内容有交叉,例如量子纠缠与量子计算机、量子光学、量子理论、量子化学等方向研究是共同关注点。可通过中美顶尖大学的高频关键词了解各校的主要研究方向,同时各校也有不同于其他大学的特色高频关键词,揭示各校特色研究方向。量子密钥分发是中国科学技术大学出现频次最高的关键词,也是该校重点研究方向。随机数生产是清华大学的特色高频关键词,其以姚期智院士为领导的基于计算理论的伪随机数生成等应用于量子计算等方面的研究,也是清华大学的特色研究方向。麻省理工学院主要研究关键词分布于量子比特、量子理论、量子力学等,其建有凯克极限量子信息理论中心,该中心在量子理论方面研究居于国际领先地位。耶鲁大学的高频关键词与其他9所顶尖大学高频关键词重合度最低,有20个高频关键词是该校所特有的,包括参量放大器、量子纠错、量子噪音等。

（二）技术创新实力及潜力

1.竞争实力和潜力

目前中国和美国已经在全球量子信息技术领域处于领先地位。中国在量子信息技术领域的创新活跃度比美国更高,已经成为量子信息专利布局最多的国家,也是量子信息专利产出最多的国家。但来源于中国的量子信息专利中的引领性技术成果仍然不及美国。

中美10所顶尖大学非常关注量子信息领域的技术创新和技术保护。中美两组顶尖大学量子信息专利发展趋势与两国的量子信息专利发展总趋势的表现基本一致:中国5所顶尖大学量子信息专利数增长迅速,而美国5所顶尖大学的量子信息专利数增幅不明显。中国5所顶尖大学的量子信息专利数已经明显超过了美国5所顶尖大学;在国际申请和高分专利方面,无论是数量还是占比,中国5所顶尖大学与美国5所顶尖大学差距都非常明显,中国5所顶尖大学的量子信息专利国际申请占比和高分专利占比仅为3.79%和1.78%,远低于美国5所顶尖大学的67.67%和16.06%。中国5所顶尖大学在政策的鼓励下,量子信息专利成果的产出速度保持了高速增长,在专利数量上开始有一定优势,但在引领性技术创新和影响力拓展方面与美国5所顶尖大学还有较明显的差距,尤其是国际专利申请、高价值专利培育方面仍然存在很大的进步空间。

2.专利技术构成

中美两国申请的量子信息专利技术布局方向有明显差异。中国申请的量子信息专利技术约有18%集中于量子通信(IPC分类大组为H04L9),中国已经在量子通信技术方面取得优势,未来还将利用光学手段(荧光、磷光)来测量或分析材料作为主要研究方向(G01N21/64)。美国的量子信息专利技术约有25%集中于包括量子计算机在内的特定计算模型的计算机系统(IPC分类大组为G06N99和G06N10),美国已经在量子计算机方面取得优势。美国还将用于量子信息领域的电气元件(例如约瑟夫逊效应器件)的研究作为主要研究方向(H01L39/22)。同时,两国也在一些量子信息技术方向上存在竞争,如两国同时在特定用途的纳米结构的制造和处理、适用于光发射的半导体器件等方面都布局了较多的专利。

中美10所顶尖大学的量子信息专利技术布局亦有明显差异。中美10所顶尖大学在量子信息技术创新上也保持了各自的优势和特色。中国5所顶尖大学的专利布局方向更为集中,在量子密钥分配方向(H04L9/08)上占据明显优势,也在利用光学手段(红外光、可见光、紫外光)来测试或分析材料(G01N21/64),以及量子随机数或量子伪随机数发生器(G06F7/58)等方向布局了较多专利。而美国5所顶尖大学在特定计算模型的计算机系统(G06N99/00)方向上处于领先地位,同时还在包含不同材料结点的器件(例如约瑟夫逊效应器件,H01L39/22)、应用超导器件的逻辑电路或倒向电路(H03K19/195)、用于信息处理或存储或传输的纳米技术(例如量子计算或单电子逻辑,B82Y40/00)等方面保持领先。中美顶尖大学都有较多专利布局的方向为:量子计算机(G06N10/00)和光子量子通信(H04B10/70),两者在这些方向上形成了竞争之势。

与此同时,中美10所顶尖大学有其各自的特色研究方向,如中国科学技术大学的光子量子通信传输系统的接收机(H04B10/61),清华大学的专门适用于光发射并且包括至少有一个电位跃变势垒或者表面势垒的半导体组件(H01L27/15)和只能通过对一个不通有待整流、放大或切换的电流的电极供给电流或施加电位方可进行控制的半导体器件(H01L29/18),上海交通大学的光波导式的集成光路(G02B6/12、G02B6/13),麻省理工学院的用于诊断目的的量子成像技术(A61B5/00),哈佛大学的量子机器学习(G06N3/04、G06N3/08),以及耶鲁大学的波导型耦合器件(H01P5/18、H01P7/08)和应用超导的逻辑电路或倒向电路(H03K19/195)。

参考文献

[1]白璐.高校科研评价指标体系构建研究[D].广州:南方医科大学,2019.

[2]北京大学.《北京大学一流大学建设高校建设方案(精编版)》正式发布[EB/OL].[2020-12-02].http://pkunews.pku.edu.cn/xwzh/2017-12/28/content_300847.htm.

[3]北京大学化学与分子工程学院.学院简介[EB/OL].[2020-12-02]https://www.chem.pku.edu.cn/xygk/xyjj/index.htm.

[4]北京大学环境科学与工程学院.学院简介[EB/OL].[2020-12-15].https://cese.pku.edu.cn/xygk/xyjj/index.htm.

[5]北京大学图书馆.学科竞争力分析报告[EB/OL].[2020-12-02].https://www.lib.pku.edu.cn/portal/cn/fw/kyzc/jingzhengqingbao.

[6]北京航空航天大学材料科学与工程学院.学院简介[EB/OL].[2020-12-02].http://www.mse.buaa.edu.cn/xygk/xyjj.htm.

[7]北京师范大学环境学院.学院简介[EB/OL].[2020-12-15].https://env.bnu.edu.cn/xygk/xyjj/.

[8]蔡言厚,杨华.论被引频次评价的适应性、局限性和不合理性[J].重庆大学学报(社会科学版),2009,15(5):59-62.

[9]曾开富.哈佛大学与麻省理工学院学科布局的比较研究[J].清华大学教育研究,2006(S1):135-143.

[10]常俦玮.我国近五年网络信息计量学研究综述[J].青年时代,2019,(9):280-281.

[11]陈超.美国的世界一流大学战略与启示[J].中国高教研究,2008(11):48-50.

[12]陈浩.基于理想窗宽的DEA视窗分析模型的我国高校科研评价[D].哈尔滨:哈尔滨工业大学,2012.

[13]陈华雄,王健,高健,等.科学领域学术竞争力评估研究[J].中国科学基金,2017,31(4):405-411.

[14]陈梦蝶,陈根.从斯坦福经验看我国高校的创新创业教育[J].中国商论,

2020(19):197-198.

[15]陈仕吉,邱均平.一流学科与学科排名的对比研究：基于教育部学科评估、ESI和QS学科排名的一流学科对比分析[J].评价与管理,2019,17(4):27-32.

[16]陈雨.WoS与Scopus学科分类对学科学术竞争力评价结果的影响研究[D].中国农业大学,2018.

[17]陈云伟.科技评价计量方法述评[J].农业图书情报学报,2020,32(8):4-11.

[18]程结晶,李秀霞.学术期刊影响力评价指标及改进方案[J].情报理论与实践,2020,43(6):56-61+48.

[19]仇鸿伟,唐灿.与第三方评估指标体系的对标：基于第四轮学科评估的实证研究[J].高等教育评论,2018,6(01):74-84.

[20]单晓红,何强,刘晓燕,等."政策属性—政策结构"框架下人工智能产业政策区域比较研究[J].情报理论与实践,2021,44(3):194-202.

[21]德勤中国.中国人工智能行业综述[J].科技中国,2019(1):63-77.

[22]丁兆君.量子信息科技在中国的发展：以中国科学技术大学为例[J].自然科学史研究,2019,38(4):394-404.

[23]董克,刘德洪.基于HITS与MPA算法结合的关键文献确定方法研究[J].图书情报知识,2011(3):77-82.

[24]段世飞,徐建行.国际比较视野下四种世界大学排行榜的价值取向研究[J].黑龙江高教研究,2020,38(6):16-23.

[25]复旦大学.复旦大学一流大学建设总体方案[EB/OL].[2020-12-28].http://www.xxgk.fudan.edu.cn/f7/55/c12546a128853/page.htm.

[26]复旦大学化学系.系简介[EB/OL].[2020-12-02].https://chemistry.fudan.edu.cn/bxgkw/list.htm.

[27]高芳,徐峰.全球量子信息技术最新进展及对中国的启示[J].中国科技论坛,2017(06):164-170.

[28]郭道胜,匡婷婷.网络计量学国内研究的发展轨迹分析[J].情报探索,2018(12):121-127.

[29]郭佳程,胡志刚,张琬笛.基于分类评价视角的科研机构评价方法初探：以化学领域国家重点实验室为例[J].中国科技论坛,2020(09):16-25+38.

[30]郭强.美国加州大学伯克利分校学术项目评估态势综述[J].世界教育信息,2014(17):31-37.

[31]郭裕湘.高校学术竞争力内涵与要素系统的新探析[J].国家教育行政学院学报,2016(2):25-30.

[32]郭云鹏,徐宝祥.基于重要—满意象限法的高校图书馆服务质量评价[J].情报科学,2014(12):93-97.

[33]国务院.新一代人工智能发展规划[EB/OL].[2020-12-21].http://www.gov.cn/zhengce/content/201707/20/content_5211996.htm.

[34]哈尔滨工业大学材料科学与工程学院.学院简介[EB/OL].[2020-12-02].http://mse.hit.edu.cn/1679/list.htm.

[35]哈尔滨工业大学环境学院.学院简介[EB/OL].[2020-12-15].http://env.hit.edu.cn/xyjj/list.htm.

[36]韩牧哲,李秀霞,张艺蔓.我国网络计量学研究的知识扩散可视化分析[J].图书情报研究,2016,9(4):82-88.

[37]郝若扬.高Altmetrics指标论文的特征分析及影响力分析[J].图书情报工作,2018,62(8):107-114.

[38]郝笑影.英国大学科研绩效评估与拨款机制研究:以科研卓越框架(REF)为重点[D].南京:南京大学,2018.

[39]何娟.网络信息计量学在专业课程改革中的应用:以电子商务专业为例[J].现代教育科学,2015(9):75-80.

[40]何振海,张荻.二战前后美国大学化学学科的快速崛起及其原因[J].河北大学学报(哲学社会科学版),2017,42(2):18-23.

[41]贺斌,李红美,王周秀,等.美国人工智能国家战略行动最新动向:洞察与借鉴[J].情报杂志,2021,40(1):25-32.

[42]贺天成.组织化视角下大学学科评价指标体系研究[D].杭州:浙江工业大学,2017.

[43]胡德鑫.教育部直属"985"高校学术竞争力评估研究[J].山东高等教育,2016(12):24-29.

[44]黄念,许彤彤,林清,等.基于期刊引证报告的结合与补充医学类SCI期刊的综合分析[J].中医杂志,2015,56(20):1780-1784.

[45]吉林大学化学学院.学院简介[EB/OL].[2020-12-2].http://chem.jlu.cn/info/1099/2259.htm.

［46］季波,李魏,吕薇,等.人工智能本科人才培养的美国经验与启示:以卡内基梅隆大学为例［J］.高等工程教育研究,2019(6):194-200.

［47］贾诗琦.以关键词"知乎"为例探究文献计量规律在网络搜索指数中的实用性［J］.新经济,2015(35):43.

［48］江艳.湖南大学科研评价指标体系构建研究［D］.长沙:湖南大学,2007.

［49］姜彤彤.基于DEA方法的高校科研效率评价研究［J］.高教发展与评估,2011,27(6):26-32+134.

［50］蒋合领,杨安,杨帆.国外Altmetrics研究综述［J］.情报科学,2016,34(7):163-169

［51］蒋林浩,沈文钦,陈洪捷,等.学科评估的方法、指标体系及其政策影响:美英中三国的比较研究［J］.高等教育研究,2014,35(11):92-101.

［52］蒋林浩,沈文钦.美国高校博士点项目的内部评估研究——以俄亥俄州立大学为例.清华大学教育研究,2016,37(3):40-47.

［53］蒋颖.人文社会科学领域文献计量学研究［M］.北京:社会科学文献出版社,2013:101.

［54］教育部,财政部,国家发展改革委.统筹推进世界一流大学和一流学科建设实施办法(暂行)［EB/OL］.［2020-12-01］.http://www.moe.gov.cn/srcsite/A22/moe_843/201701/t20170125_295701.html.

［55］教育部.2018年度普通高等学校本科专业备案和审批结果［EB/OL］.［2019-03-25］.http://www.moe.gov.cn/srcsite/A08/moe_1034/s4930/201903/t20190329_376012.html.

［56］教育部.第五轮学科评估工作方案［EB/OL］.［2020-12-02］.http://www.moe.gov.cn/jyb_xwfb/moe_1946/fj_2020/202011/t20201102_497819.html.

［57］教育部.高等学校人工智能创新行动计划［EB/OL］.［2020-12-01］.http://www.moe.gov.cn/srcsite/A16/s7062/201804/t20180410_332722.html.

［58］金碧辉,RonaldR.R指数、AR指数:h指数功能扩展的补充指标［J］.科学观察,2007(3):1-8.

［59］鞠秀芳,孙建军,郑彦宁,等.基于K-means聚类的期刊操控引用行为特征指标研究［J］.图书情报工作,2013,57(5):114-119.

［60］科技部.关于破除科技评价中"唯论文"不良导向的若干措施(试行)［EB/OL］.［2020-11-18］.http://www.cas.cn/zcjd/202002/t20200223_4735451.shtml.

[61]李德.美国药物滥用危机下的大数据建设[J].人民法治,2018(Z1):157-158.

[62]李健宁.高等学校学科竞争力评价研究[D].上海:华东师范大学,2004.

[63]李江.网络影响因子的三大缺陷探析[J].图书情报工作,2008(5):107-109+113.

[64]李玲,钟灿涛.学科发展评价的新视角:从杰出青年人才的计量学指标看我国化学学科的发展[J].哈尔滨工业大学学报(社会科学版),2010,12(6):8-13.

[65]李萍.基于Hadoop的K-Means聚类算法在高校图书馆工作中的应用研究[J].大学图书情报学刊,2014,32(5):35-41.

[66]李元,李彧,王丹凤,等.基于事实型数据的临床医学学科发展分析[J].中医教育,2020,39(4):53-60.

[67]李仲谋.ScholarRank:一种新的评价学术论文影响力的方法[J].情报理论与实践,2014,37(7):102-105.

[68]李祖超,马陆亭.世界一流大学有何建设路径可循[N].光明日报,2016年01月09日(09版).

[69]栗文彬.追求卓越——约翰·霍普金斯大学办学理念及启示[J].医学争鸣,2012,3(4):8-11.

[70]刘春丽.Web2.0环境下的科学计量学:选择性计量学[J].图书情报工作,2012,56(14):52-56+92.

[71]刘峰,于智恒.基于DEA的高校科研绩效评价指标体系研究[J].江苏科技信息,2019,36(36):26-29.

[72]刘磊,罗华陶,仝敬强.从ARWU排行榜看我国高校与世界一流大学的学术竞争力差距[J].高校教育管理,2017,11(2):41-48.

[73]刘磊.大学学术评价指标体系重构研究:基于2015年ARWU、QS和THE学术评价相关性分析[J].教育科学,2018,34(03):39-47.

[74]刘莉.英国大学科研评价改革:从RAE到REF[J].科学学与科学技术管理,2014,35(2):39-45.

[75]刘念才,程莹,刘莉.世界大学学术排名的现状与未来[J].清华大学教育研究,2005(3):8-15.

[76]刘献君.学科交叉是建设世界一流学科的重要途径[J].高校教育管理,2020,14(1):1-7+28.

[77]刘雪莹.世界一流学科评价标准的比较研究[D].上海:上海交通大学,2017.

[78]柳劲松,刘贵华.区域高校科研质量综合评价研究:基于31个省份面板数据的定量分析[J].高等教育研究,2014,35(09):26-31.

[79]马凤.基于PageRank算法的期刊影响力研究[J].情报杂志,2014,33(12):103-108.

[80]马涛.美国加州大学伯克利分校学术计划评估述评[J].世界教育信息,2010(9):44-47.

[81]清华大学.学校沿革[EB/OL].[2020-12-01].https://www.tsinghua.edu.cn/xxgk/xxyg.htm.

[82]清华大学.《清华大学一流大学建设高校建设方案(精编版)》正式发布[EB/OL].[2020-11-19].https://news.tsinghua.edu.cn/info/1003/21314.htm.

[83]清华大学材料学院.学院简介[EB/OL].[2020-12-02].http://www.mse.tsinghua.edu.cn/xyjj/xyjj.htm.

[84]清华大学化学系.化学系介绍[EB/OL].[2020-12-01].http://www.chem.tsinghua.edu.cn/publish/chem/479/index.html.

[85]清华大学环境学院.学院简介[EB/OL].[2020-12-15].http://www.env.tsinghua.edu.cn/xygk/xyjj.htm.

[86]清华大学五道口金融学院.图解:清华大学"双一流"建设|清华映像[EB/OL].[2020-12-01].http://goglobal.tsinghua.edu.cn/cn/news/news.cn/hUyNttCE0.

[87]邱均平,董西露.五种世界大学排行榜比较研究[J].上海教育评估研究,2017,6(3):1-6.

[88]邱均平,余厚强.论推动替代计量学发展的若干基本问题[J].中国图书馆学报,2015,41(1):4-15.

[89]上海交通大学材料科学与工程学院.学院简介[EB/OL].[2020-12-02].https://smse.sjtu.edu.cn/XYJJ.asp?sort=%D1%A7%D4%BA%BC%F2%BD%E9.

[90]上海软科.2020世界一流学科排名[EB/OL].[2020-09-15].https://www.shanghairanking.cn/rankings/gras/2020/RS0101.

[91]上海软科.AboutAcademicRankingofWorldUniversities[EB/OL].[2020-

12-04].http://www.shanghairanking.com/aboutarwu.html.

[92]上海软科.ShanghaiRankingAcademicExcellenceSurvey2020Methodology
[EB/OL].[2020-12-04].http://www.shanghairanking.com/subject-survey/
survey-methodology-2020.htmll.

[93]施筱勇.英国高等院校科研质量评估制度研究[J].中国科技论坛,2009
(5):135-139.

[94]舒予.基于因子分析和方差最大化模型的科研评价指标体系构建[J].情
报杂志,2015,34(12):33-37.

[95]宋歌.科研成果创新力指标S指数的设计与实证[J].图书情报工作,
2016,(5):77-86.

[96]宋丽萍.REF与科研评价趋向[J].图书情报工作,2011(22):60-63.

[97]宋荔钦,郝少盼."双一流"要求指导下高校科研评价体系构建策略[J].
教育观察,2020,9(22):33-35.

[98]苏锦丽.高等教育评鉴理论与实践[M].台北:五男图书出版公司,1997.

[99]孙海泳.美国量子战略对中美在科技领域竞争与合作的影响[J].信息安
全与通信保密,2019(9):29-37.

[100]孙丽.美国阿片类药物滥用及其管控措施[J].中国药物滥用防治杂志,
2018,24(4):219-224.

[101]孙宁,陈雅.基于信息计量学的我国网络舆情研究综述[J].情报杂志,
2014(5):136-142.

[102]汤贝贝.大学学科排名指标体系比较研究[D].石家庄:河北师范大学,
2019.

[103]唐川,房俊民,王立娜,等.量子信息技术发展态势与规划分析[J].世界
科技研究与发展,2017,39(5):448-456.

[104]唐慧君.大学科研评价体系及应用研究[D].长沙:湖南大学,2006.

[105]田倩飞,王立娜,唐川,等.基于文献计量的量子计算研究国际发展态
势分析[J].科学观察,2019,14(6):1-9.

[106]同济大学环境科学与工程学院.学院介绍[EB/OL].[2020-12-15].
https://sese.tongji.edu.cn/xygk/xyjs.htm.

[107]王金龙,王叶静.世界大学排名发展现状及其评价研究[J].上海教育评
估研究,2017,6(3):19-25.

[108]王璐菲.美国量子信息科学发展的挑战和机遇[J].防务视点,2017(1):

30-32.

[109]王阮,邓君,孙绍丹,等.哥伦比亚大学口述历史中心项目聚类分析与主题解构[J].图书情报工作,2020,64(17):37-48.

[110]王兴宇."双一流"背景下学科建设的逻辑与路径:从学科排名谈起[J].西南民族大学学报(人文社科版),2018,39(10):215-221.

[111]王怡玫,刘秀文.独立第三方学科评价服务的方法与实践:以北京大学图书馆支持药学国际评估的评价分析为例[J].图书情报工作,2020,64(16):29-35.

[112]吴飞,杨洋,何钦铭.人工智能本科专业课程设置思考:厘清内涵、促进交叉、赋能应用[J].中国大学教学,2019(2):14-19.

[113]吴伟,朱嘉赞,沈利华,等.C9高校学术发表水平距离世界一流水平还有多远？与全球"四榜进士"大学的比较[J].苏州大学学报(教育科学版),2018,6(3):45-52.

[114]夏国萍,管恩浩.建设世界一流大学亟待处理好四重关系:基于三大世界大学排行榜的视角[J].高校教育管理,2018,12(4):27-35.

[115]谢兆霞,李莉.B2B电子中介用户满意实证研究[J].图书情报工作,2009,53(16):23-99.

[116]新华社.我国成功发射世界首颗量子科学实验卫星"墨子号"[EB/OL].[2020-08-16].http://www.xinhuanet.com/world/2016-08/16/c_129231459.html.

[117]新华社.中共中央关于制定国民经济和社会发展第十四个五年规划和二〇三五年远景目标的建议[EB/OL].[2020-11-03].http://www.gov.cn/zhengce/2020-11/03/content_5556991.html.

[118]新华网.习近平在中央政治局第二十四次集体学习时强调"深刻认识推进量子科技发展重大意义,加强量子科技发展战略谋划和系统布局"[EB/OL].[2020-10-17].http://cpc.people.com.cn/n1/2020/1017/c64094-31895751.html.

[119]许文琪.国外量子信息技术发展分析[J].国防科技工业,2019(5):46-48.

[120]许鑫,徐一方.Ht指数:基于时间维度的H指数修正[J].情报学报,2014,33(06):605-613.

[121]学位授予和人才培养学科目录(更新)[EB/OL].[2020-09-15].http://

www.cdgdc.edu.cn/xwyyjsjyxx/xwsytjxx/xk/xkzyml/282917.shtml.

[122]杨柳,陈贡.Altmetrics视角下科研机构影响力评价指标的相关性研究
[J].图书情报工作,2015,59(15):106-114+132.

[123]叶前林.中国顶尖大学离世界一流大学师资水平有多远?[J].黑龙江高
教研究,2019,37(02):7-11.

[124]英国科研卓越框架2014年评估结果(ResearchExcellenceFrame-work
2014:Theresults)[EB/OL].[2020-12-01].https://www.ref.ac.uk/2014/
media/ref/content/pub/REF%2001%202014%20-%20introduction.pdf.

[125]英国科研卓越框架(REF)介绍[EB/OL].[2020-12-01].https://www.ref.
ac.uk/about/what-is-the-ref/.

[126]俞立平.基于聚类分析的期刊多属性评价方法选择研究:聚类结果一
致度筛选法[J].图书情报工作,2018,62(21):80-86.

[127]张光辉.浅析我国高校学科的国际评估[J].中国电力教育,2014(02):
71-74

[128]张桂红.基于量子信息领域专利布局及技术发展趋势分析[J].信息技
术与信息化,2020(7):166-168.

[129]张龙,SanchezCNH,李文燕,等.高校科研评价指标体系研究[J].六盘
水师范学院学报,2019,31(6):40-44.

[130]张倩,李文宇.全球量子信息技术创新发展研究[J].信息通信技术与政
策,2020(12):81-85.

[131]张优良.世界大学排行榜的特征与高校应对策略[J].教育探索,2015
(8):55-59.

[132]张玉岩.基于标杆管理的高校竞争力研究[D].西安:西安科技大学,
2008.

[133]张志强,陈云伟,陶诚,等.基于文献计量的量子信息研究国际竞争态
势分析[J].世界科技研究与发展,2018,40(1):37-49.

[134]章小童,李月琳,樊振佳.基于我国10项人工智能规划与政策的内容分
析[J].现代情报,2020,40(12):17-26.

[135]赵飞,艾春艳,游越,等.基于文献计量开展高校科研评估的探索与思
考:以北京大学科研竞争力评估为例[J].大学图书馆学报,2014(1):
97-101.

[136]赵蓉英,胡德状.国内外网络影响因子研究的可视化分析[J].情报探

索,2013(11):1-7.

[137]赵婷婷,田贵平."高等教育强国"特征:基于高等教育中心转移的国际经验分析[J].国家教育行政学院学报,2019(7):22-28+42.

[138]浙江大学材料科学与工程学院.学院介绍[EB/OL].[2020-12-02]. https://mse.zju.edu.cn/50914/list.htm.

[139]郑承军,潘建军."双一流"建设背景下高校科研评价改革的路向[J].北京教育(高教),2018(10):70-73.

[140]郑俊涛,程莹.继承与创新:美国2006年—2010年博士点评估述评[J].清华大学教育研究,2014,35(5):38-42.

[141]中国科学技术大学化学与材料科学学院.院系介绍/化学系[EB/OL].[2020-12-2].https://scms.ustc.edu.cn/2411/list.htm.

[142]中国信息通信研究院.量子信息技术发展与应用研究报告(2020年)[EB/OL].[2020-12-01].http://www.caict.ac.cn/.

[143]中评榜."中评榜"2016-2019世界一流大学和一流学科评价指标体系[EB/OL].[2020-12-04].http://www.nseac.com/html/216/681921.html.

[144]周保环.基于健康指数模型的学科评估与对策研究[D].中国科学技术大学,2019.

[145]周春雷,周慧芳.学术网络社会资本视角下的学科评价指标探索[J].现代情报,2018,38(9):79-86.

[146]周光礼,蔡三发,徐贤春,等.世界一流大学的建设与评价:国际经验与中国探索[J].中国高教研究,2019(9):22-28+34.

[147]周光礼,武建鑫.什么是学术评价的全球标准:基于四个全球大学排行榜的实证分析[J].中国高教研究,2016(4):51-56.

[148]朱浩.学术竞争力:世界一流大学的重要标志[J].高教发展与评估,2011,27(6):16-20.

[149]Alonso S, Cabrerizo F J, Herrera-Viedma E, et al. Hg-index: A new index to characterize the scientific output of researchers based on the h- and g-indices[J]. Scientometrics, 2010, 82(2): 391-400.

[150]Association of American Universities (AAU). AAU By the Numbers[EB/OL]. [2020-12-01]. https://www.aau.edu/aau-numbers.

[151]Association of American Universities (AAU). Membership Policy[EB/OL]. [2020-12-01]. https://www.aau.edu/who-we-are/membership-

policy.

[152] Australian Research Council. 2018 年 ERA 评价手册(ERA 2018 evaluation handbook)[EB/OL]. [2020-12-01]. https://www.arc.gov.au/excellence-research-australia/key-documents.

[153] Australian Research Council. 2018 年 ERA 提交指南(ERA 2018 submission guidelines)[EB/OL]. [2020-12-01]. https://www.arc.gov.au/excellence-research-australia/key-documents.

[154] Bincent N. A Constructive Model for Performance Evaluation in Higher Education Institutions [J]. Working Paper, 2013(03):3-5.

[155] Bornmann L. Validity of altmetrics data for measuring societal impact: A study using data from Altmetric and F1000Prime [J]. Journal of Informetrics, 2014, 8(4):935-950.

[156] Braun T, Glnzel W, Achubert A. A Hirsch-type Index For Journals[J]. Scientoetrics, 2006, 69(1):169-173.

[157] Costas R, Zahedi Z, Wouters P. Do "altmetrics" correlate with citations? Extensive comparison of altmetric indicators with citations from a multidisciplinary perspective [J]. Journal of the association for information science and technology, 2015, 66(10): 2003-2019.

[158] Craig O. QS World University Rankings by Subject: Methodology[EB/OL]. [2020-09-15]. https://www.topuniversities.com/subject-rankings/methodology.

[159] CWTS. CWTS Leiden Ranking Indicators. [EB/OL]. [2020-05-29]. https://www.leidenranking.com/information/indicators.

[160] Darmoni S J, Roussel F, Benichou J, et al. Reading factor: A new bibliometric criterion for managing digital libraries [J]. Journal of the Medical Library Association JMLA, 2002, 90(3):323-327.

[161] Dinsmore A, Allen L, Dolby K. Alternative Perspectives on Impact: The Potential of ALMs and Altmetrics to Inform Funders about Research Impact. PLoS Biology. 2014;12(11):1-4.

[162] Egghe L. Theory and practice of the g-index[J]. Scientometrics, 2006, 69(1): 131-152.

[163] Erdt M, Nagarajan A, Sin S C J, et al. Altmetrics: An analysis of the

state-of-the-art in measuring research impact on social media [J]. Scientometrics, 2016, 109: 1117-1166.

[164] Executive Office of the President, National Science and Technology Council. Preparing for the Future of Artificial Intelligence [EB / OL]. [2020-12-14]. https://obamawhitehouse. archives. gov / sites / default / files / whitehouse_files/microsites/ostp/NSTC/preparing_for_the_future_of_ai.pdf.

[165] Gunn A, Mintrom M. Evaluating the non-academic impact of academic research: design considerations [J]. Journal of Higher Education Policy and Management, 2017, 39(01):20-30.

[166] Harvard John A. Paulson School of Engineering and Applied Sciences (SEAS). About Environmental Science & Engineering[EB/OL]. [2020-12-15]. https://www.seas.harvard.edu/environmental-science-engineering.

[167] Harvard John A. Paulson School of Engineering and Applied Sciences (SEAS). Faculty&Reasearch[EB/OL]. [2020-12-02]. https://www.seas. harvard.edu/materials-science-mechanical-engineering/faculty-research.

[168] Harvard Medical School. BCMP History[EB/OL]. [2020-12-30]. https:// bcmp.hms.harvard.edu.

[169] Harvard Medical School. Facts and Figures [EB / OL]. [2020-11-18]. https://hms.harvard.edu/about-hms/facts-figures.

[170] Harvard Medical School. HMS Affiliates[EB/OL]. [2020-11-18]. https:// hms.harvard.edu/about-hms/hms-affiliates.

[171] Harvard's Department of Chemistry & Chemical Biology (CCB). ABOUT CCB[EB/OL]. [2020-12-01]. https://chemistry.harvard.edu/.

[172] Hirsch J. An Index to Quantify an Individual's Scientific Research Output [A]. Proceedings of the National Academy of Sciences, 2005, 102 (46): 16569-16572.

[173] Ingwersen P. The calculation of web impact factors [J]. Journal of Documentation. 1998(02):236-243.

[174] Johns Hopkins University School of Medicine. Fast Facts: Johns Hopkins Medicine [EB / OL]. [2020-11-18]. https://www. hopkinsmedicine. org / about/_downloads/JHM-Fast-Facts.pdf.

[175] Johns Hopkins University School of Medicine. Research[EB/OL]. [2020-

12–30〕. https://www.hopkinsmedicine.org/pharmacology_molecular_scie-nces/.

〔176〕Levitt J M, Thelwall M. A combined bibliometric indicator to predict article impact〔J〕. Information Processing & Management, 2011, 47(2): 300–308.

〔177〕Lyu Y G. Artificial Intelligence: Enabling Technology to Empower Society 〔J〕. Engineering, 2020, 6(3): 205–206.

〔178〕MIT Department of Chemistry. About〔EB/OL〕. 〔2020–09–15〕. https://chemistry.mit.edu/about/.

〔179〕MIT Department of Earth, Atmospheric and Planetary Sciences. Faculty&Reasearch〔EB/OL〕. 〔2020–12–15〕. https://eapsweb.mit.edu/research/overview.

〔180〕MIT Department of Materials Science and Engineering. History〔EB/OL〕. 〔2020–12–02〕. https://dmse.mit.edu/about/history.

〔181〕MIT News Office. Building site identified for MIT Stephen A. Schwarzman College of Computing〔EB/OL〕. 〔2020–12–19〕. http://news.mit.edu/2018/site-stephen-schwarzman-college-computing-1219.

〔182〕MIT. Admissions + Aid〔EB/OL〕. 〔2020–09–15〕. https://www.mit.edu/admissions-aid/.

〔183〕Mohammadi E, Thelwall M. Mendeley readership altmetrics for the social sciences and humanities: Research evaluation and knowledge flows〔J〕. Journal of the Association for Information Science & Technology, 2014, 65(8):1627–1638.

〔184〕Morse R, Rodriguez J V. How U.S. News Calculated the Best Global Universities Subject Rankings〔EB/OL〕. 〔2020–12–04〕. https://www.usnews.com/education/best-global-universities/articles/subject-rankings-methodology.

〔185〕National Science & Technology Council. National Artificial Intelligence Research and Development Strategic Plan〔EB/OL〕. 〔2020–12–21〕. https://www.whitehouse.gov/wp-content/uploads/2019/06/National-AI-Research-and-Development-Strategic-Plan-2019-Update-June-2019.pdf.

〔186〕Northwestern University. About The Department〔EB/OL〕. 〔2020–12–

01］. https://chemistry.northwestern.edu/about/index.html.

［187］Northwestern University. Faculty［EB/OL］.［2020-12-02］. https://www.mccormick.northwestern.edu/materials-science/people/faculty/.

［188］Prathap G. The 100 most prolific economists using the p-index［J］. Scientometrics, 2010, 84(1): 167-172.

［189］Priem J, Taraborelli D, Groth P, et al. Altmetrics: A manifesto［DB/OL］.［2020-09-15］. http://altmetrics.org/manifesto.

［190］Quacquarelli Symonds. QS World University Rankings - Methodology ［EB / OL］.［2020-09-15］. https://www. topuniversities. com / qs-world-university-rankings/methodology.

［191］Smith A. Web Impact Factors for Australasian universities［J］. Scientometrics, 2002, 54(3):363-380.

［192］Stanford University's Department of Chemistry. Overview［EB / OL］.［2020-09-15］. https://chemistry.stanford.edu/about/overview.

［193］Stanford University's Department of Materials Science and Engineering. Faculty［EB/OL］.［2020-12-02］. https://mse.stanford.edu/people/faculty.

［194］Stanford's School of Earth, Energy&Environmental Sciences. Departments and Programs［EB/OL］.［2020-12-15］. https://earth. stanford. edu / about/departments-programs.

［195］Stanford's School of Medicine. Faculty Excellence［EB/OL］.［2020-11-18］. https://med.stanford.edu/school/facts.html.

［196］Thelwall M, Wilkinson D. Three target document range metrics for university web sites［J］. Journal of the Association for Information Science & Technology, 2014, 54(6):490-497.

［197］Times Higher Education(THE). THE World University Rankings 2021: methodology ［EB/OL］.［2020-09-15 ］https://www.timeshighereducation. com / world-university-rankings / world-university-rankings-2021-methodology.

［198］Times Higher Education(THE). World University Rankings by Subject ［EB/OL］.［2020-09-15］. https://www.timeshighereducation.com/world-university-rankings/by-subject.

［199］UC Berkeley's College of Chemistry. Overview［EB/OL］.［2020-12-01］.

https://chemistry.berkeley.edu/about.

[200] UC Berkeley's Department of Materials Science and Engineering. Faculty [EB/OL]. [2020-12-02]. https://mse.berkeley.edu/faculty/.

[201] UC Berkeley's Department of Materials Science and Engineering. Research[EB/OL]. [2020-12-02]. https://mse.berkeley.edu/research/.

[202] UC Berkeley's Rausser College of Natural Resources. About Rausser College[EB/OL]. [2020-12-15]. https://nature.berkeley.edu/about.

[203] University of California, Davis. About Environmental Science and Policy [EB/OL]. [2020-12-15]. https://caes.ucdavis.edu/research/dept/esp.

[204] University of California, Los Angeles. History[EB/OL]. [2020-11-18]. https://medschool.ucla.edu/history.

[205] University of California, San Diego. Faculty&Reasearch[EB/OL]. [2020-12-30]. https://pharmacy.ucsd.edu/.

[206] University of California, San Francisco. Faculty&Reasearch [EB / OL]. [2020-12-30]. https://pharmacy.ucsf.edu/.

[207] University of North Carolina at Chapel Hill. Research Enterprise[EB/OL]. [2020-12-30]. https://pharmacy.unc.edu/.

[208] Yale University. About Yale School of Medicine[EB/OL]. [2020-11-18]. https://medicine.yale.edu/about/.

索　引

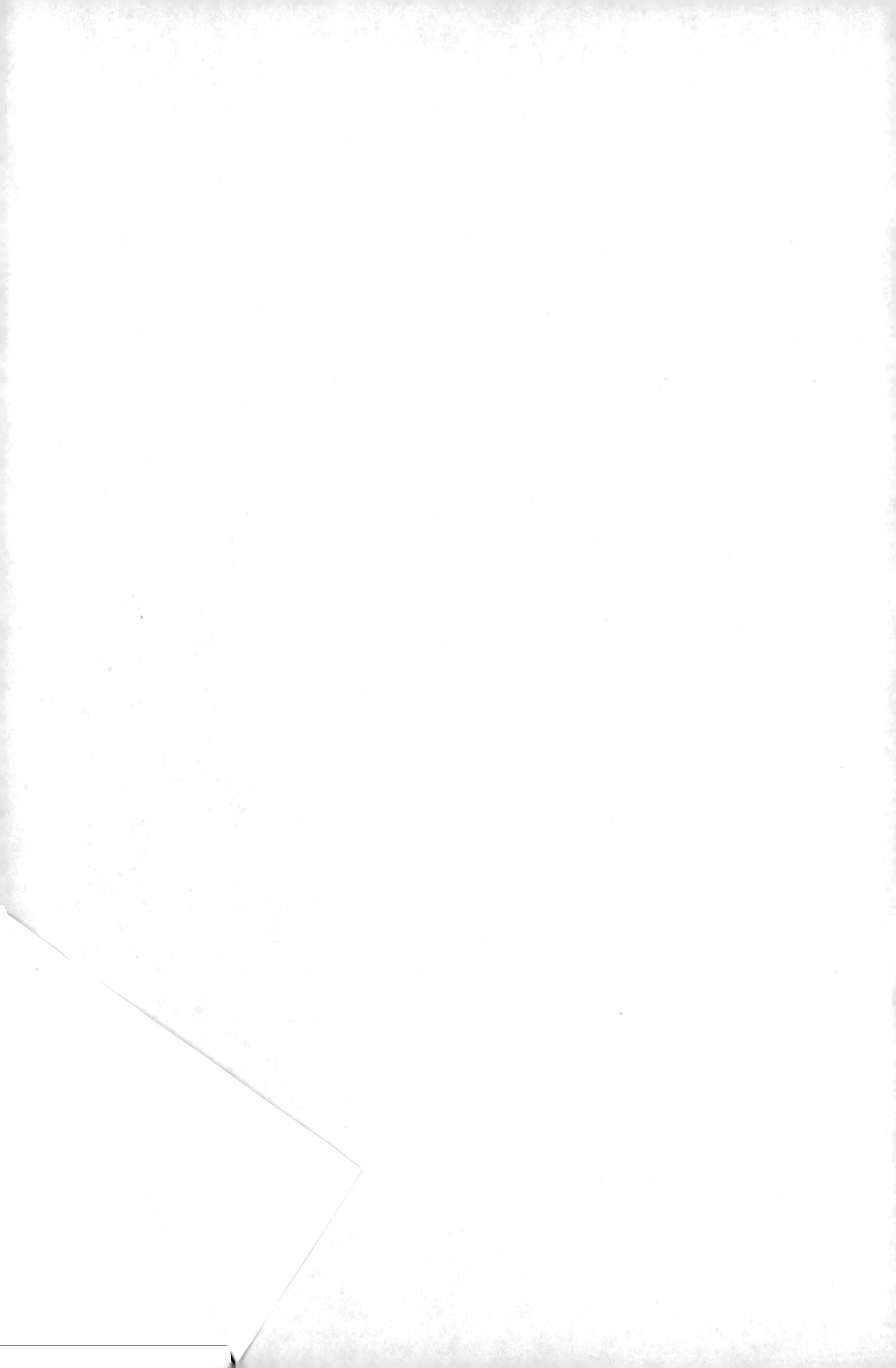